Roland Weis

Die Neue Welt

Historischer Roman

ERSTES BUCH
DER ROMANREIHE
„DIE NEUE WELT“

Lindemanns Bibliothek

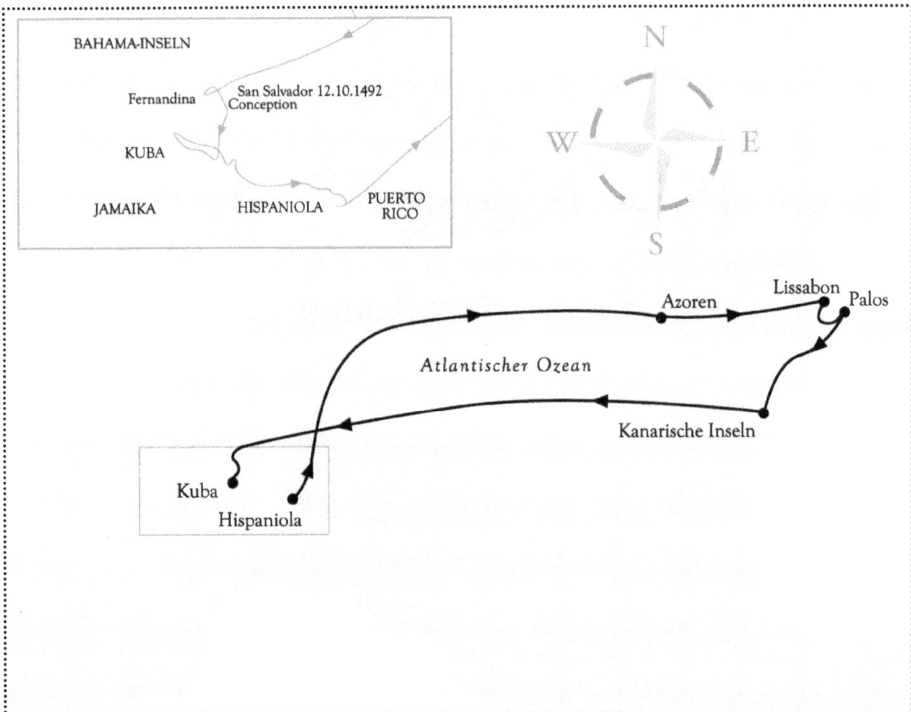

Die erste Fahrt von Christóbal Colón
3. August 1492 – 15. März 1493

Die handelnden Personen

Fiktive Personen sind kursiv gesetzt.

Familie Sanchez aus Palos
Rodrigo Sanchez
Miguel Sanchez
Pedro Sanchez
Consuela Sanchez
Ihre Mutter, die Hure Sanchez
Ihr Stiefvater, der alte Säufer

Kloster La Rabida
Prior Juan Perez
Antonio de Marchena
(Gelehrter)
Garcia Hernandez (Arzt)
Fray Enrique Ramirez

Sonstige Personen in Palos
Francisco Esquivel „Don Burro"
(Eselzüchter)
Zimbo (Negersklave)
Yanez de Montilla (Seemann)
Doña Felipa Montilla
Maestre Bezal (Kneipenwirt)
Alonso Medel, Hidalgo

Bewohner der Elendsviertel
Claudio (Anführer der Portugiesenbande)
Francesco der Nuschler

Die Familie Pinzon
(s. auch: Schiffsbesatzungen)
Martin Alonso Pinzon
Maria Alvarez Pinzon
(seine Frau)

Ihre Kinder
Martin Arias Pinzon
Juan Pinzon
Catalina Pinzon
Leonora Pinzon
Isabella Pinzon

Vicente Yanez Pinzon
(Bruder von Martin Alonso)
Francisco Pinzon
(Bruder von Martin Alonso)
Diego Pinzon „el Viejo"
(ein Vetter)

Der Kolumbus-Clan
Christóbal Colón
Diego (sein älterer Sohn)
Ferdinand (sein jüngerer Sohn)
Don Diego Colón
(Bruder von Christóbal)

SCHIFFSBESATZUNGEN

Santa Maria
Juan de La Cosa
(Kapitän und Eigner)
Peralonso Niño (Steuermann)
Diego de Harana (Profos)
Rodrigo de Escobedo (Schreiber)
Luis de Torres (Dolmetscher)
Pedro Gutierrez
Rodrigo Sanchez de Segovia
(königlicher Inspektor)
Juan Sanchez (Schiffsarzt)
Pedro de Tereros (Admiralspage)
Juan Salcedo (Kajütpage)
Rodrigo de Jerez (Graubart)
José Pequinos

Jacomo Rico
Juan Vecano
Anton Calabres
Martin de Urtubia (Schiffsjunge)
Der („schöne“) Jakob, Genuese
Pablo Perez (Schiffsjunge, Tischlersohn)

Baskenbande
Chachu (Bootsmann)
Lope Chips
Juan de Medina
Domingo Vizcaino
Diego Perez

Niña
Vicente Yanez Pinzon
(Kapitän)
Juan Niño (Schiffseigner)
Francisco Niño
(Bruder von Juan)
Alonso de Moguer
(Schiffsarzt)
Pedro Yzquierdo
Alonso Morales
(Schiffszimmermann)
Pedro de Lepe
Antonio de Cuellár
Diego Lorenzo
Gonzalo Franco
Maestre Alonso Rascon
Andrés
Francisco

Pinta
Martin Alonso Pinzon
(Kapitän)
Francisco Pinzon
Rafael Sarmiento
(Steuermann)
Christóbal Quintero
(Schiffseigner)
Juan Quintero
(Bruder von Christóbal)
Rodrigo de Triana
(sah als Erster Land)
Diego Pinzon „el Viejo“
Gomez Rascon
Francisco Medel und
sein Bruder

Fürsten, Hidalgos, Edelleute
Ferdinand (König)
Isabella (Königin)
Johann (Infant)
Beatriz de Bobadilla (Gouverneurin der kanarischen Inseln)
Juan Rodriguez Cabezudo
(Kaufmann aus Moguer)
Juanoto Bernardi
(Kaufmann aus Florenz)
Juan de Fonseca
(königlicher Kronbeamter)
Diego Velazques
(Teilnehmer 2. Fahrt)
Alonso de Hojeda
(Teilnehmer 2. Fahrt)
Juan Ponce de León
(Teilnehmer 2. Fahrt)
Juan de Esquivel
(Teilnehmer 2. Fahrt)
Dr. Diego Alvarez Chanca
(Arzt, Teilnehmer 2. Fahrt)

Indios auf Hispaniola
Diego (Taino-Dolmetscher)
Jorge (Taino-Dolmetscher)
Suunayama (Taino-Mädchen)
Guacanagari (Kazike im Reich Marien)
Cajibajugua (sein Berater)
Amayauna (sein Berater)
Hatuey (Cousin von Guacanagari)
Caonabo (Kazike im Reich Maguana)
Behechio (Kazike im Reich Xaragua)
Anacoana (seine Schwester)
Higuanama
(Kazikin im Reich Higuey)
Guarionex
(Kazike im Reich Cibao)

Izus Welt
Izu
(Zaubermann der Tupanaki)
Marinde
(Häuptling der Tupanaki)
Zula (junge Tupanaki-Frau)
Tzanu (ein Krieger)
Quandruppe (ein Krieger)

Prolog

Der Urwald dampfte und tropfte. Er brütete Geräusche, Gerüche und Gefahren aus. Er explodierte vor Leben, barg allgegenwärtigen Tod. Unter einem großen Baum irgendwo im Regenwald des Amazonas saß Izu, der Zauber- und Geistermann. Er träumte im Sitzen. Er fürchtete sich nicht vor Gefahren, die Schlafenden drohen konnten. Er war organischer Bestandteil des großen Waldes. Gleich einem Chamäleon passte er sich seiner Umgebung an. Mal sah er aus wie ein großer, zusammengeknautschter Ledersack, mal wie ein furchiger Termitenhaufen, bald wie ein schrundiger Baumstumpf. Manchmal nahm er die Gestalt eines verwitterten, moosbewachsenen Findlings an. Für seinen Stamm war Izu der Geistermann, der Heiler, der Seher, der Wissende; der Begnadete, der mit den Zauberwesen des Wassers, des Waldes und des Himmels in Kontakt stand.

Er wusste es besser: Er war vermutlich der größte Scharlatan am großen Fluss. Jetzt verschmolz sein ledriger Körper mit der krustigen Rinde des mächtigen Urwaldbaumes, zu dessen Fuß er ganz in sich zusammengesunken saß. Sanft wiegte er den Oberkörper. Izu, Geistermann der Tupanaki, Stammesältester, da saß er, ein drahtiger Zwerg mit einer knotigen gelben Haut, gegerbt von unzähligen Regengüssen, überzogen von rituellen Bemalungen, gezeichnet von Selbstkasteiungen, Moskitostichen und anderen Widernissen des Dschungeldaseins. Er war ein Wunderknabe, denn er lebte noch, wo andere längst zu Humus geworden waren.

Dieser Baum, unter dem er hockte, stand wie ein Riese unter Riesen. Schon die anderen großen Urwaldbäume hier imponierten als mächtige Könige des Dschungels. Mit ihrem verwirrenden Geäst, ihren grünen Baldachinen und den unentwirrbaren Verknotungen von Lianen, Flechten und in- und übereinander wuchernden Kletterparasiten aller Art bildeten sie ein einziges großes, grünes Wesen. Aber Izus Baum, der heilige Baum der Tupanaki, war ein Wald für sich. Er brach mit seinem mächtigen Wurzelgeflecht aus dem feuchten Boden hervor, verzweigte sich tintenfischartig und strebte in vielen großen und kleinen Stämmen himmelwärts, warf totes Gehölz ab, ließ neue Äste zur Sonne emporwuchern. Dass dieser Baum heilig sei, das hatte Izu behauptet. Sein Stamm hatte ihm geglaubt. Seither durfte nur noch Izu den Baum berühren. Das war seit langer Zeit so. Es hatte irgendwann am Anfang von Izus Laufbahn als Zaubermann der Tupanaki begonnen. Inzwischen glaubten alle im Dorf, es sei schon immer so gewesen. Izu konnte mit seinem grandiosen Talent für Spuk und Hokuspokus den Tupanaki jeden Zauber aufschwätzen, sie glaubten ihm ehrfürchtig.

Izu machte sich nichts vor. Seine Geisterwelt war eine Schimäre, ein Fantasiegebilde, befüllt mit einem Bestiarium guter, böser, rätselhafter und furchteinflößender Wesen. Bei diesem Baum jedoch bedurfte es keiner Täuschung. Der monströse Urwaldriese wirkte durch seine überragende Mächtigkeit einschüchternd genug. Es konnte gar nicht anders sein: Dieser Urwaldriese musste heilig sein. Dass außer dem Geistermann kein anderer Mensch diesen Baum berühren durfte, war ein Gebot, das Izu eingeführt hatte. Den Menschen konnte er Vorschriften machen. Allen anderen Lebewesen waren seine Spielregeln egal. Droben im Durcheinander des Geästs flatterten unter dem grünen Dach Papageien, kreischten Affen, schimpften Vögel, flatterten Schmetterlinge, dösten Schlangen und Faultiere, lauerten Spinnen, schwirrten Insekten; alle trachteten danach, sich gegenseitig umzubringen und zu fressen, oder sich mit raffinierten Methoden zu begatten.

Dieser Baum wucherte als ein Dschungel für sich.

Izu hielt die Augen geschlossen. Er träumte. Zuvor hatte er tüchtig dem Caapi zugesprochen, einem aus speziellem Rindenextrakt hergestellten Tee. Izu braute ihn selbst, mit einigen unkeuschen Zutaten, nach bewährtem Hausrezept, und natürlich auch heilig und geheim; jedenfalls von brachialer halluzinogener und aphrodisierender Wirkung. Mit Hilfe des Caapi hatte Izu sich im Laufe seines langen Lebens nicht nur herausragende Räusche beschert, er hatte mit ausreichend Caapisaft im Leib auch zahlreiche Stammesgenossinnen geschwängert, ohne je in seiner Manneskraft zu ermüden. Er trank das Gebräu ehe er Beginn und Ende von Überfällen und Raubzügen verkündete und er erhob sich mit diesem Gesöff auch zum Herrn der Träume, zum Geisterflüsterer des Stammes. Die Tupanaki fürchteten und verehrten den alten Izu als ihren Geistermann und Stammesältesten. Wie alt mochte er sein? Er sah aus wie eine tausendjährige Mumie. Die Bewohner des großen Waldes sortierten ihr Leben anhand der Katastrophen, die sie erlebten, und sie zählten die Jahre nach den regelmäßigen Frühjahrsfluten. Izu hatte als Knabe das fürchterliche Sterben des Zinunque-Stammes erlebt, als eine ansteckende Seuche ausgebrochen war; er hatte das Hochwasser gesehen, das die Dörfer Yoni und Xama hinweggerissen hatte. Später dann hatte er den Raub der Frauen von Sima erlebt und den Überfall der Yaomi. Das große Buschfeuer am Berg Taori war das letzte große Ereignis gewesen. Er musste also 52 Großfluten alt sein. Außer ihm hatte bei den Tupanaki niemand mehr Ereignisse erlebt. Also musste Izu der Stammesälteste sein. Das war unwiderlegbar!

Der heilige Baum war Izus Traumplatz. Träume, die der Zaubermann darunter träumte, galten als heilig und sie bargen allesamt geheime Botschaften. Und der Platz bot praktischen Nutzen, weil Izu unter diesem Baum ungestört blieb, mitsamt seinem Caapi-Rausch. Diesmal riss der süße Trank Izu gewaltsam und rücksichtslos in die Traumwelt: Der Zaubermann stürzte in einen strahlend blauen Himmel hinein. Er stieg in einem langen und schwindelerregenden Taumel in unendliche Höhen hinauf. Das Firmament strahlte von einem solch makellosen Blau, dass Izu sich geblendet abwenden musste. Er sah plötzlich unter sich den heiligen Baum. War er ein Vogel? Im Laubdach des Urwaldriesen tropfte die Feuchtigkeit des letzten Regengusses. Leichter Nebel stieg vom Blätterdach auf. Und zu Füßen des Baumes, an den übermächtigen Wurzelauslegern angelehnt, erblickte Izu sich selbst. Der Zaubermann verschmolz mit seiner Traumfigur und betrat deren Traum. Wieder der strahlendblaue Himmel, nicht einmal der Standort der Sonne ließ sich in ihm ausmachen.

Die Blätter in der Krone des heiligen Baumes wisperten: „Izu Zaubermann, schau dir den Himmel an! Schau genau! Schau hin. So blau wirst du den Himmel nie wieder sehen. Merke dir gut, wie blau er ist.“

War er so besoffen? So intensiv, so einprägsam, so real hatte er seine Traumbilder noch nie erlebt. Sollte er etwa tatsächlich einen Geistertraum haben? Einen Traum mit Botschaft? Welche? Dass der Himmel blau ist? Izu grunzte und wälzte sich herum. Das Blaubild verschwand.

I. Palos (1492)

Am Rande der Hafenstadt Palos klebte eine traurige Ansammlung armseliger Lehm- und Bretterhütten an einem unfruchtbaren Hang. Wenige Pinien krallten sich an die Erde. Disteln und verdorrtes Gras kämpften zwischen den Behausungen ums Überleben. Hier wohnte der Hirte Rodrigo Sanchez de Palos. Er war 13 Jahre alt. Dass er dieses Alter erreicht hatte, darf man als mittleres Wunder bezeichnen. Seine Mutter hatte bereits versucht, ihn umzubringen, als er noch unschuldig im Mutterleib heranwuchs. Vergebens führte sie sich Gifte aller Art zu und auf allen denkbaren Wegen ein. Der Balg wollte nicht abgehen. So wuchs und gedieh Rodrigo im Mutterleib, obwohl er in dieser Welt nicht willkommen war. Weder der Lebenswandel der Mutter noch die Prügel, welche sie in dieser Zeit bezog, konnten dem Fötus etwas anhaben. Nach der Geburt ließ sie ihn an Ort und Stelle hinter einer Lehmhütte zurück. Ihm den Hals umzudrehen, wagte sie nicht, aber sie vertraute der Sonne – und den Krähen. Doch die feuchte Kuhle, in der das kleine nackte Wesen liegenblieb, erwies sich als guter Platz zum Überleben, weil ihn eine kleine Steinmauer umfriedete, die Schweine und Hunde abhielt. Als der Säugling nach drei Tagen immer noch schrie, trug ihn jemand in jene Spelunke Namens „La Tortuga", die Schildkröte, in der die Mutter inzwischen schon wieder ihrem Gewerbe nachging. Notgedrungen nahm sie ihn mit in ihre Hütte. Hätte er Arbeit gemacht, wäre er zur Last gefallen, wäre er krank oder ein Schreihals gewesen, dann hätte er keine Überlebenschance gehabt. Aber er war genügsam, hungerte klaglos, wenn er tagelang nicht gefüttert wurde, und verschlang dazwischen alles, was man ihm in den Mund schob. Als Säugling lag er stumm und still. Als Kleinkind versteckte er sich und machte sich so unsichtbar wie möglich. Bereits im Alter von fünf

Jahren trug er als Ziegen- und Schweinehirte zum kargen Einkommen bei. Er blieb zäh und unerschütterlich am Leben. Ein immer dreckiges und hungriges Kind. Nie krank. So wuchs Rodrigo Sanchez heran. Inzwischen war er dreizehn Jahre alt und die Sippe hatte sich vergrößert.

Manchmal saß er mit seinen grimmigen Gedanken zuhause auf dem Lehmboden der armseligen Hütte, in der er, die Sippe hatte sich vergrößert, mit seinen Geschwistern zusammen mit der Mutter hauste. Einen gemeinsamen Vater gab es nicht. Niemand wusste genau, wer waren die Erzeuger, nicht einmal die Mutter. Jener Mann, von dem sie sich derzeit verprügeln und bespringen ließ, war ein Säufer.

Die Mutter hielt ihre Schar mit dem Hurenlohn am Leben, den sie sich in den Hafenkneipen verdiente. Ihr Gesicht trug verhärmte Züge, war von Falten gefurcht. Ihre Augen blickten glasig von Suff, Hunger, Elend und Prügel. Der einstmals vorhandene Liebreiz war längst unter Dreck und Verbitterung verschwunden, obwohl sie noch keine dreißig Jahre alt war. Ein knappes Dutzend Schwangerschaften, eine pro Jahr, hatten ihre Hüften breiter werden lassen. Ihre Brüste waren längst nicht mehr so straff wie früher. Die meisten Zähne fehlten bereits, so dass ihr einstmals verheißungsvolles Lächeln mit den Jahren zum zahnlosen Grinsen einer Vettel geworden war. Dass sie überhaupt noch Freier fand, verdankte sie dem Alkohol und der Dunkelheit der Nacht. Beides gute Verbündete, wenn es darum ging, Reize vorzutäuschen. Die andalusischen Schafhirten, Matrosen, Fischer und Hafenarbeiter, zeigten sich nicht wählerisch, wenn sie für wenig Münzen eine Wurst, ein Stück Käse, vorwiegend aber für Wein und Schnaps schnelle Befriedigung zwischen den Schenkeln der Hure Sanchez fanden. Nicht alle Bälger dieser Freier waren so zäh wie Rodrigo. Die meisten taten der Hure und ihren wechselnden Zuhältern den Gefallen und starben im ersten Lebensjahr. Auch der Bastard von diesem Säufer war schon nicht mehr da. Er war nur drei Monate alt geworden. Der Alte hatte das brüllende Wesen im Suff so lange geschüttelt, bis es für immer still blieb.

Wie es wohl wäre, wenn er diesen Abschaum umbringen würde, fragte sich Rodrigo. Vielleicht hätten sie es alle dann leichter im

Leben. Er, seine beiden jüngeren Brüder Miguel und Pedro und die dreijährige Consuela, die Jüngste der noch lebenden Geschwister.

Das Grübeln des Jungen, der im Halbdunkel der muffigen Lehmhütte saß, wurde jäh unterbrochen. Die Mutter kreischte. Blut spritzte. Ein harter Faustschlag hatte sie getroffen. Von unten gegen das Kinn und schräg über die Nase.

Rodrigos Mutter krachte rückwärts gegen die Lehmwand, ruderte nach Halt suchend mit den Armen und rutschte dann seitlich weg. Sie hatte Glück, denn so entging sie dem wilden Fußtritt, der dem Fausthieb folgte.

Sie krümmte sich, wischte das Blut von der Nase. In wilden Strähnen hingen ihr ihre dunklen Haare vom Kopf. „Bastard, elender! Hurensohn! Gottverdammter räudiger Taugenichts. Besoffener, jämmerlicher Bock. Nichts kannst du, nichts. Nicht einmal deine eigene Frau verprügeln."

Und dann gab sie es ihm zurück: ein Tritt mit dem Fuß von unten in die Weichteile. Der Säufer brüllte. Und während er noch schrie und sich krümmte, war sie schon wieder auf den Beinen und schlug mit der flachen Hand zu. Ein, zwei, drei Ohrfeigen, links, rechts, links. „Hier kriegst du, was du verdienst, verfluchter Mistbock, verfluchter!"

Er warf sich auf sie, mit verdrehten Augen, irrem Blick und mit taumelnden Bewegungen. Er drückte mit einer Hand ihren Hals gegen die Wand, mit der anderen riss er an ihren langen Haaren.

„Du Hure! Du elendige Hure! Ich bringe dich um. Du schlägst mich nicht noch einmal. Deinen Mann schlägst du nicht." Er drückte ihre Gurgel, würgte sie, dass ihr vor Schmerz und Atemnot die Augen weit hervortraten. Mit ihren Fäusten trommelte sie gegen seine Brust, kratzte ihn, trat heftig zu, wehrte sich mit Händen und Füßen.

Er ließ erst los und zuckte zurück, als sie ihn anspuckte. Mitten ins Gesicht! Das wüste Zuschlagen ging von vorne los. Sie wälzten sich im Staub, warfen sich gegen die morschen Bretterwände, kugelten sich, kamen wieder auf die Beine; so ging es rauf und runter. Sie war zwar schwächer, aber er war betrunken.

Rodrigo saß mit seinen drei jüngeren Geschwistern reglos in der Ecke. Wie immer, wenn der Alte und die Mutter sich prügelten, war es das Klügste, sich nicht zu rühren. Schnell bekam man sonst selbst einen Fußtritt ab, einen Faustschlag ins Gesicht, oder eins mit dem Ledergürtel oder dem Stock übers Kreuz.

Rodrigo legte schützend seinen Arm um Consuela. Die Dreijährige begriff nicht, was vorging. Sie weinte und kauerte sich an den großen Bruder. Der sechsjährige Pedro und der zehnjährige Miguel waren beide schon schlau genug, sich aus der Gefahrenzone zu bringen. Sie legten sich ganz flach auf ihre Strohmatten; nur ihre kleinen, schwarzen Kugelaugen bewegten sich und verfolgten das Geschehen. Ihre ausgemergelten Körper zitterten.

Rodrigo hatte keine Angst mehr. Zu oft schon hatte er solche Szenen miterlebt.

Der Saufbold war wieder einmal betrunken nach Hause gekommen. Wie so oft. Wie immer eigentlich. Die Mutter hatte gescholten. Wie immer. Eines der Hühner fehlte. Sie besaßen nur sieben. Hatte er das fehlende verkauft und das Geld versoffen? Hatte sie nicht aufgepasst und es war davongelaufen? Hatte es jemand gestohlen? Es war egal! In solchen Fällen redete man nicht lange.

Jetzt schnappte der Säufer den leeren Wasserkrug und schleuderte ihn gegen die Mutter. Das Geschoss verfehlte sein Ziel. Der Krug eierte auf die zusammengekauerte Gruppe der Kinder zu. Rodrigo zog geistesgegenwärtig den Kopf ein. Das Tongefäß krachte splitternd auf den Schädel von Consuela. Sie schrie laut auf und hielt sich die Kopfwunde. Ihre kleinen Finger färbten sich zwischen den struppigen Haaren schnell rot vom Blut, bevor sie bewusstlos zusammensackte.

Rodrigo starrte auf das jämmerliche Bündel: ein dünner, kleiner Körper, kaum Mensch, gekrümmt im Staub der Hütte.

Die Alten kümmerten sich nicht darum. Der Streit tobte weiter.

Mit einer fahrigen Bewegung strich Rodrigo über die klaffende Wunde am Kopf seiner Schwester. Er spürte das warme, klebrige Blut. In einem Impuls von Wut und Auflehnung sprang Rodrigo auf und stürzte sich auf die Tollwütigen. Er wollte auf sie einprügeln, sie zur

Besinnung bringen. Ein Tritt des Säufers genügte, ihn wieder in seine Ecke zu scheuchen.

Jetzt änderte sich der Charakter des Streits. Der Alte warf sich über die Mutter und drückte sie fest mit seinem ganzen Körpergewicht auf den Boden. Sie wehrte sich zwar, wand und stemmte sich, doch im wilden Ringen behielt er die Oberhand. „Du Biest", keuchte er. „Du kleines Biest, ich werde dich schon zähmen."

Die Körper verschlangen sich noch fester ineinander, hoben und senkten sich. Mit einer Hand hielt er immer noch ihren Haarschopf gepackt, mit der anderen schob er ihr den lumpigen Rock über die Knie, fuhr mit der Hand ihre nackten Schenkel empor und drückte ihre Beine auseinander. Gleichzeitig öffnete er seinen Hosenladen und holte sein mächtiges Glied hervor. Rodrigo kannte diesen Verlauf. Scheinbar wehrte sich die Mutter, aber ihre Bewegungen wurden rhythmisch und das Stöhnen klang nun nach gieriger Lust. Die zwei verschwitzten, verdreckten Körper begannen, nacheinander zu suchen.

Drüben an der Wand lag blutverschmiert Consuela. Sie war noch immer bewusstlos.

Rodrigo sprang auf, zwei Sätze an der Wand entlang, und schon war er an der Stoffmatte, die den Eingang zur Hütte verdeckte, und wollte hinausschlüpfen. Da packte ihn die starke Hand des Alten am Fußknöchel: „Hier geblieben, Bürschchen!"

Rodrigo stolperte, kam zu Fall. Schon packte der Säufer ihn an den Haaren und zog ihn wieder in die Hütte hinein.

„Wohin so eilig, du kleines Stinktier?" Fauliger Atem und der Geruch von billigem Fusel schlugen Rodrigo entgegen. Ihm fiel keine bessere Ausrede ein: „Zu den Schweinen, zu Pinzon!"

Pinzon, das war der Patron. Don Alonso Pinzon. Der reichste Mann von ganz Palos. Kaufmann, Schiffseigner und Seefahrer. Es gab einen Clan von Pinzons in Palos. Ihnen gehörte die halbe Stadt. Der Inbegriff von Reichtum. Sie besaßen Geschäftshäuser in Palos, ein Landhaus vor der Stadt, Schiffe im Hafen, Ländereien bis hinüber nach Huelva, auf der anderen Seite des Rio Tinto; Brüder, Onkel, Tanten, Cousins und Cousinen, Söhne und Töchter, alle reich und angesehen. Und Don Alonso galt als der mächtigste und angesehenste in dieser Familie. Für ihn hütete Rodrigo die Schweine. Aber nicht in der Nacht. Das war eine dumme Ausrede gewesen.

„Du hältst mich wohl für einen Idioten, du erbärmliche Ratte." Rodrigo steckte kommentarlos einen Satz Ohrfeigen ein.

„Pinzon, Pinzon, Pinzon ...", lästerte der Alte und rappelte sich auf, während er beiläufig sein Gehänge wieder in die Hose stopfte.

Die Mutter krabbelte auf allen Vieren zu Consuela, die wimmernd aus ihrer Ohnmacht erwacht war.

„Dieser Kotzensohn von Pinzon", wütete der Alte weiter, fuchtelte mit den Armen und stierte mit glasigen Augen an die Decke. Es entstand eine kurze Pause, in der niemand zu atmen wagte. Sie kannten alle diese Ausbrüche. Jetzt holte er Anlauf, um sich über irgendetwas auszutoben.

„Dieser Lump von Pinzon fährt mit Don Fantastico übers Meer. Verflucht und geschissen. Stellt euch das mal vor. Colón, der feine Herr aus Genua, und Pinzon, der Hurenbock. Das ist schon der Grund, warum er ein Eselsarsch ist, weil er mit einem Genueser gemeinsame Sache macht. Und jetzt ist er auch noch verrückt geworden."

Alle wussten, was er meinte. Es war seit Monaten das Thema Nummer eins in Palos: die bevorstehende Ausfahrt einer Flotte unter dem Kommando des Genuesen Christóbal Colón. Drei Schiffe sollten am nächsten Morgen auslaufen. Eines davon gehörte Don Alonso Pinzon.

Die Anwesenheit des legendenumwitterten Kapitäns Christóbal Colón in Palos, den viele wegen seiner Spinnereien „Don Fantastico" riefen, hatte mit einem spektakulären Auftritt vor einigen Wochen in der Kirche San Jorge begonnen.

Christóbal Colón sprach damals als Unbekannter vor der versammelten Bürgerschaft des Städtchens. Er ließ von Fernandez, dem Notar von Palos, eine königliche Verfügung verlesen. Darin hieß es, die Bürger von Palos müssten dem Kapitän Colón für ein Jahr drei ausgerüstete Schiffe mit Mannschaft stellen und die Kosten dafür tragen, denn dieser Christóbal Colón sei Admiral der Krone und habe den Auftrag, „sich aufzumachen nach jenen Gebieten des Ozeans, wo er bestimmte Aufgaben erledigen soll." Niemand hatte eine Vorstellung, zu welchen Gebieten es gehen sollte. Aber bald machten Gerüchte die Runde, dass so weit nach Westen ins atlantische Meer gesegelt werden sollte, wie noch niemals zuvor ein Schiff gekommen war. Colón wollte auf diesem Wege angeblich das Land des großen Khan finden, Zipangu im fernen Asien und Cathay, die reiche Hauptstadt, von der sagenhafte Berichte existierten.

Die alten Seemänner tippten sich an die Stirn, die jungen schüttelten sich vor Lachen über die Vorstellung, die Erde könne per Schiff „umrundet" werden, wo doch alle Welt wusste, dass man über ihren Rand hinaus ins Nichts stürzen würde. Niemand meldete sich, um an der befohlenen Fahrt teilzunehmen.

Erst als nach Wochen ergebnislosen Bemühens Don Alonso Pinzon öffentlich bekanntgab, er werde eines der Schiffe stellen und zusammen mit seinen jüngeren Brüdern an der Fahrt teilnehmen, fanden sich plötzlich genug Freiwillige. Trotzdem herrschte weiter die Überzeugung vor, es bei Colón mit einem Spinner zu tun zu haben: „Er will nach Indien segeln", spekulierte einer. „Er sucht die verwunschene Insel Antiglia. Dort gibt es sieben Städte, gegründet von sieben Bischöfen. Sie flüchteten, als die Mauren Spanien eroberten. Der Meeressand soll dort aus purem Gold sein, doch niemand weiß, wo dieses Eiland wirklich liegt", wusste ein anderer. Ein Dritter erzählte: „Weit im Westen, hinter den azorischen Inseln, da gibt es noch eine Insel, die heißt St. Brandans. An klaren Tagen kann man sie 200 Seemeilen westwärts von den kanarischen Inseln am Horizont sehen, dann leuchtet sie im Meer."

Man amüsierte sich köstlich über derlei Seemannsgarn und verließ sich im Übrigen auf Don Alonso Pinzon. Der würde schon dafür sorgen, dass die Fahrt zu einem Erfolg wurde. Ihm vertrauten die Männer in Palos, ganz im Gegensatz zum windigen Phantasten Colón. Und weil die Pinzons dabei waren und die Quinteros und die Niños, allesamt angesehene und wohlhabende Seemänner und Kaufleute aus Palos, Moguer und Huelva, meldeten sich plötzlich auch genug

Abenteuerlustige. Auch der Alte hatte sich freiwillig melden wollen, er war aber als stadtbekannter Saufkopf nicht angenommen worden.

Auch daher rührte seine Wut auf die reichen Pinzons. Nach einer stummen Pause brach es unvermittelt aus ihm heraus: „Die Idioten! Morgen segeln sie los, diese Schwätzer!"

„Vielleicht gibt's dabei was zu gewinnen", sagte zögernd die Mutter.

„Halt's Maul, du verstehst nichts davon! Nichts gibt's zu gewinnen!"

Er verdrehte die Augen. Rodrigo hielt er unterdessen immer noch fest am Haarschopf gepackt.

„Es ist für den Tod", lästerte der Alte weiter. „Von denen wird keiner zurückkommen."

„Aber wenn doch Don Alonso Pinzon mitfährt", wagte die Mutter zu widersprechen, „dann ist doch etwas dran, an den Goldländern im Westen?"

„Red kein dummes Zeug! Der Pinzon kann auch nicht alles wissen. Mich kriegt jedenfalls keiner auf sein Schiff."

„Feigling!", kommentierte geringschätzig die Mutter.

„Wenn dir was nicht passt, du alte Kotze, dann kannst du ja selber gehen. Für tausend Maravedis. Deinen fetten Arsch könnten sie schon noch brauchen, auf ihrer Fahrt." Die Mutter schnaubte verächtlich.

„Irgendwann wird der hochnäsige Don Pinzon gewaltig auf die Schnauze fallen. Der feine Herr mit seinen krummen Geschäften. Er ist ein Ausbeuter und Leuteschinder."

„Er ist immerhin der angesehenste und reichste Mann der Gegend", warf die Mutter ein. Sie klang respektlos und wütend, was den jähzornigen alten Säufer aufs Äußerste reizte.

„Der reiche Pinzon ist das größte Aas von ganz Palos", blaffte er. Dann sprang er auf und umrundete mit stampfenden Schritten den wackligen Tisch: „Das größte Klappermaul von ganz Palos! Arschloch! Arschloch! – Sag es nach!" Er packte den völlig verschreckten Miguel am Hemd und zerrte ihn zu sich her: „Sag es! Sag es nach!"

„Der rrrr...reiche ...", stotterte Miguel, wie er immer stotterte. Der Alte brüllte: „Lauter!"

„Der rrr...reiche Don Pinzon ... ist ddd... das größte AAAA... Arschloch von Palos", stammelte er.

Der Alte hörte gar nicht zu, er schnappte sich bereits den kleinen Pedro und auch der musste es nachsagen.

„Jetzt du", blaffte er Rodrigo an und redete sich selbst in Rage: „Du bist doch sein Schweinehirte. Du musst es doch ganz besonders wissen." Aber Rodrigo zögerte. Don Alonso war sein Dienstherr. Er war reich, klug, mächtig, edel. Nie hatte der Junge ihn anders wahrgenommen. Der Patron verkörperte all das, wovon er träumte. Und da gab es auch noch Don Alonsos zehnjährige Tochter. Die schöne Isabella. Er beobachtete sie oft heimlich, wenn sie im Hof der Casa Pinzon spielte oder mit ihren Schwestern und Dienerinnen Spaziergänge unternahm. Er verehrte sie, träumte und schwärmte von ihr. Sie war seine große, heilige, heimliche Liebe. Konnte er da so abfällig über die Familie Pinzon reden wie der alte Saufbold es verlangte? Das wäre Verrat. Er biss sich auf die Unterlippe und schwieg eisern.

Der Alte stand vor ihm und drückte ihn mit der flachen Hand gegen die Wand: „Du Rotznase! Sprich mir nach, du Strohkopf: Der reiche Don Pinzon ist ein riesengroßes Arschloch!"

Rodrigo presste die Lippen zusammen und schüttelte zaghaft den Kopf. Der Alte in seiner Raserei spürte den Widerstand. In sein Staunen darüber mischte sich grobe Wut: „Wirst du wohl reden, du verlauster Mistkerl. Ich zieh dir die Zunge raus!"

Es folgten zwei klatschende Ohrfeigen. Rodrigo duckte sich, aber dem festen Griff des Säufers konnte er sich nicht entwinden. Der Alte mochte ein Saufkopf sein, aber er verfügte noch über erstaunliche Körperkräfte. „Sag jetzt diesen Satz! Oder muss ich dich erst weichprügeln?"

Rodrigo spürte die ersten Schläge, aber der Gedanke an Isabella ließ ihn trotzig schweigen. Seine Weigerung, diesen einen Satz zu wiederholen, wuchs sich zur Prüfung für die Stärke seiner Liebe aus. Ein Nachgeben kam nicht in Frage.

Der Alte beherrschte die Kunst des Prügelns. Er drosch mit unbändiger Wut auf Rodrigo ein. Damit entlud er die eigenen Frustrationen, reagierte die eigenen Unzulänglichkeiten ab, die eigene Feigheit und Schwäche. Fausthiebe, Fußtritte, Schläge, Hiebe mit dem Stock, harte Schläge mit dem Lederriemen, alles gehörte zum Arsenal des Alten. Rodrigo rollte sich zusammen wie ein Igel, schützte den Kopf zwischen Knien und Ellbogen und erduldete mit zähem Schweigen die Tortur.

Seine Mutter versuchte, das sinnlose Einschlagen zu beenden. „Hör jetzt wieder auf", sagte sie eher bittend als fordernd. Aber das brachte den Alten noch mehr in Wut und ihr einen brutalen Faustschlag ein, mitten auf den Brustkorb, so dass sie torkelnd quer durch den Raum geschleudert wurde.

„Pinzon ist ein Arschloch! Pinzon ist ein Arschloch!", brüllte in heißerer Wut der Trunkenbold.

Rodrigo rappelte sich auf. Auf dem Tisch lag das Messer. Ein langer Dolch mit rostiger Schneide und abgebrochener Spitze.

Mit vernebeltem Blick hinter geschwollenen Augenlidern, mit blutiger Nase und aufgeschlagenen Lippen, voller Flecken am ganzen Leib, Rotz und Wasser spuckend, schnappte Rodrigo nach diesem Messer. Es war eine Bewegung: packen, ausholen, ein Satz nach vorne, zustechen. Mit unbändigem Schwung jagte er dem tobenden Alten die Klinge von hinten zwischen die Schulterblätter. Es knirschte, als das Messer an den Knochen abrutschte, dann folgte ein saugendes Geräusch, gefolgt vom Stöhnen des Alten, der den Tisch mit sich zu Boden riss und sich darunter begrub.

Die Mutter presste pfeifend den Atem aus den Lungen, blickte ungläubig auf ihren Sohn. Da sprang von hinten Miguel hervor, der jüngere Bruder, und zerrte Rodrigo zum Hüttenausgang. „Raus, raus, raus. Du hast ihn tot gemacht!"

Kaum zur Hütte hinaus, tauchten die Brüder ins Dunkel der Nacht.

Aufbruch. Zeit zum Auslaufen. Die kleine Flotte im Hafenbecken, das von einem Arm des Rio Tinto gebildet wurde, war bereit für die Fahrt ins Ungewisse. Die Ladung befand sich an Bord, die Mannschaften standen fest: 90 Mann, 39 auf der Gallega, 27 auf der Pinta und 24 auf der Niña – alle drei Schiffe in tadellosem Zustand.

Mitternacht strich soeben vorüber. Der leicht verhangene Sternenhimmel warf dunkle Schatten. Ansonsten hatte sich Finsternis über die Gassen von Palos gestülpt. Die Glocken der Georgskirche riefen zum Gebet.

Admiral Colón und die Pinzons hatten sämtliche Mannschaften zum gemeinsamen Gottesdienst befohlen. Die Schutzheiligen mussten vor dieser großen Fahrt um Wohlwollen angerufen werden. Ohne Gottes Segen durfte das Abenteuer nicht begonnen werden, zu dem überraschend kein Priester mit an Bord genommen wurde. Diese Ausfahrt in die unbekannte Ferne konnte nur gelingen unter der weihevollen Schirmherrschaft der heiligen katholischen Kirche, weshalb Martin Alonso Pinzon streng darauf geachtet hatte, keine Juden und möglichst wenig Conversos, ehemalige Juden, mit in die Mannschaft aufzunehmen.

Während drinnen in der neu erbauten Georgskirche 90 Männer und viele Angehörige der Wagemutigen andächtig den salbungsvollen Worten des Priesters lauschten, schlichen draußen zwei schmächtige Gestalten durch die verwaisten Gassen hinunter zum Hafen. Aus sicherer Distanz, hinter Sträuchern verborgen, harrten sie eine Weile aus und spähten die Schiffe aus. Die Karavellen im Hafen schienen unbewacht. Die gesamte Besatzung befand sich in der Kirche. Am Heck der drei Segler brannten die Positionslichter, einsam glühende Punkte in der dunklen Nacht. Nur leises Plätschern der Wellen gegen die Schiffsbäuche und die Hafenmauer, gelegentliches Knarren im Schiffsgebälk und leichtes Flattern der Takelage – keine anderen Geräusche waren zu vernehmen.

Wie Katzen schlichen Rodrigo und Miguel zur Kaimauer, nicht weit vom Ankerplatz der drei Segelschiffe entfernt. Die beiden Brüder hatten sich entkleidet, liefen vollkommen nackt durch die Nacht. Ihre schmutzigen Hosen und Hemden hatten sie zu Bündeln zusammengeschnürt, um sie trocken zu halten.

Es stank nach altem Fisch, nach Teer und Salzwasser. Vorsichtig ließen sich die beiden an der Kaimauer hinunter ins lauwarme Wasser gleiten. Die Dunkelheit über dem Rio Tinto verschluckte sie sogleich. Mit vorsichtigen Schwimmzügen erreichten sie die Trossen des Bugankers der Gallega. Dass sie gerade am Flaggschiff landeten, war eher Zufall. Es lag am günstigsten, denn um die Pinta oder die

Niña zu erreichen, hätten die Knaben noch weiter schwimmen müssen. Gleich das erste der drei Schiffe zu erklimmen, hielten sie für die bessere Lösung.

Affengleich klammerte Rodrigo sich am mächtigen, gedrehten Hanftau fest und zog sich nach oben. Das brackige Wasser plätscherte, als er sich hinaushievte, und die Ankertrosse scheuerte bei den Kletterbewegungen lautstark an den Klüsen und am Beting. Aber auf den Schiffen rührte sich nichts.

Sich auf eines der Schiffe zu flüchten, war ein spontaner Entschluss gewesen. Sie verließen Palos, ein sicherer Weg, um der Rache des Alten zu entgehen, sollte er den Messerstich überlebt haben. Wenn nicht, würde man Rodrigo als Mörder suchen, und Miguel als dessen Helfer. Also mussten sie verschwinden. Möglichst lange und möglichst weit weg. Dass dieser Freitag, 3. August 1492, ein historisches Datum werden würde, konnten die Kinder nicht wissen.

Rodrigo erreichte nach anstrengenden Minuten die Ankerklüse. Von dort erwies es sich für einen geübten Kletterkünstler, wie Rodrigo einer war, als ein Leichtes, über die Reling an Bord zu kommen. Aber unten im Wasser hing immer noch Miguel und kämpfte mit dem Ankertau.

„Was ist los?"

„Ich rutsche ab. Ich komme nicht hoch."

„Versuch's!"

„Ich hab keine Kraft mehr. Rodrigo, ich schaffe es nicht." Miguels Flüstern klang verzweifelt. Verbissen klammerte sich der kleine Bruder an das Ankertau, schaffte ein kurzes Stück, glitt aber gleich wieder zurück ins Wasser. Miguel war zehn Jahre alt. Er besaß nach dem Schwimmen zu wenig Kraft für den Kletterakt.

Dann begannen die Glocken der Georgskirche zu läuten.

„Sie kommen!" Ein panischer Ruf Rodrigos.

„Ich kann es nicht, Rodrigo, ich kann es nicht", weinte jetzt Miguel voller Verzweiflung.

„Miguel! Miguelito!" Ein geflüsterter Schrei. Rodrigos Hände krampften sich um die Bordwand, er starrte entsetzt auf die dunklen

Wellen hinunter. Miguel gab das Ankertau frei, sank erschöpft ins stinkende Hafenwasser zurück. Rodrigo hörte ihn schluchzen.

Dann schwoll der Lärm von den Häusern her an. Helle Fackellichter tanzten durch die Nacht und kamen schnell näher.

Rodrigo musste sich entscheiden: Dem kleinen Bruder treu bleiben und hinterherspringen, zurück ins Hafenbecken. Das bedeutete zurück ins Elend, zurück in die Lehmhütte, zurück in die Hoffnungslosigkeit. Nein! Er entschied sich für den anderen Weg. An Bord bleiben. Lautlos huschte er über die Planken, schlüpfte in eine finstere Luke und verschwand unter Deck. Schon hörte er erste Schritte und Kommandos unmittelbar vor dem Schiff. Jetzt gab es kein Zurück mehr.

Rodrigo kletterte so weit hinunter ins Innere des Schiffes wie nur möglich. Er landete über den Laderaum und das Zwischendeck im untersten Kielraum, der Bilge. Finsternis und brackiger Gestank von abgestandenem Wasser voller Rattenpisse umfingen ihn. Eine zentimetertiefe Pfütze übelriechenden Bilgenwassers stand im Bauch der Gallega. Rodrigo würgte. Tapfer tappte er mit nackten Füßen durchdie schwarze Brühe. Während er sich links und rechts an Stützbalken festhielt und vorwärts schob, hörte er das Fiepen der aufgescheuchten Ratten und das Plätschern, wenn sie sich mit schnellen Sprüngen in Sicherheit brachten. Rodrigo war hartgesotten. Er hütete Ziegen und Schweine; Wanzen und Kakerlaken waren seine Bettgenossen. Und er hatte eine ganz und gar unempfindliche Nase. Der Schiffsbauch mit seinem ganzen finsteren Gestank schreckte ihn nicht. Zudem lenkten ihn die Geräusche ab, die vom Deck herunterdrangen und bezeugten, dass die Mannschaft an Bord kam.

Zitternd an einen der Stützbalken gelehnt, die Augen geschlossen, weil er in der Finsternis ohnehin nichts sehen konnte, lauschte Rodrigo den Lauten. Dann spürte er, die Gallega hatte abgelegt.

Vor Sonnenaufgang drehten sich die drei Schiffe träge von den Hafenmauern in die Flussmitte. Mit Hilfe der Ruderhölzer, welche die Matrosen in gleichbleibendem Rhythmus einsetzten, gewannen sie an Fahrt. Viel Volk hatte sich am Hafen eingefunden, ganz Palos schien auf den Beinen und bestaunte das Auslaufen. Frauen und

Kinder. Viele weinten und jammerten, weil sie glaubten, ihre Männer führen ins Verderben. Unter den modrigen Stützbalken an der Hafenmauer saß unbemerkt von der Menge ein weinender kleiner Junge.

Manche fluchten auf Christóbal Colón, aber manche winkten auch, und vereinzelt waren sogar Hochrufe zu vernehmen. Martin Alonsos Sohn, Arias Perez Pinzon, umringt von all den aufgetakelten Pinzon-Damen, darunter die kleine Isabella, jubelte laut: „Auf Ferdinand, auf Isabella, auf Spanien und das Königspaar, hoch lebe der König!" Die Menge auf der Mole brüllte ihm nach: „Es lebe der König!"

Die Schiffe fanden schnell den Weg aus dem kleinen Hafenbecken hinaus. An Backbord tauchten die Umrisse des Klosters La Rabida aus dem Dunst. Über das Wasser hallte der Gesang der Franziskaner-Mönche zur Prim, der Stunde des ersten Gebets. Bis hinunter in Rodrigos finsteres Versteck war der mystische Chorgesang zu hören, hohe Stimmen, weit in die Nacht hinausgetragen: „Deo patri sit gloria, eiusque soli filio, cum spirito paralito et nunc et in perpetuum."

Rodrigo erschauderte. Das war der Abschied von der Welt.

Nachdem die kleine Flotte La Rabida passiert hatte, steuerte sie backbords in den Rio Saltes, dann hart Steuerbord über die Barre, jene letzte Untiefe, bevor trichterförmig der Fluss ins Meer mündete. Dort kam endlich leichter Wind auf. Die Segel begannen sich aufzublähen. Rodrigo lauschte den Kommandos an Bord, dem Plätschern der Wellen am Schiffsbauch, dem Knarren und Ächzen des Gebälks. Langsam legte sich seine Aufregung, der Pulsschlag normalisierte sich.

Im Osten ging soeben die Sonne auf.

II. Prinzessin Tausendschön

Sie beherrschte mit ihren riesigen azurblauen Augen alle Spielarten eines hochnäsigen Blickes. Selbst beim Wegschauen wirkte sie arrogant. Sie verfügte vollkommen über die Kunst der überheblich hochgezogenen Stirn und des herablassenden Ignorierens. Sie war ein schönes Kind. Schlank, grazil, schwarzhaarig, ebenmäßig. Eine Prinzessin.

Isabella Pinzon, in diesem Spätsommer 1492 zehn Jahre alt, genoss die Spaziergänge durch Palos, die ihr unter der Aufsicht der älteren Schwestern Catalina und Leonora, Amme Fernanda oder Mutter Maria Alvarez Pinzon gestattet waren. Besonders genoss sie es, wenn die Gleichaltrigen sie bestaunten. Die armseligen Kinder der Fischer etwa oder die mageren und halb verhungerten Söhne der Hafenarbeiter und Schafhirten.

Bei diesen Spaziergängen, die von der Casa Pinzon, dem großen Herrenhaus des Vaters, in großem Bogen zum Ort hereinführten, vorbei an der Georgskirche hinunter zum Hafen, dann über den Feldweg zurück zum Haus, das oberhalb des Ortes an der Straße nach Moguer stand, schritt Isabella wie eine zukünftige Königin, fächelte sich unaufhörlich Wind ins Gesicht, blickte so blasiert und unnahbar, wie sie es bei ihren Schwestern abgeschaut hatte, machte zierliche Schritte, hielt den Rücken gerade und den Kopf in die Höhe. Mit ihren zehn Jahren war sie ein spätes Nesthäkchen der Familie und der Liebling ihres Vaters. So wie sie ihn mit Leichtigkeit um den kleinen Finger wickelte und bezirzte, so gelang ihr das auch mit den Menschen ihrer Umgebung. Niemand konnte ihrem Charme widerstehen, ihrem Augenaufschlag, dem Schmollmündchen, der niedlich gerümpften Nase. Und sie war sich ihrer Wirkung bewusst. Für die staunende Dorfjugend stellte schon Isabellas Kleidung eine Attraktion dar. Inbegriff von Reichtum. So dauerte es meist nicht lange, bis ein Schwarm aufgeregter Kinder sie bei ihren Spaziergängen verfolgte. Die Amme versuchte stets, die lästigen Rudel mit dem Schirm zu verscheuchen. Die Schwestern scheuten sich nicht, die Bande mit Stöcken und Steinen auf Abstand zu halten. Isabella beteiligte sich nicht daran. Sie wollte bewundert werden. Es gefiel ihr, bestaunt und bewundert zu werden, mit zierlichen Schühchen, dem raschelnden Kleid, den feinen Handschuhen, bis hin zum Haubenhütchen, unter dem keck ihre schwarzen Locken hervorlugten.

An diesem frühen Morgen war alles anders als sonst. Diesmal war nicht Isabella Pinzon die Attraktion, diesmal versammelten die Menschen sich im Hafen, um der Ausfahrt dreier Schiffe beizuwohnen.

„Papa, Papa", bedrängte Isabella ihren Vater und hängte sich an seinen Rock. Zuvor hatte er die Mutter zum Abschied geküsst, die beiden erwachsenen Töchter Catalina und Leonora, dann hatte er seine Söhne umarmt, Martin Arias und Juan, die beide während seiner Abwesenheit das Geschäft führen sollten. Und jetzt, jetzt endlich nahm er sich Zeit für seinen kleinen Liebling. Er packte das Mädchen mit seinen kräftigen Händen in den Hüften, hob es hoch und drückte es an sich.

„Ich entdecke ein fremdes Land für dich", versprach er der begeisterten Kleinen. „Und ich bringe dir Schätze von dort mit, Gold und Edelsteine."

Sie drückte ihr Gesicht an seine kratzige, nur unzureichend rasierte Wange: „Werde ich dann Prinzessin von diesem Land?"

„Das wirst du, meine Liebe! Das verspreche ich dir."

„Und bin ich dann die Schönste?"

„Das bist du, Liebling. Das bist du doch immer. Du weißt doch, du bist meine Prinzessin Tausendschön!"

Wie sie diesen Kosenamen mochte. Es beglückte sie jedesmal, wenn Vater ihn benutzte. Dann fühlte sie sich wirklich so: Tausendschön!

Martin Alonso Pinzon setzte sein Töchterchen ab. Sein Blick schweifte über all die Menschen hinweg, die Spalier standen. Seine Augen leuchteten. Sie alle glaubten an ihn. Sie vertrauten ihm. Nicht wahr, Don Alonso, du bringst unsere Söhne heil und unversehrt zurück? So stand es in den Augen der Väter und Mütter geschrieben, die sich auf die Mole gedrückt hatten, um diese Abfahrt mitzuerleben.

Pinzon sputete sich. Die Mannschaften waren bereits alle an Bord, die ersten Kommandos des Steuermannes und des Bootsmannes flogen über Deck. Auch Christóbal Colón, der Admiral der Krone, hatte bereits sein Schiff, die „Gallega", betreten. Ihm konnte es nicht schnell genug gehen.

Martin Alonso schnaubte verächtlich. „Wir segeln los, wann ich es sage", dachte er bei sich. „Und so wird es auch auf hoher See sein. Ich werde das Kommando haben. Das sind meine Schiffe und meine Männer. Dieser Genuese, er ist nur ein notwendiges Übel. Wir werden schon sehen."

Mit diesen Gedanken verließ Pinzon den spanischen Mutterboden und kletterte über den angelegten Steg an Bord seines eigenen Schiffes, der „Pinta", auf dem er Kapitän sein würde.

In diesem Moment brüllte Martin Arias, Pinzons ältester Sohn und Bruder Isabellas, laut über die Menge hinweg: „Auf Ferdinand, auf Isabella, auf Spanien und das Königspaar, hoch lebe der König!"

Alle stimmten ein: „Hoch lebe der König!"

Isabella, stolz auf ihren Vater, stolz auf ihre Familie, schrie begeistert mit und schwenkte freudig ihr seidenes Taschentuch.

Geisterhaft stumm zogen die Schiffe im Morgenlicht davon, den Rio Tinto hinunter. Sie schoben in kleinen schaumigen Bugwellen den Schmutz des Hafens seitlich vor sich her.

Während sich die Schaulustigen auf der Mole bereits verliefen, huschte unweit eine Ratte vorbei, kläffende Köter hinterher.

Hier im Hafen war nicht der standesgemäße Platz für eine junge Dame wie Isabella Pinzon. Dreckig, stinkig, faulig und modrig war es hier. Isabellas Blick fiel auf einen hageren, kleinen Jungen, der hinter einem hölzernen Poller kauerte und so gottserbärmlich schniefte, dass Isabella ihn nicht ignorieren konnte. Sie zupfte ihre Amme Fernanda am Ärmel der Bluse und machte sie auf das Kind aufmerksam.

„Das wird der Balg von einem der Matrosen sein", kommentierte das gefühlskalte Kindermädchen. „Das ist nichts für dich Kleines, komm, schau nicht so hin! Die Seeleute können keine Rücksicht auf ihre Bastarde nehmen", sagte die Amme verächtlich. „Jetzt muss sich der Hungerleider wahrscheinlich ein paar Monate alleine durchschlagen. Vermutlich hat er niemanden."

„Keine Mutter?", fragte Isabella ungläubig.

„Keine Mutter! Solche Kinder haben meistens keine!" Die Amme sagte es mit herrischer Gewissheit. „Das sind Bälger von Huren und Säufern. Sie werden in die Welt gesetzt und dann alleine gelassen."

Ungläubig stierte Isabella den jämmerlichen Knaben weiter an. Klapperdürr wie eine Vogelscheuche war er, und obendrein trieften die Lumpen, die er an sich trug, vor Nässe. Ob er ins Wasser gefallen war?

Fernanda nestelte unter ihrem Ärmel eine kleine, perlenbesetzte Börse hervor und suchte mit spitzen Fingern einen Kupferreal heraus. „Gib ihm das da!"

Isabella nahm die Münze, trat zwei Schritte auf den zitternden Jungen zu, bis dieser ängstlich auf sie aufmerksam wurde, und warf dann mit graziösem Schwung den Kupferreal über die Steinplatten zu ihm hin. Die Münze fiel klimpernd auf den Stein, rollte noch einen Kreisel und blieb dann in Reichweite des Jungen liegen. Er griff schnell zu. Aus seinen verheulten Augen warf er seiner Gönnerin einen dankbaren Blick zu. Dann sprang er auf und hastete wie ein davongejagter Hund davon.

Isabella sah ihm nachdenklich hinterher und erinnerte sich an eine erst kürzliche Begebenheit. Hier am Hafen im gerade ausklingenden Sommer war es gewesen, als sie schon einmal ein Erlebnis mit einem mageren Jungen gehabt hatte:

Auf ihrem täglichen Spaziergang kommen die Pinzon-Damen von der Georgskirche die mit Stufen durchsetzten schmalen Gassen herunter zum Hafen. Von der Mole sieht es aus, als schwebten sie. Unter den weiten Röcken sieht man ihre Füße und Beine nicht. Am Wasser tummelt sich die männliche Jugend von Palos. Eine Horde braun gebrannter, sehniger Burschen, kaum einer älter als zwölf oder dreizehn Jahre. Ihr Anführer ist Pablo, ein knapp 16-jähriger Aufschneider und Angeber. Aber ein schöner Kerl, großgewachsen, muskulös, mit bereits männlichen Schultern, sanften schwarzen Locken und mit feurigen dunklen Glutaugen. An diesem Tag sieht er besonders gut aus. Wie die anderen jungen Burschen ist er bis auf ein kurzes Beinkleid fast nackt. Der Oberkörper glänzt vom Wasser silbrig im Sonnenlicht. Immer wieder springen die Jungen ins Hafenbecken. Sie veranstalten Wettschwimmen, tauchen nach Gegenständen, die sie sich gegenseitig ins trübe Wasser werfen. Manche stacheln sich gegenseitig zu Mutproben an, etwa vom höchsten Holzgerüst der Ladekräne hinunterzuspringen ins Wasser, fast dreißig Fuß in die Tiefe. Nur die Verwegensten wagen es. Pablo natürlich vorneweg. Aber da ist noch dieser andere Junge, ein schmaler, sehniger, fast dürrer Bursche. Er ist einen Kopf kleiner als Pablo, aber er scheut vor keiner Mutprobe zurück. Immer macht er es dem Angeber nach, egal, wie hoch dieser klettert, wie tief er taucht, wie weit er den Rio Tinto hinausschwimmt. Dieser andere, das ist Rodrigo, der Schweinehirte.

Isabella kennt sie beide. Pablo, der Schöne, der ihr gefällt, der ihr schöne Augen macht, der aussieht wie ein Prinz. Dem blinzelt sie in den wenigen Sekunden zu, wenn sie unkeusch dem Treiben der Jungen zusieht. Sobald Fernanda es bemerkt, senkt sie sittsam den Blick. Pablo entgeht das nicht; er wirft sich noch mehr in die Brust, versucht, Isabella mit noch waghalsigeren Sprüngen zu imponieren. Rodrigo ist der Schweinehirte ihres Vaters. Er schleicht manchmal um die Casa Pinzon herum und wirft schmachtende Blicke in den Hof, wenn Isabella dort am Zierbrunnen spielt. Sie ignoriert diesen Schweinehirten natürlich.

Die weniger Wagemutigen und die Jüngeren, die noch nicht schwimmen können, sitzen gelangweilt auf der Kante der Hafenmauer und schießen mit ihren Steinschleudern nach den Möwen, die in lauernden Patrouillenflügen über dem Hafen kreisen. Die Vögel sind gewieft und wendig. Kaum eine Möwe lässt sich überraschen. Wenn doch einmal die Federn fliegen und ein Stein eine Möwe im Flug erwischt, ist das Triumphgeschrei groß und der glückliche Schütze wird gebührend gefeiert.

Jetzt kommen die Pinzon-Damen näher. Vorne die Mama, Donna Maria Alvarez. Eine Matrone, in dunklen Tüchern verhüllt, die wogend um sie herum drappiert sind, als Umhang, Kleid, Schleier, Kapuze. Hinter ihr folgen gesittet die zwei älteren Töchter, Catalina und Leonora, in luftigen, farbigen Kleidern, Händchen haltend, fast immer kichernd und flüsternd. Sie beraten ihre bevorstehenden Eheschließungen, von denen sie noch nicht viel mehr wissen, als dass ihre Eltern sie für sie einfädeln würden. Hinter ihnen folgte die Prinzessin mit Fernanda. Ihretwegen nur findet dieses Defilee im Hafen statt. Sie wünscht sich diese Route immer wieder, weil sie sich hier ihres bewundernden Publikums gewiss sein kann. Die älteren Damen wären bei der Georgskirche lieber über den Friedhof abgebogen und hätten dann bergwärts den Weg aus dem Ort heraus gesucht.

Die Buben haben die Prozession natürlich längst entdeckt. Einer hat schon gepfiffen, die anderen haben sogleich registriert, wer sich nähert. Selbstverständlich wusste jeder von ihnen, wer die Pinzons waren. Vom fünfjährigen Knirps bis zum 15-jährigen Halbstarken, die Söhne der Fischer ebenso wie die Söhne der Schafhirten, die Bettlerkinder ebenso wie die der Fischhändler und Handwerker. Bei den meisten stand irgendein Familienmitglied, Vater, Onkel, Bruder oder Cousin, direkt oder indirekt in Diensten der Pinzons.

Nun galt es, besonders wagemutige Kunststücke zu zeigen, besondere Kühnheit an den Tag zu legen, noch tiefer zu tauchen, noch mutiger zu springen, noch schneller zu schwimmen. Den Damen musste imponiert werden.

Mama Maria ignoriert geflissentlich das Gewusel um sich herum. Sie schreitet durch die johlende Schar der Hafenjungen hindurch wie durch einen lästigen Taubenschwarm. Husch, husch, Platz da, befehlen ihre knappen Gesten. Catalina und Leonorae halten die Köpfe hoch und schreiten hinter der Mutter her wie Klosterschwestern, die mit weltlichen Ablenkungen nichts anzufangen wissen.

Nur Isabella bleibt staunend stehen, als vor ihr ein Rudel der braungebrannten Körper über die flache Kaimauer ins Wasser schießt und ein paar Spritzer bis zu ihr herüberspringen.

„Das ist ungehörig", schimpft Fernanda. Isabella gefällt es. Sie weiß, dass die Vorführung ihr gilt. Keck blickt sie dem Anführer in die Augen, diesem strahlenden Pablo, der sich breitbeinig aufgebaut hat. Er glänzt vom Wasser. Tropfen perlen ihm von der Brust und von den kräftigen Schenkeln. Er lacht, blitzweiße Zähne strahlen aus seinem hübschen Gesicht.

Zu ihrem zehnten Geburtstag hat der Vater ihr ein Silberkettchen geschenkt. Sie trägt es um den Hals. Es ist wertvoll. Echtes Silber, geschmiedet in Salamanca. Er hat es von einer seiner Kaufmannsreisen mitgebracht. Ihr teuerster Besitz. Sie löst das Kettchen vom Hals, nimmt es in ihre zierliche Hand und hält es so in die Höhe, dass alle es sehen können. Staunend weiten sich die dunklen Bubenaugen.

„Bringt es mir, taucht für mich", ruft Isabella und schleudert das Kettchen hoch hinaus ins Hafenwasser, noch ehe die Schwestern oder die Amme realisieren, was da passiert. Unablässig schaut sie diesem herausfordernd grinsenden Pablo ins Gesicht. Er soll es holen. Ihn meint sie.

Aber es ist ein halbes Dutzend Knaben, das wie von der Sehne geschnellt ins Wasser springt. Kopfüber tauchen sie ein, in einem einzigen Atemzug sind die Leiber unter der schaumig wirbelnden Oberfläche verschwunden.

Der Hafen ist nicht tief, zwölf oder fünfzehn Fuß vielleicht. Aber sein Grund ist schmutzig, schlammig, voller Unrat und Müll. Die täglichen Überreste des Fischmarktes werden dort hineingespült, die häuslichen Abfälle der Bewohner von Palos landen dort, außerdem all der Dreck und die Abwässer, die der Rio Tinto mit sich schleppt. Das Wasser ist deshalb trübe wie arabischer Tee.

All dies hat Isabella nicht bedacht. Donna Maria hat es noch nicht mitbekommen, wundert sich jetzt, warum alle so aufgeregt ins Hafenwasser blicken, als Catalina entsetzt stöhnt: „Was hast du getan?" Sie fasst ihre kleine Schwester bei den Schultern, schüttelt sie und schimpft: „Bist du verrückt geworden? Das Silberkettchen! Vaters Geschenk!"

„Großer Gott“, flüstert auch Leonora und droht umzufallen. Schon verdreht sie die Augen. Möglicherweise ein Anfall. Isabellas Schwester leidet an der Fallsucht, Gota Coral. Sie hat epileptische Anfälle immer dann, wenn etwas Überraschendes oder Aufregendes geschieht, etwas, was nicht vorhersehbar oder planbar gewesen war. Fernanda hält sie fest.

Alle starren gebannt aufs Wasser. Isabella kommen die Tränen.

Die ersten Bubenköpfe tauchen auf. Einer, zwei, dann drei, vier. Pablo ist nicht dabei. Die Gesichter sind rot vor Anstrengung, das Haar klebt nass in den Stirnen, die Augen glänzen. Keiner hat das Kettchen. Wieviele sind überhaupt hinterhergesprungen? Mehr als eineinhalb Minuten sind vergangen.

Endlich zeichnet sich unter der Oberfläche ein Schatten ab. Da taucht er auf. Es ist Pablo. Isabella schreit seinen Namen hinaus, so groß ist ihre Anspannung. Pablo lächelt nicht. Er macht eine entschuldigende Geste. Er hat das Kettchen nicht.

„Das bedeutet Unglück“, jammert Catalina. Isabella weint. Doch die Jungen, die bereits aufgetaucht sind, kommen nicht an Land. Sie schwimmen im Wasser auf der Stelle und blicken in die Tiefe.

Da bewegt sich etwas. Ein Schemen erscheint unter der Wasseroberfläche. Wie ein Korken taucht er auf, heftig nach Luft schnappend, die Augen springen ihm fast aus den Höhlen. Es ist Rodrigo, der Schweinehirte.

Er hebt den rechten Arm aus dem Wasser und reckt ihn in die Höhe. In seiner Hand glitzert es silbern. Er hat es geschafft. Er hat das Kettchen vom Grund des Hafens gefischt. Er war es, nicht Pablo, der Alleskönner. Er, Rodrigo, der Schweinehirte.

Man sieht ihm seinen Stolz nicht an, als er eifrig an die Mauer schwimmt und sich gelenkig aus dem Wasser heraushievt. Dennoch bleibt seine Miene ungerührt, als er Isabella das Schmuckstück überreicht. Wie stolz er ist, wie sein Herz pumpt und schier die Brust zu sprengen droht, wie seine Knie weich werden, das alles sieht man nicht.

Isabella nimmt ihr Schmuckstück mit spitzen Fingern in Empfang. Sie vermeidet es, Rodrigos Hand zu berühren, schlägt die Augen nieder. Was für eine Demütigung. Ausgerechnet der!

„Komm jetzt endlich, komm", forderte die Amme und zerrte am Arm des Mädchens. Isabella schreckte auf. Sie war ganz in die Erinnerung an jene Szene aus dem Spätsommer versunken. Verwirrt blickte sie sich um. Jetzt war bereits August und früher Morgen. Die drei Schiffe mit ihrem Vater und ihren beiden Onkeln Vicente Yanez und Francisco Martin an Bord waren gerade zur großen Fahrt ins Unbekannte aufgebrochen. Vorsichtig tastete sie nach der Silberkette an ihrem Hals. Die Finger verkrampften sich. Wie dumm und unbesonnen sie gewesen war.

Catalina war es schließlich gewesen, die, nachdem sie erfahren hatte, dass Rodrigo ein Schweinehirte im Dienste ihres Vaters war, darauf gedrängt hatte, dass Isabella sich nachträglich bedankte. „Wie hättest du es Vater erklären wollen, dass die Kette verschwunden ist? Sei nett und gib ihm ein Geschenk!"

Zwei Tage später winkte Isabella den Schweinehirten in den Hof der Casa Pinzon, nachdem sie eine Weile beobachtet hatte, wie er draußen herumstreunte.

Mit vorsichtigen Schritten tappten seine schmutzigen Füße über die kalten Steinplatten. In gebührendem Abstand vor Isabella blieb er stehen.

„Ich habe etwas für dich", sagte sie spitz. Im Hintergrund wachte Fernanda, die zuvor genaue Anweisungen gegeben hatte. Auf keinen Fall durfte sie den Schweinehirten anfassen. Er mochte schlimme Krankheiten haben oder Ungeziefer mit sich herumschleppen. Dieser Anweisung hätte es nicht bedurft. Isabella dachte nicht daran, Rodrigo zu nahe zu kommen. Sie deutete auf eine Schale, in der Obst lag, Orangen aus Portugal: eine Kostbarkeit.

„Da, nimm dir welche. Ich schenke sie dir."

Rodrigo blickte fragend. „Warum?", stammelte er.

„Du hast meine Kette für mich aus dem Wasser geholt", erwiderte sie schnippisch, während sie mit den Fingern daran spielte. „Sie ist sehr wertvoll. Ich danke dir dafür!" Die Sätze hatte sie einstudiert.

Mehr wollte sie auf keinen Fall sagen. Sie wartete darauf, dass Rodrigo sich an den Orangen bedienen und dann schnellstmöglich den Hof verlassen würde. Aber er stand nur da und staunte sie stumm an.

„Ist etwas?", fragte sie nach einigen Sekunden. „Magst du keine Orangen?" Hilfesuchend sah sie zu Fernanda, die im Schatten stand, jederzeit bereit, dazwischenzufahren, sollte sich der Schweinehirte ungebührlich benehmen. Sie nickte ihr aufmunternd zu. Isabella nahm einen neuen Anlauf: „Wenn du keine Orangen magst, vielleicht willst du dann einen Apfel? Oder etwas anderes?" Diese Frage war eigentlich nicht vorgesehen.

Rodrigo nickte, unfähig, Worte zu formulieren.

„Dann sag: Was willst du gerne haben?" Jetzt nahm Isabellas Stimme bereits den hochfahrenden Ton blasierten Großmutes an. Vielleicht wollte der Junge lieber ein Stück Brot oder eine Wurst. Das wusste man nie, bei diesen armseligen Hungerleidern. Vielleicht kannte er keine Orangen, wusste nicht, dass dies eine süße Frucht war, welche die portugiesischen Seefahrer aus Indien mitgebracht hatten und die seither auch in Portugal und Spanien angebaut wird. Isabella hätte vieles vermutet, was dem Schweinehirten vielleicht eine Freude machen konnte, aber als er es schließlich drucksend aussprach, fiel sie aus allen Wolken.

„Ich hätte gerne eine Locke von dir!"

„Eine ...!" Sie war sprachlos. Fernanda kicherte. Schließlich kicherte auch Isabella. Wenn das so war, nun gut. Sie setzte ihr kokettes Lächeln auf, blinzelte gekünstelt mit den Wimpern: „Dann bist du also in mich verliebt?", resümierte sie.

Rodrigo lief rot an und nickte. Was war das für eine Qual. Niemals in seinem Leben hatte er sich mehr geschämt.

Isabella bemerkte es nicht. Sie winkte Fernanda herbei, lächelte dabei ihr strahlendes Prinzessinnenlächeln und hielt ihr eine schwarze Locke zum Abschneiden hin. Es war nur ein kleines Haarbüschel, nicht länger als ein Kinderfinger, das Isabella ihrem stummen Verehrer in die Hand drückte.

Rodrigo nahm es, schloss die Faust darum und rannte aus dem Hof, als seien die Hunde hinter ihm her.

Isabella lachte vergnügt und klatschte in die Hände. Das war nach ihrem Geschmack.

Obwohl Don Martin Alonso fehlte, das Haupt der Familie, und mit ihm seine beiden Brüder Vincente Yanez und Francisco, ließ sich der beginnende Herbst in der Familie Pinzon fröhlich und unbeschwert an. Isabellas großer Bruder Martin Arias führte redlich die Geschäfte. Der älteste, bald dreißigjährige Sohn von Martin Alonso hatte etwas zu viel Speck auf den Rippen. Er liebte üppige Mahlzeiten und schwere Weine, hatte nie im Leben arbeiten oder um etwas kämpfen müssen. Er genoss den Wohlstand seines Vaters und hatte früh und gründlich gelernt, diesen Wohlstand zu horten und mit seinem listigen Kaufmannsverstand zuverlässig zu mehren. Seinem herrischen und machtbewussten Vater schlug Martin Arias nur in dieser Hinsicht nach. Mit der Seefahrt war es bei Martin Arias nicht weit her. Niemals hätte er wie sein Vater ein Schiff befehligen können. Da vertraute er die Kaufmannsschiffe der Pinzons lieber einem erfahrenen Steuermann und Kapitän an und blieb selbst zu Hause auf der warmen Ofenbank.

So hätte es ihn auch niemals gereizt, an der Fahrt teilzunehmen, auf der sich sein Vater und seine beiden Onkel nun befanden. Welch ein Wahnsinn? Hinauszusegeln auf den Ozean, immer westwärts, in Regionen, wo noch nie jemand gewesen ist, wo es nichts mehr gab, wo überhaupt nichts zu gewinnen war.

Mit Martin Arias als Hausherr fanden in der Casa Pinzon viele Feierlichkeiten statt. Man lud die befreundeten Quinteros aus Moguer ein; auch die weit verzweigte, über alle Orte der Nachbarschaft verstreute Familie Niño war gern gesehener Gast. Beide Familien hatten den Pinzons ihre besten Seefahrer mit auf die Reise gegeben. Peralonso Niño fuhr als Steuermann auf dem Schiff von Admiral Christóbal Colón mit, Juan Niño war Offizier auf der Niña, und Christóbal Quintero fuhr als Erster Offizier auf der Pinta, dem Schiff, das Martin Alonso Pinzon befehligte.

Zum Kreis der angesehenen Kaufmannsfamilien aus Palos, Moguer und Huelva gehörten auch noch die Medel, ebenfalls häufig zu Besuch. Zwei Medel-Brüder fuhren auf der Pinta mit. Ihr Cousin Alonso Medel, ein 18-jähriger Pfau, war der Auserwählte für Isabellas Schwester Catalina. Wenn er auf seinen dünnen, bestrumpften Beinen durch die Casa Pinzon stolzierte, fühlte Isabella sich stets an einen Storch erinnert, wie er draußen durch die Sümpfe am Rio Tinto stochert. Sie mochte Alonso nicht. Wie konnte ihre Schwester sich in diesen eitlen Gecken verlieben? Niemand hatte ihr erklärt, dass diese Ehe mit Liebe wenig zu tun hatte, sondern von den jeweiligen Vätern von langer Hand geplant war mit dem Ziel, den gemeinsamen Reichtum, die Macht und das Ansehen beider Familien zu mehren. Die Hochzeit sollte stattfinden, sobald der Patriarch von seiner Reise zurückgekehrt war. Man rechnete noch im Herbst damit. Viel länger als ein oder zwei Monate, so viel stand fest, würden die Schiffe nicht wegbleiben.

Isabella zuckte zusammen, als Alonso Medel ihr im Vorübergehen mit seiner knochigen Hand über das Haar strich. „Meine süße Schwester", raspelte er und wählte dabei einen Tonfall, der für ein Kind noch angemessen war, gleichzeitig aber auch einer jungen Frau gelten konnte. Er lächelte honigsüß und deutete eine galante Verbeugung an: „Ich freue mich, Euer Kavalier zu werden."

Sie wandte sich trotzig ab und vermied es, ihm in die Augen zu blicken. Er sollte sie nicht mehr so anfassen. Sie hasste es. Sie hasste ihn. Aber anstatt das auszusprechen, beherrschte sie sich wie sie es gelernt hatte. „Welche Ehre", sagte sie geziert, ohne aufzublicken. „Das ist sehr großzügig von Euch." Dann entfernte sie sich.

Beim Gartenfest, das am Abend in und um die Casa Pinzon folgte, bemühte sich Isabella, dem künftigen Schwager aus dem Weg zu gehen. Er war genügend ausgelastet. Nicht nur, dass er Catalina den Hof zu machen hatte, auch Mama Maria heischte um seine ständige Aufmerksamkeit und erlaubte es nicht, dass der künftige Schwiegersohn sich weiter als zwei Meter von ihr entfernte. Die Vermählung mochte von den Vätern besiegelt worden sein, doch solange Mama Pinzon nicht das Gefühl hatte, der Auserwählte bemühe sich angemessen auch um sie als künftige Schwiegermutter, war noch gar nichts abgemacht. Durch dieses Feuer der Bewährung musste Alonso noch hindurch. Aber es sollte sich für ihn ja lohnen. Ganz sicher winkte ihm mit Catalina eine der besten Partien zwischen Huelva und Cadiz. Für ihn würde das ein Aufstieg werden. Und die Braut war nicht unansehnlich. Zwar neigte sie, ähnlich ihrem Bruder Martin Arias, zu einer leichten Fülligkeit infolge des Wohllebens im Hause Pinzon. Wahrscheinlich könnte sie nach einigen Jahren und den ersten Kindern ihrer Mutter nachschlagen. Wohin das führen würde, war jetzt schon zu besichtigen. Aber, so tröstete sich Alonso Medel, sie hatte ein freundliches Wesen und ein hübsches Gesicht. Und außerdem war da noch ihre kleine Schwester, diese süße Augenweide Isabella. Auf die wollte er ein Auge haben. Instinktiv ahnte Isabella das. Sie spürte Medels Blicke auf sich ruhen, wenn er sich unbeobachtet fühlte. Es entging ihr nicht, wie er sie mit lüsternen Hintergedanken beobachtete, wenn sie über den Hof tänzelte, durch ein Zimmer ging oder über die Gänge huschte. Er suchte jede Gelegenheiten, sie anzufassen. Er nahm sie in den Arm, drückte sie und tarnte diese Annäherungen als brüderliche Zuneigung des künftigen Schwagers.

Jedesmal entwandt sie sich, sperrte sich, machte sich steif. Nein, sie mochte ihn nicht. Und es graute ihr bei seiner Ankündigung, nach der Hochzeit mit Catalina werde er umziehen nach Palos und mit seiner Frau einen Flügel in der Casa Pinzon beziehen.

Auf diese Hochzeit konnte Isabella sich nicht freuen. Aber sie sprach mit niemandem darüber.

III. Blinder Passagier

So stank es vielleicht in der Hölle: Ein säuerlich-schwefeliger Brodem aus Fäulnis und Verwesung schlug Rodrigo entgegen. Knietief stand das Brackwasser im Kielraum des Flaggschiffs. Es herrschte vollkommene Finsternis. Rodrigo musste sich auf sein Gehör, seinen Tastsinn und auf seine Nase verlassen. Aber weder die Geräusche noch die Gerüche waren vertrauenserweckend. Der Wellenschlag des Meeres an der Außenseite des Schiffsbauches verursachte ein bedrohliches Klopfen – mit jedem Heben und Senken des Schiffsrumpfes ein neuer Schlag. Vom Deck herunter drangen dumpf die fremden Geräusche des Schiffes: Klappern, Knarren und Flattern der Segel, Taue und Masten, das dumpfe Rauschen des Meeres, dazwischen die aufgeregten Stimmen der Matrosen, die lauten Kommandos, das Schimpfen, das Fluchen.

Zitternd tastete Rodrigo sich an der feucht-kalten Innenwand im Bauch der Gallega vorwärts. Schwere Bohlen, vertikale Stützen, horizontale Träger; ein verwirrendes System von Balken und Planken, an denen er sich entlanghangelte wie eine blinde Raupe an der Unterseite eines Blattes.

Am übelsten in der schaukelnden Finsternis plagte ihn der Gestank. Selbst für die abgebrühte Nase eines Schweinehirten bot die Bilge, der unterste Kielraum des Schiffes, unerträgliche Ausdünstungen. Die Suppe, die hier unten schwappte, roch übler als das Gedärm einer toten Ziege. Das Schiff hatte lange im Hafen von Palos gelegen. In diesen Wochen und Monaten hatte sich das ölige Brackwasser im Schiffsrumpf kaum bewegt, war abgestanden und faulig geworden. Ein schwimmendes Holzfass wie die Gallega trug immer einen gewissen Bodensatz an Schwitzwasser im Bauch. Von oben tropfte oft Regenwasser hinzu, vielleicht lief auch mal ein Weinfass aus und schließlich taten die Ratten das Ihre dazu, indem sie fleißig ihren Unrat verrichteten

Rodrigo wünschte sich zurück in die Schweinekuhle. Wie sauber und verlässlich war es dort gewesen. Die ärmliche, kleine Welt zuhause in Palos erschien ihm mit einem Male wie ein Hort glückseliger Geborgenheit. Eine Welt, in der ein dreizehnjähriger Junge sich zurechtfinden und behaglich einrichten konnte. Er zitterte. Auf was hatte er sich bloß eingelassen?

Rodrigo stand splitternackt im stinkenden Schiffsbauch, in einer Hand sein zusammengerolltes Kleiderbündel, mit der anderen tastete er sich vorwärts. Endlich ertastete er mittschiffs den Mastfuß des Großmasts und einen Querbalken unter den Planken, wo er sich bäuchlings dazwischenquetschen konnte. So fand er einen Halt, brachte die Füße aus dem Wasser und bekam endlich Zeit, sich zu besinnen.

Hatte er den Alten wirklich umgebracht? Und wenn er den Messerstich überlebt hatte? Was wurde dann aus Miguel? Was war mit der kleinen Consuela? Er beschloss, solange wie möglich in der Bilge auszuharren. Je später man ihn entdeckte, desto größer schien ihm die Chance, dass er auf der Gallega bleiben durfte und nicht an Land zurückgebracht wurde. Hungrig und durstig schlief er auf seinem sperrigen Balkenlager ein.

Er erwachte, weil irgendwo über ihm ein Hahn krähte. Wie jedes Schiff führte auch die Gallega lebende Vorräte mit sich, darunter auch Hühner, Hähne, Gänse, Schweine. Auf dem Schiff herrschte reges, lärmendes Leben. Rodrigo lauschte den gedämpften Stimmen der Besatzung, dem Tapsen nackter Füße auf den Decksplanken, dem rhythmischen Wellenschlag, der unaufhörlich gegen die Schiffswand pochte. In diesem Moment klappte die Luke auf. Im trübe hereinschimmernden Licht tauchten die Umrisse eines Kopfes auf. Jemand schwang sich durch die Öffnung nach unten.

Rodrigo wollte nicht lange Verstecken spielen. „Ay, Señor!“, sagte er deshalb tapfer und gab sich zu erkennen.

Der Matrose kam eigentlich nur heruntergeklettert um nachzusehen, ob man schon bald das Schwitz- und Leckwasser abpumpen musste oder ob man damit noch ein paar Tage warten konnte. Er packte Rodrigo wie eine junge Katze im Genick und zog ihn durch die Luke nach oben in den Laderaum. Endlich wieder Licht und Konturen. Ehe Rodrigo sich so recht daran freuen konnte, fing er ein paar Ohrfeigen ein. Der Matrose, ein schlacksiger Kerl mit schütterem Haar, brüllte in den Schiffsbauch hinein: „Kielratte an Bord! Señor Escobedo, kommt schnell, seht Euch mal den blinden Passagier an, den ich gefunden habe."

Es dauerte nicht lange, da näherten sich zwei Männer. Beide waren nicht gekleidet wie einfache Matrosen. Der eine, ein stämmiger Kerl mit breitem, rotweinimprägniertem Gesicht, ging voraus. Er trug eine Offiziersuniform, oder jedenfalls das, was Rodrigo dafür hielt. Der andere Mann war hager, trug feingeschnittene Beinkleider und ein gestepptes Wams, eine Aufmachung, die ihn als wichtigen Mann an Bord auswies. Er fragte schroff: „Was bist du für ein Lump?" Seine Stimme klang herrisch und auf Anhieb unsympathisch. Rodrigo blickte in zwei kalte Augen in einem kantigen Schädel.

Rodrigo hatte sich einiges zurechtgelegt für diesen Moment. Doch nun lähmte ihn die Angst, stammelte er trotzig und unbeholfen: „Ich will mitfahren, als Schiffsjunge." Dann: „Ich habe mich hier versteckt, als das Schiff im Hafen lag."

„Escobedo, das ist ein Idiot von blindem Passagier", sagte der zweite der beiden Männer. „Wir sollten nicht lange fackeln und ihn gleich über Bord werfen. Vielleicht ist es ein Jude auf der Flucht vor der Inquisition? Bringen wir ihn nach oben."

„Langsam Gutierrez", sagte der mit Escobedo Angesprochene zu seinem Begleiter. „Wir sollten den Knirps erst einmal ausfragen. Kapitän Colón muss ja nicht alles sofort erfahren."

Die beiden Herren unterzogen Rodrigo einem strengen Verhör. Der Hagere, Rodrigo de Escobedo, war, wie Rodrigo später erfuhr, königlicher Notar, ein Rechtsgelehrter, offizieller Sekretär der Flotte und oberster Aufpasser der Krone an Bord der Gallega. Eine unsympathische und zwielichtige Erscheinung. Seine Aufgabe war es, im Namen der Krone alle Vorgänge an Bord der kleinen Flotte genau zu überwachen.

Beim zweiten Mann handelte es sich um Pedro Gutierrez, einen uniformierten Zivilisten an Bord der Gallega. Wie Notar Escobedo stammte auch er aus dem Umfeld des königlichen Hofes. Seine Rolle und Aufgabe an Bord konnte niemand richtig erklären. Er galt als königlicher Angestellter ohne genau definierte Verantwortung, manche hielten ihn für einen Spion der Krone, um dem Ausländer Christóbal Colón auf die Finger zu schauen. Möglicherweise fuhr er aber auch als Spion der Heiligen Inquisition mit, der darauf zu achten hatte, dass sich keine Ketzer, Mauren oder Juden an Bord befanden.

Gutierrez schleppte einen gedrungenen und stämmigen Leib mit sich herum. Im Gegensatz zum dürren, knochigen Escobedo wirkte er wie ein Schrank. Seinem breiten Gesicht verliehen ein schmallippiger Mund und engstehende Glupschaugen einen verschlagenen Ausdruck. Auf Rodrigo wirkten beide Männer abstoßend. Der eine ein wütender, fetter Karpfen, der andere ein Totenskelett. Rodrigo präsentierte seine Geschichte. Er sei von zu Hause ausgerissen, das Abenteuer reize ihn, die Entdeckungsfahrt, das Leben auf See. Das war glaubwürdig und wurde auch nicht angezweifelt.

Der hagere Matrose, der Rodrigo gefunden und aus der Bilge gefischt hatte, hieß José Pequinos. Die zwei wichtigen Herren schickten ihn wieder auf Deck, versehen mit dem Gebot vorläufiger Verschwiegenheit. Sie durften gleichwohl sicher sein, dass er die Neuigkeit unverzüglich weitertrug: Blinder Passagier an Bord, ein dreizehnjähriger Junge aus Palos.

Da die beiden königlichen Beamten nach der Befragung Rodrigos zu der Überzeugung gelangt waren, dass sich hinter dem Knaben keine weiteren Geheimnisse verbargen, kamen sie überein, nunmehr Admiral Christóbal Colón über den Vorfall zu informieren.

Über das geschäftige Oberdeck, vorbei an gaffenden Matrosen, geleiteten Escobedo und Gutierrez den sich eingeschüchtert duckenden Rodrigo zum Achterdeck. Mit gesenktem Kopf äugte er neugierig umher. Das Oberdeck, schwarz bemalt wie die ganze übrige Gallega, war vollgestopft mit Tauen, Kisten, Segeln, Rollenzügen, Wasserpumpen und kleinen Ballastfässern. Am Großmast stapelten sich Hühnerkäfige. Die Mannschaft beobachtete die Szene mit teils hämischem, teils neugierigem Grinsen. Es waren bärtige Gesichter, braungebrannt, wettergegerbt. Manche der Seeleute kannte Rodrigo vom Sehen. Ob sie ihn erkannten, zeigten sie indes nicht. Der blinde Passagier versprach ihnen jedenfalls Abwechslung.

An den Männern vorbei riskierte Rodrigo einen Blick aufs Meer hinaus. In der Ferne tanzten auf dem glitzernden Wasser weiße Segel: die Pinta und die Niña. Sie segelten der Gallega voraus.

Plötzlich rief eine bekannte Stimme: „Seht nur, das ist Rodrigo, der Schweinehirte."

Gelächter erscholl ringsum unter den Matrosen.

„Rodrigo, hier. Schau hierher", rief die Stimme, und Rodrigo wandte den Kopf. In den Wanten, backbords, wenige Meter über dem Deck, hing wie ein Affe ein alter Bekannter. Pablo, der Schönling und Aufschneider! Rodrigo hatte schon manche Prügel von ihm bezogen. Pablo, der Chef der Hafenbande, Anführer der Dorfjugend, war jetzt wohl Schiffsjunge auf der Gallega.

„Hey Rodrigo Schweinehirte", rief Pablo strahlend und winkte. Seine dunklen Augen blitzten fröhlich.

Rodrigo konnte nicht antworten. Er durfte nicht stehen bleiben, denn der herrische Escobedo schob ihn mit energischem Griff in den dunklen Niedergang zur Admiralskajüte. Das Mobiliar in diesem spartanisch eingerichteten Raum bestand aus einem Tisch, einem tresorartigen Schrank in der Wand mit den Karten und Navigationspapieren, einem Bett, das hinter Vorhängen versteckt war, die zu einem Baldachin zusammengerafft werden konnten, sowie einer Truhe. An den drei Seiten des Raumes befanden sich drei kleine Fensteröffnungen.

Der Admiral, ein großgewachsener, leicht entrückt wirkender Mann mit weißblondem Haar, das ihm bis auf die Schultern fiel, stand mitten im Raum und sah Rodrigo aus seinen wässrigen blauen Augen neugierig an. Rodrigo senkte den Kopf und starrte auf seine eigenen schmutzigen Zehenspitzen.

Escobedo berichtete. Der Admiral hörte aufmerksam zu und ließ Rodrigo dabei nicht aus den Augen. „Ärgerlich, Señores, sehr ärgerlich", murmelte der Admiral Richtung Escobedo und Gutierrez, so, als hätten sie diesen Fall zu verantworten. „Ein unnützer Esser mehr an Bord. Können wir irgendetwas mit ihm anfangen?"

Escobedo hatte Rodrigo schon die ganze Zeit mit seinen kaltfunkelnden Augen gemustert und schien zu einem Urteil gekommen: „Er sieht zwar etwas durchgebleut aus, aber ansonsten kräftig und gesund, Euer Gnaden. Wir sollten ihn behalten."

Als der Admiral nicht gleich antwortete, schränkte Escobedo ein: „Vorläufig mal, bis zu den kanarischen Inseln. Er könnte sich Brot und Überfahrt verdienen. An Bord gibt es genug Arbeit für einen weiteren Schiffsjungen."

Während er das sagte, ließ Escobedo seine knochige Hand auf Rodrigos Schulter fallen und grinste ihn aus seinem Totenschädel an. Ein weiterer Offizier kam hinzu, ein kleiner, fast zwergenhafter Mann mit krausem, schwarzem Lockenhaar, einem schwarzen Schnurrbärtchen und ulkigen O-Beinen: Diego de Harana. Er war der Alguacil, der oberste Polizeioffizier der Flotte, verantwortlich für die Einhaltung der königlichen Gesetze. Die Männer tauschten sich kurz aus und wurden sich bald einig: Bei der geplanten letzten Zwischenlandung vor der großen Fahrt ins unbekannte Meer sollte Rodrigo auf den kanarischen Inseln wieder an Land gebracht werden, bis dahin dürfte er an Bord bleiben.

Ein blasierter, farbig herausgeputzter junger Kerl balancierte Wasser und Wein herein: Pedro de Tereros, der Admiralspage. Sein pickeliges Gesicht glänzte vor Hochmut. Böse Blicke trafen Rodrigo.

Der Admiral sah entspannt und zufrieden aus. Er erweckte den Eindruck, als schaue er durch die Menschen um ihn herum hindurch, so, als gingen ihn die kleinlichen Dinge seiner Umgebung nichts an. Sein ganzes Wesen strahlte nur mühsam gezähmten Tatendrang aus. Seine hagere Gestalt wirkte auf Rodrigo noch selbstbewusster und unnahbarer als damals in der Kirche San Jorge, wo Rodrigo die Ansprache des „Don Fantastico" von der hintersten Kirchenbank aus mitverfolgt hatte. Das weißblonde Haar Colóns, fein und dünn wie Goldfäden, fiel bis auf den Kragen. Die zwei hellblauen Augen mit ihrem leichten Silberblick ruhten entrückt im gebräunten Gesicht. Unter dem blauen Rock strafften sich die Schultern Colóns. Er wirkte nicht breitschultrig, eher schlank, großgewachsen und dennoch gut gebaut. Rodrigio blickte auf einen Mann in den besten Jahren, einen stolzen Admiral, der von geheimnisvollen inneren Energien getrieben schien, von einer magischen Unrast, die ihn trotz äußerlicher Ruhe auch nervös wirken ließ.

Colón drehte sich um und legte Rodrigo väterlich die Hand auf den Kopf. Rodrigo erstarrte vor Ehrfurcht. Der Admiral lächelte, nahm abwesend einen Schluck von dem bereitgestellten Wasser: „Du kannst es nicht wissen, du Unschuldiger, auf welches Schiff du dich geschlichen hast. Vielleicht hat der Allmächtige dich geschickt, als eine Metapher!"

Rodrigo hatte keine Vorstellung, wovon der Admiral sprach. Ehrfürchtig hielt er still.

„Für dich mein Junge", so fuhr Colón fort, „ist dies nur eine Fahrt über das Meer." Es schien, als spräche er mehr zu sich selbst als zu Rodrigo: „Aber dies ist mehr als eine gewöhnliche Reise. Dies ist eine Mission für das christliche, katholische Spanien. Wir finden den Seeweg nach Indien." Er hielte inne, als wolle er Anlauf nehmen für eine größere Ansprache. Gutierrez und Escobedo verdrehten die Augen. Scheinbar kannten sie derartige Ausbrüche bereits. Diego de Harana lächelte unverbindlich und ließ seine Kugeläuglein blitzen. Der Page Tereros blies sich wichtigtuerisch auf.

Was der Admiral nun salbungsvoll erläuterte, klang wie eine wohlsortierte Erklärung für die Nachwelt, so, als habe Colón nur auf die Gelegenheit und das Publikum zu einer solchen Ansprache gewartet: „Meine Herren, diese Fahrt wird man immer mit meinem Namen, mit dem Namen Christóbal Colón, in Verbindung bringen. Mein Ruhm und meine Ehre sind auch Ruhm und Ehre unserer allerchristlichsten, erlauchtesten und mächtigsten Fürsten, Seiner Majestät des Königs und Ihrer Majestät, der Königin. Sie haben diese Mission mit ihrer allerhöchsten Gnade ermöglicht." Colón richtete seinen Blick auf ein unbestimmtes Ziel irgendwo jenseits der Kajütenwand: „Ihr Herren, glaubt mir, ruhmreich wird unsere Fahrt enden, ebenso ruhmreich wie der Krieg gegen die Mauren, die noch in Europa herrschten, in der gewaltigen Stadt Granada, als ich mit meinen Plänen und

Absichten vor die Augen der Herrscher trat." Er hielt erneut inne, als besinne er sich auf all die Mühsal, die er seitdem auf sich genommen hatte, seufzte kurz und fuhr dann fort: „Aufgrund der Berichte, die ich unseren Hoheiten über die Länder Indiens und über jenen dortigen Fürsten, genannt der „Große Kahn", gegeben, erwogen die Hoheiten endlich als aufrichtige katholische Christen, als Freunde und Verbreiter des heiligen christlichen Glaubens und als Feinde der Sekte Mohameds und jedes anderen Götzendienstes, mich, Christóbal Colón, nach den Indien genannten Gegenden zu entsenden, um dort jene Fürsten, Völker und Orte aufzusuchen und nun zu prüfen, wie man sie zu unserem heiligen Glauben bekehren könnte. Das ist die Mission. Meine Mission!"

Escobedo klatschte spöttisch in die Hände und murmelte süffisant: „Bravo!"

Der Admiral schien den Spott nicht zu bemerken oder er ignorierte ihn. Erneut hielt er einen Moment inne, hieb die rechte Faust in die linke offene Hand und blickte von Escobedo zu Harana, zu Gutierrez, um dann konzentriert in seinem Monolog fortzufahren: „So wurde mir der Auftrag zuteil, mich nicht auf dem Landwege, wie bisher üblich gewesen, nach dem Fernen Osten aufzumachen, sondern in westlicher Richtung aufzubrechen, also auf einen Weg, den nach unserem Wissen bis auf den heutigen Tag noch niemand befahren hat."

Escobedo machte ein Handzeichen Richtung Gutierrez, das wohl besagte: „Jetzt spinnt er wieder".

Rodrigo verstand nur einen Bruchteil. Er konzentrierte sich weiterhin darauf, unbemerktr zu bleiben. Tatsächlich schenkten der Admiral und die anderen in der Kajüte dem Jungen keine Beachtung.

Colón atmete tief durch, dann faltete er die Hände wie zum Gebet und wandte sich wieder an Gutierrez und Escobedo: „Und dass ihr es wisst, ihr Herren, ihr Ungläubigen: Gold, viel Gold möge mir in diesen fernen Ländern beschieden sein. Die Elfenbeintürme des großen Khan, die Smaragde und Geschmeide, die goldenen Dächer von Zipangu ..." Den Rest seiner Träume behielt er für sich.

Rodrigo hatte nicht allzu viel verstanden. „Der „Große Khan", „goldene Dächer von Zipangu", „Gold, viel Gold", das waren die Stichworte, die bei ihm haften blieben. Insgesamt gewann er jedoch den Eindruck, es eher mit einem Verrückten als mit einem tüchtigen Kapitän zu tun zu haben.

Diego de Harana schob Rodrigo o-beinig vor sich her hinaus aufs Deck: „Du hast es gehört, Spitzbube, ein paar Tage bist du unser Gast, dann werfen wir dich wieder von Bord." Er kicherte zufrieden.

Rodrigo sagte nichts dazu. Dieser Offizier Harana kam ihm vor wie ein Zirkuszwerg. Das sollte ein Alguacil sein? – Immerhin, Rodrigo konnte zunächst mit der Entwicklung mehr als zufrieden sein; man peitschte ihn nicht aus, man legte ihn nicht in Ketten, man warf ihn nicht über Bord. Einer wie er dachte nur an den nächsten Tag, vielleicht noch den übernächsten. Alles war gut gelaufen.

Rodrigo schloss sich dem großspurigen Pablo an, dem einzigen Menschen an Bord, den er kannte. Auf der Gallega fuhren noch weitere Schiffsjungen mit. Der unsympathische Admiralspage Pedro de Tereros, den Rodrigo schon kennengelernt hatte, war einer davon, ein aufgeblasener Wichtigtuer, der Rodrigo bei jeder Begegnung mit feindseligen Blicken fixierte. Außerdem waren da noch ein Kajütpage für alle übrigen Offiziere, Pedro de Salcedo, sowie der Schiffsjunge Martin de Urtubia. Er war das jüngste Besatzungsmitglied, höchstens elf Jahre alt, und er wirkte sehr eingeschüchtert. Nicht einmal mit Rodrigo mochte er sprechen, immer hielt er sich versteckt.

Zu seiner eigenen Überraschung spannte man Rodrigo nicht für die schikanösesten Arbeiten an Bord ein. Niemand fühlte sich so recht zuständig für ihn. Trotzdem genoss er keinen Müßiggang. Die Wachhabenden scheuchten und trietzten ihn: Deck schrubben, Taue entwirren, Takelage flicken. Mach dies, Kerl! Komm her, Nichtsnutz! Schneller, hopp, nicht einschlafen. Es ging Schlag auf Schlag.

Am ersten Abend brannten Rodrigo die wunden Hände vom Salzwasser und von den reibenden und zerrenden Tauen. Der Schiffsarzt verabreichte ihm eine Salbe aus Ringelblumen, die Linderung verschaffte.

Rodrigo muckte kein einziges Mal auf. In die regelmäßigen Tag- und Nachtschichten teilte man ihn nicht ein. Das hing wohl damit zusammen, dass alle davon ausgingen, dass er ohnehin nur ein paar Tage an Bord bleiben würde.

Die einfachen Matrosen arbeiteten in drei sich überschneidenden Schichten: vier Stunden Wache, acht Stunden frei. In den Dienststunden gab es bei gutem Wetter und stetigen Winden nicht allzu viel zu tun. Einige Männer arbeiteten mit Garn und Marlspieker an der Takelage – diese bedurfte ständiger Wartung und Kontrolle. Andere übergossen die von der Sonne gedörrten Decks, damit die Planken nicht in der Hitze schrumpften. Das innen und außen verpechte Schiff glich einer schwarzen Landschaft aus Teer, der in der Sonne weich und klebrig wurde. Manche taten Dienst als Navigator, Rudergänger oder Ausguck. Die Wachhabenden standen zu zweit auf vorgeschobenem Posten am Bug, zwei saßen im Mastkorb, die anderen bedienten die Segel, machten die Schotten und die Brassen zurecht und zogen alle zwei Tage die Taue an, die sich schnell lockerten. Auf dem erhöhten Heck, unter den Augen des Kapitäns, lehnte Steuermann Peralonso Niño an der Ruderpinne, um die Karavelle auf Kurs zu halten. Peralonso gehörte zum Clan der Niños. Diese waren neben den Pinzons die angesehenste Familie in Palos. Peralonso war ein noch junger, verwegen aussehender Haudegen. Er hatte noch einen älteren Bruder, den mächtigen Juan Niño, dem das zweite Schiff der Flotte gehörte, die Niña, wie Rodrigo bei Gelegenheit erfuhr.

Peralonso Niño war der erste Mann an Bord der Gallega, der Rodrigo in seiner Erscheinung wirklich imponierte. Wie der junge Steuermann aufrecht und kühn an der Ruderpinne stand, den Blick aufs Meer gerichtet, die hellbraunen Haare vom Wind zerzaust, wirkte er so wie Rodrigo sich kühne Seefahrer schon immer vorgestellt hatte. Das Hemd flatterte um Peralonsos breite Brust, und bei seinen lässigen Handgriffen am Ruder spielten starke Muskeln unter dem dünnen Stoff. Neben ihm stand ein weiterer wichtiger Mann, Juan de La Cosa, der baskische Eigner der Gallega. Er beobachtete den jungen Steuermann misstrauisch, fand aber an dessen Art, das Schiff zu steuern, offenbar nichts auszusetzen. De La Cosa war nicht mehr allzu jung, wettergegerbt und kantig, mit klugen braunen Augen. Oft standen die beiden Seefahrer zusammen, fachsimpelten über Winde und Strömungen, über das Schiff und die Mannschaft – und natürlich über die unbekannten Reiseziele.

Nach und nach lernte Rodrigo alle Besatzungsmitglieder kennen. Ganz im Gegensatz zu diesen beiden Piloten standen die geckenhaft herausgeputzten Zivilisten auf dem Schiff. Diesbezüglich schleppte die Gallega allerhand Ballast mit sich, allen voran das Gespann Escobedo und Gutierrez. Diese beiden, da sie mit dem Dienst an Bord nichts zu schaffen hatten, lümmelten an Deck herum, standen im Wege, schnüffelten den Matrosen hinterher und ernteten durch ihr Schwatzen und Spionieren überall Unwillen. Aber als königliche Beamte des Hofes hatte man ihnen Respekt entgegenzubringen, und man wusste sie mit erheblichen Befugnissen ausgestattet. So hütete die Mannschaft sich geflissentlich vor ihnen.

Weitere Zivilisten an Bord der Gallega waren Rodrigo Sanchez de Segovia, der königliche Schatzmeister, ein leichengrauer Stubenhocker, zuständig für die Finanzen der Flotte, Louis de Torres, ein Dolmetscher, von dem man flüsterte, er sei ein konvertierter Jude, und Juan Sanchez, der kugelbäuchige Schiffsarzt.

Für Rodrigo, der all diese Besatzungsmitglieder und ihre Eigenheiten schnell zu unterscheiden lernte, folgten einige anstrengende, dennoch unbeschwerte, fast beschwingte Tage. Selten zuvor in seinem Leben hatte er sich so ungebunden gefühlt. Wie weit war Palos doch schon weg? Der Alte – hoffentlich war er im Grab. Seine Brüder Miguel und Pedro, die kleine Schwester Consuela, Mutter, – alle waren in weite Ferne gerückt. Erstmals in seinem Leben fühlte Rodrigo sich frei. Er lebte ohne Ängste in den Tag, ohne Hunger, ohne Prügel, ohne Streit, war nur vom Rhythmus der Arbeit an Bord und vom Wechsel zwischen Tag und Nacht geleitet.

José Pequinos, der dürre Matrose mit dem mürrischen Gesicht eines Maulesels, führte ihn in die Abläufe an Bord ein. Gegen halb acht am Morgen gab der Smutje mit einem Flamenco-Singsang bekannt, dass das Frühstück fertig sei. Dann machten sich jene acht oder neun auf, die drunten im pechschwarzen Laderaum ausgestreckt lagen und um acht zum Wachdienst eingeteilt waren, rappelten sich mühsam auf die Beine und zwängten sich in ihre klammen, salzstarrenden Hosen und Hemden, wenn sie nicht ohnehin in den Kleidern geschlafen hatten. Noch schlaftrunken griffen die Männer ihre Näpfe und drängten sich um die große vordere Luke, nahmen vom Schiffskoch Rührei, Bohnenbrei, Speck, Sardellen und altbackenes Brot in Empfang und begannen zu essen, eingezwängt in irgendeine Ecke des schwankenden Decks. Sobald sie fertig waren und ihre vierstündige Wache als Navigator, Rudergänger oder Ausguck angetreten hatten, konnte die übrige Besatzung frühstücken. Essen gab es reichlich, regelmäßig und abwechslungsreich, wie Rodrigo es nie zuvor bekommen hatte. Am Mittag trug der Schiffskoch noch einmal auf: Pökelfleisch, Käse, Sardinen und Heringe. Manchmal servierte er auch eine warme Kichererbsensuppe. Welch ein Unterschied zur kargen Kost zu Hause. Rodrigo hatte überdies Glück, dass er all die Tage nicht seekrank wurde.

Viel Segelarbeit gab es nicht zu verrichten. Die Winde bliesen stetig, ohne die Richtung zu wechseln. Das Meer tänzelte verspielt mit kleinen Schaumkronen um die Schiffe herum. In der Ferne, backbords, schimmerte ab und an die Küstenlinie am Horizont. Noch segelten sie auf bekannten Routen an Spanien und dem afrikanischen Kontinent entlang, mit Kurs auf die kanarischen Inseln. Steuerbords, immer einige Meilen voraus, glitten die beiden anderen Schiffe der Flotte übers Meer. Am Tage hielten sie Abstand und verständigten sich nur durch Rauchzeichen. In einer Pfanne am Heck der Schiffe brannte ein Signalfeuer, das in der Nacht über viele Meilen zu sehen war. Rauch oder Feuerschein besagten, ob die Schiffe den Kurs ändern, sich zusammenfinden oder wie gehabt weitersegeln konnten. Es gab ein ganzes System von Feuer- und Rauchsignalen, mit deren Hilfe die Flotte beisammengehalten wurde.

Solange man ihn in Ruhe ließ, dämmerte Rodrigo die langen und heißen Nachmittage an einem schattigen Platz vor sich hin und lauschte all den Geräuschen, die die Gallega begleiteten.

Am Abend spielten die Leute von der Freiwache Karten oder stimmten lautstark unanständige Lieder an. Zuerst aber sangen nach dem Abendessen alle gemeinsam auf dem Achterdeck das Salve Regina, so wie sie am Morgen den Tag mit dem Ave Maria und dem Gloria begannen.

Die Nächte verbrachte Rodrigo an Deck. Es gab keinen Schlafraum für die Matrosen. Sie legten sich dort nieder, wo sie Platz fanden, bei schönem Wetter fast immer draußen. Die am meisten umkämpfte Schlafstätte war Abend für Abend der Bereich der Schiffsluke, im Zentrum des Schiffes. Dies war die einzige ebene Fläche; denn das Deck hatte einen leichten Eselsrücken.

Pablo, drei Jahre älter als Rodrigo, schon mit erstem Flaum auf dem Kinn, trat im Kreise der Mannschaft stark und selbstbewusst auf, er hatte vor niemandem Angst. Im Gegensatz zu Rodrigo gab Pablo bereits das Bild eines großen und breitschultrigen jungen Mannes ab. Entsprechend stolzierte er über das Deck: Seht her, ich bin es, der schöne Pablo!

Völlig anders die Körpersprache bei Rodrigo. Er machte sich vorauseilend klein, fühlte sich eingeschüchtert, geduckt, fast devot schlich er herum, stets auf der Hut. Er hatte in seinem Leben schon zu viel Prügel einstecken müssen und lebte in der ständigen Angst, dass ihm weitere drohten. So herausfordernd aufzutreten wie Pablo hätte er nie gewagt. Stattdessen äugte er misstrauisch um sich, drückte sich am liebsten in einen Winkel, ging Konfrontationen aus dem Wege. Manche an Bord unterlagen daher dem Irrtum, Rodrigo sei ein wehrloser Feigling. Ein Trugschluss, denn Rodrigo legte damit nur seine bewährte Überlebenshaltung an den Tag. Im Ernstfall wusste er sich zu wehren. Eines Abends, der vierte oder fünfte Tag auf See ging zu Ende, grauschwarze Dämmerung legte sich bereits bis zum Horizont über das Meer, an Bord der Gallega und der anderen beiden nicht weit entfernten Schiffe hielt der schläfrige Rhythmus der Nachtschicht Einzug, kam Pablo zu Rodrigos Schlafplatz direkt an der Kante zur Back hingerutscht. Er stieß den Jüngeren an.

„Was gibt's?", flüsterte Rodrigo.

„Schläfst du?"

„Siehst du doch, nein."

„Schau mal, was ich habe." Pablo nestelte umständlich einen länglichen Gegenstand unter seinem Hemd hervor. Ein Messer. Ein stilettartiger Dolch mit spitz zulaufender Klinge.

„Wo hast du das her?"

„Psst, nicht so laut! Das ist ein Messer."

„Sehe ich. Wozu brauchst du es?"

Pablo beugte sich noch näher zu Rodrigo hin: „Weißt du nicht, wo die Fahrt hingeht? Wir fahren nach Zipangu, nach Cathay. Die Länder des großen Khan. Hast du nie von Marco Polo gehört? Der war dort. Vielleicht werden wir dort angegriffen. Vielleicht überfallen uns unterwegs Piraten. Wer weiß?"

Rodrigo hielt nichts von Spekulationen. Der große Khan kümmerte ihn nicht. Von Cathay und Zipangu hatte er noch nie etwas gehört, genauso wenig von einem Marco Polo.

„Und außerdem", Pablos Flüstern ging in geheimnisvolles Raunen über, „außerdem braucht man so ein Messer auch hier an Bord. Du musst dich wehren können. Chachu, der Bootsmann, kann dir auch ein Messer besorgen."

Chachu war ein großer Kerl, mit wildem Vollbart und am ganzen Leib behaart, nicht nur auf der Brust, sondern am ganzen Körper, auf Schultern, Rücken und Armen. Rodrigo wusste nicht, weshalb er von diesem hünenhaften Kerl ein Messer hätte erbitten sollen. Pablo sagte es ihm: „Hier an Bord ist man nicht sicher. Ich rate dir, halte dich an Chachu. Es gibt ein paar schmierige Typen hier, für die musst du sonst deinen Hintern hinhalten."

„Was meinst du damit?"

„Du wirst es schon noch merken. Frag mal den kleinen Martin, warum der so zusammengekniffen rumläuft."

Der „kleine Martin", das war Martin de Urtubia, ein Baskenjunge. Er war der jüngste Schiffsjunge an Bord der Gallega, noch jünger als Rodrigo, und auch er blieb fast immer unsichtbar. Rodrigo sah ihn nur beim Essen. Martin war ein kleiner Kerl mit lustigem Lockenkopf. Aber was Pablo sagte, das stimmte: Der kleine Martin war ungewöhnlich still und verschreckt, er ging Kontakten und Gesprächen mit der übrigen Mannschaft aus dem Wege.

„Es ist, wie ich es dir sage: Die Kerle packen dich und vögeln dich in den Arsch. Das machen die hier so miteinander. Wenn du nicht mitmachen willst, dann besorge dir ein Messer, oder noch besser, einen Beschützer, an den die anderen sich nicht rantrauen."

Pablo ließ Rodrigo noch eine Weile über das Gesagte nachdenken, dann hakte er nochmals ein: „Was denkst du, was gerade eben drunten im Laderaum vor sich geht. Da nehmen sie sich den Martin vor. Das weiß jeder, außer dem Admiral."

Pablo erhob sich: „Ich hab's dir jedenfalls gesagt. Pass auf!"

Rodrigo blieb nachdenklich zurück. Er knetete die kleine, zusammengebundene Haarlocke, die er, fest an den Stoff geknüpft, immer in der Hose bei sich trug. Die Haarlocke Isabellas. „Sie vögeln dich in den Arsch!" Er wusste sehr wohl, von was die Rede war. Zu Hause hatte er das oft genug mit angesehen.

Ein Versuch Rodrigos, ein paar Tage später mit dem Schiffsjungen Martin ins Gespräch zu kommen, scheiterte daran, dass der Kleine verschüchtert davonhuschte. Außerdem stand plötzlich Escobedo dahinter, als hätte er darauf gelauert. Rodrigo erschrak, als er die grelle Stimme des Notars hörte. Er hatte nicht bemerkt, dass Escobedo nähergekommen war.

„Der Martin spricht nicht mit jedem", sagte Escobedo schmalzig. Und nach einer kurzen Pause: „Schau mal da hinüber, Kleiner, das bedeutet für dich Abschied von der Santa Maria."

Rodrigo wandte den Kopf. Eine sanfte Küstenlinie tauchte am Horizont auf.

„Das ist die Insel Lanzarote", sagte Escobedo. „Die tote Kanareninsel. Da wächst nichts. Sei froh, dass wir dich nicht dort aussetzen. Aber wenn wir in Gran Canaria an Land gehen, wirst du abgesetzt." Dann legte er Rodrigo, wie schon einmal in Colóns Kajüte, mit einer herrischen und besitzergreifenden Geste seine knochige Hand auf die Schulter. Rodrigo versteifte sich und senkte irritiert den Blick.

„Ich könnte dafür sorgen, dass du an Bord bleiben kannst", fügte er schmeichelnd hinzu. Es klang, als hätte eine Krähe geschworen, der anderen das Aas nicht wegzufressen. Escobedo kam ganz nahe mit seinem Kopf an Rodrigos Gesicht heran und flüsterte mit fauligem

Atem: „Willst du an Bord bleiben, Kleiner? Willst du das schöne Leben hier genießen, unsere große Fahrt mitmachen?“

So nahe rückte Escobedo heran, dass Rodrigo den Kopf wegdrehen musste, um dem üblen Mundgeruch des königlichen Notars auszuweichen. Aber die verheißungsvollen Versprechen? Rodrigo nickte zaghaft und Escobedos Hand begann, sich von Rodrigos Schulter in seinen Nacken zu bewegen, den Hals hinauf in den Haaransatz.

Rodrigo spürte Widerwillen aufsteigen. Er wollte sich losreißen. „La Pinta, la Pinta!“, rief plötzlich einer der Seeleute und zeigte hinüber auf das Schwesterschiff. Von dort wurde ein Kanonenschuss abgefeuert. Die Pinta, das Schiff von Martin Alonso Pinzon, lag leicht steuerbord eine halbe Seemeile vor der Gallega. Die Karavelle schaukelte seltsam unruhig und machte kaum Fahrt, die Segel wurden eingeholt. Alle Augen an Bord der Gallega verfolgten das Geschehen. Aus seiner Kajüte kam Admiral Christóbal Colón gestürmt, im Schlepp den krummbeinigen Diego de Harana. Die Kapitäne hatten das Signal eines Kanonenschusses für ganz spezielle Fälle vereinbart: entweder, wenn im Westen nach der Überquerung des Ozeans Land in Sicht kommen sollte oder bei Havarie.

Der erste Steuermann Juan de La Cosa gab Befehl beizudrehen. Die Männer sprangen an ihre Plätze und holten die Segel ein. Um den Admiral scharten sich auf dem Achterkastell aufgeregt die Offiziere, Juan de La Cosa, der zweite Steuermann, Peralonso Niño, Harana, auch Gutierrez und andere. Auch Escobedo musste dazu. Er gab Rodrigo einen freundschaftlichen Klaps auf die Wange: „Überleg es dir. Wenn du weiter an Bord bleiben willst, dann komm heut Nacht in den Laderaum, mittschiffs bei den Mehlsäcken.“

Mit dieser Aufforderung ließ er den Jungen stehen und entfernte sich Richtung Achterkastell. Admiralspage Pedro de Tereros schlich wie zufällig vorbei, grinste gehässig und flüsterte im Vorübergehen: „Mach dich schön dafür, wie es die Nutten von Salamanca machen, wenn sie hohe Herren empfangen. Süß wird sie sein, die Nacht im Laderaum ...“

Rodrigo fand keine Zeit, über diese Andeutungen nachzudenken, denn um ihn herum strömte die Mannschaft auf Deck zusammen.

Alle schauten neugierig hinüber zur Pinta, wo aus den Fumos, den kupfernen Becken am Heck, in kurzen Abständen Rauchsignale aufstiegen. Sie kündigten Schwierigkeiten an. Welcher Art, das blieb noch unklar. Unter den Matrosen machten verschiedene Interpretationen und Spekulationen die Runde; die Kundigen wollten zweifelsfrei das Signal „nicht manövrierfähig“ herausgelesen haben.

„Sabotage, glaubt mir!“, verkündete einer der jüngeren Matrosen, Jacomo Rico, ein besonders schwatzhafter Kerl. Er stammte aus Venedig und war außer dem Admiral der einzige Nicht-Spanier an Bord. Das machte ihn automatisch zum Außenseiter, was er durch übermäßige Geschwätzigkeit und Anbiederung nach allen Seiten auszugleichen suchte.

Später stellte sich heraus: Das Steuerruder der Pinta war aus seiner Halterung herausgesprungen, warum auch immer.

Admiral Colón hatte den Eigner der Pinta, Christóbal Quinterro in Verdacht, diese Havarie selbst herbeigeführt zu haben, um auf den Kanaren bereits die Fahrt abbrechen zu können. Es herrschte unter den Mannschaften und Offizieren nämlich durchaus die Auffassung, ein Verbleib auf den kanarischen Inseln könne für alle die beste Lösung sein. Viele sahen die Weiterfahrt über den unbekannten Atlantik inzwischen doch eher als ein Himmelfahrtskommando an, eine Spinnerei des Don Fantastico, die man besser vermeiden oder hintertreiben sollte, und sei es mit einer nachgeholfenen Panne.

Mit solchen Diskussionen und Spekulationen vertrieb sich die Mannschaft den Nachmittag und den Abend. Die kleine Flotte blieb zusammen, immer noch in Sichtweite der Insel Lanzarote, ohne weitere Fahrt zu machen.

Auf der Pinta arbeiteten die Männer hektisch, die Kommandos Pinzons und seiner Offiziere hallten über das Meer bis zu den beiden anderen Schiffen. Die Matrosen der Gallega und der Pinta schauten neugierig den Reparaturarbeiten zu. Manche beteiligten sich mit aufmunternden Zurufen übers Meer – mehr Spott und Lästern als ernsthafte Ratschläge.

Rodrigo zog sich in seinen Winkel an der Back zurück. Der drohende Schatten von Lanzarote am Horizont erinnerte ihn daran, dass für ihn die Fahrt hier zu Ende sein würde. Escobedo hatte gesagt: „Ich könnte vielleicht dafür sorgen, dass du an Bord bleiben kannst."

Dieses vage Versprechen beschäftigte Rodrigo. Eine Verheißung, die erst nur unbestimmt pochte, dann in seinem Innern wuchs und wucherte und ihn schließlich so erfüllte, dass er entschlossen aufsprang. Was sollte schon passieren im Laderaum? Die unbestimmten Andeutungen Pablos, die süffisanten Bemerkungen des Admiralspagen, das zutrauliche Werben Escobedos, der seltsam verstockte kleine Baske Martin de Urtubia. Und wenn man sich mit ihm vergnügte, – schlimmer als die Prügel des Alten zu Hause konnte das auch nicht sein. Also, gewagt! So kletterte Rodrigo entschlossen durch die Hauptluke in den Laderaum hinunter, verfolgt von den neugierigen Blicken einiger umstehender Matrosen.

Im Zwielicht des Laderaums trat ihm ein Schatten entgegen. „Hey Kleiner!"

Die Stimme gehörte Jakob, einem der ungelernten Leichtmatrosen. Im Zwielicht unter Deck erkannte Rodrigo, dass Jakob nackt vor ihm stand.

Rodrigo blieb stehen. Dieser Jakob, ein schmaler, feingliedriger junger Mann kam mit gezierten, fast weibisch anmutenden Bewegungen hinter den aufgestapelten Säcken hervor und baute sich vor Rodrigo auf. Rodrigo musterte ihn abschätzend. Jakob war von mittlerer Statur, gut gebaut, schlank und sehnig. Er besaß einen von der harten Arbeit an Bord gut trainierten Körper. Nur sein mädchenhaft ebenmäßiges und weiches Gesicht grinste etwas unbeholfen.

Da zischelte aus dem Dunkel des hinteren Laderaums Escobedos Stimme: „Jakob, lass den Kleinen in Ruhe, der kommt wegen mir."

Der Leichtmatrose Jakob verstellte Rodrigo jedoch den Weg zu Escobedo: „Woher weißt du, dass der Junge zu dir will? Vielleicht gefalle ich ihm ja viel besser."

Das klappernde Lachen Escobedos erfüllte die Dunkelheit. „Misch dich nicht ein, Schwuchtel, verschwinde!"

Rodrigo nahm den Notar nur als schemenhaften Schatten im Halbdunkel wahr. Er verströmte sogar im Halbdunkel eine unheimliche, besitzergreifende Präsenz.

„Er ist noch frei“, beharrte Jakob und trat einen Schritt auf Rodrigo zu. Dieser blickte erschrocken auf das lange, halbaufgerichtete Ding zwischen Jakobs Beinen. „Möchtest du mich anfassen?“, fragte er Rodrigo. „Hier!“ Er hielt sein Geschlechtsteil und streckte es Rodrigo hin.

Rodrigos hochsensible Überlebensinstinkte meldeten sich. Der kleine Körper geriet in höchste Alarmbereitschaft. Da umfassten ihn von hinten nackte Männerarme, jemand warf sich auf ihn und drückte ihn mit seinem Körpergewicht auf die Planken. Escobedo! Der rasselnde, faulige Atem des Notars lag dicht an Rodrigos Ohr. „Lass dich nicht mit Jakob ein. Der Einzige, der dir hier an Bord helfen kann, das bin ich. Sei nett und ich bin es auch.“ Escobedo drückte sich fest auf Rodrigo und vollführte ruckartige Bewegungen, den Jungen fest in seinem Griff eingeklammert. Rodrigo fühlte sich an die Eber im Schweinestall der Pinzons erinnert, wenn sie die Säue besprangen. Offenbar trug auch Escobedo keine Kleider. Sein hartes Ding schabte an Rodrigos Schenkel. Escobedos feuchter Mund begann an Rodrigos Ohr zu knabbern, mit der Zunge fuhr er ihm über die Backe an den Hals.

Rodrigo kämpfte, er zappelte und wehrte sich, und obwohl Escobedo über erstaunliche Körperkräfte verfügte, gelang es ihm, sich vom Boden wegzustemmen und herumzudrehen. Der schnaufende, nackte Escobedo saß noch immer auf ihm. Da gelang es Rodrigo wieselflink, sich aus dem Griff des Notars freizumachen. In schnellen Sätzen sprang er davon und kletterte aus dem Laderaum.

Escobedo blieb zornesrot am Boden sitzend zurück. Eine knochige Jammergestalt, die dünnen Beine von sich gestreckt, ein rotglühendes Etwas zwischen den Schenkeln. Er hielt sich den bei der Aktion verrenkten Arm. „Das wird er büßen!“, knurrte er. „Diese kleine dreckige Ratte. Dieser elende ...“ Er verschluckte den Rest seiner Beschimpfung und rappelte sich auf. „Ich werd ihm den Hintern aufreißen. Betteln und zittern wird der Kerl noch vor mir.“

Jakob, immer noch nackt, setzte sich neben Escobedo auf einen der Mehlsäcke. „War wohl nichts, großer Verführer. Musst dir halt weiterhin den kleinen Martin mit mir teilen.“

Am nächsten Morgen kam erneut Signal von der Pinta. Schon wieder ein Defekt an dem notdürftig mit Tauen fixierten Steuerruder. Es erwies sich als unmöglich, den Schaden auf offener See in Ordnung zu bringen, zumal das Wetter sich verschlechterte und das Schiff wegzutreiben drohte. So beschlossen die Kapitäne, mit allen drei Schiffen den Hafen von Las Palmas auf Gran Canaria anzusteuern. Dort gab es eine Werft, von der es hieß, sie sei so gut ausgestattet, dass dort Eisen geschmiedet und jeder Schaden am Schiff ausgebessert werden konnte. Die Gallega und die Niña segelten voraus. Die Pinta sollte nachkommen, so gut es ihr mit den behelfsmäßigen Reparaturen möglich war.

So trennte sich erstmals die Flotte und Rodrigo beobachtete von Bord der Gallega aus, wie die hilflos auf hohen Wellen tanzende Pinta schnell zurückblieb. Mit ihr verschwand auch der letzte dünne Strich, der am Horizont noch von Lanzarote zu sehen gewesen war.

IV. Das Kloster La Rabida

Die Morgensonne brannte bereits drückend vom andalusischen Hochland herunter in die Ebene von Palos und Huelva. Ihre Strahlen ließen den trägen Rio Tinto anmutig glitzern. Der kleine Miguel Sanchez, der Bruder Rodrigos, saß noch immer in der Nähe des Hafens hinter einem Bretterschuppen und wagte sich nicht aus seinemVersteck hervor. Besser, den ganzen Tag hier in diesem Verschlag auszuharren, als sich durch die Gassen von Palos zur Hütte der Mutter zurückzuschleichen. Nein, überhaupt nie mehr wollte er dorthin zurück. Er wollte frei sein, keine Angst mehr haben müssen, er wollte die Schreie, den ständigen Krach nicht mehr hören, die täglichen Prügel nicht mehr erdulden.

Er war zehn Jahre alt. Ein eingeschüchtertes, ahnungsloses Kind. Doch er war im Begriff, die Flucht vor der eigenen Mutter und ihrem dauerbesoffenen Peiniger zu ergreifen. Miguel beobachtete, wie der Schatten der Hauswand im Laufe des Vormittags immer kürzer wurde, hielt seinen Kupferreal, den ihm die mildtätigen Damen im Hafen zugeworfen hatten, zwischen den Fingern, bestaunte ihn immer wieder aufs Neue und von allen Seiten und vertrieb sich ansonsten die Zeit damit, zwei in seiner Nähe streunenden Katzen bei ihren spielerischen Ringkämpfen zuzuschauen. Sie wälzten sich im Staub und im dürren Unkraut, sprangen übereinander, fauchten, verbissen sich ineinander, machten Buckel, auf denen die Haare abstanden wie Kaktusdornen, und bauschten ihre Schwänze zu Palmwedelgröße auf. Wenn eine die Oberhand gewann, nahm Miguel ein Steinchen und warf es zwischen die Kämpfenden. So hielt er den Zweikampf ausgeglichen.

Hunger und Durst trieben ihn schließlich aus seinem nunmehr schattenfreien Versteck. Weiter oben im Dorf gab es einen Brunnen.

Jeder konnte sich daraus bedienen: Die Frauen zogen ihre täglichen Rationen, die Fuhrleute tränkten dort Ochsen oder Esel. Aber die unbestimmte Furcht vor dem, was ihm möglicherweise blühte, wenn die Mutter ihn dort erwischte, oder gar der alte Säufer, falls er nicht nach Rodrigos Messerstich abgekratzt war, hielt ihn davon ab, am Brunnen seinen Durst zu löschen.

Er schlich sich die schmale Gasse hinauf zur Georgskirche und nahm von dort den Weg hinaus aus dem Ort. Richtung La Rabida führte ein staubiger Karrenweg am Rio Tinto entlang; er wurde an zwei Stellen von kleinen Bächen gekreuzt. Es handelte sich um den Fuhrweg zum Kloster La Rabida hinaus, das etwa eine Legua von Palos entfernt lag. Entlang des Weges erstreckte sich ödes Marschland, sumpfige, von Stechmücken bevölkerte Wiesen. Sie reichten bis hinunter zum Rio Tinto. Auf der anderen Seite des Flusses leuchteten die Lehmziegel der Dächer von Huelva, der wichtigsten Stadt der Grafschaft Niebla. Miguel befand sich in vertrautem Gelände, er kannte sich aus.

Die Landschaft lag nach dem langen Sommer ausgedörrt und trostlos vor ihm. In der Ferne flimmerten die weißen Mauern von La Rabida. In einer etwas entfernten, von groben Trockenmauern eingefassten Mulde grasten ein paar junge, schwarze Stiere unter ramponierten Krüppeleichen. Es roch nach verdorrtem Gras und Straßenstaub.

Hinter Miguel näherte sich ein Eselskarren. Er kam schnell näher, denn Miguel trödelte und zauderte, blieb häufig stehen, stolperte dann wieder ein paar Schritte, blieb wieder stehen. Ein struppiges, kräftiges Maultier zog den niedrigen, einachsigen Lastkarren, die Pritsche voll gestopft mit von Tüchern abgedeckten Körben, mit großen Töpfen, groben Säcken, Kürbiskalebassen und ledernen Beuteln. Hinter dem Karren schlurfte ein alter Mann, barfuß und leicht gebückt. Es sah aus, als schlafe er im Gehen. Den zerschlissenen Strohhut hatte er tief in die Stirn gezogen, in seiner rechten Armbeuge klemmte eine mit Schnur verlängerte Rute. Das Ende der Schnur hing bis in den Straßenstaub herab und schleifte zwei Mannslängen hinter dem Alten her. Miguel erschrak, als der schwer schnaubende Maulesel plötzlich an ihm vorbeitrabte. Erst jetzt nahm er das Geräusch der im Sand knirschenden großen Holzräder, das Quietschen der Deichsel und das Rumpeln der Ladung auf der hölzernen Wagenpritsche wahr. Hatte er geträumt? Wie hatte ihm das Näherkommen des Karrens entgehen können? Ängstlich duckte er sich am Wegesrand und ging in die Hocke, in der Hoffnung, vielleicht nicht wahrgenommen zu werden. Den alten Mann, der scheinbar schlafend hinter der Karre herzottelte, hatte er bereits erspäht. Er kannte ihn: Don Burro, Herr Esel! So riefen ihn alle, wegen seiner Esel, die er auf einer kleinen Landwirtschaft außerhalb Palos züchtete. Er verlieh die Tiere, verkaufte sie, schlachtete sie oder richtete sie als Zug- und Lasttiere ab. Zwar sah Don Burro aus wie ein heruntergekommener Landstreicher und Bettler, aber jeder in Palos wusste, dass der Alte wohlhabend war, dazu geizig und misstrauisch. Er besaß keine Familie, keine Frau, keine Kinder. Manchmal kam er in die Stadt, betrank sich mit Augenmaß in der Spelunke „Zur Schildkröte" drunten im Hafen und beschimpfte die Hidalgos und die Mesta, die Zunft der Schafzüchter, mit denen er in Dauerfehde lag. Dann suchte er sich eine der Dorfnutten. Früher, als sie noch ansehnlich und rank war, war das oft auch Miguels Mutter gewesen. Dann tauschte der alte Eselzüchter ein Huhn, einen Sack voller Gemüse, ein kleines Fässchen Wein oder andere Naturalien gegen das zweifelhafte Vergnügen, unter einen Rock zu gelangen, der vor ihm schon zahlreiche andere Besucher hat kommen und gehen sehen. Jedenfalls kannte Miguel den alten Don Burro, nicht zuletzt durch die Anekdoten, die über den Alten im Ort die Runde machten.

Als der Eselskarren den Jungen bereits überholt hatte, drückte Miguel sich noch dichter ins Gras. Don Burro döste immer noch. Sein Maulesel verdrehte ohne Unterlass die Ohren, ohne jedoch die lästigen Fliegen, die ihn verfolgten, loszuwerden. Vielleicht zog das Gespann vorüber, ohne ihn zu entdecken?

Schon schlurfte der Alte, den Hut in der Stirn, vorbei, entfernte sich von Miguel. Da blieb er plötzlich stehen.

„Hooo!", rief er mit einer Stimme, die knarrte wie ein altes Scheunentor. Sofort stoppte der Esel.

Don Burro hatte sich nicht umgedreht. Er hatte nicht zu Miguel herübergeschaut. Was mochte ihn zum Anhalten veranlasst haben? Der alte Eseltreiber blieb an Ort und Stelle stehen. Nur das klappernde Geräusch des ledernen Geschirrs war zu vernehmen, wenn der Esel sich unwillig schüttelte, um die Mücken loszuwerden, die ihn blut- und schweißgierig umkreisten.

„Hast du Durst?", fragte die knurrige Stimme.

Miguel war viel zu erschrocken um zu antworten. Meinte er ihn? Oder sprach er mit seinem Esel?

„Kannst du nicht reden?", lautete die nächste Frage. Jetzt endlich drehte Don Burro den Kopf etwas nach hinten, versteckte aber weiter die Augen unter der Krempe des Strohhutes. In dieser Pose, den Kopf und eine Schulter leicht nach rückwärts geneigt, verharrte er. Eile kannte er keine. Endlich fragte er noch einmal: „Hast du Durst, Junge!"

Miguel, inzwischen aus seiner Angststarre gelöst, nickte und stammelte: „Jjj... jaa!"

„Na also!", brummte der Eseltreiber und griff nach einem halbvollen ledernen Wasserbeutel, der hinten am Eselkarren aufgehängt war. „Taubstumm bist du also nicht."

Er öffnete den Verschluss seines Wasserbeutels und reichte ihn Richtung Miguel. Der Junge stand aber zu weit weg, um ihn erreichen zu können. Miguel stand auf und näherte sich vorsichtig. Da zog Don Burro die Flasche in letzter Sekunde weg.

„Sag mir erst, wie du heißt!"

„Mmmi... Mi... Miguel!"

"Miguel!", wiederholte der Alte und fügte dann hinzu: „Du stotterst ja. Wegen mir?"

„Nnn.... nein!"

Er reichte dem Jungen den Wasserbeutel und beobachtete mit listigen Augen aufmerksam unter der Hutkrempe hervor, wie das Kind in gierigen Zügen seinen Durst stillte.

Während er trank, schielte Miguel heimlich hinter der Wasserflasche hervor zu dem alten Mann. Unter dem Strohhut verschwanden die Augen Don Burros fast, Miguel nahm nur zwei schmale Schlitze wahr. Sein Gesicht glich einer ausgetrockneten Feige: Falten, Schrunden und Runzeln zogen sich über Wangen, Kinn und Mundwinkel wie Furchen in einem ausgedörrten Bachbett. Der knotige Mund mit den aufgesprungenen Lippen begann rechts oben fast neben der Nase und hing dann schräg im Gesicht. Er sah aus wie eine nach innen gestülpte Socke, und als Don Burro jetzt über den Durst des Jungen grinste, offenbarte sich ein einziger gelber Schneidezahn. Das war kein Gesicht, vor dem man Angst haben musste. Miguel sowieso nicht. Er hatte schon ganz andere Antlitze gesehen: zerfurchte und missgestaltete Seemannsgesichter, aussätzige, leichenbleiche, schorfige, skrofulöse, von monströsen Geschwüren, Narben und Verwüstungen gezeichnete Fratzen. Nein, das hier war ein Gesicht zum Bestaunen. Voller Lebensspuren. Voller Geschichten. Don Burro schob seinen Strohhut etwas weiter in den Nacken, um einen Schluck aus der Wasserflasche zu nehmen.

„Du kommst aus Palos." Es war eine Feststellung, keine Frage.

Miguel nickte.

„Und du willst nicht wieder zurück!" Don Burro sah dem Jungen ziemlich genau an, was ihn bewegte.

Miguel nickte nach kurzem Zögern erneut.

„Verstehe!", sagte Don Burro und ließ einen Furz fahren, der seinem Esel zur Ehre gereicht hätte. Er machte keine Anstalten, seinen Weg fortzusetzen. Stattdessen musterte er Miguel ausführlich von oben bis unten. Der Junge sagte nichts, stand nur da und schlug die Augen nieder.

Nachdem der Eseltreiber sich endlich ein Urteil gebildet hatte, erklärte er: „Klein bist du, dünn und schmal. Halb verhungert. Kannst du irgendetwas?"

Miguel blieb stumm.

„Kannst du eine Karre führen?"

„Nn ...nein!"

„Kannst du lesen oder schreiben?"

„Nn ... nein!"

„Dacht ich's mir. Wär' ja auch zu schön gewesen!" Don Burro erläuterte nicht, was sich hinter dieser Bemerkung verbarg. Stattdessen nörgelte er, mehr zu sich selbst als zu Miguel: „Du kannst ja nicht mal sprechen."

„Nn ... nein, nnn ... ja!" Miguel traten Tränen ins Gesicht. Ja, es stimmte, er stotterte bei fast allen Gelegenheiten: wenn er aufgeregt war, wenn Fremde ihn ansprachen, wenn er etwas erklären wollte. Nur wenn sein großer Bruder Rodrigo dabei war stotterte er nie.

Don Burro kicherte, Miguels Tränen übersah er. Er sprach zu sich selbst: „Kann nicht lesen, kann nicht schreiben, kann nicht sprechen, hi, hi, hi. Schönen Fund hast du da gemacht, Don Burro! Ganz famos, ganz famos!"

Der Eseltreiber drehte sich ohne weiteren Kommentar zu seinem Karren um, schnorrte ein „Hooo!" Richtung Esel, und dieser setzte sich wieder in Bewegung. Miguel würdigte er keines Blickes mehr, als hätte es die Begegnung nie gegeben.

Aus tränenfeuchten Augen blickte Miguel dem sich langsam entfernenden Eselkarren nach. Don Burro war wieder unter seinem Hut versunken und trottete in Trance dem Karren hinterher.

Auch Miguel setzte sich in Bewegung. Etwa 30 Schritt hinter dem Eselkarren folgte er Don Burro. Was ihn dazu bewog, hätte er in diesem Moment nicht erklären können. Eine andere Richtung kam jedenfalls nicht in Frage.

Und so näherte sich das ungleiche Paar dem Franziskanerkloster La Rabida. Die große Pforte stand offen. Man betrat das Kloster durch ein großes spitzbogiges Tor, das in einen schmucklosen Gang führte, aus dem links und rechts mehrere Pforten abgingen und der in einen lichten Innenhof führte. Don Burro und sein Esel kannten sich wohl aus, denn weder zögerte der Esel vor dem offenen Tor noch klopfte sein Herr an, ehe er den Klosterinnenraum betrat.

Miguel blieb unschlüssig vor dem geöffneten doppelflügeligen Holztor stehen und sah skeptisch an der steinernen Mauer empor, die vier Mannshöhen vor ihm aufragte und oben von einem überkragenden Ziegeldach begrenzt war. Er setzte sich vorsichtig neben dem Tor ins dürre Gras, den mageren Rücken an die Klostermauer gelehnt. Er beschloss, hier zu warten, denn er empfand es als ungehörig, das Kloster ungefragt zu betreten.

Don Burro war in der Tat ein häufiger Besucher hier. Das Monasterio de la Rabida war kein besonders großes Kloster der Franziskaner. Es lebten dort nur etwa ein Dutzend Brüder, im Wesentlichen von dem, was sie durch kluges Betteln den großherzigen Gönnern in Huelva, Palos und Moguer an Naturalien, Wertsachen und Gerätschaften abschwatzen konnten. Eifrige Laienbrüder bewirtschafteten die paar Ländereien, die zum Kloster gehörten. Es reichte um zu überleben. Die Mönche zogen übers Land, predigten ohne Rücksicht auf die Ortsgeistlichen, boten Seelsorge aller Art und jedwede Form von Dienstleistungen, von der Abschrift alter Bücher, über das Anfertigen von Urkunden, bis zu Himmelsbeobachtungen, Sterndeutungen, medizinischem Beistand, Unterricht im Lesen, Schreiben, in der Mathematik, der Philosophie und der Theologie. Dienst am Menschen durch Arbeit und Gebet.

Auch Don Burro hatte derartige Dienstleistungen gelegentlich nötig. Er pflegte Kontakte zu La Rabida vor allem, um mit dem Kloster zu handeln: Waren gegen Hilfen geistiger Art.

Schon erschien die rundliche Gestalt von Prior Fray Juan Perez. Mit einem strahlenden Lächeln und weit ausgebreiteten Armen kam er auf Don Burro zugeeilt. Die braune Kutte des Mönchs wirbelte den Staub auf den maurischen Pflasterornamenten auf, mit denen der Innenhof ausgelegt war. Dem Gesicht des Vorstehers sah man an, dass er darauf eingestellt war, Don Burro zu hofieren. Was auch immer man sonst von Don Burro hielt, an Geschäften mit ihm war man im Kloster stets interessiert.

„Mein Lieber Bruder Esquivel", sprach er Don Burro mit dessen eigentlichem Namen an, „das ist schön, dass wir Euch wiedersehen. So früh hatten wir gar nicht mit dem Besuch gerechnet. Tretet näher, tretet ein, seid willkommen."

„Ja, ja, ja", knurrte Don Burro Francisco Esquivel und spannte mit geübten Griffen den Esel aus. „Spart Euch Eure Litanei. Bin zu müde dafür." Er führte den Esel zu einem kleinen Brunnen an einer Seite des Innenhofes und zog dort prüfend an der Eimerkette.

„Es wäre bald mal wieder Regen fällig“, kommentierte er, während der Prior hinter ihm herwackelte und immer noch die Arme ausgebreitet hielt.

Francisco kurbelte einen hölzernen Eimer mit abgestandenem Wasser hoch, das er seinem Esel in eine steinerne Tränke neben dem Brunnen eingoss. Fray Juan Perez streifte die Kapuze seiner Kutte ab, als wollte er die Ohren frei bekommen, um Don Burros Genuschel besser verstehen zu können.

„Ich bin dieses Jahr früher dran, weil ich noch eine weite Reise vor mir habe. Ich ziehe gleich morgen weiter nach Sevilla.“ Er deutete auf die Ladung auf seinem Eselskarren und ergänzte: „Hab dort was abzuliefern. Großer Auftrag.“

„Mein Glückwunsch, bester Herr! Mögen die Geschäfte weiterhin so blühen. Der Herr sei mit Euch!“

„Pah! Glück?“ Don Burro spuckte die Worte fast aus. „Glück ist was für Memmen und Pfaffen. Unsereiner beackert ein dürres Stück Land und schwitzt sich jeden Silberling aus den Rippen. Ich bin der letzte freie Bauer auf dieser Seite des Rio Tinto. Alles Land gehört entweder der Krone und dem Adel oder der Kirche. Ich pfeife auf mein Glück.“ Er richtete sich auf und ließ den Wassereimer wieder in den Brunnen fallen, wo er sich geräuschvoll auf den Weg in die Tiefe machte, bis er mit einem deutlich vernehmbaren Prasseln aufs Neue im Wasser landete.

Fray Juan Perez lächelte immer noch. Seine roten Apfelbäckchen strahlten, nur die ausgebreiteten Arme hatte der Prior inzwischen eingeklappt und die Hände anmutig zum Gebet gefaltet.

„Ich habe wie immer Wein und Oliven für euch mitgebracht, und auch etwas Brotgetreide“, erklärte Don Burro in nüchternem Geschäftsmannton. „Es ist alles auf dem Karren!“

„Ich weiß nicht, ob ich das alles gleich bezahlen kann“, erwiderte Fray Juan betrübt. Sein Lächeln blieb dabei unverändert quer über das runde Gesicht erhalten. „Ich sagte schon, wir haben nicht so früh mit Euch gerechnet.“

Don Burro hielt den Kopf leicht geneigt und blinzelte den Padre bauernschlau an. Er zögerte einen Moment mit der Antwort: „Ihr seid doch kluge und gelehrte Leute hier im Kloster, nicht wahr Fray Juan?“ Der Prior nickte.

„Und bisweilen zieht ihr auch gelehrsame Schüler groß, ist es nicht so?“

Wieder nickte der Prior.

„Nun seht, darum geht es mir. Einen solchen Schüler, den könnte ich gut gebrauchen. Einen, der folgsam ist und der lesen und schreiben kann. Ich brauch einen Burschen, der mein Schreiber werden soll. So einen suche ich. Habt Ihr einen solchen?“

Der Prior dachte nach und machte aber eine betrübte Miene: „Es ist bedauerlich, Señor Esquivel, ganz bedauerlich. Aber gerade in diesem Jahr sind wir ohne Zöglinge. Wir haben einen Jungen ausgebildet, der jetzt in Cadiz für einen edlen Hidalgo die Bücher führt. Erst einen Monat ist es her, dass er abgereist ist.“ Er wackelte mit seinem kürbisrunden Schädel und leckte nervös die dicken Lippen. Don Burro machte eine geringschätzige Geste mit der rechten Hand, fuhr mit ihr durch die Luft, als wolle er ein imaginäres Insekt verscheuchen. Mürrisch brummte er: „Und der dort? Was ist mit dem?“ Er zeigte, während er sprach, über den Innenhof des Klosters hinüber zum Kreuzgang, wo im Schatten des Gewölbes ein Knabe zu erkennen war, der sich mit einem älteren Padre unterhielt.

Das Mondgesicht des Priors verzog sich zu einer Grimasse, die innere Qual ausdrücken sollte: „Oh, oh! Nein! Das ist ein Sonderfall. Das ist kein Novize, das ist kein Schüler. Das ist der Sohn des Admirals, ein Herr von edler Abstammung. Er genießt den Schutz und das Wohlwollen unserer königlichen Majestäten Ferdinand und Isabella. Über diesen jungen Herrn können wir bescheidenen Mönche nicht verfügen.“

„Ein Söhnchen also, was?“, schimpfte der Eselhändler. „Wie sagtet ihr? Der Sohn des Admirals?“ Er spuckte verächtlich einen grüngelben Fladen Schleim aus, den er zuvor geräuschvoll aus den Tiefen seines rasselnden Brustkorbes heraufgezogen hatte. „Der Admiral? Etwa der …?“ Er musste die Frage nicht aussprechen, schon bestätigte Fray Juan: „Es ist Diego Colón, der Sohn von Christóbal Colón, der heute Morgen mit den Pinzons ausgefahren ist.“

„Ei, sieh mal an“, brummte Don Burro und blinzelte gegen die Sonne, als er versuchte, den Knaben im Schatten des Kreuzganges etwas deutlicher wahrzunehmen. Es handelte sich um einen schmalen, etwas bleichen und nicht besonders groß gewachsenen Jungen. Er stand vor einem Padre, der sich entspannt mit dem halben Hintern auf das hüfthohe Mäuerchen gesetzt hatte, auf dem die Bögen des Kreuzganges aufsetzten. Offensichtlich erzählte der Junge dem Padre etwas, und dieser hörte geduldig zu.

„Das ist Bruder Fray Antonio de Marchena“, erläuterte Fray Juan Perez ungefragt. „Er unterrichtet den jungen Herrn in Himmelskunde.“ Der Prior unternahm einen weitschweifigen Anlauf, dem Eseltreiber zu erläutern, was alles zu den Künsten und Wissensgebieten eines „Astrolog“ gehörte. Außerdem erklärte er wortreich, dass die Franziskaner von La Rabida den jungen Colón bereits vor sieben Jahren als Fünfjährigen aufgenommen und seither beherbergt und ausgebildet haben. Der hochedle Don Christóbal Colón bezahle für diese Ausbildung seines Sohnes Diego alljährlich eine stattliche Summe und sei auch sonst ein gerne gesehener Gast im Kloster. Aber Don Burro war längst mit den Gedanken irgendwo anders. Den schweren Falten, die wie Ackerfurchen seine Stirn durchzogen, war anzusehen, dass es in ihm rumorte und arbeitete, dass er etwas ausheckte.

Er schöpfte sich einen Schluck Wasser, wischte sich mit einem Lappen, der aussah, als hätte er bereits ungezählte Kreuzzüge der letzten Jahrhunderte mitgemacht, den Schweiß aus dem Gesicht, scheuchte damit die Fliegen zurück zum Esel und drehte dann demonstrativ dem Prior den Rücken zu. „Dann nehmt ihr also Knaben auf und gebt ihnen Quartier und Unterricht?“, fragte er listig.

„Ja, ja!“, bestätigte der Prior, indem er sich wieder zu Don Burro umwandte und mit zwei schnellen Schritten zu ihm aufschloss. „Aber natürlich nur, wenn seine Familie entsprechend für ihn bezahlt. Wir haben ja Unkosten. Wir sind arm. Wir sind keine Herberge.“

„Schon gut, schon gut“, winkte Don Burro ab und bewegte sich weiter mit seinen typischen schlurfenden Schritten Richtung Klostertor. „Ich hätte da einen Knaben für Euch. Den habe ich auf der Straße aufgelesen. Er sitzt draußen vor dem Tor.“

Der Prior setzte ein fragendes Gesicht auf. Don Burro kam zur Sache: „Könnt Ihr für mich diesen Knaben bei Euch aufnehmen und ihm das Lesen und das Schreiben beibringen? Und wenn ich im Dezember aus Sevilla zurückkomme, nehme ich ihn mit?"

Es entstand eine Pause, in der der Prior unverständlich vor sich hin brummte und nervös an seiner Kordel nestelte, die die Kutte über dem Bauch zusammenhielt.

„Bis Dezember?"

„Bis Dezember. Vielleicht wird es auch Januar."

Fray Juan Perez schüttelte kläglich den runden Kopf. „Das sind vier Monate. In vier Monaten einem Knaben das Lesen und Schreiben beizubringen, das wird nicht einfach sein."

Don Burro zeigte auf seinen voll beladenen Karren: „Es soll Euer Schaden nicht sein. Ich bezahle Euch für Eure Anstrengungen. Ihr braucht Wein und Oliven. Sagt mir, wie viel es kostet, einen Knaben auszubilden. Und wie lange es dauert."

„Oh je, oh je!" Der Prior kratzte sich aufgeregt an der Tonsur. „Da können Monate vergehen, oder ein Jahr. Bei manchen dauert es zwei. Andere lernen es nie. Außerdem braucht der Schüler ein Quartier, er muss verpflegt werden, er braucht zu essen und zu trinken."

Während Fray Juan Perez noch rechnete und schwadronierte und dabei im Geiste abwog, wie viel er verlangen konnte, ohne dass Don Burro von dem sich anbahnenden Geschäft zurücktrat, nahm der Plan beim Eseltreiber Gestalt an. Er würde diesen hergelaufenen Jungen dem Kloster überantworten. Der Junge war ihm nachgelaufen, also musste er nicht lange um sein Einverständnis gefragt werden. Don Burro brauchte dringend einen Gehilfen, der lesen und schreiben konnte. Immer häufiger mussten Urkunden angelegt werden, Verträge waren anzufertigen, Listen zu führen, Rechnungen zu erstellen, Protokolle aufzusetzen. Der städtische Notar von Palos war teuer und selten verfügbar. Die Kaufleute, die lesen und schreiben konnten, befanden sich immer im Vorteil und nutzten diesen weidlich. Denn wer kein Papier für seine Geschäfte vorweisen konnte, dem konnte es passieren, dass seine Rechte nichts galten und seine Ansprüche nicht anerkannt wurden. Francisco Esquivel war ein einfacher Mann, aber er war kein Dummkopf. Er sah die Notwendigkeit, sich gegen die Kaufleute, Rechtsgelehrten, Notare, Pfaffen und die Bürokraten der Krone abzusichern, die mit ihm Geschäfte machten und die zunehmend glaubten, ihn über den Tisch ziehen zu können. Der Junge, der ihm nachgelaufen war, hatte das richtige Alter. Aus ihm würden die Franziskanermönche einen Schreiber machen. Dass Miguel, der noch immer draußen vor dem Tor an der Mauer lehnte, weder in diese Überlegungen eingeweiht, geschweige denn gefragt werden musste, stand für Don Burro fest. Ihm kamen keinerlei Bedenken, über den Knaben zu verfügen. Schließlich hatte er ihm zu verstehen gegeben, dass er aus Palos abgehauen war und nicht mehr dorthin zurückkehren wollte. Das genügte.

Miguel besaß kein Mitspracherecht. Er folgte den Padres, die ihn auf Geheiß des Priors ins Klosterinnere befahlen. Stumm und ohne zu verstehen, was man von ihm wollte, vernahm er die trockene Erklärung Don Burros und die feierliche Ansprache Fray Juan Perez'. Er begriff nur, dass er im Kloster bleiben sollte. Mit dieser Fügung zeigte er sich ganz und gar einverstanden. Don Burro legte ihm die Hand auf die Schulter und verabschiedete sich knapp mit der Ankündigung: „Im Dezember kannst du lesen und schreiben, dann hole ich dich ab!"

Die Padres steckten Miguel sogleich in die braune Kutte der Franziskaner. Sein Exemplar mochte einem erwachsenen Mönch gehört haben, vielleicht einem Kleinwüchsigen, aber es hüllte ihn ein wie ein überdimensionaler Sack. Mit Hilfe des weißen Stricks, den er sich um die dürren Hüften band, zerrte er das Habit so weit zurecht, dass er nicht bei jedem Schritt über den eigenen Saum stolperte.

Der Padre, der sich um ihn kümmerte, hieß Fray Garcia Hernandez, ein kleiner, grauer Kerl mit einer spitzen Nase und einer wichtigtuerisch hohen Stimme, die sich bei jedem zweiten Satz überschlug. Miguel trottete wie benommen hinter ihm her, hörte und verstand nicht einmal den zehnten Teil dessen, was der geschwätzige Fray Hernandez an ihn hin predigte. So taumelte er durch den Rest des Tages und landete schließlich völlig orientierungslos im Abendgottesdienst der Brüder, der Vesper, bei der ihm vor Erschöpfung die

Augen zufielen. Der schnarchende Knabe auf der harten Holzbank in der Klosterkirche war zumindest für die Mönche eine Abwechslung während ihres Gottesdienstes. Solange der Prior es nicht bemerkte, grinsten sie sogar wohlwollend. Nur einer rümpfte die Nase. Es war Diego Colón, der 13-jährige Sohn von Admiral Christóbal Colón. Dieser Junge kniete auf seinem ihm zugewiesenen Platz in der Bank neben der Sakristei, und er war gar nicht davon angetan, dass nun ein weiterer Junge neben ihm zur Klostergemeinschaft gehörte.

Bei Diego handelte es sich um einen ausgesprochen eitlen, von sich eingenommenen, blasierten, aber zu allem Übel tatsächlich hochintelligenten Jungen. Die Mönche hatten ihn in vielen Wissenschaften ausgebildet, er beherrschte mehrere Sprachen: Spanisch, Portugiesisch, Genuesisch und Latein; er verstand viel von Geografie und Kartografie, disputierte mit den Mönchen über die Schriften von Toscanelli ebenso wie über die Reiseberichte des Marco Polo. Er war der Liebling von Fray Antonio de Marchena, dem Sternseher, dem Mönch mit Kenntnissen von den Gestirnen und Himmelsdingen. Diese bevorzugte Position erhob ihn über alle anderen Klosterinsassen, insbesonder aber über einen hergelaufenen Hungerleider wie Miguel einer war.

Diego Colón trug keine Franziskanerkutte. Sein Status war der eines Gastes und Schülers, neuerdings nochmals um ein Vielfaches emporgehoben, denn es stand seit dem Frühjahr 1492 die Zusage der königlichen Majestäten Ferdinand und Isabella, den Sohn des Admirals an den Hof zu holen und ihn als Pagen bei Prinz Johann dienen zu lassen. Gab es eine höhere Auszeichnung, von der in Kastilien ein Knabe träumen konnte, selbst wenn er aus dem edelsten Geschlecht stammte?

So trug Diego Colón bereits als Dreizehnjähriger die Nase höher als jeder andere im Umkreis von hundert Leguas. Mit Miguel, dem stotternden Neuling im Konvent, würde er ohne Not kein Wort wechseln, so viel stand fest. Es musste diesem Bettlerjungen, den der Prior zur Ausbildung in die Obhut des einfältigen Fray Garcia gegeben hatte, sofort und unmissverständlich demonstriert werden, wer Herr und wer Knecht war. Und deshalb lauerte Diego bereits am nächsten Tag dem Neuankömmling auf. Miguel, eingeschüchtert wie ein Hase auf dem Wochenmarkt, machte in der besinnlichen Pause zwischen der Terz, dem vierten Gottesdienst des Tages, und der Sext, dem Mittagsgottesdienst, einen ersten Gang durch die Klostergemäuer. Fray Garcia hatte ihn ausdrücklich dazu ermuntert. Er solle sich umschauen, alle Räume und alle Gebäude kennenlernen. So erreichte er, indem er das Refektorium durchquerte, den Kapitelsaal, ein spartanisch eingerichteter Versammlungsraum, dessen niedere Decke von schweren Holzbalken getragen wurde. Rundum säumten hölzerne schwarze Bänke die Längs- und Stirnseiten des Raumes. Die Bank an der hinteren Stirnseite stand leicht erhöht und verfügte, anders als die Bänke auf den Längsseiten, über geschwungene Armlehnen. Dort saß Diego Colón, als Miguel den Raum betrat. Der blässliche Admiralssohn funkelte Miguel aus kalten Augen an und befahl: „Knie nieder, du Nichtsnutz. Und wage es nicht, die Augen auf mich zu richten. Schau auf den Boden!"

Miguel befolgte unverzüglich diese Anordnungen. Die Stimme des um drei Jahre älteren Admiralssohnes klang kalt und herrisch, herablassend und unduldsam. Miguel zitterte vor Respekt. Regungslos verharrte er auf den Knien, den Blick zu Boden gerichtet, und wagte nicht, etwas zu fragen oder sich zu rühren.

„Sprich! Wer bist du, Gemeiner? Wie ist dein Name, wo kommst du her, wie heißen deine Eltern?", forderte die frostige Stimme.

Wie gelähmt verharrte Miguel.

Schließlich stammelte er: „Mmm ... Miguel, Miguel Sanchez!"

„Lauter!", kommandierte der Admiralssohn.

„Mi... Mi ... Miguel ... Miguel Sa ... Sa .... Sanchez, Sanchez de Palos", brachte Miguel schließlich heraus. Es trat eine kurze Pause bedrohlichen Schweigens ein.

„Und weiter!", donnerte der junge Colón.

„U... u ... und ... au... au ... aus Palos!"

„Deine Eltern!", kläffte Colón, hämisch und schadenfroh.

„M... m ... mmmm .... mmmm ...." Es war unmöglich. Das Stottern verknotete Miguels Zunge. Außer Konsonanten und Krächzlauten brachte er nichts mehr über die Lippen. Diego Colón ließ ihn genüsslich immer wieder neu Anlauf nehmen. „Mmmm ... mmmm ... mmmm ...“, stammelte Miguel. Aber je mehr er sich anstrengte, desto mehr blockierte er. Noch unterdrückte er tapfer die Tränen, aber schon war sein Gesicht gerötet vor Anstrengung und Scham. Ungerührt wühlte Diego weiter in der Pein. Er erhob sich von seiner Bank und schritt mit der ernsten Miene eines königlichen Würdenträgers in die Mitte des Raumes, wo er schweigend stehen blieb. „Ich warte!“, kommentierte er schneidend und ließ Miguel weitere hilflose Versuche unternehmen, einen Satz zu formulieren. Um die Demütigung vollständig zu machen, befahl er dem Jüngeren schließlich, sich flach auf den Bauch hinzulegen und in dieser Position so lange liegen zu bleiben, bis er ihm die Erlaubnis erteile, wieder aufzustehen. Nachdem er es etwa zehn Minuten genossen hatte, den zitternden Knaben so vor sich ausgebreitet zu sehen, verließ Diego Colón den Kapitelsaal, um für einige Zeit seinen üblichen Vormittagsbeschäftigungen nachzugehen. Nach etwa einer Stunde kehrte er zurück um zu kontrollieren, ob der Junge noch so lag, wie er ihn verlassen hatte. Miguel hatte nicht die geringste Bewegung gewagt. Eine Stunde lang hatte er sich nicht vom Fleck gerührt. Er lag noch immer flach auf den Steinplatten, gelähmt vor Scham, Erniedrigung und Demütigung. Mit diabolischem Vergnügen entdeckte Diego Colón die feuchte Pfütze, die sich unter Miguels Kutte ausgebreitet hatte. „Du liegst in deiner eigenen Pisse und kannst nicht einmal deinen Namen aussprechen“, höhnte er verächtlich. „Was bist du nur für einer?“

Miguel blieb weiter auf dem Bauch liegen, den Kopf an die Steinplatten gepresst. So fand ihn um die Mittagsstunde Fray Garcia Hernandez.

V. Kanarische Inseln

Die Kanaren, ein paar hingekleckste Inseln vor der afrikanischen Küste, galten als die letzten Außenposten der zivilisierten Welt: Wie Gran Canaria und die übrigen Eilande gehörte auch Lanzarote zum Besitz der kastilischen Krone. Aus verschiedenen Gesprächsfetzen und manchen Äußerungen an Bord reimte Rodrigo sich einiges zusammen: Diese Inseln waren erst vor 150 Jahren wiederentdeckt worden, nachdem man sie in der Antike bereits als die „Glückseligen Inseln" gekannt hatte. Auf diesen Inseln lebte ein wildes Volk von Einheimischen: die Guanchen. Sie wehrten sich teilweise immer noch gegen die Besiedlung durch die Spanier. 1344 vermachte die Krone alle sieben Inseln, La Canaria, Teneriffa, Lanzarote, Fuerteventura, Palma, Gomera und Hierro dem spanischen Edelmann Luis de Cerda. Die richtige Eroberung der Inseln hatte aber erst in den letzten zwanzig Jahren unter Diego de Herrera eingesetzt. La Canaria hielt man seit etwa zehn Jahren für befriedet, auf La Palma wurde noch gekämpft und auf Teneriffa hielten sich die Guanchen bislang gänzlich ungeschlagen; diese Insel galt es zu meiden. Von Ferro, auch Hierro genannt, der westlichsten und noch kaum erforschten Insel, hörte man nur selten. Gomera hingegen war erobert und von spanischen Siedlern bewohnt. In diese wilde Inselwelt fernab des kastilischen Reiches drang die Gallega nun ein. Das Flaggschiff von Admiral Christóbal Colón erreichte damit den südwestlichsten Vorposten des spanischen Königreichs. Nur die Portugiesen mit ihren Siedlungen auf den Azoren waren noch weiter in den Atlantik vorgestoßen.

Ein hoher Seegang an diesen und den nächsten Tagen brachte Rodrigo nun doch noch die gefürchtete Seekrankheit. Elendiglich kotzte er die Schiffsaußenwände hinunter. Für jemanden, dessen

Magen sonst alles verdaute, was hineingestopft wurde, eine ungewohnte Schmach. Immerhin: Maestre Juan Sanchez, der mitfahrende Schiffsarzt aus Sevilla, konnte helfen. Er verteilte mit diabolischem Grinsen kleine Stücke von Ingwerwurzeln, die Rodrigo langsam zwischen den Zähnen zerkleinern musste. Er kaute und schluckte ungerührt. Andere hätten erst recht weitergespuckt. Aber Rodrigo ergab sich ganz den Anweisungen des Arztes. Dieser verabreichte außerdem einen Trank aus gekochtem Moos, etwa so schmackhaft wie Weihwasser aus der Georgskirche in Palos. Ein weiteres, immerhin wohlschmeckenderes Rezept bestand aus einen Esslöffel Honig. Zuguterletzt tränkte er einen Leinenlappen mit starkem Schnaps und legte ihn Rodrigo auf den Magen. Obwohl er fest an die Künste des Arztes glaubte, erlebte Rodrigo trotzdem die nächsten zwei Tage in hilfloser Übelkeit und mehr außenbords als auf Deck. Zwei Sitzgestelle hingen, je nach Windrichtung, vorschiffs oder achtern über der Reling. Dort setzte man sich zur Verrichtung seiner Bedürfnisse hinein. Bei starkem Wellengang, so wie jetzt vor den Kanaren, passierte es leicht, dass man dabei bis zum Bauch ins Meerwasser eingetaucht wurde.

An diesen elenden Tagen wäre Rodrigo am liebsten allen anderen an Bord aus dem Weg gegangen. Er ertappte sich dabei, dass er sich zurück in die heimatliche Hütte in Palos sehnte. Dort hätte er sich verkriechen können. Die jüngeren Matrosen fanden ihr gehässiges Vergnügen an seinem Elend. Colóns Kajütpage Pedro de Tereros, der aus unerfindlichen Gründen einen seltsamen Groll gegen Rodrigo hegte, tat sich besonders hervor. Er suchte nach Aufträgen für Rodrigo, mit denen er den Jungen schikanieren konnte, und er machte die anderen höhnisch auf Rodrigo aufmerksam, wenn dieser grünbleich über der Reling hing und mit dem Wind kotzte.

Rodrigo nahm dies alles widerstandslos hin. Er hätte den jämmerlichen Tereros mit Leichtigkeit verprügeln können, obwohl der Admiralspage mindestens zwei Jahre älter war. Aber er unterließ es. Der Admiralspage gehörte eben wegen seiner gehässigen und selbstgefälligen Art nicht unbedingt zu den beliebtesten Besatzungsmitgliedern. Jederman wusste aber, dass er unter dem Schutze des Admirals stand.

So durfte er sich seine kleinen Gemeinheiten erlauben, ohne dass einer der älteren Matrosen oder einer der Offiziere eingriff.

Die Schiffe erreichten in schwieriger See nach drei Tagen die Insel Gran Canaria. Als am Mittag des 9. August endlich ein Boot zu Wasser gelassen wurde, damit der Admiral und seine Offiziere an Land gehen konnten, dachte niemand mehr an Rodrigo, der sich irgendwo mit seinem verknoteten Magen elend unter Deck wälzte.

Admiral Colón, Kapitän Juan de La Cosa und Steuermann Peralonso Niño hatten die Absicht, in Las Palmas Ausschau nach einem Ersatzschiff für die ramponierte Pinta zu halten. Es stellte sich aber schnell heraus, dass derzeit auf ganz Gran Canaria kein geeigneter Segler vorhanden war und in absehbarer Zeit auch keiner erwartet wurde. Dafür hieß es, auf der nicht weit entfernten Insel Gomera, die ebenfalls der kastilischen Krone gehörte, werde in den nächsten Tagen ein Schiff aus Sevilla erwartet. Es sollte die Gouverneurin der Insel, die Witwe Doña Beatriz de Bobadilla, zurückbringen, die einige Monate bei Hofe gewesen war. So beschloss Admiral Colón, der die Gouverneurin persönlich kannte, unverzüglich nach Gomera aufzubrechen, um dort jenes für die weitere Fahrt über den Atlantik als Ersatz für die manövrierunfähige Pinta, die immer noch auf dem Meer herumirrte und bisher nicht in den Hafen von Las Palmas eingelaufen war, zu chartern.

Es kam also nicht zu einem Landgang für die Mannschaft. Ungeachtet des schlechten Wetters befahl der Admiral bereits am nächsten Morgen das Auslaufen. Das dritte Schiff der Flotte, die Niña mit ihrem jungen Kapitän Vicente Yanez Pinzon, sollte im Hafen von Las Palmas bleiben und dort auf die Pinta warten. Man beschloss, bei dieser Gelegenheit die Werft zu nutzen und auch die Takelage der Niña von Lateiner auf Rahsegel umzustellen.

In der Hektik dieser Ereignisse vergaßen die Offiziere Rodrigo auf Gran Canaria auszusetzen, wie Colón es eigentlich befohlen hatte. Als die Gallega Richtung Gomera auslief, befand sich der Junge immer noch an Bord.

Inzwischen hatte Rodrigo sich soweit erholt, dass er wieder mit gutem Appetit bei den Mahlzeiten antrat. Als er seine Ration abholen wollte, gewahrte ihn der etwas abseits stehende königliche Notar Escobedo. Mit zwei schnellen Schritten sprang der Schreiber herbei und schlug Rodrigo den Napf aus den Händen: „Ist dieser schmarotzende Bastard immer noch an Bord", brüllte er so laut, dass alle Umstehenden sich umdrehten. „Wo hast du dich versteckt, als wir in Las Palmas waren?"

„Der Kleine hatte den Koller", beruhigte mit seiner sanften Stimme Maestre Juan Sanchez, der Schiffsarzt, der gerade in der Nähe stand. Währenddessen sammelte Rodrigo stumm seinen Napf ein. Aber Escobedo tobte mit sich überschlagender Stimme weiter: „Wir füttern den Kerl seit fast zwei Wochen durch. Er faulenzt herum, steht im Wege, ist Ballast, unnützer, fressender Ballast!"

„Beruhigt Euch doch, Señor Escobedo", sagte Sanchez und legte seine flache Hand auf dessen Arm. Doch der schüttelte ihn wütend ab und packte stattdessen Rodrigo am Kragen, um ihn ein Stück übers Deck zu zerren. Überrascht von der plötzlichen Attacke verlor Rodrigo das Gleichgewicht, stürzte rücklings und hing hilflos in Escobedos Griff. Der gab ihm zwei, drei Fußtritte, in Magen und Unterleib. Das ließ Rodrigo kalt. Prügel hielt er aus. Er krümmte sich und steckte ungerührt die weiteren Hiebe ein, die folgten. Escobedo war in seiner Rage ein schlechter Prügler. Da war der alte Säufer zuhause in Palos ein ganz anderes Kaliber gewesen.

Nach einer Weile – die Matrosen bildeten bereits eine neugierige Traube um den Vorfall, manche feuerten Escobedo sogar an: „Gibs dem kleinen Teufel, zeigs ihm!" – mischte sich Pedro Gutierrez ein und beschwichtigte seinen Kumpan.

„Es ist gut jetzt", sagte er und schob seinen stämmigen Körper zwischen den schwer atmenden Escobedo und den zusammengekrümmten Rodrigo. „Lass ihn zufrieden. In Gomera werfen wir ihn von Bord, dann ist die Sache erledigt."

Escobedo wischte sich die verschwitzten Haarsträhnen aus der Stirn. Er atmete schwer, doch seine Erregung legte sich. Unsicher blickte er in die grinsenden Gesichter der Matrosen. Es ging ihm auf, dass er sich eine ziemliche Blöße gegeben hatte. Er brachte sein herausgerutschtes Hemd in Ordnung, strich sich nervös die Beinkleider glatt und drehte sich einmal im Kreis.

Vorlaut spottete aus dem Kreis der Matrosen heraus der schöne Jakob: „Dem hast du's aber schwer gegeben. Bravo Escobedo!"

„Bravo, bravo!", wiederholte auch ein anderer. Vergnügt empfahl jemand: „Ein Hoch auf Escobedo!"

„Elende Bande, Gesindel, Dummköpfe!", fluchte Escobedo.

Vom Steuerruder herüber brüllte Juan de La Cosa, der den ganzen Vorfall beobachtet hatte, zu den Matrosen: „Hey, ihr Faulpelze. Was gibt's noch zu gaffen? Macht voran, geht wieder an eure Plätze."

Um Rodrigo kümmerte sich nur der Schiffsarzt. Er beugte sich kurz hinunter. Aber als er sah, dass Rodrigo behende wieder auf die Beine kam und ungerührt grinste, verlor er seine Besorgnis: „Du hast ein dickes Fell, mein Junge. Alle Achtung!"

Rodrigo mochte die sanfte Art von Juan Sanchez. Das war einer der wenigen Männer an Bord, der ihm Vertrauen einflößte.

„Er kann nicht richtig draufschlagen. Zu viel Wut", kommentierte der Junge lakonisch und ließ den Schiffsarzt kopfschüttelnd zurück.

Am nächsten Morgen, am Sonntag, 12. August, kam Gomera in Sicht. An Bord begrüßte die Besatzung den Tag mit einem improvisierten Gebet. Da es keinen Priester in der Mannschaft gab, hielten sie keine Messe ab. Martin de Urtubia, der jüngste Schiffsjunge, sprach vor: „Gesegnet sei der Seele Grund, bewahrt vom Herrn zu jeder Stund, gesegnet sei der neue Tag und Gott, der dieses Werk vermag." Nach dem Vaterunser und dem Ave Maria ertönte noch einmal die Stimme des Schiffsjungen: „Gott gebe uns gute Tage, gute Reise, gute Fahrt dem Schiff, dem Herrn Kapitän und den Fahrtgenossen. Oh lasst uns eine gute Reise machen, ihr Herren vom Achterschiff und auch ihr Herren vom Vorschiff."

Die Matrosen verharrten noch einen Moment in andächtiger Haltung, dann spuckte der Erste über die Reling, andere fluchten und scherzten, und bald schwärmte die ganze Mannschaft aus, schnappte sich die aus Weißdorn gebundenen Besen und die Eimer voll Salzwasser, und die Männer begannen das Deck zu schrubben. Auch Rodrigo musste mit anpacken, bis es endlich Frühstück gab: Hartkäse mit Sardinen und Schiffszwieback mit Knoblauch.

Im provisorischen Hafen von San Sebastian, dem einzigen befestigten Ort auf Gomera, lagen nur einige Fischerboote und zwei kleinere Küstenkaravellen. Keine Spur des Schiffes aus Sevilla. Diesmal sorgte Escobedo höchstpersönlich und mit grimmiger Miene dafür, dass Rodrigo schon beim ersten Landgang mitgenommen wurde. Zwei Matrosen, José Pequinos und Jacomo Rico, wurden von ihm beauftragt, auf den Jungen aufzupassen. Sie machten sich auf den Weg zum Gouverneurssitz.

Willig ließ Rodrigo sich von den beiden Matrosen über die Hafenmole führen, schnupperte die salzige Luft, den leichten Fischgeschmack, Teer, Holz und den Staub frisch gehauener Steinbrocken. Ein paar verhärmte Fischer saßen im Schatten der schiefen Hütten und verfolgten die Gruppe mit misstrauischen Blicken.

Admiral Colón und Diego Harana, der Alguacil der Flotte, führten die Abordnung an. Es folgten die Zivilisten Escobedo, Gutierrez und der alte Rodrigo Sanchez de Segovia. Bei Letzterem handelte es sich um einen weiteren königlichen Beamten, einen unscheinbaren und kränklichen älteren Hofschranzen. Die Krone war nie zufrieden. Sie musste in allen Geschäften mehrere Hände haben und überall mit vielen Augen dabei sein, das galt ganz besonders für den Seehandel und für Entdeckungsfahrten. Die Aufgabe des königlichen Inspektors Sanchez de Segovia bestand darin, alle Ausgaben der Fahrt zu überprüfen und im Falle von Einnahmen, besonders beim erhofften Auffinden von Gold und anderem Edelmetall, für das königliche Fünftel zu sorgen.

„Wenn du ausbüchsen willst, wir lassen dich laufen", flüsterte José Pequinos und nickte mit dem Kopf in Richtung einer Nebengasse, die sich zwischen den schäbigen Hütten auftat. Rodrigo schaute kurz hinüber, schüttelte dann aber den Kopf. Wieso sollte er ausbüchsen? Und wohin?

Vor dem Gouverneurssitz, einem burgähnlichen steinernen Zweckbau, überragt von einem klotzigen, viereckigen Turm, wartete eine bunte Delegation auf die Besucher: Würdenträger der Insel, der Sekretär der Gouverneurin, der Alguacil mit seinen Stadträten, spanische Edelleute vom Mutterland und von der Nachbarinsel Hierro, die gerade zu Gast im Gouverneurspalast waren, sowie einige edle Damen, die als Ehefrauen oder Hofstaat zu den aufgezählten Honoratioren gehörten. Man hatte natürlich das Einlaufen der von Admiral Colón neuerdings in „Santa Maria" umgetauften Gallega beobachtet und vor allem das königliche Banner gesehen sowie die Admiralsflagge Colóns, ein dunkelgrünes Kreuz auf weißem Feld mit den goldgestickten Initialen F und Y des Königspaares über dem Kreuz. Deshalb hatten sich alle hochstehenden Persönlichkeiten am Gouverneurspalast versammelt, um diesen hohen Besuch gebührend zu empfangen. Zumal Besuch vom Festland immer etwas Besonderes war.

Im Gouverneurspalast angekommen, wurde mit Rodrigo kurzer Prozess gemacht. Man jagte ihn ohne viel Federlesens davon. Ein Sekretär, souffliert vom eifrigen Escobedo, schnappte sich den Jungen und belehrte ihn: „Such dir Arbeit im Hafen oder irgendwo auf den Feldern. Betteln ist verboten. Herumtreiber kommen ins Gefängnis, Diebe werden ausgepeitscht, Mörder und Frauenschänder kommen an den Galgen. Ketzerei und religiöse Irrlehren werden nicht geduldet, Juden sind unerwünscht. Das ist alles. Mach dass du fortkommst!"

Rodrigo beeilte sich, so schnell wie möglich aus der Burg zu verschwinden. Nicht, dass die Herren es sich noch einmal anders überlegten. Er fand, dass er es gut getroffen hatte, wenngleich er es bedauerte, dass die Fahrt auf dem Admiralsschiff für ihn nun vorbei sein sollte.

Die erste Nacht verbrachte er außerhalb des Städtchens in einem Lorbeerhain. Am nächsten Tag fand er einen kastilischen Bauern, der sich in den Kopf gesetzt hatte, auf Gomera Wein anzubauen. Da jetzt im August die Lese beginnen sollte, suchte er Erntehelfer. Rodrigo griff zu, ohne nach Lohn und sonstigen Konditionen zu fragen. Verpflegung und Unterkunft waren jedenfalls gesichert. Es ging in erster Linie ums Überleben.

So kam es, dass Rodrigo auf Gomera Trauben erntete, zusammen mit zwei jungen Guanchen-Burschen und zwei älteren, zahnlosen spanischen Weibern, unter der Aufsicht eines mürrischen Verwalters. Insgesamt quälte er sich klaglos bald zwei Wochen lang in den kargen Weinbergen, in denen mehr Unkraut als Weinreben gedieh. Aber immerhin: Er hatte ein Dach über dem Kopf, musste nicht hungern und man ließ ihn in Frieden.

Am zehnten Tage seines Aufenthaltes, es war der 23. August, verließ die Santa Maria den Hafen. Rodrigo hielt bis dahin zwar jeden Tag Ausschau nach dem Schiff, wagte es aber nicht, noch einmal Kontakt mit der Mannschaft aufzunehmen. Er hatte das Kapitel abgeschlossen. Zwei Tage nach dem Auslaufen von Colóns Segler tauchte im Hafen ein weiteres Schiff auf: eine große Karavelle von mindestens vierzig Tonneladas. Das war das lange erwartete Schiff der Gouverneurin Beatriz de Bobadilla. Sie war es gewesen, auf deren Ankunft der Admiral die vergangenen Tage vergebens gewartet hatte.

Noch am gleichen Abend erwartete Rodrigo bei der Rückkehr aus den Weinbergen im Hof des Weinbauern ein Abgesandter der Gouverneurin: Kein Geringerer als jener Sekretär, der ihn auf Geheiß Escobedos vor zehn Tagen aus der Burg gejagt hatte.

„Du kommst mit mir, Bursche“, ordnete der Sekretär in einem Tonfall an, der keinen Widerspruch duldete. „Die Gouverneurin will mit dir sprechen. Wasch dir die Hände und die Füße. Beeil dich!“ Nähere Erklärungen gab er keine.

Rodrigo hatte sich Beatriz de Bobadilla als ältere, ergraute Witwe vorgestellt. Ihr verstorbener Gatte, so hatte Rodrigo beim Weinbauern erfahren, war Graf Hernan Perazza gewesen, ein älterer Hidalgo, der führend an den Feldzügen gegen die Guanchen beteiligt gewesen war. Sein Hinscheiden kurz nach der Vermählung mit der aus dem königlichen Hofstaat rekrutierten Doña Beatriz war in adligen Kreisen nicht ganz ohne Fragezeichen geblieben und bildete einige Monate den Mittelpunkt des Hofklatsches. Man munkelte, sie habe ihn vergiftet. Doch Gomera lag fernab vom Mutterland und Untersuchungen unterblieben.

Die Überraschung für Rodrigo war nicht gering, als er sich jetzt plötzlich einer wunderschönen jungen Frau gegenüber sah. Doña Beatriz de Bobadilla besaß eine schlanke Gestalt, zählte gerade dreißig Jahre, verfügte über eine aufreizend weibliche Ausstrahlung, die sie vor allem mit den magischen Blicken ihrer geheimnisvollen grünblauen Augen erzielte. Diese kühlen Augen saßen wie unergründliche Bergseen in einem fein geschnittenen Gesicht, das von pechschwarzem, glattem Haar umrahmt wurde.

Rodrigo stand zwar noch als ein halbwüchsiger Junge vor ihr, ein knapp dreizehnjähriger Knabe, aber doch nicht mehr weit entfernt von der Empfänglichkeit erwachsener Männer für solche Reize. So blieb es nicht aus, dass diese Frau ihn, auf bisher ungekannte Weise beeindruckte. Um genau zu sein: Doña Beatriz eroberte ihn im Sturm.

Die Gouverneurin ruhte in einem bequemen Lehnstuhl, die Röcke um sich drapiert wie auf einem Gemälde, und Rodrigo, der in seinen Lumpen in gebührendem Abstand brav vor ihr Aufstellung genommen hatte, genoss unvermeidlich beste Einblicke in das raffinierte Dekolleté der Gräfin. Seinen aufgeregten Augen bot sich ein strammer, runder Busen mitsamt rosig aufgestellten Brustwarzen, so dass Rodrigo gar nicht anders konnte, als wie magnetisiert auf diese überraschend dargebotenen Früchte zu stieren. Sein schier ins Blöde gehender Blick entging der Gräfin freilich nicht, doch sie duldete die Beschau ohne Anzeichen von Verlegenheit. Sie lächelte vielsagend: „Ich habe dich holen lassen, weil ich dich zu Admiral Colón etwas befragen will“, sagte sie mit gurrender Stimme. Rodrigos Blick verglaste noch mehr und nahm noch mehr den debilen Ausdruck eines Idioten an.

Die Gouverneurin lächelte.

„Der Admiral ist ein guter Freund von mir, ein sehr guter, alter Freund. Ich habe ihn lange nicht gesehen, und bedaure sehr, dass wir uns verfehlt haben. Darum erfreuen mich umso mehr alle Nachrichten über ihn. Man sagte mir, Schiffsjunge, du seiest mit ihm und seiner Mannschaft von Palos gekommen. Erzähl von Palos. Was hat der Admiral dort gemacht, wo hat er gewohnt, mit wem hatte er zu tun?“

Wie hätte Rodrigo ahnen sollen, was diese Fragen sollten? Er, der von den familiären Verhältnissen des Admirals und von dessen Umgang in Palos herzlich wenig wusste, druckste herum, den Blick weiterhin stur auf Doña Beatriz' Dekolleté gerichtet. Wenn die Gräfin sprach, hoben und senkten sich beim Atmen ihre Brüste. Rodrigo saugte den Anblick der schneeweißen, von feinen Äderchen marmorierten Kugeln verzückt in sich auf.

Die Gräfin stellte weitere Fragen: Wie es dem Admiral gehe, wie er aussehe, wie er sich kleide, welches sein Tagesablauf auf der Santa Maria gewesen sei. Rodrigo antwortete mechanisch und einsilbig wie in Trance, nicht imstande, vernünftig und zusammenhängend Auskunft zu geben. Trotzdem war die Gräfin mit seinen Antworten wohl durchaus zufrieden. Nach wie vor nahm sie seine hingebungsvollen Blicke ungerührt hin. Schließlich, als sie das Objekt ihrer Neugierde von allen Seiten mit Fragen eingekreist hatte, drang sie zum eigentlichen Kern ihres weiblichen Interesses vor: „Hat der Admiral denn in Palos keine Frau an seiner Seite gehabt? Hat ihn nicht manchmal eine Frau begleitet?"

Rodrigo schüttelte den Kopf. Frauen gab es nicht in der Gesellschaft Colóns. Jedenfalls nicht in Palos. Da war sich Rodrigo ganz sicher.

Gräfin Beatriz de Bobadilla lächelte zufrieden und lehnte sich zurück. Ihr Busen sank dabei, sehr zum Bedauern Rodrigos, zurück in die Körbchen ihres Korsetts. Eine Weile noch setzte die Gouverneurin ihre Befragung mit Belanglosigkeiten fort, aber ihr Wissensdurst war in den entscheidenden Punkten gestillt. Plötzlich stand sie abrupt auf – Rodrigo sah die vollen Brüste auf sich zukommen – und schritt dann mit rauschenden Kleidern an Rodrigo vorbei zur Tür.

„Es ist gut", rief sie ihm noch zu. „Du erhältst eine Belohnung. Jetzt kannst du gehen." Zurück blieb nur der süße Duft ihres Parfüms, dem Rodrigo versonnen nachschnupperte.

Betäubt wankte der Knabe zu seinem Quartier beim Weinbauern. Märchenhaftes war ihm widerfahren; er hatte noch nicht in die Wirklichkeit zurückgefunden.

In dieser Nacht lag Rodrigo lange wach, träumte von der Gräfin, von ihren Brüsten, ihren zarten, feingliedrigen Händen, ihrem schlanken Hals, den runden Schultern, ihrem Alabastergesicht, ihren blaugrünen Edelsteinaugen. Er berührte in seiner Fantasie ihre knospenden Brustwarzen, küsste die Gouverneurin und wurde geküsst. Sein Glied schwoll an und pochte unter der Strohmatte, unter der er sich zusammengerollt hatte. Rodrigo nahm seine Hand zu Hilfe, um dieses erstmalige Gefühl von Erregung auszukosten. Ein warmer, klebriger Erguss spritze auf seine Finger. Rodrigo stöhnte wohlig entspannt und gleichzeitig entsetzt. Nur einigermaßen wusste er, was ihm da widerfahren war. Dieses Erlebnis in seiner intensiven Neuartigkeit erschütterte ihn. Und doch sollte es sich in den nächsten Nächten wiederholen.

Ein paar Tage später, der Kalender zeigte den 2. September, erlebte Rodrigo, als er am Abend aus den Weinbergen heimkehrte, eine große Überraschung. Eigentlich hatte er sich damit abgefunden, die Santa Maria nie mehr wiederzusehen. Doch im Hafen lagen plötzlich die drei Schiffe, die Santa Maria, die Niña und die Pinta.

Im Hafenstädtchen San Sebastian wurde die Rückkehr der kleinen Flotte sofort zum Gesprächsthema Nummer eins. Sammelten die Schiffe sich zu ihrem letzten Stop vor dem großen Sprung über den Ozean? Jedermann in San Sebastian wusste vom abenteuerlichen Ziel der Fahrt, überall schossen Spekulationen über ihren Ausgang ins Kraut. Die Mannschaften hatten noch einmal Landgang bekommen, und so machten bald Gerüchte die Runde. Die Flotte sei vor Anker gegangen, um nochmals Vorräte zu fassen und das Trinkwasser zu erneuern – eine Version. Der Admiral habe von der Rückkehr der Governeurin erfahren und wolle sich eine Begegnung nicht entgehen lassen – eine andere.

Alle Nachrichten, die vom Hafen bis zum Weinbauern und seinem Gesinde drangen, saugte Rodrigo begierig auf. Vor allem diese: Admiral Colón hatte sich im Gouverneurspalast bei der Gräfin einquartiert.

Als Rodrigo in der nächsten Nacht voller Neugierde zur Burg schlich, fand er das Gebäude hell erleuchtet vor. Die Klänge von Trommeln und Gitarren, Flöten, Geigen und Stimmengewirr zeigten an, dass ein Fest im Gange war. Die fröhlichen Laute drangen aus dem Inneren der Burgmauern ins Freie und übertönten das Gezirpe der Grillen.

Rodrigo hockte im Schutz der Dunkelheit unter einem Palmenbaum und beobachtete die Schatten an den Fensteröffnungen. Konnte er jemanden erkennen? In jeder Gestalt, die vorbeihuschte, meinte er, die Konturen der Gräfin zu erkennen. Hirngespinste! Einmal hörte er klar und deutlich die scharfe, schon etwas angeheiterte Stimme von Juan de La Cosa heraus. Dann das krächzende Lachen von Escobedo.

Geduldig blieb Rodrigo an seinem Platz sitzen, beobachtete die Schemen hinter den Fenstern, lauschte den Klängen, sog den Duft der Nacht ein, dachte an Gräfin Bobadilla und fingerte an sich herum.

Endlich, weit nach Mitternacht, erloschen in der Burg die letzten Lichter. In Gruppen oder zu Paaren verließen die letzten Gäste die Festung und wankten Richtung Hafen zu den Schiffen oder nach Hause in ihre Palazzi in San Sebastian. Unten stand ein hölzernes Tor der Burg sperrangelweit offen, keine Wachen weit und breit. Ohne zu überlegen huschte Rodrigo in den Schatten der Burgmauer und schlüpfte hindurch.

Er überquerte den kleinen Innenhof, fand den Eingang zum Haupthaus und tastete sich dort einige Treppen hinauf ins Obergeschoss, schlich auf leisen Sohlen über Steinfußböden, an Türen vorbei, den Gang entlang. Instinktiv schlug er den Weg ein, den er von seinem Besuch bei der Gräfin kannte.

Ein schwacher Lichtschein lockte ihn zu einer Tür, die leicht offen stand. Rodrigo spähte hinein, erkannte im schummrigen Dunkel jedoch nur schemenhaftes Mobiliar. Er drückte die Tür weiter auf, erschrak über das leichte Knarren der Scharniere, ging aber weiter. Das Licht flackerte in einer fast abgebrannten Öllampe, die auf einem kleinen Tisch in einer Ecke des Raumes gegen das Verlöschen ankämpfte. Ein leichter Duft nach Rosenholz und Mandelöl durchzog die Gemächer. Die Flämmchen warfen bizarre Schatten an die Wand. Aus dem Nachbarraum drang leises Stöhnen.

Wer als Sohn einer Hafenhure aufgewachsen war, der brauchte für diese Art von Lauten keine Erklärung.

Wie in Trance schlich Rodrigo durch die offene Tür in den dunklen Nachbarraum hinein. Durch die Fenster warf der Mond fahles Licht an die holzgetäfelte Wand. Rodrigo huschte blitzschnell hinter eine große, altarartige Spiegelwand – und lauschte.

Das Stöhnen steigerte sich in rhythmischen Kaskaden, dazwischen mischten sich grunzende Männerlaute, geflüsterte Worte, das Rascheln von Bettzeug, Geräusche von reibenden Körpern, Haut auf Haut. Rodrigo kannte auch den Geruch nach Schweiß. Was ihn zu Hause abgestoßen hatte, hier zog es ihn an. Er wagte einen Blick durch die Scharnierritzen des Spiegelflügels. Das helle Mondlicht beleuchtete die Szene.

Christóbal Colón, der Admiral der Weltmeere, splitternackt, unter sich der sich windende nackte Leib von Doña Beatriz de Bobadilla. Beide Körper rangen, fest ineinander verwickelt, miteinander, zuckend, gurrend, ekstatische Laute ausstoßend. Colón vergrub seinen Kopf im dichten schwarzen Haarschopf der Gräfin, sie krallte ihre Finger in seinen starken, schlanken Rücken. Ihre weichen Schenkel umklammerten seine Hüften.

Dieses Bild zweier zuckender Leiber, die zarten Glieder der Gräfin lustvoll in der Klammer ihres Liebhabers, packte Rodrigo dermaßen, dass er jede Vorsicht vergaß. Aufgeregt lehnte er sich gegen die Spiegelwand, um durch die Ritzen noch mehr zu erspähen. Die Spiegelwand geriet ins Wanken, der linke Flügel kippte nach vorne weg. Rodrigo besaß zu wenig Kraft, um das Monstrum zu halten. Der mannshohe und schrankbreite Kasten kippte vornüber und krachte mit donnerndem Getöse auf den Zimmerboden. Die kostbaren Spiegel splitterten in tausend Einzelteile.

Rodrigo stand mitten drin im Scherbenhaufen, zu benommen und zu erschrocken, um die Flucht zu ergreifen. Die beiden Liebenden unter dem Baldachindach des großen Himmelbettes fuhren auseinander. Colón sprang reaktionsschnell aus dem Bett und zückte kampfentschlossen seinen Degen, den er daneben abgelegt hatte. Doña Beatriz de Bobadilla entfuhr ein spitzer Schrei. Dann zog sie sich die Bettücher bis ans Kinn und verfolgte mit weit aufgerissenen Augen, was weiter geschah.

Christóbal Colón erfasste schnell die Situation. Splitternackt stand er breitbeinig im Raum, das fahlblonde Haar wirr in Strähnen, ein grimmiger Blick auf Rodrigo gerichtet, den nackten Körper angespannt leicht nach vorne gebeugt. Als er den kleinen Rodrigo in den Scherben stehen sah, zu Tode erschrocken, mit entsetzt geweiteten Augen und nahezu erstarrt, entspannte sich seine Haltung etwas. Er senkte den Degen und brüllte voller Wut: „Räudiger, kleiner Bastard, was fällt dir ein?" Wie mit einer Peitsche schlug er mit seinem Degen Rodrigo zweimal gegen den Oberkörper. Zwei schmerzhafte Schläge. Rodrigo schielte kurz zur Tür. Sein Fluchtweg. Doch Colón war auf der Hut. Er bemerkte den Blick und verstellte ihm mit zwei schnellen Schritten den Fluchtweg.

„Geh da hinüber", kommandierte er, versetzte Rodrigo noch einmal einen Striemen auf die Hinterbacken und scheuchte ihn mit seinem Degen durch den Raum. Er deutete auf die Tür eines Wandschranks. „Da hinein!" Rodrigo kletterte in den großen Schrank – zwischen die üppige Garderobe der Gouverneurin, raschelnde Stoffe und süße Düfte umhüllten ihn. Colón schlug die Schranktür hinter ihm zu und verriegelte von außen.

Rodrigo hörte die Stimme des zornigen Admirals und dazwischen die nicht minder aufgebrachte Gräfin: „Das ist Euer Schiffsjunge, Colón!"

„Ich weiß, wer das ist. Ein Bastard aus Palos. Eine Mücke, ein Schmarotzer. Wie kommt der in Eure Burg?"

„Das ist mir vollkommen egal. Er hat uns gesehen, in eindeutiger Situation. Wer weiß, wie lange er da schon gestanden hat. Die Schande! Ich ertrage es nicht."

„Beruhigt Euch, Beatriz, Herrin. Was soll ich sagen? Ich bin kompromittiert, viel mehr als Ihr. Wenn Spanien erfährt, was hier zwischen uns beiden geschehen ist ... Ich darf nicht daran denken. Alle meine Privilegien ... Ich habe einen Ruf zu verlieren, meine ganze Mission gerät in Gefahr, der Seeweg nach Indien ..."

„Eure Mission, Eure Mission ... Was ist das schon?", unterbrach wütend die Gräfin. „Bei mir steht mein gesellschaftlicher Rang auf dem Spiel, vielleicht gar meine Existenz. Vom Hofe wurde ich auf diesen Gouverneursposten verbannt, das wisst Ihr so gut wie ich. Wegen meiner Affären mit Ferdinand. Noch eine solche, und gerade mit Euch, Colón, dem Liebling der Königin, und Isabella lässt mich endgültig fallen." Doña Beatriz zischte: „Die Königin ist eifersüchtig! Sie wartet nur auf eine solche Gelegenheit."

„Euch wird nichts geschehen. Ihr seid Witwe und frei. Aber ich stehe in Diensten der Krone und wie Ihr wisst bin ich durch mein Wort auch noch an eine andere Frau gebunden. Mein Wort, meine Ehre, mein Ruf, alles steht auf dem Spiel."

Die Stimme der Gräfin klang erregt, fast hysterisch: „Ihr verschwindet für Monate, ja vielleicht für Jahre auf dem Ozean. Was soll da auf dem Spiel stehen, was soll Euch geschehen? Ich bin es, die es büßen muss! Wenn dieser Kerl auch nur ein Wort erzählt, von dem, was er hier gesehen hat ..."

„Er darf es nicht erzählen", unterbrach Colón barsch und bestimmt.

„Dann hängt ihn auf oder nehmt ihn mit auf Euer verdammtes Schiff und lasst ihn nie mehr nach Spanien zurückkehren, am besten bis an sein Lebensende. Oh, dieser wilde, unverschämte Kerl, ich hasse ihn! Ich hasse ihn!" Die Gräfin brach in Tränen aus.

Es trat eine kurze Pause ein. Die beiden flüsterten. Rodrigo verstand nicht mehr jedes Wort. Colón öffnete den Schrank und zerrte den Jungen heraus: „Du wirst zu keinem darüber sprechen, was du hier gesehen hast", drohte der Admiral und verstärkte noch einmal seinen Griff in Rodrigos Nacken. Colón zwang ihn, den Kopf zu heben und aufzuschauen. „Hast du mich verstanden, Groumette?"

Rodrigo nickte stumm.

„Zu keinem ein Wort!"

Noch einmal nickte Rodrigo. Er spürte die Unsicherheit und die Zweifel des Admirals, besonders als dieser hinzufügte: „Es könnte sein, dass du wieder auf die Santa Maria kommst. Das willst du doch?"

Wieder nickte Rodrigo. Hoffentlich sah man ihm die Freude darüber nicht an. Die Dinge fügten sich zu seinen Gunsten.

Für den Rest der Nacht sperrte die Palastwache Rodrigo in ein kerkerähnliches Gewölbe. Dort überfiel ihn ein süßer Traum:

Isabella sitzt in ihrem Garten im Korbstuhl, Rodrigo ihr zu Füßen. Er hält ihre Hand. Sie lächelt das Lachen von Doña Beatriz. Sie schaut mit diesen Augen, grünblauen Augen. Verführerisch locken sie: Komm! Küss mich, Rodrigo! Rodrigo zieht Isabella an sich, spürt ihren warmen Körper. Zarte Knospen heben sich ihm entgegen. „Sei mein Geliebter, mein Hidalgo. Entdecke für mich unbekannte Inseln, Rodrigo, erobere fremde Länder, werde reich und berühmt, und ich werde deine Frau." Süße Verheißungen.

„Du bist schön und stark, Rodrigo. Die Königin bewundert dich, ich bewundere dich. Ganz Spanien blickt zu dir auf."

Rodrigo zieht Isabella an sich. Er hat starke Arme und Schultern, ein kühnes Gesicht mit kalten, wasserblauen Augen, fahlblondes Haar. Er sieht aus wie Admiral Colón.

Die kleine Isabella Pinzon in der Gestalt von Doña Beatriz de Bobadilla zieht Rodrigo zu sich runter. Sie sinken auf ein Bett unter einem großen Baldachin. Es duftet nach Rosenblüten und nach Mandelholz. Sie lieben sich.

Drei Tage und Nächte blieb Rodrigo eingesperrt. Dann holte Colón Rodrigo aus dem Kerker: „Du kommst wieder auf die Santa Maria. Ein Schiffsjunge mehr kann uns nicht schaden", lautete die knappe Begrüßung. Rodrigo frohlockte.

„Das setzt aber in einem Punkt vollkommene Klarheit voraus, Bursche: Was im Gouverneurspalast geschehen ist, erfährt niemand!" Dies war unmissverständlich. „Wenn je ein Wort nach draußen dringen sollte ..." Stumm marschierten sie gemeinsam den kurzen Weg von der Burg zum Hafen. Colón voraus, Rodrigo einen halben Schritt hintendran. Nach kurzer Pause fügte Colón an: „Sag, dass du das verstanden hast, Groumette, und dass du das einhalten wirst."

„Ich habe verstanden", erklärte Rodrigo eilfertig. „Ich werde mich daran halten."

Tief und glücklich zog er die erfrischende Meeresluft ein. Er besaß nun ein mächtiges Faustpfand. Wenn Admiral Colón einmal derartige Zugeständnisse machte, so würde er es auch in Zukunft tun. Alles hing nur von seinem klugen Wohlverhalten ab. Rodrigo erkannte augenblicklich seinen Vorteil klar und deutlich: sein Schweigen gegen die Protektion des Admirals.

„Morgen früh stechen wir in See." Das ohnehin karge Gespräch war beendet.

Als Rodrigo mit dem Admiral das Schiff betrat, machte die Mannschaft große Augen. Damit hatte niemand gerechnet. Am wenigsten Rodrigo de Escobedo. Die zornesroten glühenden Augen des Notars funkelten Rodrigo entgegen. Er senkte den Kopf, als er an seinem Feind vorbeiging. Ihm war klar, dass Escobedo seine kürzliche Niederlage nicht auf sich beruhen lassen würde.

Zwischenspiel im Urwald

Ein schwerer tropischer Regenguss war über dem Urwald niedergegangen. Die Baumriesen tropften, der Wald dampfte. Feuchter Nebel sammelte sich über dem Blätterdach und zog sacht durch die Baumkronen. Papageien und Affen kreischten. Izu Geistermann, Stammesältester der Tupanaki, hockte vor seiner Hütte, die Augen geschlossen, und lauschte den Geräuschen seines Waldes. Ein feines, feuchtes Rauschen rieselte durch die dichten Laubkronen, eine Melodie wie ein mächtiger Singsang, immer wieder schrill unterbrochen von den aufgeregten Schreien streitender Primaten und von den kehligen Angebereien gefiederter Prahlhänse. Unsichtbar, irgendwo unter dem Laubdach, zeterten sie um die Wette. Es roch nach Schlamm und frischem Grün.

Bald fing der Rhythmus der Geräusche den Geistermann ein. Sein dürrer Oberkörper wiegte sich sanft zu dieser Urwaldmelodie. Seine Lippen formten stumme Beschwörungen.

Izu hatte nichts vom süßen Zaubertrank Caapi getrunken, hatte sich auch nicht in Trance getanzt. Er fühlte sich völlig klar im Kopf. Trotzdem fiel er in die ihm wohlbekannte Traumwelt hinein. War es nur der Singsang der Urwaldriesen, der ihn einlullte?

Izu erschrak: Wieder blendete ihn der blaue Himmel. Ein Himmel, wie er von Izus Dorf aus nie zu sehen war, wie er von keiner Stelle des Urwaldes aus je zu sehen ist. Man musste schon hinausfahren in die Mitte des großen Flusses, um so viel Himmel auf einmal zu sehen, aber auch dann leuchtete er nie so blau und klar wie jetzt in Izus Traum. Welche Geister schickten ihm dieses strahlende Firmament?

Izu ließ sich hineinfallen in die blaue Leere. Sein Geist suchte einen Punkt, an dem er sich festhalten konnte. Ganz am äußersten Rande des Himmelszeltes, fast schon dem Blickfeld entzogen, gewahrte der Zaubermann eine Bewegung! Izu konzentrierte sich auf die Stelle: Drei kleine Wölkchen tauchten dort am Himmel auf. Drei kleine weiße Wolken. Unschuldig und rein! So unscheinbar, dass sie niemals aufgefallen wären, wäre der übrige Himmel nicht so makellos blau gewesen. Aber was bedeutete diese Ansammlung? So harmlos und leicht, wie sie da dicht beisammen schwebten, sie hätten das Auge erfreuen müssen. Doch Izu Geistermann empfand sie als bedrohlich und störend.

Diese drei weißen Schwaden, Punkte nur am Rande des blauen Universums, sie wirkten lästig, zerstörten das makellose Blau – es waren Eindringlinge in diesen Himmel. Die Vision war Izu nicht geheuer. Wofür hatten die Geister ihn auserwählt?

Erschrocken sprang er auf und stieß einen grimmigen Laut aus. Ein paar Kinder in der Nähe stoben davon wie aufgescheuchte Hühner. Er fuchtelte wild mit den Armen, um die unheimlichen Visionen zu verscheuchen.

VI. Westfahrt

Die Insel Ferro ist das am weitesten Richtung Westen vorgelagerte Eiland der Kanarengruppe, der letzte Außenposten abendländischer Zivilisation. Ein verlorener Posten. Das Eiland besitzt die Form eines Dreiecks. Es weist mit seinen schroffen und felsigen Steilküsten jeden Seefahrer ab. Es war, als markiere dieses unfreundliche Stück Vulkanfelsen den äußersten und letzten Punkt der Welt. Diese Insel noch, dann kam nichts mehr im Westen, nur noch Meer, Wasser, der unendliche Ozean.

Kaum hatte die kleine Flotte den Hafen von La Gomera verlassen, geriet sie in eine völlige Windstille und dümpelte bewegungslos zwischen Gran Canaria und La Gomera – die Insel Ferro am westlichen Horizont gerade in Sichtweite. Die Schiffe schaukelten dicht an dicht, man konnte sich über das Wasser vom einen zum anderen unterhalten. Die Matrosen deuteten das Ausbleiben jeglicher Winde als böses Omen. Vielleicht war es doch besser, nach Spanien umzukehren.

Rodrigo stand zwischen den tratschenden Seeleuten. Er war inzwischen offiziell zum Schiffsjungen befördert worden, zum Groumette, so wie Pablo und der kleine Martin ebenfalls. Die Mannschaft hatte es achselzuckend hingenommen; man hatte sich an den etwas störrischen Neuling gewöhnt. José Pequinos, jener mürrische, schlaksige Matrose, der ihn seinerzeit zuerst im Schiffsbauch entdeckt hatte, gratulierte Rodrigo sogar, klopfte ihm auf die Schulter und wollte wissen, wie er es angestellt habe, wieder auf die Santa Maria zu kommen. Rodrigo blieb stumm, wie er es dem Admiral versprochen hatte; und Pequinos interessierte sich dann auch nicht weiter.

Der königliche Sekretär und Notar der Flotte, Rodrigo de Escobedo, und sein ständiger Begleiter, der Repostero Real Pedro Gutierrez, funkelten Rodrigo bei dessen Rückkehr hingegen böse an. In ihren Blicken lag Unheil. Die beiden königlichen Beamten waren gar nicht einverstanden mit seiner Aufnahme in die Mannschaft, untergrub doch Rodrigos bloße Anwesenheit ihre Autorität. Aber auch sie mussten sich den Befehlen des Admirals fügen.

Im Gegensatz zu den ersten zwei Wochen als blinder Passagier, in denen Rodrigo meist nur als hilfsbereiter Zuschauer abseits gestanden war, teilte ihn der schwergewichtige Bootsmann Chachu nunmehr mit allen Rechten und Pflichten in die regulären Wachschichten an Bord ein. Auf der Santa Maria zählte Rodrigo fortan als vollwertige Kraft und wurde durchaus hart rangenommen. Auch für ihn galt nun das ausgeklügelte und vielfach erprobte System der Bordschichten. Der Wachwechsel zwischen jeweils zwei Gruppen von fünfzehn Matrosen fand alle vier Stunden statt. Tag und Nacht im immer gleichen Wechsel hielt jede Gruppe vier Stunden Wache und ruhte sich dann acht Stunden aus. Die erste trat ihren Dienst um sieben Uhr früh an und sprach ein Vaterunser, ein Ave Maria und ein Gloria, um den Tag im Zustand der Gnade zu beginnen. Die anstrengendste Schicht lauerte am Ende der Nacht. Sie begann um drei Uhr. Die Matrosen nannten sie „Friedhofswache" – kalt, still, voller unheimlicher Schatten.

Jetzt wartete auf Rodrigo plötzlich eine Reihe von täglichen Aufgaben, denen er sich nicht entziehen konnte. Als wichtigste Pflicht oblag den Schiffsjungen die Betreuung des Halbstundenglases – der Ampolleta. Dabei handelte es sich um ein zerbrechliches, mit Sand gefülltes Glas, in Venedig geblasen, von dem mehrere Ersatzstücke an Bord mitgeführt wurden. Um von oben nach unten zu rinnen, brauchte der Sand dreißig Minuten. Dann musste der Schiffsjunge die Ampolleta umdrehen. Wenn er nach vier Stunden das Halbstundenglas achtmal umgedreht hatte, stand die Wachablösung bevor, und dem Schiffsjungen oblag es, die nächste Wache auszurufen. Fleißig übte Rodrigo unter Anleitung von Pablo jenen Singsang ein, mit dem die Wache geweckt werden musste: „Auf Deck ihr Herren Seeleute von der richtigen Partie! Auf Deck zur richtigen Zeit, eure und des Herrn Piloten Wache. Es ist schon Zeit, flink auf die Beine ..."

So sehr fürchtete Rodrigo zu Beginn, einen Fehler zu machen oder das Wechseln des Halbstundenglases zu versäumen, dass er in seinem Eifer anfangs regungslos vor der Ampolleta saß, das Rinnen des Sandes verfolgte und sich nicht von der Stelle rührte. Auch beim Umdrehen der Sanduhr gab es den einstudierten Sprechgesang: „Ein Glas ist vorbei, das zweite fließt still, zerrinnen wird noch vielerlei, weil Gott es so will." Laut über das Deck geschmettert, schätzten die Matrosen diese Information, denn sie half ihnen abzuschätzen, wann ihre Wache vorüber war.

Rodrigo, obwohl alles andere als gottesfürchtig erzogen, berührten besonders die vielen religiösen Rituale und Zeremonien, welche die Schiffsbesatzung pflegte. Obwohl er Gebete von zu Hause in Palos nicht kannte, hatte er doch dort das Kreuzzeichen, neben der Ohrfeige, als häufigste Handbewegung kennengelernt. Vor dem lieben Gott, den er sich als mächtigen Inquisitor vorstellte, besaß er gewaltigen Respekt. Die religiösen Übungen an Bord der Santa Maria, die fast jeden halben Stundenwechsel begleiteten und welche die jüngsten Burschen auf dem Schiff auszuführen hatten, schüchterten Rodrigo ein. Ein Fehler oder eine Nachlässigkeit, so fürchtete er, und das Schiff wäre wohl dem Groll des Allmächtigen ausgeliefert. So begrüßte Rodrigo ebenso wie auch die Schiffsjungen der anderen Schichten allmorgendlich den Anbruch des Tages: „Gesegnet sei das Tageslicht, das heilige Kreuz im Angesicht, Gottvaters hehre Allwahrheit und heilige Dreifaltigkeit. Gesegnet sei der Seele Grund, bewahrt vom Herrn zu jeder Stund, gesegnet sei der neue Tag und Gott, der dieses Werk vermag." Anschließend sagte der Schiffsjunge das Pater Noster und das Ave Maria auf.

Jeden Abend, gleich nach Sonnenuntergang und vor der ersten Nachtwache, ließ der Kapitän alle Mann zur Abendandacht zusammenrufen. Einer der jüngeren Matrosen leitete die Zeremonie ein, nachdem er die Kompasslampe zurechtgemacht hatte. Dann rief er aus, indem er die Kompasslampe über Deck nach achtern brachte: „Amen. Und Gott gebe uns eine gute Nacht; dem Schiff, dem Herrn Kapitän, dem Schiffsführer und allen guten Reisegefährten sei gute Fahrt beschieden." Die jüngeren Matrosen und Schiffsjungen führten nun die Schiffsgemeinschaft bei der Abendandacht an, der „doctrina cristiana". Gemeinsam beteten alle zusammen das Pater Noster, Ave Maria und Credo, darauf stimmten sie das Salve Regina an. Diese schöne Hymne, eines der ältesten Kirchenlieder der Benediktiner, verursachte bei Rodrigo jedes Mal Gänsehaut und das Gefühl besonderer Erhabenheit. Ein würdiger Abschluss des Tageslaufs. Jedes Mal, wenn die Klänge über das Deck hallten, während die Karavellen in die Dunkelheit hineinglitten, machte sich eine schwere, getragene Stimmung breit. Selbst den abgebrühtesten Halunken schlich sich ein silbriger Schimmer in die Augen. Ein jeder legte sein ganzes Gefühl, seine volle Inbrunst, die geheimsten Träume und Hoffnungen in diesen gemeinsamen Gesang. Auch Rodrigo versank in solchen Momenten in ungewohnte Sentimentalität. Manchmal ertappte er sich dabei, wie er an die Mutter dachte oder an seinen kleinen Bruder Miguel. Wenn sie nur wüssten, wo er sich jetzt gerade befand. Meistens aber galten seine schwärmerischen Phantasien Bildern von Isabella Pinzon, Träumen von Gouverneurin Bobadilla. Aus diesen behaglichen Tiefen holte ihn dann ein schriller, falscher Ton im Männergesang, eine grausige Disharmonie unsanft zurück. Wenngleich auch ein jeder die Melodie nach eigenem Gutdünken und Können variierte, so gab das widerhallende und oft von schrecklichen Missklängen durchzogene „Salve Regina Mater Misericordiae, Vita, Dulce do, et spes nostra salve ..." ein bewegendes, herzzerreißendes Klangbild. Für Rodrigo täglich das schönste Erlebnis an Bord.

Die Nacht brach herein. Bootsmann Chachu löschte das Feuer im Feuerkasten und rief, gründlich und fürsorglich wie immer, zum Ausguckmann im Mastkorb: „Und du da oben, gib acht, halt' gute Wacht", und die Männer zogen sich an ihre Schlafplätze zurück. Die Matrosen schliefen verstreut über dem Mittelschiff, der Admiral in seiner Toldilla, dem hüttenartigen Quartier im Achterkastell, die Schiffsführer und Zivilisten in ihren Kojen unter der Admiralskajüte, enge Verschläge, in die man zum Schlafen hineinkriechen musste. Maestre Juan Sanchez, der Schiffsarzt verkroch sich hinten auf der Back, wo er sich mit seinem Medikamentenkasten zwischen Tauen, Segeln, Rollen und Blöcken mehr schlecht als recht eingerichtet hatte. Rodrigo rollte sich wie immer etwas abseits an der Backbord-Reling, dicht beim Vorderkastell, zusammen. Auf dem Rücken liegend, bestaunte er den Sternenhimmel, ein glitzerndes Meer von unendlicher Weite. Er sann darüber nach, wie weit die Sterne wohl von der Erde entfernt im Weltraum schwebten. Der Admiral beobachtet bisweilen das nächtliche Firmament mit einem rätselhaften Instrument, einem Astrolabium. Als Rodrigo bei José Pequinos nachfragte, um was für ein Gerät es sich dabei handle, winkte dieser nur verächtlich ab. „Spinnerzeugs!" Nun gut, mit dem wortfaulen José Pequinos musste man auch nicht das Gespräch suchen. Der kauzige Matrose eignete sich wenig für Betrachtungen, die über Essen, Trinken und die tägliche Arbeit hinausgingen. Manchmal erzählte er von seiner Familie in Palos, von seiner Frau und einem Schlag Kinder. Das interessierte aber keinen. Wie die meisten Seeleute nahm José Pequinos den Sternenhimmel als gegeben und von Gott hingegossen hin. Darüber gab es nichts zu besprechen.

Rodrigo stellte das nicht zufrieden. Vielleicht das erste Mal auf dieser Fahrt gingen dem Jungen angesichts des unendlichen, funkelnden Himmelsdaches Gedanken über Sinn und Ziel dieser Fahrt durch den Kopf. Leiteten die Sterne tatsächlich die Kapitäne auf den richtigen Weg? Wie groß ist eigentlich das Meer? Was kommt hinter dem Horizont? Fragen, die das nächtliche Universum in Rodrigo weckte, während ringsum das Meer vor sich hin murmelte und die Taljen in der Takelage klapperten.

Jetzt gehörte er dazu, war er Mitglied dieser Mannschaft auf der Santa Maria, und damit war dies jetzt auch seine Reise. Rodrigo überhörte das Unheil, das sich ihm auf leisen Sohlen näherte. Eine starke Hand packte ihn von hinten, riss ihn empor, jemand hielt seine Arme fest und stopfte ihm einen stinkigen Stoffknebel in den Mund. Andere Hände packten seine Beine, man hob ihn auf. Alles Winden und Zappeln war zwecklos.

Rodrigo sah nur schattenhafte Gestalten und hörte Stimmengeflüster. Die Kerle zerrten ihn zur Ladeluke im Vorderschiff. Wer war es? Escobedo? Gutierrez? Diese beiden vermeinte er an ihren Stimmen zu erkennen. Mindestens zwei Männer hielten ihn im Griff. Sie stanken nach Teer, Salzwasser, Zwiebeln und Schweiß, so wie alle an Bord, außer vielleicht dem Kapitänspagen Pedro de Tereros, der sich mit Veilchenwasser einzusprühen pflegte. Panik stieg in Rodrigo auf. Er wandte sich wie ein Aal, bäumte seinen kleinen Körper in der starken Umklammerung auf, wollte schreien. Er war machtlos. Die Männer schleppten ihn behende über das Deck. Ein paar hastige Schritte und schon erreichten sie mittschiffs das dunkle Loch der Ladeluke. Sie hievten Rodrigo hinein. Waren denn alle übrigen Männer an Deck taub und blind geworden? Wieso sah und hörte niemand etwas? Wieso half ihm niemand? Rodrigo würgte an seinem Knebel und strampelte mit den Beinen. Ungerührt reichten ihn seine Entführer nach unten in den Laderaum und zerrten ihn dort in einen hinteren Winkel.

Es folgte eine rohe und widerliche Vergewaltigung, ein grobes Ritual, eine Machtdemonstration. Die Männerwelt und ihre Spielregeln. Demütigung und Erniedrigung.

Rodrigo ließ es mit zusammengebissenen Zähnen über sich ergehen. Er war hartgesotten. Davon starb man nicht. An Einzelheiten mochte er sich später dennoch nicht mehr erinnern. Er erstickte fast; zuerst am Knebel, der ihn würgte, dann am staubigen Packen, in den hinein sie seinen Kopf drückten, so dass ihm die Luft wegblieb. Zwischen Schmerzen, Ekel und Hilflosigkeit hatte Rodrigo nur noch einen Gedanken: Luft! Er japste wie ein an Land geschleuderter Fisch, schon lief sein Gesicht blau an.

Nur weil die Vergewaltiger ihr Geschäft in größter Hektik erledigten und so die Qual nach wenigen Minuten vorüber war, blieb Rodrigo am Leben. Ein paar Minuten länger und er wäre erstickt. Endlich konnte er zitternd nach Luft schnappen, als der Letzte von ihm abließ und niemand ihn mehr festhielt. Grunzen und Gelächter. Die Stimme von Escobedo war nicht zu verwechseln. Bei den anderen war Rodrigo sich nicht sicher. Er riss sich den Knebel vom Mund, warf sich auf den Rücken, keuchte und würgte wie ein Erstickender am Galgen. Heftig hustend zog er die Luft in die Lungen. Die Augen hielt er geschlossen. Er wollte nichts sehen, schon gar nicht seine

Peiniger, deren gekünsteltes, verlegenes Gelächter er jetzt hörte. Er wollte nur eines: atmen, atmen, atmen.

Die Vergewaltiger flüsterten leise miteinander, sie berieten unschlüssig, was zu tun sei. Rodrigo lauschte, während er noch immer in heftigen Zügen mit pfeifenden Geräuschen die Luft einsog. Escobedos Stimme: „Jetzt ist er zugeritten, der Kleine, das nächste Mal wird es leichter."

Pedro Gutierrez: „Vielleicht war das zu viel für den Anfang?" Wieder Escobedo: „Es ist nie zuviel. Diese kleinen Teufel muss man gefügig machen und zwar ohne Samthandschuhe. Wir werden noch viel Spaß mit ihm haben." Er tätschelte Rodrigo. Der schlug die Augen auf und blinzelte in die Dunkelheit. Er konnte nur Schemen erkennen: vorne die hagere Totenkopfsilhouette von Escobedo, daneben der gedrungene Gutierrez, dahinter der verwischte Schatten des dritten Mannes.

Langsam legte sich Rodrigos Todespanik. Seinen Körper konnte man quälen und schinden, das war er gewohnt. Prügel, Demütigungen, Schmerzen, nichts Neues für den Dreizehnjährigen. Das kannte er von zu Hause. Der Stärkere nimmt – das Gesetz der Gewalt!

Rodrigo analysierte kühl seine Lage und auch die Gefahren, die ihm noch drohten. Konnte es sein, dass man ihn umbringen wollte? Die drei Männer schienen darüber miteinander zu diskutieren. Rodrigo nahm ihnen die Entscheidung ab. Er sprang auf und schlüpfte mit wenigen schnellen Sätzen zwischen den Verdutzten hindurch. Die drei machten keine Anstalten, ihn zurückzuhalten. Stattdessen lachte Escobedo höhnisch hinter ihm her. Rodrigo dröhnte das Gelächter noch im Ohr, als er längst aus dem Laderaum hinausgeklettert war. Finstere Rachegedanken bemächtigten sich seiner.

Am nächsten Morgen – noch immer dümpelte die Flotte in den windstillen Inselgewässern – galt Rodrigos ganzes Trachten der Beschaffung eines Messers. Nie mehr wollte er so hilflos ausgeliefert sein. Das nächste Mal würde er sich zu wehren wissen. Pablo sah ihm sofort an, was geschehen war: „Sie haben dich rangenommen, was?"

Rodrigo nickte mit störrisch zusammengepressten Lippen. Er hatte keine Lust, Einzelheiten preiszugeben. „Ich brauche ein Messer!"

Pablo zog sein eigenes Messer aus dem Gürtel und wog es spielerisch in der Hand: „Hab ich dir doch gleich gesagt. Schau her, mich fasst keiner mehr an!" Er sprang in eine breitbeinige, geduckte Position, pendelte mit dem Oberkörper hin und her und hieb mit dem Messer gegen einen imaginären Gegner. Er bleckte die Zähne, um seinem schönen Jungmännergesicht einen kriegerischen Ausdruck zu geben. „Komm!", rief er, „greif mich an! Versuch es! Ich bin schnell mit dem Messer. Keiner soll es wagen!" Seine ganze Körpersprache strahlte Selbstbewusstsein, jugendliche Kraft und Unerschrockenheit aus. Er tänzelte um Rodrigo herum und zeigte sein breitestes Grinsen. Dann richtete er sich entspannt wieder auf und klopfte Rodrigo gönnerhaft auf die Schulter: „Dir wird ein Messer allerdings wenig helfen, Kleiner. Du bist einfach noch zu mickrig. Vor dir hat keiner Angst. Dir wird es ergehen wie Martin."

In den folgenden Tagen fiel Rodrigo immer häufiger der weibische Matrose Jakob auf, der erkennbar seine Nähe suchte. Die anderen nannten ihn mit abfälligem Unterton „schöner Jakob". Immer wieder kreuzte er wie zufällig Rodrigos Weg, blieb mit auffällig gezierten Gesten in seiner Nähe stehen, suchte Blickkontakt und Annäherung.

Anders als am eingebildeten Kapitänspagen Tereros fand Rodrigo an Jakob im Grunde nichts auszusetzen. Der Leichtmatrose gehörte zu jener Sorte ansehnlicher junger Kerle auf dem Schiff, die von harter Arbeit gut gebaut waren. Wenn er mit nacktem Oberkörper in die Takelage kletterte, die Trassen festzurrte oder nur an einem Seil einen Eimer Meerwasser an Bord hievte, faszinierte das harmonische Spiel seiner gut trainierten Muskeln. Er besaß einen hellen offenen Blick, treuherzige, blaue Augen und einen dunkelblonden Wuschelkopf.

"He, Rodrigo Groumette! Was dagegen, wenn ich mich zu dir setze?", fragte Jakob, als er sich einmal mehr unbemerkt angeschlichen hatte.

Rodrigo hielt die Augen gesenkt und zuckte die Schultern. Sein natürliches Misstrauen setzte ihn in Alarmbereitschaft. Seine Muskeln spannten sich.

„Hast du Angst vor mir, Rodrigo Groumette?"

„Ich habe vor niemandem Angst", sagte Rodrigo trotzig.

„Vor mir muss man auch keine Angst haben." Jakob lachte gekünstelt und spielte nervös mit den Fingern. Seine Stimme nahm den einfältig gurrenden Tonfall eines väterlichen Freundes an, und dies behagte Rodrigo überhaupt nicht.

Rodrigo überließ es Jakob, mühsam einen Gesprächsfaden zu knüpfen: „Ich habe gehört, was vorgestern Nacht passiert ist ... mit Escobedo, du weißt schon."

Rodrigo blieb weiter stumm.

„Escobedo ist ein Schwein, ein fieser und hinterhältiger Kerl. Jeder in der Mannschaft fürchtet ihn. Aber der Admiral lässt ihn gewähren, weil er ein Beamter des Königs ist. Er ist der Aufpasser der Krone. Zusammen mit Gutierrez und dem Schatzmeister Sanchez de Segovia muss er hinter dem Admiral herspionieren. Wahrscheinlich im Auftrag der Königin. Sie traut Colón nämlich nicht. Niemand traut ihm. Der Admiral ist ja kein Spanier, er ist ein Genuese. Das ist dort, wo die Betrüger herkommen."

„Warum erzählst du mir das?", fragte Rodrigo.

„Damit du weißt, was mit Escobedo los ist. Dass du dich vor ihm in Acht nehmen musst. Dass er hier an Bord machen kann, was er will. Er ist Notar und Sekretär der Flotte. Er hat Macht und Einfluss. Alle fürchten sich vor ihm. Es hilft dir niemand. Nicht der Admiral und auch nicht Diego Harana, der Alguacil. Sie alle drücken beide Augen zu."

„Und was soll ich tun?"

„Du brauchst jemanden, der dich beschützt", erklärte Jakob. „Du brauchst einen Beschützer, vor dem Escobedo Respekt hat."

Rodrigo blickte auf. Vielleicht eine Nuance zu abweisend sagte er: „Und das bist du vielleicht?"

Jakob nickte. Er zögerte eine Sekunde, dann legte er seinen Arm um Rodrigos Schultern. Rodrigo zuckte zusammen. Die Berührung gefiel ihm nicht. Aber dann ließ er den Matrosen doch gewähren.

Eine kurze, peinliche Pause entstand. Dann sagte Jakob: „Ich werde ein wachsames Auge auf dich haben. Immer wenn Escobedo auftaucht, kannst du dich verlassen, ich bin in der Nähe."

Die freundliche und besorgte Stimme Jakobs, sein einfühlsames Wesen, seine sympathische Zuneigung, sein Selbstbewusstsein, ja auch seine körperliche Nähe, all dies flößte Rodrigo ein gewisses Vertrauen ein. Wieso sollte Jakob nicht wie ein großer Bruder zu ihm sein?

Trotzdem hatte er die Spielregeln begriffen: „Was muss ich dafür tun, dass du mich beschützt?"

„Nur ein bisschen nett zu mir sein." Jakob drückte sich noch enger an Rodrigo. „Nur ein bisschen nett sein!"

Kurz nach Sonnenaufgang am nächsten Morgen erbarmte sich endlich eine frische Brise aus Nordwest und schob die drei Karavellen an der Insel Ferro vorbei aufs offene Meer hinaus.

Beglückt erklomm Admiral Colón die Brücke und stellte sich zu Peralonso Niño. Der junge Steuermann zog mit dem Anflug leichter Verwunderung eine Augenbraue hoch. Mehr an zweideutiger Körpersprache hätte er sich dem Admiral gegenüber niemals gestattet. Drei Tage lang hatte sich der Admiral in seiner Kajüte versteckt, beleidigt, vor lauter Groll auf die widrigen Winde. Jetzt stand er erwartungsfroh neben seinem jungen Steuermann, der breitschultrig mit beiden Händen das Ruder gepackt hielt, als freue er sich auf bevorstehende Kämpfe mit dem Meer. Es war, als hätte der plötzliche Wind auch Peralonso Niño frische Lebensgeister eingehaucht. Von der Pinta herüber schollen laute Hurra-Rufe und schon legte sich Pinzons schnelle Karavelle mit knatternden Segeln in den Wind, um die Nase vorne zu haben.

Ein überraschendes Naturschauspiel begleitete den Aufbruch der Flotte: Am fernen Horizont in ihrem Rücken, da, wo irgendwo die Insel Teneriffa im Meer lag, rührte sich mit einem dumpfen Grollen, das aus der Tiefe des Meeres kam, der Pico de Teide, der 3.700 Meter hohe Vulkan. Ein unterseeisches Donnern dröhnte aus seinem Innern, dann quoll eine schwarze Qualmwolke über den Horizont. Der Vulkan verabschiedete die Flotte mit einem Salut aus Feuer und Rauch.

Dieser Ausbruch, so harmlos er blieb, ängstigte die Männer sehr. Viele nahmen es erneut als böses Omen. Endgültig sank den meisten das Herz, als die Insel Ferro immer weiter zurückblieb und schließlich ganz aus ihren Augen verschwand. Jetzt lag nur noch endlos das Meer vor ihnen.

Viele aus der Mannschaft brachten die Erfahrung des offenen Meeres von früheren Fahrten mit. Immer wieder segelten spanische Handelsschiffe außer Sichtweite des Festlandes. Aber im Unterschied zur jetzigen Ausfahrt nach Westen wussten sie dabei stets, wo sie sich ungefähr befanden und wie weit die nächste Küste entfernt lag. Das gab die sichere Gewissheit, dass jederzeit eine schnelle Rückkehr zum Ausgangspunkt möglich war.

Dieses Mal segelten sie in wohlüberlegter Absicht hinaus ins Ungewisse, ins Unbekannte, befanden sie sich in der weiten Leere eines unergründlichen Ozeans. Ringsum umgab sie nur noch trügerisches, grüngraues Wasser. Der Blick zum Horizont offenbarte keinen Halt, kein Ende. Nur Weite. Am Himmel zogen leichte Wolken vorüber. Eilig, wie ein Schwarm aufgeblähter, weißer Schafsfelle zogen sie gen Westen. Die Vorboten eines unbekannten Windes, den sie bald kennenlernen sollten: der Passat!

Endlich Wind! Eine stetige Brise aus Nordost, kräftig genug, dass die Hemden flatterten. Freudig hüpften die Karavellen über die Wellen. Der freundliche Passat schob die Flotte mit leichter Hand voran. Die Männer schnupperten prüfend in den Wind, wie Köche, die sich am Suppendampf von der Qualität ihrer Küche überzeugten. Auch Rodrigo sog begierig die salzige Meeresluft ein. Freudig ächzte und knarzte das Schiffsgebälk, es knatterten die Segel, übermütig spritzte feine Gischt über den Bugspriet auf die Planken.

So hurtig ging es voran, dass nach wenigen Tagen plötzlich die Ersten wieder der Mut verließ.

„Wir segeln in einen Abgrund. Merkt ihr nicht, wie die Schiffe immer schneller werden. Seit drei Tagen legen wir zu. Es ist der Sog, der uns in den Abgrund zieht."

Tagsdarauf reagierte der Admiral auf die immer sorgenvolleren Gesichter und ließ alle Mann zusammenrufen, um ihnen Mut zuzusprechen. Er spürte wohl, dass den abergläubischen Kerlen diese wunderbare Brise nicht geheuer war.

Colón begab sich auf das Achterkastell neben den Schiffseigner Juan de La Cosa, von wo aus er den Blick über die mittschiffs versammelte Mannschaft hatte. Wie immer strahlte er Selbstgewissheit und unerschütterlichen Optimismus aus. Die niedergeschlagenen Gesichter seiner Matrosen beeindruckten ihn nicht.

„Kopf hoch Männer! Seid ihr Spanier, stolze Seefahrer aus Andalusien? Habt ihr kein Vertrauen zum Allmächtigen, der uns schützt und lenkt? Kann es wahr sein, dass ein günstiger Wind einem andalusischen Seemann allen Mut raubt? Seid ihr nicht gerade deshalb mit mir ausgezogen, um diesen Wind einzufangen und euch zu den Schätzen Indiens tragen zu lassen? Ich sage euch, diese Route, auf der wir segeln, sie führt uns geradewegs ins Land des großen Khan."

Einige murmelten beifällig. Aber nicht alle.

„Sie führt direkt in die Hölle", murmelte fluchend einer neben Rodrigo. „Psscht!", zischte ein anderer.

Der Admiral fuhr fort, leidenschaftliches Pathos in der Stimme: „In diesem Indien liegt Zipangu. Es ist die größte und reichste Insel der Welt, das sage ich euch, weil einer aus Venedig schon dort war, nämlich der Edelmann Marco Polo. Er hat aufgeschrieben, was es dort gibt: In Zipangu leben Menschen von sehr heller Gesichtsfarbe, schöne und gut gesittete Menschen. Gold haben sie in allem Überfluss, weil so viel gefunden wird und ihr König die Ausfuhr nicht erlaubt."

Immerhin erstarb beim Stichwort „Gold" das Gemurmel. Jetzt lauschten alle gespannt den Worten des Admirals: „Aber nur wenige Kaufleute sind je dorthin gekommen, und nur wenige Schiffe aus fernen Ländern laufen diese Insel an. Und so werden wir die ersten sein, die diesen ungeheuerlichen Luxus und den Goldreichtum von

Zipangu kennenlernen, wenn das wahr ist, was Marco Polo von dort erzählt. Und niemand bezweifelt das: Das Dach des Königspalastes ist mit Goldplatten gedeckt so wie bei uns die Häuser oder Kirchen mit Blei; auch die Decken der Säle und viele Gemächer sind aus dicken Platten von reinem Gold, und die Fenster haben goldene Umrahmungen."

Colón hielt kurz inne, versicherte sich mit einem Blick über die Köpfe der Wirkung, die seine Worte erzielten. Alle warteten auf mehr. Die Männer hatten glänzende Augen. Ihre einfachen Gemüter brauchten nicht viel, um in Verzückung zu geraten. Gold und Silber, das sollte ihnen recht sein.

Der Admiral fuhr fort: „Es soll ganz unmöglich sein, sich eine Vorstellung von diesen Reichtümern zu machen. Auf der Insel gibt es viele riesige Perlen, von roter Farbe, makellos rund, viel mehr wert als unsere weißen. Und solche Reichtümer hat auch der große Khan, der auf dem Festland lebt, in der Stadt Cathay, wo alle Straßen mit Gold gepflastert sind. Dort leuchten die Dächer der Häuser von goldenen und silbernen Platten und wenn die Sonne scheint, dann funkelt die ganze Stadt, so viel Reichtum ist in diesem Cathay verstreut."

Das waren die richtigen Verheißungen zur richtigen Zeit. Realistische Schilderungen bevorstehender Gefahren und Entdeckungen wollte niemand hören. Die Männer liebten sagenhafte Geschichten und solche Glücksversprechen machten sie besoffen. Daran wollten sie gerne glauben. Der Admiral blickte in die staunenden Gesichter der Mannschaft, und er spürte wohl, wie seine Schilderung alle gefangen nahm. Vielleicht entsprachen diese Erzählungen ja der Wahrheit. Wer sollte es wissen? In dem Maße, wie Admiral Colón selbst alles glaubte, was er sich ausmalte, überzeugte er auch seine Männer: „Der große Khan trägt Gewänder aus purer Seide und er wohnt in einem Palast, der umgeben ist von vier großen Mauern, größer als alle Paläste, die es je gab. Er erhebt sich auf einer zehn Spannen hohen Plattform, um die eine breite Mauer aus Marmor aufgeführt ist, so wie auch alle Brücken und Mauern dort aus feinstem Marmor gebaut sind."

Stumm und ergriffen lauschten die einfachen Seeleute aus Palos den Worten. Die meisten besaßen zu Hause nichts als ein paar gefräßige Kinder. Keiner nannte irgendwelche Reichtümer sein eigen. Unvorstellbar deshalb, von welchen Schätzen der Admiral ihnen berichtete: „Die Wände der Hallen und Gemächer sind mit Drachen aus vergoldetem Schnitzwerk oder mit Kriegern, Vögeln, anderen Tieren und Schlachtbildern bedeckt. Alle Wände tragen solche Bilder oder sind von Gold. Die große Halle ist riesig und dient für gewaltige Gastmähler. Die vielen Gemächer sind außerordentlich schön. Kein Baumeister könnte einen schöneren Palast bauen. An seiner Rückseite erheben sich noch andere größere Gebäude mit den privaten Besitztümern des Kaisers, seinen Schätzen, Gold- und Silberbarren, Edelsteinen, Perlen, goldenen und silbernen Gefäßen. Dort befinden sich auch die Gemächer seiner Frauen und Konkubinen. Und hinter diesen Gebäuden stehen die kleinen Schlösser für alle seine Söhne. Ein jeder, den der Khan mit einer seiner Frauen zeugt, bekommt sein eigenes Schloss. Und ihr könnt mir glauben, Männer, er hat es darin an Fleiß nicht fehlen lassen."

Die Matrosen lauschten trunken vor Glück. Mit weit aufgesperrten Mäulern folgten sie Colóns phantastischen Schilderungen. Zuletzt ging ein befreiendes Lachen durch die Reihen. Die Mienen hellten sich auf.

„Und um nochmals auf Zipangu sprechen zu kommen", fuhr Colón fort, „die Insel liegt im Osten, weit draußen im Meer, fünfzehnhundert Meilen vom Land und den Küsten des Großkhan entfernt. Auf sie werden wir zuerst stoßen, wenn wir unsere Richtung beibehalten, denn was hinter Cathay und dem Festland liegt, wenn man das Reich des Großkhan auf dem Landweg erreicht, wie Marco Polo dies getan hat, das muss jetzt vor Cathay liegen, wenn man die Erde umrundet und von Westen kommt, so wie wir das tun."

Ob von dieser Logik überhaupt jemand etwas verstand, spielte keine Rolle. Wichtig war, dass Colón die Begeisterung weckte.

„Wie lange wird das dauern, Herr?", rief einer der Matrosen. „Wie lange müssen wir noch nach Westen segeln?"

„Ich weiß nicht, wie lange es dauern wird, weil ich nicht weiß, wie günstig die Winde sein werden und wie schnell wir vorankommen", antwortete der Admiral. „Aber eines weiß ich gewiss: Dieser Weg führt übers Meer nach Indien zu der Insel Zipangu und zu der Stadt Cathay, wo ein jeder von uns sich die Taschen mit Gold und Edelsteinen füllen kann. Und es sind nicht mehr als 700 kastilische Meilen, bis wir auf Land treffen werden, auf die ersten Inseln des großen Khan, hinter denen dann jenes Festland liegt, welches bei Marco Polo Mangi heißt."

„700 Meilen, Admiral, wie wollt Ihr das so genau wissen?", rief beifallheischend Rodrigo de Escobedo. Der Notar fand eben doch ein Haar in der Suppe. „Niemand ist die Strecke bisher abgefahren, manche bezweifeln, dass es diesen Weg überhaupt gibt."

Colón warf dem königlichen Beamten einen wütenden und verächtlichen Blick zu: „Diese Entfernung von 700 kastilischen Meilen kann man ausrechnen, wenn man die übrigen Entfernungen kennt und die Daten und Angaben der Wissenschaftler, wie sie seit der Antike feststehen. Wer von euch, ihr Männer, kennt den Griechen Ptolomäus und den Juden Esdras? Wer kennt den italienischen Gelehrten Toscanelli, ein Mann der Wissenschaften, mit dem ich selbst in brieflichem Verkehr stehe? Sie alle haben die Entfernungen ausgerechnet und den Erdumfang ermittelt, und ich habe ihre Rechnungen verglichen und überprüft und eigene Rechnungen angestellt. Und deswegen weiß ich, dass es 700 Meilen sind und keine einzige mehr! Und wenn es gewünscht wird, verehrter Señor Escobedo," jetzt wandte sich der Admiral mit geringschätzigem Blick direkt an den königlichen Notar, „so werde ich es Euch auch noch einmal persönlich vorrechnen, anhand meiner Karten und Instrumente. Aber ich fürchte, selbst dann würdet Ihr es nicht verstehen, weil Ihr auch sonst nicht viel Verstand habt."

Dieser Hieb wurde von der Mannschaft mit Beifall quittiert. Die Männer liebten es, wenn unter den hohen Herren die Fetzen flogen, solange man selbst dabei nicht Zielscheibe wurde. Bei den meisten einfachen Matrosen stand Escobedo nicht sonderlich hoch im Ansehen. Man fürchtete ihn, aber sonst nichts. Mit seinem Spott gegenüber dem Notar sammelte Colón deshalb Pluspunkte bei der Mannschaft. Der Admiral spürte, dass die Stimmung umschwang und er nutzte die Gunst: „Ich sage euch auch, und daran mögt ihr ablesen, was von diesen Berechnungen zu halten ist, ich sage euch auch, dass wir keine einzige Meile weiter segeln werden, als diese genannten 700 Meilen."

Rodrigo gehörte nach wie vor zu den Unbekümmerten, und seine Augen glänzten bei der Vorstellung von Gold und Edelsteinen, wie sie der Admiral beschrieben hatte. Jeder könne sich die Taschen damit füllen, so hatte Colón es versprochen. Das bedeutete, dass auch er, Rodrigo der Schiffsjunge, sich die Taschen füllen konnte. Der Traum vom reichen Hidalgo, der heimkehrt und die schöne Isabella Pinzon zum Traualtar führt, dieser Traum nahm Gestalt an.

Trotz der Aufregung und vieler neuer Eindrücke vergaß Rodrigo nicht, dass ihm an Bord der Santa Maria Gefahren drohten. Es wäre ihm im Leben nicht eingefallen, den jüngsten Vorfall im Laderaum einem der Offiziere oder gar dem Admiral zu melden. Aber Escobedos böse Blicke gemahnten ihn daran, wann immer er dem widerlichen Flottensekretär auf Deck über den Weg lief. Begegnungen unter Deck, in den finsteren Laderäumen, versuchte er zu vermeiden. Weniger Angst jagte ihm der gedrungene Pedro Gutierrez ein. Der Repostero real galt zwar als ein treuer Gefolgsmann Escobedos, aber die Mannschaft mochte den jovialen Zivilisten wesentlich lieber, weil er mit den Männern kameradschaftlich umging. Er spielte mit ihnen Karten, packte auch mal mit an, wenn irgendwo eine Hand gebraucht wurde. Das wäre Escobedo nie eingefallen. Für Rodrigo gab es noch eine dritte Person, auf die er achten wollte: Chachu, der schwergewichtige Bootsmann. Offensichtlich hatte Chachu einen Narren an dem Schiffsjungen gefressen. Er verfolgte Rodrigo mit einem vor Verliebtheit schier irren Blick. Völlig unvorbereitet auf eine derartige Form der Zuneigung, fühlte Rodrigo sich von Tag zu Tag unbehaglicher in seiner Haut.

Chachus plumpe Annäherungsversuche – „Hey Groumette, kommst du heute Nacht in meine Koje ..." – riefen wiederum den schönen Jakob auf den Plan. Als der Bootsmann beim Essen Rodrigo seinen Suppennapf hinreichte – „Hier iss, Kleiner, schmeckt gut!" – und Rodrigo das dampfende Geschenk aus Kichererbsen, Reis und Bohnen ohne zu zögern annahm und sofort den Holzlöffel eintauchte – Essen war schließlich immer gut, – da stand plötzlich Jakob neben Chachu: „Hey Bootsmann, lass Rodrigo Groumette in Ruhe!"

Chachu blickte bedächtig auf, Rodrigo erschrocken. „Ich hab mit dir nichts zu schaffen, Jakob Weiberarsch, lass mich in Ruhe", brummte Chachu.

„Du hast sehr wohl was mit mir zu schaffen. Du hast dich an den Kleinen rangemacht!"

Chachu lachte verlegen, sein mächtiger Körper vibrierte beim Versuch, es zu unterdrücken: „Mach dich nicht lächerlich, Jakob. Ich hab ihm meine Suppe gegeben, das war alles."

Schon bildete sich ein Kreis erster Schaulustiger. Der Disput versprach, handgreiflich zu werden. Abwechslung im eintönigen Segelalltag.

„Und was soll das heißen, du hast ihm deine Suppe gegeben? Das ist ja wohl rangemacht an den Kleinen, oder wie nennst du das?"

Rodrigo erschrak über den herrischen, besitzergreifenden Tonfall, den Jakob anschlug. Er schaute kurz irritiert von seinem Napf auf. Dann löffelte er die Suppe weiter, die Chachu ihm gereicht hatte. Jakob baute sich unterdessen drohend vor Chachu auf. Dieser erhob sich gemächlich wie ein in der Mittagsruhe gestörter Braunbär: „Jetzt hör mal zu, Jakob", begann er versöhnlich, aber Jakob stieß ihn mit den Händen weg. Eine Weile fuchtelten beide hin und her und beschimpften sich, bis Jakob plötzlich weit ausholte und einen mächtigen Faustschlag mitten in Chachus Gesicht landete. Der mächtige Bootsmann, überrascht und schmerzhaft getroffen, taumelte ein paar Schritte zurück und hielt sich verdutzt das Kinn. Anfeuernde Rufe der Zuschauer wurden laut: „Gibs ihm, Jakob!" – „Noch einen drauf!" – „Schlag zurück Bootsmann, lass dir nichts gefallen!" – „Zahls ihm heim!" Die sich anbahnende Prügelei versprach willkommene Abwechslung.

In diesem Moment ging der Alguacil Diego de Harana dazwischen. Den kleinen, krummbeinigen Mann hätten die beiden Kontrahenten, jeder wohl einhändig, über die Reling schleudern können, aber Harana besaß Autorität. „Zwei Tage in die Bilge, wenn ihr nicht augenblicklich auseinandergeht", drohte er mit seiner scharfen, befehlsgewohnten Stimme. Er vertrat die Polizeigewalt an Bord, nicht nur auf der Santa Maria, sondern auf der ganzen Flotte. Er galt als streng. Er hielt Distanz zur Mannschaft, verkehrte nur mit Colón, Juan de La Cosa, Peralonso Niño und mit Maestro Juan Sanchez, dem Schiffsarzt. Alle anderen sprangen hurtig aus dem Sichtfeld, wenn Harana mit kurzen, energischen Schritten über das Deck stürmte.

Die Kampfhähne trollten sich notgedrungen.

„Es gibt nichts mehr zu gaffen, auseinander!" So verscheuchte Harana auch die Neugierigen. Vor Rodrigo blieb er kurz stehen: „Pass auf, Rodrigo Groumette, dass du nicht zuviel Verehrer bekommst an Bord. Such dir einen aus und den zeige allen. Dann gibt es keinen Ärger. Sonst tauschen wir dich mal aus, auf die Pinta oder die Niña. Verstanden?"

Rodrigo verstand überhaupt nichts. Was hier vor sich ging, verwirrte ihn eher. Er nickte aber trotzdem, um Harana zu beruhigen. Der Wink mit dem Zaunpfahl kam von Pablo, der die Szene beobachtet hatte: „Ich würde mich an deiner Stelle an Chachu halten. Der hat mehr zu sagen in der Mannschaft, der kann dir ein Messer besorgen, der ist angesehen beim Admiral und er ist beliebt. Den Jakob kann keiner leiden. Das ist ein Sodomit und ein eifersüchtiger Streithammel!"

In der nächsten Nacht begehrte Jakob erstmals Zärtlichkeiten. Er plazierte seinen Schlafplatz so neben Rodrigo, dass dieser die Wärme von Jakobs Körper spürte. Dann flüsterte Jakob ihm peinliche Liebkosungen ins Ohr. Unglaubliches Zeug. Aber der Matrose meinte es ernst. Rodrigo erstarrte, rührte sich nicht. Er spürte die suchende Hand Jakobs, wie sie unter sein Hemd und in seine Hose fuhr und ihn abtastete. Rodrigo widerstand dem Impuls, die fremde Hand wegzuschieben. Er mochte es nicht, aber es tat auch nicht weh. Er spürte die Wärme von Jakobs Lippen an seiner Wange und an seinem Hals. Sich wehren? Alles ertragen? War es überhaupt so schlimm? Jakobs Liebkosungen fühlten sich nicht unangenehm an. Trotzdem blieb Rodrigo ausgestreckt liegen, steif wie ein Brett, und ließ regungslos alles Weitere über sich ergehen.

Letztendlich versuchte Jakob, wenn auch unbeholfen, ein zärtlicher und rücksichtsvoller Liebhaber zu sein. Er streichelte Rodrigo, liebkoste ihn, näherte sich behutsam, ohne Gewalt.

Was wollte man in einer Männergesellschaft wie jener auf der Santa Maria erwarten? Vierzig Mann auf engstem Raum, wochenlang, wenn nicht gar Monate zusammengepfercht, fern der Heimat, fern von Frau und Kindern, fern der Geliebten, fern von jedem weiblichen Wesen und seien es nur die Huren in den Hafenkneipen von Palos.

Der schöne Jakob gehörte zu denen an Bord, die am wenigsten Hehl aus ihren Neigungen machten, die offen als Freier um einen Liebhaber buhlten. Die jungen und knabenhaften Schiffsjungen gehörten naturgemäß zu den leichtesten und bevorzugten Opfern. Neben halben Kindern, wie Martin de Urtubia und Rodrigo, gehörten noch etliche blutjunge Halbwüchsige zur Mannschaft, Pablo etwa oder Pedro de Salcedo, der Page, der den Kajütendienst für die Herren vom Achterdeck verrichten musste. Auch der milchbärtige Pedro de Tereros, der Diener des Admirals, zählte noch keine achtzehn Jahre. Der aufgeblasene Jüngling lockte allerdings keine Verehrer an, arrogant und hochfahrend wie er war. Nach Verlassen der kanarischen Inseln war er allerdings der Erste gewesen, der wegen des immerwährenden Windes in Tränen ausgebrochen war.

Rodrigo geriet unschuldig in den Teufelskreis der Männerfreundschaften und Eifersüchteleien. Er ließ sich darauf ein, nicht aus Neigung, sondern um zu überleben.

VII. Mord in der „Schildkröte“

Maestre Bezal stand wie immer hinter seiner selbst gezimmerten Brettertheke in der Spelunke „La Tortuga“ und panschte im Schutz des Bretterverschlages heimlich den Wein. Er streckte das Gesöff, das ohne diese „Veredelung“ mit Wein wenig zu tun hatte, mit ausgepresstem, mit Wasser vermischtem Saft von Roter Beete, Johannisbeeren, Zuckerrüben und Fallobst. Manchmal gab er noch etwas Bitterwasser hinein, zusammengerührt aus gestampften Walnussschalen. Schon sah die Brühe, die nach brackigem Hafenwasser schmeckte, im Schummerlicht der Kneipe wie roter Wein aus. Die armseligen Fischer, Handwerker, Seeleute und Tagediebe, die sich hier nach Einbruch der Dunkelheit versammelten, spülten das saure Gebräu hinunter, ohne auch nur eine Miene zu verziehen. Die Tatsache, dass sie trotz gewaltiger Mengen, die sie in sich hineinschütteten, kaum Ausfallserscheinungen hatten, dafür aber am Folgetag einen Schädel wie nach der Attacke durch einen Wespenschwarm, schrieben sie meistens ihrem Stehvermögen zu. Maestre Bezal kam jedenfalls seit Jahren ungeschoren davon. Als Kneipenwirt der „Schildkröte“ verdiente er nur ein karges Zubrot, denn die armseligen Hungerleider, die bei ihm einkehrten, hatten meistens selbst keinen Maravedi in der Tasche. Sie ließen anschreiben und vergaßen dann ihre Zeche für Monate und Jahre oder sie bezahlten in fragwürdigen Naturalien, brachten zwei Tage alte Fische, die auf dem Markt niemand mehr kaufen wollte, faulen Salat, ranzige Butter oder versteinerte Hühnereier. Maestre Bezal war das egal. Aus diesen Rohstoffen brühte er seine Suppe. Palos besaß mit der „Schildkröte“ die übelste Absteige Andalusiens. Ein einziger winziger und niedriger Raum mit steinernen Platten auf dem Lehmboden bildete die Wirtsstube. Zwei windschiefe Tische standen auf der Wandseite, links von der niedrigen Eingangstür. Gegenüber dieser hölzernen und fragwürdig in den Angeln hängenden Pforte befand sich Bezals Theke. Rechts der Tür stand eine grob gezimmerte lange Bank. Auf ihr behandelte Bezal tagsüber seine Patienten, denn er schimpfte sich auch Arzt und konnte über mangelnde Kundschaft nicht klagen. Er verabreichte mit beachtlichem Erfolg Klistiere, zog Zähne, vernähte Wunden, öffnete Furunkel, renkte ausgekugelte Gelenke ein und salbte mit selbst zusammengerührten Pasten die Skrofulösen, Gichtigen und Epileptischen ein, wobei die ranzige Pampe mehr juckte als jeder Aussatz, den einer nur haben konnte.

Daneben verdiente der Maestre seinen Lebensunterhalt noch als Barbier. Auch für die Kunden, denen er die Bärte stutzte oder die Haare rodete, benutzte er die lange Holzbank als Arbeitsplatz.

Jetzt aber, an diesem späten Abend im September, saß dort, die Bank zwischen die Schenkel genommen, die bis übers Knie bloßen Beine weit gespreizt, die alte Sanchez und lachte ihr kreischendes und affektiertes Geschäftslachen. Sie war auf Kunden aus. Seit die meisten Söhne von Palos mit der kleinen Flotte des Admiral Colón ausgefahren waren, herrschte Flaute im trüben Gewässer der Hurerei. Die Zurückgebliebenen waren Tagediebe und Habenichtse. Die anständigen Männer von Palos saßen zu Hause bei ihren Frauen. Die Zahlungskräftigen ließen sich ihre Dirne nach Hause kommen oder besuchten ihre Lustdamen in deren Palästen in Huelva oder Sevilla. Für die Hure Sanchez im Hafen von Palos blieb nur der Abschaum übrig, der Bodensatz: zahnlose alte Männer, Krüppel, Säufer, Idioten oder Perverse. Sanchez gehörte längst selbst in diese Riege. Ihre ölig glänzenden Schenkel lockten im Zwielicht der Kneipe mit ordinärem Reiz, ihr breites Becken kreiste auf zwei prallen Pobacken unzweideutig auf der Bank, den Oberkörper beugte sie weit zurück, damit die drallen Brüste vorteilhaft zur Geltung kamen und nicht herunterhingen wie ausgepresste Datteln. Den Kopf mit der wallenden schwarzen Haarmähne warf sie kokett nach hinten. So gackerte sie aus einem zahnfaulen Mund ein einfältiges Lachen und rollte dazu die großen schwarzen Kugelaugen. Einst war sie die Dorfschönheit gewesen. Aber das war lange her. Übrig geblieben war eine abgelebte, marode Frau, die außer der allzeit bereiten Öffnung im Unterleib keinerlei Verlockungen mehr zu bieten hatte.

Sanchez war die Mutter von Rodrigo und Miguel Sanchez. Außer dem alten Seemann Pedro Vasquez, der sabbernd versuchte, seine Hand zwischen ihre Brüste zu schieben, interessierte sich an diesem Abend niemand für sie. Rund um die Brettertheke hatten sich einheimische Fischer um zwei fremde Seeleute versammelt, die mit großen Sprüchen und theatralischen Gesten von ihren jüngsten Fahrten und Abenteuern berichteten. Die beiden waren gerade erst von den kanarischen Inseln zurückgekehrt. Von dort brachten sie die letzten Neuigkeiten von der Indienflotte Admiral Christóbal Colóns mit.

„Es hat ein großes Abschiedsfest gegeben, im Palast der Gouverneurin“, so berichtete der eine der beiden Männer. Der andere ergänzte: „Sie haben den ganzen Palast leer gesoffen, so ausgetrocknet waren sie.“

„Und als sie nach Westen segelte, da qualmte der Pico de Teide wie ein rußiger Ofen. Drei Tage lang spuckte er nur schwarzen Rauch. Das hättet ihr sehen sollen!“

Die Fischer spitzten die Ohren und wollten weitere Details hören. „Habt ihr mit der Mannschaft gesprochen?“

„Wie geht es meinem Patron, Christóbal Quintero? Ihr müsstet ihn doch gesehen haben. Er ist der erste Offizier auf der Pinta?“

„Haben sie Nachrichten hinterlassen? Sollt ihr etwas ausrichten?“

„Sie hatten ein Problem mit einem ihrer Schiffe“, so wusste einer der beiden kanarischen Seeleute. „Bis das repariert war, sind sie auf den Inseln geblieben. Zwei oder drei Wochen ungefähr.“

„Man munkelt, es war Sabotage im Spiel. Einen Schiffsjungen haben sie deswegen drei Tage lang in den Palastkerker gesperrt“, so ergänzte der andere.

Während sie Auskünfte gaben und dabei fleißig eigene Ausschmückungen hinzufügten, taxierten die zwei fremden Seemänner aus ihren Augenwinkeln die Nutte gegenüber auf der Holzbank. Der Abend war freilich noch zu jung, um ihn schon derart zu besiegeln. War das die einzige Hure, die sich in diesem Hafen feilbot? Was kostete sie? Was bot sie? Mit welchen Krankheiten steckte sie ihre Freier an? Fragen, die die beiden fremden Seeleute ungeniert vor den Ohren der umstehenden Einheimischen untereinander diskutierten und zur öffentlichen Erörterung freimütig an Maestre Bezal richteten.

„Das ist Sanchez, von oben, von den Lehmhütten“, flüsterte Yanez de Montilla, ein schnauzbärtiger Seemann mit fettigen und strähnigen schwarzen Haaren. „Passt bloß auf, mit der ist nicht zu spaßen. Ihren letzten Freier hat sie umgebracht.“

„Sagt bloß?“, staunte der erste Seemann.

„Abgemurkst wie ein Schwein“, ergänzte Montilla. „Sie hat ihn hinterrücks abgestochen. Ein unberechenbares Luder. Drei Tage lang hat der arme Kerl gejammert und gebrüllt wie am Spieß. Dann war Schluss, dann ist er abgekratzt.“

Einer der umstehenden rauen Kerle lachte hönisch: „Da oben im Elendsviertel lebt nur Gesindel. Die haben ihn schreien und sterben lassen – und unterdessen seine Alte gevögelt.“

Ein anderer fügte hinzu: „Sogar ihre eigenen Söhne haben es nicht mehr ausgehalten. Die zwei Ältesten sind seither spurlos verschwunden. Entweder sie sind ausgebüchst, oder ...“ Er ließ offen, was er meinte. Sein Nachbar vollendete den angebrochenen Satz: „... oder sie hat die beiden ebenfalls abgemurkst. Zuzutrauen wär's ihr auf jeden Fall.“

Die beiden fremden Seemänner konnten all diese Schauergeschichten nicht von ihrem Vorhaben abhalten. Im Gegenteil. Das machte die Hure besonders interessant. „Ein wildes Luder, wie es scheint“, fasste der eine zusammen und klopfte seinem Partner auf die Schultern: „Was meinst du, Luis, wollen wir sie zusammen reiten?“

Der lachte meckernd und winkte in die Runde der Zaungäste: „Lass nur Antonio, du hast den Vortritt. Ich trinke solange noch einen mit den Herren hier!“

In das zustimmende Gelächter und Schulterklopfen, das dieser als Einladung empfundenen Ankündigung folgte, schlug krachend die Eingangstür der „Schildkröte“ auf. Zwei Männer traten ein und nahmen sofort alle Aufmerksamkeit in Anspruch, indem sie sich raumfüllend, laut und selbstbewusst in der Mitte der Spelunke aufbauten. Beide waren gut gekleidet, in schmucklose Gewänder, die aber erkennbar aus teuren Stoffen geschneidert waren. Außer den beiden fremden Seeleuten kannte jedermann im Raum die beiden: Martin Arias Pinzon und Juan Pinzon, die Söhne des Kaufmanns und Seefahrers Martin Alonso Pinzon. Augenblicklich trat Stille ein. Nur das billige Gelächter von Sanchez tönte noch nach, weil sie die Neuankömmlinge nicht schnell genug registrierte.

Die Pinzon-Söhne standen um Aufmerksamkeit heischend im Eingang und ließen suchend ihre Blicke über die Gäste gleiten. Dort auf der Bank die Hure mit dem betagten Freier Pedro Vasquez, der ihr ungeachtet seines hohen Alters an die Wäsche wollte; die Tische alle leer, an der Brettertheke eine Versammlung von einem halben Dutzend einheimischer Männer, in deren Mitte die zwei fremden Seeleute standen. Wie üblich stand Maestre Bezal hinter seinem Bretterverschlag, wo er jetzt den breiten, in die Wand eingelassenen, offenen Kamin befeuerte, obwohl es bereits sehr warm im Schankraum war. Aber das knisternde Feuer sorgte zusammen mit zwei tranigen Ölfunzeln an der Decke für die Beleuchtung in der „Schildkröte". Der Raum besaß nur ein einziges schmales, schiefes Fenster. Die Schatten flackerten wild an den Wänden. Martin Arias Pinzon schlug seinen Mantel zurück, so dass der Griff seines Degens erkennbar wurde und jedermann sehen konnte, dass er bewaffnet war. Martin gehörte zu jener Sorte von Menschen, für die Macht- und Statusdemonstrationen in allen Lebenslagen dazugehörten. Wo er auftauchte, da trat er immer als der Sohn des Patron auf, als der reiche Pinzon, der Günstling des Glücks und der Herr über Hunderte von Bauern, Fischer, Handwerker, Matrosen und Tagelöhner. Dabei verströmte Martin Arias eine natürliche Autorität. Er füllte die Räume, die er betrat, mit seiner Ausstrahlung und seiner Präsenz. Dazu trug sein, trotz relativer Jugend, bereits fülliger, massiger Körperbau bei, seine Furcht einflößenden kleinen Schweinsäuglein, aus denen er Blicke abfeuern konnte, und sein schmaler, immer leicht verkniffen wirkender Mund, der seinen Zügen eine verschlagene Härte und Hinterhältigkeit gab, die ihm womöglich in dieser Ausprägung gar nicht innewohnte. Zum Respekt, den Martin Arias Pinzon verbreitete, trugen aber auch seine Intelligenz und seine Erfolge als Kaufmann bei. Er zählte erst knapp dreißig Jahre, blickte aber bereits auf mehrere erfolgreiche Kaufmannsfahrten zurück, im Mittelmeer bis an die Levante und im Atlantik bis hinunter zu den afrikanischen Küsten. Er führte die Geschäfte im Hause Pinzon, wenn der Alte unterwegs war, und jedermann wusste, dass er eines Tages die Nachfolge seines Vaters an der Spitze der Familie und in der Führung der Geschäfte antreten würde. Jedenfalls duckten die Menschen sich vor ihm und bezeugten unaufgefordert devoten Respekt. Auch jetzt, im Niemandsland der „Schildkröte", nahmen all die rauen und unerschrockenen Männer, die hier versammelt waren, unaufgefordert zum Gruß ihre Mützen ab, senkten verlegen die Blicke und beugten leicht die Köpfe. Der „Herr" war erschienen. Was auch immer ihn hierher getrieben hatte, er war hier nicht Gleicher unter Gleichen, sondern sofort der Ehrfurcht gebietende junge Patron, dem alle zu Gehorsam verpflichtet waren.

Ganz anders sein jüngerer Bruder. Juan Pinzon schleppte ungeachtet seiner erst knapp 25 Lebensjahre bereits einen nicht mehr revidierbaren Ruf als arroganter, überheblicher und vollkommen verzogener Schnösel mit sich herum. Er galt als faul, liderlich, aufgeblasen und gemeingefährlich. Seine Jähzornanfälle waren legendär. Er prügelte Angestellte und Untergebene, demütigte Frauen, beleidigte Menschen, mit denen er Geschäfte machte, denunzierte Mauren und ließ keine Gelegenheit aus, sich als Wüstling und übler Zecher zu etablieren. Dabei warf er mit dem Geld seiner Familie um sich, war aber gleichzeitig ein Taugenichts, der zuverlässig jedes Geschäft vermasselte, in das man ihn einbezog. Im Gegensatz zu Martin Arias wirkte Juan Pinzon alles andere als füllig. Trotz ausgiebiger Genusssucht war er schlank geblieben, nicht nur am Leib, auch in den Gesichtszügen. Er blickte aus kalten, schwarzen Augen, sein Mund spitzte sich ähnlich schmallippig wie der seines Bruders zu, wirkte aber im viel kantigeren Gesicht des Jüngeren energisch und draufgängerisch. So gab er eine sehr ansehnliche Figur ab, wirkte blendend auf Frauen, wusste sich auf dem Parkett zu bewegen, glänzte bisweilen auch als Stierkämpfer und gefiel sich selbst als Hidalgo und spanischer Grande. Er verachtete Conversos, hasste Morisken, fürchtete und verfluchte die Juden und versäumte keine Gelegenheit, dem heiligen Inquisitionsgericht in Madrid verdächtige Personen zu melden und sich als Informant wichtig zu machen.

„Es heißt, in Huelva hat ein Schiff aus Gran Canaria festgemacht und Matrosen von dort sollen nach Palos herauf gekommen sein“, sprach Martin Arias Pinzon in die merkwürdige Stille hinein. Er ließ den Blick über die Runde der versammelten Männer schweifen. Er kannte alle Einheimischen hier: den liderlichen Seemann Yanez de Montilla, der oft genug auf Schiffen der Pinzons mitgefahren war; er kannte Maestre Bezal, den zwielichtigen Wirt und Quacksalber und Lopez und Enrice, die zwei Fischer, Alonso, den Schäfer, der in seiner nach Schafscheiße stinkenden Felljacke schwitzend dazwischen stand; er kannte auch den alten Fabulierer Pedro Vasquez, der unverfroren die Brüste der Hure knetete, obwohl diese immer wieder versuchte, ihn wegzuschieben, wie ein lästiges Insekt. Und selbstverständlich kannte er auch Sanchez. Wer kannte sie nicht in Palos?

Nur die zwei Männer in der Mitte der Zecher, die waren ihm noch nie unter die Augen gekommen. Das mussten die Matrosen aus Gran Canaria sein.

Einer von ihnen, Luis, hob den Arm: „Hier, edler Herr, hier sind wir. Sehr zu Diensten, Luis de La Vega aus Las Palmas. Und das hier“, er zeigte auf seinen Gefährten und legte diesem den Arm um die Schulter, „ist mein Kamerad Antonio de Aribe von der Insel Gran Canaria.“

Mit einem breiten Lächeln, das wohl einladend gemeint war, aber verkniffen wirkte, schob sich Martin Arias Pinzon in die kleine Runde und orderte Wein: „Maestre Bezal. Ab jetzt geht die Rechnung auf die Familie Pinzon. Hol kühlen Wein aus dem Keller, aber von dem Guten, hörst du?“

Maestre Bezal nickte dienstbeflissen, sodass die wenigen Haarsträhnen, die seine fortgeschrittene Glatze dekorierten, flatterten wie Schiffswimpel. Dann verschwand er in einem niedrigen Kellerabgang an der Wand hinter der Theke.

Während die Eingeladenen die Familie Pinzon hochleben ließen und bereitwillig Platz für Martin Arias machten, wahrte dessen Bruder

Juan mürrisch und missmutig Distanz. Es behagte ihm nicht, sich mit diesem Pöbel abzugeben. Der Widerwille stand ihm ins kalte Gesicht geschrieben. Nichtsdestotrotz ließ er sich von Maestre Bezal als Erster einen vollen Becher reichen und hatte ihn schon geleert, noch ehe die der übrigen Zecher auch nur alle gefüllt waren. Als sie endlich dem Gönner und Wohltäter dankend zuprosteten, nahm Juan Pinzon bereits den zweiten zu sich. Nachdem Martin Arias auf den fragenden Blick von Bezal zustimmend nickte, bekamen sogar der alte Pedro Vasquez und die Hure Sanchez ihre Ration. Daraufhin verlor Pedro vorübergehend das Interesse an deren Brustwarzen und gesellte sich zu den Männern an der Theke.

„Erzählt, erzählt!", forderte Martin Arias die beiden Fremden auf. „Berichtet von unseren Schiffen und von ihrer Weiterfahrt nach Westen."

Die beiden Seeleute wiederholten mit allen alten und etlichen neuen Ausschmückungen all das, was sie in Bruchstücken zuvor schon einmal erzählt hatten. Pinzon wollte jedes Detail wissen, fragte viel nach und ließ immer wieder die Becher nachschenken. Er selbst nahm davon allerdings wenig zu sich, ganz im Gegensatz zu seinem Bruder Juan, der wenig sprach, dafür unaufhörlich trank.

Luis und Antonio sparten nicht mit Ausschmückungen: „... und dann brach auch noch aus dem Vulkan des Pico del Teide ein Ascheregen heraus, wie man ihn seit Jahrzehnten auf Teneriffa nicht mehr erlebt hat." Luis de la Vega legte eine Pause ein, um die letzten Sätze wirken zu lassen, und nutzte die Unterbrechung, um einen tiefen Schluck zu nehmen. Inwischen füllte Bezal zum wiederholten Mal den Krug nach, und zwar mit einem Wein, der diesen Namen tatsächlich verdiente.

„Es lauert noch vieles auf dem Meer, noch viele Naturgewalten, viel schlimmere ...", so ließ sich mit leichtem Lallen Antonio vernehmen.

„He, ihr Landratten, ihr Tölpel, hört mal einem echten Seefahrer zu!", schwadronierte jetzt der alte Seebär Pedro Vasquez dazwischen. Pinzon ließ ihn gewähren, wusste er doch, dass der Alte als junger Mann tatsächlich viele ferne Meere befahren hatte und es bisweilen lohnte, ihm zuzuhören. „Da draußen auf dem Ozean, da passiert ihnen gar nichts, euren Leuten. Da fahren sie durch eine grüne Suppe, als hätte der Herr im Himmel Spinat ins Meer gestreut. Das ist es, was ihnen an Naturgewalten begegnet, und sonst nichts."

„Woher willst du das wissen, Alter?", schnauzte Juan Pinzon. „Du fabulierst, du weißt gar nichts!"

„Ha!", ereiferte sich Pedro Vasquez. „Da warst du noch gar nicht auf der Welt, und dein Vater war ein junger Mann, und dein Großvater war mein Patron. Das ist vierzig Jahre und mehr schon her. Damals bin ich hinausgefahren mit Diego de Teive aus Madeira. Und wir haben dieses grüne Spinatmeer durchquert, so wahr mir Gott helfe, das schwöre ich bei der heiligen Jungfrau Maria, verflucht und gehörnt noch mal!" Er spuckte einmal kräftig aus seinem zahnlosen Mund und fuchtelte mit dem halbgefüllten Glas herum, sodass die Fischer Lopez und Enrice in Deckung gehen mussten.

„Besoffner alter Spinner", kommentierte Juan Pinzon abschätzig. „Aufschneider!"

„Dir sag ich's Jüngelchen ...", empörte sich der Alte, und musste vom besonnenen Martin Arias Pinzon sanft zurückgehalten werden, sonst wäre der alte Mann auf den jüngeren Bruder losgegangen.

In Anbetracht der drohenden Handgreiflichkeiten entfernten sich die Ersten aus der „Schildkröte". Antonio, der Schäfer, wankte hinaus, um sich um seine Herde zu kümmern, bei der er irgendwo außerhalb der Stadt die Nacht verbringen würde.

Auch die zwei Fischer verdrückten sich. Für sie begann der morgige Tag in aller Frühe, noch bei Dunkelheit, und sie hatten für ihre Verhältnisse bereits viel zu viel Wein getrunken.

Yanez de Montilla, der Seemann, suchte den Blickkontakt mit Sanchez um auszuloten, ob sie nach dem vielen kostenlosen Wein vielleicht geneigt wäre, ihre Dienste in dieser Nacht ohne Gegenleistung feilzubieten. Es sah vielversprechend aus.

Nur Juan Pinzon schien sich in Rauflust getrunken zu haben. Ausgerechnet der steinalte Seemann Pedro Vasquez reizte seinen Jähzorn.

„Du weißt vom Meer so viel wie ein Schlachter vom Käse", spottete der Alte und kümmerte sich nicht um die wachsende Erregung bei Juan Pinzon. „Ich sage dir etwas, du verzogener Knabe, pass auf: Als ich damals Lotse war, da kamen wir ganz weit draußen im Westen zu einer großen Insel. Da glänzten die Felsen aus purem Gold. Und nur weil plötzlich dichter Nebel einsetzte, Nebel, so dicht wie Rauch, verloren wir die Insel aus den Augen. Und das war jenseits der westlichsten Azoren, viel weiter im Westen. Da ist etwas! Das sage ich euch. Und das habe ich auch eurem Vater schon oft gesagt, dem edlen Herrn Martin Alonso." Er gluckste zufrieden. „Und das ist auch der Grund, warum sich Euer Herr Vater überhaupt nur auf diese Fahrt eingelassen hat. Weil er es von mir weiß, was dort draußen im Meer auf ihn wartet. Von mir, von mir weiß er es, von Pedro Vasquez de la Frontera." Er beendete seine Ausführungen mit einem kräftigen Rülpser, der ihn so durschüttelte, dass er sein gesamtes Weinglas über dem Wams von Juan Pinzon entleerte.

Der jüngere der beiden Pinzon-Brüder bebte. Er war ohnehin schon bis zur Weißglut gereizt. Der verschüttete Wein gab ihm den Rest. Wütend fletschte er die Zähne, packte den alten Mann am Hemdkragen und schleuderte ihn gegen die Brettertheke. Das bedurfte keiner sonderlichen Kraft, weil der alte Vasquez leicht wie ein morscher Ast war. Noch im Fallen schleuderte der unerschrockene alte Seebär seinen leeren Becher Richtung Juan Pinzon. Der duckte sich zu spät. Der Becher traf ihn im Gesicht unterhalb des rechten Auges, was seine Wut noch mehr anstachelte. Der Alkohol mochte das Seine dazu beitragen, jedenfalls zückte Juan Pinzon seinen Degen und bohrte die Spitze der Waffe mit einem wilden Ausfallschritt geradewegs dem Alten in die Brust. Martin Arias, der den Arm seines Bruders noch zurückreißen wollte, kam zu spät. Pedro Vasquez röchelte, spuckte schaumiges Blut und starrte ungläubig an sich hinunter. Langsam tasteten seine knochigen Hände nach der Stelle direkt am Herzen, wo Juan Pinzon ihn getroffen hatte.

Maestre Bezal stürmte mit seltsamen Jammerlauten hinter der Theke hervor, zu spät, um das angerichtete Unheil rückgängig zu machen. Pedro Vasquez lag bereits im Sterben. Schon verstand man nicht mehr, was er röchelte und stammelte. Die beiden Seeleute aus

Gran Canaria, unvermittelt ernüchtert, drückten sich angstvoll an die Wand. Am liebsten hätten sie sich unsichtbar gemacht.

Yanez Montilla, der schmierige Seemann, nutzte die Verwirrung, um flink und geräuschlos der Hure Sanchez zu folgen, die, nachdem sie stummes Einverständnis signalisiert hatte, kurz vorher die Kneipe verlassen hatte.

Konsterniert stand Martin Arias Pinzon vor dem sterbenden alten Seebär, bei dem der hilflose Bezal kniete. Juan Pinzon grinste blöde und warf aggressive Blicke in die Runde. „Will sich jemand mit mir anlegen?", fragten diese Blicke, und sie drohten gleichzeitig: „Dann fließt noch mehr Blut!"

„Du hast ihn umgebracht", entfuhr es Martin Arias. „Meine Güte, was hast du getan?"

„Er hat mich angegriffen, er hat mich gereizt, verspottet, er hat ..., er hat ...", haspelte Juan Pinzon mit hoher, sich überschlagender Stimme, aber sein Bruder unterbrach ihn: „Halt's Maul. Er ist, ... er war ein alter Mann, und besoffen dazu!"

Der kühle und praktische Geist Martin Arias Pinzons begann zu arbeiten. Dieser Mord, denn nichts anderes war es, durfte nicht bekannt, er musste vertuscht werden. Wer war Zeuge gewesen? Pinzon wandte sich zu den beiden Seemännern aus Gran Canaria um. Sie schwiegen und zitterten. Er nickte ihnen zu: „Geht! Ihr habt nichts gesehen und nichts gehört. Morgen kommt ihr zur Casa Pinzon. Wir reden. Die Familie Pinzon wird eure Treue und euer Schweigen großzügig belohnen. Habt ihr verstanden?"

Die beiden nickten. Pinzon wiederholte: „Euer Schweigen wird belohnt werden. Geht jetzt!"

Antonio de Ariba und Luis de la Vega ließen sich nicht zweimal bitten. Schnell huschten sie aus der „Schildkröte" hinaus und verschwanden zwischen den Gassen, wo sie sich ein Nachtlager suchten.

Maestre Bezal bedurfte keiner ausdrücklichen Unterweisungen. Als treuer Gefolgsmann der Familie Pinzon, vielfach in seinen Geschäften von den Pinzons abhängig und mit ihnen verbunden, blieb ihm gar keine andere Wahl als die Herren zu decken.

„Wohin mit der Leiche?“, fragte er nur und signalisierte damit gleichzeitig, dass die Pinzons ihn als Verbündeten betrachten durften.

Juan Pinzon grinste immer noch blöde, als könne sein aus den Fugen geratenes Gesicht ihn nachträglich ins Recht setzen. Es war Martin Arias, der handelte: „Wir legen ihn im Hafen in eines der Fischerboote“, bestimmte er. „Das ist gleich um die Ecke, da sieht uns keiner und es ist schnell erledigt. Vorwärts!“

So geschah es. Keiner dachte an Yanez de Montilla, den Seemann, der alles mitverfolgt hatte, ehe er Sanchez gefolgt war. Ein Zeuge, den sie besser nicht übersehen hätten.

In der Casa Pinzon wurden die Lichter in dieser Nacht nicht gelöscht. Die Damen des Hauses saßen ungeduldig in ihren breiten Korbstühlen und warteten auf die Rückkehr der Männer. Doch die Brüder tauchten bis in die frühen Morgenstunden nicht auf.

Am Abend, kurz vor Einbruch der Dämmerung, hatte ein Diener die Nachricht gebracht, dass ein Schiff aus Gran Canaria im Hafen von Huelva eingelaufen sei und dass mehrere Matrosen von diesem Schiff in Palos gesichtet worden wären. In aller Eile hatten sich die beiden Brüder aufgemacht, gierig nach Neuigkeiten. Den Frauen versprachen sie ihre baldige Rückkehr. Und weil auch die Frauen vor Neugierde platzten, die Mama Maria Alvarez ebenso wie die drei Töchter Catalina, Leonora und Isabella, blieben sie alle gemeinsam wach. Sie vertrieben sich die Zeit mit Handarbeiten, dann mit Karten- und Brettspielen. Zu fortgeschrittener Stunde machten sich Sorge und Unruhe breit. Da die Casa Pinzon eine halbe Legua außerhalb des Ortes gelegen war, hörten und sahen die Frauen nichts von dem, was drunten im Hafenstädtchen vor sich ging. Sie schickten schließlich gegen Mitternacht Nicolas den Stallmeister aus, um Klarheit zu bekommen. Dieser fand sowohl die „Schildkröte“ als auch die übrigen Hafenkneipen in Palos dunkel und verlassen vor, den Hafen schwarz und die Gassen leer, und nirgendwo eine Spur der beiden Pinzon-Brüder. Mit diesen Auskünften trug er bei seiner Rückkehr in der Casa Pinzon nicht gerade zur Beruhigung der Gemüter bei. Es blieb die Vermutung, dass die beiden Männer in Palos keinen der Matrosen angetroffen hatten und sich deshalb vielleicht auf den Weg nach Huelva gemacht haben. Wenn das der Fall war, dann nächtigten sie wohl dort. Dazu hätten sie allerdings mit einem Boot den Rio Tinto queren oder die flussaufwärts gelegene Furt bei Moguer benutzen müssen. Dann wären sie aber wieder an der Casa Pinzon vorbeigekommen und hätten ganz sicher Bescheid gesagt ...

Irgendwann in den Morgenstunden schlief die kleine Isabella schließlich ein. Die Amme Fernanda hob sie auf ihre Arme und brachte das Kind zu Bett. Die Mutter fand erst in den Schlaf, als bereits die Sonne über die Hügel geklettert kam. Übernächtigt reckten auch die beiden Schwestern ihre steifen Glieder.

„Wir lassen Alonso holen, damit er uns hilft“, schlug Catalina vor. „Es hilft alles nichts, wir als Frauen können uns ja wohl kaum auf die Suche machen.“

Leonora, ein verhuschtes, mausgraues Täubchen, verzogen und voller Angst vor der Welt, nickte stumm. Ihr war es recht, dass die viel entschlossenere Catalina die Entscheidungen traf. Außerdem wollte auch sie endlich schlafen. Sie unterdrückte ein Gähnen. Und Sorgentränen.

Sie schickten einen Boten aus, um Alonso Medel aus Moguer herbeizurufen, den Bräutigam Catalinas.

Unterdessen war Isabella wieder aufgewacht. Die frühen Sonnenstrahlen, die durch die hohen Fenster fielen, weil die Amme in der Nacht vergessen hatte, die Läden zu schließen, tauchten ihr Zimmer in feierliches, helles Licht. Draußen zirpten die Grillen bereits fleißig und die Vögel zwitscherten eifrig.

Es war aber der Lärm der Schweineherde, die wie allmorgendlich unter ihrem Fenster vorbeigetrieben wurde, der sie aus dem Schlaf gerissen hatte. Im Herbst verbrachten die Schweine die Nächte bereits in ihrem steinernen Koben, einem niedrigen Anbau an der rückwärtigen Seite der Casa Pinzon. Die Aufgabe des Schweinehirten war es, jeden Abend die Tiere dort hineinzuführen und sie am Morgen wieder in aller Frühe hinauszujagen und zu den Sumpflöchern und Suhlplätzen auf den Weiden zu treiben. Das fröhliche und aufgeregte

Grunzen, Schnorcheln, Schnaufen und Quieken war Isabellas Morgenläuten.

Auch jetzt, obwohl sie kaum geschlafen hatte, sprang sie auf, schob die luftigen Decken beiseite.

Die Schweineherde, ein aufgeregtes vielschwänziges Rudel, in dem die zänkischen Muttertiere den Ton angaben, schwärmte aus. Vorneweg die aufgeregten Jungtiere, dann die Sauen mit ihren Bachen, oft zehn und mehr, wie an einer Perlenschnur aufgereiht, dazwischen die fetten Mastschweine, die nicht ahnten, dass im Herbst das Ende ihrer Tage nahte. Die Pinzons besaßen auch noch zwei monströse Eber, die ihr Schweinedasein in einem eigenen, von Mauern umfassten Gehege fristeten. Der Schweinehirte kümmerte sich um sie, sobald er die übrigen Tiere sicher auf ihren täglich wechselnden Weideplatz geführt hatte. Es war nicht mehr der Junge, den Isabella kannte. Seit einigen Wochen schon hütete ein neuer Hirte die Pinzon-Schweine. Wo war der alte geblieben? Der, der ihr immer seine schmachtenden Blicke zugeworfen hatte, wenn sie sich am Fenster zeigte? Der ihr im Hafen das Silberkettchen aus dem Wasser geholt hatte? Irgendwie war Rodrigo plötzlich verschwunden und der Verwalter hatte einen neuen eingestellt. Der gefiel ihr nicht; es war ein humpelnder alter Mann, vielleicht ein ehemaliger Seemann oder Fischer. Jedenfalls ein mürrischer Kerl.

Rodrigo war ihr Verehrer gewesen, das hatte sie gespürt, und das hatte ihr mächtig geschmeichelt. Wenngleich sie nie, niemals auch nur das kleinste Signal gegeben hätte, den Burschen zu ermuntern. Aber schön waren sie doch gewesen, seine offensichtlichen Bemühungen, einen Blick auf sie zu werfen oder ihre Stimme zu hören.

Und auch ihr zweiter Verehrer war verschwunden, der schöne Pablo. Von dem wusste sie immerhin, wo er geblieben war. Er hatte lange genug damit geprahlt, dass er als Schiffsjunge die Fahrt nach den indischen Ländern mitmachen würde. Die ganze Stadt wusste es. Beim Gedanken an Pablo pochte Isabellas Herz etwas schneller. Das war ein Junge! Aber auch Pablo Christóbal Perez, wie er mit vollem Namen hieß, war nur ein unbedeutender Dorfjunge, ein

Habenichts, ein namenloser Tischlersohn, aus der Familie Perez, unten in der Stadt.

Es ziemte sich nicht für ein Mädchen von der Herkunft Isabellas, an einen solchen Jungen auch nur einen Gedanken zu verschwenden, mochte er noch so aufregend sein. Eines Tages würde sie als beste Partie von ganz Palos standesgemäß verheiratet werden. Einen jungen Hidalgo und Edelmann, einen Caballero, würde man für sie auswählen, vielleicht sogar einen Granden von den bedeutenden Familien, die am Hofe verkehrten. Das war die vorhersehbare Zukunft. Pablo war nur ein verbotener Traum.

Real hingegen war ein dritter Verehrer: der widerliche Alonso Medel aus Moguer, ihr Vetter, der schon früh an diesem Morgen auf seinem Pferd über die Hügel geprescht kam und in den Hof der Casa Pinzon stürmte, als gelte es, maurische Rebellen zu vertreiben.

„He, ho", brüllte er, noch während er sich aus dem Sattel schwang. „Hier bin ich, euer treuer Diener." Er sah sich suchend um. Wollte ihn niemand in Empfang nehmen? Donna Maria Alvarez lag noch schlafend in ihrem Bett, ebenso ihre ältesten Töchter, seine Braut Catalina und die etwas jüngere Leonora. Die beiden hatten sich ja erst vor knapp einer Stunde hingelegt. Der Stallmeister war unterwegs, der Verwalter ebenso; die Knechte und Diener des Hauses galten nichts, sie waren Luft für den Besucher.

Es blieb also nur die kleine Isabella, ihn zu begrüßen und in Empfang zu nehmen. Begleitet von ihrer treuen Amme trat sie in den Hof. Gemäß ihrer Erziehung und entsprechend der Etikette, die man ihr mühsam beigebracht hatte, knickste sie artig vor dem Freund des Hauses, hieß ihn willkommen und bat ihn in die kühle Empfangshalle.

Die Amme übernahm es, das Warten der vergangenen Nacht zu schildern. „Und so war die Hoffnung der Señora, hochlöblicher Herr Alonso Medel, Ihr möget vielleicht in die Stadt hinuntergehen und nach dem Verbleib der beiden jungen Herren Pinzon sehen. Seid Ihr doch der einzige Edelmann, dem meine Herrinnen vertrauen können, und sehen sie Euch doch als baldiges Mitglied der Familie an, dem man als sich ängstigende Mutter und Schwester seine Sorgen und

Nöte anvertrauen kann." Die Amme verstand es ausgezeichnet, dem blasierten Alonso so viel Honig einzuträufeln, dass dieser sich wie ein Held aus einem Ritterroman fühlte. Das beflügelte ihn derart, dass er sich ermutigt sah, Isabella sogleich zu umarmen und ihr die Stirn zu küssen. Steif stand sie im Raum, unfähig zu reagieren. Er aber machte eine theatralische Verbeugung und salbaderte drauflos: „Ich finde sie. Ich eile sofort. Seid unbesorgt, mein Herzchen. Bis Eure hochverehrten Schwestern und die Mama aufwachen, habe ich Eure Brüder gefunden. Das ist ein Ehrendienst." Er fügte noch allerlei verbale Verbeugungen und Beflissenheitsbezeugungen hinzu, aber Isabella blieb nur ein verstörendes Wort im Sinn: „Mein Herzchen!" Diesen Kosenamen hatte er benutzt. Was für eine Unverschämtheit. Dieser ungezogene Wicht! Was nahm der sich heraus? Hoffentlich verschwand er bald.

Die Damen Pinzon hatten sich umsonst gesorgt. Alonso Medel wusste sofort, wo er seine künftigen Schwager finden würde. Die Kaufmannsfamilie Pinzon besaß neben den Ländereien zwischen Palos und Moguer, auf denen die Casa Pinzon stand, auch noch eine Reihe von Hütten und Lager am Hafen und dazwischen auch eine Faktoria, eine Handelsniederlassung, von wo aus die meisten der Fernhandelsgeschäfte abgewickelt wurden. Dort gab es genug Kammern, um die Nacht zu verbringen. Und tatsächlich traf Alonso dort auf die beiden Brüder, die bereits auf den Beinen waren und sich heißhungrig einem Frühstück widmeten, welches ihnen einer der dort beschäftigten Kanzleigehilfen vorgesetzt hatte.

Die Sympathien zwischen den Brüdern Pinzon und Alonso Medel hielten sich in Grenzen. Man mochte sich nicht wirklich. Martin Arias konnte mit dem eitlen Gecken wenig anfangen, vor allem weil Alonso Medels Heldentaten nur aus Worten bestanden. Er hatte bisher nicht einmal den Mut aufgebracht, an einer Schiffsreise seiner Familie teilzunehmen. Und Juan Pinzon, an Einbildung und Eitelkeit dem anderen in nichts nachstehend, sah in Alonso eher einen Rivalen als einen Partner oder Verwandten. Als der künftige Schwager und Vetter eintraf, warfen Martin und Juan sich jedenfalls einen kurzen Blick zu, mit dem sie sofortige Einigkeit darüber herstellten, vorerst still zu schweigen. Was in der vergangenen Nacht geschehen war, durfte niemand wissen. Es ging um die Ehre der Familie.

Zwar galt ein Menschenleben nicht viel in diesen Zeiten, und so mancher Mord blieb unverfolgt, wurde vertuscht, verdrängt oder gar allgemein begrüßt. Aber bei Pedro Vasquez hatte es sich um einen geachteten und stadtbekannten Seemann gehandelt, um einen Mann, der an ruhmreichen Fahrten teilgenommen hatte und dessen Wort unter Seeleuten etwas galt. Wenn dieser stadtbekannte Seemann in der Nacht ermordet worden war, das würde Palos empören und zu Nachforschungen führen. Die Stadt würde davon früh genug erfahren, sobald der Fischer, dem das entsprechende Boot gehörte, die Leiche darin fand.

Statt auf die Fragen Alonso Medels zu antworten, zeigte Martin Arias auf einen freien Stuhl und sagte zwischen zwei Bissen: „Setzt Euch zu uns und lasst Euch etwas zu essen bringen, verehrter Freund." Er nickte aufmunternd: „Dann erzählen wir Euch, was wir über die Flotte in Gran Canaria erfahren haben." Er verdrehte den Blick seiner Augen Richtung Zimmerdecke, als wolle er damit nächtliche Mühen andeuten, und ergänzte: „Und weil wir den zwei Matrosen, von denen wir das alles erfahren haben, erst die Kehle ölen mussten, war es eine sehr lange und anstrengende Nacht. Das ist auch der Grund, warum wir nicht mehr hinausgeritten sind, sondern hier übernachtet haben."

Vorsichtig schielte Martin bei diesen letzten Worten erst zu Alonso, ob dieser die Erklärung schlucken würde, und dann zu seinem Bruder, ob dieser verstanden und die in die Welt gesetzte Version verinnerlicht hatte.

Beide Reaktionen stellten ihn zufrieden. Sein Bruder Juan grinste selbstgefällig, der Vetter nickte abwesend und zustimmend. Das Frühstück, das der Kanzleisekretär soeben auftrug, schien ihm wichtiger zu sein.

VIII. Der fremde Ozean

Dass irgendetwas mit dem Kompass nicht stimmte, fiel den Steuerleuten auf der Santa Maria etwa eine Woche nach der Ausfahrt zum ersten Mal auf. „Der Kompass ist verhext“, fürchtete der Leichtmatrose Jacomo Rico. Das Instrument bestand aus einer simplen Scheibe aus Pergament, auf der die Windrose eingezeichnet war – mit zweiunddreißig Fächern, den zweiunddreißig Kompassstrichen, unterschieden in Dreiecke, Rauten und Pfeile. Der Kompass lag in einer runden Schale, die an einem Zapfen so befestigt war, dass er sich mit den Bewegungen des Schiffs drehen konnte. Die Nadel, die Nord suchte, war mit einem Stück Magnetit magnetisiert worden.

Bitacora, so hieß das Kompasshäuschen, das darüber eine Schutzhaube bildete, um den Kompass vor den Unbilden des Wetters zu schützen. In der Bitacora stand ein Öllämpchen, um ihn nachts anzuleuchten.

Neben diesem wies an Bord noch ein zweiter Kompass die Richtung, der Steuer-Kompass. Er befand sich, alleine für den Gebrauch des Steuermannes, direkt neben der Ruderstange. Selbstverständlich verwahrte der Admiral weitere Reserveinstrumente und Nadeln in seiner Toldilla.

All dies erfuhr Rodrigo bereits in seinen ersten Tagen als Schiffsjunge. Vieles erklärte ihm Pablo, der viel schneller als Rodrigo begriff, wie das Schiff gesteuert wurde: Mit dem großen Außenbordruder, das mit einer hölzernen Ruderpinne verzapft war, konnte der Pilot den Kurs nach Belieben ändern. Am Vorderende der Ruderpinne, da wo der Rudergänger stand, erleichterten die Flaschenzüge der Entlastungstaljen jede Bewegung der Ruderstange. Selbst die Schiffsjungen konnten ohne großen Kraftaufwand das Steuerruder bewegen. An der Stelle, an der die Ruderpinne am Außenruder befestigt war, klaffte eine große Öffnung im Heck des Dreimasters, durch die gelegentlich auch Wellen hereinzüngelten, wenn das Schiff vor schwerer See herlief.

Der Rudergänger stand unten drin im Poopdeck und sah aus dieser Position von Segel, See und Himmel nichts. Er steuerte den Kurs nach seinem Steuer-Kompass und nach dem Gefühl, das ihm das Schiff gab. Außerdem stand über ihm auf dem Achterkastell der wachhabende Offizier, der die nötigen Befehle und Kursänderungen hinunterrief.

Nicht jeder durfte an die Ruderpinne, jedenfalls nicht, solange der Admiral in der Nähe stand. Aber in den langen Nachtwachen, besonders in der Grabeswache von Mitternacht bis vier Uhr morgens, stellte der Rudergänger schon mal einen der Schiffsjungen hin, um sich selbst ein Nickerchen zu gönnen. Es konnte bei gleichbleibendem Kurs und Wind nicht viel passieren. So meinte man.

Jedermann an Bord kam an beiden Kompassen an Deck täglich mehrfach vorbei und warf dabei gewohnheitsmäßig einen Blick darauf. So konnten die Matrosen selbst den Kurs kontrollieren, was viele auch eifrig taten. Allerdings gab es nicht viel abzulesen auf den Kompassscheiben, und welcher Matrose konnte schon lesen? Es waren weder die Namen der Winde noch die Anzahl der Grade oder die Abkürzungen für die Windrichtungen aufgeführt. Auf der Kompassscheibe stand nichts von alledem. Um die verschiedenen Richtungen voneinander zu unterscheiden, orientierte man sich an der Breite, der Form und der Farbe der verschiedenen Dreiecke, Rauten und Pfeile. Diese Zeichen kannte jeder auswendig. Nur der Norden war anders markiert, nämlich mit einer Lilie als unveränderlichem Symbol.

Mit viel Geduld erklärte Schiffseigner Juan de La Cosa Rodrigo und Pablo das Prinzip und die Bedeutung der einzelnen Zeichen. Zeit dafür gab es im täglichen Einerlei des Segelns genug. Dem erfahrenen Seemann schien es Spaß zu machen, vielleicht genoss er auch die unverblühmte Bewunderung, welche die Jungen vom ersten Tag an für ihn hegten. Obwohl Rodrigo bald all diese Einzelheiten begriffen hatte, fand er längst nicht den gleichen Gefallen wie Pablo daran.

Für Rodrigo galt: Hauptsache die Santa Maria segelte, Hauptsache es gab täglich genug zu essen, niemand verprügelte ihn. Bei Pablo hingegen konnte es passieren, dass er zu Füßen des baskischen Besitzers der Santa Maria saß, dem Haudegen staunend zuhörte und davon träumte, selbst einmal als Kapitän eines Schiffes über die Meere zu segeln. Vollbeladen mit Schätzen und Reichtümern!

Am Dienstagnachmittag, 11. September, herrschte wieder einmal Aufregung auf der voraussegelnden Pinta. Die Mannschaft auf dem Schiff von Kapitän Martin Alonso Pinzon hatte irgendetwas entdeckt, was im Meer trieb. Über den großen Sprechtrichter und ein Rauchzeichen der Fumos machten die Pinta-Leute die Santa Maria darauf aufmerksam. Alle Mann stürzten an die Reling und starrten in die Wellen: Da nur leichter Seegang herrschte, erkannten alle das hölzerne Wrackteil, ein schwerer Maststumpf.

Juan de La Cosa ließ beidrehen. Der Admiral kam dazu und auch Peralonso Niño. Rodrigo, der nur ein paar Schritte von den hohen Herren entfernt stand, hörte, wie die drei sich über das Treibgut unterhielten.

„So wie das aussieht, gehörte der Mast zu einem größeren Schiff. 100 Toneladas würde ich schätzen", sagte Juan de La Cosa.

„120 Toneladas", bestimmte der Admiral. Niemand widersprach. Rodrigo begutachtete den abgebrochenen Mastbaum, der sich in geringer Entfernung an der Santa Maria vorbeiwälzte. Was musste das für ein mächtiges Schiff gewesen sein. Die Santa Maria brachte es auf gerade 100 Toneladas, Niña und Pinta auf je 60. Auch das gehörte zu den Dingen, die Rodrigo gelernt hatte: Mit dem Laderaum, der einem Schiff für den Transport kastilischer Weinfässer, Toneladas, zur Verfügung stand, bezeichneten die Seeleute die Tragfähigkeit ihrer Schiffe.

Der auf den Wellen vorbeitreibende Mast sah ramponiert aus und war erkennbar schon lange im Wasser. Ein paar Matrosen, die Baskenfreunde von Chachu dem Bootsmann, versuchten das Monstrum mit Haken und Tauen einzufangen. Aber der Versuch schlug fehl. Die Santa Maria machte noch zuviel Fahrt und der mächtige Stumpf torkelte an ihnen vorbei ins Kielwasser, wo er schnell wieder in den Wellen verschwand.

Rodrigo stand gerne dabei, wenn Pablo den Herren Offizieren mit Fragen auf die Nerven ging, die oftmals weit über den Seemannsalltag hinaus gingen: „Wie tief ist das Meer, Meister de La Cosa?"

Der Kapitän runzelte die Stirn. Pablos Frage gefiel ihm nicht. „Nimm das Lot und miss es nach!", empfahl er mürrisch.

Pablo nahm sich den Matrosen José Pequinos zu Hilfe: „Hast du schon einmal gemessen, wie tief das Meer ist?"

Wie jeder weitgereiste Seemann, so hielt auch José Pequinos sofort einen unerschöpflichen Fundus von Geschichten und Erklärungen parat: „Das ist ganz unterschiedlich, mein Junge. Nähert man sich einem Hafen oder einem Ankerplatz, dann kann man die Leine auslaufen lassen, bis das Lot den Boden gefunden hat." Pequinos wettergegerbte, rissige Hände spielten mit der Schnur und dem daran befestigten Bleikegel – er ließ beides durch die Finger gleiten: „Wenn das Lot aber auf keinen Grund stößt, was ist dann? Ich bin der Meinung, dass es gänzlich unmöglich ist, auf den Ozeanen irgendwo Grund zu finden, selbst wenn wir alle Leinen der Welt aneinanderknüpfen sollten."

Rodrigo hörte ungläubig zu. War Wasser nicht überall gleich? Spielte es eine Rolle? Die Schiffe segelten, egal wie tief das Meer unter ihrem Kiel reichte.

Jacomo Rico, der kraushaarige, immer fröhliche Leichtmatrose, mischte sich ein, besserwisserisch, wie es seine Art war: „Das ist nicht wahr, José!", verbesserte er Pequinos. „Was ich selbst erlebt habe ist, dass man mit dem Lot die Gegenden und Länder bestimmt, in denen man sich gerade befindet. Man wirft das Lot und wartet, welchen Grund es mit heraufbringt. Ist es Schlamm, dann sind wir in Venedig oder Genua, meiner Heimat." Er lächelte stolz und entblößte dabei seine weißen Zähne. „Bringt der Lotkegel aber Kies mit herauf, dann ist das guter Ankergrund und wir sind vielleicht vor der Bretagne. Wenn nichts mit heraufkommt, dann ist der Grund felsig und das deutet auf afrikanisches Gewässer hin." Jacomo Rico äußerte seine Überzeugungen mit unerschütterlichem Selbstbewusstsein.

Pequinos schüttelte nur den Kopf: „Das kann nur ein Genuese erzählen, der noch nie über Gibraltar hinausgekommen ist."

Am Morgen des 13. September, eine Woche nach der Ausfahrt aus dem Hafen von San Sebastian auf La Gomera, blieb der Admiral länger als üblich an der Bitacora stehen. Rodrigo stand nahe dabei und sah, wie Colón mehrfach den Kopf schüttelte. Auch La Cosa fiel das Zögern des Admirals auf und er trat näher an Colón heran. „Was ist los, mein Herr?"

Christóbal Colón reckte seine hagere Gestalt, atmete tief ein und schloss die Augen, wie in stiller Andacht. Dann blickte er auf den Kompass und schüttelte erneut den Kopf: „Ich glaube ich träume, La Cosa! Wüßte ich nicht, dass der Allmächtige schützend die Hand über mich hält, müsste nun auch ich den Mut verlieren. Schaut Euch den Kompass an, Señor Kapitän!"

Der Kapitän und Schiffseigner folgte der Aufforderung. Rodrigo reckte sich, um ebenfalls einen Blick zu erhaschen.

Jetzt sah auch La Cosa erschrocken aus: „Admiral, die Nadel zeigt nicht mehr nach Nord. Sie steht einen halben Strich auf Nordwest!"

„Famos! Und was folgert Ihr daraus?"

La Cosa blieb still, zuckte die Schultern. Der Blick des Admirals fiel auf Rodrigo. „Hat irgendjemand am Kompass herumgespielt?" Rodrigo verneinte.

„Behaltet das gut im Auge, La Cosa. Ich will sehen, was der Steuer-Kompass anzeigt."

Colón kletterte hinunter zum Rudergänger, fand am dortigen Kompass aber offensichtlich das gleiche Phänomen vor.

„Habt Ihr eine Erklärung, Admiral?", fragte La Cosa, sichtlich besorgt. Colón gab keine Antwort. Stattdessen blickte er grübelnd auf die rätselhafte Abweichung der Kompassnadel. „Vorläufig haltet den halben Strich nach West zu Süd. Wir warten die Nacht ab. Wenn der Polarstern auftaucht, können wir die Nadel überprüfen. Ich habe da einen Verdacht. Bis dahin La Cosa, kein Wort, zu niemandem! Das gilt auch für den Groumette! Ich muss meine Aufzeichnungen überprüfen, ob ich irgendwo eine Erklärung für dieses Phänomen finde."

Alles, was Offiziere auf einem Schiff unter dem Siegel der Verschwiegenheit untereinander austauschen, macht so zuverlässig die Runde wie der Tripper in einem Freudenhaus. Kaum hatte der Admiral sich in seine Toldilla entfernt, winkte La Cosa Chachu den Bootsmann zu sich heran und zeigte ihm die Kompassnadel. Es dauerte nicht lange, da wusste die halbe Mannschaft von der rätselhaften Deklination. Das war La Cosa kaum zu verübeln. Weder er noch sonst jemand in der Mannschaft hatte je ein derartiges Phänomen erlebt. Wie sollte man diese Beobachtung geheimhalten?

La Cosa beriet sich auf dem Achterdeck mit Peralonso Niño und mit Chachu, auch Escobedo und Gutierrez kamen dazu. „Der Teufel lenkt die Flotte", hörte Rodrigo Escobedo sagen. „Es wird Zeit, dass wir umkehren." Die tief in den Höhlen liegenden Augen des Notars blitzten aufrührerisch. Aber die übrigen Männer senkten die Köpfe.

Christóbal Colón ließ sich den ganzen Tag über nicht mehr blicken, er vergrub sich in seiner Toldilla. Nur der junge Pedro de Tereros, Colóns persönlicher Page, durfte hinein, um dem Admiral das Essen zu bringen. Als er wieder auftauchte, bestürmten die anderen den hochnäsigen Pagen mit Fragen: „Was macht er? Was hat er gesagt?"

Tereros warf sich wichtigtuerisch in die Brust: „Er hat gebetet und über seinen Karten gerechnet. Ich weiß nicht, was er macht."

„Er betet", höhnte Escobedo laut und schüttelte seinen Geierkopf. „Als ob Gebete helfen würden. Er soll um sein eigenes Seelenheil beten, aber das unsere möchten wir gerne selbst in die Hand nehmen." Um Zustimmung heischend, blickte Escobedo um sich.

Escobedo verstand es wieder einmal bestens, die aufgeregte Stimmung an Bord noch weiter zu schüren. Er bedrängte vor allem Juan de La Cosa: „Ihr seid ein erfahrener Kapitän. Herr, wie lange lasst Ihr Euch noch ins Bockshorn jagen? Wie lange glaubt Ihr noch das Märchen vom Seeweg nach Indien? Wo schon die Kompassnadeln ihre Richtung nicht mehr finden, wie sollen wir es tun? Nehmt das Kommando in die Hand, Señor La Cosa, und führt uns zurück!"

Die Matrosen standen in einzelnen Gruppen beisammen und führten hitzige Debatten. Im Mittelpunkt der Basken stand Chachu, der schwergewichtige Bootsmann. Seine Landsleute sahen allesamt so aus, als könnten sie jederzeit das Messer zwischen die Zähne nehmen und das Achterdeck entern. Anders als die vielen Seeleute aus Palos hatten sie schon zur Mannschaft der La Gallega gehört, bevor Christóbal Colón das Schiff in Palos übernommen hatte. Bei den Basken handelte es sich um einen verschworenen Haufen, knapp ein Dutzend verwegener Burschen, die ihrem Kapitän Juan de La Cosa treu ergeben waren. Mit der übrigen Mannschaft, den „Neuen" aus Palos, wollten diese galizischen Eigenbrötler möglichst wenig zu tun haben. Der kleiderschrankbreite Chachu war ihr Anführer. Zu der Gruppe gehörte ein finsterer Bursche namens Lope Chips, der Schiffszimmermann und Kalfaterer, dann Diego Perez, der Kanonier, und Domingo Vizcaino, der Küfer der Santa Maria. Diese vier traten als die Wortführer der mehr als zehnköpfigen „Baskenbande" auf, wie sie von den anderen an Bord genannt wurden.

Eine zweite Gruppe, die sich in den letzten Tagen auf dem Schiff zusammengefunden hatte, bestand aus den eher besonnenen und erfahreneren Matrosen aus Palos. Dazu gehörte der zerknitterte José Pequinos, stets mürrisch und wortfaul, aber im Grunde gutmütig, Rodrigo de Jerez, den alle „Graubart" nannten, wegen seines wilden Bartwuchses, und Anton Callabres, ein freundlicher Kalabrier, der immerzu von seiner feurigen Geliebten in der Heimat schwärmte.

Einen eigenen Haufen bildeten die jungen Heißsporne und Aufschneider, Jacomo Rico zuvorderst, aber auch Pablo oder Juan de Medina, der Schneider, ein klappriges Bürschchen mit großem Mundwerk.

Zivilisten wie Escobedo, Gutierrez, Schatzmeister Sanchez de Segovia oder auch Harana, der Alguacil, gehörten ebenso einer eigenen Gruppe an wie auch die Offiziere Colón, de La Cosa, Niño und Maestre Juan Sanchez, der Schiffsarzt.

Dazwischen standen Einzelgänger wie der schöne Jakob oder der unbeliebte Kapitäns-Page Pedro de Tereros, der sich zu fein war, mit den einfachen Seeleuten zu verkehren. Juan Vecano, ein kränkelnder Matrose, der wegen seiner Krätze außerdem gemieden wurde, sowie

Martin de Urtubia, der jüngste Schiffsjunge, verstockt und unnahbar. Rodrigo hielt sich bewusst von den Gruppen fern.

So befehligte Christóbal Colón keineswegs eine homogene Mannschaft. Die zusammengepferchten Männer verband weder eine klar definierte gemeinsame Meinung noch ein gemeinsames Interesse. Vielmehr bestimmten in diesem Gewirr von teilweise vernetzten Gruppen und Grüppchen viele Faktoren und Unwägbarkeiten die Freundschaften und Feindschaften, Eifersüchteleien und Rivalitäten. Je länger die Fahrt andauerte, desto schärfer bildeten sich die Spannungen heraus, desto gereizter reagierten die einen auf die anderen. Was war auf einer Nussschale auch anderes zu erwarten?

Als baskische Nao gebaut, rollte die Santa Maria als runder und behäbiger Frachtsegler stets hinter den beiden schnellen Karavellen Pinta und Niña her. Sie war zwar etwas länger und breiter als die beiden anderen Schiffe, aber alles in allem immer noch von eher bescheidenen Ausmaßen. Rund 25 Meter lang und keine acht Meter breit, bot sie wenig Rückzugsmöglichkeiten für den Einzelnen, selbst wenn er sich in die Laderäume im vollgepackten Zwischendeck verkroch oder in die Back, zwischen Segeltuch und Tauwerk. Ständig begegnete man sich, arbeitete, aß und betete miteinander, schlief Seite an Seite auf engstem Raum.

Als Colón nach einem Tag voller unausgeräumter Spannungen endlich am Abend aus seiner Toldilla auftauchte, lag eine gespannte Stille über dem Schiff. Man vernahm nur die natürlichen Geräusche des Segelns, das Spiel von Wind und Meer, das Ächzen der Rahen und der Takelage. Keine Rufe, keine lauten Kommandos, kein Gelächter, keine Scherze. Alles schielte zum Admiral hinüber. Colón wirkte munter und war guter Dinge. Er strahlte wie immer große Ruhe und Zuversicht aus, sein unerschütterliches Lächeln umspielte seine Lippen.

Die Abenddämmerung flutete in rotgelbem Farbenüberschwang über das Meer. Am Himmel stand bereits in gewohnter Pracht der Polarstern. Mit einem kurzen, prüfenden Blick überzeugte sich Colón, dass die Kompassnadeln noch immer einen halben Strich oder mehr vom Norden abwichen. Er winkte La Cosa und Peralonso Niño heran:

„Stellt den Norden fest und markiert ihn!“, befahl er. „Ich glaube, ich kenne die Ursache der Abweichung.“

Den Norden feststellen und markieren! Zum ersten Mal sah Rodrigo nun diese alte Technik zur Ermittlung der Himmelsrichtung, die man den „Segensgruß des Piloten“ nannte. Er bestand darin, dass man den Arm erhob und die flache Hand zwischen den Augen in die Richtung des Polarsterns brachte, darauf die Hand in ihrer flachausgestreckten Haltung auf die Kompassrose herabsenkte und so feststellte, ob die Nadel von der wahren Nordrichtung abwich.

Bei dieser Probe nun stellten La Cosa und Peralonso Niño übereinstimmend fest, dass die Nadeln sogar um einen vollen Punkt abwichen. Verständnislose Gesichter bei den beiden Piloten und bei allen übrigen Männern, die nähergerückt waren. Nur der Admiral lächelte mild und selbstsicher. Sein zufriedener Blick in den Sternenhimmel machte die anderen noch ratloser. Zum ersten Mal erlebte Rodrigo Juan de La Cosa gereizt und aufgebracht: „Die Grundgesetze der Natur gelten hier nicht mehr“, hielt der Schiffseigner dem Admiral mit sich überschlagender Stimme vor. „Wir sind in eine Welt eingedrungen, in der unbekannte unheimliche Einflüsse regieren und der Kompass kein Führer mehr zu sein vermag. Führt uns zurück Colón, bevor wir alle verloren sind!“

Gestandene Männer, Seeleute mit der Erfahrung von tausenden von Seemeilen auf allen Meeren der bekannten Welt, unerschrockene Haudegen, prahlerische Aufschneider – sie alle schrumpften zu abergläubischen Zwergen angesichts einer zitternden Kompassnadel, die in die falsche Richtung zeigte. Nicht das Gerät löste die Bestürzung aus, das war nur ein Auslöser. Vielmehr sank den Männern der Mut angesichts der unbekannten Weite, in die sie Colón von Tag zu Tag tiefer hineinführte. Diese kleinmütige Furcht suchte sich ihr Ventil. Heute fand sie es in einem verwirrten Kompass, morgen würde es vielleicht ein geheimnisvolles Geräusch unter den Planken sein, übermorgen die Farbe des Meeres.

Hinter de La Cosa versammelten sich all die anderen: Niño, Escobedo und die ganze Mannschaft. In ihren finsteren Gesichtern stand Furcht. Sie suchten nach einer Begründung zur Umkehr. So weit durfte Colón es nicht kommen lassen, er musste jetzt jedes Wort abwägen. Es galt für ihn und den Erfolg seiner Mission, diesen ersten wirklich kritischen Moment zu überstehen. Seine wasserblauen Augen blitzten fröhlich. Er schien sich überhaupt keine Sorgen zu machen. Theatralisch zeigte er zum Polarstern hinauf: „Seht ihr alle den Polarstern da oben? Jeder von uns hat gelernt, dass die Magnetnadel sich an diesem Stern orientiert, dass dieser Stern also exakt unseren Norden bezeichnet. Ich bin aber zu dem Ergebnis gekommen, dass nicht unser Norden plötzlich verschwunden ist, oder die Nadeln in die falsche Richtung zeigen, sondern dass dieser Stern sich bewegt."

Ein Raunen und Ausrufe des Erstaunens gingen durch die Reihen. Die meisten verstanden allerdings nicht, was diese Einschätzung zu bedeuten hatte. Aber jene, die es erahnten, wie der Kapitän oder der Steuermann, blickten ungläubig. Ihr nautisches Grundwissen hing von bestimmten Gewissheiten ab, die sie nicht ohne Weiteres von einem Tag auf den anderen aufzugeben bereit waren. Alle Mann blickten zum Himmel, als könnten sie sofort irgendwelche Bewegungen des Sterns wahrnehmen.

„Die Kompassnadel neigt sich Richtung Norden weiterhin zum richtigen Punkt", führte Colón weiter aus. „Aber dieser Punkt unterscheidet sich von dem, welcher durch den Polarstern angegeben wird."

Juan de La Cosa schüttelte zweifelnd den Kopf. Immerhin galt er als erfahrenster und kundigster Seemann. „Colón, Admiral, wie soll ich glauben, was Ihr da sagt, wo doch vor uns noch nie ein Pilot diese Beobachtung gemacht hat?"

Mit geradezu beängstigender Ruhe und Selbstsicherheit erwiderte Colón: „Wie sollte er auch? In diese Breiten, in die wir uns vorgewagt haben, hat bisher auch noch nie ein Seefahrer den Mut gehabt vorzudringen. Die Bewegung des Polarsterns am Himmelsbogen ist vielleicht nur aus unserer Warte so exakt zu ermitteln. Es ist eine Frage des Winkels, in dem man zu den Sternen steht. Versteht Ihr?"

La Cosa schaute zweifelnd zu Peralonso Niño. Außer diesen beiden und vielleicht noch dem einen oder anderen älteren Matrosen wusste niemand mit solchen Erläuterungen etwas anzufangen. Bewegungen der Himmelskörper? Polarstern? Neigungswinkel?

Letztlich schaffte es die ungeheure Selbstsicherheit des Admirals, die Gemüter halbwegs zu beruhigen. Alle spürten: So überzeugt konnte nur jemand sein, der sich seiner Sache sicher war.

„Wenn Ihr Recht habt, Euer Gnaden", überlegte La Cosa, „dann müsste sich die Abweichung ja beständig ändern. Oder bewegt sich Eurer Meinung nach der Polarstern ruckartig und verharrt dann wieder in bestimmten Positionen für längere Zeit?"

Colón nickte: „Ihr vermutet richtig, Kapitän. Heute Morgen hatten wir einen halben Strich Abweichung. Jetzt haben wir soeben einen vollen Punkt Abweichung nach Nordwest festgestellt. Ich glaube, dass die Abweichung morgen früh nochmal eine andere sein wird. Und ich glaube, dass auch der Tag kommen wird, wo Polarstern und Nadeln wieder übereinstimmen werden. Mir scheint, dass unser Stern um jenen Punkt herum, den wir als Norden bezeichnen, eine Kreisbewegung beschreibt."

Die Erklärung wirkte auf jeden Fall auf die Mannschaft und die Offiziersleute beruhigend, so sachlich und fachmännisch, wie der Admiral sie vortrug. Ob sie allerdings jedermann sogleich einleuchtete oder nicht, oder ob sie überhaupt verstanden wurde, blieb offen. Bei den meisten Matrosen kam lediglich an, dass Colón eine Erklärung präsentiert hatte, welche die erfahrenen Seeleute besänftigte. Mit einer Mischung aus Intuition und wagemutiger Spekulation, gepaart mit seinem Fachwissen und der Grandezza des Visionärs, kam Colón der Wahrheit auf die Spur. Er hatte wohl eher aus dem Gefühl heraus und weniger aus konkreter Berechnung die richtige Vermutung angestellt und als seine feste Überzeugung weitergegeben. Tatsächlich entdeckte er die tägliche Umdrehung der Polaris, beziehungsweise zog sie als Erklärung heran, obwohl er wohl nichts davon wusste, dass darüber an den Universitäten in Spanien, Italien oder Frankreich die Gelehrten bereits seit Jahren kontrovers diskutierten.

Die murrenden Stimmen wurden leiser, aber sie verstummten deshalb nicht.

„Bin gespannt, was er uns morgen erzählt, wenn vielleicht plötzlich der Mond verschwindet oder das Meer anfängt zu kochen!“, lästerte inmitten einer Gruppe erregter Männer der stets an Unfrieden interessierte Rodrigo de Escobedo. Der dürre Notar fuchtelte wild mit den Armen: „Sollen wir alles glauben, was dieser Wahnsinnige uns erzählt? Ich war an der Universität in Salamanca. Dort habe ich niemals von den Astronomen solchen Unsinn gehört, dass der Polarstern sich bewegen soll. Und das sind zuverlässige Gelehrte, die Besten, die es gibt. Wenn der Name Diego de Deza euch etwas sagt. Oder schon einmal vom berühmten Talavera gehört?“

Das war natürlich nicht der Fall, Escobedo hätte jeden beliebigen Namen erfinden können. Entscheidend war, dass er jenes Unbehagen schürte, das sich in der Mannschaft breitgemacht hatte und schon kurz nach der Abfahrt nicht mehr weichen wollte.

„Was glaubst du, Jakob?“, fragte Rodrigo seinen Beschützer und Freund. Die beiden saßen etwas abseits an der Reling, den Rücken angelehnt, die Knie angewinkelt, ein inzwischen gewohntes Bild. Jakob deutete zum Sternenhimmel: „Dort oben steht der Nordstern. Schau ihn dir doch an. Bewegt er sich etwa? Mir kann der Alte nichts erzählen. Irgendwas ist los mit unserem Kompass, das ist es.“

Rodrigo, der, ungeachtet des Vorfalls auf Gomera, oder gerade auch deswegen, für Admiral Christóbal Colón unverholene Bewunderung hegte, andererseits inzwischen aber auch großes Vertrauen zu Jakob gefasst hatte, wollte nicht so schnell urteilen: „Aber es könnte doch sein, dass es stimmt, was der Admiral erklärt hat?“

„Vieles könnte sein.“ Jakob legte den Arm um Rodrigos Schultern. „Es könnte auch etwas ganz anderes sein, was ich auch gehört habe …“

„Was meinst du?“

Jakob flüsterte: „Es wäre möglich, dass wir über ein Magnetgebirge unter uns am Meeresgrund fahren. Es heißt, dass es auf den Meeresböden riesige Magnetfelsen gibt? Die ziehen alles auf den Grund, was magnetisch ist!“

Einige Sekunden ließ Jakob die Worte wirken, dann fuhr er fort, immer noch im Flüsterton: „Die empfindliche Kompassnadel registriert den Magnetfelsen natürlich als Erstes. Zunächst ganz schwach. Aber warte ab, wenn wir weiterfahren. Dann wird er die Nägel aus den Planken ziehen und dann nach und nach alle Eisenteile, die das Schiff zusammenhalten."

Rodrigo ließ den Blick über die Decksplanken und die Aufbauten schweifen, ob schon Anzeichen des drohenden Zerfalls erkennbar wären. Aber nichts dergleichen. Die friedliche und stetige Fahrt durch ein zwar unbekanntes, aber bislang durchweg freundliches Meer, der klare Sternenhimmel, die milde Luft, die zuverlässig gleichbleibenden Segelgeräusche, das rhythmische Auf und Ab der Santa Maria bei ihrem leichtfüßigen Tanz Richtung Westen, all das kein Anlass zur Sorge. Standen diese unbeschwerten äußeren Umstände der Fahrt nicht in krassem Gegensatz zu den an die Wand gemalten Gefahren? Rodrigo erlebte die bisherige Reise als eine Abfolge angenehmer Tage – ausgenommen natürlich die rohe Machtdemonstration Escobedos im Laderaum. Zwar warteten an Bord immer Arbeit und Pflichten, vor allem die anstrengenden Wechsel zwischen Wach- und Freischichten, aber ansonsten empfand Rodrigo die Fahrt bislang als großartiges Erlebnis. Nach seiner Einschätzung waren der Flotte bislang noch keine ernsthaften Hindernisse begegnet. Rodrigo hegte unumstößliches Vertrauen zu Admiral Colón, mochten auch Männer wie Escobedo und Gutierrez ganz anderer Meinung sein.

Schiffseigner Juan de La Cosa, der beim Signalmann José Pequinos stand und die Kommandos überwachte, murmelte mehr zu sich selbst: „Der Pinzon macht das nicht lange mit. Irgendwann wird er die Machtprobe suchen."

Obwohl nicht für ihn gedacht, verstand Pequinos die Worte sofort. Der alte Seebär kaute eine Weile daran, bis er ihre Bedeutung verdaut hatte. Dann erwiderte er dem verkniffen dreinschauenden Schiffseigner: „Kapitän, sagt das nicht zu laut. Manche hier an Bord warten nur darauf, dass sich bei Pinzon etwas tut."

„Du glaubst auch nicht, dass der alte Fuchs noch lange neben Colón herfahren wird, oder?"

„Ich glaube gar nichts! Ich weiß nur, dass Martin Alonso Pinzon auf der Pinta die treuesten und besten Seefahrer Andalusiens versammelt hat. Und er gilt als der erfahrenste Kapitän weit und breit. Einem Genuesen folgen die nicht bis ans Ende ihrer Tage, das riecht man doch auf hundert Leguas Entfernung."

La Cosa spuckte über die Reling, seine braunschwarzen Augen fixierten den alten Matrosen. Er schnaubte grimmig: „Colón ist der Admiral, das wissen auch die Pinzons. Und er hat die Vollmachten Ihrer Majestäten!"

„Aber er hat die Aufpasser der Krone am Hals, Escobedo und Gutierrez! Und Pinzon ist Pinzon. Ihr werdet schon sehen", sagte Pequinos trotzig.

Am nächsten Morgen stürzte ein Feuerschein vom Himmel direkt ins Meer, ein verglühender Meteorit oder ein Komet. Trotz der Geschwindigkeit, in der es geschehen war, hatten einige Matrosen die Feuerflamme beobachtet, vor allem auf der Pinta, wo aufgeregte Schreie laut wurden. Auch diesen Vorfall nahm man als schlechtes Omen.

IX. Im Grasmeer

„Ah! De Proa“, rief Peralonso Niño, der Wachhabende, und seine Stimme kämpfte wütend gegen den Wind. „Hallo Vorschiff!“

Die Matrosen seiner Schicht kamen im Sturmschritt nach achtern gerannt, um neue Befehle entgegenzunehmen.

„Verschnürt das Bonet, hol dicht die Gordings, holt ein die Marssegelschoten“ und „an die Pumpe, bis sie ansaugt“, so scheuchte Peralonso Niño seine Männer. Der junge Pilot verlor die Übersicht nicht, sie parierten, ihre eingeübten Handgriffe hielten die Santa Maria auf Kurs.

Die plötzliche Hektik hatte ihre Gründe: In einer willkürlichen Laune hatte es zu regnen begonnen, das erste Mal seit der Ausfahrt. Der bis dahin freundliche Himmel färbte sich bleigrau, eine grimmige Wand türmte sich plötzlich vor der kleinen Flotte auf. Die Schiffe fuhren mit unverminderter Geschwindigkeit in die dichten Schleier hinein, doch sie mussten die Besegelung leicht zurücknehmen. Eine reine Vorsichtsmaßnahme, ansonsten bedeutete der Regen kaum eine Behinderung. Im Gegenteil: Die Männer hielten ihre struppigen Gesichter in die kühle Dusche und genossen die Erfrischung. Gleichzeitig spülten die Sturzfluten allen Dreck vom Deck.

Nicht nur die Segelmannschaft durfte sich über Arbeit nicht beklagen: Domingo Vizcaino, der kantige Küfer, zuständig für die Wein- und Wasservorräte an Bord, trommelte Helfer zusammen, um Frischwasser zu fassen. Von seinem struppigen Bart tropften bereits die Rinnsale. Die Männer sammelten das Regenwasser in Fässern. Wer konnte wissen, wie bald es diese Gelegenheit wieder gab? Wasser und Wein standen als einzige Getränke an Bord zur Verfügung. Beides führte die Besatzung in großen Fässern mit. Domingo Vizcaino, ein eher verschlossener, hagerer Typ, hatte Sorge zu tragen, dass diese

Fässer stets dicht und fest angelascht waren, damit sie nicht ins Rollen kamen. Nach Wochen auf hoher See stand das Wasser in ihnen allerdings brackig und sauer. „Rattenpisse", sagten die Männer dazu und hielten sich die Nase zu, wenn sie einen Schluck nahmen. Um den üblen Geschmack zu überdecken, gaben die Seeleute den gleichen Teil Wein dazu, was den Genuss jedoch nicht wesentlich steigerte. Das frische Regenwasser war also überaus willkommen.

Die Hühnerschar, welche die Santa Maria als lebende Verpflegung mitführte, zeigte sich gar nicht einverstanden mit dem Wetterwechsel. Ein empörtes Gegacker und Flügelschlagen setzte ein. In ihren engen Käfigen hackten die Hennen mit ihren Schnäbeln gegenseitig auf sich ein. Die Schiffsjungen schwärmten aus, um die aufgeregten Hühner mitsamt Hahn zu beruhigen, indem sie Segeltuch über die Gitterkäfige zerrten.

Mittschiffs torkelte ein bleicher Jacomo Rico über die Planken, wankte zur Reling und kotzte sich die Galle aus dem Leib. Das Los des Pumpenmannes: Die Männer an der Pumpe bewältigten wie immer die unangenehmste Arbeit. Sie standen sozusagen in der Schiffsscheiße. Der Kadavergestank des Bilgenwassers, das sie hochpumpten und über Bord spülten, bildete selbst für geübte Nasen eine außerordentliche Zumutung.

Den Regen selbst, einen weichen und tropisch warmen Guss, genossen hingegen alle in vollen Zügen. Offiziere wie Mannschaften freuten sich über die fetten Tropfen, die binnen weniger Minuten sämtliche Kleidungsstücke am Leib von oben bis unten einweichten. Durchnässt wurden die Pluderhosen, der Parka, jener charakteristische mit einer Kapuze versehene Kittel, sowie der Gorro, die meist rotfarbene, wollene, gestrickte Mütze. Dabei handelte es sich um eine Kappe, die alle Matrosen trugen, egal ob es regnete oder die Sonne schien.

Schon tagsdarauf, Sonntag, 16. September, der zehnte Tag auf dem Meer, schlief der Regen auch wieder ein. Stattdessen begrüßte die Männer am Morgen ein strahlendblauer Himmel wie im Frühling über Andalusien, dazu wohltuende Wärme und nach wie vor beständiger Wind von Osten nach Westen. Aber da gab es etwas Eigentümliches. Lope Chips, der im Allgemeinen bis zum Autismus wortkarge baskische Kalfaterer, entdeckte es als Erster, als er einen Kübel Kalfaterpech über die Reling kippte: Gras auf dem Meer!

Die schwarze Kalfatermasse, eine Mischung von Walfischöl und Fichtenharz, mit der regelmäßig das Deck und die Schiffswände verpicht und abgedichtet werden mussten – es oblag den Schiffsjungen, diese Masse immer wieder neu anzurühren –, plumpste nicht etwa wie üblich in schäumende Wellen und versank, sondern sie fiel in eine grüne Matte und zog sie gurgelnd in die Tiefe. Das seltsame Kraut schwamm in Bündeln auf der Wasseroberfläche, bedeckte mal nur ein paar Handbreite, dann wieder mehrere Quadratmeter am Stück das Wasser. „Hey Groumette", rief Lope Chips und winkte Rodrigo herbei. „Schau mal da runter!"

Rodrigo beugte sich über die Reling: „Unkraut!", rief er erschrocken aus. „Da schwimmt jede Menge Unkraut auf dem Meer, sieht aus, wie eine riesige Spinatsuppe."

Lope Chips rieb sich nachdenklich das stoppelbärtige Kinn.

Rodrigo blickte abwechselnd hinunter auf die vielen Bündel grünen Krauts und auf das zerknitterte und wettergegerbte Gesicht des Kalfaterers. Doch der schweigsame Baske schien genauso verblüfft. Er hatte schon viel erlebt, in seinem Seefahrerleben, aber grünes Kraut mitten im Meer?

Inzwischen bestaunte auch die übrige Mannschaft die schwimmenden Grasflächen, die steuerbords wie backbords an der Santa Maria vorüberzogen. Wie ein unter Wasser gesetztes Kleefeld schaukelten die grünen Matten in den Wellen. Immer mehr Pflanzen breiteten sich auf der Meeresoberfläche aus, und die Schiffe fuhren mitten hinein. Alle Mann versammelten sich in Gruppen an der Reling und diskutierten die ungewöhnliche Erscheinung.

„Algen", vermutete José Pequinos.

„Seegras", widersprach Chachu. „Es sieht aus wie Seegras."

Der wieder genesene Jacomo Rico kam mit nacktem Oberkörper herbeigeturnt und balancierte elegant wie ein Zirkuskünstler eine am Seil gesicherte lange Stange mit Haken über das Deck.

„Hier!“, rief er. „Wir holen mal eine Ladung an Bord. Heda, achtern, aufgepasst, zieht die Köpfe ein!“

Er schwenkte seinen Staken über die Reling und hangelte zu den Wellen hinunter. Tatsächlich verfing sich schnell eine größere Menge des Krauts im Haken. Doch als Jacomo das Bündel an Bord hieven wollte, stellte sich heraus, dass die einzelnen Grasbüschel untereinander durch lange Fasern verbunden waren. So hingen größere Mengen an einem Stück zusammen, und drei Mann mussten Jacomo Rico helfen, die Stange wieder an Deck zu ziehen. Es hatte sich ein über mannsgroßer Klumpen Kraut und Blätter daran verfangen, vollgesaugt mit Wasser und so schwer, dass der übermütige Lockenkopf seinen Fang alleine gar nicht bergen konnte. Schließlich rissen die Fasern der miteinander verflochtenen Wasserwurzeln, und das ganze Grünzeug lag vor ihnen auf den Decksplanken. Das Gras schimmerte matt in einer weißlichen oder fahlen Farbe wie welkes Heu. Kleine weiße Beeren hingen an den Stengeln. Auf Deck wirkte das Grünzeug stumpf; es sah viel saftiger und viel grüner aus, wenn es im Wasser schwamm.

Chachu schob ein Bündel mit den Zehen auseinander, die anderen standen im Kreis darum herum. Schiffsarzt Sanchez gesellte sich mit interessiertem Gesichtsausdruck dazu. Er kniete sich nieder und nahm das Seegras in Augenschein: „Irgendwie sieht das Zeug aus wie unsere Gartenraute, schaut euch nur die Blätter an.“

Dann nahm er eines der kleinen Beerenkörnchen, die an den Krautbüscheln hingen, zwischen die Finger und drehte es sorgfältig prüfend.

„Beißt doch mal rein, Maestro!“, schlug Jakob vor. „Vielleicht schmecken sie ja.“

Der große Krautklumpen wurde zerfleddert. Jeder zog sich ein Stück heraus, untersuchte die Fasern und Blätter, die runden Körnchen, die denen des Wachholderstrauchs ähnelten, die Männer rochen daran, schnupperten skeptisch, bissen hinein, zerschnitten es mit ihren Messern, bis es in Fetzen lag. Im anatomischen Institut von Sevilla hätte man die Sache kaum gründlicher angehen können. Der Admiral legte Gleichmut an den Tag. Er lehnte sich über die Reling und beobachtete den Vorüberzug der Grasmatten. So weit das Auge reichte sah man überall kleinere und größere Grasinseln, an manchen Stellen wuchsen sie zu beachtlichen Teppichen von mehr als drei oder vier Schiffslängen zusammen.

Colón kletterte, nachdem er gebührende Zeit hatte verstreichen lassen, vom Achterkastell herunter und hob zu einer seiner Ansprachen an: „Männer, dankt dem Allmächtigen, der schützend und mit Wohlwollen unsere Wege lenkt. Denn dies hier ist ein gutes Zeichen nahen Landes. Solches Algengras braucht Land um zu wachsen. Also ist Selbiges nicht fern. Ich vermute, dass ein Sturm die Grasbüschel von einer Felsenküste losgerissen hat, so dass sie hier nun auf dem Meer treiben."

Der königliche Schreiber Escobedo legte es bei jeder Gelegenheit auf Widerspruch an: „Wenn Land nicht weit ist, warum segeln wir dann nicht hin, Adelante?", rief er von der anderen Seite des Schiffes her. Dort stand der knochige Notar selbstgefällig mit seinem Kumpan Pedro Gutierrez an der Reling und hörte Colón mit schiefem Grinsen zu.

Der Admiral entgegnete höflich, mit jenem Unterton von nachsichtiger Geduld, welche man begriffsstutzigen Kindern entgegenbringt: „Es ist nicht jenes Land, welches wir suchen, Señor Escobedo. Wir wollen nach Zipangu, habt Ihr das vergessen? Was sollen wir auf irgendwelchen unbewohnten Inseln mitten im entlegenen Ozean?"

Gutierrez schob seinen Wanst in den Vordergrund und mischte sich ein, ganz die Stimmung der Mannschaft treffend: „Herr, wir haben zehn Tage kein Land mehr gesehen. Wieso sollen wir nicht nach jenen Inseln suchen, von denen dieses Kraut sich losgerissen hat? Wir könnten unsere Vorräte auffrischen und das Trinkwasser erneuern. Und wir könnten mal wieder festen Grund unter den Füßen spüren."

Colón wandte sich an Gutierrez: „So redet nur eine Landratte daher. Unsere Vorräte bedürfen keiner Auffrischung, ebenso wenig unser Trinkwasser. Erst gestern hat es geregnet. Wir vergeuden nur kostbare Zeit, wenn wir hier nach unbedeutenden Inseln suchen."

Der dicke Repostero Real ließ nicht locker: „Und wenn es das Festland ist, das wir suchen? Was, wenn Zipangu schon in der Nähe ist, mit dem großen Khan und all seinen Schätzen und Reichtümern?"

„Das ist so gänzlich ausgeschlossen, Señor Gutierrez, dass ihr euch solche Träume aus dem Kopf schlagen könnt", erwiderte Colón, jetzt bereits leicht ungehalten. Er wandte sich wieder an die ganze Mannschaft, die sich inzwischen zu einem Halbkreis um ihn versammelte und aufmerksam zuhörte. Der Admiral ließ eine seiner kategorischen Behauptungen folgen: „Ich habe genaue Berechnungen und auch geheime Karten, wonach sich in diesen Breiten eine Menge unbewohnter, kleiner Inseln befinden. Von ihnen kommt dieses Beerenkraut. Aber sie sind unbedeutend und liegen verstreut. Vielleicht werden wir sie auf unserem Rückweg ansteuern. Dann werden wir sehen, ob sie eventuell geeignet sind als Stützpunkt für die Schiffe und Flotten unserer Majestät, König Ferdinand, so sie künftig zwischen Spanien und den indischen Landen verkehren. Aber jetzt, wo wir erst den Seeweg nach Indien zu finden trachten, verlieren wir keine Zeit mit der Suche nach diesen Inseln, so verlockend das auch mancher ängstlicheren Natur in der momentanen Lage erscheinen mag. Darum lasst uns weitersegeln nach Indien."

Woher Colón die Dreistigkeit nahm, solchen Unfug zu erzählen, blieb sein Geheimnis. Jedenfalls wirkte die Medizin. Es erhob sich kein Widerspruch mehr. Aber in den meisten Gesichtern spiegelte sich Skepsis.

In dieser Nacht beschäftigte Rodrigo die Vorstellung von unbekannten und möglicherweise unbewohnten Inseln unmittelbar in ihrer Nähe, wie sie auf des Admirals geheimen Karten angeblich eingezeichnet waren.

„Meister de La Cosa", plagte er deshalb unmittelbar nach Beginn der Frühwache den Piloten, „was denkt Ihr, was es mit den Inseln auf sich hat, die hier im Meer verstreut liegen?"

Der Kapitän schnaufte und drehte sich widerwillig zu Rodrigo hin. Er hatte in den Sternenhimmel geträumt, vielleicht von einer Geliebten im fernen Galicien. Rodrigos Fragerei war ihm lästig: „Was weiß ich, welche Inseln es sind. Es wären ja keine geheimen Karten mehr, wenn jedermann davon wüsste. Es gibt viele Eilande im atlantischen Ozean, von denen man nicht viel mehr kennt als sagenhafte Berichte. Vielleicht ist es Antilia, die Insel mit den sieben goldenen Städten, oder Brasil, nach der der englische Kapitän Tloyde vor zwölf Jahren schon gesucht hat, oder es ist die Insel des heiligen Sankt Brendan?"

„Erzählt Ihr mir davon?"

„Vom heiligen Sankt Brendan?"

„Von seiner Insel?"

Juan de La Cosa seufzte. Er wollte seine Ruhe haben, doch das Interesse des Jungen schmeichelte ihm und er ließ sich erweichen. Obwohl Juan La Cosa gelegentlich etwas Geheimnisvolles anhaftete, eine Art Schleier, hinter dem sich möglicherweise eine ganz andere Person verbarg, gefiel es dem baskischen Schiffseigner, als Instanz in Sachen Seefahrt und Seemannsgeschichten angesprochen zu werden. Die jungen Leichtmatrosen und Schiffsjungen hätten alle seine Söhne sein können. Von der Besatzung der Santa Maria zählten nur der alte Schatzmeister Sanchez de Segovia, der Admiral und zwei oder drei ältere Matrosen mehr Lebensjahre als der rund 40-jährige de La Cosa. Er schloss die Augen um nachzudenken. Rodrigo wartete. Am Horizont tauchte der erste Schimmer des neuen Tages auf. Die Santa Maria pflügte mit beruhigendem Rauschen durch die Wellen. Endlich begann Juan de La Cosa zu sprechen. Er erzählte die Sage von den Fahrten des heiligen St. Brendan, so wie sie seit Generationen von den Seefahrern an der ganzen Atlantikküste überliefert wurde: „Brendan war ein Mönch aus Irland. Er lebte im 6. Jahrhundert, in welchem ringsum in Europa die Heiden und Barbaren hausten, und nur die irischen Mönche unseren heiligen katholischen Glauben aufrechterhielten. Diese Mönche hörten von einem Mitbruder, dass es im fernen Ozean eine Insel gäbe, mit sagenhaften Reichtümern, auf der man weder Speise, Trank noch Kleidung brauche, niemals schlafen müsse und trotzdem ewig lebe. Es ist die Paradiesinsel!" La Cosa senkte verschwörerisch die Stimme, machte eine Kunstpause und flüsterte zu Rodrigo hinunter: „Ein Fluss fließt quer hindurch. Wer von seinem Wasser trinkt, dem winkt die Unsterblichkeit."

Rodrigos Augen glänzten: „Vielleicht finden wir diese Insel?"

„Warte ab, was weiter passierte", dämpfte de La Cosa, und sein Tonfall nahm an Wichtigtuerei zu: „Als der heilige Brendan diese Erzählung hörte, rüstete er ein Boot aus und sammelte seine tapfersten Mitbrüder. Sie segelten nach Westen. Sieben Jahre lang segelten sie über unbekannte Weltmeere. Sie entdeckten viele Inseln. Eine davon war gar der Rücken eines riesigen Walfisches. Aber die Paradiesinsel fanden sie nicht. Als sie schon am Ende der Welt waren, segelten sie noch einmal über einen Monat nach Westen, bis sie in der vierzigsten Nacht plötzlich in eine dichte Nebelbank gerieten. Sie fuhren mitten hinein. Da umgab sie ein strahlendes Licht – und das Schiff lag an einer Küste."

„An der Paradiesinsel?", fragte Rodrigo aufgeregt.

Juan de La Cosa plusterte sich auf: „Ja, es war die Paradiesinsel. Die Insel des ewigen Lebens. Als sie das Schiff verlassen hatten, sahen sie weites Land voller Obstbäume, wie im Herbst. Als sie das Land durchwanderten, fehlte ihnen nur die Nacht. Es war immer taghell und sie erhielten soviel Obst und Früchte, wie sie wollten, und sie tranken aus Quellen. Sie durchstreiften tagelang das Land und konnten sein Ende nicht finden, bis sie an einen großen Fluss kamen, der sich mitten durch die Insel zog. Dort stand plötzlich ein Junge am Ufer, der sie einzeln bei ihren Namen rief und ihnen sagte, diesen Fluss könnt ihr nicht überschreiten. Dann wandte er sich an den heiligen Brendan und sagte zu ihm ‚Dies ist das Land, das du sieben Jahre lang gesucht hast. Kehre jetzt in das Land deiner Geburt zurück und nimm von den Früchten und Edelsteinen dieses Landes mit, soviel dein Schiff fassen kann'."

Der Kapitän legte eine Kunstpause ein um sich zu vergewissern, dass Rodrigo noch aufmerksam zuhörte, dann fuhr er fort: „Und sie beluden ihr Schiff mit unendlichen Reichtümern. Doch bevor sie absegelten, sagte der Junge noch: ‚Nach vielen Jahrhunderten wird dieses Land euren Nachfolgern offenbart werden, wenn eine Christenverfolgung unvermutet kommen wird. Der Fluss, den ihr seht, teilt diese Insel. So wie sie euch reich an Edelsteinen und Früchten erscheint, so bleibt sie alle Zeiten ohne jeden Schatten in der Nacht. Ihr Licht ist nämlich Christus'."

Rodrigo schlug das Kreuzzeichen: „Und dann segelten sie zurück?"

„Dann segelten sie zurück. Und seither hat niemals jemand wieder diese Insel gefunden." La Cosa richtet sich auf und machte eine theatralische Geste gegen den Himmel.

„Vielleicht finden ja wir diese Insel, mit all ihren Edelsteinen?"

Juan de La Cosa lachte sein rauchiges Lachen. „Vielleicht! Vielleicht auch nicht. Immerhin segelte der Mönch vierzig Tage, wir sind erst elf unterwegs."

Rodrigo grübelte über die sagenhafte Erzählung nach, so dass er fast vergessen hätte, die Ampolleta zu wenden.

„Erzählt ihr mir auch die Geschichte von Antilia, der Insel mit den sieben goldenen Städten?", fragte er nach einer Pause.

Der Pilot winkte ab: „Ein andermal. Jetzt pass auf, die Wache ist gleich um. Weck die anderen auf, es dämmert schon, bald beginnt der Tag."

So drehte Rodrigo zum siebten und letzten Mal in dieser Wache die Ampolleta um und sang mit seiner krächzenden Knabenstimme in die Morgenstimmung hinein: „Gut ist, was vergeht, besser noch was kommt, sieben vorbei und acht verweht, mehr verweht wenn's Gott so frommt, bei Zählen und Schwinden wird gute Fahrt sich finden."

Jakob kam hinzu und zupfte Rodrigo am Ärmel des Parkas: „Hör auf mit dem Gekrächze, schau dir das Meer an!"

Noch lag der Horizont unter dem Dunst der morgendlichen Dämmerung, aber im diffusen Licht erkannte Rodrigo, was Jakob meinte: ringsum alles grün! Bis hinüber zur Pinta und Niña, die sich als vage Schemen am Horizont abzeichneten. Die Schiffe waren vollkommen umgeben von einer dichten Matte grün-braunen Seegrases, ein einziger riesiger Teppich. Das Meer schien verschwunden. Es war, als segelten sie über eine Wiese. Nie zuvor war einer der Männer so weit nach Westen gesegelt, und deshalb kannte auch keiner dieses Phänomen: Die Flotte befand sich im Sargasomeer, wie es später getauft wurde, einem riesenhaften Grasmeer mitten im Atlantik, von dem die christliche Seefahrt bis zu diesem Tage noch keine Kenntnis hatte.

Niemand von der Frühwache legte sich zum Schlafen nieder. Alle wollten sehen, wie die Piloten und der Admiral auf diesen grünen Schrecken reagieren würden.

Rodrigo lehnte sich über die Reling und beobachtete das Gras da, wo es vom Schiffsbauch der Santa Maria durchpflügt wurde. Es teilte sich anstandslos, die Wellen schlugen gegen die Schiffswände, die drei Schiffe machten unvermindert Fahrt, und es war, als behinderte die alles bedeckende Matte das Vorwärtskommen in keiner Weise.

„Wir werden stecken bleiben!", kommentierte Jakob trocken nach einer Weile. „Dieses Kraut wird immer dicker und dichter; wir werden festwachsen auf diesem verdammten Meer."

Nicht allen aber erschien das Gras so bedrohlich wie dem schönen Jakob. Im Gegenteil. Weil das Meer durch den Tang ein ganz trübes Aussehen annahm, bekamen viele den Eindruck, man befände sich in einem sumpfigen Moorgebiet. Sie vermuteten daher verstärkt, dass die Flotte wirklich in die Nähe von Land gelangt sei. Auf der Niña wurde gesungen. Die Männerstimmen hallten fröhlich über das Meer.

Die ewigen Nörgler aber blieben unversöhnlich: „Mir macht ihr nichts vor, ich glaube nicht, dass es hier wirklich Inseln gibt", stichelte süffisant Notar Rodrigo Escobedo, der sich auf dem Achterdeck lümmelnd seinem Müßiggang hingab. „Bisher hat jedenfalls noch keiner Land gesehen, ihr müsst es uns schon zeigen, Admiral."

Colón blitzte Escobedo zornig an: „Eure Reden gefallen mir nicht, Señor! Hat Euch vielleicht der portugiesische König geschickt, um diese Entdeckungsfahrt zu stören und zu verhindern? Wollt Ihr vielleicht die spanischen Majestäten um den Erfolg bringen?"

Escobedos Geiergesicht lief wie gewohnt rötlich an. Dass Colón ihn als portugiesischen Spion verdächtigte, empfand der Notar als eine Ehrabschneidung. „Gott ist mein Zeuge, Colón, ein falsches Wort von Euch, ein falscher Befehl, und ich werde dafür sorgen, dass Ihr in den Kerkern von Sevilla endet", zischte er.

Colón lächelte überlegen. Die schmalen Lippen kräuselten sich dabei und zogen sich in den Mundwinkeln leicht nach unten, so dass ein Hauch milden Spotts auf seinem Antlitz lag. Allein dies trieb Escobedo zur Raserei, wie sein hektisch zuckendes Gesicht verriet. Ungerührt setzte Colón hinzu: „Der Allmächtige ist schon mit mir und unseren katholischen Majestäten im Bunde. Ihr müßt Euch einen anderen Kronzeugen suchen, Señor Escobedo."

„Wir sprechen uns noch, Admiral, verlasst Euch darauf!", drohte Escobedo. „Ihr nehmt Euch zu viel heraus im Namen des Königs und der Königin. Noch bin ich der Beamte des Hofes und Ihr seid nichts weiter als ein genuesischer Seefahrer. Noch habt Ihr den versprochenen Seeweg nach Indien nicht gefunden und keinen großen Khan, keine Schätze, kein Zipangu, kein Cathay. Abgerechnet wird erst, wenn Ihr mit leeren Händen heimkehrt nach Spanien, Colón. Und dann Gnade Euch Gott!"

Zu solch hasserfüllter Boshaftigkeit hatte Escobedo sich bisher noch nie hinreissen lassen. Gutierrez musste ihn an der Schulter fassen und zurückhalten, damit der königliche Notar nicht noch unüberlegtere Drohungen aussprach. Der Admiral lächelte sein gewohnt überirdisches Lächeln, fixierte seinen hochroten Widersacher und schüttelte gnädig den Kopf, als wollte er sagen: Welch ein Verrückter!

Zu den Nörglern gehörte neben Escobedo und seinen Anhängern auch Jakob. Er pflegte zwar keinen Groll gegen den Admiral, dafür peinigte ihn aber eine abergläubische Angst vor den Naturgewalten. Jakob plagte den diesbezüglich völlig unbekümmerten Rodrigo mit Schreckensvisionen: „Morgen wird uns das Seegras so dicht umranken, dass wir uns den Weg mit Äxten freihauen müssen, du wirst sehen."

Rodrigo spuckte Olivenkerne ins Wasser und grinste: „Mir machst du keine Angst, Jakob. Ich vertraue dem Admiral und Kapitän de La Cosa." Das beschrieb seine tiefste Überzeugung.

„Du vertraust ihnen nicht nur, du vergötterst sie", brach es aus Jakob hervor. „Es sind aber nur zwei Kerle, die uns Hirngespinnste vorgaukeln." Aus seinen Worten sprachen Neid und Eifersucht: „Der

Admiral hat gesagt, die Sterne bewegen sich, also bewegen sie sich; der Kapitän hat gesagt, die Insel Antilia ist in der Nähe, also ist sie in der Nähe; der Admiral sieht einen Frosch und alle jubeln." Jakob ereiferte sich weiter: „Admiral hier, Admiral da, Kapitän hier, Kapitän da. Was die zwei sagen, das ist Evangelium, und alle lassen sich einwickeln, du zuallererst."

Rodrigo zuckte die Schultern: „Bisher haben sie jedenfalls recht gehabt", bemerkte er lakonisch. Jakob gefiel diese beiläufige Gelassenheit nicht: „Ist dir eigentlich vollkommen egal, was auf diesem Schiff passiert? Ist es dir egal, wenn wir in Abgründe segeln, wenn wir in diesem Grassumpf verschlungen werden oder wenn uns Stürme auf den Meeresgrund schmettern und wir elend umkommen? Denk doch mal nach Kleiner, wir sind am Ende der Welt. Hier war noch niemand vor uns, auch nicht der Admiral. Und deshalb kann er auch gar nicht wissen, was uns erwartet."

Das schreckte Rodrigo nicht. Er sah, dass die Schiffe ruhig segelten, dass der Himmel in freundlichem Blau strahlte, dass des Nachts die Sterne leuchteten. Wovor sollte er sich also fürchten?

Weiterhin wucherte ringsum viel grünes Kraut auf der Meeresoberfläche. An den nächsten Tagen gesellte sich noch eine Flaute hinzu. Die See gönnte sich eine Ruhepause und lag so ruhig und glatt vor ihnen, dass ein jeder sich an die Windstille vor den Kanaren erinnerte. Dabei blies sogar noch ein schwaches Lüftchen; ein Bruder Leichtfuß, völlig unberechenbar, kam mal von backbord, mal von steuerbord, sprang hierhin und dorthin, blieb dann wieder für Stunden völlig fern, so dass von Vorwärtskommen keine Rede sein konnte.

Gegen Mittag des nächsten Tages lagen die Schiffe fast regungslos im Meer, nur wenige Längen voneinander getrennt. Die See zeigte sich nicht mehr ganz so stark vom Beerentang bedeckt wie an den Tagen zuvor, sodass Pablo angesichts des erfrischend intensiv violettblauen Wassers auf die Idee kam: „Lasst uns ins Wasser springen und baden!"

„In das Kraut hinein?"

„Hast du etwa Angst?"

Die falsche Frage. Rodrigo durfte man nicht fragen, ob er Angst hatte, schon gar nicht durfte Pablo diese Frage stellen. Rodrigo streifte sein Hemd ab. „Ich springe!"

„Das würde ich nicht tun", mischte sich Jacomo Rico ein. „Vielleicht gibt es hier Haie."

„Was weißt du schon von Haien?", fragte Pablo großspurig, der ganz gewiss selbst noch nie in seinem Leben einen solchen Raubfisch gesehen hatte.

„Ich habe Haifische schon erlebt", beschwor der großmäulige Lockenkopf. Pablo baute sich herausfordernd vor Jacomo auf, die Fäuste in die Seiten gestemmt: „Dann erzähl uns mal, was es auf sich hat, mit diesen Haifischen!"

Neben Pablo und Rodrigo interessierten sich noch andere brennend für das Thema, vor allem die Jüngeren. So stand auch Pedro de Tereros in der Nähe, der bleiche Diener des Admirals, Martin, Jakob und zwei, drei andere, alle begierig, mehr über den berüchtigten Räuber der Meere zu erfahren.

„Wir haben mal einen gefangen", prahlte Jacomo Rico. „Es war bei einer Fahrt nach Madeira. Wir zogen ihn mit einem eisernen Haken aufs Oberdeck und er maß mehr als sechs Fuß in der Länge. Er lebte noch, und ich sage euch, wir mussten vor ihm ebenso auf der Hut sein wie vor einem gefährlichen, bissigen Hund. Seine Haut ist fast so grob und rau wie eine Feile und er hatte einen großen, flachen Kopf, ähnlich dem eines Wolfes, das könnt ihr euch aussuchen."

„Du erzählst Schauermärchen", zweifelte Pablo.

„Doch, er hat recht", mischte sich Jakob ein. „Die Haie sind gefährliche Monster. Ihr könnt euch nicht vorstellen, was für spitze und scharfe Zähne sie haben. Beißen sie einen ins Bein, so reißen sie das betreffende Glied einfach ab. Am liebsten ziehen sie den ganzen Menschen in die Tiefe. Sie richten nichts als Unheil an, gefangen oder im Wasser. – Und ihr Fleisch schmeckt übrigens fade und ist zäh, das könnt ihr glauben."

Alle machten große Augen. Begierig sogen die Jungen diese Schilderungen auf.

„Was habt ihr mit eurem gefangenen Haifisch gemacht?“, wollte Rodrigo wissen.

„Wir haben ihn mit Stangen gestochen und gequält, wie einen wütenden Köter“, erzählte Jacomo Rico mit sichtbarer Begeisterung. „Wir schlugen ihn mit eisernen Keulen halbtot und schnitten ihm die Flossen ab. Dann warfen wir ihn zurück ins Wasser, nachdem wir ihm noch einen Fassreifen an den Schwanz gebunden hatten. Ehe er versank, kämpfte er noch lange an der Wasseroberfläche und wehrte sich verzweifelt. Wir hatten immerhin einen Zeitvertreib, aber mit den Viechern ist beileibe nicht zu spaßen.“

Alle, die zugehört hatten, saßen gebannt auf ihren Plätzen. „Wir sollten auch versuchen, einen zu fangen“, schlug Pablo vor und sprang auf. „Als Köder werfen wir den Martin ins Wasser!“

„Nein!“, schrie Martin de Urtubia und wollte die Flucht ergreifen. Doch Pablo packte ihn am Arm und drückte ihn in Richtung Reling. Jacomo Rico sprang ebenfalls gleich herbei, und sie zerrten zu zweit an dem schreienden Schiffsjungen. Da zögerte auch Rodrigo nicht lange. Bevor jemand auf den Gedanken verfiel, ihn anstelle von Martin ins Wasser zu werfen, wollte er lieber auf der Seite der Täter als das Opfer sein. Mit vereinten Kräften hoben sie Martin in die Höhe und warfen ihn über die Reling ins Wasser, obwohl der Junge verzweifelt schrie, strampelte und überall versuchte, sich festzuhalten. Sie starrten hinunter und beobachteten, wie er im Wasser aufschlug, untertauchte und wieder an die Oberfläche kam. Hoffentlich konnte er schwimmen. Niemand hatte danach gefragt.

„Da wird der Admiral böse sein, wenn er davon erfährt“, sagte einer. Alle drehten sich um. Der aufgeblasene Schiffspage Pedro de Tereros hatte gesprochen. Als ihn plötzlich alle so anstarrten, erbleichte er, sackte in sich zusammen und äugte verängstigt von einem zum anderen.

„Du meinst, so ein kleiner Happen wie Martin reicht nicht aus als Haifischmahlzeit?“, fragte Pablo grinsend.

Tereros mochte ein oder zwei Jahre älter als Pablo sein, vielleicht 17 oder 18 Jahre alt. Aber er reichte dem Jüngeren kaum bis ans Kinn, und an Schnelligkeit, Kraft und Geschicklichkeit konnte er es erst recht nicht mit dem Tischlersohn aus Palos aufnehmen. Der Kajütpage wollte flugs kehrtmachen und sich davonschleichen, aber Pablo erwischte ihn noch an der Kapuze, und schon ging es dem unbeliebten Höfling wie zuvor dem Schiffsjungen. Tereros zappelnder Leib wurde von vielen Händen gepackt und unter begeistertem Gejohle über Bord ins Wasser hinuntergeworfen, wo Martin de Urtubia bereits prustend und um sich schlagend zappelte.

„Und wenn sie nun wirklich von Haifischen gebissen werden?", fragte Jakob.

„Dann haben wir zwei Idioten weniger!", bemerkte Pablo kaltschnäuzig, während die anderen doch erschreckt verstummten. Als Pablo sah, dass alle von ihm einen Hinweis erwarteten, wie es nun weitergehen sollte, ob man vielleicht die zwei Unglücklichen, die unten im Wasser strampelten und schrieen, nicht schleunigst wieder herausziehen sollte, da entschied sich Pablo für eine ganz andere Reaktion, die allerdings für ihn typisch war. Er schlüpfte aus seinen Kleidern, kletterte auf die Reling, hielt sich an den Wanten und machte Anstalten, ins Wasser zu springen. „Ha, was ist, habt ihr Angst? Geht einer mit? Das Wasser ist warm, lasst uns baden." Er zögerte noch kurz, dann ließ er die Wanten los und rief: „Heda, ihr da unten, aufgepasst, hier kommt Pablo, der Haifischfresser!" So stieß er sich ab und stürzte kopfüber ins Meer.

Eine Mutprobe! Rodrigo ließ sich nicht lange bitten. Bisher hatte er sich noch nie von Pablo übertreffen lassen. Also war er der Nächste, der ins Meer sprang. Und als die anderen sahen, wie alle ausgelassen und gefahrlos im Wasser planschten, folgten auch noch einige andere, so dass bald rund um die Santa Maria fröhlich gebadet wurde. Keiner dachte mehr an die Haifische, und es tauchten auch keine auf.

Trotz dieses ausgelassenen Tages: Immer häufiger hörte man böse, heftige Worte durch die Luft fliegen, auch Verwünschungen, die Colón unmöglich überhören konnte und die ihm ins Herz schneiden mussten. Escobedo war nur der Lauteste und Unverschämteste. Er schürte gezielt Respektlosigkeiten gegen den Admiral. So trat er zu Juan de La Cosa aufs Achterkastell und wies den nachdenklich gewordenen Seemann auf die glatte Meeresoberfläche hin: „Sagt, Maestre de La Cosa, sieht so ein Meer aus, auf dem es für uns auch wieder eine Rückkehr gibt? Die Winde sind schwach und unbeständig, und wenn sie wehen, dann nur von Osten nach Westen. Seit unserer Ausfahrt haben wir noch keinen einzigen Tag mit West-Ost-Wind gehabt, noch keine Stunde, nicht einmal eine Minute. Ich fürchte fast, hier weht der Wind immer von Osten nach Westen und deshalb wird eine Rückfahrt für uns wohl unmöglich werden. Oder was meint Ihr?"

Juan de La Cosa legte die Stirn in Falten: „Ich habe noch nicht darüber nachgedacht, Señor Escobedo. Aber jetzt, wo Ihr mich darauf aufmerksam macht ..."

„Ich möchte wissen, wie lange wir uns noch den Spinnereien des Genuesen ausliefern sollen", stichelte Escobedo. „Er ist ein Fremdling, ein Träumer, ein Narr. Denkt daran, er ist kein Spanier. Aber dies sind spanische Schiffe, dies ist eine spanische Expedition und wir sind Diener der spanischen Krone."

Escobedo ließ einen nachdenklichen Kapitän zurück. Er begab sich aufs Vorschiff, wo er ein ähnliches Gespräch mit Sanchez de Segovia führte, dem sauertöpfischen königlichen Schatzmeister. Ein Wunder, dass dieser sich überhaupt einmal auf Deck blicken ließ. Die meiste Zeit verbrachte er in seiner Kammer im Achterdeck. Diesen bereits ergrauten, hageren Beamten, unscheinbar und stumm wie ein Fisch, hatte man bisher im täglichen Leben an Bord kaum wahrgenommen. Er lebte unter Deck wie eine Kellerassel und mied die Sonne und die frische Luft. Erst in den letzten Tagen zeigte er sich häufiger in Gesellschaft Escobedos. Es hatte den Anschein, dass er sich von diesem umgarnen und beeinflussen ließ.

Das Gerücht vom Wind, der nur von Ost nach West und niemals von West nach Ost weht, erst einmal in Umlauf gebracht, verbreitete sich innerhalb einer Wache über die ganze Santa Maria und war kaum geeignet, die Stimmung zu heben. Die fröhlichen Mienen verschwanden wieder. Im Vorschiff und unter Deck hörten die Unterhaltungen nicht auf. Es schlich sich wieder die Angst vor dem Unbekannten ein. War man vielleicht doch zu weit vorgedrungen, in einen Ozean, der schreckliche Geheimnisse barg und eine Umkehr unmöglich machte?

An den Tagen gab es noch Ablenkung, Gespräche, Unterhaltung, etwas Arbeit. Aber dann kamen die Nächte, eine um die andere, in langer Reihe. Ein dunkles Leichentuch lag über ihnen. Verloren trieben die drei Schiffe in dunkler Ödnis. Niemand tröstete sie auf dieser Totenfahrt, weder die Sterne am Firmament noch die Glühpünktchen von den tanzenden Positionslampen der zwei anderen Schiffe irgendwo voraus; die schwankenden Bordlichter und das Ächzen des geschüttelten Balkenwerks waren die einzigen Begleiter. In solchen Nächten kam der Zweifel und trieb auch den Tapfersten Angst und Schrecken in die Knochen. Würde die Sonne wieder aufgehen?

Aber sie ging jeden Morgen von Neuem auf. Und dann geschah ein kleines Wunder. Als die Klagen über den immergleichen Wind am lautesten wurden, erhob sich am 22. September von Südosten her ein leichter Gegenwind. Gleichzeitig sichteten sie an diesem Tag auch bedeutend weniger Grasflächen als bisher.

Christóbal Colón gab vom Achterdeck aus dem Rudergänger Kurs West-Nord-West vor; einen besseren konnte man wegen der widrigen Brise nicht steuern. Aber niemanden kümmerte diese Umständlichkeit. Es erleichterte alle, dass es solchen Gegenwind überhaupt gab.

Was die Bewegungen der Winde und des Meeres anging, so schien Christóbal Colón mit höheren Mächten im Bunde zu sein. Als am nächsten Tag der Wind erneut nachließ, ging das Murren der Mannschaft von Neuem los. Einige Matrosen klagten, der Wind werde nie stark genug sein, sie nach Spanien zurückzubringen. Die See sei seit der Ausfahrt viel zu ruhig geblieben. Und was geschah? Nur wenige Stunden später kam schwere See auf, und zwar so, wie die Männer sie noch nie erlebt hatten, vollkommen ohne Wind. Das Meer schwoll an und krümmte sich wie ein gewaltiger Rücken zum Buckel auf. Der Anblick des Ozeans, der sich zum Berg, zur Düne, zur Riesenwelle aufbäumte, schlug die Mannschaften in ihren Bann. Keiner hatte Ähnliches je erlebt. Bis zum Rande des Horizonts hob und senkte sich das Meer, ohne eine Spur von Schaum, ohne eine einzige Brandung, sogar ohne das Zeichen jener weißen Löckchen mit den bleiernen Ringen, von denen die See bei Sturm sonst wimmelt. Hier gab es keinen Sturm, keinen Wind. Es gab diese gespenstischen, dichten Wellen, die vorwärts rollten und ihre Erhebungen und Senkungen unverändert nach sich zogen. Wenn sie ankamen, liefen sie träge wie Kamele, wuchsen hoch wie Hügel und wälzten sich mit gemessener, unerbittlicher Langsamkeit von der Spitze ihrer Kämme in den Schoß ihrer Täler. Es waren Ausläufer von Stürmen, die in der Ferne, vielleicht Hunderte von Meilen weiter nördlich, getobt hatten. Aber das wussten die Männer nicht. Die drei Karavellen der Flotte ritten auf diesen Wellen, sie schwebten auf den Erhebungen des Ozeans, um mit seinen Mulden wieder abzusinken. Dieses so aufgeschwollene Meer ohne jeden Wind löste zuerst Bestürzung aus, bald aber nur noch Staunen und Verwunderung. Selbst der Admiral, den bis dahin nichts erschüttert hatte, bemerkte vor der Abendandacht: „Ein derartiges Wunder hat sich nur noch zur Zeit der Juden zugetragen, als sich die Ägypter zur Verfolgung des Moses aufgemacht hatten, der Israel aus der Sklaverei befreite."

Ein Wunder also! Und wenn schon, dann sogleich eines von biblischen Ausmaßen. In diesem Punkt gebrach es Admiral Christóbal Colón nicht an Selbstbewusstsein.

X. Die Kunst des Lesens

Aus dem achteckigen, gedrungenen Turm der Klosterkirche von La Rabida – eigentlich war es mehr ein Aufbau als ein Turm – ragte um knapp drei Mannshöhen ein filigraner, hölzerner Glockenturm empor, gekrönt von einer maurisch anmutenden Kuppel, die über eine schmale Balustrade begehbar war. Von hier oben reichte der Blick im Süden und Südwesten über die Sandbänke des Rio Saltes hinweg bis ans Meer, wo die Segelschiffe als kleine, weiße Dreiecke ihre Bahnen zogen; im Norden sah man über den Rio Tinto hinweg bis zu den glänzenden Dächern von Huelva, im Osten weit über die von Schafherden bevölkerte Sumpf- und Marschlandschaft zwischen den Flüssen Rio Tinto und Guadalquivir und im Nordosten über die Senke von Palos bis zum fast fünf Leguas entfernten Moguer.

Für den kleinen Miguel gehörte der Ausblick von diesem Turm in alle vier Himmelsrichtungen zu den großen Offenbarungen seines Aufenthalts im Kloster La Rabida. Er fand täglich mehrfach Gelegenheiten, über die hölzerne Wackeltreppe, die aus dem Kirchenraum hinaufführte, diesen Aussichtsplatz zu besteigen und die Welt zu bestaunen. Nach der Messe zur Prim, zum Sonnenaufgang, zerstreuten sich die Mönche und die übrigen Klosterbewohner und widmeten sich ihren Arbeiten, die sie vom Prior zugewiesen bekamen. Oft nutzte Miguel diese Zeit bis zur Terz, dem vierten Gottesdienst des Tages, um sich auf den Turm zu flüchten. Einmal entkam er damit dem Klosteralltag, der streng, anstrengend und anspruchsvoll war, zum anderen floh Miguel aber auch vor dem Quälgeist Diego Colón. Denn dieser ließ keine Gelegenheit aus, den wehrlosen Neuankömmling zu demütigen und zu schikanieren.

Miguel war es nicht gewohnt, feste und regelmäßige Pflichten zu erfüllen. Er kannte bis dahin keinen geregelten Tagesablauf. Disziplin und Gehorsam waren ihm völlig fremd. Sein altes Leben, das eine Abfolge von Prügeln, Hunger und Überlebenskampf gewesen war, hatte ihn verschiedene Formen schlauer Durchtriebenheit gelehrt. Aus diesen Erfahrungen heraus suchte er in den Anweisungen der Mönche, in ihren strengen Geboten und Regeln und in den festgefügten, immer wiederkehrenden Tagesabläufen nach Fallen und Gefahren, wo es überhaupt keine gab. Ein generelles, vorbeugendes Misstrauen gegen alles und jedermann, bestimmte Miguels Grundeinstellung. Das brachte ihm anfangs viele Rügen, Unverständnis und Ärger seitens der Franziskanerbrüder ein. Gleichzeitig bewahrte dieses Misstrauen ihn aber auch vor den allergrößten Gemeinheiten, die Diego Colón für ihn bereithielte. Eine geheime sadistische Neigung, die vielleicht bis dahin ungeweckt in Diego geschlummert hatte, suchte sich ihren Weg an die Oberfläche seiner Persönlichkeit. Es gefiel ihm, Miguel die Reste aus den Schweinetrögen kratzen und essen zu lassen. Oder er zwang den Jungen, sich in die Pfütze niederzuknien, die er zuvor in den Staub gepinkelt hatte. Er lud Miguel schwere und unsinnige Lasten auf, halbe Baumklötze oder Ziegel, und ließ ihn damit mehrfach das Kloster umrunden, bis Miguel weinend zusammenbrach. Den größten Genuss jedoch schien der junge Colón zu empfinden, wenn er Miguel examinieren konnte: „Sag, Hurenbalg, wie heißen die zwölf Apostel?“

Da stotterte und stammelte Miguel. Über Petrus, Johannes und Paulus kam er nicht hinaus. Wenn Diego Colón genüsslich mit dem Federkiel ein großes „L“ aufzeichnete, um dann nach dem Namen dieses Buchstabens zu fragen, Miguel in seinen Lektionen mit dem eifrig bemühten Fray Garcia Hernandez aber erst beim Buchstaben „K“ angelangt war, dann garantierte die Pein bei Miguel umso höhere lustvolle Befriedigung bei Diego Colón.

Diese sadistische Lust am Quälen und Demütigen war verwunderlich. Diego verfügte nämlich ansonsten über eine Vielzahl günstiger Anlagen, die für ihn eine große Zukunft verhießen. Er verstand es, sich vorzüglich auszudrücken. Er beherrschte etliche Sprachen, Latein ging ihm ebenso fließend von den Lippen wie Spanisch oder Italienisch. Er schrieb schnell, fehlerfrei und mit anmutiger Schrift.

Er beherrschte die Regeln der Mathematik, kannte die Grundsätze der Philosophie und der Theologie und er zeigte großes Interesse und Wissen in Bezug auf Geographie, Kartographie und Astronomie. Diesbezüglich stand ihm mit dem Gelehrten Fray Antonio de Marchena ein exklusiver Lehrer zur Verfügung. Marchena, dieser etwas sonderliche Franziskanerbruder, der von allen übrigen Pflichten im Kloster befreit war, beschäftigte sich ausschließlich mit der Sternenkunde und fertigte darüber unendlich kluge Abhandlungen, die er dem kastilischen Hof übermittelte und über die er mit hochrangigen Gelehrten in regem Briefkontakt stand. Diego unterrichtete er als einzigen Schüler, dem er täglich Privataudienzen gewährte. Die Novizen im Kloster bekamen kaum Kontakt zu diesem geachtetsten Bewohner des Klosters es sei denn, sie mussten Marchenas Bettpfanne reinigen oder sich um sein leibliches Wohlbefinden kümmern.

Miguels Unterricht war weit von den hohen Dingen entfernt, mit denen Diego Colón sich beschäftigte. Für Miguel ging es darum, einen bisher völlig unterernährten Verstand mit Grundwissen zu füttern. Der Junge hatte sich nie zuvor in seinem Leben mit Buchstaben oder Zahlen beschäftigt. Schon gar nicht mit der weiteren Welt fernab seiner Umgebung. Er wusste gerade einmal, dass er selbst ein Andalusier war, kannte die Namen der Hoheiten König Ferdinand und Königin Isabella, beherrschte das Vaterunser, konnte mit Hilfe seiner Finger und Hände etwa bis zwanzig zählen und irgendwie war bei ihm auch hängen geblieben, dass alle Juden Schurken, die meisten Conversos Feiglinge, die Portugiesen Rivalen und die Mauren gottlose Erzfeinde waren. Für diesen Wissensstand hatte der alte Säufer zuhause gesorgt.

Dass die Mauren als Schurken galten, die zu vertreiben und auszurotten höchste Christenpflicht war, stand jedoch in Widerspruch zu der Tatsache, dass viele der maurischen Hinterlassenschaften in La Rabida größte Bewunderung bei Miguel hervorriefen. So bestaunte er die Mudejar-Architektur des Klosters, die feinen Ornamente im gepflasterten Innenhof, die fast an ein Minarett erinnernde filigrane Form des Turmaufsatzes, die Dekors und Bögen, Stuckverzierungen und Gewölbe, wie sie maurische Baumeister vor über hundert Jahren in La Rabida hinterlassen hatten.

Miguel wusste immerhin von der Vertreibung der Mauren, der Reconquista. Mit der Rückeroberung von Malaga 1487 und der Rückeroberung Granadas im vergangenen Frühjahr 1492 durch Ferdinand und Isabella befand sich die iberische Halbinsel erstmals nach Jahrhunderten der Fremdherrschaft wieder in katholischer Hand. Das waren Triumphe gewesen, die selbst in den Elendshütten am Rande von Palos gefeiert wurden und auch bei den Ärmsten unter ihnen noch den Nationalstolz beflügelten. Miguel besaß zwar kein Bild davon, was einen Mauren von einem Christen unterschied, aber er wusste jedenfalls, weil man es ihm oft genug eingebleut hatte, dass Christen die Guten und Mauren die Feinde waren und dass er selbst zu den Christen gehörte.

„Bist du überhaupt getauft?", fragte ihn eines Tages Fray Garcia Hernandez.

Miguel blickte betroffen. „Geta... getau... getauft?", stammelte er und riss die Augen auf. Er hatte keine Ahnung.

Padre Garcia, ein lieber und geduldiger Lehrer, der allerdings eine viel zu hohe Meinung von sich selbst hatte und sich deshalb irrtümlicher Weise für einen Wissenschaftler auf Augenhöhe mit Fray Antonio Marchena hielt, machte eine ernste, geradezu besorgte Miene. Seine buschigen braunen Augenbrauen wölbten sich auf der Stirn wie fette Schmetterlingsraupen. Er schüttelte den Kopf: „Du bist nicht ...? Du weißt es nicht? Aber woher hast du deinen Namen? Du heißt doch Miguel?"

Der Junge zuckte mit den Schultern. Man hatte ihn immer Miguel gerufen. Das war nun einmal sein Name. An eine Taufe konnte er sich nicht erinnern.

„Ii... ich glaube doch! Ii..., ich gl..., gl... glaube, ich bin getauft! Jj..., ja."

Der Argwohn des Mönchs war geweckt. Seine Sorge galt sowohl Miguels Seelenheil, als auch seiner ganz konkreten weltlichen Existenz. Schließlich hielt sich auch bei den Franziskanerbrüdern der weit verbreitete Aberglaube, eine Taufe verbessere generell die Überlebenschancen eines Kindes und heile im Speziellen vor solchen Krankheiten, die der Teufel in die Welt gesetzt hat. Anderntags beriet sich Fray Garcia mit Prior Juan Perez, der keine Minute zögerte: „Ohne das Sakrament der Taufe darf der Junge nicht länger bei uns im Kloster ausgebildet werden.“ Um sicher zu gehen, beschlossen die Franziskanermönche also, Miguel zu taufen.

Die Zeremonie fand an einem Septembersonntag während des Mittagsgottesdienstes, der Sext, statt. Die Ordensbrüder wuschen sich am Brunnen vor der Kapelle die Hände, ehe sie hintereinander in einer langen Reihe den dunklen Kirchenraum betraten. Nur durch die Fensterkränze des Turmes, der mittig aus dem Dach ragte, fiel natürliches Licht in die Klosterkirche. Am steinernen Altar flackerten einige Talgkerzen. Prior Fray Juan Perez führte den Zug der Mönche an, es folgten die älteren Brüder, dann die Novizen und Laienbrüder, am Ende Miguel, der Täufling, begleitet von Fray Garcia Hernandez, seinem Taufpaten. Der Taufpate spielte eine wichtige Rolle, denn er antwortete an Stelle des Täuflings auf die zeremoniellen Fragen des Priesters. Nachdem alle Brüder still an ihren Platz getreten waren, läutete der Prior sein Gebetsglöckchen, so lange, bis alle den 51. Psalm „Gott, sei mir gnädig nach deiner Güte und tilge meine Sünden nach deiner großen Barmherzigkeit“ gebetet hatten. Der gesamte Chor sprach das „Benedicte“, dann folgte der Wechsel von Gloria und Kyrie Eleison; den Schluss bildete ein halblaut gemurmeltes Vaterunser. Dann traten der Prior, zwei Novizen als seine Messdiener, Taufpate Garcia Hernandez und Miguel ans Taufbecken, das aus einem groben Schüttstein bestand, der halbhoch seitlich vom Altar auf hölzernen Pflöcken aufgebockt war. Der Prior strahlte ergriffen über sein rundes Gesicht, formulierte feierlich im Sprechgesang mit dem Taufpaten die Absage an das Böse sowie das Glaubensbekenntnis und überschüttete dann den verblüfften Miguel mit einer erheblichen Menge Taufwasser, das er mit einer großen Kupferkelle aus dem Schüttstein schöpfte.

„Ich taufe dich im Namen des Vaters, des Sohnes und des heiligen Geistes“, sprach Juan Perez und salbte anschließend nach uraltem Ritual Miguels Stirn mit Olivenöl.

Ansonsten blieb der verunsicherte Junge von allzu aufdringlichen Missionierungsanstrengungen der Franziskaner weitgehend verschont. Er war selbstverständlich in die täglichen religiösen Rituale und Zeremonien eingebunden, die in der Hauptsache aus den acht täglichen Andachten, den Horen, bestanden, beginnend mit der Vigil, zu der alle Klosterbewohner mitten in der Nacht durch ein Glockenzeichen gerufen wurden. Selbst der in vielerlei Alltagskleinigkeiten ansonsten mit Vorzugsbehandlungen hofierte Diego Colón blieb von dieser Andacht um zwei Uhr in der Nacht nicht verschont.

Miguel liebte den immergleichen Tagesablauf, die schlichte Ordnung der Dinge, wie sie im Kloster herrschte, und er lernte sehr schnell auch die Stunden zu genießen, die er in den Andachten zubrachte. Während die Brüder ihre Psalmen aufsagten oder in wunderschönem Wechselgesang ihre geübten Stimmen erschallen ließen, dämmerte er in Tagträumen dahin, murmelte an den richtigen Stellen ein Gebet oder das Glaubensbekenntnis und hörte manchmal auch mit gespannter Aufmerksamkeit zu, wenn der Prior aus den Schriften der heiligen Apostel las.

Die Stunden zwischen den acht Horen waren ausgefüllt mit Unterricht und Übungen. Fray Garcia Hernandez' tägliche Lektionen trugen bereits Früchte: Nach einem Monat beherrschte Miguel das Alphabet und konnte mit Zahlen zwischen 0 und 100 etwas anfangen. Dabei setzten die Padres ihn nur bruchstückhaft und zögerlich von den Umständen und Beweggründen in Kenntnis, die überhaupt zu diesem Unterricht geführt hatten. Vage erfuhr Miguel, dass Don Burro sich für seinen Verbleib im Kloster eingesetzt hatte. „Damit du lesen und schreiben lernst und ihm später bei seinen Geschäften helfen kannst“, so erläuterte einmal Fray Hernandez zwischen zwei Unterrichtseinheiten. Sie saßen im Schatten des Kreuzgangs auf einem der steinernen Bänkchen, die hier in die Wand eingelassen waren. Miguel hatte zur Zufriedenheit seines Lehrers eine Reihe von Leseübungen bewältigt. Dann schickte der Mönch seinen Schüler über den Hof zum Brunnen, um einen Schluck Wasser zu schöpfen. Als Miguel mit gefülltem Krug zurückkehrte, sagte der Padre unvermittelt: „Bis zum Frühjahr musst du ohne Hilfe Urkunden, Briefe,

Rechnungen und alle Bücher lesen können. Und auch schreiben musst du. Wenn man dir einen Text diktiert, musst du ihn aufschreiben können."

Miguel blickte den Mönch fragend an. Der nahm einen Schluck Wasser und fuhr fort: „So erwartet es der Kaufmann Francisco Esquivel von uns."

„Der Kau ..., der Kaufmann? Don Burro?"

„Ja, der dich hierher gebracht hat."

Miguels stummes Staunen verriet dem Padre, dass der Junge weitere Informationen erwartete. So fügte er hinzu: „Er hat dich hierher gebracht, damit wir dir Lesen, Schreiben und Rechnen beibringen. Im nächsten Frühjahr, wenn er von seinen Geschäften in Sevilla zurückkehrt, will er dich wieder mitnehmen. Dann sollst du sein Gehilfe werden."

Miguel sperrte den Mund auf. Das waren Neuigkeiten.

„Dafür bekommt unser Kloster Waren von deinem Herrn: Mehl, Olivenöl, Früchte. Ein gutes Geschäft für ihn, ein gutes Geschäft für La Rabida."

Miguel schluckte trocken. Bisher hatte er geglaubt, die Padres hätten ihn aus Barmherzigkeit aufgenommen und wollten ihn zu einem Mitbruder heranziehen. Diesem Schicksal hätte er sich klaglos gefügt, solange es ihm ein Dach über dem Kopf und sein tägliches Brot garantierte. Nun aber fügten sich die Ereignisse zu einem ganz anderen Zusammenhang, und er erfuhr, dass Don Burro sein „Herr" sein würde.

Don Burro hatte keinerlei Andeutungen gemacht, geschweige denn, dass er Miguel gefragt hätte. Er hatte über ihn einfach verfügt.

Heimweh oder Sehnsucht nach der Mutter und den Geschwistern verspürte Miguel nicht. Gerade einmal, dass er an den ersten Tagen seiner Klosterzeit gelegentlich kurz an sie gedacht hätte. Von Tag zu Tag wurden diese Momente seltener, bis sie nach einigen Wochen gänzlich ausblieben. Dieses frühere Leben war so hart, trostlos und voller Gewalt gewesen, dass es ihn bei der bloßen Erinnerung daran bereits schauderte. Er wollte nie wieder in die Lehmhütte zurück. Vor dem alten Säufer, wenn der überhaupt noch lebte, fürchtete er sich, vor dem Streit und dem Dreck empfand er Ekel. Die Mutter hatte ihm niemals Nähe, Wärme, Liebe oder Geborgenheit gegeben, immerzu nur Prügel, Beschimpfungen und Ängste. Und die Geschwister? Rodrigo war auf die Schiffe geflohen. Wo er jetzt wohl sein mochte? Der jüngste Bruder, Pedro, war jetzt zu Hause alleine mit Consuela. Vielleicht hatten sie es zu zweit besser? Im Grunde ließ Miguel das kalt. Er empfand keine warmen Gefühle für die Geschwister. Sie waren Rivalen im täglichen Kampf ums Essen und ums Überleben gewesen. Sie mussten sehen, wie sie durchkamen.

All die neuen Eindrücke und Herausforderungen, mit denen er nun täglich in La Rabida konfrontiert war, nahmen Miguel sehr in Anspruch. Mit Eifer kniete er sich in seine Aufgaben. Er lernte eine neue Welt kennen. Das Lesen fiel ihm nicht im Schlafe zu, das Schreiben noch weniger. Er tat sich schwer. Mühsam rang er sich die Buchstaben ab. Ganz sicher würde nie ein Schriftgelehrter aus ihm werden. Aber er verfügte über einen wachen Verstand, über Beharrlichkeit und Neugierde und er hatte ein Ziel vor Augen: das Frühjahr, die Rückkehr von Don Burro. Bis dahin musste, wollte er alles können, was der Eselzüchter von ihm erwartete. Und so machte er unter der kundigen und geduldigen Anleitung von Fray Hernandez Tag für Tag kleine Fortschritte. Der Franziskanermönch genoss es, als Lehrer gebraucht zu werden. Seine Künste reichten weit über die allgemein übliche Klosterbildung hinaus. Fray Hernandez war Arzt und Gelehrter, jedenfalls hielte er sich dafür. Sehr zu seinem Missfallen zeigte der angesehene Wissenschaftler de Marchena aber nur abfällige Geringschätzung für seine Bemühungen. Miguel spürte bald die Eifersucht und den Neid, die an Fray Hernandez zehrten. Oft wirkte er verbissen und verkrampft. Miguel mochte seinen Lehrer, aber er spürte auch, dass dieser damit haderte, einen so hochrangigen Rivalen in den Mauern von La Rabida zu wissen.

Fray Hernandez besaß eigentlich ein anmutiges und offenes Antlitz, aber manchmal, wenn er darüber sprach, dass er astronomische Berechnungen vorgenommen habe oder dass er sich mit Karten von den Rändern der Welt beschäftigte, verhärteten sich seine Gesichtszüge. „Soweit Bruder Antonio mir Einblick in seine Bibliothek gewährt", fügte er dann bitter hinzu. Die unausgesprochene Rivalität zum angesehenen Marchena schlug sich auch in einer Reihe von Statussymbolen nieder, mit denen dieser sich gerne umgab. Dazu gehörten zum Beispiel Fray Antonio Marchenas Kontakte zum Hof, sein Zugang zu allen wichtigen Adelshäusern des Landes, sein Ruf an der Universität in Salamanca, seine Audienzen bei Bischöfen und Gelehrten. Das alles konnte Garcia Hernandez nicht vorweisen. Und dass Fray Antonio mit Diego Colón den Sprössling eines edlen Admirals zum Schützling hatte, während er lediglich einen hergelaufenen Jungen unterrichten durfte, fügte sich nahtlos in diese Reihe.

Und dennoch hatte Fray Garcia Spaß am Unterricht. Er kramte Wissen hervor, das für Miguels eigentlichen Lernerfolg keine Relevanz hatte, aber es gefiel Fray Garcia, seinen Fundus auszubreiten. Gerne schwadronierte er über ferne Länder, über die Apostelgeschichte oder über die alten iberischen Königshäuser. Er vergaß dabei oft das eigentliche Thema. Davon profitierte Miguel. Er lernte nicht nur die Texte zu lesen, die sein Lehrer ihm vorlegte, sondern er begann auch, sie zu verstehen, selbst wenn sie von Theologie, Philosophie, Rethorik oder Astronomie handelten.

Die ausgefüllten Tage unter der milden andalusischen Herbstsonne in La Rabida gaben Miguel zum ersten Mal in seinem jungen Leben Zuversicht und Sicherheit. Da ertrug er sogar die immer wiederkehrenden Sticheleien und Erniedrigungen, die Diego Colón für ihn bereithielt, wenngleich er sie fürchtete. Immer blieb er auf der Hut. Soweit es möglich war, ging er dem Admiralssohn aus dem Weg. Bei den unvermeidlichen Begegnungen während der Gottesdienste und während der gemeinsamen Mahlzeiten im Refektorium half es, dass immer die anderen als Augen- und Ohrenzeugen in der Nähe waren. Das dämpfte Diego Colóns Lust auf Schikanen. Auch abends im Schlafsaal blieb Miguel unbelästigt, denn er lag auf seinem Strohlager inmitten der Padres, während Diego Colón ein eigenes Quartier im benachbarten Gästehaus bewohnte. Aber nicht immer kam Miguel ungeschoren davon. Manchmal lauerte Diego ihm auf und stellte sich ihm in den Weg. „Na, Hurenbalg", so war seine übliche Anrede, „hast du keine Arbeit?"

Zum Ausbüchsen war es zu spät.

„Knie nieder!“ Auch dies gehörte zum Ritual. Miguel musste immer wieder niederknien, wenn er Diego Colón alleine begegnete. Dann schritt der Admiralssohn aufreizend langsam um den Jungen herum und verbot ihm aufzublicken. Miguel musste den Blick stur auf die Erde richten. Lediglich aus den Augenwinkeln nahm er die Füße und Knie Diegos wahr. Der Admiralssohn trug Schuhe. Das war ein auffälliges Statussymbol in La Rabida, wo die Brüder entweder einfache Sandalen trugen, oder, so wie Miguel, barfuß gingen. Das klackende und knirschende Geräusch, wenn Diego in seinen Schuhen durch Sand und Kies um Miguel herum schritt, ließ den Jungen zittern. Dreimal, viermal oder noch häufiger umrundete Colón sein Opfer, ohne ein Wort zu sagen. Miguel wusste, dass der Admiralssohn mit einer Gerte spielte. Er hörte sie pfeifen, wenn Diego damit durch die Luft peitschte. Das Geräusch ließ ihn zusammenzucken. Jedes Mal rechnete er mit einem schmerzhaften Hieb auf den Rücken. Doch Colón wandte niemals körperliche Gewalt an. Er hatte Miguel nie geschlagen, ihm nie gewaltsam Schmerzen zugefügt. Es genügte, dass er Situationen herstellte, in denen der Kleinere und Hilflose jederzeit mit solchen Dingen rechnen musste. Das war es, was Diego Colón Genuss und Befriedigung bereitete. Das Wissen darum, Macht über einen anderen zu haben. Er genoss es, Miguel ängstlich zu sehen. Wenn einige quälende Minuten vorüber waren, hielt er in seinen Umkreisungen inne, blieb vor dem demütig gesenkten Kopf des Jungen stehen und ergötzte sich an der Wehrlosigkeit seines Opfers.

„Du stinkst! Du stinkst nach Pisse und nach Scheiße! Du stotterst wie ein Idiot. Du bist dumm, du bist faul, du bist unbrauchbar.“

Er wühlte mit der Schuhspitze im Staub und schaufelte mit einer schnellen Bewegung eine Ladung davon über Miguels Kopf.

„Du bist dreckiger als die Schweine! Du hast Läuse und Ungeziefer! Du bist selbst welches.“ Dann spuckte er genussvoll die sorgsam angesparte Rotzladung vor Miguel in den Dreck, oder er urinierte Millimeter vor Miguels Nase in den Sand.

„Willst du wohl stillhalten“, brüllte er, wenn Miguel vor Ekel zurückzuckte und Anstalten machte, sich abzuwenden. Dann setzte er ihm auch schon mal einen Fuß ins Genick und drückte Miguels Kopf in den Dreck.

Es war genau eine solche Situation, zu der eines Tages Fray Enrique Ramirez hinzukam, einer der jungen Franziskanerpadres, die in La Rabida für die Mission ausgebildet wurden. Der Vorfall spielte sich außerhalb des Hauptkomplexes von La Rabida ab, in jenem Bereich vor den rückwärtigen Klostermauern, wo die Padres einen kleinen Hühnerhof unterhielten. Miguel war mit dem Auftrag unterwegs, Eier einzusammeln, als Diego Colón ihn abfing und ihm befahl, sich flach wie ein Büßer in den Hühnerdreck zu legen.

Der junge Franziskaner Fray Enrique Ramirez beobachtete unbemerkt diese Szene, aus dem kleinen Hühnerhäuschen heraus, in das er geschlüpft war, um es mit neuem Stroh zu versorgen. Er stürzte mit empörtem Gesicht heraus, als er sah, wie der 15-jährige Diego sich an der Hilflosigkeit und Furcht des zehnjährigen Miguel weidete.

„Was geht denn hier vor?“, schrie er wütend.

Erschrocken fuhr Colón zurück. Er hatte den jungen Mönch nicht bemerkt, wusste nicht, was Fray Enrique beobachtet hatte. Ertappt schlug er die Augen nieder.

„Du, steh auf!“, befahl der Padre, während Miguel sich zögernd aufrappelte. Verlegen klopfte der Knabe sich den Hühnerdreck aus der Kutte. Das Huhn, das bis dahin noch ungerührt direkt daneben nach Fressbarem im Sand gescharrt hatte, flatterte aufgebracht davon.

„Es war ein Spiel“, stammelte Diego in einem hilflosen Erklärungsversuch. „Wir haben bloß gespielt.“ Und nach kurzem Zögern: „Nicht wahr, Miguel?“

Dies war überhaupt das erste Mal, dass der Admiralssohn Miguel beim Namen nannte. Bisher war Miguel für den Älteren immer nur der Hurenbalg, der Stinker, Lügner oder Idiot gewesen. Miguel war nicht blöde. Was Diego Colón mit dieser scheinheiligen Ansprache bezweckte, durchschaute er sofort. Deshalb schüttelte er auch energisch den Kopf und widersprach: „Nein! Es war kein Spiel! Er macht das immer mit mir.“

Er sagte es in einem Rutsch, ohne einen einzigen Hänger. Im gleichen Moment, als es geschehen war, wurde Miguel bewusst, dass er nicht gestottert hatte. Fray Enrique Ramirez bebte immer noch vor Wut und Empörung. Dass ein Älterer einen Jüngeren dermaßen drangsalierte, brachte ihn zur Weißglut. Dass der junge Mönch sich so empörte, mochte mit eigenen Kindheitserlebnissen zu tun haben, vielleicht auch mit einem besonders ausgeprägten Gerechtigkeitsempfinden. Es war keine Selbstverständlichkeit. Miguel wusste zum Beispiel, dass andere Padres sich überhaupt nicht an Diego Colóns kleinen Schikanen und Quälereien störten. Noch nie hatte sich einer eingemischt.

Bei Fray Enrique Ramirez handelte es sich jedoch um einen besonders eifrigen und gewissenhaften Mann, einen jungen Geistlichen, der seine Sache aus tiefreligiösem Empfinden sehr ernst nahm. Anders als die Mehrheit der Mitbrüder im Franziskanerkonvent von La Rabida gehörte Fray Enrique nicht zu den Laienbrüdern, sondern er war geweihter Priester und kümmerte sich um Liturgie und geistige Arbeit, hielt Gottesdienste ab und hatte auf einer Klosterschule in Madrid die artes liberales, die sieben Freien Künste, studiert: Grammatik, Rhetorik, Dialektik, Arithmetik, Geometrie, Musik und Astronomie. Hinter dem bombastischen Klang in der Bezeichnung dieser Fächer verbarg sich zwar nicht viel mehr als das Lesen und Schreiben mit elementaren Lateinkenntnissen, etwas Rechnen und Singen, aber schon dies hob Fray Enrique aus der Masse der Priester hervor. Eine Universität besuchte in Spanien nur eine verschwindende Minderheit der Kleriker, Ortsgeistliche noch weniger als Ordensbrüder. Mit den richtigen Beziehungen jedoch bedurfte es weder eines echten priesterlichen Geistes noch einer seelsorglichen Ausbildung, um von einem Bischof zum Priester geweiht zu werden. Es war den Bischöfen überlassen, ihre Weihekandidaten auf den Prüfstand zu stellen. Und da in Spanien wie auch im größten Teil des übrigen katholischen Abendlandes das Bischofsamt auch und gerade den größten Halunken offenstand, sofern sie nur den richtigen Namen, das nötige Prestige, die erforderlichen Beziehungen oder die gewünschte Mitgift mitbrachten, waren Mängel in der Ausbildung und bei der Rekrutierung des Nachwuchses kaum ein Hindernis. Jene Priester, die Gottesdienste abhielten, galten schon dann als geeignet, wenn sie genug von der lateinischen Grammatik verstanden, um die Worte halbwegs richtig aussprechen und betonen zu können und wenigstens den wörtlichen Sinn von dem zu verstehen, was sie lasen. Dass diese Geistlichen, wie sie eben auch in den Reihen der Bettelorden, wie dem der Franziskaner oder der Dominikaner, zahlreich anzutreffen waren, ihre Rolle als Richter in Gewissensfragen nicht wirklich wahrzunehmen in der Lage waren, musste deshalb niemanden wundern. Die meisten hatten Mühe, zweifelsfrei zwischen Sünde und Nicht-Sünde, zwischen Schuld und Unschuld zu unterscheiden.

Von dieser Sorte der Geistlichen unterschied Fray Enrique sich in wohltuender Weise. Ihn prägte ein starkes und sensibles Gerechtigkeitsemfinden. Er predigte Liebe, Barmherzigkeit, Nachsicht und Toleranz und er lebte all diese Eigenschaften vor.

Der Admiralssohn wollte sich gerade davonstehlen, doch Fray Enriques schrille und noch immer empörte Stimme hielt ihn zurück: „Ihr bleibt hier stehen, Diego Colón! Edler junger Herr!“ Die letzten Worte betonte der Padre mit bissiger Schärfe. Er trat vor den sich zerknirscht gebenden Diego hin und suchte Augenkontakt. Doch der Jüngling blickte stur zu Boden. Fray Enrique studierte den Anblick einen kurzen Moment, ehe er sich mit verächtlichem Grunzen abwandte. Während er Miguel den Arm um die Schulter legte und ihn vor sich her schob, weg vom Hühnerstall, sagte er an die Adresse des jungen Colón: „Ich werde dem Prior berichten, werter Herr, dass Ihr um die Beichte gebeten habt. Ganz sicher wird Fray Juan Perez gleich nach der Non die Zeit dafür haben.“

Und als Diego Colón nichts antwortete, fügte Fray Enrique hinzu: „Bemüht Euch, Eure Sünde vollkommen ans Tageslicht zu bringen. Nicht dass wir sonst den Prior in die Verlegenheit bringen, meine Version mit der Euren in Einklang bringen zu müssen.“ Damit kündigte er nichts anderes an, als dass er beabsichtigte, dem Prior brühwarm den ganzen Vorgang zu unterbreiten.

Allerdings wusste Fray Enrique so gut wie der junge Colón, dass die ganze Angelegenheit keine Folgen für den Admiralssohn haben würde. Diego genoss einen Sonderstatus als Gast im Kloster. Als Sohn eines hohen Herrn, der unter dem Schutz der katholischen Majestäten stand und der Liebling Fray Antonio de Marchenas war, hatte er keine Sanktionen zu befürchten. Schwerer mochte es für den verzogenen und von sich eingenommenen Admiralssohn hingegen wiegen, welche Blöße er sich durch sein Tun gegeben hatte, dass jemand sein wahres Gesicht gesehen hatte. Und dass er über diesen Jemand, über Fray Enrique Ramirez, keine Macht besaß. Das war die eigentliche Strafe für Diego Colón.

Miguel gewann an diesem Tag einen Freund, den ersten seines Lebens. Er konnte noch nicht ahnen, wie wichtig der schon bald noch für ihn werden würde. Fortan hielt Fray Enrique stets ein Auge auf den Jungen. Er nahm ihn mit zur Erledigung der vielen kleinen täglichen Pflichten, die den geistlichen Brüdern oblagen, und er führte ihn mit Geduld und vielen Erklärungen in die religiösen Zeremonien und ihre Bedeutung ein. Er erläuterte mit Engelsgeduld das Missionswerk der Franziskaner und die Lehren des heiligen Franz von Assisi, in deren Zentrum die Hingabe an die Armut stand, das Lebensprogramm der predigenden und helfenden Mönche.

Die Geschichten von den Franziskanerbrüdern, die überall in die Welt hinauszogen, stets zu zweit über die Dörfer wanderten, um die frohe Botschaft zu verbreiten, gefielen Miguel, weil sie spannend und abenteuerlich klangen, weniger wegen ihres christlichen Missionsgedankens. Fray Enrique schaffte es, den Jungen zu packen, ihn zu interessieren und sein Vertrauen zu gewinnen. Ganz nebenbei erwies sich Enrique auch sehr schnell als der bessere und erfolgreichere Lehrer im Lesen und Schreiben. Er ersetzte den vom Glauben an seine eigene Bedeutung nicht abzubringenden Garcia Hernandez zwar nicht als offizieller Lehrer und Ausbilder Miguels, aber er trug zum Lernerfolg deutlich mehr bei als dieser. Bescheiden, wie es Fray Enriques Art war, machte er davon jedoch kein Aufheben, sondern freute sich nur an den Fortschritten seines Schülers.

Die fast väterliche Freundschaft, die den jungen Franziskanermönch bald mit Miguel verband, sorgte auch dafür, dass Diego Colón beiden aus dem Weg ging. Nach dem Vorfall im Hühnerstall blieb Miguel jedenfalls vom Admiralssohn unbehelligt. Viel Gelegenheit, den Jüngeren zu schickanieren, hätte Diego Colón aber auch nicht mehr gehabt, denn seine Tage im Kloster La Rabida waren gezählt. Das wusste er nur noch nicht.

XI. Meuterei

Die Woche der herbstlichen Tag- und Nachtgleichen schlich zunächst noch träge dahin. An manchen Tagen bedeckten immer noch dichte Teppiche von grünen Pflanzen und Kräutern das Meer, manchmal sogar so dicht, als könnten die Schiffe darin stecken bleiben. Zwar bewiesen die flinken Karavellen mit ihrer flotten Fahrt eindrucksvoll das Gegenteil, das beruhigte die Männer aber nicht. „Wir werden verfaulen und auseinanderfallen“, lästerte Jakob. Er lästerte fast nur noch, sehr zum Ärger von Rodrigo, der die Reise immer noch als angenehm und spannend empfand. Wenn sich am nächsten Tag wieder keine Spur des Seegrases auf der Wasseroberfläche zeigte, dann machten andere Mutmaßungen die Runde, etwa dass das Meer immer seichter werde und letztlich die Schiffe bald auf tückische Riffe stoßen würden. Als Jakob diese Vermutung laut gegenüber Colón äußerte, ließ der Admiral sofort die Tiefe loten, und obwohl Bootsmann Chachu 300 Faden Leine auswarf – soviel wie nie zuvor –, stieß er auf keinen Grund.

Was die Mannschaft wirklich umtrieb, fand man nicht am Meeresgrund und auch nicht am Himmel: Die Fahrt dauerte einfach schon zu lange. Die Männer vermissten ihr Zuhause, die Sicherheit der heimatlichen Küsten. Nichts ist für eine Truppe in diesem Zustand gefährlicher als Ungeduld und Müßiggang. Worauf auch immer die abergläubischen Seeleute ihre Aufmerksamkeit richteten, sie fanden in der unbekannten Weite des Ozeans keinen Feind, an dem sie sich hätten reiben können. Die Abweichungen der Kompassnadel hatten eine Erklärung gefunden; das Seegras hatte sich als harmlos herausgestellt; die Winde bargen keine Gefahr; das Meer blieb immer freundlich. Man konnte bald keinen weiteren Feind mehr herbeizaubern, an dem die Mannschaft ihre Kräfte hätte messen können. Der einzige Feind, der blieb, das war der Admiral.

Christóbal Colón wusste wohl, was sich da zusammenbraute. Seinen spanischen Seeleuten war es gänzlich unmöglich, für längere Zeit ein Spielergesicht aufzusetzen, die sauren Mienen, die heftigen Bewegungen, begleitet von langen, auf ihn gerichteten Seitenblicken, wenn sich Gruppen von Seeleuten bildeten, dies alles zeigte Colón, dass etwas im Gange war.

Am 25. September, bei ruhiger See und vorübergehender Windstille, kurz vor Sonnenuntergang, sprang Martin Alonso Pinzon auf der auf Rufweite benachbarten Pinta plötzlich wie ein Irrer auf dem Poopdeck herum und schrie voller Freude: „Land, Land, ich hab Land gesehen Leute."

Wie die Affen stürzten die Matrosen auf allen drei Schiffen in die Wanten, Pablo auf der Santa Maria voraus, es folgten Jacomo Rico, Vizcaino, Medina, Calabres und andere Matrosen.

„Hurra, es stimmt, Land voraus!", tönte es von den Höhen des Großmastes. Das war Pablos Stimme: „Ich sehe es, Land auf Südwest!"

Jeder rief, er sähe Land, in etwa 25 Meilen südwestlicher Richtung. Auch auf der Pinta jubelten die Männer und auf der etwas entfernteren Niña ebenfalls, so dass auch jene „Land, Land" brüllten, die ganz gewiss überhaupt nichts sahen, weil sie nicht einmal Ausschau hielten.

Christóbal Colón fiel auf die Knie und dankte Gott. Rodrigo Sanchez de Segovia, der tattrige Jammerbeamte vom Achterdeck, tat es ihm nach, La Cosa schlug das Kreuzzeichen. Oben in den Wanten jubelten die Männer, manche warfen ihre roten Mützen in die Luft.

Rodrigo erkannte keinerlei Anzeichen von Land, so sehr er seine Augen auch anstrengte. Der Horizont sah aus wie immer, ein paar diffuse Wolken, von grauen Schlieren durchzogen, schwebten dahin. Aber es setzte bereits der Sonnenuntergang ein. Schon hüllte die hereinbrechende Nacht den Himmel in dunkles Grau, bald färbte er sich schwarz. Als die größte Aufregung sich gelegt hatte, stimmten alle das Gloria in excelsis Deo an, und der Admiral befahl, den Kurs auf Südwest zu ändern. Er beabsichtigte, während der Nacht auf das unbekannte Land zuzufahren.

Zur Feier des Ereignisses gaben die Offiziere auf allen drei Schiffen eine Extra-Portion Wein aus, und zwar nicht von jenem einfachen essigsaueren Wein, den es als tägliche Ration zu trinken gab, sondern von einem süßen Rotwein, den sie extra für besondere Anlässe mitführten.

Freudentrunken und bald auch weintrunken weitete sich die gute Stimmung bald zum kleinen Gelage an Deck aus.

„Komm, lass uns unter Deck gehen, die Gelegenheit ist günstig", flüsterte Jakob Rodrigo ins Ohr. Er nutzte seine Beschützerrolle bei Rodrigo niemals aus. Er setzte den Jungen nicht unter Druck, übte keinen Zwang aus und respektierte es sogar, wenn Rodrigo ihn abwehrte. Aber der hündische Bettelton, den Jakob bisweilen anstimmte, verursachte Rodrigo unbestimmte Schuldgefühle. Obwohl er selten Neigung verspürte, Jakobs Wünsche nach intimen Zärtlichkeiten zu erfüllen, willigte Rodrigo schließlich immer wieder doch ein: Es war zu einer Gewohnheit geworden.

Unter Deck, im Finstern des Schiffsbauches, klangen die Stimmen von oben gedämpft, als hätte man ihnen einen Sack übergestülpt. Jakob und Rodrigo schlichen mittschiffs zu einem Platz zwischen Decken und Säcken, den sie schon mehrfach als geheimes Lager genutzt hatten. Nicht so geheim, wie sie vielleicht glaubten. Denn diesmal blieben sie nicht alleine. Jemand sprang Jakob von hinten an und riss ihn mit wuchtiger Gewalt zu Boden. Rodrigo stolperte zur Seite. Irgendwo im Dunkeln vor Rodrigo entbrannte ein Ringkampf, stöhnende und fluchende Männerstimmen überschlugen sich. Rodrigo erkannte die Umrisse einer breiten Gestalt, die sich aus der Dunkelheit heraus wie ein herabstürzender Kleiderschrank auf die Kämpfenden warf.

„Diesmal bist du dran, Jakob", keuchte einer. Rodrigo, der sich geduckt in eine Ecke presste und darauf baute, im Dunkeln unsichtbar zu sein, erkannte die Stimme von Diego Perez. Der gehörte zu den Basken!

Aus einem Winkel näherte sich noch ein dritter Mann: „Geben wir's dem schwulen Kerl!“ Diese Stimme gehörte Lope Chips, dem Kalfaterer. Chachu, Perez, Chips, so reimte Rodrigo sich das Trio zusammen. Aber warum lauerten sie ihnen auf? Die drei baskischen Finsterlinge schlugen und hieben mit professioneller Konzentration auf Jakob ein. Sie traktierten ihn mit Fäusten und Fußtritten ins Gesicht, in den Unterleib, in die Rippen. Sie benutzten keine Knüppel oder sonstigen Schlagwerkzeuge. Also wollten sie Jakob nichts brechen, sie wollten ihn nicht umbringen, sie wollten ihn nicht einmal ernsthaft verletzen. Sie wollten ihm nur auf ihre Art eine Lektion erteilen, und dies taten sie gründlich. Immer und immer wieder traten sie auf den erbarmungswürdigen Matrosen ein, bis Jakob sich am Boden nur noch leise krümmte. Er leistete keinen Widerstand. Rodrigo blieb unbehelligt. Er drückte sich stumm gegen die Wand und verfolgte ungerührt das Geschehen. Übersehen hatten die anderen ihn nicht, aber offensichtlich wollten sie nichts von ihm. Es ging um Jakob.

„Schwuler Sack! Schwuchtel! Kinderficker!“, so beschimpften die Angreifer Jakob, und die Schläge hagelten gezielt in dessen Unterleib. Eine präzise Demontage, hier wirbelten erfahrene Fäuste, minutenlang, bis Jakob Blut spuckte und das Bewusstsein verlor.

„Der hat genug“, schnaufte Perez.

„Saukerl!“, fluchte Lope Chips.

„Geschieht ihm ganz recht“, meinte Chachu.

Mit Gelächter und zufriedenem Gemurmel entfernten sich die drei Basken, bester Dinge und im ruhigen Bewusstsein, der Menschheit einen Dienst erwiesen zu haben.

Jakobs Gesicht lag in einer feuchten und klebrigen Lache. Blut, warmes Blut. Rodrigo spürte nichts bei diesem Anblick, kein Mitleid, keine Sorge, keine Panik. Mit Gleichmut erhob er sich und kletterte an dem Bewusstlosen vorbei zurück auf Deck. Was konnte er schon tun? Gar nichts! Geschrei und Aufregung hätten nichts bewirkt. Zu Hause in Palos hatten sich die Eltern oft genug gegenseitig blutig geprügelt oder ihre Kinder oder jeder gegen jeden. Hauptsache man bekam nichts ab.

An Deck nahm niemand Notiz von dem Jungen. Er suchte Juan Sanchez an dessen Platz an der Back auf. Dort hatte der wenig gesellige Schiffsarzt zwischen Tauwerk, Kisten und Fässern sein Lager aufgeschlagen und schlief. „Da liegt einer unten im Zwischendeck, schwer verletzt. Es ist Jakob." Rodrigo sagte es nüchtern und kalt, ohne Zeichen von Gefühlsregung.

Maestre Juan Sanchez wickelte sich fluchend aus seinen Decken und raffte im Dunkeln ein paar Sachen zusammen. „Du kommst mit, Bürschchen!", befahl er Rodrigo. „Und du auch!". Er schnappte sich den zufällig verbeikommenden Pedro Tereros. „Vielleicht brauche ich Hilfe."

Unter Deck fanden sie Jakob immer noch bewusstlos vor. Juan Sanchez reagierte nach dem ersten Augenschein mit einem saftigen Fluch. Er schickte Pedro de Tereros nach Diego Harana und befahl Rodrigo aufs Vorschiff, Wasser auf den Holzkohlen heiß zu machen.

Schnell sprach sich der Vorfall dann herum. Helfende Hände brachten den Verletzten schließlich aufs Deck, wo er an der frischen Luft und unter der kundigen Behandlung des Schiffsarztes wieder das Bewusstsein erlangte. Während Maestre Juan Sanchez sich um die Versorgung Jakobs kümmerte, unterzog der Alguacil Rodrigo einem halbherzigen Verhör. Chachu, der baskische Bootsmann, stand dabei, mit einem Blick, der alle Höllenqualen der Welt androhte. Chachus Teilnahme an diesem Verhör sprach Bände. Rodrigo brauchte keinen extra Wink, um sich selbst zusammenzureimen, was er zu erwarten hätte, sollte er sein Wissen um die Täter preisgeben.

„Ihr seid zusammen unter Deck gegangen, du und Jakob, was ist dann passiert?", fragte Harana.

„Wir sind nicht zusammen unter Deck gegangen", widersprach Rodrigo. Chachu stand dabei und grinste.

„Man hat euch aber gemeinsam gesehen!", beharrte der Alguacil.

„Wir sind gemeinsam aufgestanden. Jakob ist gleich unter Deck gegangen, aber ich habe noch gepinkelt", log Rodrigo ungerührt. „Erst dann bin ich auch hinuntergeklettert."

„Aha! Dann kamst du dazu, als ihn gerade jemand verprügelte?"

„Nein. Als ich kam, da war er schon verprügelt. Er lag so da, blutete und war bewusstlos.“

Harana seufzte: „Hab ich mir schon gedacht, dass du so ein perfekter Zeuge bist. Hast du sonst noch was gehört oder gesehen?“

„Nein Herr, nichts! Ich bin dann gleich zu Maestre Sanchez gegangen.“

„Bootsmann, habt Ihr noch eine Frage“, wandte Harana sich an Chachu, der mit vor der Brust verschränkten Armen daneben stand wie ein türkischer Haremswärter.

Chachu schüttelte sein breites Haupt. Er wirkte sehr zufrieden mit dem, was Rodrigo erzählte.

„Nichts gehört, nichts gesehen“, schimpfte Harana. „Ihr seid alle gleich. – Bootsmann, was meint Ihr dazu?“

Chachu zuckte die Schultern: „Was soll ich meinen? Jakob ist nicht gerade beliebt. Ein Einzelgänger. Es wird Gründe geben. Mehr kann ich dazu nicht sagen ...“, log er mit größter Unschuldsmiene.

Der Alguacil spuckte verächtlich aus. „So eine Sauerei! Wenn hier das gegenseitige Verprügeln losgeht, dann ist es mit der Disziplin gleich ganz vorbei. Der Admiral wird eine Erklärung verlangen.“

„Ihr werdet ihm schon eine geben, Señor Alguacil, davon bin ich überzeugt“, sagte Chachu mit frechem Grinsen. Der schwergewichtige Bootsmann, breit und plump, wie er so vor dem kleinen Profos stand, gab sich erst gar keine Mühe, wie ein unbeteiligter Dritter zu wirken.

Harana schenkte ihm einen missbilligenden Blick. Von Chachus eher bräsigen Art ließ der Alguacil sich nicht einlullen, den Einfluss des Bootsmannes an Bord unterschätzte er nicht.

Harana entließ Rodrigo aus dem fruchtlosen Verhör. Als Rodrigo an das Lager kam, das Maestre Juan Sanchez für den verletzten Jakob hergerichtet hatte, lag dieser in unruhigem Schlaf, stöhnend und flach atmend, den Kopf in einen dicken Verband gepackt. Der ansonsten wenig redselige Arzt stand an der Reling und betrachtete den Sternenhimmel. Er bemerkte Rodrigos Anwesenheit. Nachdem der keine Anstalten machte, nach Jakobs Befinden zu fragen, gab der Schiffsarzt von sich aus Auskunft: „Er hat eine starke Gehirnerschütterung, die Nase ist gebrochen, nehme ich an, und ein paar Zähne fehlen. Das ist das Gesicht! Dann sind ein paar Rippen angeknackst, und weiter unten weiß ich noch nicht genau. Ist alles grün und blau und geschwollen. Aber das gibt sich wieder. Wird vielleicht ein paar Tage schwierig mit dem Pinkeln!"

Rodrigo hörte sich das alles an, stellte aber keine Fragen. Juan Sanchez sprach so, als wollte er Rodrigo trösten. Aber Rodrigo brauchte keinen Trost. „So kurz vor dem Land", sagte er dann nur bedauernd und blickte in jene Richtung, wo irgendwo im Dunkeln eine Küste liegen sollte.

„Da hast du recht", erwiderte der Schiffsarzt. „So kurz vor dem Land!"

Als es dämmerte, zeigte sich weit und breit kein Land. Der Horizont breitete sich in trostloser Leere vor ihnen aus. Das, was man am Vorabend für Land gehalten hatte, erwies sich als Schimäre. Der Himmel gaukelte einem bisweilen solche Wunschbilder vor.

Die Ernüchterung traf die Mannschaften und wohl auch die Offiziere schmerzlich. Tränen strömten beim Kajütpagen Pedro de Tereros, bei Jacomo Rico, auch bei Medina, dem Schneider, beim kleinen Martin und bei Pedro de Salcedo, dem Offizierspagen. So hoch vorher die Hoffnungen gestiegen waren, so tief war jetzt der Fall.

Der Admiral verschanzte sich in seiner Toldilla. Ihm fehlte das Gespür für die Sorgen der Mannschaft. Er lebte in einer anderen Welt. Er existierte nur für seinen Lebenstraum, für das eine große Ziel, einen Seeweg nach Westindien zu finden. Auf diesem bald zwei Jahrzehnte währenden Weg hatte er ganz andere Hindernisse überwinden müssen. Was spielte eine falsche Landsichtung da für eine Rolle? Ihn rührte das kaum an. Das Vorhandensein von Land an dieser Stelle des Meeres hätte sowieso seinen ganzen Berechnungen widersprochen. Falsche Landsichtungen kennt jeder Matrose, sie sind eine alltägliche Erscheinung auf See. Wenn man mit Eifer danach sucht und darauf hofft, wie dies bei Pinzon und vielen der Männer der Fall war, dann erscheint einem eine Wolkenbank am Horizont schnell als das ersehnte Land. Und wenn einer meint, etwas gesehen zu haben, dann erliegen auch die Übrigen schnell der Suggestion und bestätigen die Entdeckung, die keine ist. Für Christóbal Colón spielte das alles keine Rolle. Seine Entschlossenheit, weiter nach Westen zu segeln, hing nicht an der Frage, ob man am Wege nun eine Insel mehr oder weniger sichtete. Das war für ihn unbedeutend.

Aber für die verzweifelten und unsicheren Männer brach eine Hoffnung zusammen. Die Stimmung am Mittag des sechsundzwanzigsten September auf der Santa Maria war aufgeheizt.

Auf dem Vorschiff sammelte Peralonso Niño die erfahrenen Seeleute aus Palos um sich, die er von früheren Fahrten her kannte: José Pequinos, Rodrigo de Jerez und Pedro Yzquierdo, einen ehemaligen Sträfling. Man hatte ihn begnadigt, nachdem er sich als einer der Ersten freiwillig für Colóns Fahrt gemeldet hatte. Von seiner Sorte gab es noch einige, aber die fuhren auf der Niña mit.

„Wir müssen etwas unternehmen, Peralonso", forderte José Pequinos den jungenhaften Piloten auf. „Herr, Ihr müsst den Admiral zur Umkehr bewegen!"

Peralonso Niño stand etwas hilflos zwischen den Männern, die allesamt deutlich älter waren als er selbst: „Wieso ich? Wieso fragt ihr nicht Juan de La Cosa? Er ist der Eigner und Kapitän dieses Schiffes. Ich bin nur der Steuermann."

„La Cosa hat nicht unser Vertrauen, Peralonso. Ihr seid einer von uns, Ihr kommt aus Palos wie wir. La Cosa umgibt Geheimnisvolles. Wir trauen ihm nicht. Vielleicht weiß er viel mehr als er zugeben will, so wie seine Leute auch. Wenn wir etwas gegen Colón unternehmen, dann wollen wir das mit Euch tun, Herr."

Rodrigo und Pablo, die bei den Männen aus Palos standen, beobachteten die Reaktionen. Der sonst so besonnene Rodrigo de Jerez knotete seinen Ziegenbart und ergriff das Wort: „Dieser Genuese weiß nicht mehr, was er tut. In seiner grenzenlosen Überspanntheit wird er unser Leben ruinieren. Immer weiter nach Westen, immer weiter segeln. Das kann nicht mehr lange gut gehen, er wird uns zugrunde richten."

„Graubart hat recht", unterstützte José Pequinos die Rede: „Herr, Ihr müsst etwas unternehmen. Wenn wir noch weiter nach Westen segeln, dann werden unser Wasser und unsere Nahrungsmittel knapp. Wir haben nichts mehr zu fressen, es gibt auch bald kein Frischwasser mehr. Es regnet ja nie, in dieser Salzwasserwüste!" Im Gesicht des alten Seebären spiegelte sich die Angst. Wenn so ein gestandener Seemann schon weiche Knie bekam, wie stand es dann erst um den Rest der Mannschaft?

Peralonso Niño blickte von einem zum anderen. Hier luden die Männer aus Palos Hoffnungen auf ihm ab, die er nicht bedienen konnte und wollte. Wie sollte er, der junge Steuermann von knapp 25 Jahren, eine Antwort auf diese Fragen finden? Peralonso fürchtete die Verantwortung, die man ihm aufbürden wollte. Als loyaler Offizier, gerade heraus, ohne Falschheit und ohne Hintergedanken, lag es ihm fern, eine Intrige gegen den Admiral anzuführen. Er sah sich hilfesuchend nach Unterstützung um. Sie nahte in Gestalt von Rodrigo de Escobedo, dem Notar. Der hatte zuvor in einer anderen Gruppe mit den übrigen Zivilisten beratschlagt, mit dem fetten Pedro Gutierrez, mit dem leicht manipulierbaren Rodrigo Sanchez de Segovia, mit dem unwirschen Schiffsarzt Maestre Juan Sanchez und mit Louis de Torres, dem Prahlhans von Dolmetscher.

Jetzt trat Escobedo zu der Gruppe der aufgebrachten Matrosen und hörte gerade noch die letzten Worte des ungeschlachten Yzquierdo: „Notfalls müssen wir ihn halt mit Gewalt zwingen umzukehren."

Solche Töne hörte Escobedo besonders gerne.

Rodrigo hielt sich aus diesen Diskussionen heraus. Eine Meinung stand ihm als kleinem Schiffsjungen wohl eh nicht zu. Außerdem sah er überhaupt keinen Grund, die Fahrt abzubrechen und umzukehren. Er spürte keine Angst. Vielleicht, so sagte er sich, besaß er ja einfach nicht genug Verstand, die Dimensionen des Unternehmens zu erfassen, das Wagnis zu erahnen, dem sich die Männer ausgesetzt hatten. Aber mit seiner Haltung bildete er eine Ausnahme. Im Übrigen wusste er aber: Er würde mitmachen, wenn die Mehrheit gegen den Admiral ging. Immer gerade so, wie der Wind wehte.

Auch Escobedo erspürte, woher der Wind wehte. Es herrschte Meuterstimmung. Und der Notar schürte sie fleißig: „Männer", rief er, als er jetzt in den Kreis trat, „ihr sagt es selbst, der Admiral hat sich verfranst. Es ist unmöglich, ihm weiter zu folgen. Ihr fragt, was ihr tun könnt? Seid ihr Memmen oder seid ihr Spanier? Er ist doch ein Fremder, ein Genuese! Was ist, wenn er beim Sternegucken heute Nacht über Bord fällt?"

Peralonso Niño zitterte: „Das könnt Ihr nicht im Ernst meinen, Escobedo. Wollt Ihr ihn umbringen?"

Escobedo grinste hinterhältig in die Runde: „Was Ihr alles glaubt, Steuermann! Aber nein! Ist denn noch nie einer ausgeglitten, auf rutschigen Planken und ins Meer gestürzt? Wer wollte das denn nachprüfen, in der fernen Heimat?"

José Pequinos und Rodrigo Graubart de Jerez schüttelten beide den Kopf: „Nein, nein, wir werden doch nicht zu Mördern!"

Escobedo verzog die Mundwinkel zu einer geringschätzigen Grimasse: „Glaubt ihr etwa, der Sturkopf kehrt freiwillig um? Eher fängt ein Fisch an zu singen! Vielleicht solltet ihr einen frommen Wunsch in eure Abendgebete einflechten." Der Notar knurrte verächtlich: „Aber macht euch keine Hoffnungen, der liebe Gott lässt ihn bestimmt nicht ins Wasser fallen."

Ahnte Colón, was sich gegen ihn zusammenbraute, während er in seiner Kajüte über Karten brütete? Peralonso Niño kam jedenfalls sofort zur Sache, als der Admiral nach Stunden endlich auf Deck erschien: „Adelante, ich bin von der Mannschaft beauftragt, gewisse Bedenken und Sorgen vorzutragen. Sie betreffen unseren Kurs und die lange Zeit, die wir nun schon nach Westen segeln, ohne das versprochene Land des Großkhan gefunden zu haben."

So brav, wie Peralonso Niño sein Anliegen vortrug, hätte es auch die Bitte um größere Rationen beim Frühstück sein können.

„Sprecht! Sagt, was Euch bedrückt!", forderte Colón seinen Offizier auf. Er tat dies mit einem derart liebenswürdigen Lächeln, dass man Peralonso ansah, wie schwer dies ihm fallen würde, geschweige denn laut oder drohend zu werden. So trug der Steuermann in aller Sachlichkeit die Sorgen und Ängste der Männer vor: die lange Strecke, das unbekannte Meer, die zur Neige gehenden Vorräte, die zu schwach gebauten Schiffe, ungewisse Winde für die Heimfahrt.

Der Admiral nahm die Mütze ab, als könne er ohne sie die Dinge besser verstehen, lächelte, während sein Steuermann sprach und hörte sich alles ungerührt an. Er wirkte überhaupt nicht beeindruckt:

„Sagt, Señor Niño, haben wir das nicht alles schon vor der Ausfahrt gewusst? Habe ich nicht jedem von euch gesagt, dass es eine lange und entbehrungsreiche Fahrt werden würde? Jetzt, wo wir dem Ziel näher als je zuvor sind, jetzt wollt ihr umkehren? Bin ich von allen guten Geistern verlassen? Niemals!“ Er wiederholte etwas lauter und energischer, so dass es alle Umstehenden auch wirklich verstanden: „Niemals!“

Es erhob sich ein protestierendes Gemurmel. „Seid kein Narr, Admiral Colón!“, rief Escobedo, der wie immer den Wortführer machte. „Ihr fahrt mit uns in den Tod. Das lassen wir uns nicht gefallen!“

„Klagen ist überflüssig, seht es endlich ein. Wo sind eure Herzen, wo ist euer Mut?“, forderte der Admiral die Beschwerdeführer heraus.

„Es fehlt nicht an Mut, Adelante“, rief Graubart. „Aber wie sollen wir mutig sein gegen das Unbekannte? Es gibt keinen irdischen Gegner, dem wir unseren Mut zeigen könnten. Es gibt nur Wasser, das nie aufhören will.“

„Es wird aufhören, das verspreche ich euch. Und ich sage es noch einmal und werde es immer wieder sagen: Hinter diesem Wasser liegt das Land des großen Khan. Es ist voller Schätze. Einem jeden von euch winkt unermesslicher Reichtum. Ist das nicht den Mut wert, der euch jetzt zu verlassen droht?“

Es half nichts. Die Männer, die einen Kreis um den Admiral bildeten, rückten einige Schritte gegen ihn vor. Es musste ihm dämmern, dass er in Bedrängnis geriet.

„Wir haben genug davon! – Wir glauben nichts mehr! – Wir wollen umkehren!“ – so lauteten die Rufe, die Colón entgegenhallten.

Rodrigo de Escobedo lächelte den Admiral spöttisch an: „Niemand wird widerlegen können, dass Ihr auf dem Deck ausgeglitten und über Bord gefallen seid, wenn wir ohne Euch zurückkehren.“

Ohne eine Regung, kalt, die Augen starr auf Escobedo gerichtet, erwiderte Colón: „Gott der Allmächtige hört all Eure Worte. Ich weiß, dass Ihr mich töten könnt, wenn Ihr wollt. Aber das würde einigen nicht gut bekommen. Ihre Majestäten in Spanien würden Euch nach der Rückkehr samt und sonders aufhängen lassen, das ist gewiss!“

Ohne weitere Antworten abzuwarten, schritt Colón durch die Gruppe der Männer hindurch, wie durch einen lästigen Küstennebel. Böse Blicke verfolgten ihn, leise gezischte Verwünschungen, Drohungen und Flüche. Aber sie prallten alle an dem Unerschütterlichen ab. Als die Männer sich umdrehten, sahen sie, dass Diego de Harana die ganze Zeit mit gezücktem Degen in ihrem Rücken gestanden hatte. Jederzeit bereit einzugreifen, wenn es brenzlig geworden wäre.

Die folgende Nacht legte sich fast windstill über das Meer. Die drei Schiffe schaukelten nicht weit voneinander entfernt in der sanften Dünung. Die Positionslichter der Pinta glimmten von Backbord aus dem Dunkel, von dort hallten auch vereinzelte Stimmen herüber, so nahe lag die Karavelle. Etwas weiter weg dümpelte die Niña. Rodrigo trat seinen Wachdienst bei Juan de La Cosa an. Dieser flüsterte mit Pedro Gutierrez. Plötzlich hörten sie ein Geräusch unten im Wasser. „Was war das?", fragte Gutierrez.

„Ich weiß nicht. Ein Fisch vielleicht?"

Fische können nicht sprechen Eine Stimme rief zaghaft vom Wasser herauf: „Hey, hoja! Jemand an Bord? Holt mich auf! Hallo!"

Sie eilten alle an die Reling. Gutierrez lehnte sich weit hinaus und rief: „Wer ist da?"

„Gomez Rascon von der Pinta. Zieht mich hoch!"

Rodrigo warf schnell eine Strickleiter aus. Aus dem Wasser kletterte der nur mit einer kurzen Hose bekleidete Gomez Rascon. Tatsächlich! Er gehörte zur Mannschaft der Pinta. Klatschnass und schwer schnaufend baute er sich vor Gutierrez auf.

„Bist du verrückt Mann?", fragte Pedro Gutierrez. „Die Schiffe treiben auch trotz der Flaute. Was glaubst du, wie schnell wir auf und davon sind. Dann schwimmst du im Ozean bis an dein Lebensende."

„Ich weiß, ich weiß! Ich bin ein guter Schwimmer, es war leicht. Ich habe mich an eure Lichter gehalten." Er keuchte immer noch schwer wie ein Hafenarbeiter. „Pinzon schickt mich. Ich soll nach Pedro Gutierrez fragen."

„Da bist du richtig, das bin ich. Was willst du von mir?"

„Pedro Gutierrez", fiel Rascon in ein verschwörerisches Flüstern, „Ihr seid ein Repostero Real, ein Mayordomus des Königs. Mein Kapitän Martin Alonso Pinzon ist der Meinung, dass Ihr der richtige Mann für seinen Auftrag seid."

„Welchen Auftrag?" Gutierrez sah sich kurz um, vergewisserte sich, dass nur solche Männer um ihn standen, denen er traute.

„Pinzon fordert Euch auf, Admiral Christóbal Colón seines Amtes zu entheben und die Rückkehr zu befehlen."

Pedro Gutierrez schreckte zurück und hob abwehrend seine fleischigen Hände. Vor Aufregung sprangen seine Froschaugen schier aus den Höhlen: „Wieso soll ausgerechnet ich das machen?"

Rascon zuckte mit der Schulter, als sei diese Frage völlig absurd: „Ihr seid der ranghöchste königliche Beamte dieser Flotte. Escobedo ist nur Notar, Segovia ist nur der Schatzmeister. Es ist Eure Aufgabe, Gutierrez. Die Mannschaft der Pinta erwartet, dass Ihr diesen Schritt tut, bevor es zu spät ist."

„Moment", wehrte sich Gutierrez. „Ist Pinzon verrückt geworden? Verflucht! Wohin will er mich treiben? Er kann doch jederzeit selbst umkehren und die Heimfahrt antreten. Wozu braucht er mich?"

Gutierrez drehte sich einmal im Kreis und heischte in den stummen Gesichtern der Umstehenden nach Zustimmung. Keine Reaktionen. Hier und jetzt entschied sich seine Autorität. Nahm er die Führungsrolle an, dann musste er handeln, mit allem Risiko und allen Konsequenzen. Sträubte er sich, so durfte er sich auf seinen Titel als Repostero Real nicht mehr allzu viel einbilden. Sicher, auch Gutierrez wünschte sich wie alle anderen, dass Colón den Befehl zur Umkehr gab. Aber er gehörte zu jenen, die immer einen anderen als Anführer brauchten. Er selbst eignete sich nicht als Rädelsführer. In diesem Punkt ähnelten sich sämtliche der Aufrührer an Bord. Auch Escobedo gefiel sich viel besser darin, andere anzustiften, als selbst das Heft des Handelns in die Hand zu nehmen. Dieses Zündeln, Aufhetzen und Unruhestiften, das beherrschte der Notar perfekt. Aber selbst hielt er sich stets im Hintergrund. Auch Juan de La Cosa, in der Regel von sich eingenommen, immer voller Andeutungen, wie er die Dinge besser oder anders machen würde, blieb im Ernstfall lieber in Deckung. Peralonso Niño schwankte zwischen Furcht und Loyalität. Der junge Pilot eignete sich am wenigsten für Umtriebe, wie sie an Bord der Santa Maria ausgeheckt wurden. Und selbst der einflussreiche Alonso Pinzon schickte lieber einen anderen vor. Wer würde die Courage aufbringen, den Admiral abzusetzen? In dieser Nacht niemand mehr. Gomez Rascon blieb an Bord und steckte die ganze Nacht mit Gutierrez, Escobedo und Segovia zusammen.

Als Colón nach seinen Morgengebeten das Deck betrat, stellte Gutierrez sich ihm in den Weg, aber eher weinerlich als herausfordernd: „Adelante, Kapitän Pinzon fordert mich auf, Euch des Amtes zu entheben und die Rückfahrt zu befehlen." Gutierrez deutete auf Gomez Eascon: „Er hat einen Matrosen geschickt, der mir dies mitteilte. Was soll ich tun?"

Dümmer konnte man die Sache nicht anpacken. Colón lächelte, wie es seine Art war, und verzog die schmalen Lippen zu einem spöttischen Grinsen. Aus seinen graublauen Augen blitzte die Lust zum Machtkampf. Er trat ganz nahe vor Gutierrez hin, so dass sich ihrer beider Nasen beinahe berührten: „Eure Verzweiflung ehrt Euch, Gutierrez. Es scheint, Euch ist nicht wohl in Eurer Haut. Lasst den Mann in Fußeisen legen."

Niemand führte den Befehl aus. Gomez Rascon, ein untersetzter, glutäugiger Matrose, stand nur wenige Schritte entfernt, leicht vornüber gebeugt, die Arme baumelnd, in einer Haltung, als wollte er jeden Angreifer sofort anspringen.

„Was ist, habt ihr nicht gehört? Lasst den Kerl in Fußeisen legen! Wir werden bald herausfinden, ob er von Kapitän Pinzon angestiftet wurde. Ich kann es mir nicht denken und ich will es nicht hoffen."

Gutierrez verharrte weiterhin unschlüssig neben Colón und glotzte aus seinen verquollenen Stachelbeeraugen. In der Nähe standen außer den neugierigen Schiffsjungen noch ein paar Matrosen und Peralonso Niño. Harana fehlte. Den hätte der Admiral jetzt brauchen können. Rascon wiegte sich immer noch wie ein in die Enge getriebener Affe in seiner geduckten Abwehrhaltung. Sekundenlang schwiegen alle. Der Admiral blickte von Gutierrez zu Rascon, von diesem zu Niño und wieder zu Gutierrez: „Na los! Habt ihr den Befehl nicht verstanden?"

Gutierrez legte ein bekümmertes Gesicht auf und rieb sich nervös den Stoppelbart: „Ich bin nicht der Alguacil. Ich lege niemanden in Eisen. Ich bin ein Zivilist!"

Rascon grinste, Colón wurde zornig. Sein schmales Gesicht lief rot an. Seine schmalen Lippen wurden dünn wie ein Strich. Er gab seinem Pagen einen Wink: „Hol Harana! – Wir werden ja sehen", sagte er gepresst.

Es vergingen unheilvolle Sekunden, nachdem der kleine Kajütpage davongeeilt war. Vom Zwischendeck, von wo der Page den Alguacil herbeibringen sollte, erschollen laute Rufe und Streitlärm. Der Admiral spähte irritiert hinüber. Gomez Rascon nutzte die Gelegenheit und entfernte sich flink in die Deckung des Poopdecks.

„Was ist los?", brüllte Colón, nun doch ernsthaft verunsichert. Wütend zog er seinen Degen aus der Scheide – in den letzten Tagen sah man ihn nicht mehr ohne die Waffe an Deck. Gutierrez und Niño wichen erschrocken zurück. Der Lärm vom Zwischendeck ließ nicht nach, dort rumpelte es wie bei einer Hafenschlägerei.

Pedro de Tereros kam schreckensbleich gerannt: „Sie kämpfen mit Harana, er blutet, jemand hat ihn niedergestochen."

Der Admiral achtete nicht weiter auf seinen Pagen. Mit großen Schritten und gezücktem Degen stürmte er übers Deck, Gutierrez, Niño und dann auch Rodrigo, Pablo, Martin und alle anderen Neugierigen hinterher.

Aus der Hauptluke kletterte Diego de Harana herauf. Tatsächlich blutete er am Hals und fluchte fürchterlich. Die schwarzen Augen in seinem dunklen Schrumpfkopf glühten vor Wut wie heiße Kohlen, die Nasenflügel bebten. Der Admiral zog ihn eigenhändig aufs Deck.

„Was ist los da unten?", brüllte er. Harana schnappte nach Luft, verdrehte seine großen Kulleraugen. Gleichzeitig stieß er Verwünschungen aus: „Das ist offene Meuterei", keuchte er. „Ein Anschlag, ein Hinterhalt!" Der Alguacil tastete mit der Hand nach seinem Hals, wo aus einer tiefen Schnittwunde das Blut floss. „Jemand hat versucht, mich umzubringen", fluchte er. „Da unten, im Dunkeln! Mörderbande! Halunken, verfluchte!", brüllte er in den dunklen

Schiffsbauch hinunter. „Ich krieg euch noch, wartet bloß! Wir sind noch nicht am Ende."

Colón kniete sich nieder und spähte vorsichtig in die Luke. Er konnte nichts erkennen. Er wagte es nicht, seinen Kopf allzuweit in das finstere Loch zu stecken. Wer auch immer da unten lauerte und aus dem Hinterhalt Harana angefallen hatte, er würde sich versteckt halten.

Zu den Laderäumen führten mehrere Zugänge. Die Luken im Vorschiff, im Mittelschiff und im Achterkastell waren alle durch Niedergänge verbunden; man konnte also durch die eine hinunter und durch dic andere wieder hinauf aufs Deck. Es herrschte ein ständiges Kommen und Gehen. Manche Matrosen hatten ihre Schlafplätze da unten. Wenn Harana niemanden erkannt hatte, durften die Angreifer sich sicher fühlen. Vielleicht standen sie sogar längst wieder oben auf Deck und gehörten zu jenem Rudel Neugieriger, das sich jetzt mit großen Unschuldsaugen um die Luke versammelte. Alle zusammen hätten jetzt über den Admiral herfallen können. Es wäre ein Leichtes gewesen, ihn gemeinschaftlich zu überwältigen. Aber niemand machte den Anfang.

„Es waren drei oder vier, ich weiß es nicht genau", erklärte der Alguacil, wischte sich den Schweiß von der Stirn und ließ sich vom inzwischen herbeigerufenen Maestre Juan Sanchez die Wunde verarzten. „Oh, diese Brut, diese Satane!" Er fluchte und drohte in einem fort.

Christóbal Colón machte ein nachdenkliches Gesicht, wirkte äußerlich aber wieder gelassen und kontrolliert.

An Bord herrschte heillose Verwirrung. War das nun eine Meuterei oder was war los? Jeder wartete auf ein Ereignis, aber keiner wusste genau, auf welches. Hätte jetzt ein entschlossener Wortführer das Kommando an sich gerissen, es wäre um den Admiral geschehen gewesen, denn Verbündete besaß er keine. Aber es passierte gar nichts.

Colón stand der Situation noch immer mit überheblicher Würde gegenüber. Es war diese außerordentliche Unantastbarkeit, welche die Mannschaft so reizte. Mehr noch: Der Admiral zeigte Verachtung. Verachtung für die Verzagten, für die Mutlosen, für die Hasenfüßigen.

Rodrigo gefiel das: Der Admiral zeigte keine Angst, obwohl er sah, dass in den Augen der Matrosen blanker Hass stand. Colón wäre ein Narr gewesen, hätte er nicht bemerkt, dass überall die Messer locker saßen. Er war ein Gefangener auf seinem eigenen Schiff, und der Tag der Exekution schien nicht mehr fern.

Trotzdem segelte die Flotte weiter westwärts, auch als es Abend und Nacht wurde. Colón, der den ganzen restlichen Tag am Steuerruder ausharrte, verschwand am Abend endlich in seiner Toldilla, nur den Pagen Pedro de Tereros an seiner Seite. Niemand wagte, die Befehle des Admirals zu missachten und den Kurs zu ändern. Auch die Pinta und die Niña folgten in einigem Abstand. Rodrigo stierte angestrengt durch die Dunkelheit hinüber. Was mochte auf den beiden anderen Schiffen wohl vor sich gehen? Außer dem Klappern der Segel und dem Plätschern der Wellen drang nicht das kleinste Geräusch herüber.

Kaum herrschte Gewissheit, dass der Admiral sich in seine Kajüte zurückgezogen hatte und so schnell nicht wieder auftauchen würde, sammelte Escobedo alle Wortführer beim Wachhabenden Juan de La Cosa auf dem Achterdeck.

Das war sie nun, die große Verschwörung der Rädelsführer: Escobedo, Gutierrez, Sanchez de Segovia, Chachu, Juan de La Cosa, Gomez Rascon, alle waren sie da. Um sie herum standen Neugierige, Mitläufer, Abwartende. Und dazwischen, so unsichtbar wie möglich, Rodrigo, der aufmerksam lauschte.

„Wir müssen etwas unternehmen", ergriff Escobedo das Wort. „Wenn heute Nacht nichts geschieht, dann wird Harana dem Admiral etwas einflüstern, und dann werden einige hier in Eisen gelegt. Ihr habt den Alguacil kennengelernt. Der lässt sich nicht mehr überrumpeln. Spätestens morgen wird er nach Schuldigen suchen. Wir müssen heute Nacht zuschlagen!"

„Harana ist gefährlich", räumte Juan de La Cosa ein. „Aber am Admiral möchte ich mich nicht vergreifen. Er steht unter dem Schutz der Krone."

„Der Admiral ist ein Weichling, ein Schwächling. Er droht viel, aber er wird keinem von uns zu nahe treten, weil er jeden von uns noch braucht“, bemerkte ausgerechnet Gutierrez, der sich bislang nicht gerade durch Tapferkeit gegenüber Colón ausgezeichnet hatte.

„Gerade deshalb dürfen wir nicht mit Gewalt vorgehen. Er muss freiwillig umkehren.Wir müssen dafür sorgen, dass er es aus freien Stücken tut.“

Gomez Rascon mischte sich ein: „Ihr müsst ihn seines Amtes entheben, so wie Pinzon es vorgeschlagen hat. Das ist der legale Weg. Gutierrez muss das machen!“

„Wieso kommt er nicht selber, dein schlauer Pinzon, und übernimmt die Sache?“, fauchte Gutierrez, dem vor Unmut eine dicke Ader am Hals schwoll. „Wieso muss ich die Kastanien aus dem Feuer holen?“

„So kommen wir nicht weiter, beruhigt euch“, besänftigte Sanchez de Segovia.

„Holen wir den Kerl aus seiner Kabine und zwingen ihn, den Befehl abzugeben an Juan de La Cosa“, schlug Chachu vor. Für ihn lag diese Lösung auf der Hand, einfach und unkompliziert. Schließlich war La Cosa der Kapitän und rechtmäßige Eigner der Santa Maria. Konnte ein Schiffseigner mit seinem Schiff nicht machen, was er wollte?

Escobedo sah La Cosa an: „Wärt Ihr bereit?“

Der Kapitän blickte einerseits geschmeichelt, andererseits erschrocken drein. Nun lief es auf ihn hinaus. Er zögerte.

„Nur Ihr könnt uns zurückführen. Wir brauchen einen Kapitän, der uns zurückbringt.“

„Die ganze Mannschaft muss das wollen“, wehrte La Cosa noch einmal ab. „Nur wenn die ganze Mannschaft das will.“

„Die Mannschaft will das schon lange, da könnt Ihr fragen, wen Ihr wollt. Nur noch Harana und ein paar Verrückte halten zu dem Genuesen.“

„Es darf ihm kein Haar gekrümmt werden“, schränkte La Cosa weiter ein. Er wandte sich wie ein Fisch am Haken: „Gutierrez muss ihn des Amtes entheben, aber dann darf ihm kein Haar gekrümmt werden. Dann übernehme ich das Kommando und wir kehren um.“

Viele Hintertüren für den schlauen Kapitän. Dennoch, Escobedo nutzte die günstige Stimmung: „Dann los, worauf warten wir noch? Holen wir ihn aus seiner Kajüte!"

Escobedo setzte sich in Bewegung und die Meute aller anderen folgte ihm, auch Rodrigo. Die Gruppe umfasste gerade mal zwölf Mann. La Cosa blieb mit sorgenvoller Miene auf seinem Platz auf dem Achterkastell. So hatte er sich seine Rolle eigentlich nicht vorgestellt.

Ahnte der Admiral, was sich da zusammenbraute? Hatte er Angst? Er musste das leise Trapsen von Schritten hören, und die Stimmen vor seiner Kajüte, als die Gruppe bis zu seiner Toldilla vordrang. Niemand hielt sie auf. Von Diego de Harana war nichts zu sehen. Es schien, als habe der Alguacil sich verbarrikadiert, seine Kajüte in eine Festung verwandelt. Wahrscheinlich fürchtete auch er einen nächtlichen Überfall. Escobedo gebot Ruhe.

„Was nun?", fragte Sanchez Segovia, in den plötzlich Leben einkehrte, als hätte er bisher nur für diesen großen Moment der Meuterei im Tiefschlaf gelegen. „Freiwillig wird er ja wohl nicht da herauskommen."

„Schlagt die Tür ein", empfahl Chachu, dem nicht nach filigranen Lösungen zumute war. Der Bootsmann drängte sich mit seinem Spießgesellen Lope Chips nach vorne. Letzterer hielt sogar schon eine Axt in den Händen. An der Entschlossenheit dieser baskischen Banditen würde das Unternehmen jedenfalls nicht scheitern, so viel stand fest. Aber Gutierrez hielt sie zurück: „Wir sollten Gewalt vermeiden, waren wir uns da nicht einig? Was immer hier geschieht, es wird vor einer königlichen Audiencia verhandelt werden. Denkt immer daran!"

Die Drohung mit einem offiziellen Prozess wirkte. Chachu stieß einen unterdrückten Fluch aus: „Was wollen wir dann hier? Soll ich meine Männer holen? Dann erledigen wir das auf unsere Art!"

„Nur zu", zischte der Giftverteiler Escobedo, dem wohl auch Chachus Variante recht gewesen wäre. Aber in dieser Situation erinnerten sich sowohl der begrenzte Gutierrez als auch der berechnende Sanchez Segovia an ihre Rolle als königliche Kronbeamte, und so schreckten beide vor dem Letzten zurück.

„Wir müssen ihm klarmachen, dass er auf verlorenem Posten steht. Dass er umkehren muss, wenn er sein Leben retten will."

„Sein Leben kümmert ihn nicht, er will Indien finden!"

„Genau, er ist besessen!"

„Ein Verrückter!"

Da herrschte wieder Einigkeit. Die Stimmen nahmen an Lautstärke zu und überschlugen sich. Unmöglich, dass der Admiral in seiner Kajüte von dem Auflauf vor seiner Tür nichts mitbekam. Escobedo zischte ein energisches „Pssst!"

In der Dunkelheit des schmalen Kajütganges sorgten das Atmen und teils heftige Schnaufen der Männer für schaurige Spannung. Jetzt musste etwas geschehen.

Escobedo klopfte an die Tür der Admiralskajüte. Einmal, zweimal, laut und vernehmlich. Alle warteten und lauschten jenseits der Kajüttür. In der Toldilla blieb es still.

„Er stellt sich schlafend, der Hund", fluchte Escobedo.

„Gehen wir hinein", empfahl Gomez Rascon, der sich jetzt vordrängte: „Was habt ihr soviel Respekt vor dem Kerl? Es ist nur ein Genuese!"

Die Kaltschnäuzigkeit reichte wieder nur dazu, den anderen entschlossenes Vorgehen zu empfehlen.

Gutierrez stellte sich breit vor die Tür. Im unterdrückten Flüsterton wurde weitergestritten, ob man nun hineinstürmen sollte oder nicht. Escobedo klopfte abermals an die Tür, diesmal ungestüm und mehrmals hintereinander. Immer noch wagte es keiner, einfach einzudringen. Durch die Tür hindurch hörte man Colón plötzlich beten: „Vater Unser im Himmel, geheiligt werde Dein Name ..."

Alles Gemurmel verstummte und die Männer lauschten erstaunt der klaren, standhaften Stimme des Admirals. Kein Zittern, kein Anflug von Angst in ihr. Sekundenlang herrschte Ratlosigkeit. Dann stieß Chachu einen lauten und vernehmlichen Fluch aus: „Das ist ja eine Riesenscheiße, die hier gespielt wird! Ohne mich, Mann, nicht mit Chachu dem Bootsmann. Macht euren verdammten Scheiß alleine!"

Voller Wut machte er kehrt, schob Rodrigo und zwei andere an die Wand und bahnte sich seinen Weg ins Freie. Lope Chips folgte ihm. Weg waren sie, die beiden einzigen Kerle, die bereit gewesen wären, wirklich Hand anzulegen.

Drinnen betete Colón eifrig weiter. Laut und drängend, als bete er um sein Leben. Nach dem „Vaterunser“ ein „Maria voll der Gnade“. Vielleicht rettete es ihm wirklich das Leben. Nach kurzem Zögern winkte nämlich auch Escobedo ab: „Weg hier! Lasst uns verschwinden. So funktioniert das nicht ...“

Kleinlaut schlichen alle davon. Nur Rodrigo blieb. Er ließ sich auf dem Boden nieder und lauschte in der Dunkelheit andächtig dem Gebet des Admirals. Wie schön es war, und wie kraftvoll und stark. Es hatte einen Haufen hasenfüßiger Strauchdiebe in die Flucht geschlagen.

Es dauerte nicht lange, da kam Rodrigo Sanchez noch einmal zurückgeschlichen, eine Lampe in der Hand. Der krummbucklige Schreiber bemerkte Rodrigo auf dem Boden sitzend und blieb kurz vor ihm stehen: „Groumette, was machst du hier?“

„Nichts!“ Rodrigo verzog keine Miene.

Segovia wirkte verunsichert. Der alte Schleicher mit seinem undurchsichtigen fadenscheinigen Gesicht, seiner immer devoten Miene und dem verräterischen, unterwürfigen Blick gefiel Rodrigo nicht. Mit diesem Beamten der Krone stimmte etwas nicht. Der Schreiber war sicher zurückgekehrt, um auf eigene Faust etwas mit dem Admiral zu verhandeln und fühlte sich dabei nun von Rodrigo gestört.

„Du verschwindest besser!“

„Ja, Señor!“, Rodrigo erhob sich.

In diesem Augenblick ging die Tür der Admiralskajüte auf und Colón trat heraus. Er sah bleich und übermüdet aus. Seine übernächtigten Augen blickten streng und selbstbewusst wie immer, keineswegs verängstigt, keine Spur von Zweifel oder Verunsicherung. Rodrigo vermeinte gar, ein leichtes Triumphieren darin zu erkennen.

Sanchez, falsch wie er war, begann sogleich auf Colón einzureden, schmeichlerisch und anbiedernd: „Adelante, ich muss Euch warnen, deshalb bin ich gekommen.“

„Reichlich früh“, bemerkte Colón süffisant.

„In der Mannschaft keimt Aufruhr, die Leute sind unzufrieden. Sie haben Angst, sie wollen umkehren, notfalls mit Gewalt. Ihr seid in Gefahr, Adelante. Ich habe alles versucht, die Männer umzustimmen, aber sie haben genug, sie glauben nichts mehr. Kehrt um Admiral! Kehrt um, bevor es zu spät ist!“

Colón hörte sich die händeringenden Beschwörungen des Schatzmeisters gelassen an. Milde blickte er auf ihn hinab. Als der alte Schreiber endlich mit seinen Beschwörungen zu einem Ende kam und kurz schwieg, erklärte der Admiral kühl: „Mein Freund, die beste Medizin gegen die Angst, die Euch so quält, ist das Gebet! Zieht Euch zurück und betet, habt Vertrauen zu Gott. Der Allmächtige wacht über alle unsere Schritte. Eines weiß ich sicher: Wir werden Asien erreichen, Gott wird mich nicht verlassen.“

Rodrigo Sanchez de Segovia schlich sich wortlos davon. Wahrscheinlich hielt nun auch er den Admiral für einen weltfremden Narren, dem nicht mehr zu helfen war.

Erst jetzt fiel Colóns Blick auf Rodrigo. „Groumette, du bist nicht gerade mein Glücksbringer. Was suchst du hier? Kommst du auch, um mich zur Umkehr zu bewegen?“

Rodrigo schüttelte den eingeschüchtert eingezogenen Kopf. Der Admiral musterte ihn eine Weile nachdenklich und stellte dann die überraschende Frage: „Sollen wir umkehren oder weitersegeln?“

War das ernst gemeint? Rodrigo wusste zuerst gar nicht, ob er antworten sollte. Aber der Admiral ermunterte ihn freundlich: „Na los, sag ganz ehrlich deine Meinung, fürchte dich nicht!“

„Weitersegeln, Adelante“, sagte er dann. „Wir sollten weitersegeln bis zu den Schätzen des Großkhan, von denen Ihr gesprochen habt. Ich würde nicht umkehren.“

Colón lachte laut und herzhaft bei dieser Antwort, so dass Rodrigo sich verunsichert fühlte. Aber der Admiral klopfte ihm freundschaftlich auf die Schulter und zog sich sodann bestens gelaunt in seine Toldilla zurück.

Am nächsten Morgen fehlte wieder einmal die Pinta. So sehr die Männer auch den Horizont nach allen Richtungen absuchten, das

Schiff Pinzons blieb verschwunden, weit und breit nicht zu sehen. Hatte der wichtigste Kompagnon Colóns etwa alleine die Heimfahrt angetreten? War er einfach umgekehrt? Gomez Rascon, der sich immer noch frei und ungehindert an Bord der Santa Maria bewegte, bestritt dies energisch. Dies sei nicht die Art Pinzons, es entspreche auch nicht seinem Entdecker- und Abenteuerblut. Viel wahrscheinlicher sei, dass er voraussegele.

Das Verschwinden der Pinta rettete jedenfalls für diesen Tag Colón vor neuerlichen Diskussionen und Aufrührereien, viel zu sehr beschäftigte die Männer die Frage, was wohl mit Pinzon und seinem Schiff geschehen war. So verstrich auch dieser Tag, der letzte des Monats September, und auch die nächste Nacht, ohne dass die Schiffe ihre Weiterfahrt unterbrochen hätten.

Am frühen Morgen des 1. Oktober entlud sich ein heftiges Gewitter. Etwa eine Stunde lang rissen grelle Blitze den Himmel entzwei und eine wahre Sturzflut ergoss sich über die Schiffe. Fluchend bedienten die Männer die Pumpe. Es herrschte die bei solchen Wettern übliche Alarmstimmung an Deck. Seltsamerweise blieb die See ruhig. Und kaum, dass das letzte Grollen des Donners verklungen war, lachte auch schon wieder ein blauer Himmel. Delphine und fliegende Fische umschwärmten die Schiffe. Am aufklarenden Horizont kam plötzlich die Pinta in Sicht. Pinzon war also doch nicht umgekehrt. Er segelte weit vor der Santa Maria und der Niña. Es schien, als habe er die Hoffnung auf baldige Landsichtung doch nicht aufgegeben.

Die drei Schiffe brauchten eine Weile, bis sie wieder nahe beisammen segelten. Aber das kurze Unwetter, die Manöver, und jetzt die wieder aufgetauchte Pinta, sorgten immerhin über Stunden für genug Beschäftigung und Ablenkung. Die erhitzten Gemüter an Bord der Santa Maria kühlten sich vorläufig wieder ab. Auf dem Admiralsschiff kehrte Ernüchterung ein. Der Admiral hatte noch einmal, wieder einmal, die Oberhand behalten.

So viel hatten die Männer aus den letzten Tagen gelernt: Colón stand der Natur und ihren Elementen kampfbereit gegenüber, nicht aber den Menschen, mit denen er zu tun hatte. Diese versuchte er nur, mit sanften Worten und verlockenden Versprechungen bei Laune und mit Gebeten sich vom Leibe zu halten. Kein einziges Mal hatte er in seiner kritischen Situation energisch auf den Tisch gehauen. Er hatte niemanden lautstark beschuldigt, niemanden für die Ereignisse zur Rechenschaft gezogen, obwohl er über Harana bestens darüber informiert sein musste, wer die Stimmung gegen ihn geschürt hatte. Aber vielleicht hob er die Rechnung nur auf, um sie eines Tages bei einer späteren Gelegenheit zu präsentieren.

Die günstige Gelegenheit für eine offene Meuterei strich ungenutzt vorüber.

XII. Familienkomplott

Isabella hörte die schweren Schritte, das Trampeln der Stiefel unten in der Empfangshalle, die lauten Stimmen. Ihre Brüder kehrten von einem Ausritt zurück. Das Mädchen eilte aus ihrem Zimmer zur Galerie, von der aus sie hinunter in die großzügige Halle blicken konnte, die den Mittelpunkt der Casa Pinzon bildete. Dort fanden die großen Familienfeiern statt, wenn ein Schiff erfolgreich und reich beladen von einer Fahrt zurückkehrte; dort gab es die großen Feste im Herbst, wenn die Ernte eingebracht war, wenn die einjährigen Rinder geschlachtet waren. Dort sammelte sich an Weihnachten das gesamte Gesinde der Pinzons mit Kind und Kegel, die Schäfer, Hirten, Hausdiener, die Faktoreiangestellten, die Fischer und Matrosen, die für die Familie arbeiteten, und der Pfarrer von San Jorge, um gemeinsam mit dem Clan La Navidad zu feiern. Es war alljährlich das größte Fest in Palos, und niemand verließ es, ohne nicht ausgiebig auf Kosten das Patrons Martin Alonso Pinzon gegessen und getrunken zu haben.

Mama Maria Alvarez Pinzon schwebte als guter Geist über all diesen Festen. Sie organisierte, dirigierte, arrangierte und kommandierte. Mindestens eine Woche im Vorfeld verbreitete sie grenzenlose Panik, vor lauter Sorge, es könne etwas schiefgehen. Kein Detail durfte übersehen werden.

An diesem Vormittag war von der Mutter nichts zu sehen. Die drei Männer, die soeben angekommen waren, befanden sich alleine in der großen Halle. Isabella steckte ihr zartes Köpfchen durch das hölzerne Ziergeländer der Galerie, die den Raum in Stockwerkshöhe auf drei Seiten umgab, und spähte mit großen Augen neugierig nach unten. Martin Arias, ihr ältester Bruder, ließ sich schnaufend auf einen der mit Rindsleder bezogenen, schweren, schwarzen Stühle fallen. Er glänzte im Gegensatz zu seinem jüngeren Bruder Juan nicht als besonders guter und erst recht nicht als ein begeisterter Reiter. Ausritte empfand er als Anstrengung, den Umgang mit Pferden geradezu als lästig. Er fühlte sich wesentlich wohler am Schreibpult oder unten am Hafen in der Faktorei und in den Lagerhallen. Stöhnend streckte er die massigen Beine von sich, lehnte sich bequem zurück und griff nach dem Wasserkrug, der auf einem kleinen Tisch bereitstand.

Der jüngere Bruder Juan und Vetter Alonso Medel, die beiden Männer, die mit Martin Arias ausgeritten waren, setzten sich ebenfalls. Alle drei tranken große, kräftige Schlucke. Der Ausritt hatte sie durstig gemacht. Warum waren sie auch in der Mittagshitze geritten? Selbst jetzt, im Herbst, besaß die Sonne noch große Kraft. Über Mittag ruhte man normalerweise. Zu gerne hätte Isabella gewusst, was die drei umtrieb. Schon die letzten Tage, seit sie die Nacht in der Faktorei im Hafen zugebracht hatten, benahmen sie sich überaus merkwürdig. Stets flüsterten sie miteinander, verstummten, wenn jemand in ihre Nähe kam, schlossen sich stundenlang in der Bibliothek ein, oder aber sie ritten hinaus auf die Stierweiden.

Isabella verfügte über gute Ohren und die natürliche kindliche Neugier eines zehnjährigen Mädchens. Deshalb erlauschte sie so manches Wort und beobachtete mehr, als die drei Männer ahnten. Sie wusste, was ihre Brüder und Alonso Medel, den künftigen Bräutigam ihrer Schwester Catalina, beunruhigte, worüber sie ständig flüsterten und tuschelten: Es war der Mord am Seemann Pedro Vasquez. Der ganze Ort redete nur noch davon. Seit man seinen Leichnam im Hafen unter einem Fischerboot entdeckt hatte, blühten die Spekulationen und Theorien. Zwei Seeleute aus Gran Canaria seien die Mörder. Leider waren die beiden Matrosen längst wieder mit dem nächsten Schiff verschwunden. Der Alguacil von Palos, so hieß es, habe bereits einen Brief an die Gouverneurin der kanarischen Inseln geschrieben und darin darum gebeten, die beiden Männer, sobald sie wieder in ihrem Heimathafen auftauchten, festzuhalten, um eine Befragung zu ermöglichen. Es konnte Monate oder Jahre dauern, bis es so weit war.

Nach dem, was sich Isabella in den letzten Tagen zusammengereimt hatte, wussten ihre Brüder einiges mehr über den Mord. Zusammen mit Alonso sprachen sie immer wieder davon. Es hatte irgendetwas mit der Hafenkneipe „La Tortuga“ zu tun, so viel hatte Isabella verstanden.

Während sie noch darüber nachdachte und die drei Männer beobachtete, schwang die große zweiflügelige Tür zur Empfangshalle auf und der Hausdiener führte einen glatzköpfigen Kerl herein. Der Mann drehte seine speckige Mütze nervös in den Händen und wagte nur zwei vorsichtige Schritte in den Raum hinein.

„Ahh, Maestre Bezal! Na endlich, da seid Ihr ja“, begrüßte ihn Martin Arias, indem er sich mitsamt seinem Stuhl durch eine Körperdrehung dem Neuankömmling zuwandte. „Nur nicht so zaghaft. Tretet näher!“

Isabella musste sich fest mit der flachen Hand den Mund zuhalten, um nicht erschrocken auszurufen. Das war also der berühmte Maestre Bezal? Der Wirt der Hafenkneipe? Selbstverständlich hatte das Mädchen schon viele Geschichten über ihn gehört, aber sie hatte ihn noch nie zu Gesicht bekommen. Um jenes Viertel, in dem sich die verrufene „Schildkröte“ befand, machte die Amme Fernanda bei ihren gemeinsamen Spaziergängen stets einen großen Bogen. Was sie über Maestre Bezal wusste, das hatte sie beim Gesinde aufgeschnappt oder bei ihren gleichaltrigen Freundinnen, den Cousinen Quintero und den Mädchen der Niños.

Bezal blieb verlegen in gebührendem Abstand vor den drei sitzenden Männern stehen. Ja, wenn sie nachts bei ihm auftauchten, alkoholisiert vielleicht noch und aufgekratzt wie junge Hunde, dann begegnete man sich auf Augenhöhe. Dann stand Maestre Bezal als der Hausherr hinter der Theke, und er verkörperte innerhalb der vier Wände seiner Spelunke die höchste Autorität. Dort flachste er auch mit hohen Herren, warf ihnen derbe Sprüche zu und stauchte sie sogar zusammen, wenn sie es gar zu toll trieben. Aber jetzt, hier, in der Casa Pinzon fühlte er sich als der kleine und schäbige Kneipenwirt, der er war: ungewaschen, ungepflegt und unsicher. Die Herren hingegen, die ihm gegenüber saßen und nach ihm hatten rufen lassen, das waren die Söhne des reichsten, mächtigsten Mannes von ganz Palos. Von ihrem Wohlwollen hing seine Existenz ab. Sie konnten ihn zerschmettern und vernichten, wenn sie wollten. Sie konnten ihm aber auch Schutz gewähren und ein auskömmliches Dasein bis ans Ende seiner Tage. Diese Abhängigkeit erklärt die devote Haltung, in der Maestre Bezal stehen blieb. Seine trüben, gelblichen Kneipenaugen, mit schweren Tränensäcken behängt, starrten unterwürfig auf den hölzernen Fußboden. Unaufhörlich drehte er seine ausgebleichte, fettige Mütze zwischen den Fingern.

„Ihr habt mich rufen lassen, Herr?" Er nannte keinen Namen, aber es war klar, dass er den älteren Pinzonsohn meinte, Martin Arias.

Dieser antwortete: „Maestre Bezal! Nicht so schüchtern. Es freut mich, Euch zu sehen. Geht es Euch gut? Wie laufen die Geschäfte? Gibt es genug Wein in diesem Herbst?"

Martin erwartete nicht ernsthaft Antworten auf diese Fragen. Maestre Bezal blieb still. Misstrauisch stand er da. Schweißtropfen glänzten auf seiner Glatze.

Fasziniert beobachtete Isabella von ihrem erhöhten Versteck aus, welche Macht und Ausstrahlung von ihrem ältesten Bruder ausging. Sie hatte schon oft bemerkt, dass die Diener sich vor seiner natürlichen Autorität fürchteten, dass Jedermann verlegen wurde, der es mit ihm zu tun bekam. Dabei saß Martin nur massig auf seinem Stuhl, die Beine weit von sich gestreckt, die schweren Arme auf die Lehnen gelegt, und fixierte den Gegenüber mit kühlem und berechnendem Blick aus seinen kleinen Knopfaugen. Als schönen Mann konnte man ihn nicht bezeichnen. Im Gegenteil. Trotz seiner relativen Jugend verließen ihn bereits die ersten Haupthaare. Das breite, fast feiste Gesicht mit der kleinen Nase und dem kalten, spitzen Mund, strahlte Kalkül und Kälte aus. Ein stiernackiger, kurzer, dicker Hals saß auf dem fleischigen Oberkörper. Und wenngleich Martin Arias Pinzon nicht dick zu nennen war, so wirkten seine gedrungene Statur und seine Massigkeit doch alles andere als schlank und elegant. Ganz anders das Bild, welches der sonnengebräunte, jüngere Bruder Juan mit seinem elastischen und durch viel Bewegung an der frischen Luft gestählten Körper abgab. Nur, dass Juan weder Respekt einflößte, noch dass er akzeptiert oder beliebt gewesen wäre. Vordergründig brachten ihm die Menschen, über die er aufgrund seiner Herkunft und seines künftigen Erbes Macht ausübte, Furcht entgegen, nachhaltig jedoch eher Verachtung. Für Isabella spielte das keine Rolle. Sie liebte und bewunderte beide Brüder, den älteren wegen seiner Klugheit und Autorität, den jüngeren wegen seines strahlenden Aussehens. Und sie selbst sonnte sich in ihrer Rolle als erklärter Liebling der gesamten Familie, von allen Geschwistern, Onkeln, Tanten, Vettern und Cousinen verwöhnt, verhätschelt und geliebt.

„Also Maestre Bezal, Ihr fragt Euch sicher, warum wir nach Euch haben rufen lassen. Ich sage es Euch." Martin Arias griff unter den Tisch und zog aus einer dort abgestellten Kiste ein kleines Ledersäckchen heraus, in dem es nach Dukaten klimperte. Während Juan und Alonso mit nach vorne gebeugten Oberkörpern auf Maestre Bezals Reaktionen lauerten, legte Martin den Beutel ruhig auf den Tisch.

„Dies hier sind zehn Golddukaten!", sagte er. Er fixierte den Wirt mit lauernder Berechnung: „Die Dukaten sollen dem gehören, auf den wir Pinzons uns verlassen können. Es geht um eine wichtige Angelegenheit. Einen Umstand, der demnächst in einer richterlichen Audienca untersucht werden könnte. Dabei wäre es wichtig, dass alle, die dabei waren, sich an genau die gleichen Dinge erinnern können." Martin Arias ließ seine Hand auf dem Goldbeutel ruhen und blickte auf den Wirt. Dessen Augen flüchteten verstohlen vor Pinzons scharfem Blick. Aber er nickte und murmelte kaum hörbar: „Helft mir, Herr. Welche Erinnerung meint Ihr?"

Maestre Bezal mochte vielleicht eine heruntergekommene Kröte sein, ein Betrüger und Halsabschneider. Für ein paar Maravedis hätte er seine Mutter verkauft, wenn jemand ein Gebot abgegeben hätte. Aber bestimmt durfte man ihn keinen Dummkopf schimpfen. Den Wirt zeichnete die durchtriebene Bauernschläue eines spanischen Kleinganoven aus. Bei Martin Arias Worten wusste er sofort, was von ihm erwartet wurde. Er wollte es nur genau hören und sich bitten lassen.

„Ich meine die Erinnerungen an jenen Abend in Eurer Schankstube, als dort ein gewisser Pedro Vasquez zuletzt gesehen wurde“, sagte Martin Arias betont langsam.

„... zuletzt gesehen wurde“, wiederholte Maestre Bezal mit schwerer Zunge.

„Ja, ganz genau. Ihr habt mich richtig verstanden. Wo er zuletzt lebend gesehen wurde, so muss es exakt heißen. Denn am nächsten Morgen war er ja tot, als sein Leichnam am Hafen entdeckt wurde.“

Bezal leckte sich die Lippen: „Das kann man so sagen.“

Martin wirkte immer noch entspannt, aber er war hoch konzentriert. „Erinnert Euch, an jenem Abend besuchte ich selbst zusammen mit meinen Bruder Juan“ – er warf einen kurzen Blick auf den Genannten – „Eure, ... wie soll ich sagen, Euer Haus. Auch daran werdet Ihr Euch sicher erinnern, nicht wahr?“

Bezal nickte stumm.

Isabella oben auf ihrem Horchposten unterdrückte einen Ausruf. Angespannt lauschte sie weiter, aufs Höchste darum bemüht, sich dabei nicht zu bewegen und durch ihre raschelnden Kleider bloß keine Aufmerksamkeit auf sich zu lenken.

„Und sicher erinnert Ihr Euch genauso exakt wie wir daran, dass wir dort mit den zwei Matrosen aus Gran Canaria lange über die Schiffe des Admirals Colón gesprochen haben?“

Maestre Bezal nickte erneut.

„Und dass während dieser ganzen Zeit, während wir redeten und tranken, auf der Bank in deinem Schankraum der ermordete Pedro Vasquez mit der alten Dorfhure saß und mit ihr handelte?“

Das stimmte sogar. Daran erinnerte sich Maestre Bezal genau.

„Das werden übrigens auch die beiden Schäfer Lopez und Enrique bestätigen können, und auch Alonso der Fischer, die dann bald einmal gegangen sind. Aber an die Hure werden sie sich sicher erinnern und wie der alte Pedro mit ihr um einen guten Preis feilschte.“

Die Dorfhure! Isabella lief dunkelrot vor Scham an, als sie dieses Wort hörte. Dass ihr Bruder ein solch schlimmes Wort überhaupt in den Mund nahm. Isabella hatte es schon gehört, bei den Mägden und Knechten, niemals jedoch hätte sie selbst es gewagt, etwas Derartiges auszusprechen. Hure, so viel wusste sie, so bezeichnete man ein schlimmes Weib, ein Flittchen. Was genau eine Hure aber Schlimmes tat, das hatte sie noch nicht verstanden. Aber es musste über alle Maßen unanständig, schmutzig und sündig sein. Sie zitterte bei dem Gedanken, dass ihre beiden Brüder mit so einem Weib in einem Haus gewesen sein sollen.

„Könnt Ihr Euch daran erinnern?", ging Juan eine Spur zu aggressiv dazwischen. Martin Arias, der bisher ruhig und bedächtig gesprochen hatte, warf seinem Bruder einen missbilligenden Blick zu.

„Ich kann mich an all das genau erinnern", beeilte sich Bezal die Frage zu beantworten. „Es war genau so, wie Ihr sagt, Herr."

„Dann könnt Ihr Euch sicher auch erinnern", so fuhr Martin Arias in seinem bestimmenden, suggestiven Tonfall fort, „dass der alte Pedro irgendwann mit der Hure verschwunden ist. Sie sind sich wohl einig geworden, so war mein Eindruck." Er ließ die Worte kurz wirken. „Also trieb er es vor seinem Tod zuletzt noch mit diesem Luder. Und dies sollten wir dem Alguacil auch wahrheitsgemäß so berichten, wenn er seine Nachforschungen anstellt. Nicht wahr, Maestre Bezal? Denn so werden wir es auch schildern."

Wieder gab Martin Arias dem Wirt Zeit, über das Gehörte nachzudenken. Aber Maestre Bezal wusste genau, was man von ihm erwartete. Erneut nickte er stumm. Er sah auf, erst Martin Arias in die Augen, kurz nur, weil er dem Blick nicht standhalten konnte, dann flüchtig hinüber zu Juan Pinzon und zu Alonso Medel. Der grinste zufrieden. Bezal wagte für Sekundenbruchteile sogar einen schielenden Blick hinüber zu dem Beutel mit den Goldmünzen, auf dem noch immer Martin Arias rechte Hand ruhte. Der ältere Pinzon bemerkte den Blick, obwohl Maestre Bezal schnell wieder die Augen niederschlug. „Diese Münzen gehören mir gar nicht mehr", sagte Martin Arias. „Sie gehören demjenigen, der wortgetreu und wahrheitsgemäß all dies dem Alguacil berichtet. Mit all diesen Informationen dürfte es dann für die Cortes unserer Grafschaft Niebla ein Leichtes sein, den Mord an Pedro Vasquez aufzuklären und die Mörderin zu überführen."

Die Hure Sanchez hatte Pedro Vasquez ermordet. Das musste die Version sein, die schließlich bei den Richtern landete.

„Wann dürfte ich ..., wann kann ich ... ?", fragte Maestre Bezal vorsichtig und streckte begehrlich die Hand nach dem Säckchen mit den Münzen aus. Er wagte es aber nicht, es an sich zu nehmen. Die unverhohlene Gier in seinem tranigen Blick sprach jedoch Bände. Dieser Zeuge stand ganz und gar auf der Seite der Pinzons, auf ihn war Verlass.

Martin Arias packte den Lederbeutel wieder fest in seine rechte Faust und stand abrupt auf. Er blickte auf den um einen Kopf kleineren Maestre Bezal hinunter und versprach kalt: „Die Dukaten sind dein! Aber erst, wenn die Hure verurteilt ist."

Langsam, auf allen vieren, schlich sich Isabella rückwärts in den Gang zurück. All diese Ungeheuerlichkeiten, die sie gehört hatte, musste sie erst verdauen. Schrecklich! Eine Mörderin! Eine Hure! Und wieso bekam der Wirt der „Schildkröte" Geld von ihrem Bruder, wenn er die Wahrheit sagte? Konnte ihr Bruder nicht selbst zum Alguacil gehen und berichten? Und sie, Isabella? Konnte sie mit ihren Schwestern Catalina oder Leonora darüber reden? Oder musste dieses schreckliche Wissen für sich behalten? Verstört zog sie sich auf ihr Zimmer zurück.

Die Hure Sanchez starb an einem Donnerstagabend am Galgen von Palos, der etwas außerhalb auf einer kleinen Anhöhe stand. Die Urteilsvollstreckung war ein öffentliches Ereignis. Mehrere Dutzend Schaulustige fanden sich zur Hinrichtung ein, allesamt Männer, denn Frauen war die unmittelbare Teilnahme nicht gestattet. Einige hatten sich dennoch in Männerkleidung unter die Zuschauer gemischt. Andere standen in sicherer Entfernung, wo sie gewiss sein konnten, nicht von den Soldaten des Provinzgouverneurs vertrieben zu werden. Eine Hinrichtung war immer eine Sensation. Diese hier ganz besonders. Jederman in Palos hatte den alten Seemann Vasquez gekannt. Noch mehr wussten, wer die Verurteilte Sanchez war. Unter den schweigsamen Zuschauern befanden sich auch nicht wenige, die wehmütig bedauerten, dass sie künftig auf die Dienste der Metze würden verzichten müssen. Martin Arias Pinzon war nicht zugegen. Aber Juan Pinzon und Alonso Medel gehörten zu den Schaulustigen. Sie hielten sich abseits, denn es gehörte sich nicht für zwei so edle Hidalgos, sich mit den Tagelöhnern, Fischern, Schäfern und Strauchdieben gemein zu machen.

Über die Schuld der Verurteilten gab es keine Debatten. Allzu eindeutig lagen die Fakten auf dem Tisch, nachdem sowohl der Wirt Bezal als auch die angesehenen Pinzon-Brüder sowie einige weitere Zeugen übereinstimmend über die Ereignisse der Mordnacht in der „Schildkröte" berichtet hatten.

Sehr zufrieden mit sich selbst und dem Verlauf der Dinge, stand Juan Pinzon am Rande der Menge. Seine rechte Hand spielte mit dem Knauf seines Degens, die linke Hand legte er sich zum Schutz an die Stirn, damit die tief stehende Sonne ihn beim Blick auf den baumelnden Leichnam nicht blendete. Sanchez hatte geschrien, geflucht, getobt und geheult. Mit kreischender, sich überschlagender Stimme beteuerte sie auch auf dem Weg zum Galgen immer wieder ihre Unschuld. Man hatte sie auf einem Wagen gebracht. Die letzten Meter musste sie zu Fuß gehen. Die Helfer des Scharfrichters zerrten sie an einem Strick zum Galgen. Dort hielten sie die Verurteilte fest, damit der Scharfrichter ihr den Strick um den Hals legen konnte. Auch dann noch wehrte sie sich nach Kräften, beschimpfte alle Umstehenden und bespuckte jeden, der ihr zu nahe kam. Sie wehrte sich wie eine Furie, aber ihr Ende zögerte sie damit nicht hinaus.

Allgemein herrschte die Überzeugung, dass die Gerechtigkeit gesiegt habe. Dem Weib hätte man jede Untat zugetraut. Jedermann in Palos kannte sie als ein kaltblütiges, selbstsüchtiges und abgefeimtes Luder, gänzlich ohne Herz und Gewissen. Schon vor einigen Wochen, als ihr alter Säufer und letzter Dauerliebhaber hinterrücks erstochen worden war, hatten viele Sanchez für die Mörderin gehalten. Nun, nach diesem zweiten Toten binnen weniger Wochen, fielen auch die letzten Zweifel. Sie musste wohl verrückt geworden sein. Während die Henker ihres Amtes walteten und die Verurteilte schrie und zeterte, johlten die Schaulustigen begeistert. Es ging schnell.

Danach verlief sich die Menge nur zögernd. Man hätte gerne mehr gesehen, irgendeine Verzweiflunsgtat, irgendeine Überraschung. Die zwei Helfer des Scharfrichters hievten den am Strick baumelnden Leichnam vom Galgen. Der Totengräber stand mit seiner Holzkarre bereit. Während Juan Pinzon mit halb geschlossenen Lidern die Abendsonne genoss, näherte sich ihm von der Seite ein Mann, der bereits die ganze Zeit in seiner Nähe gestanden hatte. Es war Yanez de Montilla, der Seemann. Er kam vorsichtig näher, fast schleichend, den Oberkörper vorgebeugt und den Kopf mit den langen, fettigen schwarzen Haaren verstohlen gesenkt. Er wollte nicht erkannt und nicht bemerkt werden. Juan Pinzon und Alonso Medel kehrten ihm den Rücken zu.

„Herr", flüsterte Montilla, und zupfte Juan Pinzon vorsichtig am Ärmel. „Herr, einen Moment nur."

Erschrocken fuhr Juan herum. Er blickte in das verschlagene Gesicht von Yanez de Montilla und wusste im selben Moment was der Halunke wollte. Wie hatten sie nur diesen Kerl vergessen können? Auch er war in der „Schildkröte" gewesen. Er musste den Mord am alten Vasquez miterlebt haben. Und plötzlich war er verschwunden gewesen, ebenso wie die Sanchez. Montilla und die Hure hatten sich gemeinsam aus dem Staub gemacht.

Als wollte Yanez de Montilla dem jungen Hidalgo Zeit geben, sich an all diese Details zu erinnern, blieb der abgetakelte Seemann in seiner unterwürfigen Haltung stehen und grinste lediglich schief. Alonso Medel, der die Hintergründe nicht kannte und von den Pinzons auch nicht in alle Einzelheiten der Mordnacht eingeweiht worden war, wollte sich empört auf den Störenfried stürzen. Schon sprang seine Hand an den Degen und er pfiff den Seemann wütend an: „Hau ab, du Taugenichts! Was fällt dir ein?"

Juan hielt seinen Vetter zurück. „Nicht, lass ihn. Ich kenne ihn."

„Ich kenne ihn auch", blaffte Alonso Medel. „Das ist der Seemann Montilla, der so faul und nichtsnutzig ist, dass man ihn seit zwei Jahren auf keinem Schiff mehr duldet. Nicht einmal der verrückte Genuese wollte ihn bei seiner Fahrt haben."

Das stimmte. Yanez de Montilla eilte ein übler Ruf als Faulpelz und Taugenichts voraus. Ohne Not nahm ihn kein Kapitän aus der Grafschaft Niebla mit auf sein Schiff. Colón hätte ihn zwar genommen, aber der alte Pinzon und die Quinteros hatten den Admiral damals gewarnt: „Den nicht! Der bringt Unglück! Der steckt die übrige Mannschaft mit seiner Faulheit an. Auf den ist kein Verlass."

So musste Yanez de Montilla zuhause in Palos bleiben.

„Was willst du?", fragte Juan Pinzon forsch.

„Es ist wegen der Hure", presste Montilla heraus. Dabei deutete er auf den Galgenplatz, wo inzwischen der Leichnam der Erhängten auf dem Karren des Totengräbers lag.

„Was ist mit ihr?", fauchte Alonso Medel ungehalten. Wieder besänftigte Juan Pinzon. „Lass ihn ausreden, Vetter. Ich ahne, was er uns sagen will."

„Sie kann nicht die Mörderin sein", säuselte Yanez de Montilla. Seine Stimme klang brüchig und unsicher. Montilla schlug einen verschwörerischen Unterton an. Er sprach leise, flüsterte fast: „Sie war nämlich die ganze Nacht bei mir in meiner Hütte. Ihr Herren, sie hat es mir kräftig besorgt, das kann ich bezeugen." Er grinste und zeigte dabei seine fauligen Zahnreihen. Die verschlagenen Augen blickten triumphierend. Er hatte seine Karten ausgespielt.

„Und nun? Jetzt wird sie auch nicht wieder lebendig."

„Oh nein. Ihr hilft das nichts mehr." Er schleckte sich die Lippen und wischte sich nervös die speckigen Haare aus dem Gesicht, stopfte sie immer wieder hinter die Ohren, wo sie nicht lange blieben, sondern zurück ins Gesicht fielen.

Montilla wartete, lauerte, hielt den Blick gesenkt. Musste er noch deutlicher werden? War Juan Pinzon wirklich so schwer von Begriff?

„Du willst etwas von mir", sagte der Kaufmannssohn endlich. Es war eine Feststellung, keine Frage.

Jetzt grinste Montilla wieder, diesmal sein freches Grinsen. Er machte mit den Händen eine Geste des Bedauerns, als sei es ihm unangenehm, nunmehr zur Sache zu kommen. Aber darüber hatte er zuvor tagelang gegrübelt. Er sah dies als ein Geschenk des Himmels an, die Chance seines Lebens. Das war ihm gleich klar geworden, nachdem er gehört hatte, welche Geschichte die Pinzon-Brüder und Maestre Bezal von der Mordnacht in Umlauf gebracht hatten. Er hatte seither viele Möglichkeiten erwogen und wieder verworfen. Sollte er Geld verlangen? Mindestens so viel, wie vermutlich Maestre Bezal bekommen hatte für seine Falschaussage vor der Audienca? Aber dann? Mit den Pinzons war nicht zu spaßen. Es war gefährlich, sie ohne Rückendeckung und Absicherung zu erpressen. Besonders bei einem so jähzornigen und gewalttätigen jungen Mann wie Juan war äußerste Vorsicht geboten. Der war so unberechenbar, dass man seines Lebens nicht sicher sein konnte. Bei seinen Überlegungen verfiel Yanez de Montilla deshalb auf eine viel raffiniertere Lösung.

„Ich will Euch nur versichern, hoher Herr, dass Ihr Euch immer auf Yanez de Montilla verlassen könnt. Ihr habt durch mich nichts zu befürchten. Gott ist mein Zeuge." Er lauerte mit geneigtem Kopf auf die Wirkung seiner Worte. Juan Pinzon schien verblüfft, Alonso Medel immer noch ungehalten.

Montilla fuhr fort: „Wie es auch gewesen sein mag mit der Hure Sanchez. Ich denke, sie hat ihr Ende verdient. Sie ist tot, und einer Toten nützt es wenig, wenn nun in dieser Geschichte herumgebohrt wird. Denkt an die Lebenden, hoher Herr. Für die muss es weitergehen."

Juan Pinzon kochte innerlich. Er hätte diesen schmierigen Kerl mit Freuden in Stücke gehauen. Es fehlte nicht viel. Schon die ganze Zeit zuckte seine Hand unruhig zum Degen. Aber es standen immer noch einige Dorfbewohner in der Nähe, die zuvor der Hinrichtung beigewohnt hatten. Zu viele Zeugen. Manche schauten schon ganz interessiert, was denn da zwischen dem übel beleumundeten Seemann Montilla und den edlen Söhnen der Familien Pinzon und Medel vor sich ging.

„Sprich!", forderte Juan Pinzon mit wutbebender Stimme den Seemann auf.

„Eure Familie besitzt viele Schiffe. Immer sind welche unterwegs. Manche ostwärts, Richtung Venedig, Genua, Levante, manche nach Norden, zu den Franzosen, manche zu den kanarischen Inseln. Ich bin ein Seemann. Ein Mann aus Palos. Aber seit zwei Jahren habe ich keine Fahrt mehr mitgemacht. Nehmt mich mit auf euren Schiffen und bezahlt mich für meine Arbeit. Das ist alles, was ich will."

„Das ist alles?"

Yanez de Montilla nickte beflissen.

„Und du wirst die Pinzons niemals verraten? Nicht im Kleinen und nicht im Großen. In keinem Prozess, in keiner Audienca?"

„So ist es. Immer werde ich auf der Seite der Pinzons stehen. Egal, um was es geht."

Alonso Medel räusperte sich. Er verstand nicht, um was es hier ging. Ratlos blickte er seinen Vetter an. Doch Juan Pinzon legte ihm besänftigend die Hand auf den Arm. „Lass nur, Alonso. Es hat schon seine Richtigkeit. Dieser Mann ist ein Seemann, und in Zukunft wird er wieder auf den Schiffen der Pinzons fahren. Dafür sorge ich."

Insgeheim staunte Juan Pinzon erleichtert über die Einfalt dieses Mannes. Es würde ein Leichtes sein, den Kerl irgendwo über Bord gehen zu lassen. Darum wollte er sich dann beizeiten kümmern. Jetzt galt es zuerst einmal, diesen lästigen Zeugen umzubiegen und sein Stillschweigen zu sichern. Deshalb legte er Yanez de Montilla großmütig eine Hand auf die rechte Schulter und versprach: „Ich habe es gewusst, Ihr seid ein treuer Freund und Diener der Familie. Schon das nächste Schiff, das Palos verlässt, wird nicht ohne Euch segeln. Das verspreche ich. Und ihr guter Freund, schließt Euer Wissen in Euch ein, haltet Euch von den Kneipen fern und steht bereit, wenn ich nach Euch rufen lasse. Das kann schon bald sein." Er nickte gönnerhaft und klopfte Montilla freundschaftlich auf die Schulter. „So, sind wir uns einig?"

Yanez de Montilla bestätigte: „Ja, Herr!" Dann entfernte er sich rückwärts, immer noch devot gebückt, aber kaum noch in der Lage, sein triumphierendes Grinsen zu verbergen.

Juan Pinzon und Alonso Medel blickten stumm dem Davoneilenden hinterher.

„Wir müssen es meinem Bruder berichten", sagte Juan schließlich, als der widerliche Seemann zwischen den äußersten Hütten am Rande von Palos verschwunden war. „Er wird wissen, was zu tun ist."

XIII. Land!

Der treue Passatwind hob zu Höchstleistungen an. In der ersten Oktoberwoche, fünf Tage hintereinander, erzielten die Santa Maria, die Niña und die Pinta einen Durchschnitt von 142 Meilen alle vierundzwanzig Stunden. Rodrigo empfand diese Tage bei Weitem als die beste Zeit seit der Ausreise. Die Santa Maria schien durch ihre eigene Gischt zu schweben. Mit einer Stundengeschwindigkeit von acht Knoten eilte die Flotte dahin, immer westwärts. Und während die Karavellen über die azurblauen Wellen flogen, mit immerfort eifrig geblähten Rahsegeln, verkrochen sich Neid, Meuterstimmung, Intrigen und Gewaltbereitschaft unter das Deck.

Jakob kam in diesen Tagen wieder einigermaßen auf die Beine. Er unternahm erste wacklige Spaziergänge. Dabei hangelte er sich von einem festen Halt zum nächsten, aber immerhin, er zeigte wieder Lebensgeister. Noch immer leuchtete sein dick geschwollenes Gesicht wie ein illuminierter Kürbis, ein Auge blau, die Nase geknickt und im Mund fehlten die Schneidezähne. Die Männer schauten zur Seite, wenn der Geprügelte in ihre Nähe kam. Man mied ihn wie einen Aussätzigen, auch jene, die ganz gewiss nichts mit seinem Unglück zu tun hatten. Schon vorher war Jakob ein unbeliebter Einzelgänger gewesen, ein weibischer Pfau, der eitel und hochnäsig mit allen umsprang, die nicht seinen Ansprüchen genügten, und der eifersüchtig seinen Liebesknaben Rodrigo bewachte. Nun gönnte ihm jedermann das Unglück von Herzen. Niemand fühlte sich bemüßigt, ihm Trost zu spenden, auch Rodrigo nicht.

Die Gelegenheit schien günstig, die lästige und aus Rodrigos Sicht sinnlos gewordene Partnerschaft aufzulösen. In dieser Beziehung kannte er nur kaltes, rationales Kalkül. Vor Jakob fürchtete sich niemand mehr an Bord. Also konnte er Rodrigo auch nicht mehr wirksam beschützen. Es gab keinen Grund mehr, den Preis für diesen wirkungslosen Schutz weiterhin zu bezahlen. Wann immer Jakob in den nächsten Tagen in seine Nähe kam und ihn seine bittenden Blicke verfolgten, suchte Rodrigo das Weite.

Einmal noch reagierte er jedoch zu spät. Jakob schlich sich unbemerkt zwischen den auf Deck gestapelten Fässern und Kisten heran und packte Rodrigo plötzlich von hinten am Kragen. Rodrigo machte einen seitlichen Ausfallschritt, wollte davonspringen, doch Jakob ließ nicht los. Beide stürzten über eine Taurolle hinweg aufs Deck. Jakobs Hand blieb in Rodrigos Nacken. So lagen sie rücklings auf den Deckplanken, wie umgekippte Käfer, die nicht mehr auf die Beine kamen.

„Lass los!", keuchte Rodrigo.

Jakob drehte sein verquollenes Gesicht zu Rodrigo hin. Wegen der Schwellungen und der verlorenen Zähne kamen seine Worte nur zischend heraus: „Waff ift los Groumette? Kennft du miff plötzliff nifft mehr?" Er pfiff wie ein pneumatischer Sack. „Warum gehft du mir auff dem Weg?"

Rodrigo blieb stumm. Er ekelte sich vor Jakob.

Das entstellte Gesicht rückte noch näher heran: „Spriff mit mir, Rodrigo. Sag, bifft du mein Freund oder bifft du es nicht!"

„Du sollst mich in Ruhe lassen! Ich will nicht mehr mit dir zu tun haben. Ich kann mir alleine helfen!"

Jakob schluchzte: „Rodrigo! Rodrigo ..."

In dieser Sekunde tauchte ein dunkler Schatten über ihnen auf: die mächtige Gestalt des Bootsmannes Chachu. Mit seinen riesigen Pranken packte er den weinerlichen Jakob an einem Arm und einem Bein und hob ihn hoch, sodass Rodrigo freikam. In Hüfthöhe hielt Chachu sein zappelndes Opfer fest: „Was ist los, Schleimspucker?", fragte er den rotztriefenden Jakob. In Chachus Stimme lag ein ganzer Jauchekübel von Verachtung, so dass klar war: Ab sofort galt Jakob auf der Santa Maria als der Minderwertigste unter den Minderwertigen. Jakob würgte und röchelte, brachte aber infolge seiner Verletzungen und der unbequemen Stellung, in der er sich befand, kein vernünftiges Wort heraus. Chachu lachte aus voller Brust, hob sein Opfer nochmals an und schleuderte es dann wie einen Sack fauler Äpfel auf ein in der Nähe liegendes Taubündel. Dort krümmte sich Jakob schmerzverzerrt zusammen und wimmerte vor sich hin. Ein Wurm, ein Käfer. Niemand kümmerte sich um ihn, niemand zeigte Anzeichen von Mitgefühl oder Anteilnahme, obwohl eine Reihe von Matrosen den Vorfall beobachtete.

Escobedo, wie immer zur Stelle, wenn es Zank, Ärger und Unfrieden gab, näherte sich heimtückisch grinsend, blieb kurz vor dem Elenden stehen, stieß ihn mit der Schuhspitze an und befahl dann dem nächststehenden Matrosen, den Geprügelten wieder an seinen Platz auf der Back zu schaffen.

Rodrigo hatte sich inzwischen aufgerappelt. Chachu tätschelte ihm den Kopf. „Alles in Ordnung Groumette?"

Rodrigo nickte. „Vergiss den Scheißkerl!", forderte Chachu. „Er kann dich nicht beschützen. Vergiss ihn!"

Rodrigo wollte sich entfernen, aber Chachu hielt ihn fest: „Bleib stehen, Groumette! Nicht so eilig!" In der Nähe stand Escobedo. Der Notar grinste sein diabolisches Totenkopfgrinsen. Chachu fixierte ihn kurz mit einem warnenden Blick, dann wandte er sich wieder Rodrigo zu: „Du brauchst jemanden, der dich wirklich beschützen kann. Keine Flasche wie Jakob!" Und mit einem neuerlichen Seitenblick zum Notar: „Und kein Schleimkackerarsch wie Escobedo!"

Rodrigo zögerte kurz. Er wusste mittlerweile, dass dies nach den heimlichen Regeln des Bordlebens ein Antrag war: Ich bin dein Beschützer, dafür bist du mein neuer Lustknabe – so ungefähr lautete das Angebot. Rodrigo wusste auch, dass er sich den Nachstellungen Escobedos und anderer nur entziehen konnte, wenn er sich erneut unter jemandes Schutz begab. Aber Chachu? Ausgerechnet dieser hühnenhafte Riese?

„Ich brauche ein Messer!", so lautete Rodrigos Antwort. Chachu lachte zufrieden. Ein Messer als Preis für Freundschaft. Escobedo verfolgte das Geschehen mit grimmigem Blick.

Lärm vom Vorschiff. Lautes Hurra-Geschrei der Matrosen: Ein Schwarm Sturmvögel, der die Santa Maria umkreiste. „Wo Vögel sind, da ist auch Land nicht weit", dozierte Jacomo Rico.

Die Männer unternahmen den Versuch, die Vögel zu zählen. Sie kamen auf mehr als vierzig, die aufgeregt ihre Runden um das Schiff drehten und sich sodann auf Deck niederließen, ohne jegliche Scheu vor den Matrosen.

Da die Schiffe weiterhin federleicht übers Meer dahinschossen, hielt wieder Optimismus Einzug. Am Abend dieses 4. Oktober legte Colón der Mannschaft eine Rechnung vor, wonach sie in den letzten 24 Stunden 182 Meilen zurückgelegt hatten, Rekord für die bisherige Fahrt. „Bei solch günstigen Winden wäre es eine Dummheit, jetzt kehrtzumachen und dagegen anzusegeln“, erklärte der Admiral, ohne Widerspruch zu ernten.

Wie Rodrigo erwartet hatte, schlich sich nach Einbruch der Dunkelheit Chachu zu seinem Lager. Rodrigo unternahm erst gar nicht den Versuch, dem Bootsmann aus dem Weg zu gehen. Das wäre sowieso nicht gelungen. Chachu streckte ihm ein neues Matrosenmesser hin, ein scharfgeschliffener Dolch, wie ihn der Dreizehnjährige noch nie in seinem Leben besessen hatte.

„Du wirst es brauchen können, das Messer“, sagte Chachu in freundlichem, beinahe väterlichem Ton. „Ganz sicher weiß ich nämlich, dass wir in den nächsten Tagen unser Ziel erreichen.“ Er hockte sich neben Rodrigo auf die Planken. Ein Bär neben einem Zicklein!

Mächtig ergriffen von dem Geschenk, prüfte Rodrigo das Messer auf seine Schärfe, stieß es in die Bordplanken, zog es wieder heraus, um es erneut zu prüfen, und hörte kaum zu, was Chachu ihm einflüsterte: „Der Adelante hat mir eine Karte gezeigt, auf der er seine tägliche Position einträgt. Stell dir vor, ich konnte darauf ablesen, dass nur noch 150 Meilen zwischen uns und unserem Ziel liegen. In zwei oder drei Tagen erreichen wir also Zipangu.“

„Wieso zeigt der Adelante diese Karte nicht der ganzen Mannschaft?“, fragte Rodrigo.

Chachu beugte sich näher zu Rodrigo und flüsterte noch eindringlicher: „Weil er die 10.000 Maravedis selber verdienen will, die es für den gibt, der als Erster Land sichtet. Er hat mir strengstes Stillschweigen auferlegt.“

Mit dem strengen Stillschweigen war es so eine Sache. Von Chachu flog die Nachricht nicht nur zu Rodrigo, sondern zum ganzen Clan der Basken. Von Rodrigo wanderte das Geheimnis zu Pablo und von diesem zu Jacomo Rico und zu José Pequinos. Jedenfalls wusste binnen einer Wache das ganze Schiff Bescheid. Das war wohl auch die Absicht des Admirals gewesen.

Auch außerhalb seiner Wachschichten fand Rodrigo keinen Schlaf. Es erging ihm wie allen an Bord. Die ganze Stimmung auf der Santa Maria bewegte sich immer mehr auf einen unsichtbaren Scheidepunkt zu. Es herrschte eine Art Schwüle vor dem Sturm. Die Vorahnung kommender großer Ereignisse lag in der Luft. Das Meer hörte sich anders an und sah anders aus als in den Wochen zuvor. Nie gesehene Fische begleiteten die Schiffe, Schwärme farbiger Exoten, aber auch große Tümmler. Die Luft roch, milder, sanfter. Und dann war da noch etwas: unheimliche Geräusche in der Nacht. Rodrigo, von seiner Position nahe der Mittelluke im Vorschiff, erblickte dunkle Schatten am Nachthimmel. Schweres Flügelrauschen erfüllte die Luft, kleine klagende Schreie aus dem Nichts. Eine gespenstische Szene. Vogelschwärme auf ihrem Zug in den Süden?

War sonst noch jemand wach? Achtern der Rudergänger und der Wachhabende, aber sonst? Huschte da nicht ein Schatten, hinten am Großmast? Tapsende Schritte?

Rodrigo wähnte sich von Geistern und Schemen umgeben. Er schlich an der Reling entlang, den Blick mal hinaus aufs mondbeschienene Meer, mal in den gespenstischen Nachthimmel gerichtet, mal verstohlen übers Deck streichend. Da löste sich eine Gestalt aus dem Schatten des Großmastes und verstellte Rodrigo den Weg. Es war Escobedo.

Der königliche Notar machte keine langen Umschweife: „Groumette, du bist wieder frei. Dein Jakob beschützt dich nicht mehr. Solltest du dir nicht einen neuen Freund suchen?“ Es sollte schmeichelnd klingen, vertrauenserweckend. Aber Rodrigo hörte die Falschheit heraus. Typen wie Escobedo wusste er einzuschätzen: ein bösartiger und gewalttätiger Menschenschlag, rücksichtslos, egoistisch, machthungrig. Man ging solchen Leuten klugerweise aus dem Weg.

Rodrigo wollte zurückweichen, doch da versperrte ihm eine zweite Gestalt den Weg. Der fette Gutierrez! Dümmer als Escobedo, aber nicht minder gefährlich. Die beiden Spießgesellen nahmen Rodrigo in die Zange.

„Erinnerst du dich noch an unser erstes Liebesabenteuer, Kleiner?", fragte Escobedo süffisant. „Wir sollten langsam mal eine Wiederholung planen."

Gutierrez fügte lachend hinzu: „Inzwischen dürfte der Kleine nicht mehr ganz so empfindlich sein. Viel Übung mit Jakob!"

Rodrigo wog kurz seine Lage ab: Die beiden konnten ihm eigentlich nicht gefährlich werden. Sollten sie handgreiflich werden, würde er einen Höllenlärm veranstalten und die Mannschaft wecken. Manche lagen bestimmt längst wach und lauschten von ihrem Lager aus der Auseinandersetzung. Was an Deck geschah, das spielte sich immer öffentlich ab. Aber offensichtlich wollten Escobedo und Gutierrez ihn nur reizen und ihre Möglichkeiten austesten. Escobedo versuchte, ihn mit seinem knochigen Körper gegen die Reling zu drängen. Gutierrez schirmte gegen das Deck hin ab. „Komm Kleiner, sei mal etwas freundlicher. Lass dich mal anfassen!" Escobedo rückte mit seinem skeletthaften Schädel näher heran und presste sich eng an den Knaben, drückte sein Gesicht gegen Rodrigos Hals und begann ihn mit schmatzenden Geräuschen abzusabbern.

Mit der Hand am eingeklemmten rechten Arm fingerte Rodrigo nach seinem neuen Messer. Er hatte es seitlich in einer Schlaufe an der Hose befestigt. Nein, zimperlich war Rodrigo noch nie gewesen. Wozu besaß er jetzt eine Waffe? Escobedo, lüstern und blind, ließ alle Vorsicht fahren und hing an Rodrigo wie ein läufiger Hund. Völlig unvorbereitet traf ihn der von unten mit Wucht geführte Hieb mit dem Messer. Für einen tiefen Stich fehlte Rodrigo die Kraft. Aber er fügte dem widerlichen Notar durch dessen Wams eine immerhin schmerzhafte Fleischwunde zu, ein Schnitt, vom Hüftknochen bis hinauf an die Rippen. Escobedo gab einen spitzen Schrei von sich, dann sank er theatralisch zu Boden. Gutierrez, völlig überrascht, versäumte es, zu reagieren – und Rodrigo stürmte mit flinken Sätzen davon. Er rannte direkt in die Arme von Maestre Juan Sanchez. Der Schiffsarzt musste die ganze Szene beobachtet haben.

„Mach langsam, Groumette, hier gibt's kein Versteck!"

Rodrigo, noch immer wutentbrannt und aufgewühlt, wäre fast mit seinem Messer auch noch auf den Arzt losgegangen. Aber als er sein Gegenüber erkannte, beruhigte er sich. Sanchez blitzte ihn aus seinen klugen, grauen Augen an: „Mein lieber junger Freund, du wirst noch Leichen hinterlassen, wenn du so weitermachst."

„Sie sollen mich in Ruhe lassen. Ich hab mich nur gewehrt!", sagte Rodrigo trotzig.

Juan Sanchez schüttelte den Kopf, als er das bluttriefende Messer in Rodrigos rechter Hand besichtigte. „Es wird noch Tote geben", murmelte er.

Dann erhob sich neuer Lärm von der Stelle, wo Rodrigo den Notar niedergestochen hatte. Schreiende Stimmen und Geräusche von Raufhändel. Rodrigo erkannte die Stimme von Jakob: „... und ihr lasst meinen Freund in Ruhe, es ist mein Freund! Meiner ..." Dazwischen das Jammern von Escobedo, und das Brüllen von Gutierrez. Sanchez hastete hinüber. Der Krach schreckte auch bei der Mannschaft einige auf. Zwei dunkle Silhouetten eilten herbei. Auf dem Poopdeck entzündete jemand eine Laterne. Die Stimme von Peralonso Niño, dem Wachhabenden, scholl herunter: „Heda, was ist denn los da unten?"

Rodrigo reimte sich seinen Teil zusammen: Offensichtlich hatte auch Jakob die nächtliche Szene beobachtet. Er schlich immer herum und ließ Rodrigo kaum eine Sekunde aus den Augen. In einem Anfall von Eifersucht muss er dann wohl auf Escobedo und Gutierrez losgegangen sein. „Zu spät", dachte Rodrigo bei sich. Seine Wut und Empörung legten sich und wichen einer inneren Zufriedenheit. Jawohl! Er hatte sich gewehrt. Er hatte das Messer gezückt. Er hatte Escobedo die Grenzen gezeigt. Liebevoll streichelt er die Messerschneide. Nein, es gab keinen Grund, die Blutspuren abzuwischen. Sollte jeder sehen, dass er sich zu wehren verstand.

„Hast du gut gemacht, Kleiner!"

Rodrigo erschrak. Vor ihm stand Chachu. Den hatte er ganz vergessen. Ein imposanter Riese. Der erste Eindruck von einem tumben, rohen Klotz trog, denn der Bootsmann besaß Manieren und Feingefühl. Vielleicht hielt er es für angebracht, unterschätzt zu werden, jedenfalls war er viel schlauer und gewiefter, als es der erste Eindruck nahelegte. Außerdem besaß er nicht unerheblichen Einfluss an Bord. Er galt etwas, sowohl bei Admiral Colón und den beiden Kapitänen Juan de La Cosa und Peralonso Niño als auch bei der Mannschaft. Alle erkannten ihn als kompetenten Seemann und loyalen Anführer an. Außerdem gehorchte ihm die Baskenbande, dieser undurchsichtige Haufen schweigsamer Halunken, der ein völliges Eigenleben an Bord führte.

Inzwischen graute der Morgen herauf, und ehe sich die Ereignisse an Bord der Santa Maria weiter hochschaukelten, weckte ein Kanonenschuss, abgefeuert von der voraussegelnden Niña, die Flotte. In Windeseile stand die Mannschaft auf den Beinen. Auch den Admiral, der schon in der Nacht alle paar Stunden ungeduldig aus seiner Kajüte geschaut hatte, hielt nichts mehr unter Deck. Großes lag in der Luft, man hätte es fast greifen können. Alle stierten über die Wellen hinüber zur Niña, wo jetzt am Großmasttop eine Flagge gehisst wurde. Es war jene Flagge mit dem grünen Kreuz im roten Feld, das vereinbarte Zeichen für Land.

Ein wildes Durcheinander erhob sich. Juan de La Cosa wollte den Großmast erklettern, ein Impuls, der sich so gar nicht für einen Schiffseigner schickte. Aber das Fieber packte eben auch den alten Hasen. Ihn vielleicht noch viel mehr als alle anderen, sah er doch womöglich ein Land, das ihm nicht unbekannt war. Immer wieder hatte er solche Andeutungen gemacht, von früheren Fahrten, in denen es ihn abgetrieben habe an eine ferne Küste im Westen. Aufschneidereien? Wunschträume? Besaß er wirklich Karten von dieser Küste, wie er stets geheimnisvoll andeutete? Märchengeschichten machten immer die Runde. Was konnte man schon glauben, wenn mehr als zwei Seeleute beisammen standen und von vergangenen Fahrten und Abenteuern erzählten?

Zwei Matrosen, Jacomo Rico und Anton Calabres, rissen Juan de La Cosa respektlos zurück. Wie die Affen turnten sie barfuß in die Höhe. Aufgeregt gestikulierend riefen sie herunter, dass vorab in südwestlicher Richtung Land liege, eine Insel, welche die Form eines Herzens besitze.

Rodrigo fühlte sich unangenehm an die erste falsche Landsichtung vor zehn Tagen erinnert. Damals war die Aufregung eine ähnliche gewesen. Er glaubte nur, was er mit eigenen Augen sah. Und das war im Augenblick nichts. Alles was sich ihm dort im Westen zeigte, erkannte er als einen dichten Dunstschleier, der sich quer über den gesamten Horizont ausbreitete.

Aber nichts bremste mehr die allgemeine Euphorie. Der Admiral, der allerdings auch eher skeptisch wirkte, gab Befehl, den Kurs leicht südwestlich zu ändern. Dann hetzten alle drei Schiffe in größtmöglicher Geschwindigkeit dem Horizont entgegen, da jedes als Erstes zweifelsfrei das Land sichten und so in den Besitz der Belohnung kommen wollte. Niña und Pinta eilten davon, und Juan de La Cosa verfluchte einmal mehr „den galizischen Waschtrog" von Santa Maria, mit dem er hinter den beiden schnellen Karavellen herzockeln musste.

Bunte, kleine, nach Südwesten ziehende Vögel heizten die Vorfreude weiter an, ebenso Thunfische, die im ruhigen Meer spielten. Einige Matrosen sahen einen Reiher, andere eine Ente, wieder andere einen Pelikan, die alle dieselbe Richtung einschlugen. Der Ast eines Dornbusches, der rote Früchte trug, schwamm im Wasser. Wohin man blickte, lachende Gesichter.

Auf dem Poopdeck standen Colón, de La Cosa und Peralonso Niño zusammen. Auch diese drei Offiziere freudig erregt. „Kein Zweifel, es liegt Land vor uns", deutete de La Cosa all die Auspizien. „Die Vögel irren nicht", ergänzte der Admiral, und auch seine Augen glänzten im Entdeckerfieber. „Sie suchen Futter und Ruheplätze!"

Bis Sonnenuntergang fuhren die drei Schiffe 67 Meilen, aber kein Land hatte bis dahin feste Gestalt angenommen. Die herzförmige Insel löste sich im Dunst auf.

Der Admiral ordnete einen erneuten Kurswechsel an, nun auf Westsüdwest, und er begründete dies mit dem Vogelflug. Auf dem Zwischendeck hielt er eine kleine Ansprache, um seine Befehle zu erläutern: „Ich glaube, dass diese Vögel zur Schlafenszeit Land aufsuchen, oder aber, dass sie vielleicht schon vor dem Winter fliehen, der in jenen Gegenden, aus denen sie geflogen kommen, jetzt wohl anbrechen muss. Ich erinnere die Älteren unter euch daran, wie es war, als die Portugiesen die azorischen Inseln entdeckten. Die Portugiesen haben die meisten in ihrem Besitz befindlichen Inseln dank des Vogelfluges entdeckt. So wollen auch wir uns von diesen Vögeln nach Zipangu lotsen lassen."

Eine Stunde vor Sonnenuntergang schlug die Armada die neue Kursrichtung ein, aber in der Nacht kamen sie infolge fehlender Winde nur wenig voran, und am nächsten Tag, am 8. Oktober, die Luft war lind und mild wie in Sevilla im April, wollte es ebenfalls nicht recht vorangehen. Zwar sichteten die Mannschaften erneut Krähen und Enten, aber immer noch keine Spur von Land. In der Nacht zum 9. Oktober sprang der Wind um, so dass Kurs West zu Nordwest gekreuzt werden musste. Sie machten fortan bis in den nächsten Morgen hinein nicht mehr als zwei Knoten die Stunde. Ernüchterung stellte sich ein. Der Wind blies so schwach, dass die drei Schiffe sich wieder gefahrlos einander annähern konnten.

Von der Niña und der Pinta wurden die schweren Beiboote gefiert und die beiden Kapitäne und Brüder, Martin Alonso Pinzon und Vicente Yanez Pinzon, ließen sich zum Flaggschiff pullen. Der Generalkapitän begrüßte sie mittschiffs auf der Santa Maria und führte sie, begleitet vom Raunen und von frechen Sprüchen der Mannschaft, in seine Toldilla.

„Was besprechen die da", nörgelte José Pequinos. „Still doch mal", schnauzte Rodrigo de Jerez zurück. Alle schlichen sich auf das Achterdeck, die Köpfe gegen die Kajütenwand gedrückt um zu erlauschen, was die Kapitäne verhandelten.

Von drinnen wurden die Stimmen immer lauter.

„Admiral Colón", vernahm man jetzt den dröhnenden Bass von Martin Alonso, „wisst Ihr, dass wir schon über 800 Leguas westwärts der Insel Ferro gefahren sind? Was sollen wir machen, Adelante? Meine Leute beschweren sich."

„Die meinen tun das schon lange. Was meint Ihr, meine Herren, was sollen wir tun?", fragte Colón.

Vicente Yanez ergriff das Wort: „Lasst uns weiterfahren, Herr, bis zu 2.000 Leguas, und wenn wir dann nicht finden, für was wir ausgezogen sind, dann könnten wir immer noch umkehren."

Das war mutig vom jungen Pinzon. So kannte man ihn. Ein Seemann durch und durch. Einige unter den Matrosen nickten anerkennend mit dem Kopf, jemand flüsterte aber auch: „Der ist verrückt geworden!"

„Ich meine, es ist vergebens", hörte man jetzt den Älteren der beiden Pinzons. „So lange schon segeln wir in diesen unbekannten Gewässern. Lasst uns umkehren, bevor es zu spät ist."

Colón erwiderte: „Seht Ihr diese Flotte und unseren Auftrag, den uns die mächtigen Fürsten und Beherrscher Spaniens anvertrauten? Mein Herr, auch wenn Ihr umkehren wollt, so bin ich entschlossen weiterzufahren."

„Wir sind verloren, wenn wir nicht umkehren. Kehrt um, Adelante, kehrt um", drängte Martin Alonso.

Dann flüsterten sie wieder, ehe die Stimmen erneut anschwollen. „Ihr Herren, seid so gnädig und harrt noch drei Tage und drei Nächte aus, und wenn ich euch dann nicht an Land bringe, dann dürft ihr mir den Kopf abschneiden – und umkehren!", bat der Admiral.

Die Unterredung war beendet. Wenig später traten die Kapitäne aus der Admiralskajüte heraus an Deck. Die Brüder Pinzon, der massige Martin Alonso und der wesentlich schlankere, dafür um einen halben Kopf größere Vicente Yanez, ließen sich ohne weiteres Aufhebens wieder zu ihren Schiffen zurückrudern.

Colón stand neben seinem Kapitän Juan de La Cosa an der Reling und blickte ihnen nach. Sein wettergegerbtes, fast ausgemergelt wirkendes Gesicht verriet wenig von seinen Regungen. Mehr zu sich selbst als zu de La Cosa murmelte er: „Für diese Fahrt habe ich siebzehn Jahre lang gekämpft, mit Klauen und Zähnen. Diese Reise werde ich nicht abbrechen, eher lasse ich mich in Stücke reißen als nach vierunddreißig Tagen und Nächten kleinmütig beizugeben. Ja, den Pinzons, denen bedeutet es nichts, sie sind bereit umzukehren. Aber ich nicht. Eher sterbe ich!“

Der Admiral blickte aus seinen hellen, blauen Augen so unverwandt nach Westen, als wolle er sich in Trance versetzen. Der baskische Kapitän verzog eine Augenbraue. Aus Spott oder Bewunderung?

Der Besuch der beiden Pinzons an Bord des Flaggschiffs hinterließ Spuren bei der Mannschaft. Wieder einmal drehte sich die Stimmung. Die gleiche Diskussion, die die Kapitäne geführt hatten, machte nun unter der Mannschaft die Runde. Die ganze Nacht zum 10. Oktober gab es keine Ruhe. Umkehren oder weiterfahren? Das war einmal mehr die Frage.

Umkehren! So lautete am Morgen die allgemeine Meinung. In den geflüsterten und aufgeregten Gesprächen der Nacht hatten die Männer sich hineingesteigert. Gehässige Worte von Escobedo, jämmerliches Klagen von Jacomo Rico, ernste Bedenken eines erfahrenen Seebären wie Rodrigo de Jerez, verschlossene Mienen bei den Basken, und schließlich ein wankender Peralonso Niño. Als dann am frühen Morgen der Wind auffrischte und die Flotte Geschwindigkeit aufnahm, da fanden auch die schon immer gehegten Befürchtungen neue Nahrung, wonach sie bei diesen Winden niemals mehr nach Spanien zurückgelangen könnten.

An Rodrigo prallten die Mutmaßungen und Ängste so wirkungslos ab wie die Predigt des Pfarrers von San Jorge. Obwohl ihn die sich zusammenbrauende Stimmung aus Angst, Niedergeschlagenheit und Wut nicht erfasste, beobachtete er genau, wie sich die Situation an Bord entwickelte. Unter dem Kommando von Escobedo, der anschürte, wo er konnte, rotteten sich zwei Dutzend Matrosen vor dem Achterkastell zusammen. Sie hatten sich mit Messern, mit Marlspiekern, sogar mit Enterhaken bewaffnet.

„Wenn der Admiral herauskommt, fasst ihn und legt ihn in Fesseln“, kommandierte Escobedo. Wieder einmal unternahm der Notar einen Anlauf zur Meuterei. Gutierrez hielt den Säbel gezückt. Sein feistes Gesicht drückte dumpfe Entschlossenheit aus. Jetzt endlich waren die Aufrührer zur Tat bereit.

Colón betrat das Deck. Kerzengerade stand er unter dem Türbogen, der zu seiner Kammer führte. Der Wind fächelte ihm das dünne, lange Blondhaar vor die Stirn. Mit einem schnellen Blick überschaute er das Geschehen. Rund zwanzig Mann bildeten einen Halbkreis um ihn herum. Von den wichtigen Männern fehlte nur Juan de La Cosa, der an der Ruderpinne stand und nicht zu erkennen gab, auf welche Seite er gehörte.

Überraschend schwang sich Gutierrez zum Sprecher auf: „Rückkehr oder Euer Leben, Colón!“, rief er aus. Gut gesprochen! Die ganze Traube der Männer drang ein paar Schritte weiter gegen den Admiral vor.

Colón hob abwehrend aber keineswegs eingeschüchtert die Arme: „Haltet ein, Männer! Ihr seid im Begriff, eine schändliche Tat zu begehen. Überlegt dreimal! Mit den Brüdern Pinzon habe ich gestern vereinbart, dass wir noch drei Tage weitersegeln. Drei Tage und nicht mehr. So ist es mit ihnen vereinbart. Könnt ihr diese drei Tage nicht mehr abwarten?“

„Unsere Geduld ist erschöpft“, erwiderte Gutierrez. „Alle diese Männer haben genug. Wir wollen umkehren. Sofort!“

„Señor Gutierrez, Ihr müsstet es doch wissen: Ihr widersetzt Euch nicht nur mir, Ihr widersetzt Euch auch dem König und der Königin. Wollt Ihr zum Hochverräter werden?“

„Seit vierunddreißig Tagen sind wir auf hoher See, Adelante“, jammerte Gutierrez, und seine von geplatzten roten Äderchen durchzogenen Glupschaugen quollen aus den Höhlen. In gemäßigterem Ton rief Rodrigo de Jerez dazwischen. „Es ist unerträglich Herr, so lange ins Ungewisse zu segeln. Zu Hause warten unsere Frauen und Kinder. Habt ein Einsehen, Herr, lasst uns umkehren!“

Mit einem Male stand der krausköpfige Diego Harana neben Colón im Türrahmen. Keiner hatte sein Erscheinen bemerkt. Der grimmige kleine Mann fletschte entschlossen die Zähne. Manche, die vielleicht bereit gewesen wären, den Kampf mit dem Messer zu eröffnen, überlegten es sich.

Keiner griff an. Sekundenlang herrschte gespanntes Schweigen auf beiden Seiten. Gutierrez schaute sich unter den Seinen um. Da stand Escobedo, leicht in sich zusammengesunken, infolge der Verletzung, die ihm Rodrigo zugefügt hatte, noch immer nicht ganz bei Kräften. Daneben Peralonso Niño, hilf- und ratlos. Er würde niemals einen ersten Schritt tun. Die verzweifelten Matrosen, Rodrigo de Jerez, José Pequinos, Juan Vecano, Anton Calabres, sie würden mitstürmen, wenn einer voranging. Aber keiner wagte den ersten Schritt. Wo waren die anderen? Der weinerliche Jacomo Rico? Der kneifende de La Cosa und seine undurchsichtigen Basken?

Gutierrez sah, dass es an ihm war, den Degen zu erheben, oder klein beizugeben. Da lenkte er plötzlich ein: „Drei Tage, Herr, genau drei Tage", knurrte er grimmig. „Wir wollen noch drei Tage abwarten, wie die Herren Pinzon." Abrupt wandte er sich um, schob den Degen in die Scheide und marschierte auf seinen dicken Säulenbeinen davon.

Colón hob die Nase in den Wind. Er hatte eine wohl letzte Frist erstritten.

Meer und Wind sprangen dem Admiral mit vereinten Kräften bei: Als am Donnerstag, 11. Oktober, die Morgenwache ihre Schicht übernahm, blies der Passat mit Sturmstärke. Die See ging höher als zu irgendeiner Zeit zuvor auf dieser Reise. Die Flotte jagte verwegen über die Schaumkronen, Wellen züngelten hoch bis über den Bugspriet, wenn die Schiffe im wilden Ritt ins Wasser tauchten. Fontänen übermütiger Gischt schäumten die Bordwand entlang und spülten keck auf die Deckplanken. Den eingefleischten Seeleuten jauchzte das Herz. Die Segel knatterten und blähten sich im stürmischen Wind. Kein Zentimeter Tuchfläche blieb ungenutzt.

Die Anzeichen von Land mehrten sich von Stunde zu Stunde. Auch die größten Zweifler begannen endlich daran zu glauben, dass in der Nähe Land sein musste.

„Schaut da, im Schaum!", schrie Pablo, der wie alle anderen, die nicht gerade zur Wache gehörten, an der Reling hing, den Kopf weit hinausgestreckt.

„Ein Schilfrohr!", jubelte Jacomo Rico.

Einige wären fast vornüber gekippt, so sehr reckten sie sich. Ein schäumender Vorhang vorbeiklatschender Wellen tauchte die ganze

Traube sekundenlang unter Wasser. Mit tropfenden Bärten fuhren sie jauchzend wieder empor, als die Santa Maria sich auf den nächsten Wellenberg hob. Einige andere hatten es auch gesehen, ein Schilfrohr, das auf den Wellen vorbeitanzte.

„So etwas gibt es nur am Ufer!“, schrie einer dem anderen zu.

„Das bedeutet, Land ist nicht weit!“, tönte es zurück.

Steuerbords entdeckten Juan de Medina und Diego Perez einen Schwarm grüner Fische von der Art, wie man sie nur an Riffen findet. Backbords konterte Rodrigo de Jerez mit einem Dornenzweig, der Beeren trug: „Der ist ganz frisch abgebrochen, schaut doch nur, wie weiß und frisch die Bruchstelle aussieht!“

Dann tauchte ein Büschel Gras auf, wie es nur auf Land wächst. Als Nächstes trugen die Wogen ein kleines Brett vorbei. Wachsende Euphorie erfüllte das Schiff.

Das rauschende Meer trug die Schiffe im Sturmflug dahin. „Ich sehe zehntausend Maravedis am Horizont blitzen!“, rief Pablo übermütig. Wer zuerst Land erblickte, dem winkte diese stattliche jährliche Rente aus der königlichen Schatzkammer.

Der Tag flog dahin, und als am Nachmittag die Sonne glutrot hinter dem Horizont versank, suchte jedermann eifrig nach den Umrissen einer Küste in dieser großen roten Scheibe. Noch immer war nichts zu sehen. Alle Mann zwangen sich, die Verrichtungen des Tages zu Ende zu bringen und sangen, nachdem sie die Abendgebete gesprochen hatten, ihr vielstimmiges „Salve Regina“ mit besonderer Inbrunst.

Entgegen früheren Befehlen ließ der Admiral auch in der Nacht weitersegeln. Kein Einziger legte sich zum Schlafen nieder. Die Nacht war durchweht von der Vorahnung eines großen Ereignisses. Unter dem gespenstischen Flattern der Segel schoss die Santa Maria dahin. Irgendwo steuerbords, gerade noch zu erahnen, huschte der Schatten der Pinta, weiter vorneweg die Niña.

Die Aufregung steckte auch die Kapitäne an. Juan de La Cosa und Peralonso Niño schritten auf dem Achterdeck unablässig auf und ab, ihre häufigen Befehle an die Ruderleute unten gaben sie in gereiztem

Tone ab – „Achtung, geradeaus! Macht doch die Augen auf, soll ich runterkommen und die Stange selber anpacken?"

„Wir sollten vielleicht doch die Segel verkleinern", schlug Peralonso Niño vor und deutete unbestimmt auf die Wellen hinaus. Ja, es war ein Risiko, bei diesem stürmischen Wetter durch die Nacht mit vollen Segeln so dahinzujagen. Was, wenn tatsächlich Land voraus lag, unsichtbare Sandbänke, unterirdische Felsen?

„Solange Admiral Colón keine anderen Befehle gibt, fahren wir mit vollen Segeln", erwiderte de La Cosa. Nur Mut, Kamerad!"

Die gleichen Gespräche schnappte Rodrigo überall an Bord auf. In unsteter Spannung wandte er sich mal zu dieser Gruppe, mal zu jener. Schließlich schlich er sich zu den Ausguckleuten am Vorschiff. „Hast du was gehört?", flüsterte José Pequinos, und Rodrigo de Jerez antwortete: „Das hört sich wie ein Brecher an!"

„Unsinn, das ist nur die Bugwelle, die so rauscht."

Ein Dritter mischte sich ein, Pedro Yzquierdo, der ehemalige Sträfling: „Ich sage euch, dass wir bis zum Sonnabend noch immer kein Land sehen. Ich hab es geträumt, und weiß Gott, auf meine Träume kann ich mich verlassen."

„Ach, geh doch mit deinen Fantasien", kam es von Pequinos zurück: „Ich wette zwanzig Maravedis, dass wir Land sehen, bis es hell wird."

In diesem Moment tauchte die Santa Maria wieder tief mit der Nase ins nächste Wellental hinein und die drei Matrosen mussten sich unter einer salzigen Dusche wegducken.

„Das Sprietsegel ist schuld", schimpfte Rodrigo de Jerez. „Der Alte hätte es niemals setzen lassen dürfen. Wir werden noch mit der Nase untertauchen!"

Erst jetzt bemerkten sie die Anwesenheit des jungen Rodrigo: „Na, du kleiner Messerstecher", spottete Yzquierdo, „träumst du auch schon vom Land?"

„Ich träume von zehntausend Maravedis", erwiderte Rodrigo keck. Die anderen lachten. „Was wollte ein Knirps wie du mit so viel Geld anfangen?"

Rodrigo wusste es genau. Er würde Isabella erobern. Noch immer trug er ihr Haarbüschel am Hosenbund.

Immerhin lenkte das Stichwort die Phantasie der Männer in neue Bahnen: „Ich würde mich nicht mehr rühren, mit meiner Frau und meinen drei Kindern in einem schönen Haus leben – und einen Sklaven aus Afrika kaufen", träumte José Pequinos.

„Ich ziehe nach Sevilla", schwärmte Yzquierdo und rollte die Augen: „Die schönsten Weiber lägen mir zu Füßen. Der beste Wein wäre in meinem Keller. Mein Leben bestünde nur noch aus Saufen und Vögeln!"

„Ich würde mir ein schönes Stück Land kaufen, irgendwo in den Bergen, und dort mit meiner Familie Schafe und Schweine züchten und etwas Wein anbauen. Keine Sorgen mehr haben." Rodrigo de Jerez fuhr sich versonnen mit den Fingern durch seinen grauen Bart.

Alle drei stierten schweigend westwärts zum finsteren Horizont.

Die erste Stunde der Nacht verging, die zweite, die dritte. Unvermindert jagte die kleine Flotte unter vollen Segeln dahin. Die Anspannung an Bord war nicht kleiner geworden, aber es legten sich die Hektik und die Aufregung. Manche Matrosen wickelten sich in ihre Decken, andere nickten im Sitzen ein. Die Gespräche verebbten. Nur die Wachen auf ihrem Ausguck harrten in unverminderter Aufmerksamkeit.

Und der Admiral? Auch ihn hatte Rodrigo die ganze Zeit im Blick. Colón demonstrierte nach außen die Gelassenheit dessen, der sich seiner Sache sicher ist, als wüsste er auf die Minute genau den Augenblick, in dem Land auftauchen würde.

Rodrigo richtete sich auf dem Achterkastell ein. Die Offiziere duldeten ihn dort, weil er oft auch außerhalb seiner eigentlichen Wache bereitwillig Pagendienste für Juan de La Cosa übernahm. In dieser Nacht schien es ihm der beste Platz zu sein, um keines der erwarteten Ereignisse zu verpassen. Inzwischen stand die bleiche Scheibe des Mondes über ihnen und warf ein gespenstisches Licht über die aufgewühlte See. Es mochten noch zwei Stunden bis Mitternacht sein, als Christóbal Colón zum wiederholten Male aus seiner Kajüte geklettert kam und seinen Blick über den Horizont streifen ließ.

Rodrigo beobachtete die hochaufgerichtete Silhouette des Admirals. Angestrengt lehnte sich Colón steuerbords weit über die Reling und starrte in die schwarze Suppe von Meer und Himmel. Eine Minute lang, zwei Minuten lang. „Ist irgendetwas, Adelante?", fragte mit neugierigem Unterton Juan de La Cosa, nachdem auch er den Admiral längere Zeit beobachtet hatte.

Colón drehte sich um: „Mir ist, als sähe ich etwas auf West-Südwest. Seht selbst!"

De La Cosa streckte sich über die Reling und spähte in die angegebene Richtung. Er schüttelte den Kopf. „Ich kann nichts erkennen. Was habt Ihr denn gesehen, Adelante?"

„Ich weiß es nicht ... Ruft mir Gutierrez herbei. Nicht, dass ich mich zum Narren mache."

De La Cosa nickte Rodrigo zu und dieser huschte hinüber zur Kajüte des königlichen Majordomus und klopfte ihn heraus. Pedro Gutierrez hatte wohl auf solch ein Signal gewartet, denn er stürmte sogleich in voller Montur und hellwach an Deck. Rodrigo hatte ihn also ganz bestimmt nicht geweckt ...

„Schaut dort hinüber", forderte Colón den Truchsess des Königs auf und zeigte in die bestimmte Richtung: „Dort habe ich ein Licht gesehen."

Gutierrez und auch de La Cosa und Rodrigo spähten gemeinschaftlich nach Westen. Ein Licht?

„Es war ein unbestimmter Lichtschein. Ein kleiner Punkt. Ich bin mir nicht sicher."

„Ich sehe es auch", rief Gutierrez. „Da! Es tanzt auf und nieder. Jetzt ist es wieder verschwunden."

„Kapitän?", fragte Colón, „habt auch Ihr es gesehen?"

Juan de La Cosa murmelte verkniffen: „Leider nein, Señor Adelante. Aber vielleicht habe ich nicht genau in die richtige Richtung geblickt. Oder vielleicht sind meine Augen nicht so scharf wie die Euren."

Rodrigo wurde nicht gefragt. Auch er war sich nicht sicher.

„Wir brauchen Gewissheit, meine Herren", bestimmte Colón. „Holt mir noch einen Zeugen. Holt mir den Schatzmeister!"

Rodrigo huschte davon und klopfte auch nach dem königlichen Schatzmeister Rodrigo Sanchez de Segovia. Nach seiner unbestimmten Rolle bei den verschiedentlich aufgeflackerten Meuterstimmungen hatte der alte Hofschranze sich in den letzten Tagen unauffällig in den Schiffsbauch zurückgezogen. Er kletterte jetzt verschlafen aufs Achterdeck, blieb aber im Kajütaufgang stehen. Man sah ihm an, dass er tatsächlich in den Federn gelegen hatte. Verschlafen rieb er sich die Augen.

„Kommt herüber Inspektor“, rief Colón, als Segovias kahler Schädel auftauchte. „Wir meinen hier ein Licht gesehen zu haben, sind uns jedoch nicht absolut sicher. Wir brauchen Euer Urteil.“

Der Schatzmeister reckte sich noch ein paar Zentimeter und spähte ebenfalls nach Westen. Allerdings ohne seinen Fuß richtig aufs Deck zu setzen. „Ich sehe nichts, Adelante. – Hirngespinnste, Ihr habt geträumt.“ Dann wandte er sich, leise vor sich hinfluchend, um und begab sich zurück in seine Kajüte. Rodrigo hörte ihn noch murmeln: „Langsam habe ich genug von diesen falschen Alarmen. Kann man nicht mal mehr in Ruhe schlafen ...“

„Da war ein Licht“, beharrte Colón. „Ihr habt es doch auch gesehen, Gutierrez?“

Pedro Gutierrez nickte: „Wie die Flamme einer Kerze. Sie tanzte auf und nieder, dann verschwand sie wieder.“

Erneut stierten alle minutenlang in die gleiche Richtung. Dunkelheit. In Colóns Stimme schwang Enttäuschung: „Ich werde es im Bordbuch vermerken. Ich bin mir sicher, da war ein Licht. Haltet die Augen offen!“ Damit verschwand er in seiner Toldilla.

„Ich glaube, der Alte hält es einfach nicht mehr aus. Er wünscht sich ganz einfach, dass es ein Licht gewesen sei“, überlegte Juan de La Cosa laut.

Gutierrez widersprach: „Ich habe es doch auch gesehen.“

Während die beiden so diskutierten und sich von der Steuerbordreling abwandten, beobachtete Rodrigo weiter den Horizont, und da sah er es auch: ein Licht, auf und ab tanzend, ein kleiner heller Punkt in unbestimmter Entfernung voraus. Ein Licht, wie er es aber in früheren Nächten ebenfalls schon oft gesehen hatte. Um was es sich handelte, war für ihn klar: eine Lampe auf der Niña. Beide Schiffe, die Pinta und die Niña, segelten um einige Meilen voraus. Die Umrisse der Pinta erkannte man gelegentlich im hellen Mondschein, immer dann, wenn sie von den Wellen hochgehoben wurde und dasselbe gleichzeitig mit der Santa Maria passierte. Aber die Niña segelte noch weiter voraus. Dieses Schiff konnte man in der Nacht bestenfalls erahnen. Nur wenn dort an Bord ein Licht angezündet wurde, strahlte es weit durch die Nacht und war auch auf den anderen Schiffen zu erkennen. Und selbstverständlich tanzte es auf und ab, weil auch die Niña auf den Wellen auf und ab tanzte.

Die Nacht schritt voran. Um zwei Uhr morgens zog der abnehmende Mond von achtern schräg hinter ihnen an Backbord seine Bahn und beleuchtete in dieser Stellung alles im Vorfeld der drei Schiffe, die jetzt wieder näher zusammengerückt waren und Sichtkontakt hielten. Angeführt jetzt von der Pinta, glitten sie mit ihren im Mondschein silbern glänzenden Segeln dahin.

Ein tüchtiger Passat blies noch immer und trieb die Karavellen auf- und niedertauchend im spritzenden Gischt vorwärts, als von der Pinta herüber ein Kanonenschuss erklang.

„Tierra, tierra!", schrien die Matrosen.

Im Nu war alles auf den Beinen. Wie vereinbart, wurden auf allen drei Schiffen rasch die Segel verkleinert, Pinta und Niña drehten bei und warteten auf das Flaggschiff.

Als die drei Karavellen sich auf Rufweite angenähert hatten, da wie dort aufgeregtes Gewusel an Bord, rief Colón zur Pinta hinüber: „Señor Martin Alonso, Ihr habt Land gefunden?" Und Pinzon antwortete: „Herr, die Belohnung ist nicht verloren."

Worauf der Admiral zurückrief: „Wer ist der Glückliche?"

„Rodrigo de Triana", erscholl ein Name durch die Nacht und man konnte erkennen, wie auf der Pinta ein Matrose von den Kameraden hochgehoben und auf den Schultern getragen wurde.

In etwa sechs bis acht Meilen Entfernung war deutlich eine Art weiße Sanddüne zu sehen, dahinter dunkle Schatten.

Während die Männer beteten und weinten und den Allmächtigen im Himmel lobten, ließ Colón alle Segel bergen, mit Ausnahme des

Großsegels ohne Bonnett. Mit scharf gebrasstem Großsegel und Backbordhalsen joggelten Santa Maria, Pinta und Niña für den Rest der Nacht hin und her. Immer wenn das Land steuerbords zu verschwinden drohte, wendeten sie nach Backbordbug und trieben in südlicher Richtung und in sicherer Entfernung von den Brechern durch die mondhelle Nacht.

Auf der Pinta feierte ein glücklicher Matrose den Gewinn seines Lebens. 10.000 Maravedis!

Alle anderen sehnten in fiebriger Spannung den Sonnenaufgang herbei. Was mochte sie erwarten? Zipangu, Insel der goldenen Dächer? Das Land des großen Khan?

XIV. Bettelkinder und Edelmänner

Ein grauer Oktobermorgen. Von Moguer her näherten sich die Silhouetten zweier Reiter dem Ortsrand von Palos. Ein jeder führte ein mit schweren Bündeln beladenes Packpferd mit sich, dazu noch ein drittes, unbeladenes und unberittenes. Die Tiere gingen gemächlich im Schritt. Über den sumpfigen Stierweiden, die, von hüfthohen Trockenmauern eingesäumt, links und rechts der Straße lagen, schwebte noch der herbstliche Frühnebel. Die gedrungenen, schwarzen Stiere hoben neugierig ihre massigen Schädel, blähten die Nüstern und widmeten sich dann wieder dem taufeuchten Weidegras.

Ein Schwarm Möwen segelte unkoordiniert von Palos her – auf der Suche nach Leckerbissen. Die beiden Reiter achteten wenig auf die Umgebung. Sie erreichten die äußersten Hütten von Palos, jene Ansammlung aus baufälligen Lehm- und Bretterbuden, in denen das Gesindel, die Armen, Debilen, Kranken und Ausgestoßenen hausten. Die Hauptstraße von Moguer nach Palos beschrieb einen Bogen um dieses Barackenlager und schlängelte sich über die Weiden und Felder der Familie Pinzon an der Casa Pinzon vorbei zur eigentlichen Stadt hinunter. Ein ausgetrampelter Pfad bog von der Hauptstraße ab und führte auf kürzestem Wege durch die Ansammlung windschiefer Hütten hindurch ebenfalls in den Ort. Diese Abkürzung wählten die zwei Reiter.

Der vordere gab ein farbenprächtiges Bild ab: Er trug einen breitkrempigen Hut mit Federbusch, über dem grünen Wams mit blauer Weste einen wallenden, samtgefütterten Umhang, knielange schwarze Beinkleider und lederne Reitstiefel. Ein wohlhabender Mann, das sah man auf den ersten Blick. Der zweite, deutlich ältere Reiter, bot einen ganz anderen Anblick: Er trug die braune Kutte der Franziskaner, darüber den schlichten braunen Umhang des Ordens; seine Füße steckten in einfachen Sandalen.

Kaufmann Juan Rodriguez Cabezudo drehte sich, als sie die ersten Hütten passierten, zu seinem Hintermann um: „Das war keine gute Idee, Fray Martin, diese Abkürzung zu nehmen. Seht, was uns da vorne erwartet." Er deutete auf eine Gruppe zerlumpter Kinder, die sich wie Wegelagerer den Reitern entgegenstürzten.

Das Rudel umkreiste schreiend die Männer und ihre Tiere. Die Packpferde trippelten angesichts des Lärms unruhig auf der Stelle. Cabezudo nahm die Leinen kurz, damit die Pferde nicht ausreißen konnten. „Maravedis, Maravedis! Brot! Hunger! Habt Erbarmen, Herr! Eine Gabe, nur eine kleine Gabe!"

„Haut ab! Verschwindet! Lasst uns in Ruhe!", versuchte Cabezudo die Brut zu verscheuchen. Doch das gute Dutzend Bettelkinder, nicht zu unterscheiden, ob Mädchen oder Jungen, ließ sich nicht abschütteln. Die Horde wurde immer zudringlicher. Ein kleiner Junge, dürr und höchstens sechs oder sieben Jahre alt, machte sich an Cabezudos rechtem Bein zu schaffen. Ärgerlich versuchte dieser, den lästigen Balg wegzutreten. Da sein Fuß im Steigbügel steckte, ging das nicht. Er nestelte nach der Reitgerte, die er längs am Sattel verstaut hatte. Diesem stinkenden Parasiten würde er es zeigen. Das Gesicht des kleinen Jungen, der sich immer noch an ihm festhielt, klagte ihn an. Augen so groß wie reife Pflaumen, ein Blick, so elend und verzweifelt wie ein dem Tode Geweihter, eitrige Schrunden am Mund, eine Rotznase, verfilztes, schulterlanges Haar voller Ungeziefer, nur Lumpen am ausgemergelten Körper, die kleinen, dürren Händchen krampfhaft an Cabezudos Stiefel gekrallt, als wäre der Kaufmann seine letzte Rettung. So hetzte und stolperte der Betteljunge an Cabezudos Seite, auch als dieser seinem Pferd mit der Gerte eine schnellere Gangart verordnete. Der Junge ließ nicht los. Cabezudo ließ den Stock Richtung Rücken des Jungen pfeifen. Erst warnend, dann mit Kraft, schließlich wütend, ein-, zwei-, dreimal!

„Nur einen Maravedi, nur ein Stück Brot, bitte Herr!", jammerte der zähe Bursche, der sich nicht abschütteln ließ.

Cabezudos Pferd wechselte in einen scharfen Trab, das Packpferd hüpfte in bockigen Sprüngen hinterher. Fray Martin folgte unwillig mit den anderen Pferden und mühte sich dabei, die Bettelkinder loszuwerden, die ihm wie ein Fliegenschwarm folgten. „Wir haben nichts. Ich bin selbst ein Bettler. Ich habe gar nichts. Geht, verschwindet! Hier gibt es nichts."

Die meisten Kinder ließen von ihm ab. Da gab es wohl in der Tat nichts zu holen.

Einige Pferdelängen voraus, jenseits der letzten Hütten, verlor Cabezudo die Geduld. Er ließ nun einen Hagel von wütenden Schlägen auf den Jungen los, jetzt ohne Rücksicht, ob er auf Rücken, Schultern, Arme oder den Kopf traf.

„Nur einen Maravedi, Herr, nur einen ..."

In seiner Verzweiflung, und im Bemühen, den Halt nicht zu verlieren, krallte sich die hartnäckige Klette an den ledernen Sattelgurt, an Cabezudos Beinkleid und an seinen Hosengürtel. Dabei erwischte er den Riemen, der Cabezudos Geldbörse am Gürtel festhielt. Der Riemen riss, die Börse segelte mit den Fetzen des Lederriemens davon, und der Junge, seines Halts beraubt, landete im Straßengraben. Bis Cabezudo reagiert und die Pferde zum Halten gebracht hatte, befand er sich schon ein gutes Stück voraus. Zwischen ihm und dem nur im Schritttempo näher kommenden Fray Martin krabbelte der Bettlerjunge im Straßenstaub. Die Geldbörse lag mitten auf dem Weg.

„Hey, ho!", brüllte Cabezudo und riss die Pferde herum.

Im Galopp schoss er auf den Jungen zu, der sich längst an dem Lederbeutel zu schaffen machte. Als Cabezudo herangestürmt kam, das Pferd gewaltsam zum abrupten Stehen brachte und sich noch in der Bewegung aus dem Sattel schwang, warf ihm der Junge die Geldbörse zu und schlug sich gleichzeitig flink wie ein Hase zwischen zwei Hütten in eine Seitengasse. Cabezudo fing hastig die Börse auf, war aber zu verdutzt, um dem Jungen nachzusetzen. Die Börse fühlte sich so schwer an, wie sie zuvor gewesen war. Die Münzen klimperten darin. Cabezudo schaute grübelnd in das Geldsäckchen, dann kopfschüttelnd in die Seitengasse, in welcher der Bub verschwunden war. Wieso hatte der Knirps die Gelegenheit nicht genutzt und die Geldbörse an sich gerissen? Sicherlich hatte er Angst davor, dass Cabezudo ihn verfolgen, einholen und dann bestrafen würde.

Erst als Juan Rodriguez Cabezudo sich den Staub abgeklopft und die zerissenen Beinkleider sortiert hatte, und Seite an Seite mit seinem Begleiter Fray Martin durch die gepflasterten Gassen von Palos ritt, zählte er, bequem im Sattel sitzend, sicherheitshalber alle Münzen aus seiner Börse nach. Eine nach der anderen nahm er in die Hand und tat sie von dem einen Säckchen ins andere. Ein Golddukaten fehlte. Ein Dukaten! Der Junge hatte sich nur eine einzige Münze genommen. So ein gerissener kleiner Dieb. Cabezudo kam nicht umhin, dem Knirps Bewunderung zu zollen. Hätte der Kleine die ganze Börse gestohlen, so wäre das schiefgegangen. Cabezudo hätte nicht eher Ruhe gegeben, bis er den Dieb geschnappt und das Geld zurückgehabt hätte. Indem er sich mit nur einer Münze beschied, vermied der Betteljunge die Verfolgung, gewann Zeit sich zu verstecken und durfte damit rechnen, ungeschoren davonzukommen. Tatsächlich hatte der Kaufmann weder Zeit noch Lust umzukehren und sich auf die Suche nach diesem einen verlorenen Dukaten zu machen. Den konnte er verschmerzen.

Er nahm sich aber vor, bei nächster Gelegenheit dafür zu sorgen, dass der Alguacil von Palos sich einmal gründlich mit dem Bettlergesindel vor der Stadt beschäftigte.

Nun durfte er keine Zeit verlieren. Noch heute musste er La Rabida erreichen.

Als die beiden fremden Männer in den Hof des Klosters hereingeritten kamen, saß Miguel gerade mit seinem neuen Lehrer und Freund Fray Enrique im Kreuzgang. Sie beendeten soeben ihre tägliche Lektion in Lesen und Schreiben. Sehr zur Zufriedenheit von Fray Enrique löste Miguel schwierige Aufgaben, las und verstand die Texte, die der junge Pater ihm vorlegte. Überhaupt fiel Miguel das Lernen viel leichter, seit dieser Franziskaner sich um den Unterricht kümmerte. Beim mürrischen, stets unzufriedenen Fray Garcia Hernandez hatte Miguel sich unwohl gefühlt. Die zänkische und nörglerische Art des Arztes stießen den Jungen ab, wie seine penetrante hohe Stimme und seine andauernden Versuche, sich als hochrangigen Gelehrten darzustellen, dem es eigentlich nicht zuzumuten sei, einen hergelaufenen Waisenknaben zu unterrichten. In Hernandez Unterricht überwog blasierte Herablassung, während der junge Padre Fray Enrique Ramirez den wissbegierigen Miguel forderte, förderte und lobte, was diesem ausgesprochen gut bekam. So machte Miguel erstaunliche Fortschritte. Vor allem fand er selbst Gefallen an seinem Können.

Fray Enrique ließ Miguel nach Diktat Buchstaben in den Sand malen. Mit einem armlangen Stock schrieb Miguel große A und M und H und dann auch ganze Wörter, biblische Namen vor allem, Abraham, Moses und David, oder die Namen von spanischen Städten: Sevilla, Cordoba, Cadiz.

„Das da ist ein Herr aus Moguer. Ein reicher Kaufmann", sagte Fray Enrique, während Miguel Buchstaben malte.

Miguel hob den Kopf. Er hatte gar nicht bemerkt, dass zwei Reiter in den Klosterhof geritten kamen, so sehr hatte ihn das Schreiben gefangen genommen. Der Junge musterte die Ankömmlinge. Der vordere Reiter sah wirklich aus wie ein reicher Kaufmann. Er trug kostbare Gewänder. Bei seinem Begleiter, der inzwischen aus dem Sattel gestiegen war und sich daran machte, die Pferde zum Brunnen zu führen, handelte es sich hingegen um einen Franziskanermönch, was unschwer an dessen brauner Kutte zu erkennen war.

Der Kaufmann machte noch keine Anstalten abzusteigen. Offenbar wartete er auf ein Empfangskomitee.

Fray Enrique und Miguel saßen verborgen im Schatten des Kreuzgangs. Solange sie an Ort und Stelle sitzen blieben, würden sie unbemerkt bleiben. Miguel beobachtete Fray Enrique, der sich erkennbar im Schutz einer Säule hielt. Der Pater lehnte seinen Kopf mit den dunklen Locken daran an und schielte mit seinen schwarzen Augen Richtung Innenhof. Solange der Pater nicht gesehen werden wollte, schien es Miguel geraten, ebenfalls unsichtbar zu bleiben. „Was sind das für Männer", flüsterte der Junge.

Fray Enrique hob den rechten Zeigefinger vor den Mund und gebot Miguel zu schweigen. „Psst, leise! Sie sollen uns nicht hören!" Dann flüsterte er: „Der Kaufmann heißt Juan Rodriguez Cabezudo. Er stammt aus Moguer und ist ein guter Freund von Admiral Colón. Ich habe die beiden schon öfter zusammen gesehen, sie waren auch schon zusammen hier im Kloster bei unserem Prior. Da haben sie irgendwelche Geschäfte miteinander ausgehandelt, von denen ich aber nichts weiß. Man munkelt, Cabezudo habe gute Verbindungen zum spanischen Hof in Madrid."

„Wie der Admiral", ergänzte Miguel, der in den letzten Wochen unter den Mönchen einiges über den Seefahrer aufgeschnappt hatte.

In diesem Augenblick trat auf der anderen Seite des Innenhofes Prior Juan Perez zusammen mit Fray Antonio de Marchena aus einer kleinen Tür, um die Ankömmlinge in Empfang zu nehmen. Der Prior breitete die Arme aus, strahlte wie immer über seine roten Apfelbäckchen und säuselte in künstlicher Verzückung: „Der hohe Herr Cabezudo von Moguer! Welch eine Ehre! Was für eine Freude!" Der Kaufmann schwang sich elegant auf der dem Prior abgewandten Seite aus dem Sattel. Er klopfte sich den Staub aus den Kleidern. Seine Miene verriet Genugtuung. So hatte er sich den standesgemäßen Empfang vorgestellt. Die Zügel des Pferdes übergab er seinem Begleiter, der nun auch die Tiere des Kaufmanns zum Brunnen führte.

„Welche glückliche Fügung führt Euch zu uns, oh Herr?", sülzte der Prior und umarmte den Gast überschwänglich. Dabei überschlug er sich vor Unterwürfigkeit. Gehörte doch der wohlhabende Kaufmann zu den wichtigsten Gönnern des Klosters. Da oblag es dem Prior, alle verfügbaren Bücklinge des Abendlandes zu zelebrieren. Einen solchen Gast hatte man zu hofieren. Juan Rodriguez Cabezudo legte Wert darauf, dass er wie ein außergewöhnlicher Besucher behandelt wurde. Er gehörte zu jener Sorte von stolzen Emporkömmlingen, bei denen in Ermangelung adliger Herkunft der protzig zur Schau getragene Reichtum den fehlenden Stammbaum ersetzen musste. Fray Juan Perez bediente dieses Bedürfnis nach Kräften.

Der strenge Mitbruder Antonio de Marchena hingegen hielt sich kühl auf Distanz. Als Gelehrter besaß er seine eigene Hoheit. Ein im ganzen Königreich angesehener Astronom und Wissenschaftler wie er musste sich nicht mit gewöhnlichen Kaufleuten gemein machen. Dennoch entbot er Cabezudo einen höflichen Gruß, indem er sein schütteres Haupt gemessen beugte. Die beiden Männer kannten sich offensichtlich gut, befand Miguel, der aus seinem Versteck gespannt die Szene beobachtete.

Der Prior führte seinen Gast ins Klostergebäude hinein. Antonio de Marchena folgte. Der Franziskanermönch jedoch, der mit dem Kaufmann angekommen war, blieb im Hof, um den Pferden das Gepäck abzunehmen und die Tiere in den Stall zu führen. Das sah ganz danach aus, als würden die Gäste über Nacht im Kloster bleiben.

Fray Enrique erhob sich und trat aus dem Schatten des Kreuzgangs in den Innenhof hinein. Miguel folgte ihm. Als der fremde Padre die beiden bemerkte, hellten sich seine Züge auf: „Bruder Enrique!“, strahlte er. „Das freut mich, dass wir uns hier treffen.“

„Bruder Martin“, erwiderte Enrique die Begrüßung. „Welche Überraschung!“ Die beiden Padres drückten sich kurz in einer freundschaftlichen Umarmung. Sie kannten sich von früher.

„Wie steht es in Cordoba?“, fragte Enrique.

„Alles bestens bei uns. Du weißt doch, in Sankt Franziskus von Arrizafa ist es uns schon immer gut gegangen. Die heiligen Reliquien vom Grab der Gottesmutter beschützen uns und lenken unseren Weg.“

„Ich denke nach wie vor oft an die Zeit als Novize zurück. In Arrizafa wurde ich zum Priester.“ Fray Enrique blickte versonnen, wie Miguel ihn selten erlebt hatte. Sein brüderlicher Freund musste eine ganz besondere Erinnerung an das Kloster seiner Jugend haben.

„Was hast Du mit Cabezudo aus Moguer zu schaffen?“, fragte Enrique.

„Ich begleite ihn“, erwiderte Pater Martin kurz. „Er hat nach mir schicken lassen und mich in seinem Haus empfangen. Von dort sind wir heute Morgen hierher zum Kloster aufgebrochen. Er will hier den jungen Don Diego Colón in Empfang nehmen. Das ist der Sohn von Admiral Colón, jenem Seefahrer aus Genua, der im Auftrage der Königin und des Königs ...“

„Weiß ich alles“, unterbrach Enrique. „Erzähle lieber, was es mit dem Sohn auf sich hat. Was hat Cabezudo mit ihm zu schaffen?“

„Cabezudo ist von Colón beauftragt, sich in seiner Abwesenheit um seinen Sohn zu kümmern. Insbesondere in den Angelegenheiten, die mit dem Hof zu tun haben. Es heißt, der junge Colón soll als Page von Prinz Johann an den Hof in Madrid gerufen werden."

„Ja, das hört man. Das erzählt er auch selbst jeden Tag ..."

„Und nun will Cabezudo den jungen Diego Colón zu unserem Kloster in Arrizafa bei Cordoba bringen, denn in Cordoba lebt auch Diegos jüngerer Bruder."

„Ach, einen jüngeren Bruder hat der hochmütige Herr Admiralssohn auch noch?", fragte Fray Enrique überrascht. Das war eine Neuigkeit.

„Es ist ein Halbbruder, ein Bastard", erläuterte Fray Martin. Als er keine Erläuterungen nachschob, obwohl seinem Franziskaner-Bruder Enrique die Neugierde aus dem Gesicht sprang, half Miguel aus. Ihn hatten die beiden zuletzt gar nicht mehr beachtet: „Er heißt Fernando. Ich weiß es von Diego Colón. Der hat es mir gesagt."

Die beiden Padres blickten Miguel erstaunt an.

„Ja", betonte dieser. „Er hat damit geprahlt, dass er zusammen mit seinem Halbbruder Fernando bald am Hofe von Ferdinand und Isabella dienen wird. Deswegen musste ich mich vor ihm hinknien ..."

„Das ist gut jetzt", wiegelte Fray Enrique schnell ab. „Darüber müssen wir nicht länger reden." Er wollte an die Adresse seines Mitbruders noch eine Erläuterung nachschieben, doch in diesem Moment öffnete sich wieder die kleine Tür und der runde Kugelkopf des Priors erschien: „Fray Martin. Bringt das Gepäck Eures Herrn ins Gästehaus. Und Eure Sachen in den Schlafsaal der Mönche ..."

„Er ist nicht mein Herr", protestierte Fray Martin grummelnd, setzte sich aber in Bewegung.

Enrique blieb mit Miguel im Hof zurück. Er knüpfte noch mit einigen Fragen und Überlegungen an die Neuigkeit an, dass Diego einen jüngeren Halbbruder hatte, bis ihm unversehens die Frage entschlüpfte: „Was ist eigentlich mit dir, Miguel. Hast du keine Geschwister? Keine Familie?"

Widerstrebend und in dürren Sätzen berichtete Miguel von seiner Flucht aus der Hütte der Mutter, von seinen Geschwistern, vom Stiefvater, dem sein großer Bruder Rodrigo ein Messer in den Rücken gestochen hatte.

Den bestürzten Gesichtsausdruck Fray Enriques wusste er nicht zu deuten, nachdem er geendet hatte. Fragend sah er zu dem Pater auf. Der sagte leise: „Deine Mutter ist tot! Man hat sie zum Tode verurteilt – und am Galgen aufgehängt, wegen Mordes."

Früh am nächsten Morgen marschierte Fray Enrique von La Rabida nach Palos. Für den jungen Padre bedeutete dies keine Anstrengung. Er war kräftig, gut genährt und das Marschieren gewohnt. Unterhalb der Georgskirche schlug er den Weg zu den Slumhütten oberhalb der Stadt ein. Er hatte vom kleinen Miguel genug erfahren, um einigermaßen zu wissen, wo er suchen sollte. War es möglich, dass man Miguels Mutter aufgehängt und die jüngeren Geschwister Miguels ohne Obhut und Schutz alleine gelassen hatte? Nach Miguels Schilderung musste der kleinere Bruder Pedro um die sechs oder höchstens sieben Jahre alt sein, das Mädchen, die kleine Consuela, vielleicht drei oder vier Jahre alt. Was war aus diesen Kindern geworden?

Den jungen Franziskaner trieben christliche Nächstenliebe und tiefe menschliche Überzeugungen. Man durfte Kinder doch nicht sich selbst überlassen. Enrique empfand es als seine heilige Christenpflicht, sich um Miguels Geschwister zu kümmern. Ob er um seine Mutter trauere, hatte er Miguel gefragt und ihm tröstend den Arm um die Schulter gelegt. Der hatte den Kopf geschüttelt. „Ist mir egal. Ich will nicht mehr dorthin zurück. Deshalb bin ich ja abgehauen."

Und die Geschwister? Ob ihn denn nicht deren Schicksal rühre? Ob er keine Sehnsucht nach ihnen habe?

Trotzig verneinte Miguel. „Die gehen mich nichts an. Es sind auch nicht richtig meine Geschwister. Die haben alle einen anderen Vater."

„Und wer ist dein Vater?"

„Weiß ich nicht. Mutter hat es auch nicht gewusst!"

Das war alles.

„Wo finde ich die Hütte der Hure Sanchez?", fragte er eine alte Vettel, die ihm aus einer der Slumhütten aus zahnlosem Mund entgegengrinste. Sie kicherte: „Die ist tot, mein Junge. Da kommst du zu spät, he, he, he." Speichel tropfte ihr aus den Mundwinkeln. „Ab jetzt musst du zur Hure Feigal. Die ist noch fetter, als es die Hure Sanchez war. Drum verlangt sie auch das Doppelte." Sie zwinkerte dem Padre verschlagen zu: „Oder du probierst es mal mit mir, ich weiß auch noch, wie es geht ..."

Der Padre schlug das Kreuzzeichen und hastete weiter. Überall zwischen den Hütten lagen Müll und Unrat. Ungestört flitzten die Ratten durch die Gassen. Es stank nach Fäkalien und toten Fischen. Angeekelt hob der Mönch seinen rechten Fuß, als er feststellte, dass er mit der Sandale mitten in eine Suhle aus Kot und Erbrochenem hineingetreten war.

Eine zum Skelett abgemagerte Katze, übersät mit Geschwüren und mit einem milchig trüb erblindeten rechten Auge, humpelte vorüber und verschwand in den Brennnesseln. Fray Enrique spürte die Augenpaare, die ihn verfolgten. Aus allen Hütten belauerte man ihn. Mal sah er einen Rockzipfel, mal ein kleines Kind, das schnell von einer Hand ins Innere einer Bretterbude gezogen wurde, mal drehte ihm ein krüppeliger Alter den Rücken zu, der ein ramponiertes und verheddertes Fischernetz auseinanderklaubte. Die Hütten standen kreuz und quer, ohne erkennbare Ordnung, so, als hätte jemand sie aus einem großen Sack einfach ausgeschüttet. Zwischen den windschiefen Konstruktionen, teilweise aus Holz, teilweise aus Lehm, manche auch provisorisch nur mit einem Segeltuchdach überspannt, führten abfallübersäte schmale Trampelpfade hindurch.

Ein Mönch verirrte sich selten hierher. Bettlerorden, Franziskaner und Dominikaner zogen es vor, an den Haustüren wohlhabender Leute um Gaben zu bitten oder auf den Märkten, in den Häfen und vor den Gotteshäusern. Fray Enrique überkam beim Anblick des Elends das übermächtige Gefühl einer göttlichen Erleuchtung. Hier hätte sein Platz sein müssen. Hier war Seelsorge gefragt. An der Seite der Armen und Verdammten. Wo anfangen? Was tun?

Hilflos drehte er sich auf einem kleinen Platz einmal um die eigene Achse. Ein paar Kinder schlichen zwischen den Gassen hervor. Zerlumpte Gestalten. Sie umkreisten ihn misstrauisch.

Wenn nicht hier, wo sonst hätte er seine missionarische Berufung leben sollen? Er musste mit den armen Menschen, die hier lebten, reden. Ihnen Trost spenden. Ihnen das Wort Gottes predigen. Entschlossen schob er den Lumpenvorhang vor der nächstbesten Hütte zur Seite und betrat das halbdunkle Innere. Es dauerte einige Sekunden, bis sich seine Augen an das Dämmerlicht gewöhnt hatten. Er musste den Türvorhang leicht anheben, damit etwas Licht in den Raum fiel.

Es roch nach altem Schweiß und fauligem Stroh. In einer Ecke auf dem Boden lag ein zusammengerollter Mann, leblos wie ein Sack. Er schnarchte in unrhythmischen Schüben. Von ihm ging ein bestialischer Gestank nach Kot und Urin aus. Daneben saß, ebenfalls auf dem Lehmboden, Tische oder Stühle gab es nicht, eine verhärmte Frau mit strähnigen Haarfransen, die ihr das Gesicht verdeckten. An der aus schmuddeligen Tüchern heraushängenden Brust saugte ein kümmerlicher Säugling, der sich vergeblich bemühte, den welken Brustwarzen etwas Milch zu entlocken.

Ein zweites Kind, bestenfalls ein Jahr alt, lag apathisch auf Tüchern neben der Frau; ein drittes, zwei Jahre alt, krabbelte zwischen ihren dreckigen Füßen und ein viertes, vielleicht drei oder vier Jahre alt, stand auf dünnen Steckenbeinen an einem Pfosten, der die ganze Hütte trug, und schaute Fray Enrique aus stumpfen, traurigen Augen an. Die Frau rührte sich kaum, als der Padre eintrat.

„Ich weiß schon", sagte sie müde. „Alonso ist gestorben. Das weiß ich schon."

„Nein, ich ..." Er wusste nicht, was er sagen sollte.

Das Kind am Pfosten begann zu husten. Fray Enrique hätte nicht sagen können, ob es sich um ein Mädchen oder einen Jungen handelte. Der Hustenanfall schüttelte den kleinen Körper, bis das Kind fiel und auf dem Boden liegend in wilden Zuckungen und Krümmungen weiter hustete.

„Esra stirbt auch", klagte die Frau emotionslos.

Der Mann an der Hüttenwand stieß einen übermenschlichen Furz aus und wälzte sich auf die andere Seite, Enrique zugekehrt. Es war das aufgedunsene, versoffene Gesicht eines noch nicht allzu alten Mannes, das ihn aussehen ließ wie einen Greis.

„Gott segne euch und dieses Haus“, brachte Fray Enrique heiser heraus. Dann wandte er sich um und verließ die Hütte. Draußen wäre er fast über ein Rudel von fünf jungen Buben gestolpert, die unmittelbar davor gelauert und gelauscht hatten. Sie mochten zwischen zehn und zwölf Jahre alt sein, einer, ein kleiner, verdreckter Irrwisch, sogar noch deutlich jünger.

Er wollte sie davonscheuchen, besann sich dann aber. „Weiß einer von euch, wo Miguel und Rodrigo Sanchez gewohnt haben?“

Die Jungen starrten ihn feindselig an.

„Das sind, das waren ... zwei Brüder“, stammelte der Pater hilflos. „... äh, so alt wie ihr ungefähr ...“

Keiner reagierte, aber alle Augen waren weiterhin mit wachsamem Interesse auf ihn gerichtet. „Ihre Mutter, Sanchez, ...“

„Die Hure Sanchez“, brüllte einer.

„Die mit den dicken Titten“, ergänzte ein Zweiter.

„Die hat die Beine breit gemacht“, prahlte jetzt der Dritte. Fray Enrique schoss die Schamesröte ins Gesicht. Diese unflätigen Sprüche. Es war ihm unendlich peinlich.

„Was ist mit ihren Kindern passiert?“, fragte er in die feixende Runde hinein.

Der Lärm erstarb. Vier der fünf Halbwüchsigen drehten sich zum Fünften hin um, zum Jüngsten in der Runde. Der blickte trotzig von einem zum anderen, dann machte er auf dem Fuße kehrt und rannte davon.

Fray Enrique blickte ihm nach. Er ahnte sofort, was es mit dieser Flucht auf sich hatte. Trotzdem fragte er vorsichtshalber die Zurückgebliebenen: „Das war er? Das war ... ?“

„Pedro Sanchez!“, bestätigte in krächzender Stimmbruchtonlage einer der Jungen.

„Bringt ihn mir zurück“, forderte er die Kinder auf. „Es geschieht ihm nichts. Ich will nur mit ihm reden.“

Als keiner reagierte, fügte der Mönch hinzu: „Und wenn ihr ihn zu mir bringt, dann sollt ihr auch belohnt werden. Ihr bekommt etwas zu essen.“ Er griff in seine Umhängetasche und zeigte eine ganze Hand voller Esskastanien vor. „Ihr bekommt sie alle. Die ganze

Tasche ist voll. Die sind für euch, wenn ihr Pedro Sanchez zu mir bringt."

Das schien Anreiz genug zu sein. Jedenfalls verzogen sich die Burschen in jene Gasse, in die der kleine Pedro verschwunden war.

Es dauerte fast bis zum Mittag, bevor der Junge wieder auftauchte. Zuvor erschienen als Verhandlungsführer zwei der Burschen und verlangten zuerst die Herausgabe der Belohnung. Fray Enrique, der sich am Rande des Hüttendorfes einen trockenen Platz gesucht und sich dort auf einem Stein niedergelassen hatte, weigerte sich. Erst wollte er den Jungen sehen und sprechen, dann würde er die Esskastanien herausrücken. Das Verhandeln und Feilschen brachte nichts. Der Padre blieb hart. Die beiden glücklosen Emissäre trollten sich. Es war nicht auszumachen, ob damit nun die ganze Angelegenheit gescheitert war.

Als Fray Enrique gerade überlegte, ob er die Sache aufgeben und ins Kloster zurückkehren sollte, hörte er eine Stimme: „Ich bin Pedro."

Der Padre schnellte herum. Niemand zu sehen.

„Hier, ich bin hier oben!"

Auf dem Dach der Hütte stand Pedro Sanchez. Sprungbereit! Fluchtbereit! Ein kleiner Räuberlehrling, strotzend vor Dreck.

Enrique breitete die Arme aus. „Komm herunter. Ich tue dir nichts. Ich will dir helfen."

Der Junge sagte nichts, machte aber auch keinerlei Anstalten, vom Dach der Hütte herunterzuklettern. Er presste die Lippen zusammen und fixierte den Padre prüfend. Das währte einige Minuten, bis Fray Enrique einsah, dass er so nicht weiterkam. Er warb um Vertrauen. Er erzählte von Miguel und vom Kloster La Rabida. Pedro hörte zu, äußerte sich aber mit keinem Wort. Trotzig, wild und unnahbar blieb er oben auf dem Hüttendach stehen.

Der Mönch schilderte das Leben im Kloster, die Arbeit, den Tagesablauf, wie wohl sich Miguel fühle, wie gut es ihm gehe, dass er lesen und schreiben lerne und jeden Tag genug zum Essen habe.

„Du kannst zu uns ins Kloster kommen, hörst du? Jederzeit!" Da Pedro immer noch mit bockigem Gesichtsausdruck oben auf der

Hütte stand, nahm er offenbar auf, was Fray Enrique ihm erzählte. Vielleicht sanken die Worte in den kleinen, verwilderten Kopf ein? Vielleicht erzielten sie Wirkung?

Der Padre ließ eine Pause entstehen, um dem Jungen Zeit zum Nachdenken zu geben. Dann fragte er: „Na, möchtest du mit mir kommen? Soll ich dich mitnehmen? Bei uns hast du jeden Tag etwas zu essen."

Der Junge beugte sich vor und nestelte in seiner zerlumpten Hose. Schließlich zog er etwas heraus, hielt es zwischen den Fingern und streckte es zu Fray Enrique hin: „Da", rief er. „Ein Dukaten! Ich habe einen Dukaten. Ich brauche nicht ins Kloster!"

Tatsächlich! Zwischen den kleinen Kinderfingern glänzte eine Münze. Und soweit Fray Enrique es erkennen konnte, handelte es sich tatsächlich um einen Golddukaten. Wo hatte das Kind eine so wertvolle Münze her?

Ehe er sich dieser Frage widmen konnte, verschwand der kleine Pedro. Er löste sich ebenso schnell und geräuschlos in Luft auf, wie er eine halbe Stunde zuvor erschienen war.

Als Fray Enrique um die Hütte herumeilte, stellte er fest, dass an deren Rückseite eine weitere Bretterhütte angelehnt war, über deren Dach der Junge vermutlich geflohen war. Von dort auf das nächste Dach, auf das übernächste und noch eines ... Da war nichts zu machen. Der kleine Wildling hatte ihn überlistet.

Seine Spießgesellen jedoch, die hatten kein Interesse zu verschwinden. Hartnäckig hefteten sie sich Fray Enrique an die Fersen.

„Unsere Kastanien!", lautete ihre Forderung. „Wir haben Pedro gebracht!"

Das stimmte. Fray Enrique leerte den Inhalt seiner Umhängetasche und überließ den ansehnlichen Berg Esskastanien den Jungen, die gierig darüber herfielen. Er hatte sie am frühen Morgen auf dem Weg von La Rabida nach Palos eingesammelt. Sie wuchsen wild am Rande der Stierweiden, und er hatte sich darauf gefreut, sie am Abend im heißen Feuer zu rösten. Daraus wurde nun nichts.

Er stand neben den Burschen, die sich diese Beute in ihre Tücher wickelten, eifersüchtig darauf bedacht, dass keiner auch nur ein Stück mehr erhielt als der andere. Der Padre nutzte die Gelegenheit, um noch nach dem Mädchen zu fragen. „Wisst ihr auch, wo die kleine Consuela geblieben ist?“

Unvermittelt richtete sich einer der Buben auf und zeigte hinunter Richtung Stadt und Richtung Hafen: „Die hat einer aus der Stadt geholt. Der war vielleicht ihr Vater.“

„Was meinst du, wen meinst du?“, fragte Fray Enrique aufgeregt.

„Na, der Seemann Montilla. Der hat sie in sein Haus genommen.“

„Ihr Vater? Wie kommst du darauf?“

Der Junge zuckte gelangweilt mit den Schultern: „Was sonst? Der hat doch immer die Sanchez gevögelt. Weiß doch jeder.“

„Vielleicht ist der Montilla ihr Vater, oder der alte Vasquez, den sie umgebracht hat“, mischte sich jetzt ein anderer der Jungen ein. „Einer von denen halt ...“

„Oder José, der alte Säufer. Den hat sie auch umgebracht“, sagte der erste Junge. „Von hinten, mit dem Messer!“

„Man weiß es nicht“, fasste der dritte Junge zusammen, schnäuzte sich geräuschvoll und machte eine abfällige Handbewegung. „Aber das ist ja auch egal ...“

Zwischenspiel im Urwald

Izu saß vor seiner Hütte und blinzelte in die Sonne. Der letzte Regenguss hatte das Dorf in eine Schlammsuhle verwandelt. Den Kindern gefiel das. Nackt matschten sie in den Pfützen herum, bespritzten sich gegenseitig, schmierten sich mit Lehm ein, wälzten sich so lange darin, bis sie von einem Wasserschwein kaum mehr zu unterscheiden waren.

Izus Blicke unter zusammengekniffenen Lidern visierten aber nicht den hoffnungsvollen Stammesnachwuchs. Sein Interesse galt Zula. Nicht mehr Kind, noch nicht Frau. Ein Mädchen von vielleicht zwölf Jahren. Zwar war der Zaubermann für die Verhältnisse der Tupanaki bereits ein uralter Mann, dennoch regte sich beim Stammesältesten noch vitales Leben unter dem Lendenschurz, stets bereit, alle Weibchen im Umkreis von drei Tagesmärschen zu bespringen. Mit einem Großteil von ihnen hatte er das auch getan. Aber Frauen wurden in der Welt der Tupanaki noch schneller alt als Männer. Es gab nur wenige, die mit zwanzig Jahren noch attraktiv aussahen, noch weniger, die man mit dreißig Jahren noch als Frau erkennen konnte, und dass welche älter als vierzig Jahre wurden – Izu hatte es noch nicht erlebt.

Aber die jungen Dinger, zehn Jahre aufwärts, die hatten schon immer seinen Appetit erregt. Und es war bei den Tupanaki eine Ehre, vom Zaubermann beschlafen zu werden.

So überlegte der schrumpelige Alte, wie er am geschicktesten der aufblühenden Zula den Hof machen konnte, kratzte sich derweil mit der einen Hand in genüsslicher Vorfreude am Gemächt, mit der anderen stocherte er mit einem Stöckchen im Schlamm.

Die Tupanaki waren ein kleiner Stamm. In ihrem Urwalddorf am Ufer des großen Flusses ging das Leben seit Generationen den immer gleichen Gang: Essen, Trinken, Schlafen, Begatten, Überleben, Geisterbeschwören. In allen sechs Funktionen besaß Izu das größte Talent des Stammes. Er schmunzelte in seine zahnlosen Mundwinkel hinein bei dem Gedanken, welche Verehrung man ihm entgegenbrachte. Hätte er morgens empfohlen, alle Hütten anzuzünden und den Lagerplatz zu verlassen, es wäre geschehen. Dabei gab es noch Marinde, den Häuptling. Der führte das Kommando bei den Kriegs- und Jagdzügen. Kürzlich hatte Marinde zwei Frauen vom Nachbarstamm der Yanti geraubt. Ein großer Coup, der mit einem orgiastischen Caapi-Fest gefeiert wurde, bei dem der komplette Stamm vier Tage besoffen durch das Dorf torkelte. Izu wurmte es noch immer, dass er nicht hatte teilnehmen können. Das wäre eine günstige Gelegenheit gewesen, der kleinen Zula näherzukommen. Aber er hatte sich damals in Klausur mit sich selbst befunden. Innere Einkehr, Gebet und Anrufung der Geister, so hatte er seine Abwesenheit begründet. Solche längeren Abstinenzen vom Stamm, manchmal entrückte er sich wochenlang, hatten sich bewährt. Sie erhöhten Izus Mythos und Glaubwürdigkeit und sie verstärkten den Schleier des Geheimnisvollen, den er in mühsamer Arbeit über die Jahrzehnte um sich herum gewoben hatte.

Das Befremdliche war nur, dass er diesmal tatsächlich eine Geistervision gehabt hatte. Eine, die ihn nun langsam zu ängstigen begann. Es war bereits das dritte Mal innerhalb weniger Monate, dass ihn in seinen Visionen der blaue Himmel heimgesucht hatte. Ein Traum, der wieder nur aus blauem Himmel bestand. Gegenüber dem letzten Mal gab es jedoch eine Veränderung: Die drei kleinen weißen Wölkchen, die er zuerst nur ganz am Rande des Gesichtsfeldes wahrgenommen hatte, sie waren jetzt mittendrin. Sie nahmen herrisch und unübersehbar genau das Zentrum seines Traumbildes ein.

Izu überlegte, was diese Himmel- und Wolkenträume wohl zu bedeuten hatten. Sollte er auf seine alten Tage tatsächlich noch wirkliche Visionen bekommen? Bisher hatte er immer nur geflunkert und um ein paar Zauberstückchen herum ein großes Brimborium veranstaltet – so wie er es von seinem Lehrmeister, dem längst zu

Moder gewordenen Yanizee, einst gelernt hatte, und so, wie es alle Zaubermänner bei den Tupanaki je gehalten hatten.

Aber nun diese Träume. Und so exakt, so scharf, so präzise. Mochten die drei Wolken drei Frauen bedeuten? Eine davon Zula vielleicht? Wollte ihm der Traum sagen: Nimm alle drei! So bog er es sich in Gedanken gerade. Nur: Welches waren die anderen beiden?

XV. Indianer

Mit der Morgendämmerung tauchten die Konturen des unbekannten Landes aus dem Ozean auf. Die Spanier sahen, wie sich vor ihren Augen langsam ein weißer Sandstrand aus dem Meer erhob, den sanft der Schaum der Wellen überspülte. Niemand an Bord der drei Karavellen, der nicht gespannt über die Reling zu jenem unbekannten Land hingestarrt hätte. Das Land des Großen Khan?

Hinter dem Uferstreifen wuchsen Baumwände in den Himmel. Das Wasser unter dem Kiel der Karavellen funkelte grünlich und hellblau, farbige Fischschwärme flitzten umher, die Sonne brach sich blitzend im Wellenschlag. Es duftete nach Land.

Mit eingeholten Segeln, aus Furcht vor Untiefen, ließ der Admiral die Schiffe behutsam weitersegeln. Majestätisch zogen sie ihre Bahn. Vom Ufer her erklang Vogelgezwitscher, überlagert vom Rauschen einer sanften Brandung.

„Ich wette, hinter diesen Bäumen lauern die Soldaten des Großen Khan und beobachten uns. Ihr werdet es gleich merken, wenn die erste Lombarde abgefeuert wird ...“, unkte der ewige Hasenfuß Jacomo Rico, der neben Rodrigo und den anderen an der Reling stand und hinüberstierte. Die Schiffe schaukelten jetzt so nahe am Strand, dass jede Einzelheit zu erkennen war: haufenweise Muscheln, riesengroße Palmen, auf deren Zweigen Affen und Papageien herumturnten, eine Prozession von Pelikanen, die am Strand entlangstolzierte. Andächtige Stille herrschte an Bord der Schiffe, die mit majestätischer Ruhe an der Küstenline entlangglitten. Seltsamerweise überfielen Rodrigo in diesem Moment Bilder aus der Heimat. Das verschwommene Antlitz seiner Mutter tauchte in seinem Unterbewusstsein auf. Einen Moment lang ließ er es geschehen, sodass heftige Rührung sich seiner bemächtigte. Er musste trocken schlucken. Dann war dieser überraschende Anflug von Sentimentalität aber auch schon vorbei.

Das Leben fand jetzt statt. Hier, am anderen Ende der Welt. Ein Schrei vom Achterdeck riss ihn aus dem Sinnieren: „Da sind Menschen!“, rief Peralonso Niño.

Ein Pulk braungebrannter Menschen versammelte sich am Strand. Sie zeigten aufgeregt gestikulierend auf die Schiffe. Und die Männer auf den Schiffen zeigten aufgeregt auf die Insulaner. Völlig nackt liefen sie am Strand entlang, warfen ihre Arme gen Himmel, stießen unverständliche Rufe aus. Manche warfen sich zu Boden, andere stürmten ein Stück ins Meer hinaus, als wollten sie den Schiffen entgegenlaufen. Die Besatzungen von Santa Maria, Niña und Pinta kamen aus dem Staunen nicht mehr heraus. Noch konnte man nicht an Land gehen. Die See schwappte rau und windig gegen die Küste, und die Insel schien von gefährlichen, bis zur Oberfläche des Meeres heraufragenden Klippen umgeben zu sein. Selbst in diesem aufregenden Moment bewahrte Admiral Colón die Ruhe und Übersicht des erfahrenen Seemannes. Er gab der Entdeckerlust, die ihn ebenso gepackt hatte, nicht nach. Stattdessen ließ er seine Flotte gemächlich westwärts um die Insel herumsegeln. So erreichten sie gegen Mittag auf der windgeschützten Seite eine Bucht mit ruhigem Wasser. Endlich kam der Befehl zum Ankerwerfen. Hier sollte es an Land gehen.

Auf jedem der drei Schiffe wurde ein Boot ausgesetzt, je eines für jeden Kapitän. Auf der Santa Maria beorderte Colón die beiden Kronbeamten Rodrigo Escobedo und Schatzmeister Rodrigo Sanchez de Segovia mit an Bord. Außerdem Luis de Torres, den Dolmetscher, dessen Dienste nun endlich gefragt waren. Er sprach Arabisch ebenso wie Hebräisch, und es hieß, er sei auch des Chaldäischen kundig. Nur deswegen befand er sich mit an Bord, denn Christóbal Colón hegte die feste Erwartung, dass mindestens eine dieser fernen Sprachen im Lande des Großen Khan verstanden würde.

Zehn Matrosen kletterten als Ruderer in jedes Boot. Von der Santa Maria war José Pequinos dabei, Chachu, Rodrigo de Jerez. Zuvor mussten sie sich auf Geheiß des Admirals in die schwere Montur der Soldaten werfen. So tauschten sie den schwarzwollenen Seemannsrock mit dem gelbbraunen Lederkoller und die rote Mütze mit dem schmalkrempigen Hut. Sie führten Musketen und Hakenbüchsen mit, manche auch eine Armbrust. Die Hellebarden rasselten, wenn sie zusammenstießen.

Colón trug ein dunkles Samtkostüm mit schmaler wallonischer Halskrause, violette Seidenstrümpfe und das Mäntelchen der spanischen Kavalliere. An seiner Hutschnur blitzte eine goldene Reliquienkapsel; die Linke griff an den Degen, und in der Rechten trug er das königliche Banner, eine Flagge mit grünem Kreuz und, rechts und links davon, die Buchstaben F und J, für Ferdinand und Isabella, darüber die goldenen Kronen.

Das ganze feierliche Aufrüsten nutzte Rodrigo, um sich in einem unbeobachteten Augenblick an Bord des Beibootes zu schmuggeln. José Pequinos bedachte ihn mit einem grimmigen Blick, duldete aber, dass er sich achtern auf die Ruderbank klemmte.

So setzten sie über, drei kleine Beiboote, die sich von den friedlich dümpelnden Karavellen lösten und dann nebeneinander her geradewegs auf das unbekannte Land zuhielten.

Colón setzte als Erster den Fuß auf das neuentdeckte Land. Darauf gab er Acht, dass die anderen Boote nicht vor ihm den Strand erreichten. Er sprang ein paar Schritte an Land, warf sich auf dem Sandstrand nieder und küsste die Erde und dankte Gott dem Allmächtigen.

Auch die beiden anderen Kapitäne, Martin Alonso Pinzon und Vicente Yanez Pinzon, ebenso die Soldaten und Matrosen, die sie begleiteten, gingen in die Knie und lauschten dem Gebet des Admirals. Rodrigo, als er festen Grund unter den nackten Füßen spürte, wankte wie ein Betrunkener. So ungewohnt! Nach Wochen auf den Planken eines immerfort schaukelnden Schiffes musste der Gleichgewichtssinn erst wieder neu justiert werden.

Die Eingeborenen flüchteten sich beim Nahen der Boote in den Urwald. Mochten sie nun hinter Büschen und Bäumen versteckt dieses seltsame Schauspiel beobachten?

Nach dem andächtig vorgetragenen Gebet, bei dem sich viele der Männer gerührt an den Händen fassten und manchen sogar die

Tränen kamen, erhob sich der Admiral und ließ die Männer in Reihen antreten. Dann marschierten sie in feierlichem Zug durch den heißen Sand zu einem kleinen Hügel in der Nähe des Strandes. Hier zog Colón seinen Degen, entfaltete das königliche Banner und verkündete mit lauter Stimme: „Hiermit nehme ich Besitz von diesem neu entdeckten Eilande, im Namen seiner Majestät der Königin Isabella von Kastilien und im Namen seiner Majestät des Königs Ferdinand von Aragon, jetzt und für alle Zeit. So taufe ich diese Insel nach dem heiligen Erlöser auf den Namen San Salvador."

Jubelrufe und Hurrageschrei übertönten Colóns Worte. Der königliche Notar und Generalsekretär, Rodrigo de Escobedo, nach Monaten der Bedeutungslosigkeit endlich gefordert, fertigte von dieser zeremoniellen Landnahme eine Urkunde und machte sie durch seine eigenhändige Unterschrift sowie die von Schatzmeister Rodrigo Sanchez de Segovia und der beiden Kapitäne Martin und Vicente Pinzon zum amtlichen Protokoll der Besitzergreifung. Zugleich ließ Colón gemäß seinem Vertrag mit der Krone alle anwesenden Männer den Treueid leisten, denn von diesem Augenblick an war er Großadmiral des Atlantischen Ozeans, Vizekönig und lebenslänglicher Statthalter all der Länder hier im Westen, die von nun an von ihm selbst gefunden und besetzt werden würden. Außerdem durfte er von dieser Minute an rechtmäßig und offiziell den Titel „Don" führen wie sonst nur die höchsten spanischen Adligen.

Diese Zeremonie, die mit dem Gesang des „Salve Regina" schloss, nahm die Männer so in Anspruch, dass ihnen fast entgangen wäre, wie sich vorsichtig aus dem Schutz des Waldes die ersten Eingeborenen näherten. Sie kamen einzeln und in Gruppen, zuerst zögernd, aber als sie sahen, dass keine Blitze auf sie hernieder fuhren, der Himmel nicht einstürzte und auch sonst nichts Beunruhigendes geschah, neugierig und unbefangen. Bald bildeten sie einen staunenden Kreis um die Spanier, und beide Seiten hatten Gelegenheit, sich zu beäugen.

So seltsam und wunderlich den Inselbewohnern die farbenprächtige und waffenklirrende Versammlung der Spanier auf ihrem Strand vorkommen mochte, so seltsam und wunderlich fanden die Spanier diese Zaungäste.

Die Eingeborenen standen allesamt nackt vor ihnen, gut gebaute, athletische junge Männer, gebräunt von der Sonne, aber von mildem, beinahe europäischem Braun, manche bemalt mit grellen Farben. Allen wuchs tiefschwarzes und glattes Haar, und sie trugen es hinten wie ein Rossschweif auf den Rücken herab. Vorne in der Stirn war es kurz und gerade geschnitten.

Alle Männer, die Rodrigo zu sehen bekam, erschienen ihm auffallend jung, alle von schlanker Gestalt und mit angenehmen Gesichtszügen. Frauen waren keine zu sehen. Niemand trug Waffen.

Luis de Torres, der Dolmetscher, setzte sich auf Geheiß des Admirals in Pose und eröffnete wichtigtuerisch eine Ansprache an die versammelten Insulaner. Sie reagierten auf Torres' Kauderwelsch mit staunendem Lächeln und freundlichen Gesten. Manche kicherten, manche flüsterten miteinander. Aus den Wäldern strömten immer neue Scharen. Inzwischen auch Frauen, auch sie, sehr zum Entzücken der Spanier nackt. „Schau nur, ihre Brüste! Schau hin Rodrigo, schau ihre Scham. So sehen Frauen aus!", flüsterte Pablo aufgeregt und stieß Rodrigo dabei unablässig mit dem Ellbogen in die Seite. „Ich kann es nicht fassen. Sie sind vollkommen nackt."

Es kamen bald so viele Insulaner, dass sie die kleine Gruppe der Spanier vollkommen einkreisten. Wären sie bewaffnet und aggressiv gewesen, die Übermacht hätte leichtes Spiel mit den vom Meer gekommenen Fremdlingen gehabt.

„Das Hebräische wollen sie nicht verstehen, Don Christóbal", kommentierte Luis de Torres seinen ersten, von vielen wilden Gesten begleiteten Versuch. Sogleich unternahm er einen neuen Anlauf, diesmal in arabischer Sprache. Ein junger Insulaner stand dem Dolmetscher nun von Angesicht zu Angesicht gegenüber und neigte sein Ohr an den Mund des Redners, ganz konzentriert, als hoffte er, auf diese Weise den Sinn der fremden Worte zu verstehen.

Die Spanier lachten, die Insulaner lachten zurück. Keiner verstand den anderen, aber alle waren fröhlich, das schuf eine entspannte und friedliche Stimmung. Einer der Eingeborenen griff Luis de Torres an den Bart. Die Haare im Gesicht schienen ihn und seine Kameraden besonders zu faszinieren. Vielleicht waren Bärte hier vollkommen unbekannt.

„Da wir ganz gewiss den äußersten Archipel der indischen Lande erreicht haben", hörte Rodrigo den Admiral zu den Kapitänen sprechen, „müssen diese Menschen zum Reich des Großen Khan gehören. Die Insel Zipangu kann nicht weit sein, meine Herren. Wir haben es gefunden, das Indien des Marco Polo, das Land des Goldes und der Gewürze. Und diese harmlosen Leute hier sind ganz unzweifelhaft Indianer, Untertanen des Großen Khan."

„Nur vom Gold ist nichts zu sehen, edler Don Christóbal", wagte Martin Alonso Pinzon süffisant anzumerken. „Aber davon abgesehen, möget Ihr Recht haben!"

Welch erhabenes Gefühl, zu diesen von den Insulanern bestaunten Spaniern zu gehören. Rodrigo kostete es aus wie einen persönlich erkämpften Triumph. Hier stand er, inmitten von prunkfarbenen Edelleuten, Kapitänen mit wippenden Federbüschen am Hut, Soldaten mit blitzenden Degen und polierten Musketen, und diese einfachen Inselbewohner sahen in ihm wahrscheinlich einen übers Meer gekommenen Übermenschen. Plötzlich empfand er glühenden Stolz, Spanier zu sein.

Während Colón mit Hilfe des Dolmetschers immer neue Fragen und Erklärungen auf die Eingeborenen niederprasseln ließ, und diese freudig lächelnd nickten und mit strahlenden Augen die Ansammlung der Fremdlinge an ihrem Strand bestaunten, fand Rodrigo Gelegenheit, Einzelne dieser Indios, wie der Admiral sie genannt hatte, näher in Augenschein zu nehmen.

Viele trugen Bemalungen am ganzen Körper, schwarz, weiß oder rot. Sie gingen trotz ihrer Nacktheit vollkommen ungezwungen zwischen den Spaniern umher.

Nicht nur Rodrigo, auch den Matrosen, Kapitänen und Amtspersonen der Krone fiel es schwer, lüsterne Blicke auf die hinreißenden Frauen zu unterdrücken. Alte, Junge, Mädchen, Kinder, sie alle mischten sich ungeniert und ungezwungen unter die Spanier. Sie fassten staunend alles an und ließen sich auch selbst anfassen. Wem sollten da keine sündigen Gedanken kommen? Rodrigo sah die glänzenden Augen von Escobedo, von Chachu, vom Schatzmeister Sanchez de Segovia.

Der Admiral, der offenbar so etwas wie einen Anführer gefunden hatte, einen jungen Mann, der gewisse Autorität über die übrigen Indianer auszuüben schien, fragte diesen nach Gold.

„Goold?“, wiederholte der Jüngling und freute sich, wie perfekt ihm die Aussprache des Wortes gelungen war. Er lachte und zeigte seine blendend weißen Zahnreihen.

„Gold!“, so wiederholte der Admiral mit einem Ernst, der in strengem Kontrast zum unbefangenen Lachen des Indios stand. Colón deutete auf seinen goldenen Ring: „Gold. Wo gibt es hier Gold?“ Der Dolmetscher Luis de Torres wiederholte gestenreich die Frage in all seinen bewährten Fremdsprachen. Seine Bemühungen ernteten auf Seiten der Eingeborenen aber weiterhin nur freundliches Grinsen.

Unterdessen ließen die beiden Pinzons allerlei Tand unter den Eingeborenen verteilen, nach vielfach erprobter Methode, wie es die portugiesischen Sklavenfänger an den Küsten Guineas taten: Halsketten, Glasperlen und rote Seemannskappen, die besonderen Anklang fanden. Unbefangen wie Kinder nahmen die Insulaner diese Geschenke an, spielten damit, freuten sich.

Diese Indios kannten offensichtlich keine Schwerter und keine Degen. Einer von ihnen griff neugierig nach dem Schwert des Admirals, und ehe dieser dazwischen gehen konnte, zog sich der Indianer an der scharfen Schneide eine blutende Wunde zu.

So verging der Nachmittag im Zauber einiger wundersamen Stunden am Strand von San Salvador, wie Colón die Insel nach dem heiligen Erlöser getauft hatte. Später erfuhren die Spanier, dass die Indianer selbst ihre Insel Guanahani nannten. Auch sich selbst nannten sie so. Sie deuteten sich auf die Brust und sagten „Guanahani“. Dann deuteten sie auf die Spanier und sagten „Goold“ und lachten. Kleines Missverständnis.

Am Abend kehrten der Admiral und seine Begleiter von ihrem Landgang auf die Schiffe zurück, wo sie die Zurückgebliebenen mit größter Ungeduld empfingen. „Was habt ihr erlebt? Was habt ihr gesehen? Gibt es Gold?“

In dieser Nacht hatten sich die Männer in den Offizierskabinen und auf den Zwischendecks viel zu erzählen. Ähnlich verhielt es sich auf Seiten der Insulaner in ihren im Busch versteckten Hütten, wo sich in dieser Nacht ehrfürchtig die unschuldigen Naturkinder zusammenkauerten und sich vermutlich fragten: Sind es Götter oder Ungeheuer, die da in schwimmenden Häusern übers Meer gekommen sind?

Gleich nach Tagesanbruch am nächsten Morgen eilten viele der Insulaner an den Strand. Ihre Scheu hatten sie längst abgelegt, auch ihre am Vortag noch offen zutage getretene Angst vor den Schiffen, denn einige schwammen schon gleich heraus zu den vor Anker liegenden Karavellen. Manche Indios näherten sich in leichten Barken, in kunstvollen Booten, welche die Spanier bereits am Vortage bestaunt hatten; die Indianer nannten sie Canoes.

Diese eigenartigen Fahrzeuge waren aus ausgehöhlten Baumstämmen gefertigt. Vierzig bis fünfzig Menschen fanden darin hintereinander Platz. Die Indios lenkten und bewegten diese Einbäume mit Rudern in der Form einer Ofenschaufel. Obwohl das den Spaniern unpraktisch erschien, glitten die Canoes erstaunlich rasch und stabil über das Wasser. Kippte ein Boot um, was im Eifer, die spanischen Schiffe schnell zu erreichen, mehreren widerfuhr, tauchten alle Indianer ins Wasser, drehten ihr Canoe wieder um und entleerten es im Nu mit hohlen Kürbissen.

Die Insulaner brachten an diesem Morgen viele Geschenke mit: Papageien, ein aus Baumwolle gefertigtes Garn und eine Art Brot, das sie Casava nannten. Und noch etwas brachten sie herbei: Goldschmuck. In einem der Boote saßen zwei Indianer mit durchlöcherten Nasenflügeln. In diesen Öffnungen steckten kleine, goldene Stifte.

Pedro Gutierrez entdeckte den Goldschmuck als Erster. Der königliche Majordomus stieg in eines der Beiboote, ließ sich zum Canoe der beiden Indios rudern und animierte sie zu einem schnellen Tauschgeschäft. Die Indianer gaben ihre Goldstifte, die sie offenbar für wertlos ansahen, gerne gegen Glasperlen her. Doch als Gutierrez später an Bord mit seinem glänzenden Geschäft prahlte, verbot der Admiral sofort diesen Tauschhandel, assistiert von Rodrigo Sanchez de Segovia, dem königlichen Schatzmeister: „Dieses Gold gehört der Krone alleine“, bestimmte er.

Colón befahl, die beiden Indios an Bord zu bringen, von denen Gutierrez die Goldstifte eingetauscht hatte. Dem Admiral ging es nicht darum, das Gold zurückzugeben. Vielmehr wollte er die beiden Männer über die Herkunft des Edelmetalls ausfragen.

„Goold, Goold“, lachten die beiden Indios und zeigten erst auf die Spanier, dann hinaus aufs Meer, Richtung Südwesten.

Der Admiral fand nach einigem Hin- und Hergestikulieren schnell eine passende Interpretation: „Dort drüben, südwärts über dem Meer, dort muss das Reich des Großen Khan liegen. Dort gibt es Gold. Dahin wollen wir bald weiterfahren.“

An diesem Tag bekamen alle Männer Gelegenheit zum Landgang. Die meisten empfanden den festen Boden als Befreiung nach all den Strapazen und Ungewissheiten während der Monate auf See. Keiner redete mehr von Heimkehr, von Palos, von seinen Familien zu Hause. Hier wartete das Paradies. Wohin sie ihre Blicke richteten: Überall am Horizont erspähten die Spanier weitere Inseln, umsäumt vom weißen Schaum quirliger Brandungen. Das Meer blitzte und leuchtete in der Sonne smaragdgrün, wie aus maurischen Mosaiksteinen zusammengesetzt. Aus der Tiefe des kristallklaren Wassers schimmerten bizarre Felsgebilde, zackige, zerfurchte Riffs, in denen Fische in allen Farben und Größen umhersausten. Weil die Eingeborenen versicherten, es gebe von den Inseln noch unzählige in weiterer und näherer Entfernung – sie zählten über hundert namentlich auf –, beschlossen der Admiral und die Kapitäne, die Fahrt alsbald fortzusetzen. Die Herren wollten möglichst viele Inseln entdecken und für die Krone in Besitz nehmen. Außerdem drängte es den Admiral, den Großen Khan aufsuchen und die Goldländer, derentwegen man ja diese Reise unternommen habe. So teilten die Schiffsführer es den Mannschaften am Abend des 14. Oktober mit. Jetzt erhob sich gegen die Pläne des Admirals kein Widerspruch mehr. Das Entdeckerfieber befiel nun auch den letzten Zweifler.

Den ganzen Tag über umschwärmten die Eingeborenen mit ihren Canoes die drei Karavellen wie Mücken einen Suppentopf. Die Besatzungen erlaubten, dass die Indios an Bord kamen und bewirteten sie dort mit Zuckersirup, auf den die Indios ganz versessen waren. Bevor der Admiral am Abend befahl, alle Insulaner wieder an Land zu schicken, gab er noch einen besonderen Befehl. Ihm fiel nämlich ein, dass es klug sei, einige der Indios auf den Schiffen zu behalten. Diego de Harana, der Alguacil de Armada, schnappte sich dazu Lope Chips und zwei weitere der Basken. Sie versperrten einer Gruppe junger Insulaner den Weg, als diese über die Reling zurück zu ihren Booten klettern wollten. „Du und du und du", so zeigte Harana auf insgesamt sechs Indianer, „ihr bleibt hier. Wir nehmen euch als Führer und Dolmetscher mit auf unsere weitere Fahrt. Ihr sollt uns nach Zipangu führen."

Die Indianer verstanden wenig. Sie lachten und freuten sich. Offenbar fühlten sie sich geschmeichelt. Dass die Spanier ihnen den Weg verstellten, nahmen sie nicht übel, sondern begriffen es als besondere Ehre, als Einladung, die Nacht an Bord zu verbringen. Sie machten deshalb auch keine Anstalten zur Flucht. Trotzdem befahl Harana: „Lasst sie nicht aus den Augen. Es darf keiner ausbüchsen. Spätestens morgen früh, wenn wir die Segel setzen, werden sie merken, was geschieht."

Der Alguacil sollte Recht behalten. Als im Morgengrauen die Schiffe die Anker lichteten und die kleine Flotte sich aus dem Küstenbereich von San Salvador langsam wegdrehte, um Kurs Südwest auf die nächste größere Inselgruppe zu nehmen, herrschte helle Aufregung unter den sechs Insulanern. Sie machten Anstalten, über Bord zu springen. Lope Chips und seine Männer hielten sie mit Gewalt zurück. Da die Eingeborenen bereits erste Brocken des Kastilischen gelernt hatten, versuchte der Admiral ihnen klarzumachen: „Wir nehmen euch mit, bis zu den Inseln, wo es Gold gibt. Zeigt uns die Inseln, wo das Gold gefunden wird, und ihr könnt als freie Männer wieder zurückkehren auf eure Insel San Salvador."

Verstanden die sechs Gefangenen, was der Admiral wollte? Jedenfalls die Frage: Wo gibt es Gold? Einer der sechs, ein großgewachsener, schlanker Bursche, mit aufgewecktem Gesicht von hellbrauner, ins rötliche gehender Hautfarbe und mit einem Haarschweif, der ihm bis zu den Füßen reichte, machte sich zum Wortführer.

„Goold", sagte er, und zeigte auf den Goldring des Admirals und von da über das Meer auf eine Küstenlinie, die sich am südlichen Horizont abzeichnete. „Dort Goold!" Der Indio beschrieb mit den Händen große Kreise um seine Arm- und Fußgelenke und wiederholte: „Goold, Goold!"

Luis de Torres, dem trotz seiner Fehlversuche immer noch eine gewisse Restautorität als Dolmetscher anhaftete, interpretierte keck: „Er sagt uns, dass auf der Insel dort drüben die Leute große goldene Arm- und Fußreife tragen."

Admiral Colón nickte. „Wir segeln hinüber!"

Diese zweite große Insel – unterwegs ließen sie eine Reihe von kleineren back- und steuerbords liegen – taufte der Admiral „Santa Maria de la Concepcion". Akribisch trug er jede Entdeckung in sein Bordbuch ein. Bevor die Karavellen am Abend des 15. Oktober „Santa Maria de la Concepcion" erreichten, ließ Colón drei der sechs Gefangenen auf die Pinta zu Martin Alonso Pinzon bringen. Die anderen drei, darunter der junge Wortführer, blieben an Bord des Flaggschiffs. Colón taufte diesen Anführer der Einfachheit halber „Diego", vielleicht auch, weil er ihn sogleich wie einen Sohn betrachtete.

Armreife aus Gold und Fußringe aus Gold? Diese Verheißung machte die Runde an Bord.

„Diego und die anderen Wilden haben doch keine Ahnung", streute Jacomo Rico Zweifel: „Wenn die wüssten, wo es so viel Gold gibt, dann hätten sie auch welches!"

„Glaube ich nicht. Sie machen sich nichts aus Gold, hast du das nicht bemerkt?", fragte José Pequinos. Der alte Seebär winkte ab: „Sie haben ihre goldenen Nasenstifte gegen bunte Glasperlen und gegen Tamburinglöckchen eingetauscht."

„Das kann nur bedeuten, dass sie so viel Gold besitzen, dass es keine Rolle spielt", schwärmte Pablo.

Es lagen überbordende Erwartungen in der Luft. Manch einer sah sich schon in einer goldenen Zukunft. Nur wenige blieben nüchtern. Zum Beispiel Graubart, der alte Seebär aus Jerez: „Von dem Gold werden wir armseligen Matrosen sowieso nichts haben. Seht ihr nicht die gierigen Augen des Admirals und der Kapitäne? Seht ihr nicht den Goldglanz in den Blicken Escobedos und Gutierrez'? Und was ist mit Sanchez de Segovia, dem Schatzbeamten der Krone? Ein Fünftel aller Schätze gehört der Krone, wisst ihr das nicht? Vergesst das Gold, haltet euch lieber an das, was ihr leibhaftig kriegen könnt! Habt ihr nicht die Weiber gesehen? Nackte Frauen, die sich anfassen lassen. Das ist unser Gold. Da gibt es auch kein königliches Fünftel für die Krone." Er lachte etwas gekünstelt, aber die anderen stimmten munter ein. Jeder wusste: Graubart Rodrigo de Jerez sprach nur aus, was alle dachten. Da gab es Frauen im Überfluss, man musste sich nur bedienen.

In dieser rauschhaften Stimmung verbrachten die Mannschaften die Nacht. Doch als am nächsten Morgen der Admiral die Boote klarmachen ließ, um Santa Maria de la Concepcion in Augenschein zu nehmen, kamen schlechte Nachrichten von der Pinta. Über Nacht war dort einer der gefangenen Indianer über Bord ins Wasser gesprungen und davongeschwommen.

Der Admiral stauchte Kapitän Martin Alonso Pinzon vor versammelter Mannschaft zusammen, in einem Tonfall, den anzuschlagen er vor zwei Wochen noch nicht gewagt hätte. Pinzon schluckte die Zurechtweisung grimmig hinunter, musste er doch zur Kenntnis nehmen, dass mit der Entdeckung der Inseln Christóbal Colón ein anderer geworden war: Vizekönig, Don, Admiral der Weltmeere, während Pinzon ein kleiner Kapitän aus Palos blieb. Das war die bittere Realität.

Es half nichts, Colón konnte lamentieren und schimpfen wie er wollte: Den geflohenen Indianer brachte das nicht zurück. Colón verpflichtete seine Kapitäne zu noch größerer Wachsamkeit.

Mit drei Booten und etwa zwei Dutzend Männern ging Colón am frühen Morgen an Land, gegen Mittag kehrte er ergebnislos zurück. Zwar umschwärmten auch von der Insel Santa Maria de la Concepcion wieder freundliche Insulaner die Bote und die Schiffe der Spanier und ließen sich freudig auf rege Tauschgeschäfte ein, aber sie besaßen kein Gramm Gold. Von den versprochenen Menschen mit goldenen Arm- oder Fußreifen war weit und breit keine Spur.

Gerade als der Admiral zur Santa Maria zurückkehrte, machte dort ein großer Einbaum der Insulaner längsseits fest. In diesem Moment sprang einer der auf dem Schiff festgehaltenen Insulaner ins Meer, erreichte in wenigen Zügen das Canoe und rief den nackten Insassen in seiner Sprache laut etwas zu. Im selben Augenblick schnellte der Einbaum wie ein von der Armbrust geschossener Pfeil über die Wellen davon. Die Geschwindigkeit, in der dies erfolgte, verblüffte die Spanier derart, dass in ihren Reihen zunächst niemand reagierte. Erst als der Einbaum schon etliche Längen Vorsprung gewonnen hatte, befahl der Admiral den Männern auf seinen Booten, hinterherzurudern. Aber die Ruderer auf den schwerfälligen Beibooten der Santa Maria, so wacker sie sich auch ins Zeug legten, hatten keine Chance gegen das flink dahingleitende Indianercanoe.

Von Bord der Santa Maria beobachteten die Zurückgebliebenen die Verfolgungsjagd. Lope Chips bewachte die beiden verbliebenen Indios, den jungen Diego und einen zweiten Indio, den sie Jorge getauft hatten. Immerhin ließen die spanischen Ruderer sich nicht entmutigen. Mit gehörigem Abstand zum Canoe erreichten auch sie schließlich den sandigen Strand, hinter dem sich ein dichter Urwald erhob. Bis an die Ränder dieses Waldes nahmen einige Männer sogar die Verfolgung des Geflüchteten auf. Alle Indianer, die sich am Strand aufgehalten hatten, stoben auseinander und verschwanden binnen weniger Augenblicke in den undurchdringlichen Tiefen ihres Urwaldes. Die Spanier trauten sich nicht in das unbekannte Dickicht hinein.

Unterdessen legte sich von anderer Seite des Schiffes erneut ein Indianer-Einbaum längsseits neben die Santa Maria. Ein einzelner Indianer saß darin und streckte den Matrosen an Deck ein Baumwollknäuel entgegen, das er offensichtlich eintauschen wollte. Da er aber nicht an Bord kommen wollte, kam Chachu die Idee: „Einer ist uns abgehauen, da schnappen wir uns doch den Nächsten. Wer kommt mit?“ Mit diesen Worten stürmte der Bär von Seemann zur Reling und schwang sich darüber hinweg ins Meer. Domingo Vizcaino und Diego Perez, zwei der Basken, folgten ihm. Gemeinsam ergriffen sie den völlig verdatterten Indianer und hievten ihn über die ausgeworfene Strickleiter an Bord.

Diese neuerliche Gefangennahme war keineswegs im Sinne des Admirals. Als Colón und die anderen von ihrer erfolglosen Verfolgungsjagd zurückkehrten, tadelte der Admiral Chachu wegen dieser Aktion. „Es ist nicht gut, wenn wir überall Angst und Schrecken verbreiten, nehmt Euch das zu Herzen, Bootsmann!“ Colón ließ den eingeschüchterten Insulaner zu sich bringen. Er gab ihm eine bunte Mütze und ein paar kleine, grüne Glaskugeln sowie zwei Glöckchen, die er dem völlig Verdatterten an die Ohren hängte. Dann forderte er den Mann auf, wieder zurück zu seinem Einbaum zu klettern und an Land zu paddeln.

„Ich lege größten Wert darauf, dass diese Wilden einen möglichst guten Eindruck von uns haben. Sie sollen sehen, dass wir sie freigiebig beschenken und dass wir nur mit guten Absichten kommen“, erklärte Colón der Mannschaft sein Handeln. „Niemand soll diesen Menschen Gewalt antun, außer sie greifen uns an. Niemand legt Hand an einen Indianer! Ich verbiete auch ausdrücklich, dass ihnen etwas mit Gewalt weggenommen wird. Für alles, was sie uns nicht freiwillig schenken, geben wir ihnen etwas im Tausch. Sie sollen uns, falls spanische Schiffe wieder in diese Gewässer kommen, in guter Erinnerung haben.“

Colón ließ die Anker lichten und weiter Südwest-Kurs nehmen. Bald tauchte am Horizont bereits die nächste große Insel auf. Dort plante der Admiral die nächste Landung. Diego und Jorge, die beiden noch auf der Santa Maria verbliebenen gefangenen Indios, erklärten auf entsprechendes Befragen treuherzig und mit überzeugenden Gesten: Dort lebt ein Stamm, dessen Mitglieder goldene Reifen um Arm- und Fußgelenke tragen. Noch goldener und noch größer als die Goldreife, die sie schon auf der Insel Santa Maria vergebens gesucht hatten. Aber gewiss doch, auf der nächsten Insel gäbe es solches Gold, ganz bestimmt.

XVI. Auf der Suche nach Gold und Zipangu

Auf sämtlichen Inseln, welche die Spanier in den nächsten Tagen ansteuerten, sprachen die Einheimischen eine nahezu gleiche Sprache. „Samaot" nannten sie eine Insel, die im Südwesten liege und auf der es große Mengen „Nucay" gebe, so hieß das Gold bei den Eingeborenen. Auf nach Samaot!

Don Christóbal Colón, der Admiral des Atlantischen Ozeans und Vizekönig von Spanien im soeben entdeckten westindischen Inselreich, ließ seine kleine Flotte von Insel zu Insel hüpfen. Wie ein Schmetterling von Blüte zu Blüte, so eilten sie von Eiland zu Eiland, berauscht von unbekannten Düften, von exotischen Pflanzen und von farbenprächtigen Vögeln, betört vom Anblick der Naturschönheiten, überall reich beschenkt, verehrt, andächtig bestaunt.

Wo auch immer sie hinkamen, sofort umschwärmten überfüllte Canoes mit ausgelassenen Indianern die Schiffe. Über unsichtbare Kanäle sprach sich die Ankunft der Spanier in der Inselwelt herum. Meist wussten die Bewohner einer neu angesteuerten Insel längst, dass rätselhafte Besucher übers Meer zu ihnen kamen. „Männer, die vom Himmel kommen, von den Göttern", so lautete der Ruf, der ihnen vorauseilte. Der Admiral tat alles, um diesen Ruf zu festigen, indem er immer freundlich und freigebig mit allen Insulanern umging. Wo immer die Indios an Bord gelassen wurden, befahl der Admiral, für die Gäste Melasse aufzukochen und sie mit dem Honigsirup zu bewirten. Mit diesem süßen Brei schlugen sich die Insulaner begeistert ihre strapazierfähigen Mägen voll. Im Gegenzug brachten sie Baumwolle, Schnitzereien, Früchte, seltsame Blätter, die sie für wertvoll hielten, und Papageien als Geschenke. Bald wimmelte es in den Wanten von zahmen, buntgefiederten Paradiesvögeln. In ihrer grenzenlosen Hilfsbereitschaft füllten die Indios auch immer und überall bereitwillig die Fässer der Spanier mit frischem Trinkwasser. Keine Arbeit, die sie nicht mit großer Freude und Begeisterung sofort erledigt hätten. „Sie gäben hervorragende Sklaven ab", befand Diego de Harana. Der Admiral nickte und fügte hinzu: „Ich werde den königlichen Hoheiten entsprechende Vorschläge unterbreiten, wenn wir nach Spanien zurückgekehrt sind."

Nur mit dem Gold war es so eine Sache. Zwar behaupteten alle Indianer übereinstimmend, „Nucay" gäbe es in Hülle in Fülle, nur immer gerade nicht auf der Insel, auf der die Spanier gelandet waren, sondern auf der nächsten, übernächsten, weiter im Südwesten liegenden.

So geisterte die Flotte durch das Labyrinth von Eilanden. Meist herrschten günstige Winde, milde Brisen, die die drei Karavellen zuverlässig durch das Gewirr von Inseln, Klippen, Riffen, Sandbänken, Untiefen und Unterwasserfelsen schoben. Manchmal brachen auch kurze Windstillen aus, und seit dem 18. Oktober überfielen tägliche Regengüsse die kleine Flotte. Das den Spaniern noch unbekannte Phänomen der Regenzeit setzte ein.

Als sie endlich die Insel fanden, die von den Eingeborenen mit Samaot oder Samoete bezeichnet wurde, auf der es angeblich große Mengen Gold geben sollte, plante der Admiral einen längeren Aufenthalt ein.

Nach verschiedenen vergeblichen Landungsversuchen an seichten Stellen schickte Colón ein mit einem Dutzend Männer bestücktes Boot in eine Lagune, die er für die Mündung eines Flusses hielt. Peralonso Niño führte das Kommando über diese Mission. Er teilte auch Pablo und Rodrigo dafür ein. Das bedeutete für die beiden Jungen nach verschiedenen kurzen Landgängen, die sich bisher meist auf Spaziergänge in Strandnähe beschränkt hatten, die erste richtige Expedition ins Innere einer Insel.

An einer kleinen Siedlung auf der landeinwärts gelegenen Seite der Lagune legten sie an. Die Eingeborenen suchten zunächst Abstand, als sie die Besucher erspähten. Peralonso Niño ließ am seichten Dorftümpel die mitgebrachten Wasserfässer auffüllen. Dann streiften die Spanier in Gruppen zu dritt und zu viert durch die

Umgebung. Niemand fürchtete Gefahren. Die bisherigen Erfahrungen mit den Insulanern wiegten die Spanier in Sicherheit. Rodrigo und Pablo bildeten eine Gruppe mit José Pequinos und mit Rodrigo de Jerez, den beiden erfahrenen Matrosen.

Graubart Rodrigo de Jerez führte den kleinen Trupp an. Er winkte den anderen, ihm in die von ihren Bewohnern verlassenen Eingeborenenhütten zu folgen. Sie suchten nach Gold, aber sie fanden etwas völlig anderes. Schon in der ersten Hütte entdeckten sie seltsame Schlafstellen, hängende Betten, die aussahen wie Netze aus Baumwolle. Diese Netze hatten die Form von Schlingen. Sie hingen an Balken über dem Erdboden. Eine Weile standen die Spanier ratlos davor. José Pequinos fuhr mit den Fingern durch die der Länge nach geknüpften Schnüre. Nach jeder Handbreit waren Querschnüre eingeflochten. In ihrer vollen Länge maßen diese über dem Boden aufgehängten Netze etwa fünfeinhalb Fuß.

„Leg dich mal hinein", forderte Graubart Rodrigo auf. Gar nicht so einfach. Beide Enden eines Netzes bestanden aus vielen Schleifen derselben Schnüre, und jede Schleife war mit feineren Schnüren zusammengefasst, deren Enden an den Hauspfosten fest verknüpft waren. Immer wenn Rodrigo in das Netz klettern wollte, klafften die Schnüre auseinander oder sie spannten sich an der falschen Stelle. Außerdem schwankte das ganze Netz wie eine Schaukel. Schließlich halfen ihm die anderen, indem sie Rodrigo mit vereinten Kräften anhoben und in das Netz hinein legten. Rodrigo baumelte über dem Erdboden, fühlte sich aber geborgen. „Das ist ein Schlafplatz", erkannte er. „Ich glaube, die Indios schlafen in diesen Netzen." Nach einigem Ausprobieren fanden sie eine Methode, wie ein Mann ohne fremde Hilfe in die Netze steigen kann. Man greift sich eines der aufgehängten Netze, öffnet es wie eine große Schlinge und lässt sich rücklings hineinfallen. Für einen Moment vergaßen die vier ihren Auftrag und spielten mit der Neuentdeckung. Pablo lag lang ausgestreckt in einem der schaukelnden Netze und meinte mit der ganzen Unbekümmertheit sein Jugend, während er hin- und herbaumelte: „Hier bleibe ich! Ich glaube, man kann herrlich darin schlafen. Und vom Boden her braucht man keine Schlangen und kein Ungeziefer zu fürchten. Ist das nicht schlau?“

Rodrigo de Jerez fand dieses Schlafnetz so praktisch, dass er eine dieser Hängematten kurzerhand abhängte, zusammenrollte und sich unter den Arm klemmte, in der Absicht, sie auf dem Schiff auszuprobieren.

Die Eingeborenenhütten wirkten in ihrer Form den maurischen Hütten nicht unähnlich. Die Indios errichteten sie auf Pfählen, mit sehr hohen Dächern aus Palmenblättern, versehen mit guten Rauchfängen. Überall erwies sich die Ausstattung als sehr einfach aber sauber. Während die Spanier noch neugierig alles beäugten, gab Pablo, der am Hütteneingang stand, plötzlich einen warnenden Ruf ab: „Indios!“

Die Dorfbewohner kehrten zurück, umschwärmt von einem Rudel Hunde, welche kräftig knurrten und sogleich die Spanier beschnupperten. Nach ihrem Äußeren gehörten diese Indios zur gleichen Stammesgruppe wie jene, welche sie auf den früheren Inseln getroffen hatten, nur dass hier die Männer teilweise einen etwa knielangen baumwollähnlichen Umhang trugen und manche der Frauen baumwollene Lendentücher. Nur die ganz jungen Frauen und Mädchen zeigten sich nackt.

Aus einer der Nachbarhütten stürmte Peralonso Niño. Er überschüttete unverzüglich die ersten Ankömmlinge mit Glasperlen, Glöckchen und anderen Geschenken, so wie der Admiral es befohlen hatte. Sogleich entstand die gewohnt freundschaftliche Atmosphäre. Arglos umringten die Indios ihre spanischen Besucher. Die Eingeborenen freuten sich über jeden Tand. Vor allem liebten sie alles, was blitzte und funkelte, und jedes unbekannte Kleidungsstück, etwa Mützen oder Handschuhe.

Die nackten Frauen und Mädchen waren auf Dauer ein Problem für die spanischen Befehlshaber. Auf ihre Seemänner wirkten die Begegnungen mit der ungenierten Natürlichkeit dieser Frauen wie die Einladung zum Besuch des Fleischmarktes von Sevilla an ein Rudel hungriger Löwen. Die Begehrlichkeiten wuchsen. Schon bei früheren Landgängen auf kleineren Inseln hatte es erste Zwischenfälle gegeben. Manch einer probierte aus, wie weit er gehen durfte. Nicht alle Zudringlichkeiten wurden abgewiesen. Einige Männer berichteten von versuchten Verführungen seitens der Indianerinnen. So geisterten widersprüchliche Gerüchte und Halbwahrheiten durch die Reihen der Besatzungen. Ein Matrose der Pinta behauptete, eine Eingeborenenfrau sei ihm in ihrer Hütte zu Diensten gewesen, und zwar so vollkommen und kunstvoll, wie es die Huren von Sevilla nicht besser beherrschten. Er brüstete sich so mit diesem Erfolg, dass plötzlich auch andere Besatzungsmitglieder sich an heiße Erlebnisse erinnerten und ein jeder den anderen weiter aufstachelte und anheizte.

Tatsache blieb, dass die meisten Indiofrauen sich in ihrer natürlichen Nacktheit ungeniert zwischen den Männern bewegten und bisweilen auch eine offenkundige sexuelle Neugier an den Tag legten. Sie fassten die Spanier an, wie es eine spanische Dame nie gewagt hätte. Manche deuteten auch mit Gesten und Gebärden an, dass ihnen ein Abenteuer willkommen wäre, zum Beispiel, indem sie aufreizend ihren Hintern darboten. Ihre männlichen Stammesgenossen nahmen daran keinerlei Anstoß.

Was genau sich während der Landgänge abspielte, blieb das Geheimnis eines jeden Einzelnen. Bezeichnend nur, dass alle Männer sich um Landausflüge rissen. Schon lange nicht mehr war von Heimweh und Sehnsucht nach den in Spanien gebliebenen Frauen und Familien die Rede. Im Gegenteil: So wie es jetzt unbeschwert durch die paradiesische Inselwelt ging, war es ganz nach dem Geschmack der Männer. So durfte es noch lange weitergehen.

Die willkommene Konsequenz für Rodrigo bestand darin, dass sowohl Chachu als auch Escobedo ihre Nachstellungen nach ihm einstellten. Als Lustknaben schienen die Schiffsjungen nun nicht mehr gefragt zu sein, da gab es Besseres. Nur Jakob mochte von seiner Verehrung nicht lassen. Er blieb in Rodrigo verliebt. Die Zeiten waren allerdings vorbei, dass der noch jemanden an sich herangelassen hätte. Inzwischen strotzte er vor Selbstbewusstsein. Das Messer in seinem Gürtel, die Erlebnisse mit den Eingeborenen, die Monate an Bord, das stolze Gefühl, ein Spanier zu sein, ein vom Himmel geschickter Halbgott, wie die Indianer es sahen, das alles erfüllte Rodrigo mit Kraft und jugendlichem Übermut. Er fühlte sich stark und erwachsen.

Auf dem großen Dorfplatz, auf dem sie sich befanden, entfaltete sich ein munteres Palaver. Inzwischen konnte jeder Spanier „Nucay" sagen – und jeder Insulaner „Goold". Der auf San Salvador eingefangene Diego, inzwischen mit vielen kastilischen Wortfetzen ausgestattet, spielte den Dolmetscher. Begleitet von der bei ihm üblichen, gestenreichen Vorführung redete er auf den Anführer des Dorfes ein, lobpreiste die Spanier und ihre Freigebigkeit, erzählte wirres Zeug über die kastilische und aragonesische Krone und die Majestäten Ferdinand und Isabella und landete nach vielen Windungen und Abschweifungen schließlich bei der Kernfrage: „Wo ist das Nucay?"

Die Insulaner schleppten, freundlich wie immer, Berge von süßen Früchten und Casava-Brot an, boten ganze Papageienschwärme feil, Baumwolltücher, Federschmuck und Schnitzereien, bis sie endlich verstanden, um was es ging. Sie schoben einen alten Mann durch ihre Reihen nach vorne und stellten ihn den Spaniern vor. Der Mann trug einen großen goldenen Nasenpflock. Das Goldstück steckte fast fingerdick im Gesicht des Mannes und trug sogar eingravierte Zeichen.

Peralonso Niño geriet sofort in helle Aufregung und unterzog die Nase des Mannes einer eingehenden Untersuchung. Die Indianer ringsum freuten sich wie die Kinder und lachten schallend. Der arme Nasenpflockträger wusste nicht, wie ihm geschah, als jeder der Spanier höchstpersönlich das Goldstück in Augenschein nahm. Aber mit jedem neuen spanischen Finger, der in sein Nasenloch eindrang, wuchs sein Stolz. Bald strahlte er breit über das ganze Gesicht und warf beifallheischende Blicke in die Runde.

„Es muss sich um chinesische oder japanische Münzinschriften handeln", erklärte Peralonso Niño nach wiederholter Begutachtung der eingeprägten Schriftzeichen. „Das ist ein klarer Beweis, dass wir uns dem Machtbereich des Großen Khan nähern. Die Insel Zipangu kann nicht mehr fern sein."

Alle Versuche, dem alten Mann seinen Nasenpflock abzuhandeln, scheiterten. Trotz aller Überredungskünste weigerte sich der Indianer standhaft, den Goldstift herauszuholen und den Spaniern auszuhändigen. Peralonso Niño bot sogar sein purpurrotes Wams an, sonst ein von den Indianern besonders begehrter Schatz, doch es half nichts.

„Wir sollten ihm die Nase abhacken und uns das Gold einfach nehmen", beschied frech Antonio de Cuellár, ein Matrose der Pinta, den Martin Alonso Pinzon als Aufpasser mitgeschickt hatte. Es herrschte nämlich zwischen den Pinzons und Colón weiterhin ein reges Misstrauen. Keine Seite gönnte der anderen den großen Goldfund oder sonst eine bedeutsame Entdeckung.

Nach weiteren vergeblichen Versuchen, den Mann zur Herausgabe seines Nasenschmuckes zu bewegen, hielt Peralonso Niño kurzen Kriegsrat ab. Er spielte mit dem Gedanken, Gewalt anzuwenden: „Wir sind mit Säbeln und zwei Armbrüsten bewaffnet. Sollten die Indianer Widerstand leisten, hauen wir uns durch, bis zu unserem Boot. Was meint ihr, Männer?"

Ein solches Vorgehen wäre so recht nach dem Geschmack von einigen gewesen. Aber die Mehrheit der Männer bewies Skrupel. Oder war es Vernunft? Rodrigo de Jerez schließlich, der graubärtige Matrose mit der größten Erfahrung, gab den Ausschlag: „Der Admiral hat Befehl ausgegeben, auf keinen Fall Gewalt anzuwenden. Wollt ihr seine Befehle missachten? Wir ziehen uns möglicherweise den Zorn des Großen Khan zu, wenn wir einen seiner Untertanen berauben. Lasst dem Mann seinen Goldschmuck. Wir werden bald größere Reichtümer finden."

So kehrten sie unverrichteter Dinge zu ihrem Boot zurück, erstatteten dem Admiral Bericht. Nach einigen weiteren Stunden hakten die Spanier auch diese Insel ab und verließen sie wieder. Die Flotte hüpfte bereits weiter zum nächsten Ziel, während auf einem Dorfplatz im Urwald dieser kleinen Insel ein alter Indianer mit goldenem Nasenpflock zu einer immer noch anwachsenden Zuhörermenge inzwischen zum soundsovielten Male die unglaubliche Geschichte erzählte von den buntgekleideten Männern, die vom Himmel gekommen waren, um ihre Finger in seine Nase zu stecken.

Bei weiteren Abstechern zu kleineren und größeren Inseln kristallisierte sich in den folgenden Tagen ein neues Ziel heraus. Immer häufiger trafen sie auf Indios, die versicherten, es gebe weiter im Südwesten noch eine viel größere und sehr reiche Insel, welche sie Colba nannten. Bei manchen hieß sie auch Cuba oder Cubanakan. Das klang für Colón besonders vielversprechend. Der Admiral und seine Kapitäne zeigten sich einig, dass es sich bei dieser Insel Cubanakan nur um eine Insel des Großen Khan handeln könne: Zipangu. Auch Diego, Jorge und die anderen gefangenen Indios, welche sie von San Salvador mitgenommen hatten, befeuerten diesen Glauben, denn auch sie wussten von dieser Insel Cuba.

Bei inzwischen wechselhaftem und oft verregnetem Wetter erreichte die Flotte am 28. Oktober eine sich am ganzen Horizont von Südost nach Nordwest weithin erstreckende Küste. Die Schiffe tasteten sich an der sehr steil abfallenden Küste entlang, bis sie auf eine breite und gefahrlos zu erreichende Flussmündung stießen, in die Colón hineinsegeln ließ. Dort warfen sie Anker.

Rodrigo stand an der Reling der Santa Maria und bestaunte die auch hier wieder grandiose, fremde Natur. Am Fluss entlang wucherten im wilden Durcheinander ihrer Äste monströse Baumriesen. Sie waren so ineinander verschlungen und verwachsen, als stünden sie in einem immerwährenden Ringkampf um den Zugang zum Sonnenlicht. Farne, Flechten, Hängepflanzen, Blumen und Blüten umrankten die Stämme. Überall lockten farbenprächtige, unbekannte Früchte. Aus den Baumkronen erscholl ein auf- und abschwellendes Zirpen, ein unablässiges Zwitschern und Kreischen. Gab es einen schöneren Ort auf Erden?

Nichts aber war zu sehen von den Städten aus Elfenbein und Alabaster, die mit goldenen Zinnen vom Strand emporwuchsen, keine hohen Herren von Zipangu erwarteten sie auf marmornen Landungsbrücken, gewandet in Brokatkleider, Samt und Seide, keine vornehmen Herren und Damen schritten unter Baldachinen über geschwungene Steinbrücken, kein Geläut von Tempelglocken war zu hören, kein Geschmetter aus silbernen Fanfaren, keine drachengeschmückte eiserne Kanone schoss ihnen Salut entgegen. Kein Zweifel, das war nicht Zipangu, wenn Marco Polo nicht ein Erzlügner war. Wieder nur trafen sie auf eine üppig bewachsene, wilde Insel. So stand Rodrigos Urteil bereits fest, noch ehe er den ersten Fuß an Land gesetzt hatte. Der Admiral freilich war anderer Meinung. Konnte nicht hinter dem nächsten Vorgebirge Quinsay liegen, eine Hauptstadt des Großen Khan?

Ein paar Tage lang segelte die Flotte bei widrigen Winden ziellos die Küste auf und ab, bis die Schiffe schließlich von einem gefährlichen Gegenwind gezwungen wurden, in eine große Bucht einzufahren, wo sie bald zwei Wochen liegen bleiben sollten.

Am Westufer dieses natürlichen Hafens lag ein größeres Dorf. Mit der inzwischen gewonnenen Routine stellten die Spanier Kontakt zu den Indios her, die sich Tainos nannten. Der Admiral schickte zuerst ein Boot voraus, mit Diego oder Jorge, einem der beiden indianischen Dolmetscher an Bord. Diese beiden machten den Eingeborenen in ihrer Sprache klar, dass sie keine Furcht zu haben brauchten, dass die Spanier friedlich, freigebig und mit vielen Geschenken beladen vom Himmel gesandt wurden. Dann sprang Diego ins Wasser und schwamm an Land. Mehrere Eingeborene nahmen ihn in Empfang und führten ihn in eine der Hütten. Dort fragten sie ihn gründlich aus und alsbald wimmelte der Strand von nackten Gestalten; Kanus schossen aus dem Dickicht des Ufers hervor, und eine Wettfahrt nach den Schiffen begann.

Die Spanier trafen überall und ausnahmslos auf friedliche und freundliche Menschen, die sich, nachdem sie einmal Vertrauen gefasst hatten, arglos auf den fremden Schiffen bewegten und dabei nicht müde wurden, all diese Wunder, die nur vom Himmel herabgekommen sein konnten, wie Kinder zu bestaunen. In ihrem Eifer, dem Admiral zu gefallen, verstärkten die Indios bei diesem die Hoffnung, dass er dem chinesischen Kaiser dicht auf der Spur sei, nicht mehr weit von der Himmelsstadt Quinsay. Im Inneren Cubas, so berichteten die Tainos, lebe der mächtige Herrscher der Insel. Die Spanier fragten nach Gold und die Indios zeigten ins Landesinnere und sagten „Cubanacan“. Die letzte Silbe war für Colón ein eindeutiger Hinweis auf den Großen Khan und so beschloss er, eine offizielle Gesandtschaft ins Innere der Insel zu schicken. Er wählte dazu als Anführer Rodrigo de Jerez, den erfahrenen und besonnenen Graubart aus, mit ihm Luis de Torres, den inzwischen arg kleinlaut gewordenen Dolmetscher, und den jungen Rodrigo, den Schiffsjungen. Der Schiffsjunge hegte den Verdacht, dass der Admiral ihn immer dann zu Spezialaufträgen befahl, wenn Aussicht bestand, dass er dabei verloren gehen könnte. Die schrillen Worte der kanarischen Gräfin Beatriz de Bobadilla lagen ihm noch im Ohr: „Nehmt diesen schrecklichen Kerl mit und bringt ihn nie mehr nach Spanien zurück!“ Ganz ausgeschlossen schien es Rodrigo nicht, dass der Admiral nach einer günstigen Gelegenheit suchte, diesen Wunsch der Gräfin auf elegante Weise zu erfüllen.

Die Delegation, welche der Admiral nun zusammenstellte, bekam noch zwei Indios zugewiesen, nämlich Jorge, den indianischen Dolmetscher, sowie einen Eingeborenen Cubas aus jenem Dorf, wo sie gelandet waren. Den beiden gefangenen Indios war versprochen worden, dass man sie wieder auf ihre Heimatinsel zurückbringen würde. Aber nur, wenn sie treu als Dolmetscher dienten, und erst dann, wenn die spanische Flotte wieder die Heimreise antreten würde. In einigen Wochen oder Monaten.

Die von Admiral Colón zusammengestellte Gesandtschaft lud sich Geschenke für den unbekannten König auf. Auch vertraute ihnen der Admiral ein Empfehlungsschreiben der spanischen Majestäten an auswärtige Potentaten an, welches den Wunsch nach Anknüpfung freundschaftlicher diplomatischer Beziehungen aussprach. Außerdem gehörten Proben von Gewürzen und Spezereien zu ihrem Gepäck um herauszufinden, ob diese Raritäten hierzulande bekannt waren, und Glasperlen und anderes Spielzeug, um sie gegen Reiseproviant zu tauschen.

Bevor der Trupp losmarschierte, schärfte der Admiral ihnen ein, sich Lage, Grenzen und Entfernungen der Provinzen und Städte,

Flussläufe und Küstenhäfen gut einzuprägen, die er ihnen genau aus Büchern von Marco Polo herausschrieb.

Rodrigo de Jerez führte den Zug an, ihm folgten die beiden indianischen Führer, dann Luis de Torres; Rodrigo bildete den Schluss. Zunächst kletterten sie auf einem vielbegangenen Trampelpfad eine Schlucht hinauf, vorbei an gut bestellten Feldern von Früchten und Gemüse, das sie inzwischen kennengelernt hatten. Da gab es die Yams, süße Knollen, die ungefähr wie Kastanien schmeckten, dann viele Arten von Bohnen, außerdem ein überall verbreitetes Getreide, das die Tainos Mais nannten, und aus dem sie Kuchen, Brote, Brei, Fladen und andere Speisen zubereiteten.

So mussten die drei spanischen Gesandten in den nächsten Tagen keinen Hunger leiden, während sie bald eine Hochebene erreichten, die sie in strammem Marsch binnen zweier Tage durchquerten. Das Märchen vom Großkhan, wie Rodrigo frech vorausgesagt hatte, löste sich alsbald in Rauch auf. Denn anstatt auf den kaiserlichen Hof von Cathay zu stoßen, an dem Luis de Torres mit seinem Arabisch hätte glänzen wollen, fanden sie nur ein bescheidenes Willkommen in einem kleinen Ort von fünfzig palmbedeckten Hütten und einigen hundert Einwohnern. Umringt von einer Schar eingeborener Würdenträger standen sie auf dem Dorfplatz und lauschten dem Geschnatter, das zwischen ihren Indio-Dolmetschern und den Anführern der Hüttenbewohner ausbrach.

Der in Soldatenkluft steckende Seemann Rodrigo de Jerez lüpfte vorsichtig seinen kochtopfähnlichen Blechhelm, um einen besseren Überblick zu gewinnen. Steif drehte er sich in seinem Kettenhemd herum, die schwere Arkebuse mit der Mündung himmelwärts fest an sich gepresst. Unter dem Helm und hinter dem eisernen Kinnschutz lief ihm der Schweiß in Strömen den Vollbart hinunter. Aufmerksam spähte er nach Anzeichen von Feindseligkeit.

Wie bisher behandelte man die Spanier mit großer Ehrerbietung, selbst den schmächtigen Rodrigo. Die Granden des Dorfes geleiteten den kleinen Trupp in ein Haupthaus, wo ihnen zu Ehren eine beträchtliche Zeremonie stattfand. Die Besucher durften auf Dujos sitzen, geschnitzten Häuptlingsstühlen, die normalerweise den Kaziken vorbehalten waren. Man bewirtete die spanische Delegation aufs Freundlichste. Diensteifrige Frauen füllten immer wieder die Becher nach, schöpften neue Portionen vom Maisbrei und schleppten unermüdlich Platten mit geröstetem Fleisch vom Hutia an, einem Kaninchen, welches die Hochebene bevölkerte und von den Indios gehalten wurde. In einer Pause des Festgelages hielt Jorge erneut seine Standardrede vom Kommen, Wollen und Können der Spanier, erst vor allen Männern des Stammes, dann vor allen Frauen. Er berichtete kunstvoll wie ein Pantomimenspieler mit vielen Gebärden, Gesten und reichem Mienenspiel von der friedlichen Mission der Spanier, von den fernen Hoheiten Isabella und Ferdinand, von den schwimmenden Häusern mit den Männern, die vom Himmel gesandt seien und von deren dringendem Bedürfnis nach Gold. Alles Mögliche brachten die Indios herbei, nur von Gold kein Krümelchen. Demnach schien auch diese Mission gescheitert. Weder eine prächtige Hauptstadt noch eine Fundstätte für Gold lag auf dieser Hochebene. Luis de Torres erklärte deshalb, dass das Beste wohl die sofortige Rückkehr sei.

Damit waren nun aber die Eingeborenen nicht einverstanden. Sie wollten ihre Gäste gerne noch länger herumzeigen. Immerhin bekamen sie nicht alle paar Tage solchen Besuch. Geschmeichelt von so viel Begeisterung gab Luis de Torres auf dem Dorfplatz eine Probe seiner Schießkunst mit der Arkebuse. Einen gewaltigeren Eindruck, als er mit dieser schweren Schusswaffe hinterließ, vermag man sich kaum vorzustellen. Alle Indios warfen sich nach dem ersten krachenden Schuss flach auf den Boden. Es blieb ihnen auch nach einer ganzen Reihe von weiteren Schüssen ein unerklärliches Rätsel, wie die Bleikugel, die Luis de Torres ihnen zuvor zwischen Daumen und Zeigefinger vorzeigte und in den Lauf der Hakenbüchse stopfte, von dort ein Brett, einen irdenen Krug oder einen Holzpfahl zerfetzen konnte, der viele, viele Schritte entfernt stand. Keiner wagte es, die imponierende „Einmann-Kanone" des Spaniers anzufassen. Luis de Torres wuchs damit zur Hauptattraktion, für die sich infolgedessen auch die Indiofrauen äußerst gründlich interessierten. Sie zupften so lange an ihm herum, bis er seine Hosen festhalten musste, sonst hätten sie sie ihm vom Leib gerissen. Sie betatschten und befühlten alle drei Spanier immer wieder, eifrige Finger wühlten durch die Bärte und unter die Rüstungen, um sich zu vergewissern, ob es sich wirklich um Menschen von Fleisch und Blut handelte. Über den Umgang der Geschlechter gab es auch bei diesen Tainos so freizügige Ansichten und Gebräuche, dass selbst der familientreue Rodrigo de Jerez in höchste Versuchung geriet. Die Indianerweiber, viele klein und mit kurzen Beinen und gedrungenen Oberkörpern, aber einige auch ausnehmend schön, mit ebenmäßigen Gesichtern und kecken, festen Brüsten, präsentierten sich ganz ungeziert in ihrer Nacktheit. Selbst Rodrigo bekam von den Versuchungen einen Geschmack, als sich während der Nacht zwei junge Mädchen zu ihm gesellten, ohne dass er mit diesem Angebot ernsthaft etwas anzufangen wusste. Eher panisch wehrte er ihre Hände ab, die immer wieder den Weg in seine Leistengegend suchten. Enttäuscht ließen sie schließlich von ihm ab. „Beim nächsten Mal", so redete er sich ein. Dann geisterten Traumbilder von der nackten Gräfin Bobadilla, von Isabella Pinzon mit dem Körper eines Indiomädchens, von den Frauen, die er im Tainodorf den ganzen Tag angestiert hatte, durch seinen Kopf. So schlief er ein.

Da sie von Admiral Colón die Weisung bekommen hatten, nach spätestens sechs Tagen wieder bei den Schiffen zu sein, machten sie sich am nächsten Morgen auf den Rückweg. Luis de Torres und Rodrigo de Jerez schwärmten dabei von sagenhaften erotischen Abenteuern, die ihnen in der Nacht widerfahren seien. Rodrigo trabte grüblerisch hinter den beiden her, sich selbst verfluchend, warum er nicht doch ausprobiert hatte, wonach ihn eigentlich seit Tagen drängte. Er schwor sich: „Ich werde ein Mann! Bald!"

Auf dem Rückweg benutzten sie wieder den vielbegangenen Pfad, der sie heraufgeführt hatte. Es begegneten ihnen viele Familien und Gruppen von Eingeborenen, bei denen ihnen ein seltsamer Brauch auffiel: Die Knaben trugen schwelende Feuerbrände in irdenen Krügen vor sich her und hielten sie für die Erwachsenen bereit, die daran zu Röhren zusammengerollte getrocknete Blätter anzündeten. Diese Blätter nannten die Indios Tobacos. Sobald die Blätter angebrannt waren und glühten, steckten die Tainos das andere Ende der Blätterröhren in ein Nasenloch und sogen den Rauch kräftig ein. Dann reichten sie den Tobaco an den Nächsten weiter, der ebenso verfuhr. Es handelte sich um jene Blätter, die ihnen schon auf San Salvador als Geschenk feilgeboten worden waren.

Auf Drängen ihres einheimischen Führers ließen sie sich schließlich am Wegesrand bei einer Gruppe rauchender Tainos nieder und probierten diese Zeremonie aus. Ihr indianischer Führer und Dolmetscher Jorge erklärte ihnen, dass man die Tobacos nicht nur mit der Nase einziehen konnte, ebenso gut ging es mit dem Mund. Das erwies sich als angenehmer, wie Rodrigo schnell herausfand. Während den Knaben ein heftiger Hustenreiz plagte und er eine zweite Runde dankend ablehnte, fand vor allem Rodrigo de Jerez rasch großen Gefallen an diesem Brauch.

„Eine Nacht mit so herrlichen Weibern verbracht, und dann obendrauf solch einen bekömmlichen Rauch trinken, so gefällt mir das Leben", strahlte er und klopfte dem hustenden Luis de Torres auf den Rücken. „Na mein Freund, wäre das nichts für uns beiden alten Kämpfer? Einfach hier bleiben und das Leben genießen? Ich pfeife auf Quinsay und den Großen Khan!"

Der Rauch schien dem alten Seemann zu Kopfe zu steigen. Niemals versäumte er sonst eine Gelegenheit, von seiner Familie zu Hause in Palos zu schwärmen, über sein Heimweh zu klagen, seine Kinder zu vermissen. Was für ein Sinneswandel!

Luis de Torres, Botschafter ihrer Majestäten, treuer Diener der Krone, drängte schließlich zum Aufbruch. Rodrigo de Jerez, reich beschenkt, trug ein dickes Bündel der Tobaco-Blätter im Gepäck.

Der Admiral zeigte sich nicht sonderlich erfreut über den Ausgang dieser Expedition. Dieser Misserfolg bedeutete, dass die Suche nach dem Großen Khan per Schiff fortgesetzt werden musste. Immerhin, während der Abwesenheit der Gruppe hatten die Mannschaften ihre Schiffe eines nach dem anderen auf den Strand gesetzt und überholt. Eine Vorsorge gegen den Bohrwurm.

Nach einigen weiteren Tagen, die sie wegen einer Windstille in der Bucht verbrachten, stachen sie am 12. November wieder in See.

Colón fand es auch hier wieder angebracht, einige Eingeborene mit Gewalt an Bord zu holen und mitzunehmen. Diesmal stellte er es jedoch schlauer an als in San Salvador, so meinte er, indem er nicht nur fünf Männer, sondern dazu auch sieben Frauen einfangen ließ, um sie mitzunehmen. „Die Männer sind gefügiger und gewöhnen sich schneller an eine fremde Umgebung, wenn sie Weiber dabeihaben", erklärte er dem zweifelnden Juan de La Cosa. „So machen es auch die Portugiesen, wenn sie Sklaven in Afrika einfangen." Die Meinung der Mannschaft war eine ganz andere: „Wir sollten nur Weiber mitnehmen", forderte Jacomo Rico unter dem Gelächter der anderen. Inzwischen hatte jeder seine Abenteuer hinter sich und selbstverständlich Gefallen daran gefunden. Dem Admiral hingegen ging es ausschließlich darum, ortskundige Dolmetscher heranzuziehen und ein paar Musterexemplare für die Rückkehr nach Spanien vorrätig zu halten.

Mit den sieben Frauen hatte er aber Pech. Eine war offenbar verheiratet und Mutter von drei Kindern. Noch in der Nacht kam ihr Mann mit der ganzen Familie an Bord und bat so tränenreich und inständig mitfahren zu dürfen, dass ihm der Admiral seinen Willen ließ. Es spielte sich eine rührende Szene ab, als sich die ganze Familie in die Arme schloss.

„Ob hier irgendjemand darüber nachdenkt, was wir eigentlich anrichten?" fragte Juan Sanchez, der Schiffsarzt, mehr zu sich selbst und zum Himmel gesprochen als zu jemandem bestimmten.

Aber Rodrigo hörte die Worte, grübelte kurz, um dann zu befinden: „Keine Ahnung, was der Alte meint!"

Colón ließ die gefangenen Cubaner auf der Pinta unterbringen, wo sie Kapitän Martin Alonso Pinzon von den nächsten beiden Goldinseln erzählten. Die eine, wo es ganz gewiss und diesmal unmissverständlich, große Mengen Gold gäbe, das sei die südöstlich im Meer gelegene Insel Babeque, und die andere, wo überhaupt die Quelle allen Goldes sei und wo alle Menschen aus goldenen Schüsseln essen, das sei im Südwesten die Insel Bohio. Nur warnten sie vor Bohio. Dort lebten kriegerische Stämme, und dort unternähmen auch die von weiter südlich gelegenen Inseln kommenden Menschenfresser, die sie Caribas nannten, ihre Jagdzüge. Über die Menschenfresser lachte Pinzon, aber die Goldgeschichten nahm er für bare Münze, weshalb er in den nächsten Tagen ständig Colón in den Ohren lag, die Insel Babeque aufzusuchen.

Meeresströmung und Wind entwickelten sich aber so ungünstig, dass die Flotte immer wieder an die Küste Cubas zurückgeworfen wurde. Die Schiffe kamen kaum voran und kämpften sich ziellos durch Sturm und Wellen. Das Einzige, was passierte, war, dass von der Pinta eine ganze Reihe der gefangenen Tainos auf unerklärliche Weise die Flucht gelang. Inzwischen hegten die Gefangenen berechtigte Zweifel an dem Versprechen, man werde sie zu ihren Dörfern zurückbringen, sobald sie die Spanier zum Goldland geführt hätten.

Wegen der widrigen Winde beschloss Colón, sich an der Küste Cubas nach Südwesten voranzutasten und dann weiter nach Bohio zu segeln. Pinzon aber, der sich deswegen heftig mit dem Admiral stritt, wollte trotz der ungünstigen Winde lieber einen kurzen Sprung über das Meer wagen und nach Babeque suchen, der anderen Goldinsel. Es kam, wie es kommen musste und worauf viele schon seit Tagen und Wochen gewartet hatten: Pinzon segelte einfach auf und davon. Er hatte sich offenbar in den Kopf gesetzt, Babeque trotz Wind und Wetter auf eigene Faust zu erreichen. Obwohl die Segel der Pinta wegen des ungünstigen Windes noch den ganzen 20. November über am Horizont zu sehen waren, und obwohl Colón die ganze Nacht hindurch Lichtsignale geben ließ, sahen sie anderntags nichts mehr von der Pinta.

Ließ der Patron aus Palos nun endlich seine Maske fallen? Ging er auf offenen Konfrontationskurs zum Admiral? Manche wünschten es, aber viele fürchteten es auch. Denn es bedeutete schon eine abenteuerliche Verwegenheit, in dieser unbekannten Inselwelt, fernab der Heimat, die kleine Flotte ohne Not zu sprengen. Zwei Erklärungen gab es dafür: die Gier nach Gold und Pinzons ehrgeiziges Bestreben, früher als der Admiral die erhofften und erwarteten Reichtümer zu entdecken und zu erbeuten. Denn es ging immer noch darum, wer als der wahre Sieger nach Spanien zurückkehren würde. In Pinzons ungehorsamer Eigenmächtigkeit lag der ganze angestaute Unmut darüber, dass Colón das Kommando führte und seine Macht und sein Ruhm mit jedem Tage weiter anwuchsen, während er zu einem immer kleineren und unbedeutenderen Lichte wurde.

Martin Alonsos jüngerer Bruder, Vicente Yanez Pinzon, der Kapitän der Niña, beeilte sich, dem Admiral seine absolute Treue und Loyalität zu versichern. Mit seinem Schiff, der Niña, so versprach er, würde er standhaft beim Flaggschiff Santa Maria bleiben, wohin der Admiral sie auch führen mochte.

Die auf zwei Karavellen zusammengeschmolzene Flotte stocherte weiterhin an der Küste Cubas entlang, ohne wirklich vom Fleck zu kommen. In fünf Tagen, bis zum 24. November, hatten Santa Maria und Niña etwa 200 Meilen geloggt, waren aber an der Küstenlinie tatsächlich nur 25 Meilen vorangekommen. Zwischendurch erkundeten sie immer wieder Flussmündungen, unternahmen Landgänge, suchten Kontakt zu den Eingeborenen. Das war nicht immer leicht, denn wo auch immer sie an Land gingen, da suchten die Indios das Weite und verstreuten sich im Busch. Manchmal blieben ein paar Alte zurück, die von den Spaniern so reich beschenkt wurden, dass sie später ihren Stammesgenossen nur die allerbesten Wundermärchen von diesen fremden, weißen Männern vorschwärmen würden.

Anfang Dezember, immer noch vom Wind an die Küste gedrückt, gelang es in einer weiteren Flussmündung, mit den dort in großen Siedlungen lebenden Tainos Kontakt aufzunehmen. Das bescherte den Seeleuten eine ernüchternde Erfahrung, denn erstmals zeigten die Indianer eine feindselige Haltung. Sie schüttelten drohend ihre hölzernen Speere gegen die auf ihren Beibooten ans Ufer geruderten Spanier. Einer, offensichtlich ein Anführer, watete den Booten entgegen und hielt, bis zur Brust im Wasser, eine lautstarke und gestenreiche Ansprache, die von den an Land gebliebenen Insulanern mit lauten Rufen und Armefuchteln begleitet wurde. Die Spanier verstanden kein Wort.

Diego und Jorge, die beiden von San Salvador mitgebrachten indianischen Dolmetscher, verstanden die Ansprache. Ihre Gesichter wurden ganz bleich, die beiden begannen zu zittern.

„Was ist los?“, fragte Colón.

Diego, die großen schwarzen Augen weit aufgerissen, ruderte erregt mit den Armen und bedeutete dem Admiral: „Zurück zu Schiff, zurück zu Schiff!"

Jene Spanier, die sich inzwischen erste Brocken der Taino-Sprache angeeignet hatten, bekräftigten die Warnung. „Ich glaube, Euer Gnaden, es handelt sich um eine Kriegserklärung", sagte Luis de Torres. „Dieser Kerl im Wasser droht uns den Tod an. Wir sollen verschwinden, andernfalls wird er seine Männer auf uns loslassen."

Der Admiral lachte. Er drückte dem Indio Diego die Armbrust des neben ihm stehenden Rodrigo de Jerez in die Hand und forderte ihn auf: „Sag ihnen, dass wir mit dieser Armbrust jeden von ihnen über den Fluss hinweg töten könnten, wenn wir wollen."

Diego tat, wie ihm geheißen und rief in lautem Singsang die Botschaft über das Wasser. Neben dem Admiral stand Rodrigo de Escobedo, der ungeduldig das Geschehen verfolgte: „Das versteht doch keiner", schnaufte der Notar verächtlich. Er schnappte sich eine weitere, bereits gespannte Armbrust. „Sie sollen sehen, wie das funktioniert, schaut alle her!"

Escobedo gab einen ungezielten Schuss Richtung Ufer ab. Der Pfeil zischte über alle Köpfe hinweg und blieb zitternd in einem Mangrovenbaum stecken. Ein Teil der Tainos warf sich entsetzt zu Boden, andere sprangen aufgescheucht davon. Escobedo lachte grimmig und fügte hinzu: „Wenn die Armbrust sie schon so erschreckt, dann würden sie bei einem Schuss aus der Arkebuse wohl alle in Ohnmacht fallen."

Der Indiodolmetscher Diego zückte auf Anweisung Colóns ein Schwert, hielt es in die Luft, fuchtelte heftig damit herum und erklärte dem immer noch im Wasser stehenden Anführer der Tainos, dass die Spanier mit dieser scharfen Waffe einem jeden Angreifer mit einem Hieb den Arm oder Kopf abhacken könnten. Unter dem Eindruck dieser Demonstration ergriff die am Ufer stehende Schar erschrocken die Flucht. Ihren zitternden Anführer ließen sie im Wasser zurück.

Als endlich nach längerem Warten und vielen guten Zurufen die Indianer wieder aus dem Busch ans Flussufer zurückkehrten, zeigten sie nichts mehr von ihrer früheren Feindseligkeit. Im Gegenteil: Gegen Glasperlen und Bleikügelchen ließen sie sich ihre sämtlichen Speere abhandeln. Escobedo kam nach dieser unblutigen Entwaffnungsaktion zu dem vermutlich zutreffenden Schluss: „Admiral Don Christóbal, ich sage Euch: Zehn unserer Männer könnten zehntausend von ihnen in die Flucht schlagen, so feige und scheu sind sie."

Da aber auch in dieser Bucht weder Gold noch Gewürze zu holen waren, jedoch alle Tainos, die man danach fragte, übers Meer gegen Südosten nach „Bohio" und „Babeque" deuteten, beschloss der unverdrossene Admiral, die Fahrt wieder aufzunehmen und die Insel zu verlassen.

So erreichten die Santa Maria und die Niña am Abend des 4. Dezember die südlichste Spitze Cubas, ein Cap, das der Admiral „Kap Alpha und Omega" taufte, womit er zum Ausdruck bringen wollte, dass es Anfang oder Ende des eurasischen Erdteils war. Denn Colón vertrat immer noch die feste Überzeugung, irgendwo in der Inselwelt vor dem asiatischen Zipangu des Marco Polo gelandet zu sein. Von diesem Cap aus trieb sie der Passat schnell hinaus aufs offene Meer, wo sie schon wenige Stunden später steuerbords voraus Land sichteten: Bohio, die große Insel, vor der die Tainos sich so fürchteten, weil dort die menschenfressenden Kariben lebten. Aber dort sollte auch das Goldland sein. Also, volle Fahrt voraus!

XVII. Erpressung

Die alte Frau saß auf einem wackligen Schemel vor der Lehmhütte. Ihr fleckiger und speckiger Rock spannte zwischen den ausgebreiteten Beinen und diente als Ablage für allerlei Kräuter, getrocknete Beeren und mehrere hölzerne Löffel. Eine Horde dürrer, bettelnder Hunde und Katzen schlich um sie und um das kleine Kochfeuer herum, das sie unterhielt. In einem schwarzen Topf köchelte über dem Feuer etwas Schleimigsilbriges vor sich hin. Der penetrante Fischgestank, der daraus aufstieg, ließ die um die Frau kreisenden Katzen und Köter schier besinnungslos werden vor Gier. Immer wieder fuchtelte die Alte energisch mit ihren Holzlöffeln dazwischen, wenn eines der Tiere dem Topf trotz der Flammen zu nahe kam. Einmal fuhr sie auch mit dem Kochlöffel in die Glut hinein, erwischte ein paar Brocken und schleuderte sie zwischen die Katzen, die daraufhin kreischend und mit verbranntem Pelz vorübergehend die Flucht ergriffen. Mit dem gleichen Löffel stach die Alte dann wieder in den Suppentopf hinein und wühlte darin herum, als gäbe es Edelsteine zu entdecken. Ein tropfendes Fischskelett, bestehend aus Kopf und bleichen Gräten, kam zum Vorschein. Die Fischsuppe hing zäh an den Flossen und zog lange Schlieren, um dann mit vernehmlichem Blubbern abzureißen und zurück in den Topf zu tropfen, wo sich mysteriöse Blasen bildeten, ausdehnten und dann platzend in sich zusammensanken. Mit einem schiefen Lächeln präsentierte die Alte das tropfende Fischgerippe auf ihrem Holzlöffel. Ein paar Fliegen labten sich bereits daran. Die Frau machte zuckende Bewegungen zu einem halbnackten, kleinen Mädchen hin, das auf der anderen Seite des Feuers stand und ihr mit großen Augen beim Kochen zuschaute.

„Da! Iss! Ist gut! Fisch!“, pries sie ihre Suppe an. Dabei sprach sie das „Fisch“ so gedehnt und langgezogen aus, dass es wie ein garstiges

„Ischschschsch!" klang, wie eine drohende Rassel aus der Kehle einer Hexe. Instinktiv machte das Mädchen einen Schritt rückwärts, ließ die Alte dabei keinen Augenblick aus den Augen.

Irgendetwas stimmte nicht mit dem Kind. Es sprach kein Wort. Es starrte nur immerzu vor sich hin.

„Iss, iss, kleine Consuela", zischte die Alte und tauchte den Löffel erneut in ihren Topf. Ihr verzerrtes Grinsen und ihre rasselnde Stimme ließen sie zu Unrecht wie eine garstige Vettel erscheinen. In Wirklichkeit besaß die alte Doña Felipa Montilla ein überaus warmherziges Wesen. Es fehlte ihr nur am richtigen Gegenüber, sich in Zuneigung, Liebe und großmütterlicher Fürsorge zu üben. Ihr einziger Sohn, der Seemann Yanez de Montilla, eignete sich nicht dafür. In ihm hatte sie einen nichtsnutzigen und egoistischen Herumtreiber großgezogen, einen Aufschneider und Faulpelz. Wenn er zur See fuhr, was in den letzten Jahren immer seltener geschehen war, dann kehrte er stets mit neuen Feinden zurück, die er sich innerhalb seiner Schiffskameraden gemacht hatte. Die heimischen Kapitäne und Eigner vermieden es schon lange, ihn anzuheuern. Fremde versuchten es höchstens ein Mal und bereuten es sogleich. Ganz Palos kannte Yanez de Montilla als streitsüchtig, rechthaberisch und auf eine aufdringliche Art und Weise bauernschlau. Man wollte möglichst wenig mit ihm zu tun haben. Den meisten war er nicht ganz geheuer. Aus krummen und halblegalen Geschäften zog er sein dürftiges Einkommen. Man munkelte, er gehöre einer Schmugglerbande an, die zu Lande und auf dem Wasser entlang der Grenze zwischen Spanien und Portugal verkehrte. Andererseits traute man ihm einen solchen, von gewissen Fertigkeiten abhängigen Broterwerb dann doch wieder nicht so recht zu. Jedenfalls hauste er seit Jahren in der kleinen Lehmhütte seiner Mutter. Sie stand nicht gerade im besten Viertel der Stadt, aber auch nicht bei den Holzhütten der Ärmsten. Gleich hinter dem Hafen gelegen, gehörte sie noch zum alten Ortskern. In den letzten Jahren war sie immer windschiefer und baufälliger geworden. Die Hütten in der Nachbarschaft sahen nicht viel besser aus, aber sie hatten wenigstens noch ein intaktes Dach. Manche besaßen sogar zwei Stockwerke und auf ihrer rückwärtigen Seite einen kleinen Hühner- oder Ziegenstall. Auch zur Hütte der Montillas gehörte ein bescheidener Garten, allerdings verwildert und vollgestellt mit dem Müll und Abfall zweier Generationen. Immerhin gediehen darin noch einige Rüben und Kräuter, und der Kirschbaum in seiner Mitte trug zuverlässig Jahr für Jahr eine reiche Ernte.

Doña Montilla führte diesen kleinen, heruntergekommenen Haushalt mit der Zähigkeit und Unerschütterlichkeit einer spanischen Großmutter. Es plagten sie gichtige Gelenke und ein krummer Buckel, sie hatte keine Zähne mehr im Mund, dafür Haare, struppig wie Stallstroh, und ein von umsomehr Runzeln und Falten durchzogenes Gesicht. Aber ihren kleinen Augen entging nichts; flink und hellwach beobachtete sie ihre Umgebung und sie besaß Ohren wie ein Luchs. Oh nein, Doña Montilla lebte noch, und wie! Als ihr vor zwei Tagen ihr missratener Sohn dieses kleine Mädchen gebracht hatte, da hatte sie nicht lange gefragt. „Das Ding ziehen wir auf", entschied sie, nachdem Yanez zerknirscht gebeichtet hatte: „Sie gehörte der Hure Sanchez. Es war ihr Balg, und jetzt ist die Kleine Waise. Sie hat niemanden mehr. Die Hure hat man aufgehängt. Die Brüder der Kleinen sind verschwunden. Sie ist höchstens vier."

„So, so", sagte die Alte und blickte ihren Sohn durchdringend an. Der schlug die Augen nieder, er konnte den Blick nicht erwidern.

„So, so", murmelte die Mutter noch einmal. Dann zog sie die kleine Consuela, die stumm an der Hand von Yanez stand, zu sich heran. Das Kind wehrte sich nicht, machte sich nur ein wenig steif. Doña Montilla studierte das dreckige Gesicht, griff in Consuelas verfilzte Haare, versuchte, in den wie leblos blickenden Augen zu lesen und nahm schließlich den abgemagerten Körper in Augenschein, die schmutzigen Füße, die dürren Ärmchen, die hervortretenden Rippen.

„Und sie heißt Consuela?", fragte sie schließlich.

Yanez nickte eifrig, so dass ihm sein fettiges schwarzes Haar in die Stirn fiel.

„Und du bist der Vater!"

Diese Feststellung kam so unerwartet und akkurat, dass Yanez de Montilla zusammenzuckte, als hätte ihn ein Peitschenhieb getroffen. Er widersprach nicht. Das war der Mutter Antwort genug.

„Wir ziehen sie groß“, entschied die Alte.

Yanez de Montilla hätte nicht wirklich erklären können, warum er nach der Verurteilung und Hinrichtung von Sanchez losgezogen war, die kleine Consuela zu suchen. Als einer der Stammkunden der Hure wusste Montilla natürlich, wo sie mit ihren Kindern gehaust hatte, und er wusste auch, dass sie etliche Bälger hinterlassen hatte, die nun weder Vater noch Mutter hatten. Aber von dieser Sorte Kinder gab es viele rund um Palos. Yanez de Montilla kümmerte das ebenso wenig, wenn er ehrlich war, wie das Schicksal seiner Mutter. Solange sie sich selbst versorgen und dabei für ihn das Haus führen, kochen und die Wäsche besorgen konnte, akzeptierte er sie und ihre mütterlichen Eingriffe in sein Leben ohne Murren. Aber wehe, sie würde krank und bettlägerig werden. Von ihrem eigenen Sohn durfte sie dann keine Hilfe erwarten.

Und nun also diese eigentümliche, so gar nicht zu seinem Wesen passende Sorge um ein kleines, zerlumptes Waisenkind.

Yanez mochte faul, durchtrieben, antriebslos und heruntergekommen sein; dumm war er nicht. Er verfügte über eine plumpe und eigensüchtige Schläue, eine Gerissenheit, die ihn immer wieder auf die Füße kommen ließ, egal, wie hart das Leben und wie schwer die Schicksalsschläge sein mochten. Ursprünglich trieb ihn die reine Neugierde hoch zu den Hütten der Armen. Er kannte die Behausung der Hure Sanchez und wollte sehen, was daraus geworden war, seit man die alte Schlampe hingerichtet hatte – nicht zuletzt durch sein Zutun, durch seine unterbliebene Zeugenaussage. Vielleicht spielte auch ein bisschen ein schlechtes Gewissen mit. Immerhin hatte er zugelassen, dass andere sie an den Galgen lieferten, obwohl er der Einzige gewesen wäre, der ihre Unschuld hätte bezeugen und gleichzeitig den wahren Mörder, Juan Pinzon, hätte überführen können. Als er dann in der windigen Bruchbude, in der Sanchez mit ihren Kindern gehaust hatte, das völlig abgemagerte und hilflose Bündel vorfand, das von der kleinen Consuela übrig geblieben war, das vierjährige Kind ganz alleine, da reifte in ihm ein Plan.

Einen ganzen Nachmittag lang saß Yanez de Montilla vor der Hütte der Sanchez und grübelte. Dann stand sein Entschluss fest. Er nahm das Kind an die Hand und führte es hinunter in die Stadt, brachte es zu seiner Mutter. Die musste nun sehen, wie sie mit dem armseligen Geschöpf zurechtkam.

Die kleine Consuela wollte zwar nicht sprechen, vielleicht konnte sie es auch nicht, aber Hunger hatte sie wie ein Seemann. Sie störte sich nicht an den Fliegenschwärmen, die Doña Montillas Fischsuppe umschwärmten, sondern löffelte den rußimprägnierten Topf hastig bis auf den letzten Tropfen aus. Dann leckte sie sich mit der Zunge um den Mund und lächelte der Mutter von Yanez vertrauensvoll zu. Die beiden schlossen Freundschaft, ohne ein Wort miteinander gesprochen zu haben. Das Kind legte seine dreckigen Fingerchen in die schrundigen Hände der alten Frau. Eine Geste der Zuneigung und des Dankes. Doña Montilla überkam ein Schauer mütterlicher Gefühle. Wenn sie noch gewusst hätte, wie es geht, hätte sie geweint vor Rührung.

So wurde die kleine Consuela Sanchez Familienmitglied im Haus von Yanez de Montilla, dem Seemann. Etwas in dem abgebrühten Kerl musste ja doch noch an Pflicht- und Verantwortungsbewusstsein vorhanden sein. Sonst hätte er sich des Mädchens nicht angenommen, dachte Doña Felipa.

Zwei Tage später schnappte Yanez de Montilla sich am frühen Morgen die Kleine, nahm sie bei der Hand und zog sie mit sich: „Wir machen jetzt einen Spaziergang."

Das Mädchen sah unsicher zur Großmutter Felipa hinüber. Die Alte hockte auf einer Holzbank und sortierte mit ihren krummen Fingern Wurzeln und Kräuter, die sie im Frühtau des Morgens aus dem Garten geholt hatte. „Wo willst du hin?", krächzte sie.

Yanez ignorierte die Frage. Er drückte die windschiefe Holztür auf und zerrte das Kind nach draußen. Er war der alten Hexe keine Rechenschaft schuldig. Es genügte, dass er sie in seinem Haus duldete und durchfütterte. So sah er das Verhältnis zu seiner Mutter. In Wahrheit verhielt es sich gerade anders herum. Die Alte rackerte und schuftete, um ihren missratenen Sohn durchzubringen. Und das Haus gehörte auch ihr, nicht ihm. Es war ihr Elternhaus.

Yanez de Montilla schlug den Weg Richtung Moguer ein. Der Tag war noch jung. Die vom morgendlichen Fang heimkehrenden Fischer machten ihre Boote fest, warfen die Netze über die Mauern der Mole und prahlten mit ihren Fängen, die zu stehlen bereits die ersten Möwen unterwegs waren. Herbstliche Kühle füllte das Tal des Rio Tinto. Dennoch gingen der Seemann und das Mädchen an seiner Hand barfuß; sie kannte und besaß keine Schuhe, er brauchte keine. Sein Weg führte Yanez aus Palos hinaus, die Straße am Fluss entlang. Hinter den letzten Häusern bog der Pfad landeinwärts ab und führte in einem Bogen sanft in die Hügel hinauf, vorbei an der Casa Pinzon, dem großen, herrschaftlichen Anwesen der Familie Pinzon. Nur ein krüppeliger alter Schweinehirte, der seine grunzende Herde vor sich her trieb, begegnete dem ungleichen Paar, ehe die beiden das Landgut erreichten.

Während des ganzen Weges sprach Yanez de Montilla kein einziges Wort mit Consuela. Was hätte er auch sagen sollen? Das Kind reagierte nicht. Seit Montilla es in sein Haus geholt hatte, hatte es noch keine einziges Wort von sich gegeben, nur klägliche Geräusche, dem Knurren oder Fauchen eines Tieres ähnlicher als der Sprache der Menschen.

Montilla kümmerte das nicht. Es traf sich ganz gut, dass das Kind nicht sprechen konnte.

Das ungleiche Paar näherte sich dem großen Tor, das direkt in den Innenhof der Casa Pinzon hinein führte; es stand offen. Montilla blieb grübelnd vor dem Eingang stehen. Wie sollte er auf sich aufmerksam machen? Da brüllte aus einem Winkel des Innenhofes, den er nicht einsehen konnte, eine barsche Stimme zu ihm herüber: „Was willst du, Kerl? Hat man dich bestellt?“

Montilla blickte sich um. Aus dem Schatten eines Vorbaus trat Nicolas, der Stallmeister der Pinzons, hervor. Die Männer kannten sich.

„Verschwinde, Yanez! Du bist hier nicht willkommen, das weißt du“, sagte Nicolas, eine Mistgabel drohend in der Hand.

Montilla grinste ein schiefes Grinsen. Kurz wanderte sein Blick zu dem Mädchen an seiner Hand, dann im Innenhof der Casa an den Hauswänden entlang, hinauf zur Fensterreihe im Obergeschoss. „Da oben wohnen doch die hohen Herren, die Söhne von Martin Alonso. Das ist doch so, Nicolas, oder nicht?“

„Und wenn es so wäre. Das geht dich gar nichts an, Yanez. Hau ab! Oder ich lass die Hunde auf dich los.“ Der Stallknecht wurde drohender. Es gehörte zu seinen Aufgaben, Gesindel, Bettler und Herumtreiber vom Haus der Pinzons fern zu halten. Man mochte es in dieser Familie nicht, von Bittstellern belästigt zu werden.

Als Yanez weiterhin keine Anstalten machte, sich von der Stelle zu rühren, brüllte der Stallknecht richtig laut: „Verzieh dich, habe ich gesagt! Oder ich muss handgreiflich werden?“

Oben im Haus tauchten fast zeitgleich Köpfe in den Fenstern auf. Im mittleren erschien der breite Schädel von Martin Arias Pinzon, zwei Fenster weiter bewegte sich ein luftiger Vorhang und der zarte Kopf von Isabella Pinzon spähte heraus.

Das Erste, was Isabella sah, war ein unglaublich dürres und schrecklich dreckiges Mädchen mit filzigen Haarsträhnen. Das Kind stand barfuß auf dem Steinpflaster des Hofes und bot in seinem Fetzen von Kleid einen jämmerlichen Anblick. Es hielt den Blick stur zu Boden gesenkt.

Dann erst registrierte Isabella auch den Mann, der die Kleine an einer Hand hielt und offenbar ihr Vater war. Ein widerlicher Kerl mit verschlagenen Gesichtszügen. Sie blieb hinter dem Vorhang versteckt, beobachtete aber genau, was sich im Hof abspielte.

„Yanez de Montilla“, rief ihr ältester Bruder Martin Arias von seinem Fenster aus in den Hof hinunter. „Was führt dich in unser Haus? Ich dachte eigentlich, mein Bruder Juan wäre mit dir einig geworden. So hat er es mir berichtet.“

„So ist es, Herr, daran hat sich auch nichts geändert“, rief Yanez de Montilla zum Fenster hinauf. Dabei warf er fragende Blicke auf Niocolas, den Stallknecht, der immer noch mit drohend erhobener Mistgabel neben ihm stand.

Martin verstand diesen Blick und befahl, indem er sich mit beiden Fäusten auf der steinernen Fensterbank aufstützte und weit zum Fenster hinaus lehnte: „Nicolas, lass gut sein. Du kannst wieder an die

Arbeit. Mit dem da werde ich schon alleine fertig. Geh! Lass uns alleine."

Nur widerwillig ging Nicolas zum Stall, um dort die Pferde der jungen Herren für den morgendlichen Ausritt vorzubereiten.

Martin Arias wartete, bis der Stallknecht im Gebäude verschwunden war. Wahrscheinlich lauschte er nun von dort aus angestrengt, oder schielte durch einen Schlitz, um nichts von dem zu verpassen, was sich im Hof abspielte.

„Was willst du also, Seemann Yanez Montilla?", fragte Martin Arias schließlich. „In drei Tagen ist eine Karavelle fertig zum Auslaufen nach Galizien. Dort wirst du mitfahren, so wie mein Bruder es versprochen hat. War das nicht die Abmachung?"

„Sehr wohl, mein Herr. So war die Abmachung und ich sage Dank dafür. Ich bin froh, dass ich dank Eurer Güte wieder zur See fahren kann. Sehr froh bin ich, das könnt Ihr mir glauben."

„Was willst du dann noch? Du bist doch nicht den Weg hier heraufgekommen, um mir deinen Dank zu überbringen. Und was ist das für ein Kind, das du mit dir führst?"

„Das ist es gerade, mein Herr, was ich Euch persönlich erklären wollte, und deswegen habe ich sie ja auch mitgebracht. Damit Ihr mir Glauben schenkt." Yanez de Montilla musste sehr laut sprechen, um sich vom Hof zum Fenster von Martin Arias Pinzon hinauf zu verständigen. So konnte auch Isabella, zwei Fenster weiter, jedes Wort verstehen.

„Ich verstehe nicht ganz, was soll ich dir glauben?"

„Nun Herr", geziert gab Yanez seiner Stimme nun einen verlegenen Beiklang, „es ist dieses Mädchen ein Waisenkind, um das ich mich gezwungenermaßen kümmere." Er legte eine kleine Kunstpause ein, bedacht auf die Wirkung und sich gewiss, dass Martin Arias Pinzon aufmerksam zuhörte. „Es hat nämlich sonst keinen Menschen auf der Welt. Es ist die Tochter der Hure Sanchez."

Diese Information ließ Isabella hinter ihrem Vorhang sprachlos nach Luft schnappen. Schon wieder diese Hure Sanchez. Schon wieder eine verrufene Gestalt aus dem Hafenviertel, die einen ihrer

Brüder mit Geschichten über diese Hure belästigte. Das konnte kein Zufall sein.

Ebenso erschrocken wie Isabella reagierte auch Martin Arias. Einige Sekunden blieben ihm die Worte weg. Schnell fing er sich wieder: „Warte einen Moment, Montilla. Ich komme herunter zu dir. Eine solche Angelegenheit verträgt es nicht, dass man sie aus dem Fenster heraus erörtert."

Kurz darauf bat der junge Pinzon den Seemann ins Haus und führte ihn in jenes große Vestibül, in dem er vor einigen Wochen bereits mit seinem Bruder Juan und Alonso Medel zusammen Maestre Bezal ein Schweigegelübde abgekauft hatte. Er bot Montilla keinen Sitzplatz an, während er selbst sich in einen schweren Lederstuhl fallen ließ. So stand Montilla etwas schuldbewusst vor ihm, die stumme Consuela an der Hand. Das Mädchen zeigte keinerlei Regung, blickte zu Boden und hinterließ den Eindruck, als bekomme es überhaupt nicht mit, was geredet wurde.

„Nun sag mir also, was es mit diesem Kind auf sich hat!" Der Kaufmann hatte sich wieder gefangen und schlug seinen gewohnt herrischen Ton an.

Montilla erklärte vorsichtig: „Ich füttere das Kind durch. Es hat niemanden mehr, durch meine Schuld." Montilla zögerte. Er wusste nicht so recht, ob er frank und frei weitersprechen konnte, obwohl das Kind zuhörte. Das Mädchen sprach zwar kein Wort, doch Montillas angeborenes Misstrauen flüsterte ihm zu, vorsichtig zu bleiben. Nicht, dass das Kind alles verstand, was gesprochen wurde.

„Gehe hinaus in den Hof und warte dort auf mich", befahl er deshalb. Mit einer Hand schob er Consuela Richtung Tür. Weil die Kleine den schweren hölzernen Türflügel zum Hof hinaus nicht aus eigener Kraft aufdrücken konnte, ging er hin und öffnete ihn selbst. Nachdem er sie hinausbugsiert und die Tür wieder geschlossen hatte, wandte er sich dem grimmig wartenden Martin Arias zu.

„Ich habe die Hure Sanchez durch mein Schweigen an den Galgen gebracht. Und ich schweige weiter, so wie ich es Eurem Bruder, dem edlen Herrn Juan Pinzon, und dem edlen Herrn Medel versprochen habe." Er zögerte kurz, fuhr dann fort, indem er sich unsicher die

Lippen leckte: „Die Hure war die Mutter von diesem Mädchen. Und wer weiß ...", er legte erneut eine dramaturgische Pause ein, „... wer der Vater ist. Mir gegenüber hat sie einmal behauptet, ich ... ich sei der Vater!" Er schluckte und beobachtete die Wirkung seiner Worte bei Martin Arias Pinzon.

Dieser saß gedrungen in seinem Sessel und schaute so zornig und mit nur mühsam gezügelter Wut im Blick, dass Yanez de Montilla hastig fortfuhr: „So nehme ich das Kind in mein Haus, wie es meine Christenpflicht ist. Das tue ich, obwohl mir die Mittel dazu fehlen. Und wenn ich nun wieder zur See fahre, dann muss meine arme, alte und kranke Mutter sich kümmern, die doch auch keinen Maravedi hat und nicht weiß, von was sie leben soll."

Unwirsch unterbrach Martin Arias Pinzon den Jammervortrag: „Du willst mir sagen, dass du Geld brauchst."

Der Seemann nickte.

Martin Arias Pinzon dachte scharf nach. Er wog ab. Natürlich war ihm sofort klar, dass dies ein subtiler Erpressungsversuch war. Montilla forderte kein Geld für sich selbst, er forderte für dieses Mädchen. Raffiniert! Aber im Ergebnis lief es auf das Gleiche hinaus: Erpressung! Im ersten Impuls hätte Martin Arias am liebsten den Degen gezückt und dem unverschämten Kerl eins übergebraten. So hätte ganz sicher sein Bruder Juan gehandelt. Aber Martin unterdrückte seinen Zorn. Stattdessen wog er ab. Er durfte Yanez fürs Erste keinen Anlass geben, sich nicht an die Vereinbarungen zu halten. Was kostete es schon, für ein kleines Kind zu sorgen? Ein paar Maravedis jeden Monat, das sollte reichen. Nein, das war es nicht, was Martin mit einer Antwort zögern ließ. Er dachte schon weiter. Yanez de Montilla als unliebsamer Mitwisser war und blieb ein unkalkulierbares Risiko, solange er lebte. Das war es, was Martin Arias Sorgen bereitete. Man musste sicherstellen, dass dieser Kerl von der Bildfläche verschwand. Notfalls mit Gewalt. Und Martin Arias wusste auch schon, wie und wo das geschehen sollte. Auf der bevorstehenden Handelsfahrt. Gemäß dem Versprechen gehörte Yanez de Montilla zur Mannschaft, die in drei Tagen mit Pinzons Karavelle „La Nuez" Richtung Galizien aufbrechen sollte. Dort wollte Pinzon gegen die

Oliven und Olivenöle aus seiner diesjährigen Ernte Tuche, Taue und Seile aus den dortigen Manufakturen eintauschen, um sie gewinnbringend bei einer weiteren Fahrt im östlichen Mittelmeer weiter zu verkaufen. Er würde als Schiffseigner an dieser Fahrt teilnehmen. Niemand würde sich wundern, wenn auch sein Bruder Juan mit an Bord ging. Juan Pinzon hatte längst das Alter erreicht, in dem er im Namen und Auftrag seiner Familie solche Handelsfahrten begleiten und sogar leiten konnte. Bisher hatte sich der Jüngere der Pinzon-Brüder stets vor einer solchen Verantwortung gedrückt. Aber nun würde Marin Arias ihn in die Pflicht nehmen. Juan musste ihn begleiten, er musste als Mitglied der Eignerfamilie mit auf die Fahrt gehen. Dort sollte sich für den jüngeren Bruder bestimmt eine Gelegenheit ergeben, Yanez de Montilla geräuschlos zu beseitigen. Juan selbst hatte diese Idee bereits ausgesprochen. „Der Kerl geht über Bord, dann herrscht Ruhe!“, so hatte er großmäulig angekündigt. Nun gut, dachte sich Martin Arias, dann sollte Juan auch höchstselbst für die Umsetzung sorgen.

Dies alles schoss ihm durch den Kopf, während Yanez de Montilla lauernd auf eine Antwort wartete.

„Nun gut“, erlöste ihn Martin Arias Pinzon. „Dann sage mir, was du erwartest. Was wird es dich wohl kosten, dieses Kind in deinem Haus groß werden zu lassen?“

Auf diese Frage hatte Yanez de Montilla gewartet. Seine Gesichtszüge entspannten sich. Endlich! Lächelnd antwortete er: „Einen Golddukaten – jeden Monat!“

„Jeden Monat!“ Martin Arias verschluckte sich schier, sein mächtiger Brustkasten bebte. „Bist du verrückt geworden?“

Mit Unschuldsmine zuckte Yanez de Montilla die Schultern und breitete die Arme aus wie ein salbungsvoller Prediger: „Ich muss das Haus umbauen. Ich muss an die Mutter denken. Ich muss all das Gespött und Gerede ertragen, wenn ich dieses Kind zu mir nehme. All diese Dinge sind es ...“

Als sich nach wenigen Minuten wieder die Tür zur Vorhalle öffnete und das kleine Mädchen auf den Hof hinausgeschoben wurde, schielte Isabella von ihrem Beobachtungsposten am Fenster hinunter. Zwar hatte sie schon oft die Lumpenkinder aus den Slums gesehen, die sich ja täglich am Hafen herumtrieben um zu betteln und Abfälle einzusammeln, aber noch nie hatte sie Gelegenheit gehabt, ein solches Kind in Ruhe aus der Nähe zu beobachten. Denn wenn sie mit ihrer Amme oder mit den Schwestern Spaziergänge unternahm, dann schickte es sich natürlich nicht, stehen zu bleiben und fremde Kinder zu beobachten. Dann trug man stattdessen das Köpfchen hoch und den Blick stolz und unnahbar in die Ferne gerichtet und man unterließ alles, was als Interesse hätte gedeutet werden können.

Das Bettelkind stand verloren und hilflos auf dem Hof, genau an jener Stelle, wo der widerliche Seemann es hingeschoben hatte. Dort verharrte es regungslos. Nur der von einer verfilzten Mähne bedeckte kleine Kopf bewegte sich. Das Mädchen sah sich um, studierte den Hof, bestaunte den Brunnen, die Steinpflaster, die massiven Türen, die an allen Seiten ins Haus hineinführten, die schnörkeligen Zierbalkone, die gepflegten Bäumchen und Sträucher entlang der Hauswände. So etwas hatte Consuela noch nie gesehen. Ein prachtvolles Schloss, mit Wundern überall. An einer Wand prangte das großflächig aufgebrachte Wappen der Pinzons, eine Steinmetzarbeit, die mit Kupfer- und Messingplatten ausgelegt war. Am steinernen Brunnen in der stilisierten Form eines andalusischen Stieres, plätscherte aus einem Rohr, das aus dem Maul des Stierkopfes ragte, unaufhörlich frisches Wasser. Vom Brunnen floss es verschwenderisch in ein Zierbecken, auf dessen Grund farbige Mosaiksteine glitzerten.

Eingeschüchtert von all dem Prunk rührte sich Consuela nicht von der Stelle. So bemerkte sie zunächst auch nicht, dass hinter ihr, aus einer der Türen, die ins Haus führten, Isabella auf den Hof trat. Von ihrer Neugierde getrieben, hatte es die Pinzon-Tochter oben an ihrem Fensterplatz nicht mehr ausgehalten. Sie musste dieses Kind aus der Nähe begutachten.

Erschrocken wandte Consuela den Kopf, als sie hinter sich ein Geräusch vernahm. Ihre großen, schwarzen Augen weiteten sich. Isabella, obwohl sie nur in einem schlichten Kleidchen unterwegs war, auch längst nicht ihre besten Schuhe trug, die Haare, zwar wohlgekämmt, aber lediglich mit einer bunten Schleife nachlässig gebändigt, erschien dem Mädchen aus den Slumhütten dennoch anmutig wie eine Prinzessin aus einer anderen Welt. Gelähmt wie das Kaninchen vor der Schlange, folgte Consuela mit ihrem Blick dieser wundersamen Erscheinung. Isabella näherte sich auf wenige Schritte und umrundete Consuela dann mit unverhohlener Neugierde. Dies war das Haus ihrer Familie, dies war ihr Hof. Hier durfte sie sich alle Rechte der Welt herausnehmen, auch jenes, ein fremdes Bettlerkind zu mustern wie einen Morisken auf dem Sklavenmarkt.

Mit gebührendem Abstand blieb Isabella schließlich vor dem Kind stehen. Berühren wollte sie Consuela nicht. „Du stinkst. Du bist schmutzig. Dein Haar ist ungewaschen.“ Sie traf diese Feststellungen keineswegs unfreundlich, aber in der Kindern eigenen Unverblümtheit.

Consuela wagte es nicht aufzublicken. Stumm hielt sie den Blick starr auf die Pflastersteine des Hofes gerichtet.

Es entwickelte sich kein Gespräch zwischen den beiden so ungleichen Mädchen. Die Vierjährige konnte nicht sprechen, die Zehnjährige wollte nicht, durfte auch nicht. Es gehörte sich nicht. Die Amme, wäre sie in der Nähe gewesen, hätte es sofort unterbunden. So blieb es dabei, dass Isabella das Lumpenkind gründlich musterte, während Consuela eingeschüchtert schwieg und diese Musterung über sich ergehen ließ. Lediglich aus den Augenwinkeln riskierte sie kurze Blicke, um sich blenden zu lassen von der Pracht und Schönheit dieser Prinzessin. Dann war der Zauber für Consuela vorbei. Dieser schmierige, unsympathische Mann kam wieder in den Hof, der sie vor ein paar Tagen aus der Hütte geholt und zu sich nach Hause genommen hatte. Consuela mochte ihn nicht. Aber sie hatte Angst wegzulaufen. Wohin auch. Bei diesem Mann gab es immerhin etwas zu essen. Und da war Großmutter Felipa. Bei ihr fühlte sich Consuela geborgen.

Als Yanez de Montilla auf den Hof zurückkehrte, triumphierendes Leuchten in den Augen, da erschrak Isabella, als wäre ihr der Teufel erschienen. Schnell raffte sie ihre Rockschöße zusammen und eilte ins Haus.

Die Anker der Karavelle Nuez waren bereits gelichtet, die Matrosen hingen schon in den Wanten, bereit, die Segel zu setzen. Der Kapitän stand auf dem Achterdeck und flüsterte mit seinem Steuermann. Alles wartete auf den Befehl zum Ablegen. Yanez de Montilla hatte sein Bündel mittschiffs abgelegt und sich zum Bootsmann gesellt. Er wollte dem Kerl gleich klarmachen, dass er hier ein Matrose von besonderem Rang war, einer mit Spezialrechten. Schließlich stand er unter der besonderen Protektion der Familie Pinzon und fuhr nur aufgrund ihres Wohlwollens auf dieser Handelsfahrt mit. Das würde er dem Bootsmann als Allererstes unter die Nase reiben, damit die Spielregeln sofort geklärt waren. Damit hier erst gar niemand auf die Idee kam, ihm, Yanez de Montilla, Befehle erteilen zu wollen.

Worauf wartete der Kapitän noch? Die Leinen waren los, die Mannschaft bereit. Martin Arias Pinzon, der Eigner der Nuez, befand sich längst an Bord und hatte sich bereits in seiner Toldilla eingerichtet. Warum lagen sie noch immer mit ausgelegter Escalerilla an der Hafenmauer. Warum zog niemand die Bordtreppe ein? Fehlte noch jemand?

Das war es. Der Kapitän wartete noch auf einen Passagier. Und als dieser endlich erschien, mit einer halbstündigen Verspätung, die die gesamte Mannschaft zum Fluchen und Murren brachte, da rutschte Yanez de Montilla das Herz in die Hose. Juan Pinzon! Juan Pinzon wollte an Bord. Er wollte die Reise mitmachen.

Instinktiv ahnte Montilla, dass diese Absicht ihm galt. Er konnte zwei und zwei zusammenzählen. Während der eitle Pinzon-Sohn ein paar Männer scheuchte, die seine Kisten und Habseligkeiten an Bord bringen mussten, überlegte Yanez fieberhaft, was diese überraschende Wendung für ihn bedeutete. Wenn Juan sich an Bord der Nuez befand, musste er um sein Leben fürchten. Und es gab keine Verbündeten, keine Fluchtmöglichkeit. Montilla besaß genug Schläue, um binnen der wenigen Minuten, die es dauerte, bis Juan Pinzon sich eingeschifft hatte, seine Chancen zu wägen. Sie waren dürftig. Zwar gab es für Montilla einen Rest von Wahrscheinlichkeit, dass Juan Pinzon gar nicht seinetwegen an Bord kam, aber darauf wollte er sich nicht verlassen. Er besaß ein Gespür für Heimtücke, Hinterhalt und Verrat. Das war schließlich sein Metier. Hier drohte Gefahr.

Da die ganze Besatzung ungeduldig und auch etwas überrascht den Einzug Juan Pinzons verfolgte, achtete niemand auf Yanez. Der Seemann schlich sich auf die Steuerbordseite des Schiffes, die von der Hafenmauer abgewandte Seite, und peilte kurz die Lage. Ein Tau, verknotet mit der Reling, genügte. Er ließ es über die Reling hinabfallen, kletterte hinterher und hangelte sich behände an der Bordwand hinunter. Schnell erreichte er das trübe Hafenwasser des Rio Tinto. So geräuschlos wie nur möglich tauchte er hinein. Dann entfernte er sich mit vorsichtigen Schwimmzügen Richtung Flussmitte. Niemand bemerkte sein Verschwinden. Er wollte erst an Land zurückkehren, wenn die Karavelle ausgelaufen und Richtung Meer im Rio Saltes verschwunden war. Nein, so leicht wollte er es den Pinzons nicht machen. Einen Yanez de Montilla hereinlegen! Pah, was hatten die sich gedacht? Dass sie es mit einem Dummkopf zu tun hatten. Irrtum, meine Herren!

Er lachte stumm in sich hinein, während er sich mit festen Schwimmzügen schnell vom Schiff entfernte. „Mit mir nicht! Nicht mit Yanez de Montilla!“

XVIII. Schiffbruch

Das Goldfieber trieb Admiral Colón rastlos voran. Es war nur ein Katzensprung von Cuba übers Meer nach Bohio, der nächsten vermeintlichen Goldinsel. Nach nicht einmal einer kompletten Tagesfahrt erreichten sie gegen Abend das neue verheißungsvolle Goldland und ankerten in Sichtweite der Küste. Die gefangenen Tainos an Bord der Santa Maria und der Niña jammerten und flehten: „Bloß nicht nach Bohio segeln! Dort leben die Menschenfresser!"

Den Admiral focht das nicht an. Für ihn war wichtig: Dort gibt es Gold!

Bei ihren ersten Landungsversuchen am nächsten Morgen in der Nähe eines Dorfes flohen dessen Bewohner. Obwohl die beiden indianischen Dolmetscher Diego und Jorge immer wieder versicherten, die Insel werde oft von Cariben oder Caniba heimgesucht, blutdürstigen und menschenfressenden Eroberern aus dem Süden, zeigten sich die Spanier wenig beeindruckt. Sie hatten auch keinen Grund dazu. Fünf Tage lang, während derer sie in einer Bucht bei einem verlassenen Indiodorf ankerten, ließ sich sich kein einziger Eingeborener blicken.

In der Zwischenzeit taufte der Admiral die Insel auf den Namen „Hispaniola". Bei der Weiterfahrt entlang der Küste bot sich den Spaniern tagelang das gleiche Bild: ein fremder, schweigender Urwald, geheimnisvoll und abweisend, der wie ein grünes Meer Täler füllte und Berghänge herabflutete, bis an die Küste heran. Wohl sichteten die Spanier bei ihren sporadischen Landgängen immer mal wieder einen spionierenden Indio, aber ehe sie dieses Kerles habhaft werden konnten, verschwanden sie jedes Mal eilig wieder im Dunkel des Urwaldes.

Tagsüber wehten schwarze Rauchfahnen auf den Bergen, und in der Nacht glühten diese Signalfeuer wie tückische Augen großer, finsterer Raubtiere. Auf Überfälle von See aus waren die Eingeborenen hier in der Tat bestens vorbereitet; gut bebaute Felder zogen sich zwar gelegentlich bis in die Nähe des Strandes hin, aber die paar armseligen Hütten darin waren unbewohnt. Die Ansiedlungen lagen offenbar tief versteckt im Innern der Insel.

Barg dieser ungeheure, finstere Urwald wirklich die Schrecken, vor denen Jorge, Diego und die anderen Tainos so warnten?

Erst am 13. Dezember kam es zu einem ersten ernsthaften aber friedlichen Kontakt mit den Einwohnern Bohios. Drei Matrosen nahmen bei einem Landgang eine junge Frau gefangen. Sie brachten sie auf die Santa Maria. Dort beschenkte Colón sie reich und behandelte sie so freundlich, dass sie gar nicht mehr an Land zurückkehren wollte. Colón aber ließ sie ans Ufer rudern. Wie beabsichtigt, kehrte sie tags darauf mit einer großen Abordnung von Angehörigen ihres Stammes zurück. Bald wimmelte der Strand von Hunderten von Eingeborenen. Einer fasste den Mut, kam zu den Schiffen herausgeschwommen und kletterte an Bord, ein Zweiter folgte ihm, und bald kamen sie in Scharen. Schließlich erschien auch ihr Häuptling, ein gutgebauter Jüngling von höchstens zwanzig Jahren, umschwärmt von mehreren älteren Ratgebern. Seinen langen Haarschweif hatte er kunstvoll mit Federn durchwoben. Um die Hüften trug er einen Lendenschurz von unbekümmerter Buntheit. Der junge Herr stolzierte wie ein Pfau herum, ließ sich von den Spaniern wie ein König bewirten und beschenken und legte dabei eine Herablassung an den Tag, die eines wahren Fürsten würdig war.

Colón zeigte keinerlei Unwillen. Er offerierte seinem Gast Speisen aus der Heimat; dieser nahm von allem nur einen Bissen und gab das übrige seinen Räten und seinem Gefolge. Aufmerksam ließ er sich die Berichte über Kastilien und die spanische Krone übersetzen. Schließlich erfuhr Colón von diesem jungen Kaziken Wichtiges über die Machtstrukturen auf Bohio: Es gab einen Herrscher über den gesamten Mittelteil der Insel, einen Fürsten namens Guacanagari. Sein Dorf sei nur wenige Tagesreisen entfernt. Bei ihm gebe es Gold im Überfluss. Er, der junge Häuptling, sei nur einer von mehreren Vasallen.

So verließen die Spanier schon nach wenigen Tagen wieder diesen freundlichen Ort, um weiter die Ostküste Bohios hinunterzusegeln. Das nächste Ziel war das Dorf des Häuptlings Guacanagari. Angeblich sei es nicht zu verfehlen. Sie erreichten die Bucht, in welcher dieses Dorf nach Angaben der Indios liegen sollte, am 21. Dezember.

Nun ging es also darum, diesen Häuptling Guacanagari zu finden. Nach dem bewährten Verfahren ließ der Admiral mit Booten die Bucht erkunden. Außerdem schickte er zwei Männer an Land um nachzusehen, ob sich Anzeichen menschlicher Behausungen vorfänden.

Als das erste Boot mit dem tatendurstigen Escobedo, mit Chachu, José Pequinos, Jacamo Rico und unter anderem auch Pablo und Rodrigo auf einen Landeplatz zusteuerte, strömten sofort ungezählte Indios aus dem Urwald herbei und übervölkerten den Strand, noch ehe die Spanier überhaupt einen Fuß an Land gesetzt hatten.

Untereinander hatten die Spanier ihre Zurückhaltung längst aufgegeben. „Schau, Weiber sind dabei!“, rief Jacomo Rico entzückt. Wenn der Admiral nicht in der Nähe war, gab es nur ein Thema: die Frauen der Eingeborenen.

„Sie haben mal wieder nichts an“, jubilierte Pablo und zeigte auf ein paar besonders hübsche junge Mädchen. Der junge Tischlersohn aus Palos lachte herzerfrischend. „Ich werde sie ausprobieren. Ich weiß, was sie mögen.“

„Aufschneider! Was weißt du schon?“, konterte Jacomo Rico.

Pablo lachte übermütig: „Alles! Ich weiß alles!“ Und nach kurzem Zögern: „Und ich kann alles!“

Allgemeines Gelächter zeigte ihm an, dass alle das gleiche dachten. Man war sich einig. Diese Schönheiten warteten nur darauf, in spanischen Armen zu liegen. War es nicht so?

Als Escobedo in seinem geckenhaft kanariengelben Galawams als Erster durch die sanfte Brandung an Land stapfte, wurde er von begeisterten Eingeborenen schier wieder ins Meer zurückbefördert. Er war zwar ein hässlicher Vogel, aber seine farbenprächtige Fantasieuniform machte mächtig Eindruck. Man drängte ihm Unmengen von Kassawabrot auf, brachte ihm frisches Wasser in Kalebassen, belud ihn mit irdenen Gefäßen, behängte ihn mit Muschelketten, beschenkte ihn mit Tabacoblättern, Yamswurzeln und sonstigen Reichtümern, darunter auch kleine Goldklümpchen, die Escobedo verstohlen in einen Beutel steckte. Luis de Torres, der Dolmetscher, verfolgte dies mit wachen Augen. Solche Geschenke neidete hier einer dem anderen. Dieser Neid war die beste Garantie, dass wertvolle Geschenke bei Schatzmeister Rodrigo Sanchez de Segovia abgeliefert wurden. Einer missgönnte dem anderen jeden Vorteil, und so zeigten sie sich gegenseitig lieber beim Schatzmeister an, als dass sie geschwiegen oder sich geeinigt hätten.

José Pequinos, bis zu den Knöcheln noch im Wasser, aber schon mit zwei Körben voller Fladenbrot in den Armen und umringt von lachenden und schwatzenden Indios, schüttelte fassungslos den Kopf: „Die Indios schenken einfach alles her, was sie haben. Die wertlosen Sachen genauso wie das Gold."

„Gold hat bei ihnen keinen besonders großen Wert", belehrte ihn Escobedo, indem er sorgsam seine Klümpchen verstaute und ein paar Schritte auf den Sandstrand hinauf stapfte. „Außerdem haben sie ganz einfach Freude am Verschenken." Der Notar bleckte die Zähne: „Diese Idioten!"

Die kleine Gruppe Spanier arbeitete sich durch die Traube von Eingeborenen etwas weiter an Land vor. Inzwischen näherten sich auch die anderen spanischen Boote der Landungsstelle.

Jacomo Rico, Pablo, Rodrigo und die übrigen jüngeren Matrosen besaßen indessen nur Augen für die Frauen. Diese überwiegend wohlgebauten, unschuldigen Wesen begrüßten die Spanier überschwänglich freundlich, völlig ohne jedes Schamgefühl. Sie kamen zu den jungen Matrosen hin, zupften ihnen, wie sie es schon von den früheren Inseln gewohnt waren, an den Bärten und an den Kleidern, lächelten immerfort und schienen sich nicht im mindesten an den begehrlichen Blicken zu stören.

Rodrigo ließ es sich gefallen, dass eine der jungen Frauen ihm fremdartige, süße Früchte in den Mund stopfte. Sie berührte ihn dabei mit ihren nackten Brüsten. Rodrigos Hände machten wie zufällig einen Ausflug. Sie befanden sich im Paradies.

Später schickte der Admiral Escobedo und sechs Männer mit einem Boot um die nächste Landspitze herum, um das Terrain zu erkunden und den Fürsten Guacanagari zu besuchen, der dort seinen Sitz haben sollte. Der Admiral blieb, seiner Gewohnheit gemäß, bei den Booten am Strand, wo ihm im Laufe des Tages zahlreiche Abgesandte von Guacanagari ihre Aufwartung machten, um gesten- und grimassenreich die äußerste Wertschätzung des Kaziken zu überbringen. Auch sie brachten Berge von Geschenken mit, unter anderem einen kunstvoll gefertigten goldbestickten Gürtel. „Möge Gott mich gnädig dahin führen, wo ich dieses Gold finde, und mir die Mine zeigen, wo es gewonnen wird," seufzte Colón.

An diesem und dem nächsten Tag und auch in beiden Nächten kamen so viele Eingeborene zu den Booten und an Bord der beiden Schiffe, dass an Schlaf nicht zu denken war. Drunten im Laderaum der Santa Maria spielten sich hemmungslose Orgien ab. Die Indianermädchen zeigten keine Scheu, sich mit den Seeleuten einzulassen. Und wenn die Eingeborenenmänner auf den Inseln, die sie auf der bisherigen Fahrt angesteuert hatten, meist nach kurzem Kennenlernen stets eifrig bemüht gewesen waren, ihre Frauen vor den Christen zu verstecken, so konnte hier auf Hispaniola davon noch keine Rede sein.

Es mochten während des Tages über tausend Insulaner gewesen sein, die in ihren Kanus die Santa Maria besuchten, und jeder brachte ein Geschenk mit. Weitere fünfhundert, die in den Kanus keinen Platz fanden, kamen schwimmend heran, obgleich die Santa Maria mindestens eine Legua vom Strand entfernt ankerte.

Das Boot mit Escobedo kehrte erst am Abend des 23. Dezember von seinem Ausflug zum Dorf des Guacanagari zurück. „Admiral, der Fürst und seine Bevölkerung wollen Euch sehen. Wenn wir in dieser Bucht die Weihnachtsfeiertage verbringen, werden wir Besuch vom ganzen Volk dieser Insel bekommen."

„Was habt Ihr über das Gold erfahren – und über den großen Khan?"

Escobedo blinzelte bedeutsam: „Sie wissen, wo es große Mengen Gold gibt, Adelante. Denkt Euch nur, sie nennen den inneren Teil dieser Insel Cibao."

„Cibao! Das Goldland Zipango, von dem Marco Polo berichtet hat!" Colón legte dem dürren Escobedo die Hand auf die Schulter: „Escobedo! Vortrefflich! Wir sind am Ziel. Endlich haben wir es gefunden, das Goldland."

Obwohl man den Abend des 23. Dezember, einen Tag vor Weihnachten schrieb, hielt es den Admiral nicht mehr in dieser Bucht, die sie nach dem heiligen Apostel Thomas „Sancto Thomé" getauft hatten. Colón wollte unbedingt noch in der Nacht um die kleine Landzunge herum in die Nachbarbucht einsegeln, wo sich nach den Auskünften Escobedos das Dorf des Kaziken befand. „Wir werden das Weihnachtsfest mit Guacanagari feiern", versprach er frohgelaunt und gab Befehl, die Anker zu lichten.

Ein einsetzender Ostpassat, parallel zur Küste, verdarb den Schiffsbesatzungen die Weihnachtsstimmung. Den ganzen nächsten Tag über kreuzten sie mühsam gegen den Wind an und kamen doch nicht recht vom Fleck. Die Santa Maria und die Niña mühten sich in langen Zickzackschlägen von der Küste ab und wieder zurück, denn der Wind blies schwach und die Strömung ging stark gegen Westen. Alles in allem mutete Colón seiner Mannschaft eine schweißtreibende Knochenarbeit zu. Die Männer waren übernächtigt, wer irgend konnte, kroch unter Deck oder rollte sich auf seiner Decke zusammen und fiel in karibischen Tiefschlaf.

Bis zum Wachwechsel abends um elf Uhr des 24. Dezember kam die Santa Maria gerade einmal eine Legua über das Kap hinaus, die Niña nur unwesentlich weiter. Ihre Spieren und schlaffen Segel waren im schwachen Schein eines untergehenden Fünftagemondes noch undeutlich zu erkennen. Der Wind legte sich fast völlig. Die Männer vernahmen keinen anderen Laut als das ferne Grollen der Brandung. Der Mond stand tief, zu tief, um das verräterische Kräuseln milchigweißen Wassers erkennen zu lassen, da, wo eine fast unmerkliche Dünung über heimtückische Riffe spülte.

Die abtretende Wache hatte Mühe, die Ablösung aus dem Schlaf zu schütteln. Alle Männer lagen erschöpft an ihren Plätzen. Die drei Tage in der Bucht Sancto Thomé steckte ihnen in den Knochen. Widerwillig rafften sich schließlich ein paar der Matrosen auf. Unter ihnen auch Rodrigo. Er musste den Schiffsjungen Martin de Urtubia ablösen, der soeben die Ampolleta umkehrte und sein Verslein sang: „Sieben ist vergangen, acht zerfließt sogleich, so Gott will. Betet ihr Herren und danket Gott, dass er uns gut beschützet für die weitere Reise ..."

Rodrigo hörte, wie ein bleichgesichtiger Admiral Colón, der bis jetzt auf Deck ausgeharrt hatte, an Juan de La Cosa, den neuen Wachhabenden, das Kommando übergab. Der kleine Baske sah zerknittert aus der Wäsche, bürstete sich mit der Hand durch das struppige Haar und blinzelte verschlafen in den Nachthimmel. „Hmmmnnrr", murmelte er fragend. Das sollte wohl soviel bedeuten wie „Alles in Ordnung?"

Der Admiral nickte zum Himmel und dann zur See hin Richtung Niña: „Geradeaus! Die Niña gibt den Kurs vor. Alles klar!" Er kreidete die wenigen Meilen, die Santa Maria in den letzten vierundzwanzig Stunden zurückgelegt hatte, auf seiner Schiefertafel an, blieb noch einige Sekunden auf dem Quarterdeck und beobachtete, wie die Männer, die nun dienstfrei waren, sich am Heck oder an der Reling auf ihren Decken zusammenrollten und wie der Rudermann abgelöst wurde von José Pequinos. Dann begab Colón sich in seine Kajüte.

Rodrigo stand neben dem Ampolettahäuschen und gähnte. Er schaute zum Wachhabenden. Auch Juan de La Cosa gähnte. Pedro Yzquierdo, der knochige Ausguckmann, kam vorbeigeschlichen, nickte dem Wachhabenden verschwörerisch zu und verkroch sich zum Schlafen unter seiner Decke, anstatt auf Posten zu gehen. Wenig später hatten sich auch Jakob, Lope Chips, Juan de Medina und die anderen, die gerade erst zur Mitternachtswache aufgeweckt worden waren, wieder zusammengerollt. Das Schiff stand im Wasser. Was sollte passieren?

Juan de La Cosa schritt auf dem Quarterdeck einige Male auf und ab. Auch er war übermüdet, doch er zwang sich immer wieder, den ganzen Horizont abzusuchen. Er hielt nicht lange durch. „Pequinos", flüsterte er schließlich zum Rudergänger hinunter, „ Niña ist voraus und zeigt den Weg. Schaut diesen Stern da oben, der gibt den Kurs an. Steuert nach ihm, Wind ist nicht viel. Ruf mich, wenn das Wetter sich ändert. Mir fallen die Augen zu, ich muss mich hinlegen."

Er wartete die Antwort des Rudermannes gar nicht mehr ab, sondern verschwand in seiner Kajüte. Jetzt waren nur noch Pequinos und Rodrigo wach.

„Eine verdammt müde Wache ist das", murrte José Pequinos und stützte seinen hageren Körper gegen die Ruderpinne. „Groumette, schläfst du schon?"

„Ja!", antwortete Rodrigo. „Ich bin todmüde." Er beobachtete noch eine Weile den wackeren José, sah, wie dieser manchmal schlaftrunken vornüber kippte, sich aber immer wieder zusammenriss; dann gab auch Rodrigo den Kampf gegen die Müdigkeit auf und schlief ein. Lange dauerte der Schlummer aber nicht, denn ein unsanfter Tritt des Rudergängers weckte ihn wieder. „Groumette", flüsterte Pequinos. „Ich halte mich nicht mehr auf den Beinen, komm her, den Kurs halten, das kannst du auch, bei dieser Flaute."

Der ältere Matrose schob den verschlafenen Rodrigo vor sich her und stellte ihn an die große, schwerfällige Ruderpinne. „Das hat der Admiral verboten", protestierte Rodrigo schwach.

Pequinos hörte gar nicht hin: „Da oben ist der Stern. Am besten nicht bewegen, dann bleibst du auf Kurs!" Dann streckte José Pequinos sich am Heck hin und fiel sofort in tiefen Schlaf.

Da stand Rodrigo. Von vierzig Seeleuten blieb er, der 13-jährige Schiffsjunge, als Einziger wach. Die Niña voraus konnte er nicht mehr zusehen. Und der Stern, den Pequinos ihm gezeigt hatte, welcher war es denn gleich ... Schon hatte er ihn aus den Augen verloren. Es gab so viele Sterne, und alle leuchteten sie um die Wette, je konzentrierter man sie betrachtete. Von seinem Standort am Ruder sah Rodrigo sowieso nur das dunkle, niedrige Zwischendeck. Eine seltsame Nacht. Träge und ohne Leben.

Das Ruder knarrte in den Ösen, vom Schiffsbauch und vom Deck kamen müdes Ächzen und Knirschen, in der Takelage klatschte und klapperte es. Bei dieser Windstille hörte man die Geräusche besonders deutlich. Und sie übertönten den leisen Schwall der Brandung, der Rodrigo vielleicht hätte alarmieren können.

Aber der schlaftrunkene Junge kämpfte so sehr mit seiner Müdigkeit, dass er nicht sofort merkte, wie die Santa Maria sanft auf ein schrägansteigendes Korallenriff glitt. Es geschah sogar so sanft, dass niemand erwachte. Rodrigo befand sich auch schon mehr im Traum als im Wachen, und er merkte erst dann etwas, als plötzlich das Ruder auf Grund festhing.

Plötzlich war er hellwach. Er zerrte und zog an der für ihn viel zu schweren Ruderstange. Schon hörte er, wie die Dünung sich dicht bei Backbord brach, ein Alarmsignal, das ihn endgültig aufrüttelte. Was tun? Das einzig Richtige: Rodrigo schrie lauthals los: „Alarm, Alarm, Sandbank voraus! Alarm! Wir sind aufgelaufen. Alarm, Alarm!"

Der Admiral sprang als Erster an Deck, dann stürzte Juan de La Cosa aus seiner Kabine, und in wenigen Augenblicken wimmelte es auf Deck von durcheinanderlaufenden Männern, deren Schreie, Verwünschungen und Flüche, untermischt von den zackigen Befehlen, die Stille der Nacht in aufgeregten Lärm verwandelten.

La Cosa brüllte Pequinos an, Peralonso Niño brüllte La Cosa an, ein paar Männer kletterten aufs Bugspriet, um vielleicht zu sehen, welcher Art das Riff oder die Sandbank war, auf der die Santa Maria hing. Andere hasteten zum Heck, einer schrie: „In die Boote!"

Nur der Admiral bewahrte die Ruhe und erfasste sogleich die Situation. Die Santa Maria war mit dem Bug voraus sanft auf Grund gelaufen. Aber das Schiff hatte achtern mehr Tiefgang als am Bug. Wenn man es also wieder frei bekommen wollte, musste man es rückwärts bewegen. Die sanfte Dünung, die herrschte, bewirkte jedoch gerade das Gegenteil; sie schob die Santa Maria mit knirschendem Ruckeln immer weiter auf das Hindernis.

Colón ließ sich nicht lange auf Beratungen mit seinen Offizieren ein, sondern erteilte den Befehl, vor der Untiefe einen Anker auszuwerfen, damit das Schiff über die Ankertrosse mit der Winde am Vorschiff verholt werden konnte.

„Nehmt die Bordschaluppe“, schrie er Juan de La Cosa an. „Schafft Anker und Tau an Bord und dann fahrt hinaus, jede Sekunde zählt!“

Der zerknirschte Rodrigo, den in all dem Durcheinander niemand mehr beachtete, drückte sich an den Hauptmast und machte sich noch kleiner als er war. Am liebsten wäre er unsichtbar gewesen. Welch eine Schande! Welch ein Versagen! Ausgerechnet er hatte das Schiff auf Grund gesetzt. Und das in einem Meer, das ruhig und leblos dalag, wie in einer Waschschüssel. Keine halbe Legua von der Küste der Insel Hispaniola entfernt.

Juan de La Cosa trommelte in aller Eile seine baskischen Männer zusammen, Lope Chips, Diego Perez, Juan Vecano, Domingo Vizcaino. Zusammen kletterten sie in das Schiffsboot, das achteraus mitgeschleppt wurde. Aber anstatt das Manöver durchzuführen, wie vom Admiral befohlen, ließ de La Cosa Anker Anker sein und nahm mit seinen Kumpanen Kurs auf die Niña. Eine völlig unerklärliche Flucht. Die Bande ruderte mit Leibeskräften auf und davon. Colón schrie wütend hinterher: „Was fällt euch ein? Kommt zurück! De La Cosa, Kapitän, kommt zurück. Ihr werdet doch Euer eigenes Schiff nicht im Stich lassen?“

Vergebens. War es Panik, Feigheit oder Niedertracht? Juan de La Cosa, der von Rodrigo so bewunderte und fast angebetete Kapitän, er nahm Reißaus, ergriff die Flucht. Das lief auf klare Befehlsverweigerung hinaus. Die Basken waren drauf und dran, ihre in Seenot geratenen Schiffskameraden im Stich zu lassen. Es blieb in dieser Stunde ebenso wie beim späteren Nachsinnen darüber ein Rätsel, was den erfahrenen Kapitän de La Cosa bewog, so kopflos zu reagieren. Rodrigo fand für sich eine Erklärung: Schuldgefühle, schlechtes Gewissen, Erschrecken über die eigene Fehlbarkeit. Juan de La Cosas Müdigkeit und Bequemlichkeit, die den Kapitän veranlasst hatten, seinen Posten zu verlassen, sich zum Schlafen hinzulegen und die Verantwortung an den Rudergänger abzutreten, mochten als menschliche Schwächen verständlich erscheinen, entschuldbar waren sie nicht, – schon gar nicht in den Augen eines Seefahrers, der sich selbst für einen der Besten seiner Zunft hielt.

Der Admiral und Vizekönig, wie Colón sich seit der Entdeckung der indischen Lande nun nennen durfte, konnte in dieser Schicksalsstunde nicht lange über Motive und Ursachen nachgrübeln. Er musste handeln, und zwar sofort. Nur mühsam wahrte er die Beherrschung, während de La Cosa mit seinen Männern Richtung Niña entschwand. Der Admiral stand einige Sekunden erstarrt an der Reling, aufgestützt. Der Moment der Wut und Empörung verflog jedoch rasch. Colón zeigte sich jetzt als wahrer Seemann, indem er sein Augenmerk sofort wieder der Rettung des Schiffes widmete. Er bellte Befehle über das Deck: „Kappt den Hauptmast. Los, vorwärts, worauf wartet ihr?"

Es begannen hektische Aktivitäten, bei denen Rodrigo im Wege stand wie ein falsch abgestelltes Weinfass. Zwei Matrosen hieben die Äxte in den Mastfuß, dass die hölzernen Splitter davonflogen wie Funken. Unterdessen warf die übrige Mannschaft auf Befehl Colóns Ballast und Ladung, die nicht als lebenswichtige angesehen wurden, über Bord, um so die Santa Maria leichter zu machen und damit vielleicht im Wasser zu heben. Es begann ein Wettlauf mit dem Meer, das beharrlich und unerbittlich zupfte und schob und mit jeder Welle seiner heimtückischen Rollbrandung den Schiffsbauch weiter auf das Riff hob.

Auch als der Hauptmast krachend kippte und mit lautem Getöse ins Meer stürzte, brachte das nicht die erhoffte Erleichterung. Schon spießten die scharfen Felsen des Riffs das Schiff auf und bohrten sich durch die Bordplanken.

„Wassereinbruch!", brüllte jemand aus dem Unterdeck, panische Angst in der Stimme. Wie alle Männer hastete der Admiral von backbord nach steuerbord, versuchte über die Reling etwas zu erkennen. Schon drehte sich das Heck der Santa Maria und das Schiff lag plötzlich quer im Meer, mit Schlagseite backbords.

Die Matrosen schrien durcheinander, beschimpften sich, heulten, rauften sich die Haare, fluchten abwechselnd auf Gott, auf de La Cosa und auf den Admiral und wurden immer hektischer und panischer.

„Wir laufen voll, wir saufen ab!“, stöhnte Jacomo Rico, der sich mit Rodrigo und einigen anderen der jüngeren Besatzungsmitglieder am Bug versammelte.

Von irgendwoher scholl die krächzende Stimme Escobedos: „In die Boote. Weg hier! Rette sich wer kann.“ Ein Aufruf voller Anmaßung, denn nur dem Admiral stand es zu, einen solchen Befehl zu geben. Darauf musste man nicht lange warten: „Alle Mann in die Boote. Wir verlassen das Schiff!“

Noch während die Mannschaft die beiden Rettungsboote klarmachte und von Bord kletterte, Escobedo zuerst, dann Jacomo Rico, gefolgt vom alten Schatzmeister Sanchez de Segovia, da legte sich die Santa Maria schon seitlich auf den Grund. Immer mehr Wasser strömte in den Schiffsrumpf ein. Die tödlich verwundete Karavelle krümmte sich auf, die eine Hälfte noch aus dem Wasser ragend, die andere bereits im Meer versinkend. Die Planken barsten. Das Schiff war verloren. Jeder weitere Versuch, sie ihrem Schicksal zu entreißen, wäre sinnlos gewesen.

Noch ehe der Morgen graute, zog die abgekämpfte und geschlagene Mannschaft der Santa Maria auf die Niña um. Dort trafen sie auch wieder auf Juan de La Cosa und seine mit ihm getürmten Basken. Der treue Kapitän der Niña, Vicente Yanez Pinzon hatte sie nicht an Bord gelassen. Er lieferte damit wieder einmal einen Beweis seiner unerschütterlichen Loyalität zum Admiral ab. In ihrem gestohlenen Boot sitzend, erwarteten die Basken das Strafgericht des Admirals. Doch der würdigte die zerknirschten Fahnenflüchtigen keines Blickes. Er ließ sich an Deck der Niña bringen, wo sich bereits alle anderen zusammengepfercht und niedergeschlagen an der Reling drängten, um den Todeskampf des Admiralsschiffs mit anzusehen.

Rodrigo schielte verstohlen zum Admiral. Würde jetzt seine Bestrafung folgen? Colón stand starr, die Hände in die Reling gekrallt. Es liefen ihm Tränen über die Wangen. Beschämt senkte Rodrigo den Blick.

Wo steckte die Pinta? Ihr Verschwinden wog in dieser Not doppelt schwer. Bald siebzig Mann drängten sich jetzt auf der Niña zusammen.

Diese wenigen Quadratmeter wurmstichiger Schiffsplanken bildeten nun ihre zerbrechliche Arche.

„Frohe Weihnachten", murmelte Pablo!

Auf Befehl des Admirals begannen die Besatzungen beider Schiffe bereits in der aufziehenden Morgendämmerung damit, die Vorräte, die Ladung und die Ausrüstung der Santa Maria sicherzustellen. Das Ufer befand sich nur wenige Steinwürfe entfernt, so nahe, dass sie die Dinge ohne allzu viele Schwierigkeiten in Sicherheit bringen konnten.

Diego Harana, Pedro Gutierrez und ein paar Männer ruderten in die Bucht hinein, wo sich das Dorf des Fürsten Guacanagari befand, um ihn um Hilfe zu bitten. Es dauerte nicht lange und vom Ufer näherten sich zahlreiche Kanus mit kräftigen Männern, die bereitwillig und tatkräftig beim Entladen des havarierten Schiffes mithalfen.

Sie gingen dabei so emsig ans Werk, dass die Arbeit innerhalb eines Tages beendet war. Rodrigo mit seinem schlechten Gewissen legte sich besonders ins Zeug. Aber er lief nicht als Einziger zerknirscht durch die Gegend. Auch José Pequinos fühlte sich schuldig. Der ansonsten so zuverlässige Matrose legte eine Leidensmiene an den Tag, als wollte er sich jeden Augenblick ins Meer stürzen, um der Schande zu entgehen.

Nur Juan de La Cosa, der eigentlich Verantwortliche für die Havarie, zeigte keine Reue. Im Gegenteil: Er lieferte sich einen lautstarken Streit mit dem Admiral – de La Cosas Art, das eigene Versagen in Getöse zu ertränken.

„Wer lässt auch in der Nacht segeln", fauchte der Kapitän. „Wir hätten in Sancto Thomé auf besseren Wind und den nächsten Tag warten sollen."

„Hättet Ihr meine Befehle befolgt, mein Herr, wir hätten die Santa Maria noch gerettet. Aber nein, Ihr musstet Reißaus nehmen und zur Niña fliehen."

„Euer Gnaden, wollt Ihr mich der Flucht zeihen?" La Cosas Stimme vibrierte: „Ich habe die Gefahr für die Santa Maria als keinesweg so groß angesehen. Gleichwohl dachte ich mir, es sei gescheiter, gleich Hilfe von der Niña zu holen!"

Der Admiral schwieg. Ein heikler Moment gefährlicher Spannung entstand. Wenn Colón jetzt weiter von Befehlsverweigerung und Fahnenflucht sprach, so musste er auch Konsequenzen ergreifen. Das wiederum widersprach seiner Natur, er ignorierte Konflikte; lieber ignorierte oder verniedlichte er sie, als sie in aller Härte auszutragen. Nach den Regeln der Seefahrt wäre de La Cosa um eine Bestrafung nicht herumgekommen. Zumindest hätte der Admiral ihn bis zur Rückkehr nach Spanien seiner Funktionen entheben müssen. Aber diese Machtprobe scheute Colón. In der Mannschaft murmelten sie: „Colón, der Weichling."

Der großspurige Jacomo Rico: „Ich hätte dem feigen Basken gleich die neunschwänzige Katze gezeigt."

Insgesamt blieb wenig Zeit, Dispute auszutragen. Die Bergung der brauchbaren Überreste der Santa Maria nahm alle Kräfte in Anspruch. Wie Ameisen schleppten die Spanier und ihre indianischen Helfer Stück um Stück des Schiffes auf die Boote und von dort an Land, in zwei große Lehmhäuser im Dorf des Guacanagari.

Der Kazike fand sich ein und drückte dem Admiral sein äußerstes Bedauern über den Vorfall aus. Häuptling Guacanagari strahlte eine Würde aus, nahe an der Grenze zur Operettenhaftigkeit. Er war nicht allzu großgewachsen, ein leicht fülliger Mann in mittleren Jahren. Das Haar trug er, wie alle anderen am Rücken lang, in der Stirn kurz geschoren. In der stumpfen Nase trug er, nach der hier üblichen Fürstenart, einen kleinen Nasenpflock. Leider nicht aus Gold, wie die Spanier sofort bemerkten, sondern aus einem dunklen Stein. Man sah ihm das Leben eines sorgenfreien Müßiggängers an. Seine flinken, lebendigen Augen erweckten einen überaus wachen Eindruck. Der aus Tainos bestehende Hofstaat, der ihn umgab, schnatterte in einem fort, was den Kaziken aber nicht zu bekümmern schien. Mit großer Neugier ließ er sich alles über das Schiffsunglück zeigen und erklären.

Gestenreich und mit betretener Miene klagte er über das Unglück der Spanier, so als sei es ihm selbst widerfahren.

In dem provisorischen Lager, das der Admiral am Ufer gegenüber der unfreiwilligen Landungsstelle aufschlagen ließ, häuften Guacanagaris Leute Geschenke über Geschenke auf. Zusammen mit einem lärmenden Clan von Brüdern, Vettern, Onkeln und weiteren Verwandten versuchte der Kazike, Colón zu trösten. Wie ein kleines Kind, das Spielsachen präsentiert, zeigte er dem niedergeschlagenen Admiral immer wieder einzelne Stücke, um ihn aufzuheitern; mal eine Muschelkette, dann einen kunstvoll geflochtenen Gürtel, einen Umhang aus Papageienfedern. Das Einzige, was Colón wirklich aufgeheitert hätte, fehlte jedoch: Gold!

Der Page des Admirals, der aufgeblasene Pedro de Tereros, stolzierte zu den übrigen Schiffsjungen herüber, die das Geschehen aus sicherer Entfernung beobachteten: „Bringt eine der Kisten mit dem Tand und den Geschenken für die Eingeborenen ins Zelt des Admirals. Aber geschwind!“

Pablo spuckte ihm vor die nackten Füße: „Hol's dir doch!“

„Befehl vom Admiral, du Kröte von Tischlersohn. Der Admiral will mit dem Kaziken handeln.“

Der Kapitänspage lieh sich die Autorität des Admirals und unter dieser Sonne nahm er sich Frechheiten aller Art heraus. Wehe dem Tag, an dem er einmal nicht mehr im Schutze Colóns stand.

Pablo und Rodrigo fischten murrend eine der Kisten aus den Bergen von Ladung heraus, die am Strand aufgestapelt lagen. Nicht ohne dem unbeliebten Kajütpagen wüste Flüche und Beschimpfungen hinterherzuwerfen, schleppten sie die Kiste ins Admiralszelt.

Neben Colón und der schnatternden Häuptlingssippe hatten sich dort Rodrigo Sanchez de Segovia, der Inspektor der Krone, der endlos lange Listen anfertigte, von allem, was hin und her geschleppt wurde, Louis de Torres, der immer noch nutz- und ratlose Dolmetscher, die Indios Diego und Jorge sowie Vicente Yanez Pinzon, der Kapitän der Niña und jüngere Bruder des seit Wochen verschwundenen Martin Alonso Pinzon, eingefunden.

Rodrigo und Pablo blieben als stumme Zaungäste im Zelt, als das inzwischen wohlbekannte Feilschen seinen Lauf nahm. Pedro de Tereros breitete auf Geheiß des Admirals den Inhalt der Kiste auf einer Decke aus: Glasperlen, Mützen, Spiegel, Bänder, Armringe, Glöckchen und vielerlei sonstige Präsente. Die Indianer stießen entzückte Rufe der Begeisterung aus.

Guacanagari deutete würdevoll auf eines der Messingglöckchen. Colón ließ es sich von seinem Pagen geben und demonstrierte die Funktion. Er hob es spielerisch ans Ohr des Kaziken und ließ es munter klingeln.

Ein verklärtes Lächeln spielte auf dem Gesicht des Häuptlings. Seine Zunge fuhr aufgeregt über die wulstigen Lippen. Das gefiel ihm. Die Stimme des Admirals klang honigsüß und schmeichlerisch, als er fragte: „Nucay?“

„Nucay, Gooold, Nucay, Gooold“, übersetzte der indianische Dolmetscher. Sanchez de Segovia zog ein Goldkörnchen hervor und hielt es zwischen Daumen und Zeigefinger in die Höhe, damit auch der Letzte sehen konnte, was die Spanier begehrten.

Die Indios nickten und äußerten zustimmende Bemerkungen. Lächelnd hielt Guacanagari daraufhin die Hand auf und zeigte eine Goldplatte, bald so groß wie seine Handfläche. Offensichtlich hatten ihn die Seinen schon instruiert, nach welchem Material es die Spanier gelüstete.

Umständlich und mit den für solche Verhandlungen bei den Indios üblichen fuchtelnden Handbewegungen redete der Kazike in der Taino-Sprache auf Diego und Jorge ein. Beide Indio-Dolmetscher plapperten eifrig dazwischen, lieferten jede Menge Erklärungen, deuteten abwechselnd auf den Admiral, auf den Schatzmeister und auf das Gold und machten kunstvoll sogar das Kreuzzeichen, welches in ihren Augen zu den Verhandlungen dazugehörte. Christóbal Colón, der Admiral des Ozeans und Vizekönig der indischen Lande, hörte aufmerksam zu, obwohl er kein Wort verstand. Vicente Yanez Pinzon trat ungeduldig von einem Bein auf das andere und wischte sich mit einem Seidentüchlein den Schweiß von der Stirn. Im Innern des Zeltes herrschte drückend schwüle Hitze, die Mittagssonne prallte mit all ihrer Kraft direkt auf die Zeltbahnen herunter.

Endlich war man sich handelseinig: „Kazike Guacanagari gibt Goldnucay wie dieses“, Diego zeigte auf das handflächengroße Stück,

„für dieses Chuque-Gefäß." So bezeichneten die Indios die Glöckchen; sie ahmten mit dem Wort „Chuque" den Ton nach. „Er gibt so viel": Diego zeigte vier Finger. Stolz blickte er in die Runde. Das Verhandlungsergebnis betrachtete er als seinen persönlichen Erfolg.

„Vier Stück Gold von der Größe einer Hand", entfuhr es dem Schatzmeister. „Adelante, Euer Gnaden, ich glaube, wir haben den rechten Platz endlich gefunden."

Colóns Gesicht heiterte sich schlagartig so auf, dass die umstehenden Indios sogleich in freudiges Lachen ausbrachen.

Eifrig diskutierten sie untereinander die Dummheit der Spanier, sich über vier wertlose Nucay-Stücke derart zu begeistern, dass sie bereit waren, dafür ein Wunderwerk wie dieses Glöckchen herauszugeben. Mit diesen Leuten von der anderen Seite des Meeres war gut handeln.

Durch Zeichen gab Guacanagari zu verstehen, dass, wenn der Admiral mehr von diesem Gold zu haben wünsche, es in der Nähe einen Ort gebe, wo man dieses Gold in großem Überfluss finden könne. Colón solle nur Mut fassen und nicht mehr wegen des Schiffbruchs hadern, man würde ihm so viel von dem Gold verschaffen, wie er haben wolle. Man finde das Gold im nicht weit entfernten Cibao.

„Zipangu?" So fragte Colón.

„Cibao!", bestätigte der Kazike.

Vicente Yanez Pinzon pfiff durch die Zähne: „Das muss es sein, Euer Gnaden. Das ist die große Insel, von der Marco Polo geschrieben hat."

Colón ließ über Diego und Jorge jetzt auch noch nach „Cathay" fragen, der Hauptstadt des Großen Khan, und nach „Mangi", dem indischen Festland. Aber Guacanagari verzog das Gesicht zu einer betrübten Grimasse und schüttelte den Kopf. Trotzdem zeigte sich der Admiral über die anderen Auskünfte so begeistert, dass er den Häuptling zusätzlich mit einem Hemd und ein paar Handschuhen beschenkte, worüber Guacanagari sich freute wie ein kleines Kind, alles beschnüffelte und ausprobierte.

Rodrigo und Pablo schlüpften nach draußen, um den anderen Matrosen von der sagenhaften Dummheit der Indios zu erzählen, die es fertig brachten, sich über ein albernes Messingglöckchen so zu begeistern, und die bereit waren, dafür solche Mengen wertvollen Goldes einzutauschen.

Ähnliche Geschichten erzählten auch die Seeleute, die mit den Booten beim Dorf des Guacanagari gewesen waren, wo sie unter der Aufsicht der Herren Escobedo und Gutierrez die gerettete Ladung der Santa Maria löschten. Wie einfach es für die Spanier sei, am Strand das Gold gegen bloße Nichtigkeiten einzutauschen. „Gegen eine Schnurspitze geben sie Goldbrocken im Wert von zwei Castellanos“, erzählte mit zahnlosem Pfeifen ein aufgeregter Jakob. „Und das ist noch gar nichts, denn sie haben so viel Gold in den Bergen, dass wir es alle zusammen nicht wegtragen könnten!“

Pablo, Rodrigo, Jacomo Rico, Martin und die anderen lauschten mit hochroten Köpfen.

Der Admiral lud den Indianerhäuptling mit seinem Gefolge am Abend an Bord der Niña zum Weihnachtsessen ein. Die Mannschaft der gestrandeten Santa Maria nächtigte an Land, in einem eigens für sie aufgeschlagenen Lager.

IXX. Weihnachtsfest

Der Dezember zog ins Land, mit ihm die kühlere Luft, die von den Bergen herab wehte, aber Don Burro kehrte noch nicht zurück nach La Rabida. Was immer ihn auf seiner Geschäftsreise nach Sevilla aufgehalten hatte, der kleine Miguel freute sich über diesen Aufschub. Während der ganzen letzten Wochen schon, in denen ihn die Padres bereits auf die bevorstehende Ankunft des Eseltreibers vorbereitet hatten, lag ihm diese Rückkehr schwer im Magen. Er fürchtete sich davor. Er wusste, dass er dann La Rabida verlassen musste. Das Kloster war ihm zur neuen Heimat geworden. Hier wollte er bleiben, hier fühlte er sich geborgen und sicher. Zum ersten Mal musste er keinen Hunger leiden, niemand verprügelte ihn. Er lernte Lesen und Schreiben. Und er hatte einen Freund gefunden: Fray Enrique Ramirez. Der junge Franziskanerbruder, der nun vollkommen Miguels Unterricht übernommen und den Klosterarzt Garcia Hernandez als Lehrer von Miguel abgelöst hatte, fand sichtbar Gefallen an seinem jungen Zögling. Es handelte sich dabei mehr um eine brüderliche, weniger um eine väterliche Zuneigung.

Miguels Lernfortschritte unter dieser fürsorglichen Betreuung konnten sich sehen lassen. Er vermochte zwar nicht die lateinischen Schriften und Bücher, aber doch die einfachen spanischen Texte zu lesen, niedrige Zahlenreihen zu addieren und sogar eigene Worte oder ganze Sätze nach Diktat aufzuschreiben. Genau das, was Don Burro sich gewünscht und bei den Mönchen in Auftrag gegeben hatte. Ganz nebenbei war etwas anderes passiert: Miguel stotterte nicht mehr.

Fray Enrique bohrte und stocherte immer wieder in Miguels Vergangenheit. Die Begegnungen, die er bei seinem Besuch im Hüttendorf jenseits von Palos mit den Bettlern und Kranken gehabt hatte, wirkten in dem jungen Mönch nach. Das Elend hatte sich ihm eingeprägt. Da er ein sehr sensibler junger Mann war, quälten ihn die Erinnerungen: der Dreck und Gestank, die kloakigen Pfützen und Rinnsale quer durch das Hüttendorf, die Fliegenschwärme, die müde, abgehärmte Frau, die ihren leblosen Säugling an die Brust hielt; der schnarchende Besoffene auf dem Lehmboden, das hustende Mädchen, die zerlumpten Gestalten hinter den Hütteneingängen, der kleine Pedro, der Bruder von Miguel, der mit seinem Golddukaten prahlte und doch so klein und verletzlich wirkte. Diese Bilder ließen Fray Enrique nicht mehr los. Seine Versuche, mit Miguel darüber zu sprechen, scheiterten. Der Junge zuckte die Schultern. „So ist es dort", bestätigte er ohne Gefühlsregung. „Manchmal stirbt einer!", ergänzte er, oder: „Alle sind krank. Es gibt wenig zu essen." Diese lakonischen Feststellungen aus dem Mund eines Zehnjährigen spornten den Franziskanermönch noch mehr an, sich mit der Lage dieser Menschen in Palos zu beschäftigen.

„Hilft denn niemand?", fragte er. „Gibt es keine barmherzigen Samariter? Was macht der Rat der Stadt? Gibt es denn keine Arbeit für diese Leute?"

Miguel wusste davon so gut wie nichts. Er hatte gelernt, wie und wo man in der Stadt Eier und Fische stahl oder wie man trickreich Brotreste erbettelte. Er wusste, wie man sich durchschlug, wie man Prügeln aus dem Weg ging. Er kannte die Häuser, in denen scharfe Hunde gehalten wurden, denen man besser nicht zu nahe kam. Aber er hatte keine Ahnung davon, wie die anderen Bewohner der Hütten und Bruchbuden sich ihren Lebensunterhalt verdienten. Die meisten schindeten sich als Tagelöhner in der Landwirtschaft zu einem frühen Tode, auf den Feldern, die den großen Adelsfamilien oder den reichen Gutsbesitzern gehörten. Manche verdingten sich tage- oder wochenweise als Fischer, als Hilfsarbeiter im Hafen oder, solange sie noch kräftig und gesund waren, als Matrosen im Küstenhandel. Das alles reichte aber selten, eine Familie zu ernähren, zumal, wenn das rare Einkommen schon in Schnaps und Wein umgesetzt war, ehe der stolze Besitzer von seiner Beschäftigung nach Hause zurückkehrte.

In vielen Hütten gab es überhaupt keinen Ernährer. Dort saßen alleingelassene Frauen mit ihrem Schwarm Kinder oder Witwen von Seeleuten, die nicht mehr heimgekehrt waren, Verstoßene, Kranke, Krüppel und Aussätzige, Menschen, vom Schicksal aus der Bahn geworfen. In gleichem Maße wie dort täglich gestorben wurde, vermehrte man sich auch wieder. Die Zahl der Armen lag zwischen dreihundert und fünfhundert. Es zog diese Menschen in die Stadt oder jedenfalls an ihren Rand, weil sie hofften, dort bessere Bedingungen als in ihren armen Dörfern im Hinterland vorzufinden. Eine Illusion.

Fray Enrique wagte nach seinem ersten Besuch, bei dem er Miguels Geschwister gesucht hatte, in den darauffolgenden Wochen noch weitere Besuche des Elendsviertels, wie er die Siedlung nannte. Jedes Mal kehrte er ernster und in sich gekehrter zurück. Mitte Dezember wurde er schließlich bei Prior Juan Perez vorstellig, um ihm einen Plan zu unterbreiten: Er wolle das bevorstehende Weihnachtsfest nutzen, um in Palos bei den reichen, wohlhabenden Bürgern eine Sammlung von Lebensmitteln, Kleidung und Bedarfsartikeln zu veranstalten, um damit am Weihnachtsfest die Armen zu beschenken. Gleichzeitig erklärte er sich bereit, ihnen am Weihnachtstag unter freiem Himmel einen Gottesdienst abzuhalten, um auch den Vergessenen und Verlorenen das Wort des Herrn zu predigen. Der Prior erklärte ohne Umstände sein Einverständnis.

Die Casa Pinzon gehörte sicher zu den prächtigsten und großzügigsten Privathäusern in Palos und Umgebung. Das weißgekalkte Gebäude verfügte über den typischen quadratischen Grundriss, den die arabischen Baumeister von den einstigen römischen Herren Andalusiens übernommen und dann perfektioniert hatten. Das Zentrum der Casa Pinzon bildete der gepflasterte Innenhof, der Patio, der mit Blumen und Grünpflanzen geschmückt war und dem der erfrischende Springbrunnen einen besonderen Luxus verlieh. Alle ebenerdigen Zimmer führten jeweils über eine große Tür in den Patio. Die erste Etage, die man über eine Treppe im Wohn- und Empfangszimmer erreichte, verfügte über eine umlaufende Galerie im Innenhof, über die man sämtliche Zimmer erreichen konnte. Alle Wände waren mit Kalk geweißelt und sahen dadurch sehr gepflegt aus. All diese Eindrücke saugte Miguel staunend in sich auf, als er mit Fray Enrique das Empfangszimmer betrat, in das man die beiden frommen Besucher hineingebeten hatte. Hier schmückten religöse Bilder, Spiegel und Teppiche die Wände. Auch auf dem gekachelten Boden lag ein großer Teppich, der den halben Fußboden bedeckte. Miguel achtete sorgsam darauf, ihn mit seinen bloßen Füßen nicht zu betreten.

Mitten im Raum lag in einem hölzernen Rahmen ein großes Kohlebecken aus Metall, in dem Olivenkerne glimmten, um das Zimmer zu heizen. Ein angenehmer, zarter Geruch nach Wurzeln und Oliven lag in der Luft.

Jetzt betrat die Herrin des Hauses den Raum. Solange ihr Mann sich auf einer Fahrt ins Unbekannte und ihre beiden Söhne Martin Arias und Juan auf dem Handelsschiff Nuez unterwegs nach Galizien befanden, gab Doña Maria Alvarez in der Casa Pinzon den Ton an. Sie kam die Treppe aus der ersten Etage heruntergerauscht, ihre beiden erwachsenen Töchter Catalina und Leonora im Schlepptau, und sie wirkte sichtlich ungehalten über die Störung, die ihr der Diener gemeldet hatte. Aber Fray Enrique hatte sich nicht abschütteln lassen. Beharrlich hatte er darauf bestanden, sein Anliegen nur und ausschließlich der Herrin des Hauses vortragen zu wollen. Und weil man einen frommen Padre aus dem angesehenen Kloster La Rabida nicht ohne Weiteres abweisen konnte, hatte der Diener Doña Maria herbeigerufen.

„Tragt Euer Anliegen vor, Mönch", forderte die energische Dame unter Weglassung sämtlicher Höflichkeitsformeln den Besucher auf. „Aber fasst Euch kurz, ich habe wenig Zeit!" Ihre beiden Töchter blieben seitlich knapp hinter ihr stehen. Das sollte heißen: Wir lassen uns nicht auf lange Gespräche ein, wir gehen gleich wieder.

Fray Enrique schluckte. Der barsche Ton wirkte nicht einladend. Dennoch sprach er klar und fest: „Gnädige Dame, Señora, es steht das Weihnachtsfest bevor, das Fest der Liebe und der Brüderlichkeit. In Palos und darüber hinaus in ganz Niebla ist die Familie Pinzon für ihre Großherzigkeit bekannt und für ihre mildtätige Gesinnung."

„Ihr kommt um zu betteln ...“, unterbrach ihn Doña Maria ungeduldig.

Miguel zuckte unter ihrem barschen Tonfall zusammen. Aber Fray Enrique blieb tapfer: „Ich bitte nicht für mich, und ich bitte auch nicht für meine Brüder in La Rabida. Ich bitte für die Armen der Stadt, für die Kinder in der Armensiedlung, für die Kranken und für die Hungrigen.“

Ruhig trug er sein Anliegen vor, seine Absicht, Kleider, Lebensmittel und Gebrauchsgegenstände zu sammeln, um sie am Weihnachtstag im Elendsviertel unter die Armen zu verteilen. Doña Maria hörte zu, ließ ihn ausreden und blickte aus ihren warmen braunen Augen immer nachdenklicher.

Miguel, der klein und schüchtern neben Fray Enrique stand, bemerkte, dass sich die verkrampfte Haltung des Padres entspannte. Fray Enrique sprach lockerer, zuversichtlich, voller Hoffnung, denn die Reaktion der wohlhabenden Kaufmannsfrau spornte ihn an.

Als der Franziskanermönch nach einigen atemlosen Minuten geendet hatte, blieb Doña Maria kurz stumm. Auch die Töchter rührten sich nicht. Steif wie Statuen blickten sie desinteressiert in ein unbestimmtes Nichts. In Doña Marias weichem, fleischigem Gesicht arbeitete es. Ihre spitzen Mundwinkel zogen sich weit zusammen und die wachen Augen stierten glasig auf einen Punkt irgendwo jenseits des Besuchers. Dann formte sich ein selbstgefälliges, zynisches Lächeln auf ihren schmalen Lippen. So weich ihre Züge wirkten, so hart war ihre Antwort. „So, so“, sagte Doña Maria gedehnt, fast süffisant. „Ihr wollt also die Faulpelze und Herumtreiber belohnen. Dafür, dass sie das ganze Jahr über stehlen, betrügen und sich vor Arbeit drücken. Das nenne ich eine brüderliche Einstellung.“ Sie verschränkte die Arme hinter dem Rücken und ging ein paar Schritte auf und ab, als wolle sie ihre eigene Antwort auf sich wirken lassen. Ihre Röcke raschelten steif bei diesen Bewegungen, es war das Geräusch von Herrschaft und Macht. Fray Enrique wagte es nicht, etwas einzuwerfen, Miguel schon gar nicht. Der Junge machte sich so unsichtbar wie möglich, am liebsten hätte er sich unter der eigenen Kutte verborgen. Vor der selbstsicheren Dame, die fast drohend die beiden Bittsteller mit einer Mischung aus Herablassung und Unwillen musterte, fühlte Miguel sich klein und unwürdig.

„Das erwartet Ihr doch nicht im Ernst, dass die Familie Pinzon dieses Pack durchfüttert“, fragte Doña Maria mit gefährlich leiser Stimme. „Meine christliche Gesinnung und die meiner Familie bedarf einer solchen Demonstration nicht. In unserem Haus gibt es jedes Jahr das größte Weihnachtsfest in ganz Palos. Und alle sind dazu eingeladen, die rechtschaffen und ehrlich für unsere Familie gearbeitet haben. Denen soll es an nichts fehlen, da ist die Großzügigkeit der Familie Pinzon seit Jahren in der ganzen Provinz bekannt.“ Jetzt hob sich ihre Stimme, bekam fast einen schrillen Klang: „Aber kommt mir bloß nicht mit Euren rührseligen Almosengeschichten. Diese Leute, die Ihr beschenken wollt, die verdienen es nicht. Das sind Säufer, Huren und Bettler. Lasst das Euch gesagt sein.“

Die beiden Töchter zuckten zusammen. Solche Worte hatten sie aus dem Mund ihrer Mutter noch nie gehört. Wie unschicklich!

Doña Maria drehte Fray Enrique und Miguel den Rücken zu und öffnete eine schwere, holzgeschnitzte Truhe, die an der Rückwand des Empfangsraumes stand. Sie entnahm ihr einen kleinen Lederbeutel.

„Hier!“, sagte sie, indem sie den Beutel in der offenen Hand wog und Richtung Frey Enrique hielt. „Dieses Geld hier ist die Weihnachtsgabe der Familie Pinzon an die Kirche des heiligen Georg in Palos. Das ist mehr, als jede andere Familie der Stadt dem hochwürdigen Herrn Pfarrer zum Weihnachtsfest spendet. Zieht also nicht die Großzügigkeit meiner Familie in Zweifel.“ Sie warf den Beutel achtlos zurück in die geöffnete Truhe. „Ich wünsche Euch und Euren hochehrwürdigen Brüdern ein glückliches Weihnachtsfest, Padre. Und nun geht!“ Doña Maria klang wieder höflich und beherrscht, nun sogar fast ein wenig leutselig. Doch ein drohender Unterton in ihrer Stimme blieb und warnte den jungen Franziskanermönch, nicht noch einen weiteren Anlauf zu unternehmen.

Fray Enrique hielt dem Blick der resoluten Dame stand. Einige Sekunden schauten die beiden sich in die Augen.

„Der Herr beschütze Euch", sagte der Padre schließlich, im Ton ebenso unergründlich und zweideutig wie in seinen Gesten, ehe er sich abrupt abwandte und ohne weiteren Gruß den Raum verließ. Miguel folgte hurtig. Draußen schnappte Fray Enrique mit versteinertem Gesicht nach dem Lederriemen im Pferdegeschirr und zog den alten Klepper vom Hof, der vor den einachsigen Karren gespannt war, mit dem der Padre sich auf seine Betteltour gemacht hatte. Auf der Pritsche des Wagens stapelten sich bereits Decken, Kleidungsstücke, Kochgeschirr, Handwerksgeräte und etliche Korbflaschen und Behältnisse, alles Waren und Lebensmittel, die Enrique in den Häusern in Palos erbettelt hatte. Hier aber, in der Casa Pinzon, dem reichsten Haus weit und breit, kam keine neue Ladung hinzu. Unverrichteter Dinge zogen sie vom Hof.

Miguel wagte es lange nicht, den grimmigen Freund auf die Abfuhr in der Casa Pinzon anzusprechen. Wortlos eilte er hinter Fray Enrique her, der wieder den Weg zurück nach Palos eingeschlagen hatte.

„Bist du traurig?", fragte Miguel endlich.

Fray Enrique blieb stehen. Er legte dem Jungen eine Hand auf die rechte Schulter und sah ihm direkt in die Augen: „Dies musst du lernen bei den Menschen. So sind sie. Ihr Großmut kennt manchmal keine Grenzen, ihre Härte und ihr Eigennutz aber auch nicht." Nach einer kurzen Pause fügte er hinzu, die Hand immer noch auf Miguels Schulter: „Diese Familie ist sehr reich. Sie ist auch sehr von sich eingenommen. Der alte Pinzon ist nur dann ein Patron und Wohltäter, wenn es ihm nutzt. Das kalkuliert er ganz genau. Und er meint, sein Wohlstand und sein Reichtum seien sein persönliches Verdienst. Dabei haben er und seine Frau nie Armut gelitten, sie haben nie um ihre Existenz kämpfen müssen, sie haben nie erfahren was es heißt, Hunger zu leiden. Er ist im Schutze einer wohlhabenden Familie aufgewachsen und sie ebenso. Der edle Herr Pinzon hat sich dann in den Sessel gesetzt, der schon für ihn vorbereitet war. Vielleicht ist er tüchtig. Vielleicht mehrt er den Reichtum seiner Familie, das kann sein. Vielleicht versteht er es, kluge Geschäfte zu machen. Und vielleicht behandelt er auch seine Diener und seine Arbeiter mit Achtung und Großherzigkeit. Aber er hat kein Recht, über jene zu urteilen und den Stab zu brechen, die nicht dieses Glück hatten, wie er es hatte."

Über diese Worte ließ der Padre Miguel nachsinnen, während sie weiter ihres Weges zogen.

Nicht überall stieß Fray Enrique auf eine solche Hartherzigkeit wie in der Casa Pinzon. Die wohlhabenderen Bürger von Palos, aber auch viele Bewohner, die selbst nicht viel mehr als das Nötigste besaßen, zeigten sich großzügig, vielfach beflügelt von der adventszeitlichen Vorfreude auf das Weihnachtsfest. Bald ächzte die klapprige Pferdekarre unter der Last der Gaben. Auch ohne Mitwirkung der Familie Pinzon kamen genug Hilfsgüter und Materialien zusammen, vor allem Kleider, Decken, Küchengeschirr und Werkzeug. Fray Enrique zeigte sich sehr zufrieden, dass ihm dieses Werk der Nächstenliebe zu gelingen schien.

Früh am Morgen des ersten Weihnachtstages zog er gemeinsam mit einigen weiteren Franziskanerpadres und Laienbrüdern aus La Rabida hinüber in die Hüttensiedlung vor der Stadt. Auch Miguel durfte dabei sein. Sogar Fray Garcia Hernandez, der Arzt, begleitete sie. Es wäre ein Segen, bei dieser Gelegenheit neben dem materiellen und geistigen Beistand auch ärztliche Hilfe zu leisten, so überzeugte Fray Enrique seinen älteren Mitbruder.

Der Tag war mild und klar. Die andalusischen Winter kannten zwar oben auf den Hochebenen der Sierra Morena auch Frost und Eiseskälte, aber in Küstennähe herrschte auch im Dezember und Januar überall angenehm mediterranes Klima. Die Menschen gingen barfuß und trugen an Kleidung nicht viel mehr als Hemd und Hose.

Inmitten der Lehmhütten und Bretterbuden bauten Fray Enrique und die anderen Franziskaner eine Suppenküche auf. Das würde die Bewohner anlocken. Tatsächlich umringten bereits Bettelkinder das Geschehen. Die Mönche spannten sie ein, Holz für das Feuer zu sammeln. Bald schon schlichen erste Frauen und Männer herbei. Es sprach sich schnell herum, dass die Mönche von La Rabida gekommen waren und einen ganzen Wagen voller Kostbarkeiten mitgebracht hatten.

Die Padres bereiteten in ihrem großen Kessel die „Olla podrida“ zu, einen kastilischen Eintopf mit Schweinefleisch, Kichererbsen und allerlei Gewürzen und Gemüse, dessen kräftiger Geruch bald in alle Nasen stieg. Das würde ein Festschmaus werden. Garcia Hernandez als der Älteste unter den Franziskanerbrüdern hielt eine kleine Ansprache. Er kündigte einen Gottesdienst und dann die Ausgabe des Essens und die Verteilung der Hilfsgüter an.

Miguel, der stolz seinem Lehrer Fray Enrique zur Hand ging, kannte viele der Neugierigen, die sich in immer größerer Zahl einfanden und das Geschehen entweder stumm bestaunten oder mit teils aufmunternden, teils skeptischen Kommentaren begleiteten. Miguel versteckte sich hinter den Padres. Er wollte nicht erkannt und nicht angesprochen werden, am liebsten hätte er seine ganze Vergangenheit als Kind hier ungeschehen gemacht. Es interessierte sich aber ohnehin niemand für ihn. Die sich immer zahlreicher einfindenden Zaungäste richteten ihr alleiniges Augenmerk auf das bevorstehende Essen und die versprochenen Geschenke.

„Gebt uns doch gleich, was ihr habt“, forderte einer.

„Holla, ihr Herren“, rief ein anderer, ein Krüppel, der sich auf eine selbst gezimmerte Krücke stützte. „Wollt ihr uns erst vorführen, wie man einen Eintopf kocht?“

„Was liegt da auf dem Wagen?“, rief wieder ein anderer.

„Rühren müsst ihr, ihr Padres, rühren!“, spornte eine von Warzen übersäte Frau die Mönche an. „Sonst wird es nichts mit dem Fleisch!“

Gierig leckten sich die Umstehenden die Lippen und sicherten sich mit Knuffen und Ellbogenstößen ihren Platz in der vordersten Reihe. Wenn überhaupt, dann gehörte mal ein Stück Schafs- oder Ziegenfleisch zum Speiseplan dieser Leute. Ansonsten ernährten sich die Bewohner im Armenviertel mehr recht als schlecht von Gemüse wie Saubohnen, wilden Artischocken oder Zwiebeln, daneben von Oliven und Käse, wild wachsendem Obst, von Nüssen und Beeren, so wie die Dinge eben gerade verfügbar waren.

„Miguel; Oye! Schau mal hier herüber, Stotterer, hierher, zu mir!“ Die Stimme gehörte Francesco, einem hageren Jungen mit hässlicher Hasenscharte. Er war der Anführer einer Kinderbande von Bettlern und Dieben. Francesco versteckte sich zwischen zwei Weibern, die sich schrittweise an das große Feuer der Franziskaner herangeschlichen hatten und jetzt in vorderster Linie standen, die Augen voll gieriger Erwartung. Beide hatten sich mit hölzernen Schüsseln ausgerüstet, wohl in der Absicht, einen möglichst großen Schlag vom Eintopf abzubekommen. Francesco bewegte seinen Zeigefinger. Er wollte, dass Miguel zu ihm kam. Aber Miguel traute ihm nicht. Vor Francesco musste man auf der Hut sein. Das war ein bösartiger Kerl. Die Jüngeren quälte und unterdrückte er. Miguel war in der Vergangenheit oft genug sein Opfer gewesen. Gegen die Älteren setzte dieser Francesco sich mit Kraft und roher Gewalt durch. Um sich herum hatte er einen Clan von Kumpanen und willfährigen Helfern geschart. Niemand war vor ihm sicher. Mit knapp 14 Jahren verfügte er bereits über die Statur eines Mannes; an Skrupellosigkeit, Brutalität und Durchtriebenheit nahm er es sowieso mit jedem Erwachsenen auf. Nein, Miguel wollte nichts mit Francesco zu tun haben.

„Komm her“, zischte der jetzt ungehalten, als er merkte, dass Miguel nicht reagierte. Wegen seiner narbigen Hasenscharte sprach Francesco immer mit diesem nasalen, nuscheligen Zischen, das ihn noch bösartiger wirken ließ, als wenn er normal gesprochen hätte.

Miguel machte zwei Schritte auf ihn zu, achtete aber sorgsam auf eine Mindestdistanz. Francesco grinste dämonisch. „Bist wohl zu den Pfaffen übergelaufen, Stotterer, was?“

„Geht’s dich was an?“

„Feiner Kerl bist du! Lässt deinen Bruder im Stich und frisst dir unter dem warmen Dach bei den Mönchen jeden Tag den Wanst voll.“

„Lass mich in Ruhe!“ Miguel wandte sich ab und tauchte im geschäftigen Kreis der Franziskanerbrüder unter. Mit diesem Francesco wollte er nichts zu schaffen haben. Und sein Bruder Pedro, der interessierte ihn auch nicht wirklich. Trotzdem: Wo war er überhaupt? Wieso hatte er sich noch nicht blicken lassen?

Pedro hatte gute Gründe, unsichtbar zu bleiben. Er gehörte zu einer der rivalisierenden Jugend- und Kinderbanden des Hüttendorfes, aber nicht zur Bande von Francesco. Pedros Bande bestand aus jüngeren Kindern, vor allem aus jenen, die Angst vor Francesco hatten und die sich nicht von ihm unterdrücken und quälen lassen wollten. Pedros Anführer hieß Claudio, ein zwölfjähriger Portugiesenjunge, der von seinem Zuhause in der kleinen portugiesischen Hafenstadt Tavira abgehauen und über die Grenze nach Andalusien gekommen war. Zu Claudios Bande gehörten Zehn- bis Dreizehnjährige. Pedro mit knapp sechs Jahren bildete eine Ausnahme. Sie duldeten ihn nur in ihren Reihen, weil er flink wie ein Eichhörnchen war, besser im Stehlen als die meisten anderen, mutig, unerschrocken und treu. Die Bande von Claudio, dem Portugiesen, deshalb auch „die Portugiesenbande“ genannt, stand auf Kriegsfuß mit der von Francesco, den sie den „Nuschler“ nannten. Schlägereien und gegenseitige Überfälle standen auf der Tagesordnung. Dabei gab es mehr als nur blutige Nasen. Kürzlich hatte man einen Dreizehnjährigen erdrosselt in einem Hinterhof aufgefunden. Francescos Werk.

Die Portugiesenbande schlich ebenso um die Suppenküche und um das Lager der Franziskaner herum, wie es Francescos Jungen taten. Beide Seiten zeigten sich aber nicht offen, sondern hockten irgendwo auf den Dächern oder verbargen sich hinter angelehnten Türen und zugehängten Fenstern. Es ging darum auszuloten, was hier zu holen war. Klar, man konnte sich brav anstellen, so wie die Weiber und die Alten das taten, um seinen Teil vom Essen abzubekommen, vielleicht auch etwas von all den verlockenden Dingen, die auf dem Pferdekarren aufgestapelt lagen. Aber es gab auch die andere Möglichkeit, hier mit großer Beute heimzugehen. Vielleicht konnte man die Mönche austricksen, irgendwie ablenken, und sich dann über den Wagen hermachen.

Während der Eintopf in seinem riesigen Kessel weiterhin schmauchend vor sich hin garte und nur von einem einzigen Franziskanerbruder betreut wurde, der gelegentlich umrührte, dies oder jenes nachschüttete und auf das zur reinen Glut heruntergeschürte Feuer achtete, traf Fray Enrique, unterstützt von Garcia Hernandez und den übrigen Brüdern, die Vorbereitung zur Feier einer heiligen Messe. Aus Holzkisten, über welche die Brüder ein weißes Leinentuch legten, errichteten sie einen Altar, schmückten ihn links und rechts mit jeweils einer großen Kerze und stellten sich im Halbkreis im Rücken von Fray Enrique auf, der diesen Gottesdienst halten wollte.

Über der Menge machte sich andächtige Stille breit. Es mochten die übelsten Halunken darunter sein, Tagediebe, Herumtreiber, Nichtsnutze, Huren und Bettler, eines hatten sie alle gemeinsam: den gehörigen Respekt vor den Sakramenten der katholischen Kirche, vor dem katholischen Glauben insgesamt, vor Gott dem Allmächtigen im Besonderen. Inbrunst und Strenge, Verzückung und Fanatismus, diese Grundessenzen der spanischen Religiosität wohnten in jedem der Anwesenden. Mit einem unerschütterlichen Urvertrauen ausgestattet, wonach der Besitz des wahren Glaubens, verstärkt durch die Kraft der Sakramente, ein Seelenheil jenseits der irdischen Existenz garantiere, vergaben sich die spanischen Christen ihre zahlreichen sittlichen Verfehlungen gerne bereits zu Lebzeiten. Sündigen, Buße tun, wieder sündigen, mit diesem Lebensprogramm eines großen Teiles der spanischen Gesellschaft hielten es auch die armen Sünder hier in Palos. Und so traten sie keineswegs in Widerspruch zu ihrem sonstigen Dasein, wenn sie sich nun in frommer Andacht um die Padres sammelten und mit ihnen in die Gebete und Gesänge einstimmten.

Eindrucksvoll hallten die vielen Stimmen durch den klaren Nachmittag. Das hörte man sicher auch unten in der Stadt. Fray Enrique sprach über die Glaubensartikel, über die Zehn Gebote, die heiligen Sakramente und über die Pflicht der Christen zur Nächstenliebe. Es schloss sich ein Fürbittgebet an, das Vaterunser, das Ave Maria, das Glaubensbekenntnis, ein allgemeines Sündenbekenntnis und die Lossprechung. Der junge Franziskaner sprach sehr langsam und getragen. Miguel kannte diese angenehme Sprechweise schon von vielen gemeinsamen Gebeten in La Rabida. Er mochte die beruhigende Stimme Fray Enriques, den Singsang, in den der junge Franziskanermönch gerne verfiel, die Gewissheit, mit der er von Gott, dem Allmächtigen, sprach. So wie die Schönheit der Worte und der Klang der Stimmen Miguel einlullten, so versetzte die Feier auch viele der Zuhörer in eine andächtige Trance.

Fast alle! Francesco und einige seiner Gesellen nutzten die nachlassende Wachsamkeit der Mönche und Zuhörer, um sich vorsichtig unter den Pferdekarren zu schleichen. Es waren sechs oder sieben starke junge Burschen. Die konnten vielleicht einiges davonschleppen, falls sie vorhatten, sich von der Wagenladung die besten Stücke zu schnappen.

Aber ihr Plan war ein anderer. Auf der gegenüberliegenden, etwas erhöhten Seite des kleinen Dorfplatzes, auf dem sich die ganze Szenerie abspielte, hatten sie ihrerseits einen morschen, alten Ochsenkarren in Position gebracht. Auf der Pritsche türmte sich ein großer Berg aus Stroh, Reisig, trockenem Schilf und Holz. Und nun setzte Francesco höchstpersönlich mit einem glimmenden Holzscheit diesen ganzen Zunder in Brand. In Sekundenschnelle fraßen sich die Flammen knisternd hinein in dieses Gestrüpp. Schon loderten sie hoch auf. Da packten Francesco und zwei andere Jungen die Deichsel und schoben den ganzen brennenden Karren mit kraftvollem Schwung auf die Versammlung der Betenden zu. Auf dem leicht abschüssigen Gelände nahm der Wagen schnell Fahrt auf.

„Ho, ho, ho!“, brüllten Francesco und seine Kumpane.

Die Menschen drehten sich um, sprangen zur Seite, schrien aus Panik und Orientierungslosigkeit. Es entstand sofort ein Durcheinander, weil einer über den anderen stolperte, während der brennende Ochsenwagen funkenstiebend auf den konsternierten Fray Enrique und seinen Holzkistenaltar zuhielt.

Das bedeutete das Ende des Gottesdienstes. Und während das Getümmel wuchs und alle durcheinander schimpften, brüllten, packten die anderen Mitglieder der Francesco-Bande den unruhigen Gaul im Geschirr, der noch vor den Karren der Mönche gespannt war, und zogen ihn im Laufschritt auf die andere Seite des Dorfplatzes und dort in eine Seitengasse.

Vieles geschah gleichzeitig. Die Francesco-Bande türmte mit ihrer Beute. Aber von einigen Dächern in der Seitengasse, in die Francescos Helfer einbogen, sprangen wie die Affen die geschmeidigen Körper der Jungen von der Portugiesenbande. Sie hatten ihre Konkurrenten die ganze Zeit über beobachtet und mischten sich nun ein.

Sobald sie auf der schwankenden Pritsche des Pferdekarrens landeten, griffen sie auch schon nach den Dingen, die dort nur lose verzurrt durcheinanderpolterten, und warfen sie hinter sich vom Wagen hinunter: Decken, Mäntel, Hosen, eine Kiste voller Löffel, Kupferpfannen, Pakete mit Dörrobst, Speckseiten, ein Korb voller Oliven, Schläuche aus Ziegenbalg, prall gefüllt mit Wein und alles, was sie sonst noch zwischen die Finger bekamen.

Gleichzeitig rannten und stolperten viele der Gottesdienstteilnehmer hinter dem Wagen her, unter ihnen auch Miguel und zwei der Franziskanerpadres. Fray Enrique blieb mit Fray Garcia Hernandez beim großen Suppenfeuer zurück. Sie hüteten den inzwischen gar gewordenen Eintopf, damit er nicht auch noch Opfer des Durcheinanders wurde. Um den brennenden Ochsenkarren kümmerte sich niemand. Er polterte weiter gegen eine Hüttenwand, wo die Flammen sofort gierig von dem trockenen Holz der baufälligen Hütte Besitz ergriffen. Die Bretterbude loderte auf wie ein Signalfeuer. Ein blinder alter Mann tastete sich hustend heraus und stolperte auf den Platz, wo er jammernd auf die Knie fiel, um diesen Verlust zu beklagen. Man verstand ihn nicht, denn inzwischen prasselte und knirschte es auch schon in den Balken der Nachbarhütten. Das Geschrei der Menschen schwoll immer lauter an. Ein paar brüllten nach Hilfe, andere schimpften und fluchten, einige schrien vor Angst. Jetzt ging es jedem nur noch um die eigene Haut. Es fiel niemandem ein, das Feuer zu löschen. Wie auch? Wasser gab es keines. Das Rinnsal von Bach, welches sich von Fäkalien und Unrat aller Art verstopft stinkend durch die Ansammlung der Hütten schlängelte, bot keinerlei Möglichkeiten zum Schöpfen. Der nächste Brunnen stand unten in Palos. Die sumpfigen Viehtränken draußen auf den Weiden waren vermatscht und unzugänglich. Und es fühlte sich auch niemand verantwortlich. Hier gab es keine organisierte Gemeinschaft, keine Obrigkeit, die Befehle erteilt und das Kommando übernommen hätte. Die Franziskanerpadres, ebenso geschockt wie gelähmt durch die Ereignisse, realisierten immer noch nicht, dass ihr wohlgemeintes Weihnachtsfest in einer chaotischen Katastrophe zu enden drohte. Vier oder fünf Hütten brannten bereits in hellen Flammen, die meterhoch in den Himmel schlugen. Es stank fürchterlich, was auch immer in diesen Behausungen mitverbrannte. Menschen hasteten schreiend hin und her und versuchten, ihre armseligen Besitztümer zu retten. Eine Frau krabbelte auf allen Vieren aus dem Rauch, zwei kleine Kinder mit sich schleppend, eines vorne auf der Brust, eines auf dem Rücken. Grauschwarzer Qualm sammelte sich über den Dächern und zog als drohende Spirale himmelwärts. Ganz sicher sah man längst auch unten in Palos und in der weiteren Nachbarschaft, dass die Ansiedlung brannte. Nur die Hütten oberhalb des Platzes, an dem alles begonnen hatte, blieben verschont. Ein schwacher Wind trieb das Feuer von Dach zu Dach, von Hütte zu Hütte.

Miguel verlor den gestohlenen Pferdekarren nicht aus den Augen. Er hetzte hinterher und fluchte über seine Kutte, die ihn am schnellen Laufen hinderte. Kurz entschlossen raffte er die Schöße bis über die Knie. Die Zahl der Verfolger schrumpfte indessen zusehends, und zwar in dem Maße, wie die Jungen von der Portugiesenbande die Ladung des Karrens über Bord warfen. Denn statt weiter hinter den Dieben herzulaufen, machten sich die Verfolger über die abgeworfenen Schätze her. Wenigstens etwas abzustauben, so lautete die Devise, da war sich jeder selbst der Nächste. Inzwischen hatten die Diebe die schmalen Gassen verlassen und lenkten den Karren ins freie Gelände auf einen kleinen Zedernhain zu. Längst hatten Francescos Diebe bemerkt, dass ihnen ihr Diebesgut abhanden kam. Francesco selbst und seine zwei Kumpane, die im Laufschritt das Pferd zogen, um das Tempo hoch zu halten und das Pferd zu zwingen, in schnellen Trab oder Galopp überzugehen, trennten sich deshalb. Einer schwang sich auf den Wagen, um die Rivalen der Portugiesenbande zu vertreiben. Noch immer hüpften drei dieser Wichte auf der Pritsche des Karrens herum und schoben jetzt auch die schwereren Kisten und Säcke hinunter. Der jetzt herauf geklettert kam, war ein großer, klotziger Kerl, wütend wie ein Stier nach der Kastration. Blutgierig enterte er den Karren, bereit, diese kleinen Parasiten, die schon die halbe Ladung abgeworfen hatten, eigenhändig zu zerquetschen. Pedro, der Kleinste von ihnen, ein Wirbelwind, flink wie eine Katze, sprang über zwei Mehlsäcke hinweg in den Rücken des Angreifers und schmetterte ihm von hinten eine schwere gusseiserne Bratpfanne in den Rücken. Das warf den Klotz zwar nicht um, gab den anderen beiden aber die Möglichkeit, schnell die Flucht zu ergreifen. Es war genug getan. Von all den Schätzen, die jetzt verteilt auf eine halbe Legua links und rechts des Weges lagen, würde es Claudio und seiner Portugiesenbande schon gelingen, einen gehörigen Anteil einzusammeln. Damit machten sie ganz sicher einen besseren Schnitt, als wenn sie brav die Verteilung durch die Franziskaner von La Rabida abgewartet hätten. Und nebenbei hatten sie auch noch dem verhassten Francesco und seinen Leuten einen Streich gespielt.

Auch der kleine Pedro, der die Bratpfanne schwang wie ein orientalischer Schwertkämpfer, sah nun, dass es Zeit war zu türmen. Sein unbeholfener Widersacher stolperte über einen Mehlsack, der von einer Pritschenwand zur anderen rollte, und fiel der Länge nach zwischen die Ladung, oder das, was von ihr übrig war. Diesen Moment nutzte der Kleine, um, die schwere Bratpfanne unter dem Arm, ebenfalls abzuspringen und sofort in den Büschen längs des Weges zu verschwinden.

Miguel, der immer noch im Laufschritt hinter dem Karren her hetzte, hatte ihn erkannt. Das war sein kleiner Halbbruder. Miguel stoppte. Er rang keuchend nach Luft. Er musste zur Besinnung kommen. Der Karren der Franziskaner verschwand mitsamt dem Pferd hinter einer Kuppe. Die Buschgruppe, in der Pedro verschwunden war, lag ein kleines Stück voraus. Im Rücken von Miguel türmte sich die Wolke aus Ruß und Qualm in den Himmel, die das Ende der Hütten verkündete. Einige Leute hasteten noch auf dem Weg umher, der aus dem Elendsviertel herausführte, um dort möglichst viel von den Dingen einzusammeln, die der gestohlene Karren unfreiwillig verloren hatte. Von den Franziskanerbrüdern war nichts mehr zu sehen. Sicher sammelten sie sich um Fray Garcia Hernandez und Fray Enrique Ramirez, um wenigstens selbst mit heiler Haut aus dem Getümmel herauszukommen.

Vorsichtig bewegte sich Miguel einige Schritte auf die Gebüschgruppe zu, in der Pedro verschwunden war. Miguel blieb in gehörigem Abstand davor stehen. Was wollte er eigentlich? Unwillig über sich selbst schüttelte er den Kopf. Nein, Pedro kümmerte ihn nicht. Der sollte selber sehen, wo er blieb. Miguel zuckte mit den Schultern und wandte sich um.

Schon wollte er den Rückweg einschlagen, da erscholl ein Pfiff aus dem Gestrüpp und die krächzende Stimme des kleinen Pedro rief: „Hey Miguel! Hast du mich nicht erkannt?"

Miguel blieb stehen, aber ohne den Kopf zu wenden.

„Doch", antwortete er halblaut.

Er hörte die schnellen Schritte des kleinen Bruders. Plötzlich stand Pedro neben ihm. Die Brüder sahen sich an. Pedro erschien Miguel noch kleiner und dürrer, als er ihn in Erinnerung gehabt hatte. Die grotesk große Bratpfanne, die er unter dem Arm trug, verstärkte diesen Eindruck. Der Jüngere blickte gehetzt, misstrauisch und nervös wie ein Tier auf der Flucht.

„Du bist jetzt bei den Mönchen?"

Miguel nickte.

„Da geht es dir besser. Da hast du immer was zu essen."

„Ich kann lesen und schreiben", sagte Miguel. „Das habe ich bei den Mönchen gelernt. Damit bekomme ich Arbeit bei Don Burro. Der nimmt mich mit."

„Don Burro, den kenne ich. Das ist der Mann mit den vielen Eseln."

„Ja, der ist es. Den meine ich."

„Dann hast du es ja gut."

„Ja, das habe ich", bestätigte Miguel. Und nach einem kurzen Zögern fügte er hinzu: „Wenn du willst, dann helfe ich dir. Vielleicht kannst du auch nach La Rabida kommen. Vielleicht kannst du auch Schreiben und Lesen lernen."

Pedro kicherte. „Niemals! Die Klosterbrüder stehlen deine Seele und versklaven dich."

„Wer erzählt so einen Unsinn?", empörte sich Miguel.

„Das hat mir Claudio erzählt. Ich gehöre zu seiner Bande. Er beschützt mich."

Miguel erwiderte nichts. Er kaute an dieser Neuigkeit. Insgeheim bewunderte er seinen kleinen Bruder.

„Ich gehe wieder zurück", sagte er schließlich. „Denk daran: Wenn du Hilfe brauchst, dann komm zum Kloster und frage nach Fray Enrique. Oder suche mich bei Don Burro!"

Pedro nickte. Als Miguel Anstalten machte sich zu entfernen, rief Pedro ihm noch nach: „Ins Kloster komme ich nie. Aber bei Don Burro besuche ich dich."

Dann schlug er sich wieder in die Büsche.

Miguel blickte auf: Die Rauchsäule stand nun schwarz und mächtig über den Hütten. Der helle Feuerschein über den Dächern gab dem Ganzen ein grandioses Aussehen. Es erinnerte Miguel an eine Illustration, wie er sie in einem der religiösen Bücher in La Rabida gesehen hatte. Es war ein Bild wie vom Jüngsten Gericht.

XX. La Navidad

Das Unglück am Weihnachtstag hätte jeden anderen demoralisiert und gelähmt. Den Admiral inspirierte es jedoch zu ganz neuen Überlegungen.

„Señor Kapitän", im Gehen fasste Colón seinen Begleiter Vizente Yanez Pinzon am Ärmel, „ich glaube, dass unsere Strandung hier vom vorbestimmten Willen des Herrn eingefädelt wurde. Dieses Unglück bringt uns Glück!"

„Ich verstehe nicht Don Christóbal?" Der jüngere Pinzon warf dem Admiral einen fragenden Blick zu, während er sich mit einem Tuch über das Gesicht wischte. In diesen schwülen, tropischen Breiten führte selbst ein kurzer Spaziergang am Strand sofort zu heftigen Schweißausbrüchen. Colón schien davon nicht betroffen. Makellos wie immer, voller Energie, voller Pläne, bewegte er sich fast beschwingt, während rings um ihn herum alle anderen Spanier unter der Hitze lethargisch in den Tag hinein lebten.

„Wäre die Santa Maria nicht gestrandet, so befände ich mich nicht an diesem Platz hier, der wie kein zweiter geeignet ist, eine Siedlung zu begründen. Dass unser Unglück in der Weihnachtsnacht geschah, kann nur ein Zeichen des Herrn sein."

Vizente Yanez Pinzon blieb stehen und schaute über die flachen, mit Palmblättern bedeckten Lehmhütten in Caracol, so hieß das Dorf von Häuptling Guacanagari: „Hier eine Siedlung gründen?"

„Dort!" Der Admiral deutete den langen Sandstrand hinunter in Richtung einer kleinen Anhöhe, auf der lediglich ein paar Büsche und struppiges Gras wuchsen. „Unseren Matrosen gefällt es hier. Nahrung bringen ihnen die Indianer, das Meer ist voll von Fischen, und auf den Bäumen" – er zeigte mit dem Arm auf das grüne Blätterdach des tropischen Urwaldes – „da hängen herrliche Früchte, nach welchen man nur zu greifen braucht. Gewiss habt Ihr auch schon die Stimmen unter den Männern gehört, welche davon sprechen, dass sie nicht mehr zurückkehren wollen."

Der jüngere Pinzon nickte und meinte süffisant: „Es sind vor allem jene, die herausgefunden haben, dass man auch nach den Indianermädchen nur zu greifen braucht."

Der Admiral ging in die Hocke und nahm eine Handvoll des feinen, heißen Sandes, ließ ihn behutsam durch die Finger rieseln: „Señor Kapitän, das mit den Motiven der Mannschaft, das habt Ihr richtig erkannt. Aber so oder so: Ich kann nicht 75 Mann auf der Niña zusammenpferchen. Es müssen sowieso welche hier bleiben, wenn wir zurück nach Spanien segeln. Also werden wir hier wohl eine spanische Festung gründen."

Ein Lächeln huschte über Pinzons jugendliches Gesicht: „Eine Festung, Adelante, das muss es nicht sein. Jedenfalls nicht der Indianer wegen. Ich halte es für sicher, dass zwanzig unserer Leute die ganze Insel in wenigen Tagen erobern könnten."

Da hat der junge Herr Kapitän vollkommen Recht, dachte sich Rodrigo, der mit heißen Füßen hinter den beiden Männern durch den Sand trabte und jedes Wort verstanden hatte, das gewechselt worden war. Ja, die Spanier mussten die Insulaner beileibe nicht fürchten. Rodrigo erinnerte sich an den Vortag. Da hatten die Spanier den Indianern eine Vorführung besonderer Art gegeben. Ein Matrose der Niña, der den spanischen Feldzug gegen Granada mitgemacht hatte, Juan de Umbria, demonstrierte mit seinem maurischen Bogen, wie ein Pfeil auf weite Entfernung immer wieder sein Ziel traf. Die Indianer berichteten daraufhin aufgeregt, dass auch die Caniboto-Indianer, von denen sie regelmäßig überfallen wurden, solche Waffen besäßen. Daraufhin versprach der Admiral dem Kaziken, dass er allen Caniboto-Indianern die Hände abhacken würde, sollten sie es noch einmal wagen, Guacanagaris Dorf anzugreifen.

Um den skeptischen Indianern die Macht der Spanier zu zeigen, ließ der Admiral eine Muskete und eine Bombarde abfeuern. Als die Indianer das Krachen des Geschützes hörten, warfen sie sich entsetzt zu Boden und wagten lange nicht, sich wieder zu erheben. Rodrigo grinste bei der Erinnerung daran.

„Groumette, nicht einschlafen!" Die Stimme des Admirals riss ihn aus seinen Gedanken. Er raffte die Kartenrollen und Papiere zusammen, die er für Colón tragen musste, und stapfte wieder hinter den beiden Männern her durch den brennenden Sand. Colón fuhr fort, Vizente Yanez Pinzon, dem treuen Kapitän, weitere Einzelheiten seiner Pläne zu unterbreiten: „Für den Bau einer Siedlung ist alles da – von der gestrandeten Santa Maria holen wir Balken und Bretter. Und mit Wein und Samenkörnern werde ich die Zurückbleibenden für ein ganzes Jahr versorgen. Sie werden, bis ich wieder komme, Fässer voller Gold besitzen, denn sie sollen auskundschaften, wo sich die Goldminen von Cibao befinden."

Rodrigo machte ein paar hastige Laufschritte, um näher heranzukommen und alles zu verstehen, was gesprochen wurde. Die beiden hohen Herren beachteten ihn nicht. Er war ja nur ein Packbursche.

Durch sein treues Ausharren bei der Santa Maria, nach dem Verschwinden der Pinta, hatte sich Vizente Yanez Pinzon endgültig das Vertrauen des Admirals erworben. Auch nach dem Schiffbruch der Santa Maria hatte Vizente sich tadellos verhalten, so dass Colón im jüngeren Pinzon nun seinen wichtigsten Offizier sah. Mit Juan de La Cosa sprach er fürs Erste nicht mehr. Dem verzieh er die hastige Flucht in der Unglücksnacht nicht und er vertraute ihm auch nicht mehr. Peralonso Niño, der sich ebenfalls tapfer und treu verhalten hatte, galt in den Augen Colóns noch als zu jung und unfertig. Und bei Diego Harana handelte es sich um eine Landratte, nicht um einen Seemann. Außerdem schmiedete Colón mit dem Alguacil bereits andere Pläne: „Ich werde ungefähr so viel Männer hier lassen, wie die Besatzung der Santa Maria zählte. Und Diego de Harana werde ich das Kommando übertragen. Ihm vertraue ich, und außerdem ist er ein guter Soldat."

„Eine gute Wahl, Señor Adelante. Aber mein Herr, wie wollt Ihr die Mannschaft auswählen, die hierbleiben soll? Es wird vielleicht Tränen geben."

Rodrigo, der aufmerksam gelauscht hatte, erwog kurz die Möglichkeiten. Er jedenfalls hätte nichts dagegen, auf La Hispaniola zu bleiben. Was sollte er auch zurück nach Palos? Dort wartete der despotische Stiefvater, falls er noch lebte. Und die zänkische Mutter, die Schweinehüterei bei den Pinzons, die Prügeleien mit Franziscos Bettlerbande, die dreckigen Gassen in der Hüttensiedlung, der tägliche Hunger. Das war Vergangenheit.

Der Admiral blieb wieder stehen. Sie hatten inzwischen etwa die halbe Strecke zwischen dem Dorf Caracol und den beginnenden Mangrovensümpfen zurückgelegt und hatten jene leicht erhöhte Stelle erreicht, auf der Colón seine Festung errichten wollte. Direkt gegenüber, etwa eine halbe Legua entfernt, lag die Strandungsstelle der Santa Maria. Noch immer ragte der Rumpf aus dem Wasser, von sanften Wellen umspült, wie der Leib eines gestrandeten Walfisches. Mit seiner Stiefelspitze bohrte Colón ein kleines Loch in den Sand: „Dort drüben fließt ein kleiner Bach ins Meer. Damit gibt es hier Trinkwasser. Das ist eine gute Stelle. Ziemlich genau hier werden wir die Siedlung anlegen. Ich werde sie „La Navidad" taufen, zur Erinnerung daran, dass unser Schiffsbruch am Weihnachtstag geschah."

Ein Schwarm Papageien flatterte kreischend aus den nahen Palmen heraus. Vizente Yanez Pinzon hielt schützend eine Hand an die Stirn und blickte gegen die tropische Sonne den farbigen Punkten nach, die in alle Richtungen davonstoben, sich wieder sammelten und dann unweit des alten Platzes ins Blätterdach des Tropenwaldes hineintauchten.

Unvermittelt erhob sich ein anderes Geschrei. Es kam von Caracol her. Ein ganzes Rudel Indianer stürmte von dort heran, laut rufend und gestikulierend.

Colón und Pinzon blieben stehen und erwarteten ruhig die Ankunft der aufgeregten Schar. Der Indiodolmetscher Diego befand sich bei ihnen. Man sah ihm und auch den anderen Indianern schon von Weitem an, dass sie wichtige Neuigkeiten brachten. Schnatternd kreisten sie die kleine Gruppe um den Admiral ein.

Mit viel Gefuchtel, rollenden Augen und der üblichen Grimassenschneiderei machte Diego sich bemerkbar: „Kapitän, Adelante, Herr! Ein anderes Schiff kommt! Die Indios haben es gesehen."

Colón und Pinzon sahen sich an. „Die Pinta!", entfuhr es Vizente Yanez Pinzon. Das Gesicht des Kapitäns verriet nichts über seine Gefühle. Aber das Verschwinden seines älteren Bruders musste ihn die ganze Zeit beschäftigt haben.

Der Admiral forderte Diego auf, mehr zu erzählen.

„Zwei Tagesreisen entfernt, an der Küste. Indianer von Guacanagari haben es entdeckt. Ein großes Haus auf dem Wasser, erzählen sie. Es ankert bei einem großen Fluss."

„Das kann nur die Pinta sein", stimmte jetzt auch Colón zu. „Andere Schiffe kann es hier nicht geben." Der Admiral dachte einen kurzen Moment nach: „Lasst uns zum Lager zurückkehren, Señor Pinzon. Wir werden unverzüglich einen Boten nach Eurem Bruder ausschicken."

Als Colón noch am selben Tage, dem 27. Dezember 1492, seinen versammelten Leuten eröffnete, dass er den Bau von La Navidad plane und eine Besatzung von etwa 40 Männern auf Hispaniola zurücklassen werde, da erwies es sich, dass fast alle freiwillig zurückbleiben wollten. Die Ersten, die sich lautstark meldeten, waren Escobedo und Gutierrez. Auch viele Matrosen hoben die Hand. Viel zu viele. Die Niña hätte kaum noch eine vollwertige Besatzung gehabt.

Der Admiral lies deswegen teilweise das Los entscheiden, teilweise benannte er jene, die in La Navidad bleiben sollten. Dazu gehörten neben Diego de Harana die Zivilisten Escobedo und Gutierrez, der Dolmetscher Louis de Torres, Maestro Juan Sanchez sowie der Schiffsarzt der Niña, der fette Alonso de Moguer und Rodrigo. Der Admiral ließ ohne weiteren Kommentar seinen Namen aufrufen. Aber Rodrigo konnte sich schon denken, warum Colón ausgerechnet ihn auf Hispaniola zurücklassen wollte. War das nicht auch der Wunsch von Doña Beatriz de Bobadilla gewesen? Er erinnerte sich an ihren garstig herausgeschleuderten Wunsch: „Nehmt ihn mit auf Euer Schiff und lasst ihn nie mehr nach Spanien zurückkehren." Das waren die Worte der Gräfin gewesen, damals, in jener Nacht, als

Rodrigo Zeuge von Colóns Liebesabenteuer geworden war. Eine bessere Gelegenheit, Rodrigo von Spanien fernzuhalten, konnte es für den Admiral doch gar nicht geben.

Zu den Ausgewählten gehörte zu Rodrigos Freude auch der treue José Pequinos. Außerdem Chachu, der Bootsmann, zusammen mit seinem Haufen zwielichtiger Basken, der graubärtige Rodrigo de Jerez, Jacomo Rico, Jakob, Pedro Yzquierdo und der kleine Martin, gebürtig aus Anchitua in Galizien. Pablo war nicht dabei. Der strahlende Tischlersohn hatte kein Losglück. Er jammerte und fluchte. Doch es half nichts. Für ihn hieß es: Einschiffen auf der Niña. Rückfahrt nach Spanien.

Zum Schluss standen insgesamt 39 Männer und Schiffsjungen fest, die unter dem Kommando von Diego de Harana auf Hispaniola bleiben sollten. Zu Haranas Stellvertreter ernannte der Admiral den königlichen Beamten Pedro Gutierrez.

Ähnlich wie Pablo flehten auch viele der anderen Männer den Admiral an, sie doch hier zurückzulassen. Nicht nur die Freiheiten und Freizügigkeiten der Insel lockten sie. Sie wollten alle als Erste ihre Hand auf das Gold legen; denn alle glaubten fest daran, dass sich schon bald ganz Kastilien auf das Goldland Cibao stürzen würde.

Noch am gleichen Tage befahl Colón, mit dem Bau der Festung La Navidad zu beginnen. Die staunenden Taino-Indianer erhielten eine Lektion in Sachen europäischer Handwerkskunst, Gründlichkeit und Arbeitswut. Mit Hilfe der Indios, die mit großem Feuereifer aber wenig Geschick bei der Sache waren, zerlegten die Mannschaften die Reste der Santa Maria in ihre Einzelteile, Stück für Stück, vom Mastbaum bis zum Kiel. Sie brachten alles an Land, was irgendwie als Baumaterial dienen konnte. Wie Termiten einen morschen Baum, so nahmen sie das gestrandete Schiff binnen eines Tages auseinander.

Colón und Harana entwarfen einen Plan, wonach das kleine Fort als hölzerne Festung mit Palisadenring, einem Aussichtsturm und einem tiefen Schutzgraben angelegt werden sollte. Nach ihren Anweisungen hoben die Spanier sogar einen Keller aus, der dann mit Vorräten an Wein und Brot für mehr als ein Jahr sowie mit Getreide und Aussaat ausgestattet wurde.

Unter der fachkundigen Aufsicht der beiden Schiffszimmermänner Lope Chips und Alonso Morales, der zur Besatzung der Niña gehört hatte, ging in den nächsten Tagen der Aufbau zügig voran. Mit nackten Oberkörpern und in Schweiß gebadet schufteten die Männer. Schnell nahm die kleine Festung Gestalt an. Guacanagaris Indianer halfen als freiwillige Arbeitssklaven eifrig mit, schleppten Balken und Steine und staunten nach jedem Handgriff über das Gelingen des Werkes.

Beim Admiral herrschte längst Aufbruchstimmung. Er beschäftigte sich mit den Vorbereitungen, wieder in See zu stechen. Zuletzt häuften sich die Nachrichten über Sichtungen der Pinta. Allerdings kam noch immer kein direkter Kontakt zustande. Aber inzwischen formte sich bei Colón und seinen Leuten eine ziemlich genaue Vorstellung davon, wo das verloren geglaubte Schiff aufhielt. Den Admiral drängte es danach, die Rückkehr nach Spanien anzutreten.

Aus all seinen Gesten und Gesprächen mit Harana, Gutierrez und den anderen Männern sprach Ungeduld. Und auch der von Tag zu Tag beflissenere und unterwürfigere Häuptling Guacanagari spürte diese Aufbruchstimmung und zeigte aufrichtiges Bedauern. Täglich erfand er mit seiner Sippe neue Festivitäten und Zeremonien, zu denen er Colón und seine Offiziere einlud. Ein Festschmaus folgte dem anderen. Und jedes Mal tauschten beide Seiten bergeweise Geschenke aus, wobei den Spaniern neben Lebensmitteln vor allem Goldkörnchen offeriert wurden, während umgekehrt jedweder Tand den Besitzer wechselte. Die größte Freude hatte Guacanagari an einer großen Waschschüssel, die ihm der Admiral schenkte. Sie stammte aus den ohnedies überflüssig gewordenen Beständen der Santa Maria. Der Kazike vergalt das Geschenk mit einem großen Stück Gold.

Rodrigo drückte noch ein Problem, das er unbedingt loswerden musste: Jakob! Der einstmals „schöne Jakob“ hieß nun bei den Männern nur noch spöttisch „zahnloser Jakob“, hinter vorgehaltener Hand auch „Schwuchteljakob“. Während fast alle Matrosen, Offiziere und Zivilisten gegenüber den Frauen der Indianer längst alle Hemmungen hatten fahren lassen und es zu einem regen Austausch der Geschlechter kam, beharrte Jakob weiterhin darauf, Rodrigo anzuschmachten.

Aus Frauen machte Jakob sich nichts, soviel war längst klar. Nur: Die Homosexualität, die in der Männergesellschaft auf hoher See für manch einen unausgesprochen eine akzeptable sexuelle Alternative darstellte, galt jetzt an Land und angesichts der freizügig verfügbaren Frauen als inakzeptabel. Sie verfiel nun wieder der allgemeinen Ächtung, so wie das in der spanischen Gesellschaft selbstverständlich war. Umso ärgerlicher und lästiger entwickelten sich für Rodrigo die Nachstellungen Jakobs. Zumal der angsteinflößende Chachu von seiner Beschützerrolle längst nichts mehr wissen wollte, seit er mit seiner imponierenden Gestalt in den Palmhütten der Indiofrauen zur begehrten Attraktion aufgestiegen war.

Die Tage vergingen mit dem zügigen Aufbau des Forts. An den Abenden und in den Nächten aber folgten die Festivitäten unaufhörlich, eine auf die andere, jeweils angereichert mit ausgiebigen Gelagen und bereits beginnenden Abschiedszeremonien. Der Admiral, seine Offiziere und die hohen Zivilisten tauschten täglich Besuche mit Guacanagari aus und nahmen ununterbrochen an Festmählern teil.

Die Mannschaften versammelten sich an solchen Abenden um große Lagerfeuer am Rande von Caracol und gaben sich der bunten und brüderlichen Vermischung von Indianern und Spaniern hin. Kaum einer der Männer, dem nicht in jedem Arm eines der Indianermädchen lag. Unbekümmert und frei von jeglichem Schamgefühl ließen sich diese blutjungen Naturschönheiten mit den grobschlächtigen Seefahrern ein. Selbst der halbwüchsige Pablo durfte auf diese Weise schon seine ersten Eroberungen feiern. Und auch bei Rodrigo wuchs die Entschlossenheit, nun endlich ebenfalls sein Glück zu versuchen.

So erhob er sich vorsichtig aus dem Kreis der ums Lagerfeuer sitzenden Matrosen, warf ein paar Holzscheite nach, um seinen Abgang unauffällig zu gestalten, und drückte sich dann vorsichtig aus dem Feuerschein hinaus.

Keiner aus der grölenden und lachenden Runde nahm Notiz von ihm. Die Aufmerksamkeit der Männer galt ihren halbnackten Indianerfreundinnen und den Zoten, welche die Matrosen sich gegenseitig zuwarfen. Die Frauen kicherten und gackerten, strichen den Männern um die Bärte, kraulten ihnen die Bäuche und fingerten ungeniert in ihren Hosen.

Rodrigo folgte den Empfehlungen Pablos. Dieser hatte ihm erzählt, er müsse bloß alleine aus dem Schein der Feuer hinausschlendern und einen auffälligen Spaziergang zwischen den Hütten von Caracol machen. Es würde nicht lange dauern, da würden ihn die Mädchen ansprechen, wenn sie sähen, dass er alleine unterwegs war. So wollte Rodrigo es versuchen.

Nachdem er sich ein paar Schritte vom großen Feuer entfernt hatte, gewöhnten sich Rodrigos Augen an die Dunkelheit. Das Knacken der Hölzer, die unbeschwerten Stimmen der Männer und das Lachen der Frauen erfüllten die Nacht. Der Geruch von verbranntem Holz und gebratenem Speck vermischte sich mit dem salzigen Duft des Meeres. Nervös verscheuchte Rodrigo einen Schwarm lästiger Moskitos. Der klare Sternenhimmel leuchtete herab. Unschlüssig wandte er sich in Richtung der Indiohütten. Nach ein paar vorsichtigen Schritten zwischen die ersten Häuser von Caracol blieb er stehen, lauschte. Das wilde Gegröle und Gelächter von den Feuern übertönte das sanfte Rauschen der Brandung, das vom Strand heraufschwebte.

Die meisten der Lehmhütten waren offen gebaut. In manchen flackerten kleine Feuer, Männer, Frauen und Kinder saßen drum herum. Nicht alle Indianer zog es zu den Spaniern. Besonders die jungen Männer waren deutlich zurückhaltender geworden, seit sie gemerkt hatten, wie die Mädchen des eigenen Stammes zu den fremden, bärtigen Matrosen überliefen.

Plötzlich legte sich vorsichtig eine Hand auf Rodrigos Schulter: „Hey, Rodrigo", zischelte mit unverkennbarem Pfeifen der zahnlose Jakob.

Rodrigo wehrte die Hand mit einer unwirschen Bewegung ab: „Verschwinde! Ich hab nix mehr mit dir!"

„Hast du alles schon vergessen? Die schönen Tage auf der Santa Maria? Unsere Freundschaft?" Wieder tastete Jakobs Hand nach Rodrigos Arm. Aber aus dem kleinen verschüchterten Jungen aus

Palos, der sich einst wie ein Hund mit eingezogenem Schwanz demütig auf die Santa Maria geschlichen hatte, war in den vergangenen Monaten ein selbstbewusster und wehrhafter Groumette geworden. Flink zückte Rodrigo sein Messer: „Pfoten weg!"

Jakob sprang einen erschrockenen Schritt zurück. Rodrigo sah den verblüfften Ausdruck in Jakobs aufgerissenen Augen, das beleidigte Zucken um die Mundwinkel des Matrosen.

„Heul bloß noch los", spottete Rodrigo und spuckte Jakob vor die Füße. „Nur lass mich endlich in Ruhe!"

Das Messer drohend vorgestreckt, umrundete Rodrigo seinen lästigen Verehrer und wollte sich dann rückwärts langsam entfernen. In diesem Augenblick aber lenkte sie lautes Gebrüll und Geschrei ab, das vom großen Feuer herüberscholl. Wütende Stimmen brüllten durcheinander, eine Frauenstimme kreischte, man hörte Flüche, Drohungen, dazwischen der heisere und aufgeregte Singsang der Indianer. Funken stobten weithin durch den Nachthimmel, als sei etwas Schweres ins Feuer geworfen worden.

Rodrigo eilte schnellen Schrittes hinüber. Auf Jakob achtete er nicht mehr. Die Männer rund um das Lagerfeuer waren alle aufgesprungen. Sie bildeten einen Kreis um zwei Streithähne: Lope Chips, der baskische Schiffszimmermann und Kalfaterer, stand in kampfbereiter Haltung einem jungen, sehnigen Indianer gegenüber. Beide hatten sich Holzscheite aus dem Feuer geangelt und fuchtelten furchterregend damit herum. Der Indianer schrie den Basken an, stieß in seiner Muttersprache wilde Beschimpfungen und Verwünschungen aus und drang auf seinen Gegner ein. Lope Chips schwenkte wild sein brennendes Holzstück, aber er lachte unverschämt, verspottete den Indianer, lockte ihn mit der freien Hand. Aus seinen Augen blitzte ungestüm die Rauflust.

So umkreisten sie sich.

Hinter Lope Chips stand dessen baskischer Kumpan Domingo Vizcaino, der Schiffsküfer der Santa Maria, ein hagerer, hakennasiger Geier. Er hielt eine junge Indianerin fest, die strampelte, sich wand und zeterte.

Rodrigo erfuhr schnell, um was es ging. Jacomo Rico flüsterte es ihm zu, während sie beide die Streithähne im Auge behielten: Lope Chips habe sich die junge Indianerin aus dem Dorf ans Feuer geholt. Das Mädchen sei aber mit den Zudringlichkeiten nicht einverstanden gewesen, sie habe zurück zu ihrer Hütte gewollt. Lope Chips habe sie festgehalten. Dann stellte sich heraus, dass die Frau die junge Braut eines Indianerjünglings war, jenes Burschen, der nun Lope Chips im Feuerschein gegenüberstand. Der junge Krieger versuchte lediglich, sich seine Braut zurückzuholen. So brach der Streit aus, der nun zu einem Kampf zu werden drohte. Genau das, was der Admiral ausdrücklich verboten hatte, wogegen er strengste Strafen angedroht hatte.

Ein paar der Spanier, vom Wein aufgepuscht, wollten Blut sehen: „Gib es dem Wilden! Hau drauf! Mach ihn fertig!“, waren noch die mildesten der Anfeuerungen. „Zünd ihm die Fratze an!“, brüllte einer der Basken. „Reiß ihm die Eier raus!“, feuerte Jacomo Rico an.

Aber immerhin behielt einer einen klaren Kopf: Chachu, der Bootsmann, erkannte klar, welche Verwicklungen sich aus diesem Streit zu ergeben drohten. Schließlich brauchten die Spanier Guacanagari als treuen Verbündeten, wenn sie planten, eine Niederlassung hier zu gründen. Nichts war für diese Absichten gefährlicher als offene Feindseligkeiten.

So ging Chachu schließlich mit der ganzen Macht seiner zwei Zentner zwischen die beiden Kampfhähne und demonstrierte damit, dass sie es mit ihm zu tun bekommen würden, wenn sie nicht augenblicklich aufhörten.

Hinter dem Indianer rottete sich inzwischen ein ganzer Pulk weiterer Stammesgenossen zusammen. Alle schrien und schimpften laut durcheinander. Sie machten Drohgebärden gegenüber Lope Chips. Es war klar, dass der Baske eine bislang allgemein akzeptierte Regel gebrochen hatte: Den Spaniern standen nur jene Indianermädchen zur Verfügung, die freiwillig mit ihnen gingen. Die anderen blieben tabu, unantastbar. Lope Chips, der finstere Baske, hatte sich nicht daran gehalten. Auch jetzt noch hielt er die junge Indianerin am

Oberarm fest. Ihren anderen Arm hielt Domingo Vizcaino, so dass ihr alles Strampeln und Winden nichts half.

Jedermann sah, dass die erregten Indianer nicht mehr lange still halten würden. Immer drohender wurden ihre Gebärden. Immer näher rückten sie gegen die Front der Spanier vor. Immer lauter und wütender tönte ihr Geschrei.

Chachu versuchte sich durch lautes Brüllen Gehör zu verschaffen. „Lass das Mädchen los, Lope!", forderte er seinen Kumpanen auf.

Lope Chips grinste und entblößte zwischen dem dichten Gestrüpp seines finsteren Bartes eine Zahnlücke: „Rück du doch dein Mädchen raus, Bootsmann. He, machst du das?"

Chachu blickte grimmig in die Runde der Spanier: „Sagt dem Idioten, dass er keinen Blödsinn machen soll. Sonst fließt Blut!"

Tatsächlich hatte Rodrigo die Indianer noch nie so aufgebracht gesehen. Bisher waren sie ihm immer nur als freundlich grinsende, hilfsbereite und dienstbeflissene Frohnaturen erschienen. Jetzt sah er zum ersten Mal wutverzerrte, zum Kämpfen entschlossene Gesichter.

Mit ein paar Brocken in der Taino-Sprache versuchte Chachu, die Indianer zu besänftigen. Es half wenig.

Lope Chips' indianischer Kontrahent nahm von einem seiner Gefährten einen spitzen hölzernen Speer entgegen, mit dem er nun gefährliche Ausfallschritte gegen die Spanier unternahm. In ihren hinteren Reihen hörte Rodrigo die Schwerter klirren. Die ersten nahmen ihre Waffen auf.

Da kam von Lope Chips der ebenso unverschämte wie verblüffende Ausruf: „Nucay, Nucay! Du Frau, ich Nucay!" Er zeigte auf den Indianer, der innegehalten hatte, öffnete seine Handfläche und wiederholte: „Gib mir Nucay, dann bekommst du deine Frau wieder!"

„Du Nucay?", wiederholte der Indianer fragend die Worte. Lope Chips grinste und nickte: „Ich Nucay!" Er tippte sich mit dem Finger auf die Brust: „Du Frau!" Er packte die Indianerin mit beiden Händen an den Oberarmen, schob sie ein Stück in Richtung des Kriegers und zog sie dann wieder an sich.

Sie wehrte sich, aber Lope Chips packte sie an ihrem hüftlangen Haarschopf und bändigte sie mit einem kräftigen Ruck.

Die Indianer schnatterten wild und aufgeregt durcheinander. Das Bedrohliche schien aus ihren Stimmen jetzt verschwunden. Sie klangen eher verblüfft und ratlos. Einer nestelte an seinem Gürtel ein kleines Ledersäckchen auf und fingerte zwei Goldkörner von der Größe kleiner Perlen heraus. Die gab er dem gehörnten Krieger und der streckte sie in der offenen Hand Lope Chips entgegen. „Nucay!“, bekräftigte er.

Lope Chips lachte breit, schnappte sich die beiden Goldkörnchen und stieß im selben Augenblick mit rüden Bewegungen die junge Indianerin von sich. Sie kümmerte ihn nicht mehr.

Einige Sekunden herrschte atemloses Schweigen, erfüllt vom Prasseln des Feuers. Ein Holzscheit knackte, ein paar Funken zischten fröhlich in den Nachthimmel. Vom Dschungel her ertönte der klagende Ruf eines unbekannten Nachtvogels.

Dann brach unter den Spaniern das allgemeine Gejohle und begeistertes Grölen aus. Manche klopften Lope Chips auf die Schultern und machten anerkennende Bemerkungen wie: „Alter Hund, dem hast du’s gezeigt!“ oder „Bist schon einer, alle Achtung!“

Die Indianer traten unterdessen unter lautem Gemurmel und bedrohlichem Grummeln den Rückzug an. Es sollte ihnen schnell klar werden, dass sie einen unverzeihlichen Fehler begangen hatten. Sie hatten sich ihre eigene Frau mit Gold zurückgekauft. Eine Demütigung, die nicht wieder rückgängig zu machen war. Der Keim zu künftigen Konflikten war gelegt.

Der 3. Januar 1493, ein Donnerstag, war der Tag des Abschiedsfestes. Die Festung La Navidad stand fachmännisch errichtet auf ihrer kleinen Anhöhe. Zum Sandstrand hinunter waren es nur wenige Steinwürfe, das Dorf Caracol am anderen Ende des Sandstrandes befand sich noch in Sichtweite. Die künftige Besatzung von La Navidad zog um in die Hütten innerhalb der Palisaden. Auf dem kleinen Wehrtürmchen flatterte die Fahne des Admirals und Vizekönigs, der nun rechtmäßigen Anspruch auf diese Insel erheben durfte; vor den

Palisaden am Strand marschierte eine bunte Festgesellschaft auf. Der Kazike lud die Spanier zu einem opulenten Abschiedsessen ein, zu dem die Indios unter freiem Himmel riesige Schüsseln mit Fleisch vom Hutia-Kaninchen, mit Hummern, Krebsen, Fischen, Muscheln, Schnecken, Baumenten, mehrere Sorten Süßkartoffeln, Kassavebrot und Yamswurzeln auftrugen.

Als Gastgeschenk überreichte Guacanagari dem Admiral eine Maske, deren Augen und Ohren mit Gold ausgelegt waren. Colón zeigte sich noch einmal großzügig, indem er aus seinen persönlichen Beständen ein scharlachrotes, weites Prunkgewand opferte und es als Geschenk dem Kaziken um die Schultern legte.

Auf Geheiß des Admirals beauftragte Diego de Harana unterdessen ein paar Männer aus der Navidad-Besatzung, für gebührenden Feuerzauber zu sorgen. Sie bauten am Strand unweit der Festgesellschaft eine der von der Santa Maria geretteten Bombarden auf und brachten sie auf ihrem Lafettenwagen in Stellung. Graubart Rodrigo de Jerez, im Umgang mit solchen Geschützen geschult, lud sie mit ein paar Helfern und richtete sie, wie ihm befohlen, auf die kümmerlichen Reste der aus dem Meer aufragenden Santa Maria aus.

Schließlich spazierte der Tross des Admirals herbei. Colón und Guacanagari schritten nebeneinander an der Spitze, dahinter Vizente Yanez Pinzon, Peralonso Niño, Escobedo und Gutierrez, Juan de La Cosa und das unbestimmte Rudel von Brüdern, Vettern, Onkeln, Söhnen und sonstigen Verwandten des Guacanagari. Hinter dieser offiziellen Delegation schwärmte das halbe Indio-Dorf in kindlicher Ausgelassenheit.

Mit einer feierlichen Armbewegung wies der Admiral hinaus auf das Meer und die Wrackreste. Er bat darum, genau aufzupassen, was im nächsten Moment geschehen werde. Dann gab er Harana ein Zeichen und dieser gab das Kommando: „Feuer!"

Mit lautem Donnergetöse flog die zehn Pfund schwere Steinkugel aus dem Geschütz, zog pfeifend über das Meer und schlug krachend ins Schiffsgerippe ein.

Die indianische Delegation warf sich entsetzt in den Sand, so dass die meisten den Treffer gar nicht registrierten. Allein der Krach und der Rauch lähmten sie vollkommen. Noch immer verfehlte das unerhörte Donnergebrüll eines spanischen Geschützes nicht seine Wirkung auf die Indianer. Es galt ihnen als ein weiterer Beweis, dass die Spanier, die mit ihren Häusern übers Meer fuhren, mit göttlichen Mächten im Bunde standen, wenn sie nicht gar selbst vom Himmel herabgestiegen waren.

Weil Colón sich durch das erschreckte Zubodenwerfen der Indianer um den Erfolg seiner Vorführung gebracht sah, ließ er die Demonstration noch einmal wiederholen. Schweißnass stopfte Rodrigo de Jerez erneut die Bombarde mit Pulver und Blei. Diego de Harana stand krummbeinig daneben und gab Kommandos, alle übrigen Spanier und die Häuptlingssippe bildeten einen neugierigen Halbkreis.

Escobedo, der unmittelbar neben dem Kaziken stand, tupfte sich affektiert mit einem Seidentüchlein die Stirn und ermahnte den Häuptling, nur ja nicht den Blick vom Schiffswrack zu lassen. „Ihr solltet begreifen, edler Fürst", flüsterte er mit sarkastischem Unterton, „dass man solche Leute, die Donner und Vernichtung durch die Luft senden können, besser nicht zu Feinden haben sollte. Ihr werdet Euch noch tausendmal beglückwünschen, dass wir Eure Verbündeten geworden sind."

Glücklicherweise verstand Guacanagarie kein einziges Wort. Er hätte die Drohung sonst möglicherweise falsch aufgefasst.

In diesem Augenblick ertönte neuerlich das Kommando „Feuer!", und zum zweiten Mal schlug zielgenau die Steinkugel in den Überresten der Santa Maria ein.

Guacanagari hielt den Blick tapfer auf das Meer gerichtet und blieb ohne Regung stehen. Seine Begleiter aber zuckten erneut verschreckt zusammen. So ganz trauten sie dem Zauber der Spanier noch nicht.

Der Admiral, der kerzengerade und feierlich daneben stand, lächelte: „Solltet es Eure Feinde, die Cariben oder die Caniboto-Indianer je wagen, Euch nochmals anzugreifen, so seid gewiss, dass unsere Geschütze sie zerfetzen werden. Von nun an steht Ihr unter dem Schutz der Krone von Kastilien und Aragon."

Guacanagari blickte ernst drein. Schwante ihm, auf was er sich eingelassen hatte?

„Achtet die Freundschaft mit meinen Leuten, edler Fürst. Ich werde wiederkommen, mit vielen Schiffen und mit vielen Männern. Bis dahin, mein treuer Freund, lege ich das Schicksal meiner Leute in Eure Hände. Ich vertraue darauf, dass Ihr sie beschützen und achten und ihre Wünsche erfüllen werdet. Helft ihnen, die Insel Hispaniola zu erforschen und die Goldminen von Cibao zu finden."

Dann umarmte er in einer spontanen Geste den Kaziken. Rodrigo, der nicht weit entfernt davon stand, schien es fast, als stünden Tränen der Rührung im Gesicht des Admirals. Der bewegende Moment aber flog in Sekunden vorbei.

Colón winkte Diego de Harana herbei.

„Euer Gnaden?"

„Wir schiffen uns nun ein, mein treuer Freund und Diener. Damit wir morgen früh noch vor dem ersten Grauen in See stechen können."

Die beiden Männer blickten sich ernst in die Augen. Colón legte dem um mehr als einen Kopf kleineren Harana eine Hand auf die Schulter: „Behandelt mir Guacanagari und seine Indianer gut. Vermeidet jeden Streit, sie sind unsere Verbündeten und wir werden sie brauchen, wenn wir wiederkommen. Ihr aber werdet sie brauchen, um die Zeit unserer Abwesenheit zu überstehen. Ich hoffe, es gelingt Euch, mit Guacanagaris Hilfe die Insel zu erkunden."

Der kleine Alguacil scharrte nervös mit seinen Schuhen im Sand. Die Szene war ihm sichtlich unangenehm. Und jetzt, da die Stunde des Abschiedes gekommen war, wurde ihm vielleicht auch bewusst, welche schwere Aufgabe ihm der Admiral aufgeladen hatte.

„Ich will mein Bestes versuchen", versprach er leise.

Der Admiral aber lachte gelöst und vollkommen entspannt: „Ich hoffe mein Bester, bei meiner Wiederkehr sind die Holzplatten der Festung durch Goldplatten ersetzt!"

Dann bestieg Don Christóbal Colón mit wehendem Umhang das Ruderboot, das ihn zur Niña bringen sollte. Mit ihm kletterten die Offiziere und die restlichen Matrosen in die Boote. In Scharen folgten ihnen die Indianer mit ihren schlanken Canoes. Die ganze Bucht wimmelte von ihnen. Harana, Escobedo und Gutierrez waren die Letzten, die dem Admiral nachwinkten. Schon verschwanden die Boote mit schnellen Ruderschlägen außer Hörweite und tauchten in dem Gewimmel von kleinen und großen Indianerbooten unter. Bald erreichten sie die Niña.

Am Strand blieb eine der beiden Schaluppen der Santa Maria zurück. Colón hinterließ sie der Besatzung von La Navidad, damit sie mit diesem kleinen Segelboot in den nächsten Wochen und Monaten die Küsten erforschen und die Goldminen finden konnte. Harana deutet auf das kleine Segelschiff und sprach leise zu Escobedo und Gutierrez: „Das hier, das ist jetzt unsere einzige Verbindung zur Außenwelt!"

XXI. Pinzons Alleingang

Martin Alonso Pinzon hob seinen schweren Schädel, dessen Stirn von einem karibischen Sonnenbrand feuerrot glänzte, und blickte skeptisch am Hauptmast der Pinta empor. Keine Wolke am Himmel. Der alte Seebär atmete schwer in der schwülen Luft. Er griff sich mit beiden Händen an den Brustkasten, um durch manuellen Druck der zähen Atmung nachzuhelfen. Es half nichts. Dieses Gefühl, das er seit Tagen auf der Brust verspürte, wurde er nicht los. Er schob es auf die Gewissensbisse, die ihn plagten, seit er mit der Pinta unerlaubt vorausgeprescht war. Gewiss, das war es, das schlechte Gewissen. Allerdings fühlte Pinzon sich hin- und hergerissen. Wie das schlechte Gewissen, so nagten an ihm auch Neid, Eifersucht, gekränkter Stolz, Ehrgeiz und von Tag zu Tag anwachsender Hass. Er hasste diesen Genuesen, diesen Emporkömmling, diesen Glücksritter, diesen Günstling der Krone. Wieso stand Colón der Ruhm der Entdeckung zu? Wieso wurde er Admiral der Meere und Vizekönig von Indien? Diese unglaublichen, nie dagewesenen Privilegien des Herrscherpaares, sie standen doch ihm, dem Seefahrer und Kaufmann Martin Alonso Pinzon aus Palos, mindestens ebenso zu. Wer war es gewesen, der die Flotte ausgerüstet hatte? Wer hatte die Mannschaften angeheuert? Wem vertrauten die Seefahrer aus Palos und Moguer? Wessen Kapital steckte in der ganzen Unternehmung?

Der schwere, alte Mann stöhnte kummervoll. Wieder wanderte sein Blick den Mast empor zum Himmel. Der Wind blies mehr als dürftig, aber es genügte, um entlang der Küste einige Leguas weiterzukommen. Jedenfalls weit genug, um nicht zufällig ins Blickfeld der Niña zu geraten, von der Pinzon wusste, dass sie inzwischen von La Navidad abgesegelt war.

Überhaupt wurde Martin Alonso durch die Eingeborenen, die ihm immer wieder Bericht erstatteten, auch während seiner Abwesenheit von der übrigen Flotte ausgezeichnet darüber ins Bild gesetzt, was Colón widerfahren war, während er selbst mit der Pinta voraussegelte. Dieser Alleingang hatte sich einfach so ergeben, zufällig. Wenn Pinzon ehrlich mit sich selbst war, dann musste er einräumen, dass er nur auf eine solche Gelegenheit gewartet hatte. Ein unverhoffter Ostwind hatte die Pinta an jenem 21. November davongetragen. Und da Pinzons Schiff die schnellste Karavelle der Flotte war, hielt nichts die Mannschaft zurück. Alle wollten es, die Offiziere, die Matrosen, die Schiffsjungen. Rafael Sarmiento, Pinzons Steuermann, strahlte über sein gebräuntes Gesicht: „Endlich geht es los. Wir gehen auf Goldfahrt." Und so wie der Steuermann dachten alle. Auch Juan Quintero, Pinzons Bootsmann, jubelte, und Gomez Rascon, der alte Ränkeschmied, sowieso. Alle klopften dem alten Pinzon auf die Schulter, dass er endlich Schneid bewiesen habe. „Du bist der kühnste Kapitän der Flotte, du hast die größte Erfahrung, auf was wartest du?", fragte Francisco Medel, ein weiterer der guten Freunde und noch besseren Einflüsterer an Bord.

Martin Alonso Pinzon brauchte diese Einflüsterer nicht. Er vertraute auf sein Gespür. Dennoch bat er seinen phlegmatischen Bruder Francisco und seinen Cousin Diego, die beide ebenfalls zur Mannschaft gehörten, um eine Einschätzung. Francisco zuckte nur mit den Schultern. „Wie du es für gut befindest, Bruder", mehr sagte er nicht. Wie immer. Diesem Jüngsten der drei Pinzon-Brüder fehlte alles, was die anderen beiden auszeichnete. Während Martin Alonso ein von Ehrgeiz getriebener kalter Rechner und ein heißer Abenteurer voller Stolz war, und Vizente Yanez, der die Niña befehligte, ein begnadeter Seefahrer, sammelten sich in Francisco die negativen Eigenschaften des Pinzon-Clans: Überheblichkeit, Gleichgültigkeit, Phlegma und Jähzorn.

Etwas anders standen die Dinge beim alten Diego Pinzon, dem Cousin der drei Brüder. Sie nannten ihn allgemein „el Viejo", alter Knabe. Dass er überhaupt an der Fahrt teilnahm, hatte viele überrascht, denn eigentlich gehörte er längst in den Lehnstuhl, im siebten

Lebensjahrzehnt stehend, mit schlohweißem Haar und ebensolchen Augenbrauen, die mehr an eine Bürste erinnerten als an ein natürliches Zubehör des menschlichen Antlitzes. El Viejo blinzelte nur, als sein jüngerer Cousin Martin Alonso Pinzon ihn um einen Rat bat. Mit der wettergegerbten, rauen Hand strich er sich nachdenklich um den Mund, legte die Stirn in Falten und antwortete erst nach längerem Nachdenken: „Werter Vetter, was stellt Ihr da für Fragen? Die Antwort ist leicht: Entweder Ihr findet Gold, um die Pinta bis zum Rand damit zu füllen. Dann braucht Ihr Euch vor niemandem mehr zu rechtfertigen, denn das ist es, was die Hoheiten zu sehen wünschen. Oder Ihr kehrt um und unterwerft Euch dem Admiral, ohne jedes Wenn und Aber. Dann wird er Euch verzeihen."

Martin Alonso dachte darüber nach. Schließlich kam er zu dem Ergebnis, dass er sich immer noch unterwerfen und entschuldigen konnte, falls sein Alleingang scheitern sollte. Bis dahin aber wollte er nach Gold Ausschau halten.

Und so segelte er unbekümmert davon. Immer etwa zwei Tagesstrecken vor der Santa Maria und der Niña hüpfte er mit der schnellen Pinta von Insel zu Insel, von Bucht zu Bucht. Märchenhafte Tage. Bis er schließlich noch vor dem Rest der Flotte jene Insel anlief, die später von Colón „Hispaniola" getauft wurde. Auch Pinzons Männer erlebten die staunende Großzügigkeit und Gastfreundschaft der Indios, die Freizügigkeit ihrer Frauen, die Schönheit der Buchten und Strände, die Fülle an exotischen Früchten und unbekannten Tieren, und hin und wieder ergatterten sie auch ein paar Goldblättchen oder einige Körner des begehrten Metalls. Natürlich lockte das Gold, immer und überall. Wo immer sie anlegten, da trafen sie auf Indios, die von Gold sprachen und vorgaben, den Platz zu kennen, wo man es finden könne. Nur war dieser Platz stets weit entfernt – noch eine Tagesreise, noch eine Bucht, noch eine Insel. Es war zum Haareraufen.

Pinzon wusste: Er musste Gold finden. Nur dann hatte er eine Chance, dem verhassten Genuesen Ruhm und Gewinn des ganzen Unternehmens abzuluchsen. Es kam darauf an, vor ihm die Goldquellen dieses Landes zu entdecken, möglichst viel davon zusammenzuraffen und dann vor Colón nach Spanien zurückzukehren. Es kam darauf an, der Erste zu sein, der in der Heimat von diesen sagenhaften Entdeckungen berichtet, und der Erste zu sein, der am Hofe empfangen und mit Ehren überhäuft wurde. Noch war Pinzon fest entschlossen, dieses Rennen zu gewinnen.

Martin Alonso sah bei sich einen rechtmäßigen Anspruch auf all diese Verheißungen. Er hatte schon immer an dieses ferne Land jenseits des Meeres geglaubt. Er hatte bereits Fahrten geplant, Jahre bevor Colón in Palos aufgetaucht war. Er hatte in geheimen Bibliotheken in Rom bereits Reiseberichte studiert, von Seefahrern, die Japan erreicht hatten. Und schon immer war er entschlossen gewesen, solche Fahrten selbst zu unternehmen. Hätte er nur Colón nicht ermuntert, damals, als sie beide sich im Kloster La Rabida erstmals begegnet waren. Dann wäre der Genuese vielleicht nie aufgebrochen.

Endlich, nach vielen vergeblichen Landungen und vielen trostlosen Versuchen, Gold zu finden, erreichte die Pinta eine Bucht, die von einer Halbinsel beherrscht wurde, welche wie ein spitzes Zelt aufragte. Hier mündete ein Fluss, den die Einheimischen Yaque nannten. Pinzon beeilte sich, diesem Gewässer den eigenen Namen zu geben. Er taufte ihn „Rio de Martin Alonso“ und ließ den extra dazu in Szene gesetzten offiziellen Akt von seinem Bordschreiber beurkunden und beglaubigen. Dies geschah, weil es der erste wirklich imponierende Wasserlauf war, auf den sie auf ihrer Fahrt entlang der Küste von Hispaniola gestoßen waren; der erste Fluss, der diesen Namen auch verdiente. Nach dem üblichen Muster tauschten Pinzon und seine Männer Tand und Flitterkram mit den Indios. Am ersten Tag ihres Aufenthaltes am Rio de Martin Alonso erhielten sie im Austausch gegen diese Wertlosigkeiten lediglich Yams-Wurzeln, etwas Tabaco und Honig. Doch als Martin Alonso Pinzon mit Nachdruck Gold forderte, erlebten er und seine Männer eine Überraschung. Die Indios schleppten ohne Umstände einen Korb, gefüllt mit zahlreichen Goldstücken, herbei. Darunter befanden sich Goldklumpen so groß wie zwei Finger und in einigen Fällen erreichten sie sogar die Größe einer Hand. Im Nu sammelte sich ein Pulk aufgeregter Spanier um Pinzon, um diese Prachtstücke zu bestaunen.

Nach diesem verheißungsvollen Geschenk setzte Pinzon alles daran, von den Indios etwas über die Herkunft des Goldes zu erfahren. Sie deuteten flussaufwärts, dort gebe es das Gold. Man finde es im Fluss. Auf einer Hochebene, höchstens zwei oder drei Tagesmärsche entfernt.

Die alte Geschichte: Nicht hier, aber ganz in der Nähe. Entweder hatten die Indios längst herausgefunden, dass man sich die Spanier am ehesten vom Leibe hielt, indem man sie auf Goldquellen irgendwo jenseits des Horizontes verwies, oder sie kannten tatsächlich nur solche vagen Angaben und Richtungen, weil es ihnen einfach nicht wichtig war.

„Wir machen einen Abstecher landeinwärts", befahl Pinzon unverdrossen, nachdem Rafael Sarmiento, der Steuermann, die Mündung des Yaque ausgelotet und für schiffbar befunden hatte. Sie nahmen Kurs flussaufwärts. Der Yaque schlängelte sich durch einen undurchdringlichen Mangrovenurwald, immer wieder geteilt von Sandbänken und kleinen Inselchen, zerfleddert durch zahlreiche Nebenarme und tote Kanäle. Es roch nach Sumpf und Verwesung. Myriaden von Mücken zogen in surrenden Schwärmen über die Wasseroberfläche. Sie verachteten das spanische Blut nicht. Der insgesamt wenig schiffsfreundliche Zustand des Flusses erlaubte kein tiefes Eindringen ins Landesinnere. Pinzon mochte goldgierig und von Ehrgeiz getrieben sein, ein Wahnsinniger war er deswegen noch lange nicht, vor allem behielt sein seemännisches Denken die Oberhand. Er durfte viel riskieren, nur nicht den Verlust des Schiffes. So ankerten sie bereits am zweiten Tag ihres Abstechers an einer langgezogenen Sandbank, die schon so viele Jahre gesehen hatte, dass auf ihr inzwischen Gebüsch und niedrige Bäume wucherten.

Pinzon wagte es nicht, eine Abordnung ans Ufer zu schicken. Die Mangroven wuchsen dicht wie eine Mauer bis an den Fluss heran. Die grünschwarze Blätterwand blieb undurchdringlich, angefüllt von geheimnisvollen Geräuschen und den irritierenden Bewegungen flüchtiger Schatten. Das konnte alles Mögliche sein: wilde Tiere, feindliche Eingeborene, Urwaldgeister. Die von Aberglauben genährte Fantasie der Spanier hielt zahlreiche schaurige Schrecken bereit.

Pinzon befahl, ein Fass zu Wasser zu lassen, um Trinkwasser aufzunehmen. Als die beiden Medel-Brüder das Fass wieder über die Reling an Bord hievten, erlebten sie eine Überraschung. Fast im Chor brüllten die Medels und andere Matrosen, die dabei standen, ihre Triumphschreie. Feine Goldkörner hatten sich am Fassreifen festgesetzt, einige so groß wie Linsen. Es glitzerte und funkelte im Sonnenlicht. Pinzon streifte die Körnchen behutsam in eine kleine Kupferschüssel ab. Er blickte sich um. Erwartungsvolle Blicke trafen ihn. Was würde der Kapitän befehlen? War das nun doch das vielgesuchte Goldland Cibao? Waren sie endlich am Ziel ihrer Träume.

Sie wiederholten das Experiment. Mit dem gleichen Ergebnis. Wieder hingen unglaubliche Mengen von Goldsand an den Fassreifen. Ganz offensichtlich schwemmte der Rio de Martin Alonso diese ungeheuren Mengen Richtung Meer, von wo immer er es auch heranführte.

„Dieser Fluss ist eine Goldader. Bestimmt kommt er von den Bergen herunter. Dort muss es Goldminen geben“, spekulierte Sarmiento. „Ihr habt gut daran getan, Señor Pinzon, diesem Fluss Euren Namen zu geben. Eine glückliche Fügung, ein Zeichen des Herrn!“

Ja, es war immer gut, die schützende Hand des Allmächtigen über sich zu wissen. Pinzon bekreuzigte sich: „Bei der Muttergottes! Das ist der Lohn für all unsere Mühen!“

Die nächsten Tage verbrachten die Spanier damit, fleißig Säckchen und kleine, hölzerne Fässchen abzufüllen. Die zahllosen Indios, die wie von Zauberhand plötzlich mit ihren Canoes um die Pinta herum wimmelten, trugen das Ihre dazu bei. Sie betätigten sich einmal mehr als fleißige und freudige Helfer. Unbekümmert folgten sie den Wünschen und Befehlen der Spanier, schleppten, schürften, tauchten und gruben. Nicht einer zeigte Interesse an der Beute, von Herzen überließen sie alles den Seeleuten. Ja, sie brachten sogar noch zusätzliche Mengen aus ihren Dörfern herbei und zeigten kindliche Freude am Entzücken der bärtigen Männer, wenn wieder einmal ein besonders großer Goldklumpen dabei war. So luden sie einige Tage lang den Bauch der Pinta mit ansehnlichen Mengen an Goldvorräten auf.

Martin Alonso Pinzon achtete eifersüchtig darauf, dass alles Gold registriert, gewogen und unter seinen Augen verstaut wurde. Er selbst beanspruchte die Hälfte aller Funde für sich. Das führte zu unguten Diskussionen mit all seinen Offizieren.

„Wer ist der Kapitän dieses Schiffes? Wer hat die Ausrüstung bezahlt? Wer hat die Männer angeheuert?“, fragte er den nörgelnden Christóbal Quintero, der sich, Juan im Schlepptau, vor Pinzon aufbaute und einen angemessenen Anteil für sich und seinen Bruder forderte.

Pinzon musste aufpassen. Die Quinteros zählten zu den begüterten und einflussreichen Familien in Moguer, zum Kreise jener reichen und vielköpfigen Familien wie die Medels, die Niños oder die Garcias, mit denen auch die Pinzons gesellschaftlich verkehrten. Die Pinta gehörte eigentlich Christóbal Quintero, der kein guter Kapitän, jedoch mehr Kaufmann als Seemann war. So hatte Quintero Pinzon das Kommando überlassen, sich jedoch zusammen mit seinem Bruder Juan auch eingeschifft. Nun standen die beiden vor Martin Alonso und sahen ihn finster an.

„Ohne uns gäbe es dieses Schiff und diese Fahrt nicht“, behauptete Christóbal Quintero.

„Dann gäbe es ein anderes Schiff“, erwiderte Pinzon kalt. „Aber der Kapitän hieße immer noch Pinzon, denn außer mir und meinem Bruder Vicente Yanez ist niemand in ganz Niebla in der Lage, eine solche Fahrt zu befehligen, wie wir sie unternommen haben.“

Quintero biss sich auf die Lippen. Dagegen gab es wenig einzuwenden. Martin Alonso sprach die Wahrheit. Die Brüder trollten sich. Pinzon rieb sich den Schweiß von der Stirn. Was war das bloß, diese schwüle Hitze und diese heftigen Schweißausbrüche? Er musste sich setzen. Sein Atem ging schwer. Ihn plagte das dumpfe Gefühl, nicht genug Luft zu bekommen. Nach einigen Minuten, in denen er vorsichtig ein- und ausatmete um zu prüfen, was diese stechenden Schmerzen in seinem Brustkorb verursachte, löste sich die Verspannung langsam. Er beruhigte sich. Wachsam blickte er sich um, ob ihn jemand beobachtet hatte. Das schien nicht der Fall zu sein. Die üppige Goldernte im Fluss zog die Aufmerksamkeit der Männer viel zu sehr auf sich. Niemand hatte Pinzons Schwächeanfall bemerkt.

Die beiden Quinteros brachte Pinzon zwar fürs Erste zum Stillhalten, aber es entging ihm nicht, dass damit das Murren und Brodeln der Mannschaft keineswegs abgestellt war. Die beiden Medel-Brüder beschwerten sich zwar nicht, aber sie sahen Pinzon giftig an. Rafael Sarmiento, der Steuermann, hielt still, sprach aber auch kein überflüssiges Wort mehr mit seinem Kapitän. Das Gold, je mehr davon an Bord geschafft wurde, begann bereits seine zersetzende Wirkung zu entfalten. Missgunst, Neid, Gier und Verschwörung breiteten sich an Deck aus wie ein heraufziehender Nebel, der nach und nach alles einhüllte.

„Hüte dich vor den Unzufriedenen", warnte el Viejo. „Es kommt der Tag, da brauchst du sie alle als deine Verbündeten. Sie müssen auf deiner Seite stehen, wenn du dem Admiral wieder begegnest und ihm vielleicht die Stirn bietest." Ein wissendes Lächeln lag im Mundwinkel des alten Mannes, als hätte er einen Blick in die Zukunft getan und wüsste bereits, was alles noch geschehen würde.

„Alter Knabe", besänftigte Martin Alonso seinen Vetter, „du glaubst doch nicht, dass all diese Männer hier sich für den Admiral entscheiden würden und gegen mich?" Als el Viejo nicht gleich antwortete, setzte er hinzu: „Colón ist Genuese. Das hier sind Männer aus Niebla, aus Palos und Moguer. Wir feiern zusammen Feste, wir machen gemeinsam Geschäfte. Seit Generationen. Ihre Töchter heiraten unsere Söhne, und unsere Töchter heiraten ihre Söhne. Nein, das fürchte ich nicht. Wenn es gegen den Admiral geht, dann sind sie mir treu ergeben."

„Dann wage dein Spiel", sagte der Alte nur und ließ Martin Alonso Pinzon verwirrt zurück. Wie waren diese Anspielungen nun gemeint? Pinzon hatte noch nie offen ausgesprochen, dass er Admiral Colón auszuspielen gedachte. Darüber war er sich selbst noch nicht im Klaren. Wie konnte el Viejo darüber mit solch einer Gewissheit sprechen?

Als hätte alleine der Gedanke an Colón eine entsprechende Wirkung, erreichten Martin Alonso Pinzon noch am gleichen Tage Nachrichten über den Admiral. Es waren bittere Neuigkeiten. Ein Indio kletterte an Bord der Pinta. Er gab vor, von einem drei Tagesreisen entfernten Dorf namens Caracol zu kommen und über Land den Unterlauf des Yaque erreicht zu haben. In der Bucht, in der dieses Dorf liege, seien weiße Männer gestrandet, denn eines ihrer beiden hölzernen Häuser, mit denen sie über das Meer gekommen seien, sei untergegangen.

Pinzon ließ sich die Männer und die Schiffe beschreiben. Kein Zweifel, es handelte sich um den Rest der Flotte und bei dem untergegangenen Schiff um die Santa Maria. Wenn der Indio die Wahrheit sprach, und warum sollte er nicht, dann brauchte der Admiral Hilfe. Die Mannschaft der Santa Maria fand unmöglich auf der kleinen Niña Platz. Die Karavelle seines Bruders Vicente Yanez Pinzon konnte bestenfalls die Offiziere der Santa Maria aufnehmen, so viel war Martin Alonso klar. Bisher war der Alleingang der Pinta ein kühnes Abenteuer gewesen, eine freche Provokation, aber nicht mehr. Nun wurde daraus eine Überlebensfrage. Entschied Martin Alonso Pinzon sich für die Fortsetzung seiner Goldsuche und suchte auf eigene Faust sein Glück, konnte dies Ruhm und Ehre bedeuten. Auf der anderen Seite befanden sich sein Bruder Vicente Yanez und zahlreiche ehrbare Freunde aus Palos und Moguer an der Seite des Admirals und damit in der gleichen Notlage. Konnte er sie im Stich lassen? Nein! Dazu schlug zu sehr das Herz eines Seefahrers in seiner Brust. Diese kühne Fahrt über den Ozean, die sie gemeinsam gemeistert hatten, all die Gefahren, Abenteuer und Entdeckungen hatten sie auch zusammengeschmiedet. Niemals hätte seine Ehre als Kapitän es erlaubt, einer Mannschaft in Seenot nicht beizustehen, aller Goldgier und allen Ruhmesverheißungen zum Trotz.

Martin Alonso Pinzon entschied sich, den Fluss, den er nach sich selbst benannt hatte, wieder zu verlassen und dem Admiral entgegenzusegeln. Es gab zwar vereinzelt Proteste, als er die Anker einholen ließ und das Ende der Goldschürferei verkündete, doch man gehorchte ihm. Steuermann Rafael Sarmiento bläute er ein, falls er vom Admiral danach gefragt wurde, die Trennung der Pinta vom Rest der Flotte mit dem windigen Nebel zu erklären, der an jenem

Novembertag den Sichtkontakt unterbrochen und die Karavelle davongetrieben habe.

Der Kapitän beobachtete, wie seine Männer die Befehle ausführten, die Anker lichteten und die Pinta in die Flussströmung hinein drehen ließen. Ein paar letzte Indios kletterten über die Reling in ihre Canoes. In den letzten Tagen hatten sie zum Schiffsleben gehört wie die Papageien, die ihnen täglich in Scharen zugeflogen kamen und sich um die besten Aussichtsplätze auf den Rahen stritten. Die Schiffsjungen machten sich alle einen Spaß daraus, diese buntgefiederten Vögel einzufangen und sie als Spielgefährten zu zähmen. Der kleine Alvaro Perez, einer der Jüngsten an Bord, ein Cousin des Tischlersohnes Pablo, erklärte begeistert, er wolle den Vogel mit auf die Heimfahrt nach Spanien nehmen. Der Papagei flatterte kurz an der Leine, die der Junge ihm um eines seiner Beine geknüpft hatte, quakte unpapageienhaft schrill und verlor dabei eine Wolke flaumiger rotgrüner Federn, schien sich dann aber in sein Schicksal zu fügen. Pinzon, der die Szene beobachtete, kam ein Gedanke: Er schaute hinüber zu den nackten Eingeborenen, die geschmeidig und lachend über die Reling kletterten, um das Schiff zu verlassen. Einige befanden sich noch an Bord. Vier Männer und zwei Frauen.

Während die Pinta bereits Fahrt aufnahm, zog Martin Alonso seinen Bruder Francisco zu sich heran und deutete auf die noch an Deck verbliebenen Indios: „Die behalten wir. Die nehmen wir mit. Sorg dafür, dass sie nicht ausbüchsen."

Pinzon erntete keinen Widerspruch, weder von seinem Bruder noch von einem seiner Offiziere. Die Männer um Haudegen Gomez Rascon machten nicht viel Federlesens. Sie griffen sich die vier erschrockenen Männer und die zwei Frauen und verfrachteten sie mit sanfter Gewalt unter Deck. „Dort bleiben sie, bis wir das offene Meer erreicht haben", befahl Pinzon. „Dann kommen sie nicht mehr auf die Idee zu fliehen."

Niemand hielt es für erforderlich, die sechs festgehaltenen Indios danach zu fragen, was sie von dieser Maßnahme hielten. Man fragte sie nicht einmal nach ihren Namen oder danach, ob sie zusammengehörten, vielleicht Geschwister oder Paare waren. Martin Alonso

Pinzon, ein gläubiger Christ und treuer Anhänger des katholischen Glaubens, spürte weder Gewissensbisse noch plagten ihn Bedenken jedwelcher Art, diese unschuldigen Menschen zu entführen. Er bekreuzigte sich flüchtig, aber nicht, um für diese Sünde um Vergebung zu bitten, sondern um für sich selbst und sein Schiff eine glückliche Fahrt zu erbitten. Sie sollte ihm fürs Erste gewährt werden.

Ein kräftiger Ostwind empfing die Pinta, als sie die Flussmündung des Yaque verließ und aufs offene Meer hinausstieß. Mit diesem Wind im Rücken flog die Karavelle leicht über die Küstengewässer vor Hispaniola, wo der Admiral angeblich gestrandet war.

Am Abend des 5. Februar ankerte die Pinta hart vor der Küstenlinie. Pinzon ließ ein Beiboot zu Wasser und schickte einige Männer an Land, um Fässer mit Sand zu füllen. Denn kaum auf dem Meer, brach auch der vorsichtige Seemann und Schiffsführer wieder bei ihm durch. Er erkannte, dass die Pinta zu leicht für eine Hochseefahrt geworden war. Die Laderäume lagen leer, trotz des Goldes, das sie gefunden hatten. Um die Karavelle wieder in einen vernünftigen Tiefgang zu bringen, brauchte es mehr Gewicht. So ließ Pinzon leere Wasserfässer mit Sand befüllen und dann unter Deck so gleichmäßig verstauen, dass die Pinta wieder stabil lag und leichter zu handhaben war.

Dieses Manöver sollte sich noch bezahlt machen.

Zweifel und Ungewissheit plagten Pinzon in dieser Nacht. Was, wenn Colón die sofortige Heimreise angetreten hatte? Nun fuhr er möglicherweise mit der Erfolgsnachricht von der Entdeckung Indiens zurück nach Spanien. Noch schlimmer aber: Was, wenn Colón ebenfalls Gold gefunden hatte? Wenn das zutraf, dann galt Pinzons Beute wenig. Dann war er als Entdecker ebenso ruiniert wie als zuverlässiger Partner. Dann galt er eher als Dieb und als jemand, der seine Kameraden aus Eigennutz im Stich gelassen hatte.

So wurde es eine schlaflose Nacht für Martin Alonso, hin- und hergerissen von seinen Wunsch- und seinen Albträumen. Die stickige Schwüle in seiner Kajüte tat ein Übriges. Obwohl er sein Wams und seine Hosen ausgezogen hatte, schwitzte er wie im Dampfbad. Er wälzte sich unruhig in seiner Koje, stand auf, trank einige Schlucke

Wasser, blickte aus der Kajütlucke hinauf zum prall funkelnden Sternenhimmel, versuchte, die Nachtluft tief einzusaugen. Da war es wieder, dieses Stechen in der Brust. „Ich kriege keine Luft mehr. Ich ersticke!" Er wollte schreien, doch er brachte nur ein Röcheln heraus. Er sank auf die Knie, fiel vornüber. Das brachte Erleichterung! Indem er sich weit nach vorne beugte, wie eine betende Nonne zur Terz, spürte er, wie sich der Brustkorb befreite und ihm das Atmen leichter fiel. So verharrte er, ein übergewichtiger, alter Mann, keuchend und schnaufend, in dieser absurden Position, bis er sich wieder besser fühlte. Rasch gelang es ihm nun, noch ein paar Stunden zu schlafen.

Am nächsten Morgen sichteten sie die Niña schon wenige Stunden, nachdem sie ihren Kurs westwärts entlang der Küstenlinie wieder aufgenommen hatten. Zuerst tauchte nur ein kleiner, weißer Fleck auf, der am Horizont auf- und abhüpfte. Dann schälten sich die Konturen des Schwesterschiffes aus dem Dunst. Die beiden Karavellen kreuzten ihren Kurs in einem Abstand von einer knappen Legua. Zu weit, um sich per Zuruf zu verständigen, zu nahe, um sich zu übersehen.

Die Niña wendete und schlug den gleichen Kurs ein wie die Pinta. Die Absicht des Admirals war klar. Er wollte mit höherer Fahrt von hinten das Schwesterschiff einholen und sich daneben legen. Martin Alonso spürte nur ganz kurz den Impuls, es auf eine neuerliche Wettfahrt ankommen zu lassen. Vielleicht hätte er noch einmal ausbüchsen können. Aber dann halfen keine Ausreden und Entschuldigungen mehr, dann hätte auch der Letzte diese Flucht als offene Meuterei begriffen. So ließ er Segel reffen, eines nach dem anderen, bis die Niña elegant von hinten aufgeschlossen und beigedreht hatte.

Die Flaggensignale auf der Niña, die ihn aufforderten, zum Rapport aufs Admiralsschiff zu kommen, wären gar nicht nötig gewesen. Dass dieser Befehl kommen würde, war ohnehin klar gewesen. Außerdem näherte sich die Niña nun auf Rufweite und es flogen lautstarke Begrüßungen und Anrufungen der Mannschaften zwischen den Schiffen hin und her.

Pinzon ließ sich übersetzen. Zu seiner Begleitung wählte er seinen Bruder Francisco und die beiden Quintero-Brüder. Sarmiento blieb als Steuermann auf der Niña zurück.

Welchen Gesichtsausdruck machen? Welche Körperhaltung zeigen? Was zuerst sagen? Sollte er überhaupt als Erster sprechen? Nein! Der Admiral musste sprechen. Was würde er sagen? Während sich diese Gedanken in Pinzons Kopf hetzten, kletterte er an der heruntergelassenen Strickleiter mit bedächtigen Bewegungen vom Beiboot hinauf aufs Deck der Niña.

Colón stand steif und mit versteinertem Gesicht mittschiffs. Er bewegte sich keinen Schritt Richtung Pinzon, als dieser über die Reling kletterte. Der stolze Kapitän musste sich bequemen. Er trat vor den Admiral, den Blick mit einer Mischung aus Trotz und Hinterlist fest auf Colón gerichtet. Einige Augenblicke schwiegen die beiden Männer sich an, beobachtet von den neugierigen und gespannten Besatzungsmitgliedern der Niña. Niemand sagte etwas. Pinzon senkte schnell den Blick, er wollte nicht zu herausfordernd wirken.

Der Admiral umarmte Pinzon. Die Geste wirkte steif und künstlich. Pinzon ließ sie geschehen, ohne diese Umarmung so recht zu erwidern.

„Seid willkommen, Señor Kapitän", begrüßte Colón den Rückkehrer. „Wir dachten schon, wir hätten Euch verloren. Tagelang haben wir nichts von der Pinta gehört, bis uns die Indios Nachrichten brachten."

„Ich ..." Pinzon hob zu einer Erklärung an. Doch Colón unterbrach: „Folgt mir, Ihr Herren", sagte der Admiral. Er meinte damit die ranghöchsten Offiziere: Martin Alonso Pinzon und dessen Begleiter, außerdem Vizente Yanez Pinzon, den Kapitän der Niña, und die beiden Brüder Peralonso und Juan Niño. Die sieben Männer drängten sich zusammen mit dem Admiral in der schmalen Kapitänskajüte der Niña zusammen. Die Toldilla war so eng, dass die Knie der Offiziere sich berührten, während sie sich gegenübersaßen. Der Admiral wirkte verbittert. Aber der feurige Ausbruch, den alle erwarteten, auch Pinzon, blieb wieder einmal aus. Trotz seiner Erfolge, trotz der

Entdeckung Indiens, trotz seiner neuen Bedeutung als Admiral der westindischen Meere, trotz der schon beinahe überquellenden Selbstgewissheit, von der Colón erfüllt war, er schaffte es wieder nicht, einen Konflikt in aller Schärfe auszufechten. Am Ende sahen und spürten die Teilnehmer dieser Runde in der Kapitänskajüte der Niña sogar die Erleichterung, die Colón angesichts der Wiedervereinigung mit Pinzon erfasst hatte. Zunächst agierte der Admiral kalt und mit nur mühsam beherrschter Wut. Er forderte Pinzon ohne Umschweife auf, Bericht zu erstatten.

Kühl nahm Colón die gestammelten und weitschweifigen Erklärungen zur Kenntnis, die Martin Alonso ihm vorsetzte. Darin kamen immerhin alle Fakten und die wesentlichen Details zur Sprache, wenngleich sie Martin Alonso sanft aus der Nase gezogen werden mussten. Ja, er habe Gold gefunden, räumte er widerstrebend ein. Es seien ansehnliche Körner und Steine, aber unrein, schwer im Wert zu schätzen. Welche Mengen es denn seien, drängte der Admiral, wie viel Gewicht? Pinzon wusste natürlich, dass es wenig Zweck hatte, die wahre Ausbeute zu verheimlichen. Colón würde es sowieso erfahren und er konnte sich ja auch mit eigenen Augen überzeugen. Zu allem Unglück fiel ihm auch noch Christóbal Quintero in den Rücken: „Von diesem Golde, das wir gefunden haben, beansprucht der Herr Pinzon für sich alleine die Hälfte", sagte er, und vermied es dabei, seinem Kapitän in die Augen zu sehen.

„Ist das so, Señor Pinzon?", fragte Colón schneidend.

Pinzon bejahte und unternahm einen kläglichen Versuch, dafür eine Erklärung nachzuliefern. Colón unterbrach ihn barsch: „Das ist gegen die Vereinbarungen mit der Krone und es ist ein Verstoß gegen die Privilegien, die ihre Majestäten Königin Isabella und König Ferdinand mir eingeräumt haben. Glaubt nicht, Señor Pinzon, dass Ihr dieses Gold behalten könnt."

Pinzon lächelte gequält. Wieder einmal brach ihm der Schweiß in Strömen aus. War es die Enge in der Kajüte? Er wischte sich fahrig durchs Gesicht und über die Stirn. Sein schütteres Haar klebte feucht am kantigen Schädel, seine Augen glänzten fiebrig. „Ich gebe Euch 900 Pesos in Gold, Adelante. Das ist ein Drittel meines Anteils. Nur muss ich den Rest behalten, denkt an meine Kosten, denkt an meine Ausgaben."

Hochmütig lehnte der Admiral das Angebot ab: „Wir klären diese Frage vor dem Hofe in Spanien, meinetwegen soll eine Audienca entscheiden. Fahrt fort mit Eurem Bericht!"

Pinzon zitterte vor mühsam unterdrückter Wut. Er musste sich sehr beherrschen. Am liebsten wäre er dem verhassten Widersacher an die Kehle gegangen. Konnte er Hilfe erwarten? Die Gesichter der übrigen Teilnehmer in der Runde gaben keinen Aufschluss darüber. Die beiden Niños blickten neugierig drein. Kein Wunder. Das waren junge Kerle, fasziniert vom Abenteuer und inzwischen wohl auch fasziniert vom Admiral. Mit denen war nicht zu rechnen. Christóbal Quintero hielt nur mühsam den Triumph in sich verborgen, den er wohl angesichts der Nöte Pinzons verspürte. Juan, der andere Quintero, wahrte eine stoisch unbeteiligte Miene; auch auf ihn durfte Pinzon nicht unbedingt bauen. Blieben nur seine beiden Brüder. Francisco grinste dämlich, der durchschaute den Ernst der Lage nicht. Vizente Yanez stellte immer wieder Fragen, machte Einwürfe, gab Interpretationen, die alle nur den Zweck verfolgten, die Handlungen und den Alleingang von Martin Alonso zu verharmlosen. Aber Pinzon spürte, dass sein jüngerer Bruder lediglich diplomatisches Geschick walten ließ, um ihm zu helfen. Eine vorbehaltlose Unterstützung oder gar Auflehnung gegen Colón sah anders aus.

Notgedrungen stattete Pinzon weiter seinen Bericht ab. Im Verlauf seiner Schilderung brachte er die nächste Eigenmächtigkeit auf den Tisch: Der Fluss Yaque, den er nach sich selbst getauft hatte. Peralonso Niño grinste, als er das hörte, die anderen schwiegen und warteten auf Colóns Reaktion.

Das war eine Machtfrage. Das Recht, Ländereien im Namen der Krone in Besitz zu nehmen und Flüssen, Bergen oder Inseln Namen zu verleihen, lag ausschließlich in der Hand des Admirals. Und so reagierte Colón an dieser Stelle auch kompromisslos: „Dies alles erkläre ich im Namen der Krone für nichtig und ungeschehen." Colón hatte bereits auf der Hinfahrt bewiesen, dass er nicht gerade ein Meister darin war, solche heiklen und spannungsgeladenen Machtkämpfe kraftvoll zu lösen. Jetzt rang er sich aber doch zu einer für seine Verhältnisse heftigen Drohung durch: „Ich verspreche Euch, Señor Pinzon, noch ein einziger derartiger Übergriff, und ich werde Euch in Eurer eigenen Kajüte aufknüpfen."

Atemlose Stille! Pinzon flüsterte: „Das ist also der Lohn dafür, dass ich Euch zu allem Ruhm verholfen habe, den Ihr nun erlangen werdet."

Darauf reagierte der Admiral nicht. Und Pinzon erlaubte sich daraufhin auch kein weiteres Wort des Widerspruchs. Unausgesprochen unterwarf er sich an dieser Stelle, und die anderen spürten es. Nun ging es nur noch darum, den abtrünnigen Kapitän wieder aufzunehmen. Er wurde noch gebraucht. Und so weit reichte die Konsequenz Colóns nicht, dass er nun komplett mit Pinzon gebrochen hätte. Allerdings schaukelte sich die gespannte Atmosphäre noch ein weiteres Mal hoch, als Pinzon berichtete, er habe sechs Einheimische an Bord, vier Männer und zwei Frauen, die er nach Spanien mitzunehmen gedenke.

Der Admiral sprang auf. Die anderen rückten zur Seite.

„Das ist eine Sünde, Señor Pinzon, das wisst Ihr!"

Dies sagte Colón, der selber mehr als ein halbes Dutzend Indios, Männer und Frauen, mit an Bord der Niña genommen hatte; der selbst Dutzende von Indios von ihren Heimatinseln verschleppt, monatelang durch die karibische See mitgeführt und willkürlich auf weit entfernten anderen Inseln wieder ausgesetzt hatte.

Pinzon breitete ratlos die Arme aus und sah sich hilfesuchend bei den übrigen Teilnehmern dieser Runde um.

„Gewiss, man kann mit diesen exotischen Menschen unseren Hoheiten in Spanien dienen, man kann sie dort vorzeigen und sie werden unsere Taten glaubhaft machen", so ließ sich der Admiral ein, beinahe schon versöhnlich im Tonfall. „Ihr habt Gewalt über diese Männer und Frauen, Señor Pinzon, so wie Ihr Gewalt über die Eingeborenen all der anderen Inseln habt, die wir gefunden haben. Nur bedenkt auch, dass ich im Namen unserer Majestäten diese Insel Hispaniola für die spanische Krone in Besitz genommen habe. Und da ist es besser, auf das eingeborene Volk Rücksicht zu nehmen und es gut zu behandeln, besonders da diese Insel voll von Gold und gutem Ackerland ist."

So sehr Colón auch Erklärungen herbeizerrte, der Admiral duldete nicht, dass ein anderer als er über Leben und Tod bestimmte. Er war Admiral und Vizekönig, und jeder andere, der es wagte, zu kolonisieren, zu missionieren oder zu domestizieren, war im Unrecht, ein Rivale, ein Feind. Und in dieser Logik war es unmoralisch für jedermann – mit Ausnahme seiner selbst –, Menschen auf diese Weise gefangen zu nehmen.

So erteilte Colón den Befehl, dass die sechs gefangenen Indios auf der Niña wieder an Land zu bringen und freizulassen waren. Gomez Rascon führte ihn mit einem Gesicht aus, mit einem Gesicht, das nach Rache sann.

Als Pinzon geknickt auf sein Schiff zurückkehrte, und doch erleichtert, weil er mehr oder weniger wieder in Ehren aufgenommen worden war, erwartete ihn sein Cousin Diego.

„Nun, werter Vetter, habt Ihr Euch unterworfen? Oder spielt Ihr nur den Reumütigen?"

Pinzon tat, als schenkte er diesen Fragen keine Beachtung. Aber el Viejo ließ nicht locker: „Noch ist Zeit genug, den Spieß umzudrehen. Eine lange Heimfahrt liegt vor uns. Der weite Ozean ... Da kann viel passieren ..."

Der alte Seebär sprach nicht aus, was er dachte. Er grinste nur wissend. Sein schwarz gebräuntes, bartstoppeliges Gesicht blieb ohne Regung, nur die eisgrauen Augen blitzten belustigt. Er kannte seinen Vetter genau. Er wusste, dass Pinzon das Spiel noch nicht verloren gegeben hatte.

„Wir segeln nach Hause. Heim nach Spanien", erwiderte Pinzon lakonisch.

Zwischenspiel im Urwald

Marinde hatte mit zwei anderen Männern einen großen Affen erlegt. Es war ein außergewöhnliches Ungetüm. Sie hatten ihm gleich ein halbes Dutzend ihrer langen Pfeile in den Körper gejagt, von vorne, von hinten, von unten. Trotzdem, so berichteten sie, sei das Monstrum noch von Baum zu Baum gehechtet und fast entkommen. Alle waren überzeugt, einen mächtigen Affenhäuptling erlegt zu haben. Zur Feier des Ereignisses schlitzten die Tupanaki dem erlegten Tier an Ort und Stelle den Schädel auf und schlürften den Hirnbrei heraus. Marinde lief mit wiegendem Oberkörper und rudernden Armen durchs Dorf, als wollte er sich sogleich auf die Bäume schwingen. Ihn beschwingte die Überzeugung, dass nun die Kletterkünste des Affen in ihm wohnten; allzu gerne hätte er sie ausprobiert. Tzanu, einer der beiden Jäger, überwachte die Zubereitung des Festbratens. Die Frauen zogen das Fell und die Haut ab. An einem Gestell aus Ästen und Schnüren hing schlaff der rosafarbene Affenkörper. Eine heftige Diskussion über die angemessene Zubereitungsart brach aus. Sollte man nach traditioneller Art das Fleisch in Streifen von den Knochen schneiden, in Gondo-Blätter wickeln und dann im Feuer garen? Sollte man es eher am Knochen lassen und die Einzelteile im heißen Wasser sieden? Oder verdiente es dieses besondere Prachtexemplar nicht ausnahmsweise, dass man alles an einem Stück über dem offenen Feuer grillte? Für die letzte Version machten sich keifend die Frauen stark, konnten sie so doch den von seinen Innereien befreiten Affenkörper mit einem ragoutartigen Fleisch- und Kräuterbrei füllen. Dabei handelt es sich um eine erlesene Spezialität, eine mehrfach gekochte und gegarte und immer wieder um neue Zutaten bereicherte breiartige Masse, in der vom Schlangenfleisch über Rattenleber bis hin zum Filet des Riesenotters alles vertreten ist, angerührt mit Eiern der Rotkopfschildkröte und mit Mehl der Aypi- und Manihot-Wurzeln.

Izu beobachtete das Treiben mit ironischen Grimassen. Ein Machtwort von ihm hätte genügt, und man hätte so zubereitet, wie er es wünschte. Er leckte sich die Lippen. Ihm war alles recht. Mit einem Blick zum Himmel überzeugte er sich, dass das Festessen regenfrei ablaufen würde. Sogleich fiel ihm der blaue Himmel aus seinen Träumen ein. Das Bild verfolgte ihn hartnäckig seit Monaten, erst wieder vergangene Nacht. Auch dort waren, wie zuletzt, drei kleine Wölkchen im Zentrum des Himmels gewesen. Aber es hatte etwas Neues gegeben. Erstmals hatte eine dieser Wolken sich verfinstert, war grau geworden und hatte sich von einer weißen Sommer- in eine schwarze Regenwolke verwandelt. Izu ahnte: Diese Wolken verhießen Unheil. Es braute sich ein Gewitter zusammen. Sie konnten nicht mit seinem Interesse für Zula oder andere Mädchen des Stammes zusammenhängen. Gemächlichen Schrittes schlenderte er um den Dorfplatz herum, wo sich in Erwartung des Festessens bereits die halbe Einwohnerschaft des Tupanaki-Dorfes eingefunden hatte. Izu schielte nach Zula, die in einem Schwarm anderer junger Mädchen stand.

Die Arme hinter dem Rücken verschränkt, leicht gebeugt, schlurfenden Schrittes, den Blick Richtung Himmel verdreht umrundete er den Dorfplatz und wirkte auf zufällige Beobachter wie weggetreten im geheimnisvollen Dialog mit irgendwelchen Geistern. In Wirklichkeit kreisten seine Gedanken um die schlichte Frage, wie er es mit der kleinen Zula anfangen sollte, und statt Geisterphantasien trieben ihn lüsterne Vorstellungen von knospigen jungen Brüsten um.

Hinter dem Mädchen blieb er stehen. Er spürte, wie die ganze Schar der jungfräulichen Vögelchen sich bei seiner Anwesenheit versteifte. Die jungen Dinger hatten alle gehörigen Respekt vor ihrem Zaubermannn. Aber auch manche heimliche Hoffnungen. Izu trat in den Kreis der Mädchen und schnüffelte nach links und rechts, betatschte hier eine Schulter und dort einen Rücken. Die Mädchen kicherten aufgeregt.

Izu blieb hinter Zula stehen. Seine Hand legte sich auf die Schulter des Mädchens, schob die bis in Hüfthöhe reichende Haarmähne zur Seite und fuhr dann am Rückgrat hinunter bis zu den Pobacken.

Für jedermann sichtbar, regte sich sein Geschlecht. Stolz ließ Izu es wippen. Die Mädchen bekamen große Augen. Manche, vor allem jene, welche sich Hoffnungen machten, fuhren aufgeregt und herausfordernd mit der Hand zwischen ihre Beine. Izu genoss einen hervorragenden Ruf als der herausragende Liebhaber des Dorfes. Es wäre für jedes der Mädchen eine Ehre gewesen, seine Auserwählte zu sein. Zula schlug keusch die Augen nieder. Aber ihr junges Herz bebte. Sie spürte, dass es dem Geheimnismann um sie ging. Sie spürte, dass sie die Auserwählte war. Sie würde jetzt noch eine Weile sittsam bei den anderen stehen bleiben. Dann würde sie sich langsam entfernen, sich an der Quelle reinigen, das Haar kämmen und hochbinden, das Gesicht sorgfältig bemalen und dann den Weg zur Hütte des Zaubermannes einschlagen.

Izu war nirgends mehr zu sehen. Aber alle Dorfbewohner wussten, was geschehen war und dass er in seiner Hütte nun auf das Mädchen Zula wartete. Für sie war es der größte und wichtigste Tag in ihrem jungen Leben. Für ihn war es eine weitere Eroberung.

Irgendwo außerhalb des Dorfes jammerte eine Affenherde um ihren Häuptling.

XXII. Guacanagari

Der Friede in La Navidad währte nicht lange. Schon wenige Tage nachdem der Admiral mit der Niña abgesegelt war, brach unter den Spaniern der Machtkampf aus. Diego de Harana hätte gleich hart durchgreifen müssen, denn schon bei diesem ersten Anlass war der Tatbestand der Meuterei erfüllt. Stattdessen aber ließ er den tollwütigen Escobedo gewähren, und so legten die Wahnsinnigen bereits in diesen ersten Tagen den Keim zu allem späteren Unheil.

Es begann mit der Zusammenstellung einer offiziellen Delegation, die Häuptling Guacanagari in La Navidad empfangen sollte. Diego de Harana legte Wert darauf, sich als würdiger Statthalter des Admirals zu präsentieren. Er wollte von Anfang an klarstellen, dass er nicht nur ein ebenbürtiger Gesprächs- und Verhandlungspartner war, sondern Gesandter eines viel mächtigeren und einflussreicheren Königs. Keine Frage, wer sich dabei wem zu unterwerfen hatte.

Mit Pedro Gutierrez als seinem Stellvertreter, Chachu als der imposantesten Erscheinung unter den Spaniern und Louis de Torres, dem nutzlosen aber ungebrochen aufgeplusterten Dolmetscher, glaubte Harana die richtige Empfangsdelegation gefunden zu haben, um bei Guacanagari und seinem Clan Eindruck zu schinden. Die Empfänglichkeit der Insulaner für Prunk und farbenprächtige Zeremonien hielt Harana zu Recht für die Eintrittskarte in die Gunst des Häuptlings. Ganz und gar nicht einverstanden mit Haranas Plänen war Rodrigo de Escobedo. Der königliche Notar bestand darauf, bei dem vorgesehenen Besuchszeremoniell dabeizusein.

Es entwickelte sich über diese Streitfrage ein lautstarker Wortwechsel. „Ihr habt mir keine Vorschriften zu machen und auch keine Befehle zu erteilen, Señor Alguacil“, brüllte Escobedo so laut, dass die ganze Mannschaft in Navidad es hören konnte. „Als Notar des

Königs bin ich hier in eigener Hoheit. Wenn ich es für richtig halte, dann statte ich dem Kaziken selbst einen Besuch ab."

„Das werdet Ihr unterlassen, so wahr ich der Kommandant dieser Festung bin", brüllte Harana zurück. „Dies ist eine Siedlung des Vizekönigs der neuentdeckten westindischen Lande, unseres allergnädigsten Herrn Señor Adelante Christóbal Colón, und ich bin sein Statthalter, und jedermann hier steht unter meinem Befehl. Auch Ihr, Señor Escobedo!"

Escobedo lachte mit klirrendem Gackern. „Ihr seid ein Günstling des Admirals, das ist wohl wahr", erwiderte er frech, „aber das gibt Euch nicht das Recht, einen königlichen Notar zu maßregeln oder gar, ihm Befehle zu erteilen. Wir werden schon noch sehen, wessen Gesetze hier gelten. Die eines genuesischen Admirals oder die des spanischen Königs?"

Dann ließ Escobedo den Kommandanten alleine, warf die Tür hinter sich zu und stakste mit seinen steifen Storchenbeinen über den Innenhof der Festung Navidad zu seinem Quartier im Nebengebäude. Der Großteil der Mannschaft lungerte mit gespitzten Ohren im Hof herum. Die Männer starrten hinter dem Notar her. Aus der zweiten Reihe rief einer frech: „Aufstand, Escobedo?"

Der Notar mit seinem hochroten Totenkopf und den zusammengepressten Lippen ignorierte den Zuruf. Stattdessen gab er Gutierrez einen herrischen Wink. Dieser beeilte sich, schnell hinter ihm herzukommen. Beide verschwanden in Escobedos Stube. Formal mochte Gutierrez über Escobedo gestellt sein, das focht den Notar aber nicht an. Schon auf der Santa Maria war es so gewesen, dass Escobedo dem Repostero Real die Kommandos gegeben hatte. Und daran hatte sich nichts geändert.

Die Spanier in La Navidad priesen ihr Glück, dass Admiral Colón nicht alle der auf den Inseln eingefangenen Indianer nach Spanien mitgenommen hatte. Bewusst hatte er der zurückgelassenen Mannschaft den Dolmetscher Jorge zugewiesen. Selbstverständlich fragte niemand den jungen Taino, ob er damit einverstanden sei. Jorge stammte von San Salvador, der ersten Insel, auf welche die Spanier nach Überquerung des Meeres gestoßen waren. Seit er dort gewaltsam an Bord der Santa Maria geholt worden war, gehörte er zu den ständigen Begleitern der Spanier. Man hörte ihn niemals klagen, er äußerte selten irgendwelche Wünsche, er litt anscheinend nicht unter Heimweh und er stellte sich treu und stoisch in den Dienst der Spanier. Sein rundliches, ebenmäßiges Gesicht gab keine Gefühlsregung preis. Er blickte immergleich freundlich und unbeteiligt, gab niemals Anlasss zu Unmut, erfüllte jeden Wunsch, selbst wunsch- und anspruchslos. Er diente der Besatzung in Navidad weiterhin als Dolmetscher. Diese bedurften auch dringend seiner Künste, denn bis auf wenige Brocken, die im Wesentlichen um Gold und Frauenfleisch kreisten, beherrschten die Spanier die Sprache der Indianer nicht. Die meisten machten auch keine Anstalten, daran etwas zu ändern.

Rodrigo gehörte zu den wenigen Ausnahmen. Er eignete sich nach und nach einen größeren Wortschatz an. Er verkehrte als einer der wenigen Spanier unbekümmert mit Jorge. Dieser nahm ihn ernst und behandelte ihn gleichwertig wie jeden anderen Spanier. Unter seinen Landsleuten galt Rodrigo nach wie vor als kleiner Schiffsjunge, im Rang auf der untersten Stufe zusammen mit Martin de Urtubia. Mit seinem kleinen Sprachvorsprung und seiner Nähe zu Jorge erarbeitete Rodrigo sich aber einen zunehmenden Vorteil: Er nahm die Rolle des wichtigsten Bindeglieds zwischen den Spaniern und Jorge ein. Jorge verstand zwar den Taino-Dialekt, der auf Hispaniola gesprochen wurde, sich aber von dem auf seiner Heimatinsel unterschied; er übersetzte ihn in ein sehr eigenwilliges Spanisch, das er mit viel Fantasie anreicherte. Rodrigo besaß die Gabe, dieses kryptische Kauderwelsch zu entwirren und in halbwegs mit Sinn gefüllte Sätze zu überführen.

Diego de Harana, der Guacanagari wie „Quacanari“ aussprach, zeigte sich ausgesprochen dankbar für Rodrigos Übersetzungskünste und legte großen Wert auf dessen Anwesenheit beim Häuptlingsbesuch.

Die Schiffsjungen Rodrigo und Martin de Urtubia deckten einen hölzernen Tisch, an dessen Stirnseite Harana, Gutierrez und Chachu bereits Platz nahmen, noch ehe die Indianer eintrafen. Als Guacanagari schließlich in die Festung La Navidad einmarschierte, verfolgte und umkreiste ihn sein üblicher Hofstaat, bestehend aus etwa einem Dutzend männlicher Verwandter, die meisten davon erheblich älter als der Häuptling.

Die Spanier durchschauten die Macht- und Herrschaftsverhältnisse rund um den Kaziken noch längst nicht. Es interessierte sie aber auch nicht. Es gab den Häuptling und mit diesem verkehrte man, als sei er ein spanischer Grande. Alle anderen zählten nichts und es spielte für die Spanier keine Rolle, wer in diesem Hofstaat in welcher Rangfolge stand, solange sie eine unumstrittene Autorität als Ansprechpartner hatten.

Guacanagari erschien. Um die Hüften wirkte er leicht füllig. Das mit Federn, Muscheln und neuerdings auch mit Glasperlen geschmückte Haar trug er wie alle Tainos in der Stirn kurzgeschnitten, am Rücken lang. Mehrere Armreife schmückten seine Handgelenke. In der Nase prangte ein fürstlicher Nasenpflock, im Übrigen erschien er vollkommen nackt. Seine dunklen Augen registrierten aufmerksam die feixende Schar der im Spalier aufgereihten Spanier. Er ließ den Blick neugierig von einem zum anderen wandern. Ob er den Spott und die Herablassung in den Gesichtern bemerkte? Sein Gefolge trug die Nasen nicht minder hoch. Sie taten alle so, als interessierte sie das Treiben in La Navidad nicht, als müssten sie nicht über die massiven Holzbauten staunen, nicht über die Waffen und nicht über die seltsamen Geräte und Ausrüstungsgegenstände. In ihren zum Himmel gerichteten Blicken lag eine würdevolle Unnahbarkeit. Noch fühlten die Indianer sich als die alleinigen Herren dieser Insel.

Guacanagari erklomm mit zwei schnellen Schritten die Stufen, die zum schlichten Empfangsraum Haranas hinaufführten. Seiner Gefolgsschar machte der Kazike ein Handzeichen, dass sie draußen warten sollten, was sie auch mit größter Bereitwilligkeit und Ehrerbietung taten. Nur zwei Männer gesetzten Alters, wohl die wichtigsten Berater des Häuptlings, folgten ihm ins Innere der Blockhütte.

Guacanagari stürmte forschen Schrittes in den Raum herein und stellte sich an die Seite Haranas, so dass dieser gar keine Zeit fand aufzustehen und Ehrerbietungen zu veranstalten, wie er es eigentlich geplant hatte. Schon ließ sich Guacanagari neben Harana auf dem hölzernen Fußboden nieder, schlug die Beine übereinander und zeigte sein breitestes und freundlichstes Grinsen.

Dieser ungeplante Überfall überraschte Harana. Eigentlich hätte der Alguacil gerne eine kleine Zeremonie abgehalten. In seiner Verblüffung vergaß Harana die blumenreiche Begrüßungsrede, die er sich zurechtgelegt hatte. Stattdessen hieß er Rodrigo und Martin, eine Auswahl spanischer Fleischgerichte aufzutragen.

„Die Manieren eines Fürsten hat er nicht gerade", lästerte Martin de Urtubia, als sie gemeinsam die dick beladenen Platten herbeibalancierten. „Die Kleidung auch nicht", flüsterte Rodrigo zurück. Beide amüsierten sich herzhaft. „Wahrscheinlich wird er nun auch wie ein Wildschwein essen", nörgelte Martin. „All das schöne Fleisch!"

Aber von den Fleischgerichten nahm Guacanagari jeweils nur kleine Kostproben zu sich. Das Übrige reichte er seinen beiden Begleitern, die sich links und rechts an seiner Seite niedergelassen hatten. Die beiden Alten langten herzhaft zu, nicht ohne vor dem Verzehr jedes einzelne Fleischstück ausgiebig zu beschnüffeln und im Zweifel auch mit ihren breiten, rosafarbenen Zungen abzuschlecken.

Irgendwie hilflos saßen Harana, Gutierrez und Chachu eine Etage höher am Tisch und wussten nicht so recht, wie sie sich verhalten sollten. Der Alguacil sonderte Floskeln ab, wie „Greift zu! Lasst es Euch schmecken! Wie findet Ihr das Fleisch? Schon hiervon probiert?"

Auch bei den Getränken, die Martin hereintrug, verfuhr Guacanagari ähnlich wie beim Fleisch. Erst ließ er sich von Harana den Gebrauch der Trinkbecher demonstrieren. Dann kostete er nur ganz vorsichtig, indem er seinen Becher nur an die Lippen führte, nicht einmal richtig nippte, um ihn dann an seine Gefährten weiterzureichen. Die leerten die Becher mit unbewegter Miene, einen nach dem anderen. Bei alledem strahlte der Kazike eine frohgemute, gelassene Würde aus. Das Wenige, was er sagte, soweit Rodrigo es verstand, waren wohlgesetzte und höfliche Floskeln. Jorge übersetzte: „Essen viel gut und prächtig schön. Trinken viel gut und prächtig schön. Haus viel gut und prächtig schön. Tisch viel gut und viel hoch. Edle Herren, wieso sitzt Ihr nicht bequem auf dem Boden?"

Die beiden Alten an Guacanagaris Seite verputzten restlos alles, was Rodrigo und Martin an Essen und Trinken herbeibrachten. Eigentlich handelte es sich um die Portionen, die nicht nur für die Indianer, sondern auch für Harana, Gutierrez und Chachu hätten reichen sollen. Unvermutet befahl Guacanagari mit kurzem Zuruf einen seiner Gefolgsleute herein. Der brachte einen farbig verzierten Gürtel, den der Häuptling feierlich entgegennahm und dann ebenso feierlich als Gastgeschenk an Harana weiterreichte. Der Alguacil empfing das Geschenk mit säuerlicher Miene und legte es dann achtlos beiseite. Die Indianer ignorierten diese Unhöflichkeit. Sie zeigten weiterhin ihr breitestes Lächeln und strahlten in fröhlicher Unbekümmertheit.

Haranas Interesse wuchs merklich, als Guacanagari ihm zwei bearbeitete, dünne Goldplättchen überreichte. „Habt Ihr noch mehr davon?", fragte er ungeniert. Guacanagari überhörte die Frage und grinste.

„Es ist nicht viel wert", murrte Gutierrez, der die beiden Goldplättchen mit seinen wurstigen Fingern an sich zog und begutachtete. Er hielt sie vor sich gegen das Licht. „Dünn wie Pergamentpapier", maulte er.

Da die festliche Zeremonie in Diego de Haranas guter Stube stattfand, es war sowohl sein Arbeitszimmer als auch sein Schlafraum, fiel den Indianern das von einem Baldachin überspannte Bett ins Auge. Guacanagari deutete auf den Betthimmel: „Ein Hamak?"

„Nein Quacanari, das ist keine Hängematte", lachte Harana, nachdem Jorge übersetzt hatte. „Es ist ein Betthimmel, edler Fürst!"

Rodrigo fand die passenden Taino-Worte für Bett und Himmel. Was Jorge daraus machte, als er dem Kaziken Funktion und Zweck des Bettes auseinandersetzte, blieb rätselhaft, denn der Taino radebrechte beinahe drei Minuten lang ununterbrochen. Im Anschluss daran brachen Guacanagari und seine beiden Alten in fröhliches Gelächter aus.

Harana besann sich auf die Empfehlung des Admirals, den Indianern guten Willen und Großzügigkeit zu demonstrieren. So verschenkte er schließlich nicht nur den üblichen Tand, sondern auch eine Bernsteinkette, die er Guacanagari persönlich um den Hals legte, ferner ein Paar rote Strümpfe und ein Fläschchen Orangenblütenwasser, welches den Kaziken in infantiles Entzücken versetzte. Es folgte der Austausch weiterer Höflichkeiten, von denen die jeweils andere Seite aufgrund der Verständigungsschwierigkeiten meist nur die Hälfte erfasste.

Nach zwei Stunden sprang Guacanagari ebenso flink wieder auf, wie er sich anfangs niedergelassen hatte, und hielt eine feierliche Rede, die Jorge kräftig verstümmelte, Rodrigo aber verstanden hatte und übersetzen konnte: „Señor Kommandant, der Häuptling lädt Euer Gnaden nun seinerseits ein, bei ihm in seiner Hütte an einem Festmahl teilzunehmen. Ihr möget mit so viel Gefolge kommen, wie Euch beliebt!“

Die Indianer standen schon an der Tür.

Harana zupfte an seinen Bartenden: „Jetzt sofort? Meint er, dass wir jetzt gleich mit ihm kommen sollen.“

„So ist es, Herr“, antwortete Rodrigo. „Der Häuptling betonte auch, dann gebe es etwas Richtiges zum Essen, ein echtes Festmahl!“

„Allerhand“, staunte Harana und rollte mit seinen schwarzen Kugelaugen. „Wenn das so ist, dann nehmen wir Maestre Juan Sanchez und Señor Escobedo mit, auf dass er wieder zu Sinnen kommt“, ordnete er an. Der Befehl war an Rodrigo gerichtet.

Den Arzt fand Rodrigo schnell. Aber Escobodo war verschwunden. Von José Pequino erfuhr Rodrigo, dass der Notar mit drei Männern das Lager verlassen hatte. Harana tobte, als er davon erfuhr. Er hatte ausdrücklichen Befehl erteilt, dass niemand ohne seine Erlaubnis La Navidad verlassen durfte.

„Ich sperre den Kerl in den Kerker“, schnaubte er. „Was denkt er, wer er ist?“ Dann befahl er seinem Stellvertreter: „Señor Gutierrez, Ihr sperrt den Burschen ein, sobald er zurückkommt. Und ebenso die drei Matrosen, die ihn begleiten!“

Pedro Gutierrez stand klein und geduckt daneben. Er war der erste Kumpan von Escobedo. Andererseits war er Stellvertreter des Kommandanten. Ratlos und etwas dämlich glotzte er aus seinen Froschaugen. Harana registrierte, dass Gutierrez keine Antwort gab. Der Alguacil drehte sich wütend zu Gutierrez um und funkelte ihn böse an. Gutierrez zuckte unter den feurigen Blicken zusammen, obwohl er Harana um mindestens einen Kopf überragte. Aber im inneren Ringen zwischen Aufmüpfigkeit und Feigheit obsiegte bei ihm vorerst noch die Feigheit. Er schluckte kleinlaut und schlug den Blick nieder.

„Habt Ihr verstanden?“, schnappte Harana.

„Sehr wohl, Señor Kommandant. Wenn ich einwenden darf ...“

„Ihr dürft nicht!“, unterbrach Harana bissig und wandte sich krummbeinig zum Gehen. „Und jetzt kommt mit! Quacanari wartet schon!“

Die vier verschwitzten und keuchenden Männer schlugen sich seit mehreren Stunden durch dichtestes Grünzeug landeinwärts durch den Dschungel. Eine Wolke von Moskitos umkreiste und verfolgte die Fluchenden. Aus dem hohen Geäst spotteten die Papageien. Die Luft lag schwül und dampfend über dem Urwald.

Escobedo ließ die anderen vorangehen. Der Trampelpfad, dem sie folgten, führte sie ungefähr zwei oder drei Leguas landeinwärts, immer stetig bergan, durch dichtes Gestrüpp. Es schien, als ob den lästigen Stechmücken das spanische Blut besser mundete als die gewohnte einheimische Kost. Jedenfalls hatte Escobedo noch nicht beobachtet, dass die Indianer ähnlich attackiert worden wären. Mit seinem längst durchnässten Seidentüchlein wischte er sich zum wiederholten Male über das feuchtschwitzende Gesicht, nur um in der gleichen Sekunde sofort wieder vor Schweiß überzulaufen. Seinen drei Begleitern ging es ähnlich. Einer davon war Jacomo Rico, der Maulheld. Jetzt schienen ihm die Heldentaten gehörig vergangen.

„Señor Escobedo, was soll das noch? Wir irren hier durch diesen Urwald ohne zu wissen, wo wir landen werden.“ Wütend zerrte Jacomo Rico seine Pike aus dem Lianengewirr über seinem Kopf, worin sie sich zum wiederholten Male verheddert hatte. „Ich habe genug!“

Auch die beiden, die vorausgingen, zwei junge Matrosen von der Niña, die Escobedo beschwatzt hatte, ihm zu folgen, blieben stehen. Wenn sie innehielten und nicht wie wütende Berserker die Schwerter ins Gestrüpp hieben, dann stürzten plötzlich die vielen rätselhaften Geräusche des Urwaldes auf sie nieder. Gezirpe und Gezwitschere, Rascheln in den Baumwipfeln, das Kreischen der Affen und das Geschnatter der Papageien. Hier ein unheimlicher Jagdruf unbekannter Raubtiere, dort ein Knurren. Jacomo Rico drehte sich hektisch, stierte in das undurchdringliche Blättergewirr. Gefahren lauerten um sie herum, aber sie zeigten sich nicht. Sie verhöhnten die Spanier fauchend und zischend. In den Augen der Männer spiegelte sich Furcht. Escobedo spürte den sinkenden Mut seiner Begleiter. Er lehnte sich schnaufend an einen Baum und setzte die schwere Arkebuse ab, die er mitschleppte. Alle machten sich über ihre Wasserflaschen her.

„Ich habe nur gesagt, wir schauen uns mal in der Gegend um", quetschte der Notar schließlich griesgrämig hervor. Er schien selbst rat- und lustlos. „Ich habe nicht versprochen, dass wir schon hinter dem nächsten Baum eine Goldmine finden."

„Kehren wir um!", schlug Antonio de Cuellár, einer der beiden Niña-Matrosen, vor.

Escobedo stützte sich auf den Schaft seines Vorderladers und versuchte mit stierem Blick, die grüne Laubwand zu durchbohren. Er schnaubte grimmig: „Eine der Indianerinnen hat mir gesagt, dass wir auf diesem Weg auf ein kleines Dorf treffen. Zwei Stunden Fußmarsch hat sie gesagt. Mistweib, verlogenes. Das werde ich ihr austreiben!"

„Die Indios springen wie Affen durch den Urwald. In zwei Stunden kommen die doppelt soweit wie wir!", erklärte Jacomo Rico in seiner gewohnten Alleswisserei.

„Es sind ja auch halbe Affen", maulte Francisco, der Zweite der Matrosen.

„Es sind grinsende Blödmänner", fauchte der immer noch aufgebrachte Escobedo und jagte mit dem Handrücken eine neuerlich heranrückende Moskitostaffel ins Laub zurück. Wütend spuckte er vor sich zu Boden: „Das ist doch alles hier ein einziger großer Mist. Wir sollten losziehen und mal ringsherum einen kleinen Krieg anzetteln, damit die Wilden begreifen, wer hier die Herren sind. Wenn ich etwas zu sagen hätte, in Navidad, ich hätte diesem Guacanagari längst schon eine kleine Machtprobe gegeben. Pah!" Er spuckte erneut aus, machte eine kleine Kunstpause und fügte dann an: „Anstatt mit ihm zu tafeln, als wäre er ein spanischer Hidalgo!"

Escobedo wollte soeben zu einer neuen Verwünschung anheben, als Jacomo Rico ein Handzeichen machte: „Psst!"

Alle Köpfe fuhren herum. Stimmen! Indianer! Frauen. Sie näherten sich von oberhalb des Pfades, den sie selbst heraufgekommen waren. Escobedo stürmte sofort an die Spitze, mit einer Geschmeidigkeit, die man dem knochigen Schreibstubenhocker gar nicht zugetraut hätte. Um die nächste Biegung herum tauchte eine Gruppe junger Indianerinnen auf, Mädchen fast noch. Fünf an der Zahl. Sie trugen in Palmblätter eingewickelte Pakete, vielleicht Lebensmittel oder Tauschwaren.

Escobedo sprang ohne Vorwarnung auf sie zu, wie ein Jaguar, der auf der Lauer gelegen hatte. In seinen Augen blitzte ein gieriger Jagdtrieb.

Das entsetzte Kreischen der jungen Frauen spornte ihn an. Zwei der Mädchen entkamen ins Unterholz. Die anderen drei wurden von den Spaniern überwältigt. Escobedo begrub eine unter sich, Antonio und Francisco fielen über eine weitere her, und Jacomo Rico verfolgte die dritte mit weiten Sprüngen ins Dickicht. Sie wäre ihm wohl flink wie die anderen beiden entwischt, wenn nicht ein umgestürzter Baumriese ihr den Weg versperrt hätte. Jacomo warf sich auf sie und umfasste sie mit seinen kräftigen Armen, sodass er sie anheben konnte. Auf diese Weise gelang es ihm, sie zu den Gefährten auf den schmalen Trampelpfad zurückzuzerren. Ihre spitzen Schreie unterband er schnell mit ein paar kräftigen Ohrfeigen. Auch die zwei anderen Festgehaltenen wagten nicht mehr zu schreien.

Diese Indianermädchen hatten noch nie zuvor in ihrem Leben spanische Männer gesehen. Jetzt fielen diese bärtigen Ungeheuer wie Monster aus dem Urwald über sie her. Escobedo und seine Begleiter erklärten nichts, redeten nicht, suchten keine Verständigung. Mit nur diesem einen Ziel waren sie ausgezogen: Beute zu machen! Wenn es nun schon kein Gold sein sollte, so doch wenigstens wehrlose Frauen. Die drei gefangenen Mädchen waren vollkommen nackt.

Mit weitaufgerissenen Augen starrten sie verängstigt auf die fremden Männer. Die Spanier weideten sich an dem Bild. „Was für edles Wild sich doch in diesen Wäldern findet", meinte Escobedo süffisant, ohne seinen Griff bei der zitternden Indianerin zu lockern, die er rittlings auf den Boden zwang.

„Wollen mal sehen, ob das scheue Reh einen brünftigen Hirsch empfangen kann", lachte er und begann, seine Beinkleider aufzuknüpfen.

„Pass du auf, dass uns niemand stört", wies Jacomo Rico den jungen Francisco an und machte sich unverzüglich daran, es Escobedo gleichzutun. Die jungen Indianerinnen lagen starr vor Angst. Sie rührten sich nicht, sondern blieben stocksteif, wie gelähmt, und harrten mit schreckensgeweiteten Augen ihrem Schicksal. Dies nun waren also die rästelhaften bärtigen Männer, die vom Himmel gefallen waren. Die Götter, von denen seit Wochen die unglaublichsten Berichte herumgingen. Die Männer, deren Haus auf dem Meer schwamm. Diese drei Mädchen gehörten zu einem Dorf weiter im Landesinneren. Dort hatten sie schon von den Männern gehört, die da über das Meer gekommen sein sollen, doch der Schock dieses brutalen Aufeinandertreffens machte sie unfähig, sich zu wehren. Escobedo, Jacomo Rico und auch die beiden Niña-Matrosen kamen auf ihre Kosten.

Anschließend verschnürten die Spanier den drei Frauen die Handgelenke und nahmen sie als Gefangene mit auf den Rückweg nach Navidad. Dazu bedurfte es keiner Absprachen, nicht einmal eines konkreten Befehls. Es geschah. Escobedo und seine Spießgesellen waren sich einig.

Guacanagari erwartete Harana und die spanische Delegation zu einem der bei den Indios üblichen Festgelage. Auf dem großen Dorfplatz von Caracol, einer offenen Plaza, die vom Wohnsitz des Kaziken beherrscht wurde, versammelte sich die gesamte Einwohnerschaft des Dorfes und bildete einen Kreis. Vier Träger mit einer Sänfte brachten Guacanagari in den Mittelpunkt dieses Kreises. Sie setzten ihren Häuptling dort ab und bildeten dann das Spalier, als er in seinem kegelförmigen Haus verschwand. Die Unterkunft des Häuptlings unterschied sich in Größe und Ausstattung deutlich von allen übrigen Hütten des Dorfes. Während die Spanier ungeduldig und die Einheimischen aufgeregt auf das Wiederauftauchen des Häuptlings warteten, schleppten seine Diener Schüsseln und Platten voller dubioser Leckereien herbei.

Die Tainos nannten ihre Diener Naboria. Rodrigo, der ein aufmerksames Auge für eher unauffällige Details hatte, entging nicht, dass es auch bei den Indianern Diener und Angehörige niedriger Schichten gab. Man hätte sie nahezu mit den afrikanischen Sklaven in Spanien vergleichen können, denn sie folgten den Anweisungen ihrer Herren unterwürfig. Rodrigo machte Maestre Juan Sanchez darauf aufmerksam: „Schaut, Herr! Die Diener müssen gehorchen wie unsere Sklaven. Seht nur: Der eine Taino-Indianer schnippt mit den Fingern, da läuft der Naboria schon und erfüllt ihm seine Wünsche."

„Wieso sollten die Menschen hier anders als bei uns zu Hause miteinander umgehen?", fragte der Schiffsarzt belustigt.

„Glaubt Ihr wirklich, Maestre Sanchez, dass das Menschen sind wie wir?"

Der sonst eher milde und nachsichtige Blick des Schiffsarztes wurde finster: „Haben sie Haare wie wir, und Zähne und Augen und eine Nase, oder erkennst du einen Unterschied? Haben sie Arme und Beine, bewegen sie sich wie wir, essen sie wie wir, trinken sie wie wir, beschlafen sie ihre Frauen wie wir?" Er zögerte kurz, ehe ihm der Doppelsinn seines letzten Halbsatzes bewusst wurde: „Oder glaubst du etwa, Groumette, spanische Männer würden etwas anderes begatten als nur waschechte Menschenweiber?"

„Aber sie sind keine Christen", beharrte Rodrigo.

„So wenig wie die Mauren, die wir glücklich aus Spanien vertrieben haben. Trotzdem würde niemand behaupten, die Mauren seien keine Menschen."

Unwillig schüttelte Rodrigo den Kopf: „Schaut doch nur hin, was sie alles essen!"

In der Tat empfanden die Spanier das aufgetischte Essen für ihre Gaumen entschieden zu exotisch. Da lagen aufgeschlitzte Leguane, geröstete Insekten, seltsam gegorenes Gewürm, grellfarbige Früchte, wie sie noch nie ein Spanier zu Gesicht bekommen hatte, und dazwischen alle denkbaren Variationen des gebackenen Cassava-Kuchens. Als ein besonders edles Getränk reichten die Naboria ein übelriechendes und lauwarmes milchig-weißes Gebräu. Sie nannten es Chicha! Die Spanier kostete es große Überwindung, von diesem Saft zu nippen. Es handelte sich um eine Art Bier, den die am Festschmaus beteiligten Tainos aus ihren Bechern in einem Zug hinunterschütteten.

Guacanagari ließ sich auf seiner Sänfte wieder herbeitragen. Inzwischen trug er einen leuchtendroten prächtigen Federschmuck, durchwirkt von feinen Goldplättchen, die sofort die Aufmerksamkeit von Gutierrez und Louis de Torres auf sich zogen, ebenso wie die goldenen Ohr- und Nasenringe, die der Häuptling sich angelegt hatte. Außerdem trug der Kazike jetzt ein aus feingewebten Stoffen bestehendes Gewand, überhaupt das erste nichtspanische Kleidungsstück, das sie in diesem Dorf entdeckten.

Das Festmahl zog sich hin. Ein süßlicher Geruch lag in der Luft, ausgelöst von einem Harz, welches die Naboria in kleinen tönernen Schüsseln über dem Feuer erhitzten. Die Indianer lärmten und sangen. Einige klopften mit Stöcken auf eine Art Kesselpauke und entlockten ihr monoton-rhythmische Geräusche. Der Singsang und das Trommeln schwollen an und ebbten wieder ab. Die Spanier verstanden bisweilen die eigenen Worte nicht mehr, eine Unterhaltung kam nicht in Gang. Das Harz qualmte und verbreitete seinen süßen Duft, bald lag eine regelrechte Wolke über dem Festgeschehen. Immerhin hielt der Qualm die Mücken fern. Guacanagari zog sich nach jedem Gang erneut um. Jedesmal trugen ihn seine Naboria auf der Sänfte ins Haus und brachten ihn auf die gleiche Art wieder zurück ans Feuer. Zusammen mit seinen zwei Alten ließ Guacanagarie sich im Halbkreis den Spaniern gegenüber nieder. Die indianischen Gastgeber grinsten vergnügt und nötigten ihre spanischen Gäste unaufhörlich, von den immer neu herbeigeschafften Speisen zu essen.

So zog sich das Festmahl Stunde um Stunde hin, ohne dass viele Worte gewechselt worden wären. Diego de Haranas schwarzgelockter

Kugelkopf lief bereits rot an vor kaum unterdrückter Ungeduld. „Was soll das ganze Theater hier eigentlich?“, schrie er Gutierrez über den Paukenlärm hinweg zu. Gutierrez schrie etwas Unverständliches zurück. Maestre Juan Sanchez äugte neugierig umher, zuckte aber auch nur hilflos mit den Schultern, als Harana ihn anstupfte und brüllend Fragen stellte. Louis de Torres, längst bleich wie ein Mehlsack, würgte an einem Bissen glibberiger, madenähnlicher Würmer, die er sich in einem Anfall von Todesverachtung in den Mund gesteckt hatte. Selbst der sonst so felsenfest in sich ruhende Bootsmann Chachu blickte verwirrt und irritiert umher. Die grinsenden Indianergesichter, das unaufhörlich an- und abschwellende Trommelgerassel, die Gesänge, die wogenden Leiber der Tainos – dies alles zerrte am Nervenkostüm. Unvermittelt sprang Harana auf, richtete seine Kleider, klopfte sich den Staub aus der Weste und stieß spanische Verwünschungen aus. Dann fuchtelte er mit den Armen, um Chachu, Gutierrez und die anderen aufzufordern, ihm zu folgen.

Zur völligen Verblüffung der Indianer verließ er die Runde und stapfte davon. Gutierrez, Chachu und Louis de Torres folgten ihm.

Empörte und wütende Rufe wurden bei den Indianern laut. Das Trommeln und Singen brach abrupt ab. Guacanagaris grimmiger Blick richtete sich auf den Schiffsarzt, Juan Sanchez, der mit gekrümmtem Rücken immer noch an seinem Platz saß und Rodrigo am Ärmel festgehalten hatte. „Ich glaube, das war eine große Dummheit von Harana. Wir haben sie beleidigt“, flüsterte Juan Sanchez.

„Ist mir egal. Nichts wie weg hier.“ Rodrigo befreite sich und sprang auf. Wo er hinblickte nur zornige Gesichter. Die Indianer schienen ernsthaft erbost. „Solche Idioten“, dachte Rodrigo, registrierte aber gleichzeitig, dass die Menge um ihn herum näherrückte. Es wurde bedrohlich. „Jetzt aber los“, rief er dem Schiffsarzt zu, der sich inzwischen auch erhoben hatte. Beide drängten sich durch die Wand der heranrückenden Leiber. Zunächst noch zaghaft, kaum hatten sie aber etwas Raum gewonnen, rannten sie los, in langen Sätzen zurück ins Lager La Navidad, wo Harana und die Übrigen längst angekommen waren.

Ohne es zu wissen und ohne es zu wollen, schwächte Harana mit dieser kopflosen Flucht seine Position bei Guacanagari enorm.

„Es können keine Götter sein“, sinnierte der Kazike an die Adresse von Cajibajugua, seinem Großonkel, der neben ihm stand. „Sie benehmen sich wie ungehobelte Arawaks. Wenn sie nicht weiß wären und Haare im Gesicht trügen, würde ich glauben, die Cariben haben sie geschickt.“

Cajibajugua wiegte bedächtig sein runzliges Haupt: „Ich glaube, sie sind schlimmer als die Cariben.“

Der zweite Alte, der neben Guacanagari stand, räusperte sich: „Das war Angst. Sie sind davongelaufen, weil sie Angst vor uns haben.“

„Amayàuna hat recht“, bestätigte der Großonkel des Kaziken. „Sie fürchten sich. Auch darum können es keine Götter sein.“

„Aber Menschen sind es auch nicht?“ Zweifelnd blickte Guacanagari seine beiden alten Ratgeber an. „Sie verhalten sich nicht wie echte Menschen“, legte er nach. „Sie reden zu viel und zu laut. Sie haben keine Manieren. Sie können nicht richtig essen. Sie stinken!“

Amayàuna, der aussah wie eine pelzige Dattelfrucht, zog einen langen, schlierigen Rotzfaden aus seinem rechten Nasenloch und stopfte ihn genüsslich in den zahnlosen Mund. Wenn er sprach, dann klang es, als hätte er den Mund voller Cassavabrei: „Mein geliebter Häuptling und Enkelsohn. Was auch immer sie sind, ich glaube nur, wir sind gut beraten, sie zuvorkommend zu behandeln, damit sie uns als ihre Freunde betrachten. Sie treten auf, als hätten sie einen mächtigen Zauber im Rücken. Du hast Recht, sie fürchten sich. Sie fürchten sich, aber sie schrecken vor nichts zurück!“

Der Häuptling löste sorgfältig einen seiner goldenen Nasenringe und präsentierte ihn auf der flachen Hand. „Habt ihr die Gier in ihren Augen gesehen? Sie würden mir das Gold aus der Nase reißen, wenn sie könnten. Was für ein geheimer Zauber steckt in diesem Gold, dass sie es so sehr begehren?“ Er schnüffelte daran und nahm den Ring sogar in den Mund. „Ich kann nichts erkennen. Ich finde nichts!“

„Wir müssen sie genau beobachten“, flüsterte Cajibajugua verschwörerisch und schielte von schräg unten zu Guacanagari hinauf. „Irgendeine geheime Kraft holen sie aus dem Gold heraus. Sie sind verrückt danach. Es ist ihnen wichtiger als alles andere.“

XXIII. Heimkehr nach Spanien

Unheimlich! So zielsicher, wie der Passatwind die kleine Flotte von Pinta, Niña und Santa Maria im vergangenen Herbst westwärts über den Ozean in die karibische Inselwelt getragen hatte, ebenso zielsicher und zuverlässig schob ein anderer Wind die beiden übrig gebliebenen Karavellen jetzt wieder zurück. Zwar war es anfangs schwierig gewesen, aus dem karibischen Inselgewirr herauszukommen, doch ab Mitte Januar erreichten die Niña und die Pinta die hohe See und schlugen Kurs Nordost zu Ost ein. Wieder halfen der Zufall und die Intuition des Admirals. Eigentlich hätte dieser Kurs sie irgendwo im Norden der Britischen Inseln ins Eismeer getragen. Doch es war der einzige Kurs, der die Schiffe hart an den Wind brachte und bis in die Bermudabreiten beförderte, wo die dort herrschenden Westwinde sie auf direktem Wege Richtung Spanien fliegen ließen. Der Kurs, den Colón und die beiden Kapitäne Vizente Yanez und Martin Alonso Pinzon einschlugen, sollte für mehr als drei Jahrhunderte die Hauptsegelroute für nach Europa zurückkehrende Schiffe aus der Neuen Welt werden. Sie hielten ihn für eine weitere Fügung Gottes. Alsbald trugen sie die kräftigen Winterwestwinde und jagten sie in rekordträchtigen Tagesetappen über den Atlantik heimwärts. Anfang Februar verstärkten sich die Winde beinahe zu winterlichen Nordweststürmen. Damit machten die Karavellen einen Tagesschnitt von 100 bis 150 Meilen, am 5. Februar sogar 198 Meilen – eine großartige Fahrt, an der sich die gesamte Mannschaft berauschte.

Pablo musste auf Geheiß des Admirals das Schiff wechseln. Noch in den ruhigen Gewässern der Karibik verteilte Admiral Colón die Männer neu über Pinta und Niña, um die überladene Niña zu entlasten. Zu jenen ehemaligen Besatzungsmitgliedern der gestrandeten „Santa Maria“, die jetzt auf die Pinta von Martin Alonso Pinzon überwechseln mussten, gehörte auch der junge Tischlersohn. Das hatte seinen guten Grund. Auf der Pinta fuhren zwei Verwandte Pablos mit, Gil Perez, sein Onkel, sowie dessen 12-jähriger Sohn Alvaro, sein Cousin.

Dem eitlen Pablo gefiel es zwar nicht, dass er nun unter die wachsamen Fittiche seines Verwandten kommen sollte. Gleichzeitig fühlte er sich aber auch erleichtert, endlich nicht mehr in unmittelbarer Nähe des Admirals zu sein, sondern im Kreis der Männer aus Palos, die er alle kannte.

„Er ist sehr streng und sehr hochfahrend", erklärte er seinem Cousin Alvaro, der ihn über den Admiral ausfragte. „Man kommt fast nicht dazu, mit ihm zu reden. Er spricht nur mit seinen Offizieren, mit Peralonso Niño und mit Kapitän Vizente Pinzon. Diesen beiden traut er."

„Und der andere da, dem die Santa Maria gehörte?", fragte Alvaro, indem er quer über das muntere Meer hinüber zu einer Gestalt auf dem anderen Schiff hinnickte, die für sich alleine an der Reling der Niña stand und von dort dem Treiben an Deck zuschaute.

„Das ist Juan de La Cosa, dem die Santa Maria gehört hat. Seit er den Admiral beim Untergang der Santa Maria im Stich gelassen hat, reden die beiden nicht mehr miteinander. Er soll ihm aus den Augen gehen. Das hat er wörtlich so gesagt."

Die beiden Jungen tauschten Tratsch aus. Der knapp 16-jährige Pablo prahlte von seinen Abenteuern mit den Indianerinnen, berichtete vom Untergang der Santa Maria und malte die Goldschätze, die Admiral Colón bei seiner hektischen Suche eingesammelt und im Bauch der Niña verstaut hatte, in prächtigen Farben.

Der 12-jährige Alvaro hingegen berichtete seinem Vetter von den Goldfunden im Yaque und von den Tobsuchtsanfällen des alten Pinzon, von einer gewalttätigen Auseinandersetzung, die sie auf einer Insel mit Indios gehabt hatten, und von drei Serenas, Wassernixen, die sie eines Tages in der Mündung des Yaque gesichtet hätten: „Das waren hässliche Wesen, die kaum wie Menschen ausgesehen haben. Sie tauchten im Wasser auf und begleiteten unser Schiff über längere Zeit."

„Dummkopf!“, schalt el Viejo, der alte Knabe, der die ganze Zeit in der Nähe gestanden und den beiden zugehört hatte. „Das waren keine Wassernixen, das waren Seekühe, wie es sie auch an der afrikanischen Küste gibt. Glaubt nicht jedes Märchen, das man euch erzählt.“ Der Seebär grinste.

Nachdem el Viejo außer Hörweite war, tippte Alvaro sich an die Stirn: „Glaub das nicht, was er sagt. Es waren wirklich Wassernixen. Ich habe sie mit eigenen Augen gesehen.“

Pablo spuckte mit dem Wind über die Reling: „Ich glaube nur, was ich selber sehe!“

Mit Wind von Backbord und mit gesetzten Fock- und Großsegeln schossen die Karavellen weiter durch ein aufgewühltes, kobaltblaues Meer, im Donner der schäumenden Brecher, am Himmel ein kaltes Grau und eine ferne Sonne.

Diese Tage des Dahinrauschens, dieser furiose Ritt über die Wellen, sie ließen die Herzen der Seeleute höher schlagen. Das Gefühl der Schnelligkeit, wenn die Pinta unter vollen Segeln die See durchstach, schier über dem Wasser dahinflog, die geblähten Segel, der Schaum der Brecher, die am Schiffsrumpf entlang tanzten, das Auf und Ab im großen Ozean – all dies ließ Seemannsseelen jubilieren. Und es ging heimwärts! Eines der größten Seeabenteuer, eine der sagenhaftesten Entdeckungsfahrten, die die Menschheit je erlebt hatte, neigte sich dem Ende entgegen. Die Männer waren bis zum Bersten gefüllt mit sagenhaften Geschichten aus einer Welt, die selbst den kühnsten Seefahrern der Antike verborgen geblieben war. Und alle Heiligen des Himmels, so schien es, hatten sich verschworen, ihnen günstige Winde, klares Wetter und die See von achtern zu schicken.

Bis zum 12. Februar. Die stets in Sichtkontakt segelnden Pinta und Niña gerieten in schweres Wetter. Beide Schiffe segelten sehenden Auges in die Unwetterfront hinein. Sie hatten keine andere Wahl, jede Kursänderung hätte sie unweigerlich zur leichten Beute des Zyklons gemacht, der sich hier über dem Nordatlantik zusammenbraute. Sie wussten es nicht, aber sie befanden sich unmittelbar in der Wetterküche rund um die Azoren. Verschiedene Winde der unterschiedlichsten Herkunft und mit völlig unterschiedlichen Zielen gaben sich hier ein Stelldichein, prallten aufeinander, verursachten Kreuzseen von unvorstellbarer Gewalt. Niña und Pinta taumelten mitten hinein. Von Sonnenaufgang bis Sonnenuntergang blies der Südwestwind mit Stärke sieben oder acht. Die zerbrechlichen Karavellen liefen unter ständiger Gefahr und schwer arbeitend vor Topp und Takel, mit „trockenen Bäumen", wie die Spanier sagten, also ohne jegliche Besegelung. Mehrfach entluden sich heftige Gewitter. Auch die Nacht zum 13. Februar gab es keine Ruhepause für die Mannschaften. Am nächsten Morgen hielten Niña und Pinta immer noch Sichtkontakt, doch mehr und mehr waren sie den sich überstürzenden Wassern ausgeliefert. Sie rollten und stampften in beängstigender Weise, und alles, was nicht festgebunden war, wurde an Deck und in den Kammern losgerissen und umhergeschleudert. Eine hochstehende Dünung, von einem fernen anderen Gewitter verursacht, prallte auf die sowieso schon hochgepeitschten Wellenberge und machte die zwei wehrlosen Karavellen zum Spielball. Mit Einbruch der Nacht bildeten sich gefährliche, beinahe pyramidenförmige Wellen, in denen die Schiffe in all ihren Fugen erzitterten. Wenn sie in die Wellentäler hinunter rauschten, um sich den nächsten Wogen zu stellen, ergossen sich Sturzfluten grünlichen Wassers mit weißem Schaum über ihre Decks. Diese Kreuzseen erwiesen sich vor allem für die Niña als gefährlich, weil das Schiff nicht genug Ballast mit sich führte. Anders als die Pinta, die sich vor der Abfahrt von Hispaniola noch mit Sandfässern beschwert hatte, war es der Niña nicht mehr gelungen, neuen Proviant, Wasser und Ladegewicht aufzunehmen. Es fehlte an einem soliden und fest gestauten Steinballast auf dem Boden der Laderäume. Und deshalb geriet die Niña in weitaus größere Not als die Pinta, die immer noch den entschlossenen Befehlen von Martin Alonso Pinzon gehorchte.

Auf der Niña konnten die Ruderleute jetzt nur noch das Schiff in einer allgemeinen nordöstlichen Richtung vor dem Winde herlaufen lassen. Dazu hatte sie ein kleines Großsegel ohne Vorsegel gesetzt und die Rahe heruntergelassen, um die Beanspruchung des Mastes möglichst klein zu halten.

Die Männer auf der vorauslaufenden Pinta sahen sehr wohl die Not der Niña. Aber hätten sie beigedreht, so wäre ein so tief im Wasser liegendes Schiff wie die Pinta vollgeschlagen. Diese achtern hochgebaute Karavelle lief in schwerer See gut vor dem Winde her. Die von achtern anrollenden Wogen konnten ihr nur wenig anhaben. Aber jedes Manöver gegen den Willen der Naturgewalten hätte unweigerlich zum Verderben geführt. So sah die Besatzung der Pinta durch Wind- und Regenschlieren hindurch die Niña immer weiter zurückfallen und immer verzweifelter gegen die Gewalten ankämpfen. Rufe zwischen den Schiffen konnten schon lange nicht mehr ausgetauscht werden. Also ließ Martin Alonso Pinzon Feuersignale setzen, die von der Niña auch bis in die Nacht zum 14. Februar hinein noch beantwortet wurden. Dann brach der Kontakt zwischen den Schiffen ab.

Martin Alonso Pinzon tat, was in dieser schweren See jeder Kapitän getan hätte, der auch nur mit einem Funken seemännischen Verstandes ausgestattet war: Er ließ die Pinta laufen!

Windböen von atlantischer Urgewalt peitschten gegen die kleine Nussschale. Tagsüber nahm der Sturm sogar noch zu. Trotzdem gab der Kapitän Befehl, die Segel teilweise zu setzen. Der erfahrene Seefahrer wusste: Widerstand war zwecklos; es galt, möglichst im Wind vor den Wellenungetümen herzulaufen.

Pablo stand Todesängste aus. Gegen diesen wütenden Orkan, der alles niederschmetterte, was sich ihm in den Weg stellte, waren die Küstenstürme, die er aus Palos gewohnt war, ein laues Lüftchen. Im Verlaufe der bisherigen Fahrt, insbesondere beim unbeschwerten Kreuzen zwischen den karibischen Inseln, aber auch beim Husarenritt der vergangenen zwei Wochen, hatte Pablo mehr und mehr von der Seemannskunst mitbekommen. Inzwischen fühlte er sich nicht mehr als unbedarfter Schiffsjunge, sondern als vollwertiger Matrose. Er besaß einen kräftigen, beweglichen Körper, stellte sich geschickt an, setzte seinen wachen Verstand ein, beobachtete und lernte. Die Offiziere gewannen Gefallen an ihm.

„Ein künftiger Pilot", lobte Rafael Sarmiento, der Steuermann. „Eines Tages bist du selber Steuermann oder Kapitän eines eigenen

Schiffes“, prognostizierte er. Dem eitlen Pablo schwoll die Brust. Und nun? Nun schrumpfte er angesichts der Naturgewalten zusammen zu einer kleinen, ängstlichen Landratte.

Die See schäumte so wild auf, dass die Brecher, die sich ohne Unterlass übereinander türmten, auf die Pinta stürzten, als hätte der Himmel sie ausgeschüttet. In diesem Tumult der Elemente machte die Pinta Fahrt. Martin Alonso besaß eiserne Nerven. Pablo beobachtete den Kapitän, wie er neben Sarmiento am Steuerruder stand und mit hochrotem Kopf seine Befehle brüllte. Pinzon wusste, was er tat. Jetzt zeigte sich der überragende Seemann in ihm. Die Mannschaft parierte, ohne ein Wort des Murrens, obwohl Pablo nicht der Einzige war, der sich liebend gerne unter Deck verkrochen hätte, um die rasende Höllenfahrt nicht mit ansehen zu müssen.

Plötzlich erwischte eine Sturzflut, die heimtückisch von der Luvseite über die Pinta donnerte, den unermüdlichen Kapitän. Die Wassermassen rissen Martin Alonso vom Steuerruder weg und trugen ihn davon. Er hatte sich angeleint, wie alle erfahrenen Steuermänner es in solchen Situationen taten. Aber dennoch hob ihn die Woge empor und wollte ihn mitnehmen in die schäumenden Fluten. Die Leine hielt. Pinzon knallte aus mehr als zwei Mannshöhen auf das Deck hinunter. Ob er benommen oder gar bewusstlos war, konnte Pablo nicht feststellen, denn schon rauschte die nächste Woge heran und überschwemmte ebenfalls das komplette Deck der Pinta. Wo steckte Sarmiento? Der Steuermann war verschwunden. Das Tau, mit dem Pinzon sich angeleint hatte, spannte straff. Es hatte sich um Martin Alonsos Oberkörper gewickelt. Jeder Brecher, der von Luv über das Deck tobte, zerrte an dem leblosen Körper. Jedesmal zog sich die angespannte Leine noch enger um Pinzons Leib. Schon wieder schwappte ein turmhoher Wellenberg über die Pinta hinweg. Wieder wurde Pinzons Körper hochgerissen. Das musste sein Ende sein. Pablo sah es, ahnte es, spürte es. Konnte er etwas tun? Er war der Einzige, der das Drama überhaupt bemerkte. Sarmiento blieb verschwunden. Die Quinteros hatten sich unter Deck versteckt. Die drei oder vier Matrosen, die sich mit der Takelage mühten, waren viel zu sehr mit sich selbst und den donnernden Segeln beschäftigt und hatten kein Auge für das Steuerruder. Der Kapitän hing bewusstlos an seiner Leine, von immer neuen Brechern hochgehoben und zurück auf Deck geschmettert. Pablo robbte sich auf allen Vieren näher zu Pinzon hin. Er achtete darauf, dass er selbst angeleint blieb und immer dann, wenn eine neue Woge über die Pinta hereinbrach, einen festen Halt fand. So näherte er sich der leblosen Gestalt. Deren Gesicht war bereits blau angelaufen. Die Arme und Beine hingen schlaff vom Körper weg und wurden mit jedem Brecher durchgeschüttelt wie die wehrlosen Tentakel eines toten Tintenfisches. Endlich erreichte Pablo den Kapitän. Er zückte entschlossen sein Messer und kappte die Leine, an die Pinzon sich gefesselt hatte. Gleichzeitig krallte er sich mit der freien Hand an Pinzons Gürtel fest, denn in diesem Moment wogte die nächste Wasserwalze über sie hinweg. Pablo spuckte und schnaubte. Aber er hielt den schweren Körper Martin Alonso Pinzons fest im Griff. Plötzlich tauchte Sarmiento wieder auf. Er schrie etwas, Pablo verstand ihn aber nicht. Der drahtige Steuermann gab Zeichen: Er wolle Pinzon unter Deck bringen. Gleichzeitig deutete er auf das herrenlose Steuerruder. Pablo nickte. Er hatte verstanden. Er warf die Schlinge am Ende seiner Leine über den Ruderknopf und rappelte sich auf. Sarmiento gab er zu verstehen, dass er wusste, was zu tun sei: Kurs halten. Immer vor dem Wind her. Seine Schreie und Rufe flogen in Fetzen, als die nächste Woge heranbrauste. Als Pablo wieder klare Sicht hatte, war Sarmiento wieder verschwunden – und mit ihm Pinzon.

Pablos Einsatz rettete Martin Alonso das Leben. Unter Deck brachte Sarmiento den Kapitän wieder zu Bewusstsein. Es dauerte nicht allzu lange, da stand er wieder an seinem Posten am Steuerruder. Das Gesicht hochrot, die Augen hervorgetreten, der Blick stier gegen die Wetterwand gerichtet, das dünne Haar klebte klatschnass an seinem kantigen Schädel. Er blickte grimmig, wütend, entschlossen. Den Naturgewalten wollte er die Stirn bieten. Nichts deutete darauf hin, dass er soeben dem Tod von der Schippe gesprungen war. Er verlor auch kein Wort gegenüber Pablo. Aber der Junge spürte: Etwas hatte sich geändert. Etwas im Blick des Kapitäns sagte ihm, dass sich diese Tat eines Tages auszahlen würde.

Der Sturm tobte weiter. Immer und immer wieder stürzten die Wellenberge von allen Seiten auf die Pinta und drohten sie zu zerschmettern. Und sie wurden nicht kleiner. In der Nacht zum 15. Februar wuchsen sie weiter. Die Männer, die in der Takelage arbeiteten, seilten sich fest. Pinzon befahl, das Segel des Mittelmastes ganz tief zu setzen, um so das Schiff vor den anstürmenden Wassermassen etwas zurückzuhalten. Aber die Maßnahme half nicht mehr viel. Immer mehr wurde die wehrlose Pinta in den Sturm hineingezogen.

In dieser stürmischen Nacht, in der die Matrosen der Pinta müde, ausgezehrt, in Todesangst und ohne Hoffnung sich dem Schicksal ergeben wollten, erwies sich dann der unbändige Wille von Martin Alonso Pinzon stärker als alle Furcht und Verzweiflung.

„Betet, ihr Männer, betet zum Allmächtigen, unserem Gott im Himmel und zur heiligen Mutter Maria", schrie er gegen den heulenden Sturm an. Seine nächsten Worte gingen im Tosen eines Wasserschwalls unter, der einmal backbords quer über die ganze Breitseite der Pinta lief. Drei Matrosen, die dort an der Reling standen und sich mit Seilen festgezurrt hatten, verschwanden unter der Flut, tauchten unter und schienen weggespült, ehe ein zuckender Blitz, der die schäumende Finsternis für Sekundenbruchteile erhellte, alle drei wieder sichtbar machte. Sie hingen in der Reling, wie Hasen, die der Metzger zum Ausbluten über der Tür aufgeknüpft hat. So waren sie auch der nächsten Welle ausgesetzt und der übernächsten.

Pablo beobachtete durch einen Schleier von Gicht und Regen diese Szene. Er glaubte seinen Onkel Gil unter den drei Männern zu erkennen. Aber nun prasselten auch noch heftige Wolkenbrüche hernieder, sodass selbst auf den wenigen Metern von einer Bordseite auf die andere alles verschwamm und in einem Schleier von Gischt und Schaum versank.

Jemand brüllte etwas. Ein Tau peitschte mit losgerissenem Ende durch die Luft und drohte jeden zu erschlagen, der nicht schnell genug den Kopf einzog. Die Pinta taumelte und torkelte. Pinzon stand eisern am Steuerruder, er fluchte, betete. Aber er hielt die Stellung und trieb Sarmiento, seinen Steuermann, und die abgebrühtesten und unerschütterlichsten unter den Männern immer weiter an, Kerle wie Gomez Rascon oder Christóbal Garcia, aber auch Gil Perez oder Rodrigo de Triana. Sie waren es, die das Schiff auf Kurs hielten, die auch im größten Grollen und Toben der Natur nicht die Nerven verloren. Sie waren es, die letztlich die Pinta und die ganze Mannschaft heil durch den Sturm brachten.

Pablo sah die Angst und Entschlossenheit in den Gesichtern, die Verzweiflung und den Todesmut. Gleichzeitig wunderte er sich über sich selbst. Er genoss diese Herausforderung. Das Ganze empfand er als wunderbare Herausforderung, und sich selbst als unbesiegbar. Er lächelte zufrieden, während er sich am Mast festkrallte und so viel Salzwasser schluckte wie nie zuvor in seinem Leben.

Wo waren in diesen Stunden und Tagen des drohenden Untergangs die Herren Quintero? Wo steckte der teigige Francisco Pinzon, der Bruder des Kapitäns? Wohin hatten sich die sonst so lautstarken Brüder Medel verkrochen? Pablo registrierte sehr wohl, dass es nicht nur Tapfere gab. Einige, die sonst den Mund nicht weit genug aufreißen konnten, die dem alten Pinzon bei allen Gelegenheiten in die Parade fuhren, die immer und überall mitreden und mitbestimmen wollten, sie hatten sich nun verkrochen und versteckt. Im Glauben, ihr letztes Stündlein habe geschlagen, jammerten und klagten sie gegen Gott und das Schicksal, weinten um ihr Leben oder bettelten um ihr Überleben, für das die anderen kämpften.

Für Pablo trennte sich in diesem Sturm vor den Azoren die Spreu vom Weizen. Hier der unerschütterliche Kapitän mit all seinen hartgesottenen Seeleuten aus Palos, die ihm treu und bedingungslos folgten, dort die feigen Parasiten, allen voran die Brüder Medel und der jämmerliche Francisco Pinzon.

Pablo hielt sich wacker. Er mochte ein Aufschneider sein, ein eitler Pfau, ein Großmaul und Wichtigtuer, aber er bewies Geschick und Mut. Er folgte den Anweisungen der erfahrenen Seeleute, packte mit an, zeigte sich unerschrocken, ließ sich nicht entmutigen. Er erntete in diesen Tagen, da sie unaufhörlich zuerst ostwärts und dann nordwärts getrieben wurden, so manchen Schulterklaps, manche aufmunternde Anerkennung, manches Lob, bestand die Prüfung als vollwertiges Mitglied dieser rauen Mannschaft. Er spürte es nicht zuletzt an der Art und Weise, wie selbst altgediente Haudegen wie Gomez Rascon oder Rafael Sarmiento seither mit ihm umgingen. Niemand spottete mehr über ihn, niemand schubste ihn rüde aus dem Weg, niemand brüllte ihn mehr nieder.

Und dann riss tags darauf endlich der Himmel auf und ein kleiner Strahl Sonne bahnte sich seinen Weg durch die Wolken.

Martin Alonso und sein Steuermann Sarmiento, die wie die ganze Mannschaft der Pinta seit der Abfahrt von Hispaniola vor mehr als sechs Wochen kein Land mehr gesehen hatten, tappten hinsichtlich der Position der Pinta vollkommen im Dunkeln. Pinzon rief am 25. Februar, dem ersten Tag mit klarem Himmel und gezähmter See, all seine Navigatoren zusammen, außer Sarmiento auch Christóbal und Juan, die beiden Quinteros, sowie seinen Bruder Francisco.

Sarmiento erklärte, dass nach seinen Berechnungen die Pinta am Tag der Trennung von der Niña genau südlich der Azoreninsel Flores gestanden habe.

Juan Quintero meinte, dass sie sich westlich von Madeira befunden hätten.

Pinzon legte sich nicht fest, er hielt jedoch eine Position südwestlich der Azoren für nicht unplausibel. Davon ausgehend, errechnete er einen wahrscheinlichen Sturmkurs, den er mit einer geschätzten Tagesleistung von 40 bis 50 Meilen hinterlegte.

„Was meint ihr, ehrwürdige Herren“, fragte er schließlich in die Runde. „Wenn diese meine Schätzung zutrifft, und ich bin mir gewiss, dass sie ihre Richtigkeit hat, dann befinden wir uns keine 100 Leguas von Land entfernt. Und ich meine, wir sollten in dieser Entfernung auf spanischen Boden treffen, ungefähr in der Umgebung von Kap Sant Vincent.“

„Ich sage, wir sind noch mehr als 250 Leguas vom Festland entfernt“, dämpfte Rafael Sarmiento die Erregung. „Man vermeint nur, im Sturmwind große Entfernungen zurückzulegen. Das Meer bewegt sich gleichzeitig in die andere Richtung und wirft dich wieder um viele Meilen zurück. So ist es auch uns ergangen.“

„Wir sind vielleicht noch gar nicht an den Azoreninseln vorbei", warf Francisco Pinzon ein, wohl wissend, dass die anderen ihn nicht als ebenbürtigen Fachmann anerkannten. „Ich glaube fast ..."

Der vielsagende Blick seines Bruders Martin Alonso beschwor ihn, keinen Unsinn zu reden. Also brach er seine Mutmaßung ab und zuckte nur mit der Schulter. Jedenfalls stimmte in dieser Runde keiner mit dem anderen überein.

Am nächsten Tage kam Land in Sicht. Eine feste Küstenlinie: klare Konturen, eine Bergkette, Häuser an den Hängen, eine Bucht, eine Flussmündung.

Pinzon ließ in die vor ihnen liegende Bucht hineinsegeln, kleine Küstensegler gaben Geleit und suchten den Kontakt, man rief sich zu, erkannte die eigene Sprache, tauschte sich aufgeregt aus und bald stand fest: Sie steuerten geradewegs den kleinen galizischen Hafenort Bayona an, in der Nähe von Vigo im Golf von Biskaya. Das lag knapp nördlich der portugiesischen Grenze, an einem Punkt, der fünf Breitengrade nördlich und bald 400 Meilen von Kap Sankt Vincent entfernt lag. So viel zur Treffsicherheit der Positionsbestimmungen.

Pinzon raufte sich die Haare. „Galizien, Galizien! Was will ich in Galizien?" Die Pinta schleppte sich auf ihren letzten Planken in den Fischerhafen. Viel länger hätte sie der hohen See nicht standgehalten. Sie brauchte eine dringende Überholung. Der schützende Hafen von Bayona mit seiner kleinen Werft kam daher wie gerufen. Hier konnte die ramponierte Karavelle mit neuen Segeln ausgestattet und mit neuem Takelwerk sowie einem neuen Anstrich versehen werden. Ganz zu schweigen von den überfälligen Zimmermannsarbeiten, die die Pinta erst wieder seetüchtig machen würden. Es galt, die verschmutzten Laderäume auszukratzen und mit Essig zu desinfizieren, die Leckstellen frisch zu kalfatern und Steinballast aufzunehmen. Mithin genug Arbeit und Aufgaben, um einige Tage Aufenthalt in Bayona zu füllen.

Kaum spanischen Boden unter den Füßen, drängte es Pinzon, die Früchte aller Anstrengungen zu ernten, den Ruhm und die Ehre. Unmöglich, dass die Niña mit Colón vor ihnen angekommen sein sollte. Es schien den Männern auf der Pinta überhaupt fraglich, ob die Niña den Sturm überlebt hatte.

Der alte Stratege zögerte nicht lange. Der Mannschaft verordnete er strenge Disziplin. Er erlaubte nur kurze Landgänge, und dann nur in kleinen Gruppen und mit fest vereinbarten Rückkehrzeiten. Er selbst suchte den örtlichen Alguacil auf, einen behäbigen und wortkargen Bauern, um diese Amtsperson darüber ins Bild zu setzen, wer er war und von wo er kam. Bis dahin hatte sich die Herkunft der Pinta und ihrer Besatzung aber längst im Dorf herumgesprochen. Was einzelne Matrosen bei ihren Landgängen unter dem Siegel der Verschwiegenheit andeuteten oder flüsterten, genügte, um die Fantasien der Menschen im Umkreis von 100 Leguas binnen weniger Tage anzuheizen. Wie ein Lauffeuer machte die Nachricht die Runde, dass die Pinta jenseits des Meeres, irgendwo im fernen Westen, bisher unbekannte Ländereien und womöglich das Herrschaftsgebiet des Großen Khan entdeckt hatte.

Und noch ehe Martin Alonso in der Amtsstube des Alguacil seinen eigenen, ausführlichen, schriftlichen Bericht aufgesetzt hatte, galoppierte die Neuigkeit bereits landeinwärts und die Küste hinauf und hinab. Pinzon erhob Gomez Rascon zu seinem Boten. Er erteilte ihm den Auftrag, mit seinem schriftlichem Bericht von der Reise über Land zum Hofe des Herrscherpaares Ferdinand und Isabella zu reisen. Vor allem nahm Rascon eine Bitte Pinzons mit. Der Kapitän erbat in seinem Schreiben die Erlaubnis des königlichen Paares, selbst an den Hof kommen zu dürfen, um Ihren Hoheiten über die Entdeckungen zu berichten.

Rascon, der ein Seemann war und kein Reiter, hatte eine strapaziöse Reise vor sich. Das Herrscherpaar hielt Hof in Barcelona, gerade auf der entgegengesetzten Seite der iberischen Halbinsel. Es gab zwar kein Land weit und breit mit einem engeren Netz an gut ausgestatteten Poststationen, und da sie nur drei oder vier Meilen auseinanderlagen, konnten die Reiter ihre Pferde in vollem Galopp laufen lassen und so bis zu dreißig Meilen pro Tag hinter sich bringen. Aber das hätte einen geübten Reiter und jeweils großmütige Pferde vorausgesetzt. So aber vergingen bald zwanzig Tage, ehe Rascon mit der

Antwort aus Barcelona zurückkehrte. Sie war überhaupt nicht nach Pinzons Geschmack.

In der Wartezeit bis dahin, die die Mannschaft der Pinta nutzte, um die Karavelle wieder auf Vordermann zu bringen, kam eines Morgens eine kleine Karavelle den Fluss Mino herauf, die sie alle kannten: „La Nuez“, die Nuss. Das Schiff gehörte der Familie Pinzon. Es war eines ihrer Handelsschiffe aus Palos.

Die Nuez ging längsseit. Die Männer auf beiden Schiffen begrüßten sich freudig. Im Hin und Her der Stimmen kam schnell heraus, dass der Segler sich auf der Heimfahrt von einer Handelsfahrt nach La Coruna befand und unterwegs in der Höhe von Kap Finisterre die Nachricht von der Landung der Pinta in Bayona aufgeschnappt hatte.

Martin Alonso Pinzon blieb zurückhaltend still. Noch wusste er nicht, dass sich seine beiden Söhne Martin Arias und Juan auf der Nuez befanden. Er war es, der besucht und dem die Aufwartung gemacht wurde. Er gedachte, Hof zu halten.

Als plötzlich sein ältester Sohn Martin Arias über den Laufsteg das Deck der Pinta betrat, war es vorbei mit der Würde und Haltung des alten Pinzon. Er stürmte auf den Ankömmling zu, überrannte ihn fast, und dann lagen Vater und Sohn sich minutenlang in den Armen. Wesentlich kühler verlief die Begrüßung zwischen Martin Alonso und Juan, seinem zweiten Sohn. Ein kurzer Händedruck, ein förmliches Schulterklopfen, das war alles. Dann verschwanden die Männer in der Toldilla des Kapitäns.

Die Mannschaften der Pinta und der Nuez veranstalteten eine fröhliche Wiedersehensfeier, bei der die eine Seite die fabelhaften Geschichten aus dem fernen Westen beisteuerte, die andere Seite den spanischen Rotwein, so dass es für alle eine lange Nacht wurde.

Noch rechnete Martin Alonso Pinzon fest mit seinem Triumph. Er erwartete höchste Ehren und Auszeichnungen von Seiten des Hofes und er hoffte auf das Ausbleiben von Admiral Colón. Ihn wünschte er auf dem Grunde des Meeres, zerschmettert vom Sturm, dem er selbst nur mit äußerster Not entronnen war. Und wenn diese Vermutung auch mit der Konsequenz verknüpft war, dass dann auch sein jüngerer Bruder Vizente Yanez mit untergegangen sein musste, und all die anderen tapferen Männer aus Palos, die sich an Bord der Niña befanden, so ließen Pinzons Ehrgeiz und seine Ruhmessucht ihn dieses Schicksal als unvermeidlichen Preis ansehen. Er jedenfalls lebte. Er hatte eine neue Welt jenseits des Meeres entdeckt, in der Berge von Schätzen warteten. Die Majestäten würden ihm zu Füßen liegen. Die Entdeckung Indiens und den Ruhm und Lohn dafür würde er für sich in Anspruch nehmen. Dies stand ihm zu.

Der Brief des Herrscherpaares, den Gomez Rascon endlich mitbrachte und dessen Siegel Pinzon hektisch aufbrach, wie ein verliebter Jüngling den ersten Liebesbrief, barg eine herbe Enttäuschung. Statt der erhofften Ehrbezeigungen und eiligsten Einladung an den Hof, antworteten die Herrscher mit einer schroffen Zurechtweisung. Er möge nichts unternehmen. Keineswegs sei es ihm erlaubt, am Hofe zu erscheinen. Man ziehe es vor, die Neuigkeiten vom Admiral persönlich zu erfahren. So lange dessen Verbleib nicht eindeutig geklärt sei, habe Pinzon sich in seine Heimatstadt Palos zu begeben und dort weitere Anweisungen abzuwarten.

Pinzon stand, das Schreiben in der Hand, vor seinem Kajüteingang am Achterdeck und wirkte wie jemand, dem soeben die große Glocke von San Jorge mit dem Zwölf-Uhr-Läuten aus nächster Nähe das Gehirn aus dem Schädel geschmettert hat. Die wenigen Männer, die ihn in diesem Augenblick beobachteten, erlebten seinen Zusammenbruch. Sein Gesicht zerfiel in Falten aus Gram, Enttäuschung und Niederlage. Es lief erst grau an, wie Vulkanasche, dann wurde es bleich wie ein toter Fisch. Der alte Kapitän hielt sich mit einer Hand an der Kajütwand fest, die andere hielt zitternd den Brief umklammert. Plötzlich ging sein Atem rasselnd. Er keuchte wie ein rachitisches Pferd.

„Herr, was ist?“, fragte Gomez Rascon entsetzt. Er wollte Pinzon stützen, aber der wehrte die Hilfe ab. Stattdessen taumelte er in seine Kajüte, wo er sich für die nächsten zwei Tage vergrub. Nur sein Page durfte ihn während dieser Zeit stören, um Wasser hineinzubringen.

Als Pinzon nach diesen zwei Tagen endlich wieder an Deck erschien, sah Pablo einen Fremden. Aus dem kraftstrotzenden, vitalen

Anführer war ein geschlagener Mann geworden. In sich zusammengesunken, bleich, zittrig, unrasiert, mit blutunterlaufenen Augen, die ihm das Aussehen eines Säufers im Endstadium gaben. Pinzon gab Befehl, die Anker zu lichten und Kurs auf Palos zu nehmen. Dann tauchte er wieder in seiner Toldilla unter. Pablo bekam ihn während der nächsten Tage, die sie entlang der portugiesischen Küste südwärts segelten, nicht mehr zu Gesicht.

Mit der Pinta machte auch die Nuez die Leinen los. Im Kielwasser des Schwesterschiffes folgte Martin Arias Pinzon seinem Vater Richtung Heimat.

Am 14. März umrundete die Pinta Kap Sant Vincent, den südwestlichsten Zipfel Portugals, und nahm die letzten 100 Meilen ostwärts in den Golf von Cadiz in Angriff. Am nächsten Tag würden sie den Rio Saltes erreichen und mit der Flut über die Barre von Saltes in den Hafen von Palos einfahren. Noch 24 Stunden.

Knapp eine halbe Tagesreise vor ihnen segelte die Niña mit Admiral Christóbal Colón und mit Vizente Yanez Pinzon.

XXIV. Triumph und Tragödie

Wie jeden Morgen nach der Prim und dem feierlichen Hochamt erstieg Miguel den Glockenturm der kleinen Klosterkirche von La Rabida. Die Mönche waren um diese Zeit abgelenkt. Sie entfernten sich Richtung Kapitelsaal, wo sie sich zu einer kurzen Predigt sammelten. Danach übten sie sich dann in ihrer Bußfertigkeit, indem sie sich gemäß ihrer Ordensregeln den täglichen gegenseitigen Geißelungen unterzogen. Derweil schlüpfte Miguel durch die schiefe Holztür, die den Turmzugang versperrte, und erklomm die steilen hölzernen Sprossen. Als Schüler und weltlicher Gast des Klosters musste er sich vom Innenleben des Ordens fernhalten. Zwar nahm er mit Freude und Erfüllung an allen Gottesdiensten und Zeremonien teil, aber zu bestimmten Bereichen hatten Ordensfremde keinen Zugang.

Daher nutzte Miguel die Zeit nach der Prim jeden Morgen, um auf den kleinen Glockenturm zu steigen und Ausschau nach Don Burro zu halten. Die hölzernen Stiegen zur Spitze hinauf hingen in einer wackligen Balkenkonstruktion, die von Stockwerk zu Stockwerk jeweils die Richtung wechselte. Ohne Not benutzte keiner der Mönche von La Rabida diesen baufälligen Aufstieg, er drohte jederzeit zusammenzubrechen. Der schmächtige Miguel, der nicht viel mehr wog als ein Sack Stroh, musste sich diesbezüglich keine Sorgen machen. An seiner Spitze endete der Turm in einer kleinen Kuppel, mit Öffnungen nach allen Seiten. Ein schmaler Sims am Fuße dieser Kuppel bot Miguel, trotz dicker Schichten von Taubendreck, den nötigen Halt.

Seit mehr als zwei Monaten war Don Burro überfällig. Inzwischen war es Mitte März. Nun gut, zweieinhalb Monate Verspätung, das beunruhigte noch niemanden; der alte Eigenbrötler war schließlich niemandem Rechenschaft schuldig. Auf seinem Anwesen, halb Ruine, halb Bauernhof, sorgten zwei taubstumme alte Knechte zusammen mit einem jungen afrikanischen Sklaven für die Tiere. Als Fray Enrique Ramirez kürzlich dort droben auf den Hügeln Richtung Moguer mit Miguel auftauchte, um dem Jungen zu zeigen, wo künftig seine Heimat sein würde, waren diese drei recht unbekümmert, was den Verbleib ihres Herren betraf. Die beiden Taubstummen nickten sich eifrig zu, grinsten aus zahnlosen Mündern und ruderten mit den Händen, als müssten sie die Funktionsweise einer Windmühle erklären. Aber Sorgen machten sie sich keine.

Der Afrikaner erwies sich als gesprächiger und offensichtlich als der heimliche Chef auf Don Burros Anwesen. „Don Esquivel viel weg, oft. Hoher Herr Arbeit, Handel, kaufen, verkaufen! Nix schlimm. Ich warten, arbeiten.“

Das Haupthaus, zur Hälfte aus Lehmziegeln, im hinteren Teil aus Holz gezimmert, wirkte ordentlich in Schuss, auch das Dach machte einen soliden Eindruck. Die zahlreichen windschiefen hölzernen Anbauten und Erweiterungen allerdings, die ringsum an dem Gebäude klebten, sahen aus, als würde sie der nächste Frühlingssturm mit hinaus aufs Meer nehmen. Überall versperrten Gatter, Gehege, Einfriedungen und Koppeln den Weg. Fray Enrique und Miguel kletterten über Stangen und Bohlen, querten schlammige, von vielen Hufen zertrampelte Weiden, umrundeten stinkende Mistlachen, bis sie endlich auf dem matschigen, unbefestigten Hof vor dem Haus angelangt waren. In einigen der Koppeln drängten sich die dampfenden Leiber struppiger Esel und Maultiere. In davon abgetrennten Gehegen standen auch einige Pferdestuten, offenbar die Muttertiere für Don Burros Mauleselproduktion.

Nachdem sie alles besichtigt, lange genug den Gestank ertragen und auch die skurrile Besatzung dieser Landwirtschaft kennengelernt hatten, machten Fray Enrique und Miguel sich auf den Rückweg. Bei diesem gemeinsamen, knapp dreistündigen Marsch zurück ins Kloster La Rabida äußerte Miguel zum ersten Mal den Wunsch, der ihn schon länger plagte und nicht mehr loslassen wollte: „Fray Enrique, muss ich wirklich zu Don Burro? Ich will nicht zum Eselzüchter. Kann ich nicht bei Euch bleiben? Kann ich nicht in den Orden der Franziskaner aufgenommen werden? Ich möchte Mönch werden."

Fray Enrique sagte nichts dazu. Der Prior, Fray Juan Perez, hatte es ihm verboten. Wohlweislich. Denn wie Enrique spürte auch Prior Juan Perez, wohin es den kleinen Miguel zog. Nun mochte der Prior ein rotbäckiger Schmeichler und einfältiger Narr sein, an einem fehlte es ihm jedoch nicht, am Geschäftssinn. Und da er einen Handel mit Don Burro abgeschlossen hatte, der einträglich für La Rabida war, gedachte er nicht, diesen einseitig aufzukündigen. Der Anteil des Klosters bestand darin, Miguel das Lesen und Schreiben beizubringen. Alles Weitere lag nicht in der Hand des Priors.

Miguel wagte es nicht, ein zweites Mal zu fragen. Am verkniffenen Gesicht seines großen Freundes erkannte er, dass dieser nicht bereit war, eine Antwort zu geben. Aber der Wunsch verflüchtigte sich deshalb nicht. Im Gegenteil: Er gärte und wucherte und wuchs sich zur allumfassenden Sehnsucht aus. Nichts anderes beschäftigte Miguel mehr als dieses Thema. Er trug es auch jetzt wieder mit sich, als er gedankenverloren die Sprossen zur Turmspitze erklomm. Als er oben zur seewärts gerichteten Öffnung hinausschaute, nachdem er einige darüber empörte Tauben vom Sims verjagt hatte, realisierte er zunächst gar nicht, was das für ein Segel war, das dort unten mit der Flut über die Barre des Rio Tinto getragen wurde. Er kniff die Augen zusammen, um das Schiff besser zu erkennen. Der bleiche andalusische Winterhimmel, von einer zögerlichen Mittagssonne diffus illuminiert, ließ die Linien und Konturen in Unschärfe verschwimmen. Drüben auf der Höhe über dem jenseitigen Ufer des Saltes schimmerten vage die Umrisse der Dachlandschaft von Huelva. Nein, es war kein guter Tag, um Ausschau zu halten. Aber dieses eine Schiff, diese kleine Karavelle, die da näher und näher kam und jetzt unmittelbar zu Füßen von La Rabida die letzte Biegung Richtung Palos nahm, die hätte Miguel auch in der Nacht noch erkannt.

„Die Niña!", so schrie er vor Begeisterung und schwang sich ohne nachzudenken ins Glockenseil. Wie ein Affe baumelte Miguel in den Seilen, schwang sich von Wand zu Wand. Dabei schrie der Junge aus Leibeskräften. Wild und unrhythmisch erklang helles Geläut über dem Kloster und dazu immer wieder: „Die Niña kommt! Die Niña kommt!" Seit Wochen, ja, seit Monaten wartete die Provinz Niebla auf die Rückkehr der Schiffe, die im vergangenen Spätsommer mit Christóbal Colón Richtung Westen gesegelt waren. Seit dem Zwischenstopp auf den Kanaren hatte niemand je wieder von ihnen gehört. Angst und Sorgen um die Söhne, Ehemänner und Brüder lasteten schwer auf Palos, Moguer und Huelva, den drei Orten, aus denen drei Viertel der Besatzungen stammten. Niemand sprach es aus, aber jeder zitterte: Kamen Santa Maria, Pinta und Niña je zurück? Oder hatte das Meer die Schiffe bereits verschluckt?

Jeder Segler, der im Hafen einlief, weckte Hoffnungen. Vielleicht brachte er Nachrichten mit? Vielleicht wusste der Kapitän etwas? Und jedes Mal wuchs die Enttäuschung. Nichts! Diese Ungewissheit, das hilflose Warten ohne jeglichen Anhaltspunkt, sie ergriffen nach und nach auch von den Mönchen in La Rabida Besitz. Sie hatten den Genuesen beherbergt, sie hatten seinen Sohn Diego in die Obhut genommen. Sie hatten mit ihm gefeiert, als die Schiffe bestückt und die Mannschaften angeheuert waren, und sie hatten für ihn gebetet, seit er ausgefahren war.

Und nun? Alleine kehrte die Niña zurück.

„Hey, du Strolch! Was läutest du die Glocken?" Garcia Hernandez, der Arzt, der Möchtegern-Astronom, hatte sich breitbeinig unten im Turmgeviert aufgestellt. „Was fällt dir ein? Komm sofort herunter!", brüllte er.

Miguel verstand den Mönch zwar nicht, so sehr dröhnte ihm das Glockengeläut in den Ohren, doch er ahnte, dass er aufhören sollte. Hastig hangelte er sich auf die Leiter und kletterte flink wie eine Katze hinunter, Staub, Spinnweben und Taubenmist hinter sich her ziehend.

„Die Niña, die Niña kommt!", schrie er dem verdutzten Mönch im Vorbeirennen zu. Jetzt gab es kein Halten mehr. Nach Palos! Zum Hafen!

So schnell war bestimmt noch nie ein Mensch die fünf Meilen von La Rabida den staubigen Fuhrweg entlang nach Palos gerannt wie Miguel an diesem Mittag. Die Schöße der Kutte, die er trug, hatte er zusammengerafft und hielt sie in Hüfthöhe, um schneller laufen zu können. Die Gedanken rasten mit: Die Niña! Was brachte sie mit? Welche Abenteuer hatte sie erlebt? Wo waren die anderen Schiffe? Kam Rodrigo zurück? Immer wieder warf Miguel den Blick hinunter zum Fluss, wo der Dreimaster gemächlich den Rio Tinto hinauf zuckelte. Miguel hielt Schritt. Er kam gerade noch vor der Einfahrt der Niña im Hafen an, keuchend, staubbedeckt, mit wunden Füßen und glänzenden Augen. Hier versammelte sich die größte Menschenmenge, die der Ort je gesehen hatte. Ganz Palos war auf den Beinen. Von Moguer kamen schon die Ersten herbeigeritten, durch eilige Boten benachrichtigt. Von Huelva ruderten hurtig die Fischerboote herüber, voll besetzt mit zahllosen Neugierigen.

Schon von Weitem winkten, riefen und jubelten die Männer auf der näherkommenden Niña hinunter zu den Schaulustigen. Miguel drängelte sich nach vorne, bis an die Kante der Hafenmole, um bloß nichts zu verpassen.

Jetzt erkannte er bereits die ersten Gesichter. Am Steuerruder stand Vicente Yanez Pinzon, der Kapitän, braungebrannt und strahlend. Die Brüder Garcia. Juan Niño, der Eigner der Niña. Peralonso Niño, sein Bruder. Aber was suchte der auf der Niña? Er war doch Steuermann auf der Santa Maria. Und nun trat noch einer nach vorne, den Miguel kannte, den alle kannten: Christóbal Colón. Der Admiral.

Während die Niña gemächlich längsseits anlegte, schrien die Menschen durcheinander, riefen sich Fragen und Begrüßungen zu, weinten und lachten – alles durcheinander, so, dass kaum ein Wort zu verstehen war. Diensteifrige Hände fingen die Leinen auf, die von Bord geworfen wurden, und zurrten das Schiff fest.

Endlich fiel die Rampe. Die Männer gingen von Bord. Zuerst die beiden Niños. Als Peralonso den Kai betrat, fiel er auf die Knie und küsste die Heimaterde. Sein Bruder Juan tat es ihm gleich. Dann folgte die Mannschaft der Niña, ein Matrose nach dem anderen. Jeder wiederholte die Zeremonie der Niños und sandte Gebete zum Himmel. Jetzt gab es kein Halten mehr: Frauen, Kinder, Brüder, Schwestern, Eltern, sie alle drängten zu ihren Liebsten hin, warfen sich den Männern um den Hals, dankten Gott dem Herrn und schrien ihr Glück hinaus.

Viele blieben abseits stehen. Wo waren die anderen? Stumme Fragen in angstgeweiteten Augen. Noch aber war der Augenblick zu kostbar, noch wurden diese Fragen nicht ausgesprochen.

Als Letzte verließen gemeinsam Vicente Yanez Pinzon und Christóbal Colón das Schiff. Vicente strahlte wie ein junger Prinz, hob die Arme, um sich feiern zu lassen und genoss den Jubel und die Hurrarufe, die sich daraufhin erhoben. Colón blieb hinter ihm, aber auch sein leuchtendes Gesicht konnte den Triumph nicht verbergen. Großartiges musste ihm widerfahren sein.

Miguel, nur wenige Schritte von dem Menschenknäuel entfernt, das sich jetzt auf dem Anleger in den Armen lag, nahm eine Bewegung oben auf dem Schiffsdeck wahr. Noch mehr Männer? Kamen nun etwa doch noch die Besatzungen der anderen Schiffe?

Nein. Ein knappes Dutzend fremdländischer halbnackter Männer und Frauen zeigte sich an Deck der Niña. Das waren keine Spanier. Seltsame Wesen mit kupferbrauner Haut und pechschwarzen Haaren, die ihnen über den Rücken fast bis in die Kniekehlen fielen, während sie vorne in der Stirn zu einer kurzen Borste geschnitten waren. Die Frauen stellten ohne Scham ihre Brüste zur Schau. Diese Menschen sahen auch nicht aus wie die muslimischen Morisken, auch nicht wie die Sklaven aus Afrika. Einige trugen Umhänge, von prächtig verzierten Gürteln zusammengehalten, andere nur kurze Lendenröcke. Alle hatten sie sich mit buntem Zierrat behängt, Federn, gefärbten Knochen, Perlen, Halsketten, Bändern und ledernen Schlaufen. Aber das größte Staunen lösten große Holzkäfige aus, die sie mit sich führten. In diesen Käfigen saßen bunte Vögel, groß wie Hühner, mit leuchtend rotem, grünem oder gelbem Gefieder. Kühn wippende Federkämme krönten die Köpfe dieser Tiere und ihre krummen, gelben Schnäbel sahen aus wie türkische Säbel.

Einer dieser Vögel kreischte hinter seinen Gitterstäben hervor: „Niña! Niña!“. Das hörte sich so menschenecht an, dass viele der Umstehenden sich schleunigst bekreuzigten. Die Seeleute lachten. Sie deuteten auf die farbenfroh Gefiederten und erklärten, dies seien

Papageien und sie stammten von denselben westindischen Inseln, wie auch jene scheuen, rotbraunen Menschen, die oben auf dem Deck des Schiffes standen. Und es gebe auf diesen Inseln im fernen Westen noch der Wunder mehr, vor allem aber gebe es eines: Gold! Gold im Überfluss.

Der Bann war gebrochen. Jetzt kannte der Jubel keine Grenzen mehr. Auch Miguel jubelte mit. Es gab etwas zu feiern. Ganz Palos geriet in freudigsten Aufruhr.

Während rasch die Vorbereitungen zum größten Fest der Stadtgeschichte in Gang kamen, näherte sich ein weiteres Schiff der Barre von Saltes: die Pinta!

Martin Alonso Pinzon verfehlte Colón nur um wenige Stunden. In einem furiosen Parforceritt über das Meer hatte er seine flinke Karavelle in der vergangenen Woche an der iberischen Westküste entlanggehetzt. Längst war die schwer mit Waren beladene Nuez mit den Pinzon-Söhnen abgehängt. Sie sollte noch zwei Tage brauchen bis zu ihrer Heimkehr.

Aber trotz aller Eile, trotz aller Seemannskunst, Pinzons wichtigstes Ziel, vor Colón den Heimathafen zu erreichen und damit vielleicht doch die Geschichte von der Entdeckung Westindiens zu seinen Gunsten schreiben zu können, dieses Ziel verfehlte er.

Aufmerksam hielten Pinzon und seine Männer von der Saltesbank aus Ausschau Richtung Palos. Die Sicht war nicht besonders gut an diesem Nachmittag, aber sie reichte aus um zu erkennen, dass die vor Anker gegangene Niña bereits mit gestrichenen Segeln im Hafen lag.

„Was nun, mein Herr?“, fragte Rafael Sarmiento, zwirbelte seinen Schnurrbart und deutete Richtung Palos.

Mit eingefallenen Zügen, müde, grau und zerschlagen, blickte Pinzon in die angezeigte Richtung. Um ihn herum standen seine treuesten Begleiter und warteten auf ein Kommando.

„Die Flut ist noch nicht unterwegs“, erklärte Juan Quintero mit Blick auf das strömende Wasser des Rio Tinto.

Pinzon fuhr ihn an: „Das sehe ich selber!“

Der Himmel leuchtete noch hell, es begann die Stunde des Sonnenunterganges. Die Pinta musste die abendliche Flut abwarten, um den Fluss hinauffahren zu können. Pinzon richtete sich an Sarmiento und gab einen überraschenden Befehl: „Lasst ein Boot zu Wasser, das mich an Land bringt!"

Pablo gehörte zu den vier Ruderern, die den Kapitän ans Ufer brachten. Besorgt studierte er dessen versteinertes Gesicht. Der Kapitän hatte sich in den letzten Tagen und Wochen stark verändert. Aus dem selbstbewussten, lebensfrohen Anführer, der laut und herrisch über Schiff und Mannschaft verfügte, war ein in sich gekehrter, reizbarer und von Zweifeln gequälter alter Mann geworden. Wie er nun achtern im Ruderboot saß, in sich zusammengesunken, unrasiert, unruhige Blicke mal hierhin, mal dorthin werfend, die Finger beider Hände nervös ineinander verknotet, hatte er nichts mehr von dem starken Leitwolf, der er gewesen war. Pablo wandte den Blick ab und legte sich in die Riemen. Es schien ihm ungebührlich, den Kapitän allzu lange anzustarren.

Doch Pinzon registrierte derartige Blicke gar nicht mehr. Als sie eine sandige Stelle am Ufer erreicht hatten, an der ihr Kapitän trockenen Fußes vom Boot an Land springen konnte, legten sie an.

„Kehrt zurück zum Schiff", befahl Pinzon. „Bringt die Pinta noch heute Abend in den Hafen. Kümmert euch nicht um mich."

Keiner dachte sich viel bei diesem Befehl. Wie selbstverständlich nahmen alle an, die Ungeduld treibe den Kapitän, er wolle nicht zwei oder drei Stunden auf die Flut warten, sondern zu Fuß so schnell wie möglich Palos erreichen. Bald verschwand er hinter einer kleinen Kuppe.

In der Casa Pinzon auf der sanften Anhöhe jenseits der Stadt saß ein trotziges Mädchen und weinte. Man hatte Isabella nicht mitgenommen hinunter zum Hafen.

„Das ist nichts für ein Kind. Du bleibst im Haus!"

Die Amme hatte den Auftrag, Isabella nicht aus den Augen zu lassen. Mama Maria Alvarez kannte ihr aufmüpfiges Vögelchen. Nicht dass es auf dumme Gedanken kam und sich gar zu Fuß auf den Weg nach Palos machte.

Im Hause Pinzon herrschte Aufregung. Kaum hatte ein Reiter die Nachricht vom Eintreffen der Niña gebracht, ließ Alonso Medel, Catalinas geckenhafter Galan und Bräutigam, einen Wagen anspannen, um mit Doña Maria Alvarez Pinzon und den beiden ältesten Töchtern Catalina und Leonora hinunter zum Hafen zu eilen.

So sehr Isabella auch bettelte, plagte, drohte und forderte. Das „Nein“ der Mutter stand unerbittlich fest. Da saß die Zehnjährige nun auf der Steintreppe vor der Casa Pinzon. Hinter ihr, im Schatten des Einganges, stand die Amme und passte auf, dass Isabella sich nicht aus dem Radius des Hauses entfernte. Bis zum Hoftor, ja, das war erlaubt. Aber keinen Schritt weiter.

Die Dämmerung senkte sich über den Horizont. Vom Ort klangen fröhliche Stimmen und verheißungsvolle Geräusche eines beginnenden großen Festes herauf. Isabella schnäuzte tief und schmerzvoll. War da nicht eine Bewegung? Aus den Augenwinkeln bemerkte sie mit tränenverschleiertem Blick, dass sich das große Hoftor öffnete. Eine Gestalt wankte herein, ein Mann, gebückt, müde, kraftlos. Im ersten Augenblick erkannte Isabella den Ankömmling im Schatten der Hofmauer nicht. Aber die Amme hinter ihr, die, einen unwillkommenen Besucher fürchtend, schützend nach vorne getreten war, wusste sofort, wer da kam. „Mutter Gottes, heilige Maria“, rief sie und bekreuzigte sich. „Der Patron! Es ist der Patron! Dank sei Gott dem Herrn!“

Isabella sprang auf.

„Papa!“ Sie schrie es hinaus. Dann stürmte sie dem Ankömmling entgegen und warf sich ihm in die Arme. Minutenlang drückten sich Vater und Tochter.

„Prinzessin Tausendschön“, flüsterte der alte Seefahrer. Er streichelte seinem Kind zärtlich über den Kopf und über die Wangen. Tränen standen ihm in den Augen, solche des Glücks und des Kummers.

Irgendetwas stimmte nicht mit dem Vater. Er sah merkwürdig aus, bedrückt, niedergeschlagen. Sie führte ihn an der Hand ins Haus. Martin Alonso folgte wankend, als taumle er durch einen Traum.

Die Amme überschlug sich vor Dienstfertigkeit, läutete die Glocke, um alle Hausdiener und Knechte zusammenzurufen. „Der Patron, der Patron!" Es musste Essen angerichtet werden, Wein aus dem Keller geholt, alle Lichter angezündet, das Zimmer des Herrn gerichtet werden. Doch es war niemand da. Alle Bediensteten, selbst die drei schwarzen Haussklaven, die der Familie gehörten, waren zum Hafen hinuntergeeilt, um die Rückkehr der Niña zu feiern.

Der alte Pinzon winkte ab, als die Amme hektisch den Wasserkrug und einen Becher brachte, den großen Ledersessel zurechtrückte, und Anstalten machte, den Kamin anzufeuern: „Lasst! Ich bin müde. Ich muss in mein Bett", sagte Pinzon, so leise, dass Isabella seine Worte kaum verstand. Erschrocken blickte sie in das eingefallene Gesicht, sah den glanzlosen Blick, die müden Augen, die von Bartstoppeln grauen, hohlen Wangen, den verkniffenen Mund, die blutleeren Lippen.

„Vater?", fragte sie zögernd, ohne die große schwere Hand loszulassen. Das Kind spürte instinktiv, dass etwas nicht in Ordnung war. Pinzon schleppte sich müde zu den Treppenstufen, die ins Obergeschoss hinaufführten.

„Seid Ihr krank, Vater? Ist Euch nicht gut?" In ihrer Hilflosigkeit stellte Isabella die naheliegenden Fragen, auf die sie aber keine Antwort erhielt. Schritt für Schritt, Stufe für Stufe, schleppte Martin Alonso sich nach oben. Sein Atem ging rasselnd. Mit einer Hand suchte er Halt am Treppengeländer, die andere hielt noch immer die kleine Isabella, die Stufe für Stufe folgte. Besorgt studierte sie den Vater, während beide das Obergeschoss erreichten. Pinzon stöhnte und keuchte beim Treppensteigen, als hätte ihm jemand einen Korb voller Steine auf den Rücken geschnallt. Isabella wusste nicht, dass ihr Vater bereits einen Fußmarsch von zwei Stunden hinter sich hatte, seit er sich von der Pinta hatte an Land bringen lassen. Sie ahnte auch nicht, welche Last er mit sich schleppte. Eine Last, viel schwerer als jeder Korb voller Steine. Ein Gebirge. Das Gebirge der Niederlage.

„Bringt mir einen Krug mit Wasser", flüsterte Pinzon, während er sich von Isabella zu seinem Schlafzimmer führen ließ, wie ein kleiner Junge.

Die Amme, die im gebotenen Abstand hinter den beiden hergestiegen war, machte kehrt, ging zum Brunnen im Hof.

Mit schweren Bewegungen entkleidete sich Martin Alonso Pinzon. Er ließ sich in sein Bett sinken, zog die Decke bis über das Kinn, drehte Isabella, die neben dem Bett stand, und der Amme, die ehrfürchtig an der Türschwelle stehen geblieben war, den Rücken zu und murmelte: „Lasst mich alleine!"

Auf Zehenspitzen trippelte die Amme ins Zimmer, stellte ihren Wasserkrug mitsamt dem gefüllten Becher auf den Nachttisch, griff Isabellas Hand und zog das Kind mit sich hinaus.

„Dein Vater ist müde", sagte sie ebenso hilf- wie ahnungslos. „Er hat eine lange Reise hinter sich und muss schlafen."

Bedächtig zog sie die schwere Schlafzimmertür zu.

Martin Alonso Pinzon stand nicht wieder auf. Fünf Tage später starb er. Trug er eine Krankheit in sich? War es die Erschöpfung, war es der Gram, war es der Neid? Er musste befürchtet haben, dass Colón ihn wegen Desertion gefangennehmen lassen würde. Was ihn aber viel mehr bedrückte, was ihn zerschmetterte, das war die Ablehnung des Königs, das Scheitern all seiner Hoffnungen.

Christóbal Colón, der Admiral und Vizekönig der westindischen Lande, ruhmbedeckt und ehrfurchtsvoll bejubelt, nahm unterdessen Quartier in La Rabida, seinem alten Zufluchtsort aus der Zeit vor der großen Fahrt. Er kam mit großem Gefolge. Pedro de Tereros, Colóns Kajütpage von der Santa Maria, war aufgestiegen zum persönlichen Diener und Sekretär des Admirals. Er plusterte sich mächtig auf und machte sich wichtig, wo immer sich eine Gelegenheit bot. Mit dem Ruhm seiner Entdeckung im Rücken, mangelte es Colón nunmehr nicht an Unterstützung von allen Seiten. Die Parasiten und Speichellecker waren schon zur Stelle. Jedermann wusste, dass der Admiral nun hoch in der Gunst des Herrscherpaares stand, so hoch, wie kaum ein anderer im Lande. Und da galt es, von dieser Gunst ein paar Strahlen abzubekommen.

Kaufmann Juan Rodriguez Cabezudo war einer dieser Günstlinge. Er durfte sich zugute halten, dass er Colón bereits vor dessen erfolgsgekrönter Fahrt finanziell und ideell unterstützt hatte. Er war es gewesen, der Colóns Sohn Diego nach Cordoba gebracht hatte, wo Beatriz Harana wartete, Colóns Geliebte, mit der der Admiral noch einen weiteren Sohn hatte, den mittlerweile fünfjährigen Ferdinand.

Diesem Kaufmann aus Moguer vertraute Colón. Ihm übertrug er die Organisation seines täglich anwachsenden Gefolges und die Vorbereitung der bevorstehenden Reise zur Residenz des Herrscherpaares in Barcelona. Zum Tross, den Colón mit ins Kloster brachte, gehörten auch die gefangenen Indianer, die er als Schaustücke zum Hofe mitzunehmen gedachte.

Während all dies geschah und während Miguel ebenso staunend wie die Gemeinschaft der Franziskanermönche daneben stand und den exotischen Prunk bewunderte, den Colón im Kapitelsaal zur Schau stellte, kümmerte der Admiral sich bereits um die Diplomatie. Mit Prior Juan Perez und mit seinem alten Freund und Ratgeber Fray Antonio de Marchena beriet er sich über die nächsten Schritte. Zuerst galt es, eilige Briefe an das Herrscherpaar zu schreiben. Zeilen, die in allen Farben den Erfolg der Reise schilderten und die bereits die weiteren Pläne darlegten.

Wie einige Wochen zuvor schon Martin Alonso Pinzon, so durfte nun auch Colón nicht ohne Weiteres die Reise über Land zum Hofe nach Barcelona antreten, ohne dass ihm dazu die Erlaubnis des Herrscherpaares vorlag. Er sandte also einen Boten mit entsprechendem Schreiben ab, in dem er die Majestäten bat, ihm die Antwort nach Sevilla zu schicken, denn dorthin wolle er sich begeben, um die weiteren Befehle Ihrer Hoheiten abzuwarten. Zuvor aber erfüllte er in den Kirchen von Santa Clara de Moguer und Santa Maria de La Cinta zu Huelva noch verschiedene religiöse Gelübde, die er für den

Falle seiner Errettung während des Sturmes auf der Rückfahrt abgelegt hatte.

In diesen Tagen hektischer Betriebsamkeit in La Rabida, voller Vorfreude auf ungewisse, noch kommende Ereignisse, voller reger Aktivitäten, erfüllt von einem steten Kommen und Gehen der Geldgeber, Bittsteller, Anhänger und Neugierigen, ging die Ankunft eines zerknitterten alten Mannes fast unter. Der Eselzüchter und Händler Francisco Esquivel fuhr mit seinem vollbeladenen Eselskarren eines Spätnachmittags unbemerkt durch das große Tor in den Innenhof von La Rabida. Dort bestaunte er eine Weile den Trubel und die vielen fremden Gesichter, schüttelte verständnislos den Kopf über das laute Treiben und spannte dann seinen staubigen Esel aus dem Geschirr. Während Don Burro krummbeinig, etwas steif von seiner langen Reise, den Esel zum Brunnen führte, hielt er Ausschau nach bekannten Gesichtern. Die Mönche waren beschäftigt. Sie hetzten hin und her, als gelte es, eine Eimerkette zum lieben Gott zu bilden.

Nur einer saß auf einem Bänkchen und genoss die Frühlingssonne: sein Freund, Fray Garcia Hernandez, der Arzt und Provinzgelehrte. Als ginge ihn das ganze Treiben ringsum nichts an, döste der Mönch wohlgefällig vor sich hin. Don Burro schlurfte über den Hof und ließ sich neben dem Pater auf die Bank fallen. Er knurrte eine unverständliche Begrüßung, die den im Halbschlaf dösenden Franziskanermönch jedoch noch nicht dazu brachte, die Augen zu öffnen.

Don Burro schwieg eine Weile. Hinter seiner faltigen Stirn arbeitete es. Schließlich fragte er unvermittelt: „Sagt, ehrwürdiger Vater, habt Ihr meinem Schützling das Lesen und das Schreiben beigebracht?“

Fray Garcia Hernandez, der keineswegs so in einen Tiefschlaf versunken war, wie es den Anschein hatte, schlug die Augen auf und straffte sich: „Don Bu .... äh Señor Esquivel. So eine Überraschung aber auch. Wo kommt Ihr so plötzlich her? Wir haben uns schon Sorgen gemacht. So lange seid Ihr fort geblieben, in Euren Geschäften in Sevilla.“

„Wenn die Geschäfte besser laufen als erhofft, dann dauert es eben länger, ebenso, wie es länger dauert, wenn die Geschäfte schlechter laufen“, knurrte der Eselzüchter. „Wo ist mein Schreiber?“

„Euer, ... äh ... der Junge? Er ist ... natürlich, der kleine Miguel, er ist ...“

„Bringt ihn her“, befahl Don Burro barsch. Er legte keinen Wert auf langatmige Erklärungen.

Während Fray Hernandez sich im Getümmel auf die Suche nach Miguel begab, studierte Don Burro das Treiben im Innenhof von La Rabida. Zwei große Pferdewagen wurden beladen, mit unglaublichem Flitter und exotischen Gegenständen: Federkronen, Kleidungsstücke aus den Fellen unbekannter Tiere, hölzerne Gerätschaften, Körbe, angefüllt mit Schmuck aus Perlen, Knochen und Muscheln, fremdartige Behältnisse, Waffen aus glänzenden Hölzern, Speere, bemalte Schilde, Pfeile mit buntem Gefieder an den Enden, gewebte Tücher, seltsame Matten, tönerne Schüsseln und Töpfe, vor allem aber Gold in Körnern, in rohen Stücken und zu Schmuck verarbeitet. Am meisten aber staunte Don Burro über die kupferbraunen Indianer und Indianerinnen, die regungslos in der Sonne standen, als wären sie nicht aus Fleisch und Blut, sondern bronzene Statuen.

Der alte Eselzüchter hatte in seinem Leben bereits viel erlebt und gesehen. Als junger Mann hatte er an Fahrten nach Nordafrika teilgenommen. So schnell erstaunte ihn nichts. Aber vor den Wundern und Geheimnissen, die Christóbal Colón von seiner Fahrt nach Westindien mitgebracht hatte, blieb auch ihm nichts als das ungläubige Staunen. Das ganze Treiben beanspruchte derart seine gesamte Aufmerksamkeit, dass er den Jungen fast übersehen hätte, der, von Fray Hernandez begleitet, zu ihm trat. Miguel blieb stumm seitlich neben Don Burro stehen. Er hielt den Kopf gesenkt.

„Hier ist er, Herr!“

Fray Hernandez schob Miguel noch ein Stück näher zu Don Burro hin, sodass der Junge dem Eselzüchter das Blickfeld verstellte. Er knurrte unwillig und musterte Miguel aus seinen zusammengekniffenen, wässrigen Augen. „Viel mehr Speck hast du immer noch nicht auf den Rippen. Haben die Padres dir nicht genug zu essen gegeben?“

„Aber Herr“, warf Fray Hernandez ein, „er vertilgt Unmengen! Es will nur nicht ansetzen bei ihm ...“

Don Burro winkte ab und bedeutete dem Mönch, still zu sein. „Kannst du lesen und schreiben?“, fragte er Miguel.

Der Junge nickte.

„Kannst du auch sprechen“, fragte Don Burro spöttisch.

„Ja“, sagte Miguel. Die Angst lähmte ihn. Die Furcht, nun von diesem alten Mann herausgerissen zu werden aus dem Klosterleben, aus der Geborgenheit. Nein, er wollte nicht mitgehen zum Hof des Eselzüchters. Er wollte nicht zu den zwei taubstummen Knechten. Er wollte nicht zu den Eseln und Maultieren. Er wollte im Kloster La Rabida bleiben. Bei Fray Enrique, seinem Freund. Er wollte Mönch werden.

„Dann ist gut, mein Junge. Pack deine Sachen, denn noch heute ziehen wir weiter. Ich will meine Ladung nach Hause bringen.“

Er deutete mit einem Nicken seines Kinns zu seinem voll beladenen Karren hinüber. „Lebensmittel! Schinken, Erbsen, Datteln, Feigen“, erklärte er. Dann klopfte er auf einen ledernen Beutel, den er am Gürtel trug, und es klimperten darin die Münzen. „Die Geschäfte liefen gut. Ja, ja, der alte Don Burro“ – er kicherte, als er seinen eigenen Spottnamen aussprach – „den kann man halt nach Sevilla schicken.“

Als Kaufmann Juan Rodriguez Cabezudo den mit Lebensmitteln vollbeladenen Eselkarren von Don Burro erblickte, kam ihm der Gedanke, diesen Karren mit den Vorräten dem Tross des Admirals einzuverleiben. Cabezudo und Don Burro kannten sich, der Kaufmann stammte aus Moguer. So fiel es ihm leicht, den Eselzüchter in seine Dienste zu nehmen. „Wir brauchen noch ein paar Maultiere, um all die Schätze zu transportieren, die wir Ihren Majestäten am Hofe in Barcelona zeigen wollen“, erklärte Cabezudo. „Wer uns begleitet, der kommt an den Hof!“ Don Burro konnte dieser Verlockung nicht widerstehen. Hier winkte ein großartiges Geschäft für ihn. Im triumphalen Tross des Admirals nach Sevilla und von dort nach Barcelona an den Hof von Ferdinand und Isabella zu ziehen, wer hätte eine solche Gelegenheit vorüberziehen lassen? Er willigte unverzüglich ein, und damit gehörte er selbst und mit ihm auch Miguel von einer Stunde auf die andere zum Gefolge von Admiral Christóbal Colón.

Don Burro brauchte zwei Tage, um von seinem Anwesen jenseits von Palos die geforderten fünf Maultiere nach La Rabida zu holen. Zusammen mit Zimbo, seinem schwarzen Sklaven, trieb er die Tiere zum Kloster, wo er Miguel zurückgelassen hatte.

Schon drei Tage später verließ der große Zug das Kloster wieder. Vorneweg ritt Christóbal Colón in seinem prächtigsten Ornat. An seiner Seite sein wichtigster Vertrauter und Berater, Kaufmann Juan Rodriguez Cabezudo, dahinter dann die Franziskanerpadres Fray Marchena und Prior Juan Perez, die beiden alten Freunde Colóns. Dann folgten Colóns Sekretär Pedro de Tereros und Juan de La Cosa, der einstige Kapitän der Santa Maria. Von der Niña und der Mannschaft, die ihn bei der Überfahrt begleitet hatte, blieben neben La Cosa lediglich noch drei Offiziere bei Colón, um ihn zum Königshof zu begleiten: Peralonso Niño, der Steuermann der gestrandeten Santa Maria, sein Bruder Juan Niño, der Eigner der Niña, und Rodrigo Sanchez de Segovia, der kränkliche Schatzmeister des Hofes, dem nun plötzlich wieder Bedeutung zukam. Die Pinzons ließen sich nicht mehr blicken, die Quinteros nicht, die Medels sowieso nicht. Sie alle ließen sich in Palos feiern.

Vom Tode Martin Alonso Pinzons erfuhr Colón erst nach Tagen durch Rafael Sarmiento, der ihm nachreiste und in Sevilla die Nachricht überbrachte.

Für Miguel hieß es, Abschied von Fray Enrique zu nehmen.

„Ich komme zurück“, sagte der Junge trotzig. „Ich bleibe nicht bei Don Burro. Ich will Mönch werden.“

Fray Enrique strich ihm tröstend über den Kopf: „Ich werde dir dabei helfen. Solange du fort bist, werde ich mich um deinen Bruder Pedro kümmern. Ich finde ihn im Elendsviertel. Vielleicht kann ich auch ihm Lesen und Schreiben beibringen.“

XXV. Der erste Tote

Es hätte von Anfang an jedem klar sein müssen, dass sich an den Indianerfrauen früher oder später Streit entzünden würde. Wie sollen 39 einsame spanische Männer fern der Heimat einer Versuchung widerstehen, die ihnen tagtäglich in Gestalt zahlreicher Schönheiten immer wieder vor die Augen kommt? Die Tainos zeigten keine Scham und keine Scheu. Sie präsentierten sich in ihrer vollkommenen Nacktheit, in der sie all ihre alltäglichen Arbeiten verrichteten, ohne sich auch nur einen Deut daran zu stören, dass die Spanier sie begafften und alleine schon mit ihren Blicken wolllüstigen Verkehr pflegten. Die Anziehungskraft der weißen Männer auf die Tainofrauen war mindestens ebenso so groß wie umgekehrt die Tainofrauen ihren Reiz auf die Spanier ausübten. Jedenfalls fielen den Spaniern ihre Eroberungen leicht.

Schon bald kam es zum Austausch von Zärtlichkeiten, und die eine oder andere Beziehung zwischen Spaniern und Indianerinnen barg sogar den Charakter echter Zuneigung. Nur blieb das nicht in allen Fällen so.

Die Indianermädchen aus dem Dorf Caracol, die sich mit den Spaniern einließen – es gab auch welche, die dies nicht taten, vor allem solche, die zu den führenden Familien des Dorfes gehörten –, kamen freudig und freiwillig ins Lager La Navidad. Einige von ihnen schlossen bereits in den ersten Tagen nach der Strandung Freundschaft mit den Spaniern, andere kamen später hinzu.

Manchmal wimmelte es innerhalb der Festungspalisaden von Frauen. Es herrschten Zustände „wie im Harem des Sultans", so lästerte Maestre Juan Sanchez, der kleine Schiffsarzt, der sich als einer der wenigen aus dem Balzbetrieb heraushielt. Manche Spanier vergnügten sich mit zwei oder noch mehr Frauen gleichzeitig.

Von wenigen Ausnahmen abgesehen, beteiligte sich die ganze Mannschaft an dem Treiben, und keinem Kommandanten der Welt wäre es möglich gewesen, die Freizügigkeiten zu unterbinden. Zu den Ausnahmen gehörten neben dem Schiffsarzt auch Don Diego Harana, der keine der Indianerfrauen anrührte, die Schiffsjungen Rodrigo und Martin, die den Weg noch nicht gefunden hatten, wie es am besten anzustellen sei, und Jakob.

Bis auf jenen einen Vorfall mit Lope Chips, bei dem es fast zum Streit mit einem jungen Tainokrieger gekommen wäre, beruhten die spanisch-indianischen Kontakte bisher weitgehend auf Einvernehmen. Es gab keinen Zwang. Die Spanier ließen jene Frauen der Einheimischen, die sich nicht mit ihnen einlassen wollten, in Frieden, gab es doch genug Abwechslung.

Dann aber brachte Escobedo drei weibliche Gefangene ins Lager, die er als sein Eigentum betrachtete und nicht wieder freizulassen gedachte. Damit waren die Spielregeln gebrochen.

Pedro Gutierrez, der den Befehl hatte, Escobedo und seine Begleiter unmittelbar nach deren Rückkehr festzunehmen, vergaß diesen im gleichen Augenblick, als Escobedo und seine Kumpanen unter johlendem Gelächter durchs Festungstor einmarschierten. Sie kamen nicht etwa kleinlaut und verstohlen zurückgeschlichen, sondern zogen wie Triumphatoren nach erfolgreich bestandener Schlacht im Feindesland ein. Feixend und lärmend wurden sie sogleich von einigen Männern umringt. Ein jeder durfte die gefesselten und eingeschüchterten Indio-Mädchen betatschen. Auch der wurstige Gutierrez machte grinsend von dem Angebot Gebrauch. Escobedo und Jacomo Rico übertrafen sich gegenseitig in der Darstellung der heldenhaften Gefangennahme und vergaßen auch nicht, ausführlichst darzustellen, welches Vergnügen sie auf dem Rückweg bereits an ihrer Beute gehabt hatten.

Als Harana mit einem langgezogenen und wutentbrannten „Escobedoo!" aus seiner Stube heraus auf den Platz stürmte, war es längst zu spät. Die Männer wichen zurück und bildeten eine Gasse. Hinter ihren Rücken drängten sich mit weit aufgerissenen Augen zahlreiche Tainos als Zaungäste. Heftig atmend, mit hochrotem Kopf kam der

Lagerkommandant vor Escobedo zum Stehen. Der Schweiß rann ihm von der Stirn über die Wangen den Hals hinunter. Escobedo war ganz gelassen und grinste sein Totenkopfgrinsen. Die Beinkleider vom Staub abklopfend, fragte er ebenso höflich wie perfide: „Irgendein Problem, Alguacil?“

„Ein Problem? Ob ich ein Problem habe?“, fuhr Harana brüllend aus der Haut. „Ihr habt ein Problem, Señor Escobedo. Ihr seid festgenommen!“

Die Männer ringsum wurden mucksmäuschenstill. Vom Meer her drang sanftes Brandungsblubbern herauf. Die Luft flimmerte. Einen Moment lang wirkte die Szene wie angehalten. Escobedo brach in lautes und herzhaftes Lachen aus. Auch Jacomo Rico hinter ihm grinste. Ein paar Männer feixten. „Ein feiner Scherz, Señor Harana, wirklich. Habt Ihr ihn selbst ausgedacht?” Er lachte lauthals.

Der glutäugige Harana wirkte wie eine heiße Kastanie kurz vor dem Zerplatzen. Sein wilder Blick ging zu Gutierrez: „Señor, Ihr habt einen Befehl!“

„Wir sollten noch einmal in Ruhe darüber nachdenken“, stammelte Gutierrez unbeholfen und vermied es, Harana in die Augen zu blicken. „Schließlich, was ist schon passiert?“

Harana ließ mit nur mühsam kontrollierter Wut pfeifend Luft entweichen. Unwillkürlich griff er nach seinem Degen. Von der Seite neben ihm legte ihm jemand besänftigend die Hand auf den Unterarm. Er wollte aufbrausen und sich freimachen, aber als er den Schiffsarzt erkannte, hielt er inne.

„Lasst ab!“, flüsterte Maestre Sanchez. „So wie die Stimmung jetzt ist, könnt Ihr nur den Kürzeren ziehen.“ Der Schiffsarzt äugte angespannt in die Runde der grinsenden Männer. „Sie warten alle nur darauf, dass Ihr jetzt die Nerven verliert. Beherrscht Euch.“

Harana atmete tief durch. Sein bebender Brustkorb verriet die Erregung. Aber er war kein Dummkopf. Er sah, dass der besonnene Juan Sanchez die Lage richtig einschätzte. Seine Kiefer mahlten hinter geschlossenem Mund, als müsste er den ganzen Zorn zerquetschen. Schließlich baute er sich vor dem immer noch höchst belustigten Escobedo auf und raunzte: „Wir reden noch über den Vorfall. Ihr könnt Euch frisch machen, dann erwarte ich einen ausführlichen Bericht."

„Es wird mir ein Vergnügen sein, edler Herr." Escobedo deutete ironisch eine Verbeugung an. Seine heimtückischen Augen blitzten voller Triumph.

Vielleicht hätte Harana Hand anlegen müssen. Escobedo bestrafen. Zwanzig Peitschenhiebe! Fünf Tage Kerker! Irgendeine Strafe. Hauptsache Disziplin! So aber war die Chance vertan. Und Diego Harana büßte das Wichtigste ein, was ein Befehlshaber in dieser Situation nur haben konnte: seine Autorität!

Diego de Harana hatte die drei weiblichen Gefangenen überhaupt nicht wahrgenommen. Jacomo Rico und die zwei Niña-Matrosen schubsten die Mädchen vorwärts, Richtung Mannschaftsquartier.

La Navidad bestand aus einem beinahe quadratischen Palisadenring, etwa zweieinhalb Mannshöhen hoch, umkränzt von einem schmalen Wehrgang. Auf der dem Strand und dem Dorf Caracol zugewandten Torseite erhob sich ein schmaler, drei Stockwerke hoher Turm. Hier lagerten die meisten Vorräte, Tauschartikel, Geräte und Rohstoffe. Auf der dem Urwald zugewandten Seite standen die aneinander gelehnten Hütten der Mannschaften, grob gezimmerte Verhaue, in denen die Seemänner lediglich ihre Räusche ausschliefen und ihre wenigen Habseligkeiten aufbewahrten. Einige dieser Hütten besaßen großzügigere Grundrisse und solidere Wände, hier hausten die Offiziere und Zivilisten, Bootsmann Chachu, die beiden Schiffsärzte Maestre Juan Sanchez und Maestre Alonso de Moguer, der von der Niña gekommen war, sowie Dolmetscher Louis de Torres.

An die rückwärtige Palisadenwand schmiegte sich das separat stehende Kommandantengebäude, in dem sich Diego de Harana, Gutierrez und Escobedo einquartiert hatten. Von Haranas Stube aus führte über eine unscheinbare Tür ein Schlupfloch aus dem Palisadenring hinaus. Dieser Durchgang ließ sich nur von innen öffnen. Außerdem befand sich im Zimmer des Lagerkommandanten auch der Zugang zu einem finsteren Kellerloch, in dem sämtliche Weinvorräte gelagert waren und das auch als Schatzkammer für jene Beute an Gold, Perlen und Edelsteinen vorgesehen war, die man sich vom

Aufenthalt auf Hispaniola in den nächsten Monaten erhoffte. Neben Haranas Stube befanden sich die zwei kleinen Räume, die Escobedo und Gutierrez bewohnten.

Rodrigo de Escobedo hatte sich die Schönste der drei Gefangenen ausgesucht, eine gazellenhafte, anmutige junge Frau mit beinahe spanisch geschnittenen Gesichtszügen, zarter Bronzehaut, einem blauschwarz glänzenden Haarschopf und großen, dunklen Augen.

Der Notar schleppte sie in seine kleine Kammer. Gutierrez folgte ihm feixend. Die Männer im Innenhof der Palisaden riefen den beiden Offizieren anzügliche Bemerkungen hinterher. Die anderen beiden gefangenen Indianerfrauen, die an den Armen gefesselt bei Jacomo Rico und den Niña-Matrosen blieben, wurden ins Mannschaftsquartier gezerrt. Escobedo, steckendürr und hässlich wie er war, verlor in seiner Kammer nicht viele Worte: „Gutierrez, alter Freund, nimm es mir nicht übel, aber du hast etwas verpasst. Das nächste Mal solltest du mitkommen, wenn wir wieder auf Jagd gehen."

„Harana wird schon dafür sorgen, dass es kein nächstes Mal mehr geben wird. Ich glaube nicht, dass er noch einmal so einen Ausflug duldet."

Escobedo lachte sein schepperndes Lachen: „Harana, ha! Wer fragt nach ihm? Ich sage dir Pedro, es geht nicht lange, dann sind wir hier die Herren im Lager und damit auch auf dieser Insel. Spanien ist fern und Admiral Colón ebenso. Wer weiß, ob er je zurückkehren wird? Vielleicht holen uns eines Tages ganz andere Schiffe hier ab, mit ganz anderen Kapitänen? Und Colón schmort bald in einem Kerker in Sevilla. Der alte Pinzon wird schon dafür sorgen."

Unvermittelt drehte er sich auf dem Absatz um und griff die Indianerin mit der Hand am Kinn: „Und so lange machen wir hier, was wir wollen."

Die Frau schrie auf.

Escobedo lachte: „Schau diese Schönheit des Waldes an, Pedro", forderte er seinen Kumpan auf. „Schau ihre Möse an. Ich war schon drin!" Er stierte ungeniert auf die unbedeckte Scham seiner Gefangenen.

Gutierrez schleckte sich die wulstigen Lippen.

Escobedo bewegte sich zwei Schritte auf die Indianerin zu. Sie wich zurück. Im Gehen feixte der Notar: „Gutierrez, ich muss schon sagen, so nackt, wie diese Frauen sich präsentieren, da wecken sie in mir ein männliches Begehren, dem ich nachgeben muss. Wie geht es Euch in einer solchen Lage?"

„Wenn das eine Einladung sein soll?"

„ So könnt Ihr es verstehen!"

„Dann wollen wir unserem Begehren doch nachgeben, wie die Natur es vorgesehen hat." Schon begann der klotzige Kronbeamte sich seiner Beinkleider zu entledigen. Escobedo tat es ihm gleich. Die Augen der Indianerin weiteten sich, die Blicke hetzten von einem zum anderen.

Der Taino-Krieger Hatuey gehörte zum Clan von Guacanagari. Ein Mitglied der Fürstenfamilie, nach europäischen Verwandtschaftsgraden ein Cousin des Häuptlings. Hatuey war ein kräftiger und kluger junger Mann. In der Thronfolge stand er weit vorne. Nur Guacanagaris ältester Sohn, der aber noch ein Kind war, rangierte in der Nachfolge noch vor ihm.

Bei Hatuey handelte es sich um jenen Krieger, der sich vor einigen Tagen am Lagerfeuer mit dem Spanier Lope Chips angelegt hatte. Jetzt saß Hatuey hoch im Wipfel eines Baumriesen, der weit über das dichte Blätterdach des übrigen Urwaldes hinausragte, und spähte hinunter in die weite Ebene. Sein muskulöser Körper streckte sich. Er saß rittlings auf einer Astgabel, mit den Händen hielt er sich daran fest. Soweit der Blick reichte, lag da die weite Hochebene, an deren Ausläufern der Herrschaftsbereich von Guacanagari endete und das Reich Maguana begann, jenes Reich, welches vom mächtigsten und kriegerischsten Kaziken der ganzen Insel beherrscht wurde, vom gefürchteten Caonabo.

Hatuey ließ den Blick in die Ferne schweifen. Zwei volle Tage hatte er gebraucht, um vom Dorf Caracol durch den dichten Tropenwald hier herauf zu kommen, auf den Kamm des mächtigen Gebirges, das die Insel von Nordwest nach Südost durchschnitt und das die beiden Herrschaftsbereiche voneinander trennte.

Es gab noch weitere mächtige Reiche und Fürsten auf dieser Insel, insgesamt fünf Herrscher teilten sie unter sich auf. An Guacanagaris und Caonabos Königreich grenzte Cibao, die gebirgige Herrschaft des alten Fürsten Guarionex. Jenes Cibao, aus dessen zahlreichen Flüssen das gelbe Metall kam, nach dem die Spanier so verrückt waren. Jenes Cibao, das von Colón wegen der Namensähnlichkeit irrtümmlich für das Zipangu des Großen Khan gehalten worden war. Weiter im Nordwesten und im Südosten, an den entferntesten Küsten der Insel, lagen die Königreiche Xaraqua, wo der mächtige Behechio herrschte, und das Küstengebiet Higuey der als Zauberhexe verschrienen Higuanama.

Vielleicht war es nötig, dachte Hatuey, all diese Königreiche zusammenzubringen, um die große Gefahr abzuwenden, die drohte. Hatuey besann sich wieder auf sein Vorhaben. Wie würde Caonabo reagieren, wenn plötzlich ein junger Fürst aus dem Hofstaat des Guacanagari vor ihm stand?

Mit der katzenhaften Leichtigkeit des Naturmenschen ließ er sich vom Baumriesen hinuntergleiten, mal Äste, mal Lianen, mal loses Blattwerk zu Hilfe nehmend. Niemand wusste von seiner Mission. Er war auf eigene Faust losgezogen. Hätte er Häuptling Guacanagari eingeweiht, hätte dieser ihm ganz gewiss sein Vorhaben verboten.

Hatuey wusste, dass Guacanagari dem Anführer der Fremden, dem Herrscher der schwimmenden Häuser, dauerhafte Freundschaft versprochen hatte, und auch, dass er die am Strand zurückgebliebenen Fremden beschützen würde. Aber Zweifel schienen angebracht: Waren diese Spanier wirklich mächtige Götter, die vom Himmel herabgestiegen waren? Waren es Freunde? Bedurften sie überhaupt des Schutzes von Guacanagari? Hatuey hatte die seltsamen bärtigen Eindringlinge lange genug beobachtet: Nein! Diese Fremden waren Feinde. Ungeheuer! Eine große Gefahr für die Insel. Die, die abgesegelt waren, sie würden wiederkommen, das hatten sie versprochen – oder gedroht, je nachdem, wie man es verstehen wollte. Und die, die dageblieben waren, hatten ihre Masken zum Teil schon fallen lassen. Wer anderen die Frauen raubt, wer anderen die Vorräte nimmt, wer von anderen immer nur fordert und verlangt, und sei es auch nur wertloses Gold, wer anderen zur Abschreckung seine feuerspuckenden Waffen vorführt, wer mitten unter den anderen eine eigene Festung baut, der konnte kein Freund sein.

Und Feinde mussten vertrieben werden, ehe sie zu stark wurden. Da Guacanagari von den Künsten und Wundern der weißen Eindringlinge geblendet war, musste ein anderer diese Aufgabe übernehmen. Caonabo! Der Ruf dieses kriegerischen Häuptlings strahlte weit, bis hinüber zu den Nachbarinseln. Selbst die gefürchteten Cariben hatten Respekt vor ihm und mieden seine Küsten.

Hatuey drückte das dichte Geäst zur Seite, um sich seinen Weg zu bahnen. Er wollte hinunter zur Hochebene, in das Lager Caonabos. Eine scharfe Speerspitze setzte sich auf seine Brust und ritzte die Haut, sodass ein dünner Faden Blut herunterlief. Erschrocken blickte er erst auf seine Brust, dann den Schaft des Speeres entlang in ein seltsam regloses, schwarz bemaltes Gesicht, aus dem ihn zwei grimmige Augen anstierten. Dann tauchte ein Zweiter auf, ein Dritter, ein Vierter. Hatuey war Gefangener von Caonabos Kriegern.

Ein milder karibischer Nachmittag übergoss das Meer mit warmen Blautönen. Die kleine Schaluppe, die eine weiße Schaumspur in südöstlicher Richtung parallel zur Küstenlinie zog, nahm sich aus wie ein einsamer weißer Vogel. Das Meer schimmerte grün und blau in den wärmsten Farben, und aus dem Untergrund leuchteten Korallenriffe und die Reflexe farbiger Fischschwärme herauf. Im Boot saß am Steuerruder Bootsmann Chachu. Bei ihm hockten die fünf Basken auf dem Rand des kleinen Seglers, die Fäuste lässig an den Leinen, und hielten mit leichter Hand den Kurs. Sie fuhren auf Befehl Haranas die Küste ab und erforschten sie in östliche Richtung. Commandante Harana hatte sie mit dem Segelboot der Santa Maria auf Erkundungstour geschickt. Gemäß den Befehlen des Admirals sollte die Besatzung von La Navidad bis zu dessen Rückkehr so viel wie möglich von der Küstenlinie erfassen und kartografieren.

Neben den Eskapaden Escobedos und dem misslungenen Gastbesuch Haranas bei Guacanagari gab es noch einige andere Verpflichtungen für die in La Navidad zurückgebliebene Mannschaft. Diego de Harana war gut beraten, seine Männer zu beschäftigen, wenn er nicht wollte, dass Ungehorsam und Eigenmächtigkeiten um sich griffen.

Die kleine Schaluppe der Santa Maria – sie hatten sie zu Ehren der Königin „Isabella“ getauft – fasste etwa ein Dutzend Männer. Zur Not konnte auch ein einzelner erfahrener Mann ganz alleine die „Isabella“ segeln.

Harana hatte Chachu aufgrund dessen seemännischer Erfahrung zum Kapitän derartiger kleinerer Küstenexpeditionen ernannt. Die Mannschaft der „Isabella“ ergab sich damit von alleine: Sie bestand aus Chachus baskischen Gefährten Lope Chips, Juan de Medina, Domingo Vizcaino, Diego Perez und Anton Calabres. Die Biskayer bildeten eine eingeschworene Gemeinschaft, finstere Kerle, verschlossen und unnahbar.

Obwohl Regen einsetzte, segelten sie zunächst von der Caracol-Bucht aus etwa vier oder fünf Leguas in östliche Richtung. Unterwegs erkundeten sie eine mehrere Kilometer tiefe Bucht und stellten dort fest, dass sich die Küste abrupt gegen Norden wandte. Der warme Regen störte nicht. Er prasselte minutenlang in einer Dichte auf die Meeresoberfläche, wie es Chachu und seine Männer in ihrer Heimat noch nie erlebt hatten. Doch ebenso schnell endete das Spektakel wieder. Dann dampfte die ganze Küste und die karibische Sonne strahlte gleisend, als wäre nichts geschehen.

„Wir gehen an Land!“, befahl Chachu entschlossen in einem trockenen Moment. Sie hielten mit leicht gefierten Schoten zum Wind hin und suchten sich einen Weg durch die sanfte Brandung. Ein moskitoumschwirrter Sandstrand nahm sie in Empfang. Entlang der Flutline auf dem Sand krabbelten angeschwemmte Krebse. Schon nach nur wenigen Metern stieg das Ufer an und dahinter erhob sich finsterer Sumpfwald. Einige Mangroven bogen sich knorrig bis zum Wasser hin. Ihre Wurzeln bildeten ein undurchdringliches Geflecht, in dem sich allerlei Getier verbarg, das den Basken gehörigen Respekt abnötigte. Insbesondere vor den Wasserschlangen fürchteten sie sich, denn die Indios aus Caracol hatten viele Schauergeschichten über die tödliche Wirkung ihres Bisses erzählt. Vom Wasser aus nahmen die Männer die Uferlinie in Augenschein. Sie sahen, dass nur wenige hundert Schritt landeinwärts ein felsiger Bergkegel aus dem Urwald ragte. Von dort, so meinte Chachu, könne man Ausschau halten und die Lage einschätzen. Er schickte Lope Chips und Domingo Vizcaino los. Die anderen sollten in der Dünung am Strand warten.

Lope Chips trug die Arkebuse über der Schulter. Die mächtige Hakenbüchse wog schwer. Es gab unter den Matrosen in ganz Navidad nur wenige Männer, die im Umgang mit dieser Schusswaffe einigermaßen geübt waren. Der schwarzbärtige Baske gehörte dazu. Seine Kenntnisse und Fähigkeiten gingen auf frühe Piraten- und Schmugglerlehrjahre zurück. Sein Begleiter, Domingo Vizcaino, ein hagerer, verschlossener Kerl, Schiffsküfer, mit einer mächtigen Räubernase, die aus einem ansonsten struppig behaarten Gesicht herausragte wie ein glühender Vulkan, trug Schild und Schwert.

Mit der Abfahrt der Niña hatten sich die Rollen und Aufgaben der Männer auf La Navidad gewandelt. Nun waren sie nicht mehr in der Hauptsache Matrosen, sondern Soldaten. Kriegerisch veranlagten Kerlen wie Lope Chips oder seinen baskischen Kumpanen kam diese Rollenänderung gelegen; friedliche Seefahrer und Familienväter aber, wie etwa José Pequinos oder der graubärtige Rodrigo de Jerez, taten sich in der Rüstung des Soldaten schwer. Es fehlte ihnen auch an Übung mit den Waffen.

„Wir sollten viel mehr ins Landesinnere hinein“, murrte Lope Chips, der den Weg bahnte. „Hier an der Küste herumhüpfen, was soll das bringen? Wo sollen wir hier Gold finden?“

Sie bogen Blattwerk und verschlungenes Geäst auseinander. Über ihren Köpfen schloss sich das Blätterdach und ließ kaum einen Sonnenstrahl durch. Ein Gurren, Pfeifen, Rascheln und Fiepen zeigte ihnen an, dass sie nicht alleine waren. Selbst gestandenen Kerlen wie den beiden Biskayern wurde mulmig in dieser unheimlichen Umgebung. Hier gab es keinen Pfad und keinen Steg. Die zwei fluchenden Männer mussten sich ihren Weg regelrecht freihauen. Ganze Armadas von Stechmücken begleiteten eifrig die von wilden Verwünschungen durchsetzten Bemühungen der beiden Basken.

Auf diese Weise drangen sie einige hundert Fuß tief in den dichten Urwald ein. Sie trieften vor Schweiß und atmeten schwer. Erschöpft lehnten sie sich an den Stamm eines tausendarmig in die Höhe wuchernden Dschungelbaumes.

„Unmöglich!“, schnaufte Lope Chips und schüttelte den im Bart perlenden Schweiß ab. „Hier kommen wir niemals vom Fleck.“

Domingo Vizcaino schlug nach einigen Ameisen, die sich bereits neugierig auf Erkundung über seinen Hemdsärmel gemacht hatten, und nahm einen gierigen Schluck aus dem Wasserbeutel. Auch er atmete heftig: „Bis wir auf dem verdammten Berg droben sind wird es Nacht. Lass uns umkehren, solange wir den Weg noch finden.“

„Sag Bruder“, fing Vizcaino ein Gespräch an, nachdem er sich etwas erholt hatte, „glaubst du, das Ganze hier hat einen Sinn? Für meinen Geschmack ist das alles ein großer Betrug. Mir reichte es, den lieben langen Tag in La Navidad zu liegen und mir den Bart und noch manches andere kraulen zu lassen. So sollten wir es halten und abwarten, dass der Admiral und Señor de La Cosa uns wieder abholen kommen.“

Lope Chips schüttelte den Kopf. „Wenn ich heimkomme nach Lequeito, dann will ich reich sein und ausgesorgt haben.“ Er machte eine umfassende Armbewegung Richtung Landesinneres. „Irgendwo dort gibt es Gold in solchen Mengen, dass jeder von uns reich werden kann.“ Seine schwarzen Augen glühten feurig. „Und wir sind die einzigen Spanier weit und breit. Wir können uns dieses Gold holen, bevor unsere Landsleute hier auftauchen. Bald streiten sich ganz Andalusien und Galicien hier in Westindien darum. Du wirst es erleben. Und vielleicht Kastilien und Extremadura noch dazu. Willst du so lange warten? Ich nicht.“

Lope machte Anstalten, sich wieder ins Gebüsch zu schlagen, doch in diesem Moment vernahmen beide plötzlich lautes Gebrüll und wilde, hektische Schreie. Es kam vom Strand her. Dann fiel ein Schuss. Nur Chachu besaß noch eine Arkebuse. Also musste er geschossen haben. Das Geschrei schwoll an.

Lope Chips und Domingo Vizcaino sahen sich an.

„Da gibt es Ärger!“, stellte Lope Chips trocken fest.

„Wir kehren um!“

Sie hetzten auf dem schmalen Pfad zurück, den sie sich ins Dschungelgestrüpp geschlagen hatten. Schon nach wenigen Minuten erreichten sie den Strand. Als das Blattwerk sich lichtete und den Blick auf den schmalen Uferstreifen freigab, sahen sie, dass eine große Menge aufgebrachter Eingeborener unter wildem Schreien und kriegerischem Gebrüll mit Speeren, Holzknüppeln und Steinen auf die Kameraden losging. Chachu und die anderen standen mit dem Rücken zum Meer und hielten sich die Meute mit Piken und Schwertern vom Leib. Einige Indianer saßen bereits mit blutigen Schrammen im Sand, sie hatten Bekanntschaft mit den spanischen Waffen gemacht. Juan de Medina hielt die Stellung auf der Isabella, aber die Tainos drängten an den anderen Spaniern vorbei ins Wasser, um das Segelboot zu stürmen. Aus ihrem Versteck heraus erkannten Lope und Domingo Vizcaino sofort, was der Grund für den Aufruhr war.

„Weiber! Indianerweiber!“, fluchte Lope.

Tatsächlich schrien und jammerten mehrere Indiofrauen, die sich gefesselt an Bord der Isabella befanden. Eingefangen von den Spaniern.

Domingo wollte losstürmen, aber Lope Chips hielt ihn zurück: „Stop, du Idiot! Willst du direkt in die Speere dieser wütenden Affen hineinrennen? Lass mich erst die Bande mal auseinanderscheuchen!“

Mit düsterem Lachen richtete er die Lunte seiner Hakenbüchse und fixierte die Feuerwaffe auf einer Astgabel. Die Entfernung zum Geschehen am Strand war nicht besonders groß, fünfzig oder sechzig Fuß.

„Achtung!“, warnte Lope seinen Begleiter, dann feuerte er. Krachend entlud sich die schwere Büchse, eine Wolke feinen Pulverdampfes schlich sich Richtung Baumkronen davon. Schlagartig verstummte das Gebrüll am Strand. Alle Köpfe flogen herum zum Waldrand. So etwas hatten die Indios noch nie gehört und noch nie erlebt. Einer von ihnen schrie laut und hielt sich den blutenden Oberschenkel, dort, wo ihm die Kugel das Fleisch aufgerissen hatte. Das Entsetzen stand ihm ins Gesicht geschrieben. Er konnte es nicht fassen, wie ihm diese Wunde zugefügt worden war. Geistermacht!

Domingo Vizcaino sprang aus dem Schutz des Laubes, fuchtelte mit seinem Schwert in der Luft herum und brüllte zu Chachu und den anderen hinunter: „Hier sind wir. Wir kommen. Jagt die Brut zum Teufel!“

Erst brüllten sie mit dem Mute der Verzweiflung, aber daraus wurde schnell begeisterter Eifer. Denn sie merkten, dass die Eingeborenen den spanischen Waffen rein gar nichts entgegenzusetzen hatten.

Chachu und die anderen schlugen für Lope Chips und Domingo Vizcaino eine Bresche frei. Mit ihren überlegenen Waffen, insbesondere mit den langen Piken, aber auch mit den scharfen Schwertern, fegten die Spanier durch die Reihen der harmlosen Eingeborenen wie der Bauer mit der Sense durch frisches Gras. Kam doch einmal eine Speerspitze durch, so prallte sie wirkungslos an den ledernen oder metallenen Harnischen der Spanier ab oder wurde mit einem einzigen Schwertstreich in Stücke gehauen.

Mit großem Hurra nahmen Chachu und die anderen Basken Lope und Domingo in Empfang. Währenddessen stürzten sich zwei der gefangenen Indianerinnen von der im seichten Wasser dümpelnden Isabella ins Meer. Einige ihrer männlichen Stammesgenossen, die im kniehohen Wasser bereits fast das kleine Segelschiff erreicht hatten, nahmen ihre Frauen in Empfang und lösten ihre Fesseln. Der kleine Juan de Medina, alleine auf der Schaluppe, bekam es mit der Angst zu tun. Mit sich überschlagender Stimme brüllte der zwergenhafte Schneider nach seinen Gefährten: „Hierher, hierher!“

Die Bedrohung ging aber nicht von den vier oder fünf Indianern aus, die sich im Wasser bis auf wenige Meter an die Isabella herangekämpft hatten. Sie kam von einer ganz anderen Seite: Um eine spitze Landzunge herum tauchten plötzlich in langgezogener Formation Dutzende von dichtgefüllten langen Booten auf, ein jedes besetzt mit zwanzig und mehr Kriegern. Ein bedrohliches Summen und Rasseln lag über dem Kanuschwarm, verursacht von flachen Kriegstrommeln, die in jedem der Boote jeweils zwei Tainokrieger mit ihren flachen Händen bearbeiteten. Federleicht schossen die Boote über die Schaumkronen hinweg. In beängstigendem Tempo rückten sie näher. Chachu genügte ein kurzer Blick um abzuschätzen, dass sie es mit drei- bis vierhundert Kriegern zu tun hatten, zu viele, um sich mit ihnen anzulegen.

„Alle Mann ins Boot", brüllte der Bootsmann, nachdem er die Bedrohlichkeit der Situation erfasst hatte. „Wirf die Weiber raus!", rief er über die Wellen hinweg Juan de Medina zu.

Dann hetzten die Spanier in großen Sprüngen durch das seichte Wasser auf ihre Schaluppe zu. Regen setzte wieder ein. Das hinderte die bedrohliche Armada der heranschießenden Canoes aber nicht im Mindesten. Unvermindert hielten sie ihr atemberaubendes Tempo bei. Chachu behielt den Überblick. Bloß keine Hektik! Zwei Mann sicherten nach hinten ab. Juan de Medina stieß unterdessen die restlichen Indianerfrauen über Bord, ohne Rücksicht auf ihre Armfesseln, so dass sie im hüfthohen Wasser kräftig zappeln mussten, um nicht zu ertrinken.

Alle fünf Basken erreichten unverletzt die Isabella und hievten sich an Bord. Unterdessen schoss die Kanuflotte durch die Regenschlieren heran wie ein wütender Fischschwarm. Von den vordersten Booten erhob sich jetzt auch furchterregendes Kriegsgeschrei, das die Indianergruppe am Strand begeistert aufgriff.

Die Schaluppe schaukelte bedenklich, als die Spanier einer nach dem anderen hineinkletterten. Das kleine Segelboot, ihr letzter Fluchtweg, war eigentlich startklar. Um den Indianerbooten aber zu entkommen, durften sie nicht lange kreuzen, sondern mussten sofort voll in den Wind gehen. Der blies leidlich, aber leider aus der falschen Richtung, sodass er sie direkt auf die herannahenden Indianerboote zutreiben würde.

„Mitten hinein!", brüllte Chachu. Er nickte Lope Chips zu: „Wir brechen durch ihre Reihen, eine andere Möglichkeit haben wir nicht. Ich feuere nach links, schieß du nach rechts, sobald wir mittendrin sind. Das wird sie auf Abstand halten."

Die Matrosen stellten in aller Hektik Fock und Großsegel in den Wind und nahmen ihre Positionen ein. Juan de Medina bediente die Ruderpinne. So nahm die Schaluppe im flachen Wasser Fahrt auf und bewegte sich träge auf die lärmende, kriegslüsterne Kanuflotte zu, die ihr auf den Wellen entgegentanzte.

Die Indianer rechneten nicht mit solch einem Gegenangriff. Ehe sie sich versahen, pflügte die Isabella mitten durch sie hindurch, fuhr ein paar Kanus regelrecht über den Haufen und sprengte binnen weniger Minuten die furchteinflößende Formation auseinander. Als Lope und Chachu schließlich die Arkebusen abfeuerten, war es um die Angriffslust der Indianer geschehen. Die Isabella erreichte unbehelligt das offene Meer.

Anton Calabres und Diego Perez klopften sich gegenseitig auf die Schultern, Lope Chips spuckte triumphierend hinter den zerfledderten Angreifern her, Juan de Medina und Domingo Vizcaino jubelten laut. Nur Chachu blickte nachdenklich aufs Land zurück. Der massige Bootsmann hielt sich am Großsegelbaum fest, als ringe er um sein Gleichgewicht. „Scheiß Indianerweiber. Hätten wir sie nur in Ruhe gelassen", murmelte er.

Die anderen sahen ihn verständnislos an.

„Ich glaube, wir haben Mist gebaut", erklärte er nach einer Weile. „Diese Geschichte hier wird sich bald auf der Insel herumgesprochen haben."

„Aber wir haben doch nicht angegriffen, das waren die Halbaffen!", empörte sich Anton Calabres.

Chachu grinste säuerlich durch seine Bartstoppeln hindurch: „Aber wir haben ihre Frauen geraubt, das lässt sich schwerlich abstreiten."

„Wenn sie schon so nackt dahergelaufen kommen ...", suchte Calabres nach einer Entschuldigung.

„ ... und die Kerle im Urwald auf der Lauer liegen und alles beobachten ...", setzte Juan de Medina nach. Bei dem Gedanken ereiferte er sich immer noch: „Ich spinne doch nicht. Das war eindeutig eine Falle. Die Weiber spielten bloß die Lockvögel. So war das!"

Die anderen stimmten zu und übertrafen sich in empörten Verwünschungen und gleichzeitigem Schulterklopfen, wie sie es den Wilden dann doch gezeigt hätten. Chachu blieb stumm und nachdenklich. Er ahnte das Unheil auf La Navidad zukommen. Hatten seine Männer Recht? Wie sollte man widerstehen, wenn sich diese Tainofrauen überall so unzüchtig zeigten? Auch er war nur ein Sklave seiner Fleischeslust.

Als sie sich längst wieder weit draußen auf dem Meer und auf dem Rückweg zur Festung befanden, war der Bootsmann endlich zu einem Entschluss gekommen: „Wir erzählen kein Wort von dem Ganzen. Das bleibt unter uns!"

Zur gleichen Zeit war Escobedo in seiner schmalen Kammer in La Navidad, schon zur Hälfte aus den Kleidern, auf alles gefasst, nur nicht auf einen Angriff. Aber mit der Wut eines gefangenen Tieres stürzte sich plötzlich die Indianerin auf ihn und traktierte ihn mit Fäusten, Zähnen und Fingernägeln. Der derangierte Notar, verheddert in seinen Seidenstrümpfen, stolperte rücklings zu Boden. Schon zog ihm die junge Frau zwei blutige Striemen quer über die linke Gesichtshälfte. Escobedo schrie erschrocken auf. Dann griff sie auch noch zielsicher zwischen Escobedos Beine. Sie wusste, wie man sich einen überhitzten Mann vom Leibe hält. Escobedos gellender Schmerzensschrei riss auch Gutierrez aus seiner Lähmung. Der behäbige Kronbeamte zerrte die Indianerin an den Haaren von ihrem Opfer herunter und schleuderte sie rücksichtslos gegen die Wand.

„Du elende Indianerhure, warte, ich werd dich durchbläuen", keuchte Escobedo, als er sich wieder aufrappelte. Blut rann seine linke Wange herab. Seine Nasenflügel bebten vor wütender Erregung.

Im Aufstehen griff er sich ein fingerdickes Tau. Gutierrez drückte unterdessen die Gefangene mit der Masse seines halb entkleideten Körpers gegen die Wand.

„Zur Seite Pedro!", befahl Escobedo und spuckte eine Portion Blut und Speichel aus. „Wir werden sie lehren ... das Biest!"

Er holte kräftig aus und brannte der Indianerin mit dem Tau kreuzweise und blitzschnell ein halbes Dutzend Schläge über Oberschenkel und Hüfte. Sie kreischte schmerzerfüllt auf und drehte den Männern den Rücken zu. Escobedo prügelte weiter. Ein wahnsinniges Glühen lag in seinen Augen, eine diabolische Besessenheit. Kein Zweifel, er empfand lüsterne Befriedigung bei dem, was er tat. Die Indianerin stimmte ein so unerhörtes Geheul an, dass Gutierrez es nicht ertragen konnte. Er fiel dem keuchenden Escobedo in den Arm.

„Hör auf, hör auf. Sie zittert und bebt, wie man es schöner nicht haben kann. Lass uns an unser Vergnügen denken."

Die von Gutierrez an den Handgelenken festgehaltene Gefangene heulte und schrie noch immer wie eine Sirene.

Plötzlich schlug die Tür zu Escobedos Kammer auf. Jakob stand im Türrahmen. In der Hand hielt er einen Knüppel. Mit schnellem Blick überschaute er die Situation.

Dieses unbefugte Eindringen verblüffte Escobedo und Gutierrez dermaßen, dass sie ihre Gefangene eine Sekunde aus den Augen ließen. Schon sprang die Indianerin auf und flink wie eine Katze schoss sie nackt an Jakob vorbei zur Tür hinaus. Die beiden spanischen Edelmänner in ihren flatternden Leibchen und mit den heruntergelassenen Hosen gaben in ihrer Überraschung nicht den kriegerischsten Anblick ab. Das ließ Jakob unvorsichtig werden. Der ramponierte Matrose, Außenseiter in der Mannschaft, immer noch gezeichnet von den Prügeln, die er auf der Santa Maria bezogen hatte, stand noch immer voller Empörung mit weitaufgerissenem Mund und fliegenden Nüstern in der Tür, leicht nach vorne gebeugt, den Knüppel erhoben.

„Sie ist ein Mensch, nicht Euer Eigentum ...", stammelte er.

Was für eine Ungeheuerlichkeit, wie konnte er es wagen, sich einzumischen? Der wutschnaubende Escobedo riss den Degen aus der zuvor achtlos zu Boden gelassenen Scheide und stürmte ohne Vorwarnung auf den Leichtmatrosen zu. Jakob sprang nur ungenügend zur Seite. Escobedos Degenspitze traf ihn im Unterarm. Schreiend ließ er den Knüppel fallen und machte zwei Schritte ins Innere des Raumes. Damit saß er in der Falle. Escobedo knallte hinter ihm die Tür zu und fauchte kochend vor Wut: „Hier kommst du nicht mehr lebend heraus, du kleiner Wichser, du elende Ratte, du stinkender Wurm, du Nichts, du, du, du ..." Escobedos kreischende Stimme überschlug sich vor wütender Erregung, seine Augen sandten vernichtende Blitze aus, das Gesicht des Notars glühte hochrot vor tödlichem Zorn. Er riss Gutierrez den Knüppel aus der Hand, den dieser vom Boden aufgehoben hatte. „Gib her, ich mach ihn fertig, die schwule Sau!"

Jakob hob schützend die blutende Hand vors Gesicht, doch die Knüppelschläge Escobedos prasselten unerbittlich auf ihn nieder, bis ein wuchtiger Schlag die Deckung durchbrach und ungebremst quer über Jakobs Schädel krachte. Er knickte ein und verdrehte hilflos die Augen. In seiner Raserei wuchtete Escobedo noch zwei weitere Hiebe hinterher. Der eine zerfetzte Jakobs Unterkiefer, der zweite sprengte einen handtellergroßen Haut- und Knochenfetzen von der Schläfe. Röchelnd und blutüberströmt krümmte Jakob sich am Boden. Escobedo stand breitbeinig über ihm und atmete schwer. Seine Augen blitzten noch immer vor wahnsinniger Wut.

Etwas abseits stand gaffend Gutierrez. Alles war so schnell gegangen. Er hätte nicht mehr rechtzeitig eingreifen können. Sekundenlang standen sie so. Escobedos knochige Gestalt entspannte sich langsam. Gutierrez glaubte, damit wäre die schlimmste Raserei vorbei. Da holte der Notar mit eiskaltem Blick zu einem weiteren wohlgezielten Schlag aus und zerschmetterte dem längst Bewusstlosen mit mörderischer Wut den Schädel. Knirschend zersplitterten die Knochen. Haut, Hirn, Blut und Haare flogen durchs Zimmer und landeten in schleimigen Klumpen an der Wand.

XXVI. Escobedos Machtkampf

José Pequinos und Rodrigo de Jerez verscharrten Jakob außerhalb der Palisaden von La Navidad, auf der dem Urwald zugewandten Seite. Sie trugen den Leichnam auf Anweisung von Gutierrez hinaus. Mürrisch und wortkarg erledigten sie die unerfreuliche Arbeit. Jeder hielt den leblosen Körper auf einer Seite an Armen und Beinen. Der Kopf des Toten, wegen des grausigen Anblicks in einen Lumpen eingepackt, schleifte am Boden. Fliegen umschwirrten den blutgetränkten Lappen. Rodrigo trabte missmutig hinter den beiden Seemännern her. Er musste die Schaufeln und Hacken schleppen. Rodrigo empfand keinerlei Mitleid. Auch kein Grausen. Mit sachlicher Neugierde betrachtete er das blutige Knäuel. Wenn sich bei ihm überhaupt eine Gefühlsregung bemerkbar machte, dann war es Erleichterung. Erleichterung darüber, dass er sich rechtzeitig von Jakob befreit hatte. Erleichterung, den lästigen Verehrer nun endlich und für allemal vom Hals zu haben.

Die fluchenden Leichenträger bogen um die äußerste Ecke des Palisadenrings, dann warfen sie ihre Last mit Schwung in den heißen Sand.

„Hier!", kommandierte Rodrigo de Jerez und zeigte auf eine Stelle direkt an der Palisadenwand.

Schweigend und schwitzend hoben sie eine nicht allzu tiefe Grube aus, warfen den Körper hinein und schaufelten mit wenig Sorgfalt das Loch wieder zu. Rodrigo schaute ungerührt zu. Die Arbeit in der schwülen Hitze dauerte nicht viel länger als eine Stunde. Ausnahmsweise regnete es in dieser Zeit nicht.

„Wir haben nicht mal einen Priester", bemerkte Pequinos. Es vergingen etliche Minuten, ehe Rodrigo de Jerez antwortete, ohne in seiner Arbeit innezuhalten: „Der hat auch keinen verdient."

„Der Escobedo ist mir nicht geheuer", äußerte José Pequinos Gedanken, die ihn schon die ganze Zeit quälten. „Es geht nicht gut mit ihm. Er wird wahnsinnig!"

Der alte Graubart nickte. Die beiden alten Seemänner kümmerte es nicht, dass Rodrigo bei ihnen saß und zuhörte, sie vertrauten ihm.

„José, mein Freund, sag, hast du nicht manchmal den Tag verflucht, als du auf der Santa Maria angeheuert hast? Wärst du jetzt nicht auch viel lieber daheim in Palos? Bei deiner Frau? Deinen Kindern?"

Pequinos verzog sein wettergegerbtes Gesicht in gespielter Verzweiflung: „Bei meiner Frau? Ich weiß nicht? Die Kinder ja. Ich habe drei. Wie steht es bei dir?"

„Ich habe vier. Aber sie sind längst aus dem Haus. Ihre Mutter ist gestorben. Jetzt habe ich eine zweite Frau, die hat ihre eigenen Kinder mitgebracht. Aber sie leben alle in meinem Haus. – Ja, ich habe Heimweh nach meinem Haus."

So standen sie eine Weile, jeder in Gedanken versunken, und blickten stumm auf die Grube, die man schwerlich als Grab bezeichnen konnte. Als wieder tropischer Regen einsetzte, schlug José Pequinos das Kreuzzeichen. Rodrigo tat es ihm nach. Der Graubart brummelte Unverständliches.

Plötzlich stand Guacanagari neben ihnen. Das Prasseln des Regens hatte die Geräusche seines Kommens verschluckt. Pequinos und Jerez zuckten erschrocken zusammen. Rodrigo sah sich suchend um. Bestimmt hielten sich noch andere Tainos in der Nähe auf. Hinter dem Regenschleier wucherte der Urwald nur wenige Schritte entfernt, undurchdringlich, voller Verstecke. Der Indianer zeigte sein übliches, bekümmertes Gesicht, als litte er inbrünstig bei allem mit, was den Spaniern an Unbill widerfuhr. Er fragte etwas in seiner Sprache, dann deutete er auf die frisch zugeschüttete Grube, dann zum Himmel, dann aufs Meer hinaus.

„Was will der Alte?", fragte José Pequinos unsicher. Rodrigo de Jerez wühlte in seinem grauen Bart und verdrehte die Augen. „Groumette, hast du etwas verstanden?"

Rodrigo hatte sehr wohl einige Brocken verstanden: „Ich glaube, er sagt, wir haben den Geist des Toten unter dem Sand eingesperrt. Er will wissen, ob wir uns vor ihm fürchten?"

Vor Jakob fürchtete sich niemand mehr. Auch nicht vor seinem Geist. Escobedo brüstete sich stattdessen mit seiner Tat und zeigte nicht die geringsten Anzeichen von Schuldbewusstsein. Sein Groll war auch Tage nach dem Mord noch nicht verflogen, zumal ihm seine Indianerin unwiederbringlich entlaufen war.

Und was unternahm Diego de Harana?

Zuerst einmal ließ er sich überhaupt nicht blicken. Der Alguacil vergrub sich in seinem Quartier.

Die Männer lungerten müßig in ihren Hütten herum oder kamen, sobald der Regen aufhörte, in den großen Innenhof und spielten in der Sonne mit Karten und Würfeln. Meist aber vergnügten sie sich in den Hütten mit ihren Indianerinnen. Es herrschte Müßiggang. Manche faulenzten auch am nahen Strand, nahmen gelegentlich zur Abkühlung ein Bad. Wo sie in Gruppen beisammen saßen oder standen, gab es nur dieses eine Thema: Der Mord an Jakob. Aber keiner trauerte um ihn. Die allgemeine Wahrnehmung war, dass er an seinem Ende selbst die Schuld trage. Was musste er sich auch einmischen?

Es wurde Abend und Harana zeigte sich immer noch nicht. Zwischendurch schickte er über den kleinen Martin de Urtubia, der so etwas wie sein Hauspage geworden war, nach Louis de Torres und fragte diesen gründlich über den Vorfall aus. Aber der Dolmetscher konnte auch nur aus zweiter Hand berichten. Die von Escobedo und Gutierrez in die Welt gesetzte Version lautete, Jakob habe sich an Escobedos Indianerin vergreifen wollen, darüber sei es zum Streit gekommen, Jakob habe angegriffen, Escobedo sich gewehrt und schließlich den Angreifer erschlagen.

Jedermann im Lager wusste, dass Jakob der Letzte gewesen wäre, der einem anderen eine Frau streitig gemacht hätte. Aber Harana stellte die von Escobedo in Umlauf gebrachte Version nicht in Frage. Man wusste nun: Harana konnte man solche Geschichten auftischen.

Regen prasselte unaufhörlich. Die Diskussionen gingen weiter. Hinter den Palisaden ihrer kleinen Festung brannten im Inneren der Hütten kleine Feuerstellen, an denen sich die Männer zu Gruppen von drei, vier oder fünf Personen zusammenfanden. Wein wurde herumgereicht. Daran mangelte es nicht. Da Harana sich nicht blicken ließ, gab es auch niemanden, der die Wachen einteilte. So blieb der Ausguck auf dem Turm in dieser Nacht erstmals unbesetzt. Sonst stand dort jede Nacht ein Posten, auch wenn das freundschaftliche und beinahe familiäre Verhältnis mit den Indianern bisher keinerlei Anlass zu erhöhter Wachsamkeit gegeben hatte. Üblicherweise kamen und gingen sie, wie es ihnen beliebte. So konnte von einer „Festung" eigentlich keine Rede sein. Vorwiegend gingen junge Indiofrauen aus Caracol hier ein und aus. Für Tauschgeschäfte und aus purer Neugier ließen sich auch häufig junge Männer blicken. Oder solche, die Gefallen am Schnaps und schweren Rotwein der Spanier gefunden hatten. Da fielen die zwei hageren Gestalten nicht auf, die im triefenden Regen durch das Tor des Lagers hereingeschlendert kamen. Sie hielten sich im Schatten der Palisaden. Gemächlich gingen sie zum Turmeck, verweilten dort längere Zeit und beobachteten das Flackern der Feuer in den Hütteneingängen. Dann gingen die beiden Besucher weiter zum Gebäude des Festungskommandanten. Später standen sie plötzlich unter dem Vordach am Tor, auf das die Regengüsse herabprasselten, um in plätschernden Bächen im Erdreich zu verschwinden. Den Besuchern schien der warme Regen nichts auszumachen, sie schlenderten umher, als lustwandelten sie in der Mittagssonne.

„Sieh sie dir an, tapferer Caonabo", flüsterte Hatuey, der junge Fürst aus Guacanagaris Familie. „Das sind die weißen Götter, die mit großen geflügelten Häusern über das Meer gekommen sind. Habe ich dir zuviel versprochen?"

Caonabo nickte. Der finstere, großgewachsene Häuptling der Maguana, einem Stamm aus dem Innern der Insel, beobachtete alles aufmerksam und speicherte jede Kleinigkeit ab. Er war ein Mann unbestimmbaren Alters und überragte den für Taino-Verhältnisse ebenfalls hochgewachsenen Hatuey um einen halben Kopf. Das pechschwarze Haar trug er nach Taino-Sitte in der Stirn kurz, zu einem Pony geschnitten, im Rücken fiel es ihm fast bis auf die Hüften hinunter. Seine unbewegten Züge zeigten keine Regung. Er kniff die Augen zu schmalen Schlitzen zusammen, sein Mund war ein dünner Strich.

„Götter?“, fragte er zweifelnd.

„Diebe, Mörder, Frauenräuber“, erwiderte Hatuey mit nur mühsam gebändigtem Hass in der Stimme.

Sie blieben eine Weile stumm im Schatten des Palisadenringes.

„Warum fallen unsere Männer um, wenn sie vom Wasser der weißen Männer trinken?“

„Es ist ein Zauberwasser. Es saugt den Verstand ein. Wer es trinkt, der verliert seinen Willen.“

„Warum trinken es unsere Männer dann?“

Hatuey zögerte. „Warum legen sich unsere Frauen zu diesen Fremden? – Ich kann es dir nicht sagen, tapferer Caonabo. Ich weiß nur, dass es mir nicht gefällt. Aber Guacanagari unternimmt nichts dagegen.“

„Mir gefällt es auch nicht!“ Der Häuptling hatte genug gesehen. „Lass uns gehen!“

So lautlos und unauffällig wie sie gekommen waren, verließen sie La Navidad. Sie schritten ungehindert durch das unbewachte, sperrangelweit geöffnete Tor und tauchten im Regen unter.

Die Flüche, Zoten und Gesänge aus den Hütten wurden leiser.

„Sie machen Lärm wie die Affen!“

„Es wäre ein Leichtes, sie zu überfallen und alle zu töten“, sinnierte Caonabo.

„Dann tu es!“, forderte Hatuey den Häuptling mit wilder Erregung in der Stimme auf. „Du hast die Macht und die Kraft und den Mut dazu. Mein Onkel Guacanagari wird es niemals tun. Er hat sich dem weißen Häuptling unterworfen.“

Caonabo zögerte kurz. Der Hauch eines Lächelns huschte über seine Gesichtszüge: „Sie werden sich vielleicht selbst umbringen“, sinnierte er.

Das Dunkel des feuchten Waldes hatte die zwei Indios verschluckt. Darin lauerten einige Hundertschaften wild entschlossener und bis an die Zähne bewaffneter Maguana-Krieger. Ein Wink ihres Häuptlings hätte genügt und sie wären über die weißen Fremdlinge hergefallen.

Über La Navidad schwebte weiterhin Sorglosigkeit. In den Hütten vergnügten sich die Männer mit Indianerweibern, an den Feuern kreisten die Weinflaschen. Nur im Ansatz blieb so etwas wie ein Lagerdienst erhalten: nachlässige Wachen, mürrische Küchendienste, widerwillige Putz- und Aufräumkommandos. Harana versäumte es, einen geregelten Tagesablauf zu bestimmen, der die Mannschaft ständig beschäftigte. Ebenso versäumte er es, Abwechslung zu schaffen, Aufträge zu erteilen, Patrouillen ins Landesinnere zu organisieren. Nur wenige, die sich nicht an diesem Schlendrian beteiligten. Schiffsarzt Juan Sanchez drückte seine magere Gestalt an die Wand des Kommandeursgebäudes und beobachtete eines Abends die Szenerie. Ein stummer Seufzer voller unbehaglicher Vorahnungen quälte sich aus seiner Brust. „Sodom und Gomorrha", raunte er und schlug das Kreuzzeichen. Ein schwacher Kerzenschein drang aus der Stube des Lagerkommandanten durch einen Türspalt. Der Alguacil war also noch wach. Es konnte ihm doch nicht entgangen sein, wie die Disziplin zerfiel, wie Müßiggang und Faulenzerei sich ausbreiteten. Auch wenn Harana allem Anschein nach den Mord an Jakob weiter ignorieren wollte, so konnte er doch all dem Übrigen nicht tatenlos zuschauen. Juan Sanchez beschloss, dem Kommandanten einen Besuch abzustatten. So konnte es nicht weitergehen.

Unterdessen nutzte Rodrigo de Escobedo die Untätigkeit von Diego de Harana, um die Dinge in seinem Sinne voranzutreiben. Ermuntert durch den stillen Beifall, den seine Auflehnung gegen ihn und sein unautorisierter Vorstoß in den Urwald gefunden hatten, fühlte er seine Zeit gekommen. Er trat in jene Hütte, in der sich viele jener Matrosen, die einst zur Mannschaft der Niña gehört hatten, um ein Feuer versammelt hatten. Sie bildeten eine verschworene Gruppe. Alle stammten sie aus Palos und Umgebung, zwielichtiges Gesindel.

Anführer der Gruppe war der ehemalige Sträfling Pedro Yzquierdo, ein Kerl, mit dem man sich lieber nicht anlegte. Escobedos spinnenartige Gestalt tauchte plötzlich aus der Dunkelheit auf. Geisterhaft warfen die Flammen ihre Schatten auf den hageren Notar und verliehen seinem Totenkopfgesicht diabolische Züge. Respektvoll rückten die Seeleute zur Seite. Ein paar Tainofrauen sprangen auf und huschten davon.

„Antonio! Francisco!“, so sprach Escobedo jene zwei Matrosen an, die er schon bei seinem Raubzug mit Jacomo Rico dabeigehabt hatte: „Irgendwann wird dem Alguacil einfallen, dass er etwas unternehmen muss. Wollt ihr so lange warten und stillhalten? Macht euch auf. Kommt mit mir. Wir ziehen los. Es gibt eine Insel zu erobern. Gold und Weiber im Überfluss. Na, was ist?“

Die Angesprochenen rutschten unruhig auf ihren Hinterteilen. Im Feuer knackten dürre Holzscheite. Antonio de Cuellár, ein untersetzter, kräftiger Kerl mit fettschwarzem Haar und kleinen, listigen Schweinsaugen, bohrte mit einem Stöckchen im Sand. Dann linste er von unten herauf zu Escobedo: „Was wollt Ihr unternehmen, Señor?“

Diese Niña-Matrosen waren empfänglich für Escobedos Lockungen. Einfache Gemüter, streitlustig, dumpf im Denken, unbeherrscht im Handeln, leicht zu lenken. Nicht ohne Hintergedanken hatte Colón sie auf Hispaniola zurückgelassen. Auf diese Männer konnte der Admiral leicht verzichten. Sie galten als unzuverlässig, aufmüpfig, wenig tugendhaft.

Es sollte sich rächen, dass Colón nicht die besten seiner Männer, nicht die loyalsten und treuesten in Navidad zurückgelassen hatte, sondern die unsichersten Kantonisten, die wankelmütigsten Charaktere, die zwielichtigsten Typen.

Für Escobedo aber erwies sich dieser Umstand vorerst als glückliche Fügung. Der Notar ging in die Hocke. Im Feuerschein wirkte sein knochiger Schädel noch geisterhafter als sonst. Die Augen glühten wie heiße Kohlen: „Das Gold von Cibao? Wollt ihr warten, bis Colón mit einer großen Flotte zurückkehrt und mit den gefräßigen Schatzmeistern der Krone? Wollt ihr hier eure Tage verludern, in La Navidad? Da draußen“, er zeigte in das hinter ihm liegende Dunkel,

„liegen irgendwo die Schätze. Gold!“ Er raunte das magische Wort. „Gold für uns alle. Wir müssen nur zugreifen!“

Zwar sprach Escobedo vordergründig nur den schmierigen Carlos und dessen Kumpan Francisco an, aber auch die anderen ehemaligen Niña-Matrosen spitzten die Ohren und machten große Augen. „Nehmt mich mit, Señor Escobedo“, bettelte ein stupide blickender junger Kerl mit gierigen Augen. „Ich bin Euer Mann!“

Escobedo ballte die Fäuste und schickte fanatische Blicke in die Runde: „Entscheidet euch jetzt. Wir ziehen los, noch in dieser Nacht. Bevor dieser Weichling von Harana uns Schwierigkeiten macht. Wie sieht's aus Männer. Wer kommt mit? Du, Diego?“

„Jawohl, Señor. Ich komme mit!“

Auch Carlos und Francisco erhoben sich. Andere folgten: Pedro de Lepe, ein junger Kerl aus Huelva, der Matrose Andrés, ebenfalls aus Huelva, Gonzalo Franco aus Sevilla, allesamt struppige und verwegene Kerle. Colón hatte sie angeheuert, bevor er sich die Unterstützung der Familie Pinzon sichern konnte. Bis dahin hatte er noch jeden Freiwilligen nehmen müssen, egal, wie gut oder schlecht beleumundet er war, egal wie hoch seine Seemannskünste waren, egal, was einer vielleicht ausgefressen hatte. Sogar ehemalige Sträflinge waren darunter, Yzquierdo gehörte dazu. Aber der saß gerade nicht am Feuer. Vielleicht lag er bei einer Taino-Frau? Günstig für Escobedo, niemand da, der ihm die Führerschaft streitig machte. Diese heruntergekommenen und heimatlosen Niña-Matrosen hatten nichts zu verlieren. Nur Morales, der Schiffszimmermann, rührte sich nicht. Er blieb in sich zusammengesunken auf seinem Platz. „Hey Alonso“, rief Escobedo ihm zu, „was ist mit dir?“

Ein tiefes Grunzgeräusch war die Antwort, ein Schnarchen aus der heruntergeklappten Kinnlade. Als Escobedo den Schiffszimmermann vorsichtig an der Schulter antippte, kippte dieser hintenüber und blieb ausgestreckt liegen.

„Besoffen!“, kommentierte jemand aus dem Dunkel.

„Hebt ihn auf und nehmt ihn mit“, kommandierte Escobedo. „Der gehört zu uns!“

So sammelte der verschlagene Notar sich still und heimlich seine Truppe zusammen. Die Verkommensten, Verruchtesten und Sittenlosesten, ein Haufen verlorener Seelen. In den Hafenkneipen von Palos und Huelva waren sie die Gestrauchelten und Aussätzigen gewesen, auf Hispaniola schickten sie sich an, die Herren der Insel zu werden.

Escobedo hatte gute Gründe, mitten in der Nacht aufzubrechen. Auf die Unentschlossenheit des Lagerkommandanten durfte er nämlich nicht setzen, ebenso wenig auf die Bereitschaft der Niña-Matrosen, am nächsten Morgen immer noch mitzumachen. Schon am nächsten Tag konnte es Harana vielleicht doch noch einfallen, Escobedo in Ketten zu legen. Befehlsverweigerung, offene Meuterei, der Mord an Jakob – an schwerwiegenden Tatbeständen mangelte es nicht. Es fehlte bisher lediglich an der Entschlossenheit des Kommandanten. Dass dies so blieb, darauf wollte Escobedo sich keineswegs verlassen.

So packten sie ihre Bündel, ihre wenigen Habseligkeiten, in der Hoffnung auf Reichtum und Glück. Auf Gedeih und Verderb gaben sie sich in die Hand des Teufels. Eifrige Schatten huschten zwischen den Hütten hin und her, gedämpfte Rufe, barsche Kommandos. Einige Minuten laute Aufregung. Klirren von Waffen und Knirschen von Leder. Fackelschein huschte über wild entschlossene, stoppelbärtige Gesichter. Dann setzte sich die Räuberbande durch den schweren Regen in Bewegung. Zehn Mann, angeführt von Rodrigo de Escobedo, der sich einen schweren eisernen Helm aufgesetzt und einen Brustharnisch angelegt hatte. Seine Rüstung funkelte noch im Widerschein der Lagerfeuer, als der lärmende Trupp sich bereits außerhalb des Palisadenrings zum Abmarsch zusammenrottete. Bald aber verschluckte die Dunkelheit den verwegenen Haufen.

Neben dem offenen Toreingang standen der bärenhafte Chachu und sein baskischer Kumpan Lope Chips. Sie beobachteten den Auszug Escobedos und seiner kleinen Schar. „Er hat nicht lange gewartet“, grunzte Chachu.

„Sollten wir auch nicht, Kamerad!“, knurrte Lope Chips, „sonst schnappt er uns das Gold weg.“

In seiner Wohn- und Schlafkammer saß unterdessen Diego de Harana zusammengeschrumpelt hinter dem roh gezimmerten Schreibtisch und notierte Eintragungen in sein Festungsbuch. Der Regen hämmerte unaufhörlich auf das Dach und bahnte sich bereits seinen Weg durch einige undichte Spalten der Behausung. In der Eile hatten die Zimmerleute nicht sorgfältig gearbeitet. La Navidad war ganz gewiss nicht für die Ewigkeit gebaut. Mit energischem Kratzen fuhr Haranas Schreibfeder über das Papier, die Federspitze wippte. Der schmächtige Alguacil beugte sich tief über seine Notizen und vermied es angestrengt, auch nur einmal aufzublicken.

So beobachtete ihn der Schiffsarzt Juan Sanchez minutenlang, ehe ihn die Geduld verließ: „Mein Herr, was treibt ihr da? Ist jetzt die Zeit, langatmige Berichte zu schreiben?“

Harana blickte kurz auf, tat so, als hätte er den Schiffsarzt erst jetzt bemerkt: „Ach, Ihr seid es, Maestre Sanchez. Geduld, einen Moment!“

Dabei hatte Juan Sanchez angeklopft, bevor er die Kammer betreten hatte, hatte sich laut und vernehmlich mehrfach geräuspert, und er war seit Minuten auf den knarrenden Bodenbrettern hin- und hergegangen. Harana konnte ihn nicht überhört haben.

„Wieso versteckt Ihr Euch?“ Juan Sanchez stellte die Frage aggressiver als beabsichtigt.

Harana bemerkte den vorwurfsvollen Ton und schaute endlich von seinen Papieren auf.

„Wie meint Ihr das, Maestre?“, fragte er und blickte Sanchez aus unschuldigen Knopfaugen an.

Der Schiffsarzt wahrte nur mit Mühe seine Beherrschung. Am wütenden Tonfall seiner Antwort spürte Harana aber, wie aufgebracht der ansonsten so besonnene Juan Sanchez war: „Seit wir hier alleine in der Festung sind, geht es mit der Disziplin und Moral der Männer rapide bergab, Señor Commandante. Habt Ihr nicht bemerkt, dass die Männer kommen und gehen, wie es ihnen gefällt? Nachts hocken sie an den Lagerfeuern oder huren mit den Indianerweibern herum. Die Tage verschlafen sie in ihren Hängematten oder unten am Strand. Sie werden übermütig. Sie spotten über Euch, den Lagerkommandanten. Sie ignorieren Eure Befehle. Sie untergraben Eure Autorität. Niemand hält die Wachen ein."

Die Vorwürfe flogen dem Harana wie Geschosse um die Ohren. Er duckte sich hinter seinem Schreibtisch und rollte mit den Augen.

„Und dann bringt Escobedo sogar einen Mann um, und nichts geschieht!" Heftig schnaufend stützte sich der Schiffsarzt auf die Schreibtischplatte. Er rückte sein erregtes Gesicht noch näher an Harana heran, sah ihm direkt in die Augen: „Bei unserer gemeinsamen Heimat Cordoba: Ihr müsst etwas tun, Harana! Verzeiht meine Erregung, Herr, aber es muss etwas geschehen"

Harana wich auf seinem Stuhl zurück. Mit seiner Zunge fuhr er nervös über die Lippen. „Was schlagt Ihr vor?"

Sanchez atmete seufzend aus und richtete sich wieder auf. Kopfschüttelnd sah er auf den Alguacil hinunter: „Wisst Ihr nicht selbst, was zu tun ist? Ihr müsst dem Escobedo den Prozess machen. Und zwar schleunigst. Eigentlich müsste der Notar längst in Ketten liegen. Er hat einen Mann getötet. Diejenigen, die mit ihm die Festung verlassen und Indianerweiber geraubt haben, müssen ausgepeitscht werden. Sie tanzen Euch auf der Nase herum. Alle Übrigen müsst Ihr beschäftigen. Der Müßiggang frisst alle Disziplin. Keiner will mehr gehorchen. Die Männer müssen arbeiten. Sie müssen schwitzen. Wieso bauen wir nicht Gemüse und Getreide an? Die Erde hier ist fruchtbar. Wer weiß, wie lange wir ausharren müssen. Und dann: Rüstet eine Expedition aus und sucht nach den Goldminen von Cibao! Sucht nach dem großen Khan. Jede Stunde, die Ihr länger wartet, entgleitet Euch das Kommando mehr." Der Schiffsarzt hatte gut beobachtet. Seine Analyse brachte die Situation im Lager auf den Punkt. Der Maestre legte eine Pause ein und studierte mit besorgtem Blick die Wirkung seiner Worte. Als Harana nicht gleich reagierte, fügte Sanchez hinzu: „Schickt Gutierrez los, dass er Escobedo festnimmt. Das ist das Wichtigste!"

Endlich raffte Harana sich zu einer Antwort auf: „Morgen, mein lieber Freund. Ihr habt ja Recht. Gleich morgen früh!" Es klang nicht sonderlich entschlossen.

Der Schiffsarzt war ein kluger und nachdenklicher Mann. Vielleicht besaß er sogar den meisten Weitblick in ganz Navidad. Er schüttelte besorgt den Kopf: „Señor Commandante, morgen ist es vielleicht schon zu spät. Escobedo ist wie eine Ratte im Nest. Er wird uns alle auffressen, wenn wir ihn nicht vorher erschlagen. Glaubt mir, er duldet keine Autoritäten über sich. Er wollte sich schon mit dem Admiral anlegen und hätte es fast geschafft. Um wie viel frecher wird er es wohl mit Euch anpacken?"

„Was machen wir hier, Maestre Sanchez?", fragte Harana, als hätten ihn ganz andere Gedanken umgetrieben. „Warum sind wir hier in dieser fremden Welt? Ist das wirklich Indien? Ist das wirklich das Land des großen Khan? Werden wir jemals heimkehren?"

„Wenn wir uns aufführen, wie es Christen geziemt, dann hege ich keine Zweifel. Aber wenn wir hier nicht alsbald Disziplin und Gehorsam einführen, dann zweifle ich sehr daran", brachte Juan Sanchez das Gespräch wieder in die gewünschte Richtung.

Aber Harana wich erneut aus: „Wenn ich gewusst hätte, ..."

Juan Sanchez zog eine verächtliche Grimasse: „Wir haben alle gewusst, auf was wir uns einlassen. Und wir haben einen Auftrag: Wir müssen für unsere königlichen Majestäten und für unseren Herrn Admiral diesen Stützpunkt hier aufrechterhalten, bis unsere Schiffe aus Spanien kommen! Wir müssen ausharren. Wir müssen das Goldland Cibao finden! Wir müssen Frieden mit den Indianern halten, damit sie uns vertrauen und uns zu ihrem Gold führen! Wir müssen unseren christlichen Glauben hier in diesem Land einpflanzen!" Er schnaubte kurz verächtlich, um dann noch hinzuzufügen: „Und nichts von alledem unternehmt Ihr."

Mit einer Geste der Resignation winkte Harana ab. Seine geflüsterten Worte waren kaum zu verstehen: „Ich wünschte, ich wäre in Cordoba geblieben."

Mild lag die Nacht über dem Urwald. Zikaden trommelten aufgeregt Liebeserklärungen durch das Unterholz. In den Baumwipfeln hetzten sich unter erregten Jagdrufen unbekannte Geschöpfe. Ab und zu krachte ein Zweig oder es rasselten Blätter und Früchte herunter.

Gurren, Zirpen, Rascheln und Rauschen – das unendliche grüne Dach und das nahe Meer vermischten ihre nächtlichen Atemzüge zu einem zauberhaften Singsang. An den Ästen tropfte es noch vom letzten Regenguss herab. Ein satter Mond stand wie ein reifer Käse am Himmel. Aus einigen Hütten flackerte verhaltener Feuerschein. Das Dorf Caracol lag bereits im Schlaf. Weit hatten es Escobedo und seine Männer nicht gebracht. Ihr Ausmarsch aus dem Fort fand schon bei den Hütten des Guacanagari ein schnelles Ende. Denn tiefer in den Urwald einzudringen, wagte der Notar in der Dunkelheit und bei den ständigen Regenstürzen nicht. Außerdem, wieso lange Wege gehen? Gab es nicht schon in Caracol genug zu holen? Escobedo marschierte mit seiner waffenstarrenden Truppe in das schlafende Dorf ein und schlug mit seinen Männern mitten auf dem Dorfplatz ein Lager auf. Direkt vor dem Eingang zur Hütte des Guacanagari fachten die Spanier ein Feuer an.

Erst irrten nur einige schlaftrunkene Tainos herbei ohne zu verstehen, was gerade geschah. Dann krochen immer mehr aus ihren Hütten. Nach einigen Minuten herrschte aufgeregtes Geschnatter. Aufgescheuchte Tainos zeterten armerudernd gegen die Spanier und erregten sich über die ungebetene nächtliche Belästigung. Schließlich erschien Guacanagari im Eingang seiner Hütte. Es sprach für seine Klugheit, dass er sich das Treiben zunächst eine Weile gelassen anschaute – und dann seine Leute beschwichtigte. Nächtliche Gäste? Na schön, sie sollten Gastfreundschaft erfahren. Er gab Befehl, den Spaniern Essen zu bringen und Chicha, den Maisschnaps der Tainos. Als sich dann auch noch ein paar kichernde Taino-Frauen in eindeutiger Absicht unter die Spanier mischten, verdrückten sich die Empörten schnell in ihre Hütten. Damit gehörte der Dorfplatz von Caracol jetzt Escobedos Männern. Nach kurzer und ausgelassener Einstimmung machte sich schnell allgemeine Erschöpfung breit. Die Nacht war schon zu weit fortgeschritten. Die Spanier schnarchten bald allesamt sorglos vor sich hin, manche in inniger Umarmung. Auch Escobedo übermannte der Schlaf. Niemand hielt Wache. Es war auch nicht nötig. Sie blieben unbehelligt.

Caracol und La Navidad lagen nur wenige Steinwürfe voneinander entfernt, noch in Sichtweite voneinander. Selbst nachdem er die Nacht tatenlos hatte verstreichen lassen, wäre es Kommandant Harana auch am nächsten Morgen noch ein Leichtes gewesen, mit ein paar entschlossenen Männern die Meuterer wieder zurückzuholen. Aber er unterließ es: auch, als er am nächsten Morgen erfuhr, Rodrigo de Escobedo und weitere neun Männer fehlten. Und mit diesen auch eine große Menge an Waffen, Geräten und Lebensmitteln. Gleich fünf der unersetzlichen Arkebusen mitsamt Bleikugeln und Pulver waren verschwunden. Die ganze Festung besaß nur zehn dieser Feuerwaffen. Außerdem hatten Escobedo und seine Meuterer fünf Steharmbrüste entwendet, zehn Schwerter und zehn Piken. Die Bande war also bis an die Zähne bewaffnet losgezogen.

„Die Bombarde ist noch da", meldete Pedro Gutierrez süffisant, als er dem völlig geknickten Kommandanten Rapport erstattete. Als hätte Harana froh sein müssen, dass ihm wenigstens das große Geschütz gelassen wurde.

Gutierrez strahlte feist und ungeniert. Ihm schien der Coup seiner Kumpane gewaltig zu imponieren. Es stellte sich eigentlich nur die Frage, warum Escobedo seinen treuesten Spießgesellen nicht auch noch mitgenommen hatte. Es gab dafür nur einen Grund: Gutierrez stand im Rang des stellvertretenden Kommandanten. Escobedo hingegen bekleidete in La Navidad offiziell kein Amt und verfügte über keinerlei amtliche Autorität. Escobedo hatte somit nichts zu verlieren. Gutierrez aber hatte viel zu gewinnen. Was immer mit Harana geschehen mochte, er stand als sein legitimer Nachfolger bereit.

Mit Escobedo waren acht ehemalige Niña-Matrosen losgezogen und nur ein Mann der ehemaligen Besatzung der Santa Maria: Jacomo Rico! Bruder Leichtfuß, das Großmaul. Der war schon lange Escobedos Jünger, folgte immer dem, der ihm am meisten Gewinn versprach.

Es gärte in Rodrigo: „Hätte ich auch dabei sein sollen?" Er erwog den Gedanken nur kurz. Nein! Escobedo agierte als Aufrührer, als Unruhestifter. Und Rodrigo hatte auch all die Demütigungen und Anfeindungen noch nicht vergessen, die er ihm auf der Santa Maria zugefügt hatte. Noch betrachtete er Escobedo als seinen Feind; hielt er es für klüger, auf Harana zu setzen.

Die Niña-Matrosen, die Escobedo folgten, kannte Rodrigo nicht besonders gut. Auch dieser Umstand sprach dagegen, in Escobedos Lager zu wechseln. Denn diese Übriggebliebenen von der Niña waren wenig vertrauenserweckende Gestalten: der schmierige Carlos de Cuellár, der Trunkenbold Alonso Morales, der halbwüchsige Francisco, der undurchsichtige Diego Lorenzo, Pedro de Lepe, Andrés, Gonzalo – alles heimatlose Kerle ohne Skrupel, ohne Moral und ohne Verstand. Was würde Escobedo mit diesem wüsten Haufen alles anrichten?

Als Escobedo und seine Männer an diesem Morgen nach und nach in Caracol auf die Beine kamen, wurden sie zwar von einigen staunenden Tainos beglotzt, blieben ansonsten aber unbehelligt. Nur das Geschrei und das aufgeregte Kommandieren, das von Navidad herüberklang, machten deutlich, dass dort Aufregung herrschte.

Escobedo grinste frech, als er sich seinen Harnisch umschnallte und den Helm festzurrte. Er und seine Männer ließen sich verköstigen, er fühlte sich ausgeschlafen und tatendurstig. Gönnerhaft winkte er Jacomo Rico zu sich: „Kamerad, jetzt gilt es. Der Quakanari soll uns ein paar von seinen Leuten abstellen, damit die uns zu den Dörfern führen, in denen es Gold gibt. Sag ihm, wir wollen eine kleine Expedition unternehmen, um die schöne Insel kennenzulernen." Der Notar zog eine hämische Grimasse.

Jacomo, der in seinen Matrosenhosen und dem Brustharnisch aussah wie die Parodie eines Soldaten, zwängte seine wirren Locken unter den Halbhelm und feixte: „Er könnte uns auch ein paar Weiber mitgeben!"

Escobedo winkte ab: „Davon finden wir unterwegs genug. Hoffe ich jedenfalls. Jetzt mach voran!"

Jetzt bei Tageslicht hielt sich bei manchem der Niña-Matrosen die Entschlossenheit sehr in Grenzen. Ernüchterung stellte sich ein. Aber einen Rückzieher wollte auch niemand machen. Jedenfalls nicht als Erster. Wieder setzte Regen ein. Binnen Minuten durchnässte die

Sturzflut alle bis auf die Haut. Der halbwegs ausgenüchterte Alonso Morales begann erst jetzt ernsthaft zu verstehen, in welches Spiel er da geraten war. Aber niemand machte Anstalten zur Umkehr. Nach einem Machtwort von Guacanagari gesellten sich auch ein paar eingeborene Führer zu Escobedos Trupp. Ihr Wortführer hielt den Kopf gesenkt, so dass ihm der Regen über den Nacken den Rücken hinunter lief. Es war ein eingeschüchterter junger Krieger, der geduckt vor Escobedo Kotau machte und wie jemand wirkte, dem man ganz finstere Schauermärchen über die Spanier erzählt hatte. Er tänzelte mit seinen Stammesgenossen dienstbeflissen voraus, als sich Escobedos Bande trotz der Fluten, die der Himmel über ihnen ausschüttete, im Gänsemarsch in Bewegung setzte. Escobedo marschierte an der Spitze, gefolgt vom schmierigen Carlos. Das Ende des Zuges bildeten der auffallend schweigsam gewordene Alonso Morales und Jacomo Rico, der unverhofft so etwas wie Escobedos Stellvertreter geworden war. So verließen die Spanier Caracol und tauchten hinter Regenschlieren im grünen Urwald ein. Guacanagari, umringt von seinen Weibern und Ratgebern, sah ihnen lange nach. Auch als die Spanier längst vom Blätterwald verschluckt waren, starrte der Häuptling noch auf die Stelle, an der sie verschwunden waren. Der zahnlose Amayáuna neben ihm räusperte sich und stellte lakonisch fest: „Die Schlange ist aufgewacht und hat Appetit bekommen“.

Guacanagari löste sich aus seiner Erstarrung: „Hast du ihre Feuerstöcke gesehen?“ Es klang wie: Was soll ich jetzt tun?

Der Alte hüstelte, um sich vor einer Antwort zu drücken. Also sprach Guacanagari zu sich selbst: „Sie sind mächtig und furchtlos. Sie haben gewaltige Kräfte. Es ist besser, sie sind unsere Freunde als unsere Feinde! Und ich habe ihrem Anführer-Kapitän versprochen, seine Männer zu beschützen.“

Amayáuna, der gebückt dem Häuptling kaum bis zur Brust reichte, schielte diesen von unten herauf an. Gedehnt sagte er: „Man hat Caonabos Krieger gesehen, vergangene Nacht. Sie schlichen um das große Haus der Spanier herum.“

Es herrschte zwar nicht gerade Krieg mit Caonabo, aber auch nicht die große nachbarschaftliche Freundschaft. Aber der Taino-Häuptling hörte es nicht gerne, dass die Maguana-Krieger vor seiner Nase umherschlichen, als wären sie im eigenen Revier. Mit einem unwilligen Abwinken entfernte Guacanagari sich. Amayáuna kratzte sich nachdenklich an der Schläfe und murmelte fast unhörbar: „Ich bin alt. Mein Leben ist es ja nicht mehr!"

Escobedos Truppe schlug trotz der Sintflut ein strammes Tempo an. Unter Führung des Taino-Jünglings ging es auf verschlungenen Pfaden, die sich dem unkundigen Auge kaum erschlossen, durch das feuchte Laubgewirr. Der Trupp bewegte sich zunächst einige Leguas landeinwärts und dann in nordöstlicher Richtung am Fuße einer weit ins Landesinnere reichenden Hügelkette immer parallel zur Küste. Gegen Mittag erreichten sie eine nur aus fünf windschiefen Hütten bestehende Siedlung. Bis auf eine taub, lahm und blind in ihrer Hängematte liegende alte Frau schien es von allen Bewohnern fluchtartig verlassen worden zu sein. Escobedo hieb mit einem einzigen wütenden Schwertstreich die Schnüre der Hängematte durch, so dass das leblose Bündel zu Boden fiel und sich im Staub zusammenringelte. Mit einem zweiten Schwertstreich trennte er den Kopf der Frau vom übrigen schrumpeligen Körper ab, noch ehe auch nur einer seiner Männer ein Wort des Einspruchs hätte erheben können. In Escobedos Augen brannte ein wildes, fanatisches Feuer. „Die hat jemand gewarnt. Die sind abgehauen", fluchte er lautstark und hieb kurz und klein, was ihm unter die Klinge kam.

Der Taino-Jüngling und seine Begleiter schlugen sich daraufhin hastig in die Büsche und waren nicht mehr wiedergesehen. Jacomo Ricos Bemühungen, wenigstens einen von ihnen wieder einzufangen, scheiterten im dichten Dschungel nach wenigen Schritten.

Mit dem Tod der Alten war Escobedos erschreckend zum Ausbruch gekommene Mordlust keineswegs befriedigt, eher angestachelt. Zu seinen Füßen sickerte Blut ins Erdreich. Unbeholfen standen die anderen um ihn herum.

„Worauf wartet ihr? Sucht nach Gold!", brüllte Escobedo. Er schwang sein Schwert im Halbkreis über dem Kopf.

Das magische Wort. Die Triebfeder ihres Handelns. Die einzige Verheißung, nach der sie sich reckten. Darum waren sie ausgezogen. Eine schreckliche, unbegreifliche Sucht. Die Männer schwärmten lärmend aus und nahmen die wenigen armseligen Hütten des verlassenen Dorfes auseinander. Angestachelt von Escobedo steigerten sie sich in einen gewalttätigen Eifer. Kein Balken blieb auf dem anderen, kein Behältnis an seinem Platz, keine Hängematte, kein Kochtopf, kein Wandvorhang, kein Palmendach unversehrt. Ungeahnte, außer Kontrolle geratene Zerstörungswut brach sich ihre Bahn. Beim Zerstören, Auseinanderreißen und Kleinhacken entlud sich all die angestaute Energie. Und überall dazwischen tanzte mit glühenden Augen Escobedo wie ein Wahnsinniger. Vielleicht war er längst einer.

Die Ausbeute nahm sich vergleichsweise gering aus: Sie stöberten ein paar Goldblättchen und Körnchen auf, kaum der Rede wert.

„Es gibt noch mehr Indianerdörfer“, schnaubte Escobedo und zurrte entschlossen seinen Helmgurt fest.

„Und Weiber“, ergänzte Jacomo Rico, bei dem sich die Schnüre einer zerfetzten Hängematte im Schwertknauf verheddert hatten. Erfolglos versuchte er, sie wieder abzustreifen.

Wenig später verließen sie die Stätte ihres blinden Tobens. Bisweilen legte der Regen Pausen von einer halben oder einer dreiviertel Stunde ein, nur um dann mit noch größerer Gewalt und in noch größeren Mengen erneut aus den Wolken hervorzubrechen und den Urwald zum Kochen zu bringen. In dieser dampfenden Hölle behielt Escobedos Bande die Richtung vom Vormittag bei und drang weiter ins Landesinnere vor. Als sie die Hügelkette zur Hälfte erklommen hatten, lichtete sich das dichte Dschungeldach und eröffnete zur Küste hinunter den Blick auf eine Lagune, die weit ins Land hineinreichte. Aber für die Schönheiten der Landschaft fehlte den Spaniern der Blick.

Am Abend schlugen sie unter feuchtnassen Urwaldriesen ein karges Lager auf, wo es ihnen nur mit Mühe gelang, ein Feuer zu entzünden. Am nächsten Tag querten sie den Hügelkamm und fanden sich bald in einer nur mäßig bewaldeten, von vielen Büschen besprenkelten Steppenlandschaft. Dort irrten sie, stets von tropischen

Regengüssen begleitet, zwei Tage lang ziellos umher, ohne einer einzigen Menschenseele zu begegnen. Die Stimmung sank am Abend des zweiten Tages merklich, die Vorräte gingen zur Neige und schon sprachen die ersten Matrosen von Umkehr. Aber in der Nacht entdeckten sie einen Feuerschein in östlicher Richtung, so dass sie voller Ungeduld bereits Stunden vor dem Morgengrauen in jene Richtung aufbrachen.

Als der Tag erfreulich wolkenfrei heraufgraute und eine rötliche karibische Sonne sich am Himmel herausputzte, standen die Spanier in glitzernder Rüstung auf einer kleinen Anhöhe und blickten frohlockend auf ein Eingeborenendorf hinunter. Ein kleiner Bach, normalerweise eher ein Rinnsal, von den Regenfällen der letzten Wochen aber zum wilden Fluss angeschwollen, trennte das Dorf noch von Escobedo und seinen Männern. Am Ufer des Baches nahmen einige Indianerinnen arglos ihr Morgenbad. Als die Spanier plötzlich vor ihnen standen, blieb ihnen keine Gelegenheit mehr zur Flucht. Einige kreischten, einige standen wie gelähmt vor Schreck, einige warfen sich ehrfürchtig und ergeben zu Boden. Escobedo und Diego sprangen behende über sie hinweg und schritten entschlossen durch das hüfthohe Wasser. So schnitten sie den Indianerinnen den Rückweg zum Dorf ab. Von dort tauchten jedoch wegen der Schreie schon die ersten Indios auf und hoben sofort zu einem großen Heulen an.

Antonio Carlos de Cuellár und zwei andere Matrosen scheuchten mit gezückten Schwertern die Frauen zusammen. Mit ihren schwarzen Bärten und wilden Blicken mussten sie den völlig arglosen Indianerinnen wie Monster aus der Unterwelt vorkommen. Mehr als ein Dutzend Indiofrauen sammelten sich im Kreis, darunter zwei, drei Mädchen, nicht älter als zehn oder zwölf Jahre, auch zwei alte Frauen, sonst vorwiegend welche mittleren Alters. Wie üblich trugen sie keine Kleidung. Ihre Nacktheit nahm Escobedos Gesetzlosen die letzten Hemmungen. Laute Schreie und Kommandos hallten durch den Morgen. Mit Tritten und Faustschlägen scheuchten die Spanier die Gruppe vor sich her. Die Indioweiber wehrten sich nach Kräften. Als eine von ihnen ausbrechen wollte, flog ein Schwert, eine Klinge blitzte durch die Luft, und schon lag die Indianerin schreiend in ihrem Blut. War es Antonio de Cuellár, Pedro de Lepe oder gar Jacomo Rico gewesen? Dieser erste Schwerthieb wirkte auf die anderen wie das lange erwartete Signal zum Loswüten.

Schon im ersten Sturm streckten wilde Schwertstreiche zwei weitere Frauen nieder. Auch die alten Vetteln verbluteten im Sand. Eines der Mädchen starrte ungläubig auf eine lange klaffende Wunde am Bauch.

Schon wandt sich eine junge Indianerin verzweifelt unter den Griffen von Jacomo Rico, der nicht schnell genug die Hosenkleider herunterreißen konnte.

Vom Dorf stürmten mit Wutgeheul die ersten Taino-Krieger herbei. Escobedo und Diego Lorenzo hatten auf diesen Angriff freudig gewartet. Sie gaben auf die drohend brüllenden Indianer eine Salve aus ihren Arkebusen ab. Die schweren Bleikugeln trafen zwei der heranstürmenden Indios im Lauf, rissen sie herum und wirbelten sie rückwärts durch die Luft. Damit kam der Vorwärtssturm der anderen sofort abrupt zum Stehen. Schon griffen Escobedo und Lorenzo nach den beiden nächsten geladenen Vorderladern und streckten zwei weitere Indios nieder. Der Schock, den dieser Kugelhagel unter den Tainos auslöste, war gewaltig. Im Gras wälzten sich mit todbringenden Wunden vier der Ihren. Die weißen, bärtigen Eindringlinge standen unerreichbar weit von ihnen entfernt und zielten mit rätselhaften Stöcken auf sie. Da es so etwas in der Taino-Welt nicht gab, begriff es auch keiner. Übermächtige Götter! Zwei weitere Schüsse fielen, weitere Indianer stürzten.

Am Bach vergewaltigten die dort zurückgebliebenen Matrosen zwei der Indianerfrauen. Zwei weiteren, die sich wehrten, schlugen sie die Köpfe ab. Die spanischen Schwerter fuhren blutig durch die Leiber. Jetzt spielte es keine Rolle mehr, wer die Gewaltorgie eröffnet hatte. Jeder machte mit.

Nachdem die Wand der heranstürmenden Krieger zum Stehen gebracht war, stürmte Escobedo mit gezücktem Schwert voran. Diego Lorenzo und Antonio Carlos de Cuellár folgten ihm, dann auch Pedro de Lepe, Gonzalo Franco, Andrés sowie die beiden Jüngsten,

Francisco und Fernando. Alonso Morales und Jacomo Rico blieben bei den Frauen. Vier von ihnen lebten noch.

Aus dem Haufen wild entsetzter Indianer, die sich dem Wüten der Spanier entgegenstellten, starb einer nach dem anderen. Unter den Schwertern der Eindringlinge zersplitterten hilflose Speere und Holzschwerter; Arme, die sich erhoben, wurden mit einem Streich entzwei gehauen, Schädel gespalten, Leiber aufgeschlitzt. Die Indios warfen sich mit blankem Todesmut in die ungleiche Schlacht. Die Spanier pflügten mit ihren überlegenen Waffen durch die Überzahl an Körpern wie der Bauer mit seinen Sensen durch ein Weizenfeld. Ihre Blutgier stieß auf eine ebenso verblüffende wie unsinnige heroische Opferbereitschaft der Indianer.

Binnen weniger als einer Viertelstunde lagen Dutzende von Leichen im blutgetränkten Gras. Wer sich noch bewegte und krümmte, den stachen die entfesselten Bestien unter wütendem Triumphgeschrei ab: Männer, Frauen, Kleinkinder und Säuglinge, ohne Unterschied.

Einige wenige Dorfbewohner, die sich nicht in das aussichtslose Getümmel warfen, ließen ihre Habseligkeiten stehen und liegen und flohen Hals über Kopf in den nahen Wald. Auf diese Weise gelang vielleicht einem knappen Dutzend die Flucht. Diese Wenigen würden allerdings ausreichen, die ganze Insel Hispaniola in Alarmbereitschaft zu versetzen. Escobedos Truppe hatte binnen kürzester Zeit beinahe ein komplettes Dorf abgeschlachtet. Der kleine Bach schimmerte schwarzrot von Blut. Nur sieben Gefangene wurden gemacht. Sieben junge Frauen.

Keinem der Spanier war auch nur ein Haar gekrümmt. Ihre Helme und Harnische hatten sie vor den Speeren und Pfeilen der Indianer bestens geschützt, auch Keulenhiebe und Steinwürfe konnten ihnen nichts anhaben. Die einzige Schramme verzeichnete Jacomo Rico: ein Kratzer, den er stolz vorzeigte, zog sich quer über seine Wange, weil sich die erste Indianerin am Bach mit Krallen und Zähnen gegen ihre Vergewaltigung gewehrt hatte. Sie lag jetzt tot im rot gurgelnden Wasser.

Möglicherweise klebte Jacomo das wenigste Blut an den Händen. Denn er hatte sich am Abschlachten nicht beteiligt, weil er zuerst anderes im Kopf gehabt hatte.

Plötzlich lag bleierne Stille über dem Dorf. Ein Schleier des Todes senkte sich über die Szenerie. Moskitos schwärmten über den Leichen. Es stank nach Blut und Eingeweiden. Nun wäre Regen willkommen gewesen. Aber er blieb aus. Die erschöpften Männer ließen sich ins Gras fallen. Sie wandten dem Schlachtfeld die Rücken zu. Nur Andrés schielte kurz über die Schulter zurück, der Junge aus Huelva, der eigentlich einmal vorhatte, dem Kloster La Rabida in Palos beizutreten, sich dann aber doch für die Schifffahrt entschieden hatte. Er schlug die Hände vor sein Gesicht. „Oh Gott, oh mein Gott, was haben wir bloß angerichtet?"

Diego Lorenzo, der ihm am nächsten saß und die Klage hörte, erwiderte kaltblütig: „Es ist nicht der Rede wert. Wir hätten Hunderte von ihnen erledigen können. Sie können nicht kämpfen. Damals gegen die Mauren, das war eine andere Sache."

„Hör auf! Hör auf!", flüsterte Andrés und raufte sich das blutverschmierte hellbraune Haar.

Diego Lorenzo, wohl einer der Hartgesottenen, zuckte mit der Schulter und drehte sich zu seinem Nachbarn zur Linken, zu Gonzalo Franco hin um. „Ich weiß nicht, was er hat", sagte er, bekam aber keine Antwort. Auch Gonzalo Franco saß apathisch im Gras und stierte verstört auf seine blutigen Hände. Auf einmal war ihnen fast allen nicht mehr nach Grölen, Johlen und Triumphieren zumute. Nur Escobedo, Diego Lorenzo und Antonio de Cuellár blieben unbeeindruckt.

Die gefangenen Indianerinnen saßen Rücken an Rücken aneinandergekauert, Entsetzen stand in ihren weitaufgerissenen Augen. Aber sie heulten und wimmerten nicht, wie sie es zuerst getan hatten. Sie blieben stumm.

Ächzend richtete Escobedo sich auf und warf einen flackernden Blick in die Runde. Dann stahl sich ein verschlagenes Grinsen auf seine Fratze: „Ein Hoch auf Spanien!", brüllte er. „Es lebe der König! Es lebe die Königin!"

Die anderen stimmten mit ein. Ein absurdes Triumphgeschrei, das den Namen der spanischen Majestäten missbrauchte, für nichts anderes als vielfachen brutalen Mord. Das gezückte Schwert, noch vom Blut triefend, hoch über dem Kopf in den Himmel gereckt, stand Escobedo breitbeinig auf dem Abschlachtfeld, warf fanatisch glühende Blicke in die Runde und feuerte seine Männer an: „Und jetzt nehmen wir die Hütten auseinander. Sucht nach Gold. Sucht nach Gold! Gold! Gold! Gold!"

Escobedos Plünderer fanden viel mehr Gold, als sie es sich je erträumt hatten: Stifte, Plättchen, kleine Ohrgehänge, goldene Löffel, goldverzierte Gürtel, Armreife und Stirnbänder, rohe Körnchen, feste Klumpen; Gold in allen nur denkbaren Ausformungen und Mengen. So viel, dass jedem von ihnen in Spanien damit ein sorgenfreies Dasein sicher war. Sie füllten alles unter gegenseitiger gieriger Kontrolle in kleine Säckchen ab, die zuerst Escobedo sich an den Gürtel hängte. Aber er musste die Schätze auch noch an Jacomo Rico und an Diego Lorenzo verteilen, weil er selbst nicht alles schleppen konnte. Die Schlangenblicke der übrigen Männer bargen unruhiges Misstrauen. Von nun an ließen sie ihre Kameraden keine Sekunde mehr aus den Augen. Manch einer tastete sein Wams ab, ob das, was er hinter dem Rücken Escobedos beiseite geschafft hatte, auch wirklich sicher verwahrt war.

So beladen und infiziert von Goldgier verließ die Räuberbande die Stätte ihres Massakers, von der der süßliche Geruch des Todes aufstieg. Unruhig lauerten auf den Hüttendächern die Aasvögel und andere Räuber im nahen Unterholz nahmen gierig Witterung auf. Es würde einen Festschmaus geben.

Die waffenklirrende Truppe schlug sich schwerbeladen in die Büsche, in ihrer Mitte sieben geschändete, aneinandergefesselte junge Frauen. Die Spanier ließen sie nicht aus Mildtätigkeit am Leben, sondern zu dem einen und einzigen niederträchtigen Zweck, den sie schon kennengelernt hatten: Um den edlen Herren dauerhaft zur Verfügung zu stehen.

Das nächste Dorf, auf das sie am folgenden Tage trafen, war bereits vorgewarnt. Frauen, Kinder, Alte und Kranke hatten sich längst in

Sicherheit gebracht. Eine mutige Schar junger Männer stellte sich grimmig den Spaniern in den Weg, verschoss einen Hagel wirkungsloser Pfeile, schleuderte einen ähnlichen Hagel ebenso wirkungsloser Speere, ließ noch einen wütenden Steinhagel folgen, der immerhin dem jungen Francisco eine erhebliche Beule an der Stirn einbrachte, und sprang dann entsetzt in alle Himmelsrichtungen davon, als aus den Arkebusen erste Schüsse fielen.

So eroberte Escobedos Trupp dieses Dorf mehr oder weniger kampflos. Hier standen mehr als zwanzig Hütten. Eine jede fasste zwanzig bis dreißig Personen, so dass dieses Dorf bald fünfhundert Bewohner haben musste. Aber die Spanier sahen davon nur die kleine Schar junger Krieger, die Reißaus nahm, nachdem sie die Wirkungslosigkeit der eigenen Waffen erkannt hatte. Wo steckten die anderen Dorfbewohner? Trugen sie bereits die Nachricht von den blutgierigen Schlächtern, die sich Christen nannten, über die Hochebene hinaus in alle Winkel von Hispaniola? Oder kauerten sie noch ängstlich in ihren Verstecken, in nahen Felshöhlen und im Unterholz, und sehnten herbei, dass die Spanier endlich weiterzogen?

Aber erst nachdem Escobedos Horde auch hier beträchtliche Mengen an Gold zusammengetragen und sämtliche Vorräte geplündert hatte, zogen die Spanier weiter – nicht jedoch, bevor sie die Hütten zu einem Freudenfeuer angezündet hatten.

In der darauffolgenden Nacht starb eine der sieben mitgeschleppten Indianerinnen an den Folgen der immerwährenden Misshandlungen. Eine zweite hatten die Barbaren so zugerichtet, dass sie ihnen lästig und überdrüssig wurde. Sie ließen die Bewusstlose im Dschungel zurück.

Ein weiteres Dorf, welches Escobedos Bande zwei Tage später erreichte, brannte bereits in hellen Flammen. Die Bewohner hatten es selbst in Brand gesteckt. Wieder fanden die Spanier reichlich Gold, aber sie sahen keine Menschenseele und niemand stellte sich ihnen entgegen. Es hatte sich also herumgesprochen, dass Opfermut und Kühnheit gegen ihre Waffen und Rüstungen nichts auszurichten vermochten.

In der Nacht aber zischten plötzlich unversehens Pfeile aus dem Unterholz. Escobedo und die Männer in seinem wahnsinnigen Haufen mochten blutgierig, geil und vom Gold geblendet sein, aber sie waren weder blind noch lebensmüde. Sie erkannten die Gefahren. Und Escobedo hielt einen gewissen Drill aufrecht. So lagerten und nächtigten sie stets in vollem Geschirr. Das erwies sich in dieser Nacht als ihre Rettung. Sämtliche Pfeile prallten an den Rüstungen ab. Der Versuch, auch nur eines Angreifers habhaft zu werden, schlug allerdings ebenfalls fehl. Antonio de Cuellár und Diego Lorenzo, die ins Unterholz stürmten, um sich die unsichtbaren Schützen zu greifen, kamen schnell dornenzerkratzt zurück. Escobedo brüllte wütend: „Keiner verlässt die Gruppe auf eigene Faust. Seid ihr wahnsinnig? Wir müssen zusammenbleiben. Lasst euch bloß nicht hinauslocken."

So hockten sie im engen Kreis beieinander und durchwachten die Nacht.

Am nächsten Tag stand für Escobedo fest: „Wir müssen zurück nach Navidad. Wir sind zu wenige, um uns hier auf Dauer zu behaupten. Alle Dörfer im Umkreis wurden sicher inzwischen vor uns gewarnt. Immer mehr werden sich uns entgegenstellen. Hier kommen wir nicht weiter."

Jacomo Rico grinste und hob einen der prall gefüllten ledernen Goldbeutel in die Höhe: „Das hier wird unsere Kameraden in La Navidad überzeugen. Wir werden bei unserem nächsten Streifzug sehr viel mehr sein!"

Die Spanier kehrten um. Die fünf verbliebenen Indiofrauen nahmen sie mit. Seit ihrem Aufbruch aus La Navidad waren sie nun vierzehn Tage unterwegs. In dieser Zeit hatten sie die östlich von La Navidad gelegene, von zwei mächtigen Gebirgszügen eingebettete Hochebene durchkämmt. Mehr als dreißig spanische Leguas waren sie ins Landesinnere vorgedrungen. Den Rückweg, wiederum begleitet vom immerwährenden Trommeln des tropischen Regens, nahmen sie in strammen Tagesmärschen. Die Attacken aus dem Hinterhalt, denen sie sich fast jede Nacht ausgesetzt sahen, überstanden sie dank ihrer steten Wachsamkeit unbeschadet. Indios bekamen sie keine mehr zu Gesicht. Diese blutige Lehre hatten sie allen Bewohnern der

Hochebene erteilt: Wer am Leben bleiben wollte, der durfte den Spaniern nicht unter die Augen kommen.

Mehr als drei Wochen nach ihrem überstürzten nächtlichen Ausmarsch kehrten Escobedo und seine Leute goldbeladen und triumphierend nach La Navidad zurück.

XXVII. Die Verlierer

Pablo Perez, der Tischlersohn, saß mit geschlossenen Augen in der Mittagssonne vor der väterlichen Tischlerwerkstatt. Er träumte vom Meer. Vor seinem inneren Auge schäumte eine weiße Gischtwelle unter ihm. Er stand an der Reling einer Karavelle und ließ sich den Fahrtwind um die Stirn blasen. Sein schönes, ebenmäßiges Jungmännergesicht, mit erstem Flaum auf der Oberlippe und am Kinn, glänzte bronzebraun. Sein pechschwarzes Haar hing ihm in verwegenen Strähnen in die Stirn und bildete einen strubbeligen Scheitel, und weil er die Augen geschlossen hatte, gaben Pablos extrem lange, samtweiche Wimpern noch mehr als sonst dem schönen Antlitz eine anmutige Weichheit. Um seine vollen Lippen spielte ein feines Lächeln. Die Arme hatte er über der Brust verschränkt, die Beine weit von sich gestreckt. Aus der Werkstatt drangen keine Geräusche, denn auch der Vater hatte sich zum Mittagsschlaf hingelegt.

Pablos Traum handelte von Schiffen, von den Weiten des Himmels, von tiefgrünem, leuchtendem Wasser, aus dessen Tiefe geheimnisvolle Korallenbänke flimmerten, von Sandbänken und Stränden, von rollenden Brandungen und von haushohen Wogen, von sternenklaren Nächten und vom knatternden Geräusch voll geblähter Segel. Zur See fahren! Dieser Traum versprach endgültig Realität zu werden. Seit seiner Rückkehr galt er als etwas in Palos. Die Freunde von früher bewunderten ihn, klopften ihm auf die Schulter, wollten von seinen Abenteuern hören. Die Alten im Ort lupften die Mütze, wenn sie ihm begegneten, manche nickten anerkennend, viele suchten das Gespräch mit ihm.

Aber es war Rafael Sarmiento gewesen, der Steuermann, der Pablo das größte nur denkbare Lob ausgesprochen hatte. Als sie nach ihrer glücklichen Ankunft im Hafen von Palos die Pinta verließen, legte der schnauzbärtige Haudegen Pablo die Hand auf die Schulter und meinte: „Aus dir wird etwas, Junge. Du hast dich großartig gehalten. Vor allem in den Sturmnächten. Halte dich bereit, wenn wir wieder ausfahren!“

Das war nur ein Satz, läppisch dahingesprochen. Aber für Pablo bedeuteten diese Worte die Zukunft. Als unerfahrener Schiffsjunge hatte er die Reise mit der Santa Maria angetreten, als gefragter Matrose war er zurückgekehrt. „Halte dich bereit, wenn wir wieder ausfahren!“

Und dann klopfte es eines Tages an der Werkstatttür, als Pablo gerade dabei war, seinem Vater bei der komplizierten Verzapfung eines schweren Schrankes aus fein poliertem Nussbaumholz zu helfen. Eine Auftragsarbeit aus der Casa Pinzon. Dort stand eine Hochzeit bevor, wie die ganze Provinz wusste. Bei dem Schrank handelte es sich um ein Ausstattungsstück für die Braut, Catalina, die älteste Tochter des so rätselhaft verstorbenen Martin Alonso Pinzon. Ihre Vermählung mit dem Hidalgo Alonso Medel vertrug keinen Aufschub mehr. Sie hätte schon vor einem halben Jahr stattfinden sollen, doch wollte die Familie zuerst die Rückkehr ihres Oberhauptes und Brautvaters abwarten. Nachdem dieser nun gestorben war, drängte der ungeduldige Alonso Medel auf die baldige Besiegelung des Eheversprechens und weigerte sich, dabei auf die Trauerbedürfnisse von Doña Maria Alvarez, der Witwe Martin Alonsos, Rücksicht zu nehmen. So liefen im Hause Pinzon einerseits die emsigen Vorbereitungen zu diesem großen Festereignis, während andererseits die ganze Familie noch wie gelähmt vom Tode Martin Alonsos war.

Martin Arias, der älteste Sohn, nahm das Zepter in die Hand. Er führte die Geschäfte, er organisierte die Trauerfeierlichkeiten, er wimmelte ungebetene Besucher ab und schützte das Andenken seines Vaters so gut es ging, indem er so wenig wie möglich über die Umstände seines Todes nach außen trug. Das nährte zwar die Gerüchteküche und leistete der Legendenbildung Vorschub, doch das nahm er in Kauf. Mal hieß es, der alte Pinzon sei vergiftet worden, dann, er habe sich aufgehängt, dann wieder, er sei aus Kummer gestorben, und schließlich, er lebe noch, halte sich aber versteckt, weil er wegen seiner Alleingänge auf der Fahrt nach Westindien fürchte, Admiral Colón werde einen Prozess gegen ihn anstrengen. In der „Schildkröte", Maestre Bezals Spelunke, wo sich die Seefahrer und die Daheimgebliebenen trafen, wurden die Geschichten ausgemalt und weitergesponnen. Von hier nahmen sie ihren Weg durch die ganze Provinz Niebla, durch ganz Andalusien und schließlich durch ganz Spanien.

Pablo und sein Vater schauten auf. Beide hatten das Klopfen an der Tür gehört.

„Es ist offen!", rief der Vater.

Im Werkstatteingang stand Martin Arias Pinzon. Die massige Gestalt des Kaufmanns füllte die schmale Türöffnung fast vollständig aus. Er bückte sich, um nicht am Türbalken anzustoßen, und trat dann vorsichtig in die Werkstatt von Tischler Perez ein. Auf dem Lehmboden verstreut lagen Bretter, angefangene Werkstücke eines Bettes, Kisten, Latten und Balken, sodass Martin Arias Pinzon vorsichtig balancieren musste, um nicht auf irgendwelche Teile zu treten. Er hob seinen Umhang, um ihn vom Sägemehl fernzuhalten, das den Boden bedeckte, und trat zaghaft näher.

„Meister Perez, wie schön, Euch bei der Arbeit zu sehen. Ich komme, um nach meinem Brautgeschenk zu schauen. Es sollte heute fertig werden, wenn ich mich recht an unsere Abmachung entsinne."

Pablos Vater nickte beflissen, während er sich mit einem fleckigen Tuch, das wohl sein Großvater schon zum gleichen Zwecke in Gebrauch gehabt hatte, die Stirn abwischte.

„Sehr wohl, Señor, sehr wohl. Wir sind soweit, mein Sohn und ich. Alles ist bereit. Wir müssen den Schrank aber noch zusammenbauen und verzapfen. Das geht nur an Ort und Stelle, denn er ist so groß und schwer, dass wir ihn sonst nicht transportieren können."

„Ja, ja, schon gut, ich weiß das doch. Draußen steht mein Fuhrwerk. Zwei Ochsen werden den Schrank ja wohl fortbringen, hoffe ich. Ich schicke meinen Knecht, damit er euch beim Aufladen hilft."

So kamen Pablo und sein Vater auf einem Ochsenfuhrwerk zur Casa Pinzon, wo man sie in die Gemächer der künftigen Eheleute führte, damit sie den großen Nussbaumschrank aufschlugen, der eine ganze Wand ausfüllte. Während sie mit Hilfe des Pinzon-Knechtes und eines schwarzen Sklaven Stück für Stück die schweren Einzelteile im Hof abluden und von dort durch die große Empfangshalle die Treppe hinauf ins Obergeschoss schleppten, bekam Pablo Gelegenheit, das prunkvolle Haus zu bestaunen. So etwas hatte er noch nie gesehen. Ein großartiges, farbiges Gemälde erregte Pablos Aufmerksamkeit. Es hing im Empfangsraum an der Wand hinter dem massigen eichenen Schreibtisch, der eine ganze Ecke des Raumes beherrschte. Es zeigte eine biblische Szene: Apostel und Jünger Jesu, die am Strand eines Sees oder eines Meeres standen, in ihrer Mitte der Sohn Gottes, die Hände zum Gebet erhoben, das Gesicht dem Himmel zugewandt, wo aus mystischen Wolkenbergen grelle Blitze herabzuckten. Was Pablo am meisten faszinierte, das waren die Wellen im Wasser mit ihren Schaumkronen und den verschiedenen Farben, in denen sie leuchteten.

Sein Vater riss ihn aus den Träumereien: „Vorwärts, auf was wartest du? Hilf mir lieber, die Rückwände nach oben zu tragen."

Widerwillig folgte Pablo seinem Vater nach draußen, um die nächsten Schrankteile vom Wagen abzuladen. Während sie zu zweit schwitzend und mit größter Sorgfalt, um keines der wertvollen Schrankteile zu zerkratzen, ein großes Schrankbrett anhoben, fiel Pablos Blick nach oben auf die Galerie, die den Innenhof beherrschte. Dort stand ein junges Mädchen. Er kannte sie. Das war Isabella, die jüngste Tochter des verstorbenen Pinzon. Sie stand am schmiedeeisernen Geländer und beobachtete ihn. Er winkte nach oben. Sie gefiel ihm. Schon mehrfach war sie ihm aufgefallen, als sie mit ihrer Mutter oder ihrer Schwester Spaziergänge im Hafen unternommen hatte und er dort mit den anderen Jungen des Dorfes Mutproben veranstaltet hatte. Ihre wunderschönen, schwarzen Augen, groß wie Kastanien in einem ebenmäßig runden Gesicht, staunten zu ihm herunter. Sie winkte verlegen zurück. Jetzt lächelte Pablo sein strahlendes Jünglingslächeln. Unbekümmert machte er dem Mädchen schöne Augen.

„Hey, was ist? Was gibt's zu glotzen?", fragte Pablos Vater schroff. „Mach vorwärts! Oder sollen wir hier ewig brauchen?"

Warum ihn dieses Mädchen, das doch mindestens fünf Jahre jünger sein musste als er, so faszinierte, hätte Pablo nicht sagen können. War es ihr edles Gesicht? Ihre wundersame, teure Kleidung? Ihr rätselhaftes, bewunderndes Lächeln? Oder nahm ihn nur ihre gesellschaftliche Stellung gefangen, ihre hohe Herkunft?

„Wartet einen Moment, Vater", bat er. „Ich muss erst einen Schluck trinken." Betont langsam schlenderte er zum Zierbrunnen hinüber, der sich direkt unterhalb der Galerie befand, auf der oben Isabella stand. Als er den Brunnen erreicht hatte, tunkte er beide Hände zu einer flachen Schale geformt ins Wasser, das im Trog stand, und warf es sich ins Gesicht. Prustend schüttelte er den Kopf, sodass die Tropfen wie feine Perlen aus seinem Haar nach allen Seiten davonflogen. Dann schaute er nach oben. Er war sich seiner Wirkung bewusst. Er flirtete, wie es ihm seine Natur eingab. Isabella schaute ihm zu, den Mund leicht gekräuselt, als störte sie sich an irgendeiner Kleinigkeit.

„Ist irgendetwas?", fragte er in seiner sonnigen Art.

„Der Brunnen für die Dienstboten ist auf der anderen Seite des Hofes", sagte Isabella spitz. Gleich darauf hielt sie sich erschrocken die Hand an den Mund, als bereute sie diese Zurechtweisung.

Aber Pablo schien den Versuch dieser kleinen Demütigung gar nicht bemerkt zu haben. Grinsend und mit fröhlich leuchtenden Augen tauchte er die Hände abermals ins Brunnenwasser und trank einige Schlucke aus der hohlen Hand. „Ich bin kein Dienstbote", rief er dann ohne jegliche Bescheidenheit nach oben. „Ich bin Pablo Perez, der Sohn des Tischlers Perez. Und ein Seefahrer", fügte er nach einer kurzen Pause hinzu. „Ich war schon in Westindien, mit Eurem Herrn Vater!"

Isabella blieb stumm. Aber sie beobachtete Pablo weiter, während dieser zu seinem Vater zurückkehrte und mit diesem ein schweres Schrankteil ins Haus trug.

Seit seiner Rückkehr hatten Pablo und sein Vater immer wieder über die Fahrt gesprochen und auch über Pablos Wunsch, weitere Fahrten zu unternehmen, überhaupt dem Seemannsberuf nachzugehen.

Als sie jetzt nach getaner Arbeit gemeinsam wieder den Rückweg nach Palos antraten, brachte der Vater das Thema erneut zur Sprache, allerdings über Umwege: „Du wirst einen guten Tischler abgeben. Du beherrschst das Handwerk bald so gut wie ich", sagte er.

Pablo nickte, während sie nebeneinander weitergingen.

„Ich denke daran, dir bald die Werkstatt und das Geschäft zu übergeben. Jetzt, wo wir so gute Kundschaft und so viele Aufträge haben."

„Vater ... " Pablo setzte zu einer Erwiderung an, aber der Vater ließ ihn nicht zu Wort kommen.

„Und dann suchst du dir eine Frau. Ich habe da schon ein Mädchen im Auge."

„Vater ...", unternahm Pablo einen weiteren vergeblichen Versuch.

„Es ist Maria de Lepe aus Redondela in Huelva. Du weißt schon, ihr Vater ist der Fischhändler ..."

„Ihr Bruder ist Pedro de Lepe, ich kenne ihn", erwiderte Pablo ungehalten. „Er ist Matrose auf der Niña gewesen und er ist in La Navidad in Westindien zurückgeblieben."

„Ah, sieh an", sagte der Vater. „Das wusste ich gar nicht. Aber dann kennst du die Familie ja schon und das Mädchen wirst du mögen. Sie ist so alt wie du. Mit ihrem Vater habe ich schon gesprochen."

Jetzt begehrte Pablo auf: „Ich heirate sie nicht, Vater. Ich will zur See fahren. Ich melde mich freiwillig für die Flotte von Admiral Colón, wenn er zurück nach Westindien fährt."

„Das tust du nicht!"

„Doch, das tue ich. – Ich habe es schon getan."

„Was hast du?"

„Ich habe es schon getan. Rafael Sarmiento hat für mich einen Brief geschrieben. Man muss sich in Sevilla melden, beim Kronbeamten Juan de Fonseca. Dort gibt Sarmiento meine freiwillige Meldung ab."

„Fonseca, das ist der Erzbischof", stellte der Vater ehrfurchtsvoll fest.

„Ja. Er ist jetzt ernannt, alles zu organisieren, was Admiral Colón für seine nächste Fahrt nach Westindien braucht. Es heißt, er rüstet eine Flotte mit über zwanzig Schiffen aus. Und man sagt, diejenigen Männer, die schon auf der ersten Fahrt dabei waren, bekommen den Vorrang!"

Der Vater dachte nach, während die beiden stumm nebeneinander her gingen. Er reagierte nicht zornig, auch nicht bestimmend, wie es spanischen Vätern eigen war, sondern eher fassungslos. So erreichten sie die ersten Häuser von Palos.

Um das beängstigende Schweigen zu unterbrechen, deutete Pablo auf das glänzende neue Ziegeldach einer schiefen Lehmhütte, die sie gerade passierten. „Das da, ist das nicht das Haus des Yanez Montilla? Wie kann der sich ein neues Dach leisten, der Faulpelz? Ist er plötzlich reich geworden?"

„Er hat sich auch zwei Ziegen gekauft", erklärte der Vater. „Man sieht dem Geld nicht an, wo es herkommt. Aber auf rechtem Wege hat er es bestimmt nicht bekommen. Er ist seit zwei Jahren nicht mehr zur See gefahren."

„Ein schlechter Seemann ...", rutschte es Pablo heraus.

„Nein! Ein alter Seemann", verbesserte der Vater. „Und den kann kein Kapitän mehr gebrauchen. Auf spanischen Schiffen sind junge und kräftige Männer gefragt. Wenn sie ihr Alter erreicht haben, werden sie ausgemustert und verbringen den Rest ihres Lebens in Kneipen. Ein Tischler hingegen ..."

Jetzt ging Pablo dazwischen: „Das kümmert mich nicht, Vater. Mir wird es nicht so ergehen. Wenn es soweit ist, dann bin ich selber Kapitän. Eines Tages habe ich mein eigenes Schiff!"

Der Vater stöhnte verzweifelt. Aber insgeheim beeindruckte ihn die Gewissheit, mit der sein Sohn sprach. Und er kannte seinen Pablo. Der ließ sich von dieser Idee nicht mehr abbringen. Also ließ er das Thema ruhen, auch weil sein Wunsch, Pablo zum Nachfolger in der Werkstatt zu machen, nicht ankam gegen seinen Stolz, in Pablo einen künftigen Seefahrer zu sehen. Dieses Gewerbe stach alle anderen aus. Und wer in Palos wäre nicht lieber Seefahrer als alles andere geworden. Alle jungen Männer träumten davon. Auch Pablos Vater erinnerte sich an seine Jugendträume. Auch er wäre damals lieber zur See gefahren, hätte lieber Abenteuer in der fernen Welt erlebt. Er seufzte. Er hatte ja noch zwei weitere Söhne, die er für die Tischlerwerkstatt großzog.

Pablo dachte an diesen gemeinsamen Heimweg und an dieses Gespräch mit dem Vater, während er jetzt im Halbschlaf auf dem Bänkchen vor der Werkstatt träumte. Nein, der Vater hatte danach nichts mehr gesagt. Auch von der Hochzeit mit diesem Mädchen aus Huelva hatte er nicht mehr gesprochen. Welch ein Unsinn. Maria de Lepe. Pablo kannte sie nicht einmal. „Ich heirate doch kein Mädchen, das ich nicht kenne. Schon gar nicht die Tochter eines Fischhändlers." Er wischte im Reflex eine Fliege von seiner Stirn, weil sie ihn kitzelte und beim Träumen störte. „Wenn ich heirate, dann heirate ich ... dann heirate ich so eine ... so eine wie Isabella ... wie Isabella Pinzon." Mit diesem seligen Vorsatz versank er gänzlich in den Schlaf der hoffnungsvollen Jugend.

Hätte er gewusst, dass nahezu zur gleichen Zeit just jenes Mädchen, von dem seine anmaßenden Träume handelten, auch von ihm träumte, dem Tischlersohn, es hätte ihm den Schlaf geraubt. Aber so war es: Isabella Pinzon, die Traumprinzessin fast eines jeden Knaben in Palos, träumte von Pablo, der ihr zugezwinkert hatte. Sie träumte von diesem anmutigen Jungen, von der Art, wie er lächelte, wie seine Augen blitzten, wie er federnd ging, wie er seinen elastischen Körper bewegte. Sie träumte von diesem schönen, ebenmäßigen Gesicht. Sie schwärmte. Die elfjährige Isabella Pinzon verliebte sich gerade in den sechzehnjährigen Pablo Christóbal Perez.

Niemand durfte davon wissen. Nicht ihre Mutter, nicht die Amme und auch nicht Leonora und Catalina.

Die beiden Schwestern hatten derzeit ohnehin Wichtigeres zu tun. Die Vorbereitungen der Vermählung von Catalina mit Alonso nahm im Hause Pinzon alle in Anspruch, und ganz besonders Catalina. Es galt, Garderobe auszuwählen, Gästelisten anzufertigen, die Festivitäten zu planen, vom Empfang über den Gottesdienst bis hin zum Festessen und zum abendlichen Tanzvergnügen. Das Gesinde wurde eingeteilt, Diener eingewiesen, Sklaven bereitgehalten – einige liehen sich die Pinzons für den bevorstehenden Anlass von befreundeten Familien wie den Medels und den Quinteros aus. Außerdem musste die ganze Casa Pinzon auf Vordermann gebracht werden, denn mehr als 150 Gäste wurden erwartet, darunter der Erzbischof und der Graf von Niebla.

„Catalina, Catalina!"

„Lass mich jetzt in Ruhe, Isabella, ich habe keine Zeit." So ging das seit Tagen. Catalina hetzte durchs Haus, als fürchtete sie, die Hochzeit könne noch an irgendeiner Unwägbarkeit scheitern. Dabei war es die ganze Zeit der Bräutigam gewesen, der auf den Termin gedrängt hatte. Der junge Mann konnte es nicht mehr erwarten, nachdem er seiner Auserwählten beinahe zwei Jahre lang nach allen Regeln der Kunst den Hof gemacht hatte – stets unter den strengen Augen von Mama Doña Maria Alvarez. Denn es hätte sich natürlich überhaupt nicht geziemt, wenn die keusche und sittsam erzogene Catalina in irgendeiner Form vor der Heirat in Versuchung geführt worden wäre. Aber Alonso Medel wahrte, solange die strenge Mutter oder Amme in der Nähe waren, und das war eigentlich immer der Fall, stes vorbildlich alle Regeln des Anstandes. Er wusste, um welchen hohen Preis er sich bewarb, und er hütete sich, ihn fahrlässig zu verspielen.

Ein spanisches Mädchen höherer Herkunft hatte bis zu seiner Verheiratung keinerlei Möglichkeit, aus ihrem Korsett aus strenger Erziehung und eifersüchtiger Überwachung auszubrechen. Die Pinzon-Töchter kamen kaum aus dem Haus, es sei denn zum Kirchgang oder zum gesitteten Spaziergang, und auch dann nur in Begleitung. Catalina und ihren Bräutigam hatte man gezielt zusammengeführt, ein Arrangement, das noch der alte Pinzon eingefädelt hatte. Catalinas einzige Perspektive, der elterlichen Bevormundung zu entkommen, bestand darin, sich zu verheiraten. Wobei das Los ihrer Geschlechtsgenossinnen in jenen Kreisen, in denen Catalina und ihre Schwestern sich bewegten, wenig Anlass zur Hoffnung gab. Kaum verheiratet, unterstanden die jungen spanischen Frauen nämlich dem vermehrten Misstrauen der eigenen Ehemänner und tauschten lediglich die elterliche Gefangenschaft gegen die eheliche. Gewöhnlich war für die Frauen die glückliche Zeit des Träumens und Verliebens mit der Hochzeit zu Ende, denn ab diesem Tag ist die Frau nicht mehr das galant angebetete Idol, das sie einmal war, sondern sie wird zur Mutter und zur Hüterin des häuslichen Herdes. So weit dachte Catalina jedoch in all ihrer aufgeregten Vorfreude auf das Hochzeitsfest nicht und Isabella bei ihren schwärmerischen Träumen vom schönen Tischlersohn Pablo schon gar nicht.

Wieso drängte Alonso Medel derart zur Eile? Die Rücksicht auf die trauernde Witwe Doña Maria Alvarez Pinzon hätte eigentlich eine Verschiebung des Hochzeitstermins verlangt. Aber Alonso blieb stur. Die Kirche war bestellt, der Geistliche von San Jorge stand bereit, die Gäste waren alle geladen, das Fest organisiert. Wenige Tage vor dem anberaumten Hochzeitstermin erfuhren die Pinzon-Mädchen, was es mit dieser Eile auf sich hatte.

„Die Niños melden sich alle freiwillig zur neuen Westfahrt von Admiral Colón“, berichtete Onkel Francisco. Er lümmelte sich im schweren Ledersessel in der großen Halle, wo bis auf Doña Maria die ganze Familie Pinzon versammelt war.

„Die Niños, was soll das heißen?“, fragte Vizente Yanez, Isabellas Lieblingsonkel. „Die Niños sind viele. Ich alleine kenne ein halbes Dutzend.“

Francisco sonnte sich in seiner Wichtigkeit. Er brachte Neuigkeiten aus Huelva mit, wo er sich die letzten Tage aufgehalten hatte: „Alle Niños, die alt genug sind, zur See zu fahren. Die Brüder Juan und Peralonso Niño, die schon bei der ersten Fahrt dabei waren, aber auch Christóbal Niño mit seinem Neffen Francisco. Sie haben sich alle gemeldet, genauso wie Juan Quintero. Der will auch wieder mit. Die Niños stellen ein eigenes Schiff und Peralonso wird der Kapitän.“

Das waren Neuigkeiten.

„Das machen sie, obwohl der Admiral uns verraten und ausgebootet hat?“, wunderte sich Martin Arias. Er sah seine beiden Onkel an: „Was haltet ihr davon? Ihr kennt doch den Admiral. Wieso fahren die Niños wieder mit ihm.“

„Weil sie ihre Fahne in den Wind hängen“, schimpfte Francisco, der sich nach dem Tode Martin Alonso Pinzons als das neue Oberhaupt des Pinzon-Clans fühlte, diese Rolle aber lediglich durch Lautstärke auszufüllen vermochte.

Klüger und besonnener war da schon sein jüngerer Bruder, Vizente Yanez: „Nein! Sie fahren mit, weil sie erlebt haben, welch trefflicher Seeman Colón ist. Er navigiert wie ein Gott und er kann im Meer und am Himmel lesen wie kein Zweiter. Ich habe noch keinen vorzüglicheren Seefahrer zwischen Gibraltar und Skandinavien erlebt, als diesen Genuesen. Sie vertrauen ihm."

Martin Arias dachte weiter: „Das ist es nicht alleine. Colón ist nun Admiral des atlantischen Ozeans und Vizekönig der westindischen Länder. Das meint aller Länder, die er bereits entdeckt hat und die er noch entdecken wird. Er zieht gerade ruhmreich durch ganz Spanien und wird am Hofe von Ferdinand und Isabella empfangen. Was glaubt ihr, was die Niños sich erhoffen? Sie wollen sich in diesem Glanz sonnen, sie wollen am Ruhm teilhaben. Und die Flotte, die zur Ausfahrt vorbereitet wird, wenn alles stimmt, was man da hört, wird die größte, die Spanien je in ein fremdes Meer geschickt hat. Da ist ein Geschäft zu machen, das wittern die Niños."

Vizente Yanez pflichtete seinem Neffen bei. Der Kapitän erhob sich von seinem Stuhl, stellte den Becher mit Rotwein, aus dem er getrunken hatte, auf dem großen Tisch ab und schritt dann im Raum auf und ab: „Es ist eine große Sache! Ich wollte, ich könnte auch dabei sein."

„Du?", empörte sich sein Bruder Francisco. „Du wirst doch nicht ein zweites Mal diesem Betrüger und Dieb Colón folgen? Reicht es nicht, dass er uns auf der ersten Fahrt ausgestochen hat? Reicht es nicht, dass er unseren Bruder in den Tod getrieben hat?"

Vizente winkte ab. Er gab nicht viel auf das Urteil seines Bruders. Der war nun mal ein Einfaltspinsel und ein Großmaul. Er lohnte die Widerrede nicht.

In die aufkommende gespannte Stille platzte Alonso Medel, der ebenfalls in der Runde saß, mit seiner Ankündigung: „Ich werde mitfahren! Ich habe mich ebenfalls freiwillig gemeldet. Zusammen mit den Niños."

Isabella sah, wie neben ihr Catalina entsetzt die Hand vor ihren Mund hielt, um bloß nicht laut aufzuschreien. Die drei Schwestern saßen ebenfalls im Raum, ganz stumm und versteckt in der Ecke.

Dort hielten sie still und machten sich klein und unsichtbar. Es geziemte sich nicht, dass die Frauen sich in Debatten der Männer einmischten. Die Anwesenheit von Isabella, Catalina und Leonora wurde nur geduldet, sie zählten nicht.

In ihrer Not ergriff Catalina die Hand von Isabella und drückte sie fast zum Zerquetschen. Isabella biss sich auf die Lippen.

Alonso fuhr fort: „Wir haben nach der Hochzeit noch zwei oder drei Monate Zeit. Die Flotte soll von Cadiz absegeln. Ich werde mich mit den Niños dorthin begeben, sobald wir Nachricht von Don Juan de Fonseca aus Sevilla haben. Er stellt die Mannschaften und Offiziere zusammen."

„Ihr seid aber überhaupt kein Seemann, bester Freund. Wie wollt ihr auf dieser Fahrt einen Nutzen stiften?", stichelte Juan Pinzon süffisant. Der jüngere der Pinzon-Brüder konnte einen Anflug von Neid und Eifersucht in der Stimme nicht ganz unterdrücken.

„Wie man hört, soll Don Juan de Fonseca auch empfänglich für Gunstbeweise aller Art sein. Das erhöht die Chancen, von ihm für die Fahrt ausgewählt zu werden", bemerkte Francisco Pinzon mit ähnlich spitzem Unterton. Dann fuhr er fort: „Für einen Pinzon verbietet es sich auf jeden Fall, noch einmal mit Colón unter dessen Kommando zu fahren."

Vizente Yanez pflichtete ihm bei, wenngleich längst nicht so aggressiv: „Ich sehe das ähnlich. Das verlangt die Ehre der Pinzons. Colón hat uns um den Ruhm und um die Früchte der Entdeckungen betrogen."

„Nur will das in diesen Tagen niemand hören", warf, wie immer nüchtern kalkulierend, Martin Arias ein. „Die Krone hat kein Ohr dafür, denn sie giert nach den Schätzen, die der Admiral ihr versprochen hat. Die Kaufleute, die jetzt ihr Geld geben, wollen das nicht hören, denn ihnen winken blendende Geschäfte. Die Hidalgos, die sich jetzt alle freiwillig melden, wollen davon ebenfalls nichts hören, denn sie locken das Abenteuer und der Ruhm. So stehen die Dinge. Da ist die Familie Pinzon nicht gefragt."

Da saßen und standen sie nun, diese robusten und geschäftstüchtigen Pinzons. Francisco und Vizente Yanez, die beiden Brüder, die

Onkel. Und da stand auch Alonso Medel, der Bräutigam von Catalina, künftiges Familienmitglied, aber nicht gewillt, den Pinzons zuliebe auf die Fahrt mit Colóns Westindienflotte zu verzichten. Und noch einer stand dabei, versonnen mit dem Rücken an die Wand gelehnt, der bisher noch kein Wort gesagt hatte: Vetter Diego, „el Viejo", der Älteste von allen. Normalerweise waren diese Männer es, die die Ellenbogen einsetzten, um zu ihrem Vorteil zu kommen. Nun aber drehten Mächtigere, Reichere und Klügere an dem großen Rad. Die Pinzons hatten den Wettlauf mit Christóbal Colón verloren, fürs Erste auf jeden Fall, und das wurde ihnen in diesen Minuten in aller Deutlichkeit klar.

Diego räusperte sich. Alle Augen richteten sich auf ihn. Sein Wort besaß Gewicht, wenngleich man manchmal nicht sicher sein konnte, ob er ernst meinte, was er sagte, oder ob er nicht heimlich spottete: „Lasst Señor Medel ruhig mitfahren, mit dieser neuen Flotte. Er wird unser Spion sein. Wenn ich auch einsehe, dass ein Pinzon dort nichts zu suchen hat, so, wie das gelaufen ist, so müssen wir doch ein Interesse daran haben, alles zu erfahren, was auf dieser zweiten Fahrt passiert. Wir sollten deshalb froh sein, dass einer der Unseren dabei ist."

Alonso Medel warf dem Alten einen dankbaren Blick zu. Mit Unterstützung von dieser Seite hatte er überhaupt nicht gerechnet.

Martin Arias nickte bedächtig. So wie es aussah, hing es von seinem Urteil ab. Während er noch grübelte, platzte sein Onkel Francisco harsch dazwischen: „Wenn es nach mir ginge, dann kommt das nicht in Frage. Wir sollten eigene Schiffe ausrüsten. Wir kennen doch den Weg ..."

Jetzt ereiferte sich Vizente Yanez: „Mit Verlaub, Bruder, aber du redest Unsinn. Niemand, der nicht die ausdrückliche Erlaubnis Ihrer Hoheiten hat, darf Schiffe in jene Gegenden schicken. Dieses Privileg gehört nun Admiral Colón, und das ist unser Unglück. Aber gegen die Krone stelle ich mich deswegen noch lange nicht. Schlagt euch das eigene Schiff aus dem Kopf."

„Ich habe gehört, es werden nicht nur Seeleute und Soldaten mitgenommen, sondern auch Handwerker und Siedler", nahm Martin

Arias den Faden wieder auf. Es schien, als sei er zu einer Entscheidung gekommen.

Alonso nickte so heftig, dass sein dünner Oberkörper bebte: „So ist es! Die Krone will eine Faktorei in Westindien errichten, und es soll dort auch eine ständige Niederlassung gegründet werden. Deshalb sucht sie verlässliche Kaufleute, die mitfahren sollen."

„Stimmt, man wird Waren dort brauchen", sponn Martin Arias seine Überlegungen fort. „Man wird Waffen benötigen, Kleidung, Nahrung, Handwerkszeug. Tuche und Stoffe, Schuhe, Möbel, Nägel, Bettwäsche, Geschirr, Töpfe und Pfannen ..." Der Kaufmann in ihm fing Feuer. „Es müsste doch möglich sein, an diesem Unternehmen zu verdienen, auch wenn man nicht mit dabei ist", überlegte er laut. „Was meint Ihr, Onkel?"

Vizente Yanez war angesprochen. Er schüttelte den Kopf: „Da fragt Ihr den Falschen. Ich bin Seefahrer und kein Kaufmann."

El Viejo meldete sich noch einmal zu Wort: „Das sind die richtigen Überlegungen, werter Martin. Wir stehen erst am Beginn einer großen Entdeckung. Ich habe diese Länder und Inseln gesehen. Es sind heiße und feuchte Länder, mit einer ungesunden Luft und mit vielen unbekannten Gefahren. Glaubt mir, dort werden mehr Männer sterben als dort reich werden. Das Geld verdienen diejenigen, die hier bleiben und einen kühlen Verstand bewahren."

Martin lächelte. Er mochte diesen entfernten Vetter, auch wenn er ihn nicht immer durchschaute. Das waren kluge Worte. „Ja", sagte er deshalb. „Ich sehe das auch so. Mein lieber künftiger Schwager, werter Alonso: Fahrt Ihr mit dieser Flotte mit. Aber bedenkt immer, dass der Admiral ein Feind unserer Familie ist. Vergesst nicht, dass Ihr zu uns gehört. Bringt uns gute Geschäfte mit, dann will ich Eure Teilnahme gutheißen."

El Viejo griff nach dem Weinkrug, den einer der Diener in der Zwischenzeit dezent nachgefüllt hatte. „Stoßen wir darauf an", rief er aus.

Niemand beachtete die drei Schwestern. Catalina, die, je länger die Diskussion andauerte, umso bleicher wurde und auf ihrem Sessel in sich zusammensank, sprang nun wütend auf und verließ rauschend den Raum. Sie schritt absichtlich schnell und mit starr geradeaus gerichtetem Blick. Es sollte niemand bemerken, dass ihr die Tränen bereits in den Augen standen. Ihre eigenen Brüder und Onkel. Wie konnten sie so herzlos sein, so gemein. Sie schickten ihren künftigen Gemahl auf eine Reise ins Ungewisse. Und dies keine zwei Monate nach der Hochzeit. Wie gemein war das alles, wie gemein, wie rücksichtslos.

Kaum stand Catalina draußen im Hof, ließ sie ihren Tränen freien Lauf. Sie weinte ungehemmt und ohne sich um das Gesinde zu kümmern, das sich peinlich berührt wegdrehte und schnell entfernte. Isabella und Leonora, die hinter Catalina her gestürzt kamen, versuchten vergeblich, ihre Schwester zu trösten.

XXVIII. Bei Hofe

Die Straßen, die Fenster, die Balkone, alles war schwarz von den Menschen, die Admiral Colón und seinem Tross zujubelten. Colóns Einzug in Sevilla glich einem Triumphzug, wie er einst vielleicht für die römischen Feldherren inszeniert worden sein mag. Der Admiral und sein Tross zogen erst durch die Vorstadt Triana und dann vorbei am Torre del Oro, dem Goldturm, der noch aus der Zeit der muselmanischen Herrscher stammte, über den Guadalquivir, dann durch die Straßen bis zum Alcázar, diesem prachtvollen Schloss, ebenfalls aus der Zeit der Mauren, mit seinen Hufeisenbögen und zierlichen Stuckdekorationen. Hier warteten die Edlen der Stadt auf Colóns Karawane. Aber es dauerte, bis sie die Stadt durchquert hatte. Die Menschen streuten Blumen und jubelten dem Admiral zu. Überall musste Colón mit seinem Tross anhalten, um den Menschen am Straßenrand Gelegenheit zu geben, die sechs Indianer zu bestaunen, die er ausgewählt hatte, ihn zu begleiten. Die übrigen Indios hatte er in der Obhut der Franziskaner in La Rabida zurückgelassen.

Die Tainos, unter ihnen als Wortführer und Dolmetscher jener, den Colón in Hispaniola auf den Namen Diego getauft hatte, trugen bunte Papageien in Käfigen mit sich. Sie gingen fast nackt, nur mit ihren Umhängen, den Guaycas, bekleidet, ganz so, wie sie es aus ihrer Heimat gewohnt waren. Das freundliche Klima im andalusischen Frühling kam ihnen gelegen. Keine Jahreszeit ist hier lieblicher und schöner als der April und der Mai, wenn das Land im Schmuck junger Blätter, der Obstbaumblüte, dem ersten Grün der Getreidefelder und dem frischen Gras fetter Weiden prangt. Die Kunde war Colón natürlich vorausgeeilt, dass er neue Länder entdeckt habe, die von fremden, heidnischen Menschen bevölkert waren, die viele fremdartige Dinge besaßen, vor allem viel Gold und wertvolle Perlen. Und so strömten ihm und seinen Mannen überall auf ihrem Wege die Menschen in Scharen entgegen, um diese Trophäen zu bestaunen. Auch die goldenen Masken Guacanagaris und die anderen seltsamen, auf einem Wagen mitgeführten Dinge fanden die Bewunderung der neugierigen Menge.

Miguel wusste gar nicht, wo er zuerst den Blick hinwenden sollte. Auch er kam aus dem Staunen nicht mehr heraus. So viele Menschen hatte er noch nie gesehen, einen solchen Jubel noch nie erlebt. Aber vor allem imponierte ihm Sevilla, die Stadt. Welche Pracht, welche Großartigkeit? Sie betraten die mächtige Kathedrale Santa Maria de la Sede, deren Glockenturm alles überragte. Colón pflegte keine Kirche, keine Kapelle und kein Oratorium am Wegesrand auszulassen. Immer wieder überkam ihn das Bedürfnis, aufs Neue Dankesgebete zur Jungfrau Maria und zu allen Schutzheiligen der Welt zu senden, weil er sowohl die Entdeckung Westindiens als auch seine Errettung aus dem Sturm und seine glückliche Heimkehr nach Spanien zunehmend als ein Wunder des Himmels betrachtete. Musste er sich nicht für einen Auserwählten halten? Angesichts all dessen, was ihm widerfahren war? Colóns kompletter Tross musste ihn dann jedes Mal in die Gotteshäuser begleiten; nur Zimbo, Don Burros schwarzer Eseltreiber, und einige andere niedere Bedienstete durften vor den Kirchen und Kapellen warten, die sie während der Reise aufsuchten.

In der Kathedrale von Sevilla empfing sie eine finstere Atmosphäre grandioser Erhabenheit. Miguel wähnte sich in einer riesigen, dunklen Grotte. Nur wenig Tageslicht füllte den gigantischen Innenraum, über den sich weit oben im Himmel bedrohliche Bögen wölbten. Vorne am Hochaltar, da, wo der Erzbischof, der Archediakon Juan de Fonseca und andere kirchliche Würdenträger auf die Besucher warteten, flackerten ein paar Kerzenlichter, ansonsten aber herrschte Finsternis wie nachts im Sumpf von Huelva.

Miguel zählte 32 Säulen, während er auf dem Steinboden kniete und den Gebeten der Franziskaner folgte, die ihre Psalmen deklamierten. Der Aufgang zum Giralda, zum Glockenturm, erweckte sein Interesse. Von früheren Dankgebeten in anderen Kirchen wusste er, dass der Aufenthalt des Admirals in der Kathedrale noch eine Weile in Anspruch nehmen würde. Es blieb also Zeit, sich umzusehen. Vorsichtig rutschte er auf Knien aus dem dürftigen Schein der wenigen Kerzen, die Colón und seine Begleiter beim Gebet beleuchteten. Bald verschwand er gänzlich im dunklen Hintergrund der Kathedrale. Als er sich soweit außer Sichtweite wähnte, erhob er sich und schlich zur Seitenwand, wo sich ein Eingang zum Glockenturm befand. Miguel kam aus dem Staunen nicht mehr heraus. Dieser Turm besaß keine Treppen. Stattdessen führte eine etwa acht Fuß breite, mit Steinen gepflasterte Rampe im Innern nach oben. Sie stieg so sanft an und hatte eine lichte Höhe von bald zwei Mannsgrößen, dass der Turm sogar von einem Reiter mit Pferd hätte bestiegen werden können. Bei diesem Glockenturm handelte es sich um ein ehemaliges Minarett, das die Mauren einst gebaut hatten, denn am Platz der Kathedrale stand früher eine Moschee.

Miguel wollte es nicht glauben. Vorsichtig erklomm er die Rampe, bis er nach einigen Umrundungen zu einer Fensteröffnung kam, die ihm den Blick über die Dächer Sevillas eröffnete. Ein Mosaik glänzender, verwinkelter Dächer breitete sich vor ihm aus, dazwischen Türmchen, Zinnen, kleine Schlösser, mächtige Trutzbauten, filigrane Giebel, ein buntes Durcheinander von chaotisch ineinander verwobener Architektur. Die meisten Häuser der Stadt waren niedrig und weiß gekalkt. Zwischen ihnen verliefen enge, gewundene Gassen, oft zu schmal für einen Wagen, dann aber auch breite gepflasterte Straßen, regelrechte Alleen. Miguel sah schließlich unzählige Kirchen und Kapellen und dann auch das Alcazar, das Schloss, in dem Colón erwartet wurde.

Der Junge versank so stark im Anblick all dieser Pracht, dass er die Zeit vergaß. Vor allem aber vergaß er alle Vorsicht. So bemerkte er nicht, wie sich über die Turmrampe auf leisen Sohlen im Schatten der dicken Turmmauern Don Burro näherte. Vielleicht hätte er ihn riechen können, denn niemand roch so eigentümlich nach Schweiß und Mauleseln wie er. Aber Miguel hielt die Nase zum Turmfenster hinaus in den Wind. Er witterte keine Gefahr. Der gewiefte Alte hatte unten im Kirchenschiff mitbekommen, wie Miguel sich entfernt hatte. Er besaß die Menschenkenntnis des Leuteschinders und Sklavenhalters, die ihn wachsam und misstrauisch dem Jungen gegenüber sein ließ. Es war ihm nicht entgangen, dass Miguel nur widerwillig Dienst tat. Er spürte den Widerstand des Kindes. Er ahnte, dass Miguel nicht freiwillig bei ihm bleiben würde. Aber Don Burro war nicht gewillt, dies tatenlos hinzunehmen. Immerhin hatte er erheblich in den Knaben investiert. Er hatte dafür bezahlt, dass die Franziskaner ihm Lesen und Schreiben beibrachten. Nun erwartete er eine Dividende für diese Investition. Miguel gehörte ihm.

Von dieser Überzeugung erfüllt, frei von allen Skrupeln und Bedenken hinsichtlich dessen, was der Junge vielleicht wünschte oder nicht, betrachtete er ihn als sein Eigentum. Er würde ihm Disziplin einbläuen müssen, so viel stand fest. Jedenfalls kam es für Don Burro nicht in Frage, dem Knaben solche eigenmächtige Ausflüge durchgehen zu lassen. In seiner Rechten trug Don Burro den Ochsenziemer, den Schlagstock, mit dem er normalerweise seine Esel antrieb. Er zögerte kurz, als er Miguel vor sich sah, weit aus der Fensteröffnung hinausgebeugt, den Hintern ihm entgegenstreckend.

Nein, genau so war es richtig. Ohne Warnung und ohne Milde musste es geschehen. Er holte weit aus und schlug mit dem bösartigen Knurren eines Wolfes mit all seiner verfügbaren Kraft zu. Sein Gesicht mit dem schiefen Mund verzerrte sich dabei zur wütenden Fratze.

Miguel heulte auf. Der Schlag mit einem Ochsenziemer, so präzise geführt wie der Eselstreiber es beherrschte, konnte Knochen brechen und Fleisch in Fetzen hauen. Miguel hatte Glück, dass die Kutte der Franziskaner, die er noch immer trug, ihn einigermaßen schützte. Dennoch durchfuhr ihn ein fürchterlicher Schmerz und er spürte sofort, wie ihm Blut aus dem Hintern schoss. Im Fallen drehte er sich noch und erhaschte einen Blick auf das wutverzerrte Gesicht Don Burros, der bereits zum zweiten Hieb ausholte. Miguel schaffte es noch, die Arme schützend über dem Gesicht zu kreuzen, da traf ihn der zweite Schlag. Er schrie wie am Spieß, brüllte um sein Leben, doch Don Burro, erfahren im Peitschen, ging systematisch und ohne Mitleid vor. Er drosch auf Miguels Schulter, ein Schlag links, ein Schlag rechts, dann auf die Oberschenkel, und dann, als der Junge sich wälzte und versuchte, aus dem Schlaghagel zu rollen, auch noch auf den Rücken. So lange, bis der Elfjährige sich nicht mehr rührte. Dann erst hielt Don Burro inne.

„Das wird dir eine Lehre sein, undankbarer Kerl!“, fluchte der Alte. Er ließ den bewusstlosen Miguel liegen, um sich wieder zum Gebet zu den anderen unten in der Kathedrale zu begeben. Später wies er seinen schwarzen Sklaven Zimbo an, den Jungen zu holen und auf den Eselswagen zu legen.

Vom weiteren Aufenthalt in Sevilla bekam Miguel nichts mit, auch nicht vom Aufbruch und davon, wie Colóns Zug die sanfte Ebene Andalusiens durchquerte. Erst als der Zug am zweiten oder dritten Tag nach der Abreise aus Sevilla in Cordoba anlangte, setzte, nach Tagen schmerzvollen Dahindämmerns, Miguels bewusste Erinnerung wieder ein. Er war grün und blau geschlagen. Auf den Schenkeln hing die Haut in Fetzen, die Striemen eiterten und entzündeten sich. Auch das Hinterteil war aufgerissen, so dass er nicht sitzen und auch nicht richtig liegen konnte. Die geschwollenen Schultern und Oberarme leuchteten in glänzendem Blau und Violett. Zimbo schmierte ihn mit eklig stinkender Paste ein, die aber sofort eine kühlende Wirkung entfaltete und den Schmerz linderte. Es war nichts gebrochen und auch Miguels Kopf und das Gesicht waren unversehrt. Don Burro hatte ganze Arbeit geleistet. Miguel würde sich wieder erholen.

„Don Francisco gut Prügel, viel Schmerz, weia, weia“, klagte Zimbo in dem für ihn typischen Singsang, während er mit sanften Händen seine Salbe auf Miguels schlimmste Wunden verteilte. Er wagte es nicht, seinen Herrn beim Spitznamen „Don Burro“ zu nennen, obwohl sonst jedermann diesen Namen benutzte. Überhaupt schien Zimbo einen Kanon von eingeübten Verhaltensmustern einzuhalten, die ihn von Prügeln verschonten und ihm ein halbwegs ungestörtes Auskommen mit seinem Herrn ermöglichten.

Einmal lüpfte Zimbo sein Hemd und zeigte Miguel seinen knotig vernarbten Rücken. Es sah fürchterlich aus, ein schrundiges Gebirge aus hellrot glänzenden Narben. „Das viel Schmerz, bald tot, weia, weia“, sagte Zimbo und ließ den Hemdsaum wieder fallen.

„Was ... ?", versuchte Miguel eine Frage zu formulieren.

Zimbo rollte dramatisch mit den Augen und erklärte: „Zimbo davonlaufen. Nix Glück! Don Francisco mächtig böse, viel Prügel, weia, weia."

Im weiteren Verlauf der Reise erzählte er noch mehr von sich und seiner Vergangenheit. Als kleines Kind hatten ihn portugiesische Sklavenjäger eingefangen und aus seiner afrikanischen Heimat entführt. Er war dann bei einem Kaufmann in Lissabon aufgewachsen. Weil er sich aber in ein schwarzes Sklavenmädchen verliebte, welches der Kaufmann für sich beanspruchte, wurde er über die Grenze nach Spanien verkauft, an Don Burro, der Zimbos ersten und einzigen Fluchtversuch so nachhaltig bestrafte, dass ihm seither jeder Fluchtgedanke vergangen war. „Ich bleiben, arbeiten, essen, schlafen. Nix Prügel", erklärte er, und dabei beließ er es. Während er Miguel zärtlich wie eine afrikanische Großmutter mit Schmiere einrieb, summte er ein melancholisches Lied aus seiner Heimat. Miguel stöhnte zwar bei der Behandlung, aber er weinte nicht mehr, wie er es die ersten zwei Tage nach den Prügeln fast ständig getan hatte. Inzwischen gruben sich in ihm Hass und Groll ein, bittere Rachegedanken, aber auch Angst vor Don Burro. Jedesmal wenn der Alte am Wagen, auf den man Miguel gebettet hatte, vorbeischaute und seinen grinsenden Kopf über Miguels Lager schob, begann der Junge zu zittern. Aber Don Burro hatte sich wieder in den knitzigen und pfiffigen alten Eseltreiber verwandelt, als den Miguel ihn kennengelernt hatte. Er scherzte sogar: „Zum Lesen und Schreiben brauchst du deinen Hintern nicht." Aber es waren gehässige Scherze.

Über die große maurische Steinbrücke, die den Guadalquivir überspannte, rollte Christóbal Colóns Zug in Cordoba ein. Wie in allen großen Städten erwartete ihn auch hier ein Empfangskomitee, bestehend aus den örtlichen Adligen und Honoratioren, den Stadtoberen und den geistlichen Würdenträgern.

Miguel, der noch auf seinem Strohbett auf dem Eselswagen lag, hörte das jubelnde Stimmengewirr, die Hoch-Rufe und den ganzen Lärm, den die Bevölkerung der Stadt verbreitete, die am Straßenrand den Einzug Colóns beklatschte, aber er sah nichts, außer dem blauen

Himmel, den flatternden Wäscheleinen über den Gassen und ab und zu eine Fahne oder Standarte, wenn die Häuser links und rechts in den engen Straßen zusammenrückten.

Plötzlich aber vernahm er eine bekannte Stimme, die Stimme eines jungen Mannes. „Macht Platz, lasst mich durch, lasst mich vorbei", rief diese Stimme in arrogantem Befehlston. „Ich bin der Sohn des Admirals! Macht Platz für Don Diego Colón, hört ihr nicht? Gesindel! Muss ich die Peitsche benutzen?"

Nun tauchte ein Reiter neben dem Wagen auf. Miguel blinzelte gegen die Sohne, aber es gab keinen Zweifel: Diego Colón, der in La Rabida sein Unwesen getrieben hatte. Miguel schloss die Augen. „Wenn ich ihn nicht sehe, sieht er mich vielleicht auch nicht", so der unsinnige Reflex. Aber Diego Colón erspähte den Jungen auf dem Eselskarren.

„Sieh mal einer an, wen haben wir denn da?", rief er hoch erfreut und mit einem Unterton in der Stimme, der Miguel schon wieder zittern ließ. Ängstlich öffnete er die Augen. Diego Colón saß auf einem prächtig geschmückten Braunen. Er sah aus, wie ein junger Hidalgo, der er jetzt wahrscheinlich auch war. An seiner Seite baumelte in einer kunstvoll verzierten Scheide ein Degen, den er jetzt zückte. Der Jüngling beugte sich in seinem Sattel über den Wagen und stocherte mit dem Degen Richtung Miguel. Vielleicht hatte Diego erwartet, dass Miguel ihm ausweichen würde, aber dazu war der Junge nicht in der Lage. Deshalb traf ihn der Stich in die Seite und fügte ihm eine schmerzhafte Fleischwunde zu. Miguel schrie auf.

Wie ein Irrwisch sprang Don Burro herbei und griff Diego Colón in die Zügel. „Haltet ein, hoher Herr, haltet ein. Dieser Junge ist krank. Lasst ab von ihm, sonst muss ich um sein Leben fürchten. Er gehört zu mir." Don Burro trug seine Bitte zwar im jämmerlichsten Ton der Unterwürfigkeit vor, zerrte aber gleichzeitig energisch Diego Colóns Pferd vom Eselswagen weg. Der Sohn des Admirals ließ es geschehen, zumal sich sofort wieder die Zuschauermassen um ihn schlossen und in ihren Jubel einbezogen. Man wusste hier in Cordoba, wer er war. Er hatte hier das letzte halbe Jahr verbracht, bei seiner Stiefmutter Beatriz de Harana und seinem fünfjährigen Halbbruder Ferdinand. Der Admiral kam extra hierher nach Cordoba, um ihn und seinen Bruder abzuholen, um sie beide mitzunehmen an den Hof Ferdinands und Isabellas. Vielleicht legte der Admiral in Cordoba auch einen Aufenthalt ein, um Beatriz de Harana wiederzusehen, die ihm den Sohn Ferdinand geboren hatte? Er musste ihr und ihrer Familie schließlich auch erklären, was aus ihrem Cousin Diego de Harana geworden war, den Colón in La Navidad als Kommandant zurückgelassen hatte? Er musste hier in Cordoba auch seine vielen alten Freunde treffen, die mitgeholfen hatten, seine Fahrt zu finanzieren. Aber in seiner ungetrübten und blasierten Selbstverliebtheit hielt Diego Colón sich selbst für den eigentlichen Grund dafür, dass der Admiral Station in Cordoba machte. Schließlich ging es darum, ihn Ihren Majestäten vorzustellen. Er sollte bei Hofe Page des Infanten Johann werden, Page des Thronfolgers! Er, Diego Colón. Über diese Aussichten drohte der 14-Jährige schier zu platzen vor Stolz und selbstgefälliger Eitelkeit. Immer wieder musste er es sich vorsagen, musste davon träumen, es sich ausmalen: „Ich werde Page des Thronfolgers. Ich lebe am Hofe, bei Ihren Majestäten. Bei all den Mächtigen, bei allen wichtigen Persönlichkeiten. Ich gehöre dazu."

In dieser gehobenen, ja euphorischen Stimmung ritt Diego Colón im Jubelzug mit, der seinen Vater quer durch Cordoba begleitete. Für kleine Gehässigkeiten gegen den Betteljungen Miguel, dem er im Kloster La Rabida noch seine ganze Energie gewidmet hatte, fühlte er sich zu groß, zu erhaben, zu bedeutungsvoll. Schnell vergaß er die Begegnung wieder.

Miguel aber vergaß sie nicht. Als der Admiral am übernächsten Tag Cordoba verließ und sein Reiterzug um zahlreiche weitere Begleiter angewachsen war, achtete er stets darauf, dem Admiralssohn aus dem Wege zu gehen. Die Fleischwunde, die Diego ihm zugefügt hatte, begann schon zu heilen. Auch die Schmerzen der Verletzungen von Don Burro ließen nach.

Colóns Reiterzug überquerte die Sierra Morena und kam nach Murcia. Von da an ging Miguel wieder zu Fuß neben dem Eselkarren her. Sie erreichten die Küste bei Valencia und folgten der Küstenstraße über Tarragona nach Barcelona, wo sie Mitte April 1493 eintrafen.

Der ganze Hof und die Stadt kamen hinaus vor die Tore, um den Admiral in Empfang zu nehmen.

Ihre Majestäten König Ferdinand von Aragon und Königin Isabella von Kastilien empfingen den Admiral aber erst am darauffolgenden Tag. Das Herrscherpaar erwartete Colón und seine Begleiter, vor allem die Indios, die Sehenswürdigkeit schlechthin, im Königspalast, dem Alcazar, wo mit allem Pomp und großer Feierlichkeit ein öffentlicher Empfang stattfand. Der Palast lag im Herzen der Altstadt. Um dorthin zu gelangen, musste Colóns Tross den Weg durch die engen Gassen nehmen, seitlich der Kathedrale, der Residenz des Bischofs. Begleitet von zahlreichen Edelleuten des Hofes zog Colón zusammen mit seinem Gefolge aus Offizieren und Dienern durch das Viertel, um zur Esplanade des Hofes vor dem Palast zu gelangen. Don Burros Eselkarren bildete den Schluss des prachtvollen Zuges. Die beiden Letzten, die der Prozession folgten, jeweils vier hintereinander geleinte, schwer beladene Maulesel mit sich führend, waren Miguel und Don Burro. Beide bestaunten sprachlos den Aufmarsch der Fürsten, Magnaten, Edelleute und Würdenträger, die dicht an dicht mit ihren Schildknappen und Familien Spalier standen und den ganzen steingepflasterten Hof des Königspalastes bevölkerten.

Plötzlich sah Miguel die Majestäten. Man hatte ihnen auf einer Seite des Hofes zwischen dem Palast und der Kapelle der heiligen Anna auf einer hölzernen Tribüne einen thronartigen Sitz bereitgestellt. Dort saßen König und Königin und um sie gereiht auf der Tribüne der Adel des Reiches. Der Glanz all ihrer prunkvollen Gewänder und Kopfbedeckungen blendete Miguel, sodass er meinte, es mit den makellosesten menschlichen Wesen zu tun zu haben, mit den perfektesten Männern und Frauen, die er je gesehen hatte. Dabei war Königin Isabella alles andere als eine fragile Schönheit. Sie blieb auf ihrem Thronsessel sitzen, während sich alle übrigen Granden beim Einmarsch von Colón von ihren Sitzen erhoben und stehend applaudierten, sogar der Großkardinal von Spanien; es war nicht zu übersehen, dass sie korpulent war, von überaus stämmiger Statur, mit einem rundlichen Gesicht, in dem ein griesgrämiger Zug um den Mund lag. Eine perlen- und goldbestickte Haube bedeckte ihren Kopf, so dass von den viel besungenen rotblonden Haaren der Königin nichts zu sehen war. König Ferdinand wirkte dagegen freundlicher, er hatte leichte Pausbacken und den Ansatz eines Doppelkinns. Sein dunkles, glattes Haar fiel ihm seitlich über die Ohren. Er klatschte begeistert mit, als alle Caballeros und Edlen des Hofes Colón jetzt die Ehre erwiesen. Es ertönten Rufe und Applaus und die Fahnen wurden geschwenkt. Die Festrüstungen und Brokatstoffe glänzten in der Aprilsonne. Ergriffen bestaunte Miguel dieses Spektakel.

An der Spitze ihres Zuges, sprang Admiral Christóbal Colón vom Pferd und verneigte sich nach allen Seiten. Stolz stieg er die untersten Stufen der Tribünentreppe empor, mit feierlichem Schritt, mit der Körperhaltung eines Mannes, der ein nie dagewesenes Abenteuer überstanden hatte und nun Kunde vom fernen Goldland bringt. Seine grauglänzende Haarmähne umrahmte das stolze, jetzt beinahe jugendlich wirkende Gesicht. Seine ganze Erscheinung war ein einziges Lächeln. Ein Mann am Ziel seiner Träume. Weder verhehlte er seine Freude noch seinen Stolz. Er genoss diesen Moment, und alle konnten ihm seine Regungen im Gesicht ablesen. Colón stand auf der Höhe seines Ruhmes. Nie wieder sollte ihm solche Ehre widerfahren, nie wieder sollte er solche Lobpreisungen und Gunstbezeugungen erleben, nie wieder sollte man ihm mit solcher Achtung und Anerkennung begegnen. Welche Gedanken schossen ihm in diesem Moment höchsten Glückes durch den Kopf? Dachte er schon an die nächste Reise? An die Flotte, die er bald befehligen würde? Oder dachte er an 39 einsame Männer, die er am anderen Ende der Welt zurückgelassen hatte?

Die öffentliche Huldigung dauerte ihre Zeit und Miguel bekam unterdessen Gelegenheit, sich alles anzuschauen. Den mit Steinen gepflasterten Hof, den aus grauem Stein gemauerten Palast, mit seinen einfachen, zierlichen Bögen und den niedrigen, soliden Mauern; die Fürsten und Edelleute in ihren prunkvollen Gewändern, das Meer von Fahnen und Standarten.

Dann fiel sein Blick auf die sechs Indios. Sie standen inmitten all des Trubels, zwar nicht gefesselt, aber doch bewacht von Pedro de Tereros und einigen anderen Dienern. Diese Fremdlinge, die Miguel bereits in La Rabida und dann immer wieder während der langen Reise quer durch Spanien bestaunt hatte, standen halbnackt und bemalt im Kreis, stoisch wie immer. Man hatte ihnen Bozados angelegt, Maulkörbe, warum auch immer. Vielleicht, um ihre Wildheit zu betonen. Immerhin gehörte zu den vielen Geschichten, die seit Colóns Ankunft quer durch das ganze Land jagten, auch jene von den menschenfressenden Kariben in Westindien, obwohl weder Colón noch einer seiner Begleiter diesen Schreckensfeinden der Tainos begegnet waren. Jedenfalls benahmen sich die sechs gefangenen Tainos, die Colón mit hierher an den Hof gebracht hatte, zahm wie Haustiere. Unergründlich waren die verschleierten Blicke aus ihren dunklen Augen. Einer, den die Spanier Diego riefen und der als Dolmetscher diente, flüsterte seinen Leidensgenossen kurz etwas zu. Aber sie rührten keine Miene. Ein Page ging mit einem Tablett, vollbeladen mit Goldbarren, zwischen den Anwesenden umher. Ein anderer trug die aus Weidenruten geflochtenen Käfige mit grün- und gelbgefiederten Papageien, die angesichts des ungewohnten Trubels nervös auf ihren Stangen hin und her trippelten und sich aufgeregte Warnungen zukrächzten.

Dann verließen die Majestäten ihren Platz auf der Tribüne und zogen sich mit den wichtigsten Vertrauten des Hofes, mit dem Infanten Johann, dem Erzbischof und Generalkardinal sowie allen Würdenträgern von Rang ins Innere ihres Palastes zurück, in die Cambra Mayor, wo ihr Thronsessel stand. Dort fand die Versammlung der Vornehmsten des Landes statt, vor denen Christóbal Colón Bericht erstatten sollte. Der Admiral folgte mit seinen beiden Söhnen, Diego und Ferdinand. Auch die Offiziere Juan de La Cosa und Juan und Peralonso Niño durften dazu, ebenso Pedro de Tereros mit den sechs Indios und schließlich auch noch Fray Antonio de Marchena, Prior Juan Perez und der Kaufmann Juan Rodriguez Cabezudo. Dann schloss sich das Tor. Alle Übrigen aus dem Tross des Admirals mussten draußen bleiben. Ein Diener des Hofes führte sie zu ihrem Quartier.

Da in den nächsten Tagen und Wochen Admiral Colón, der sich nun endlich mit Fug und Recht und von königlicher Urkunde besiegelt Vizekönig und Generalgouverneur der westindischen Länder nennen durfte, zusammen mit dem Großteil seiner Entourage in einem endlosen Marathon von Festen, Empfängen, Besprechungen und diplomatischen Hinterzimmertreffen am Hofe gefangen war, kümmerte sich niemand mehr um Don Burro. Das nutzte der gewiefte Alte, um schon früh am nächsten Morgen seinen Eselskarren in Gang zu setzen. Trotz der langen Reise quer durch Spanien war noch Etliches von den Waren und Lebensmitteln übrig, die Don Burro mitgeführt hatte, um den Zug von Colón unterwegs zu verköstigen. Ganze Fässer mit Oliven und Nüssen, große Räder von Hartkäse, getrocknete Pflaumen und anderes Dörrobst, ein Krug mit Salz und allerlei andere Vorräte. Die begeisterten Menschen in all den Dörfern und Städten, durch die Colón gezogen war, hatten sich in ihrer Freizügigkeit übertroffen und schier darum gestritten, Colón und seine Begleiter verköstigen zu dürfen, sodass vieles von Don Burros Vorräten gar nicht erst angerührt zu werden brauchte.

Da die Ware aber mitsamt Transport schon im Voraus von Colóns Schatzmeister und Reiseorganisator Juan Rodriguez Cabezudo bezahlt worden war, hätte Don Burro nun abladen und den Heimweg antreten können. Er dachte jedoch gar nicht daran.

Miguel und Zimbo, von Don Burro unflätig und grob von ihrem Strohlager in einem leeren Stall gerissen, wo man sie am Vorabend einquartiert hatte, folgten dem Alten schlaftrunken, als er in der frühen Morgendämmerung aufbrach. Seine acht Packesel ließ er in dem Stall zurück, aber das gutmütige Maultier, welches den Karren zog, schirrte er an. In der Hauptstadt herrschte bereits Leben. Dienstboten huschten durch die Straßen, unterwegs zu frühen Erledigungen. Noch lag der frische Duft der Nacht in den Gassen und über den Plätzen, aber bald schon würde der üble Gestank des Tages ihn verdrängen. Die großen, eisenbeschlagenen Speichenräder des Wagens knarzten und knirschten auf dem Steinpflaster, als Don Burro seinen Zugesel mit sanften Zischlauten aus dem Stadtzentrum dirigierte. Sie verließen die unmittelbare Umgebung des Alcazar. Nachdem sie einige schmale Gassen durchwandert hatten, wurde Don Burro munterer und freundlicher. Er setzte sein typisches schiefes Grinsen auf und erlaubte seinen zwei Begleitern, sich hinten auf den Eselskarren zu setzen. So durchquerten sie ungehindert das Stadttor am Plaza de la Boqueria. Dahinter begannen quer durch die Hüttensiedlungen der Vorstadt die ausgetretenen Fußwege, die alle Richtung Meer führten, entweder an die Küste oder zum Hafen hinunter. Links und rechts dieser Wege standen die Hütten und Buden der Händler, die hier täglich ihre Waren ausbreiteten. Einen besseren Platz für ihre Geschäfte konnten sie nicht finden, denn jeder Fremde, der in die Stadt wollte, musste hier vorüber, jeder, der vom Hafen kam, jeder, der die Stadt Richtung Küstenstraße verlassen wollte. Schon in den frühen Morgenstunden nahmen die Händler deshalb hier ihre Geschäfte auf. Ein eifriges Klappern und Hämmern kündete von den Vorbereitungen. Der penetrante Geruch von frisch gefangenem und ausgenommenem Fisch überdeckte um diese Zeit alle anderen Düfte und ließ die unzähligen Katzen der Stadt um die Auslagen schleichen. Aber auch Obst, Gemüse, Eier, frisches Brot, Wild und andere Lebensmittel wurden schon angeboten. Die Gewürzhändler tauchten erst später auf, die Tuchhändler und Handwerker mit ihren Waren sogar erst gegen Mittag.

Don Burro hatte es nicht eilig. Er besah sich intensiv alle Auslagen, betatschte hier und da prüfend ein Stück, schnupperte an schuppigen Fischleibern und rosigen Hühnerschenkeln, kaufte aber nichts. Stattdessen knurrte er die Händler an und wartete auf Reaktionen. Manche ignorierten ihn, manche beschimpften ihn. Es gab aber auch welche, die liebdienerisch katzbuckelten, sich anbiederten und sich all seinem gehässigen Gebaren zum Trotz vor Freundlichkeit schier überschlugen.

Einen solchen wählte Don Burro aus, um zur Sache zu kommen. Er präsentierte die gesamte Ladung seines Eselkarrens, gab Proben davon heraus, ließ den Händler alle Fässer und Behältnisse eingehend untersuchen und die Ware auf Herz und Nieren prüfen. Dann handelte er einen Preis aus, bei welchem dem Händler vor Glück die Augen übergingen. Don Burro wollte die ganze Wagenladung auf einen Schlag loswerden. Da musste er beim Preis Zugeständnisse machen. Zimbo und Miguel halfen, die Vorräte abzuladen und in der Bude des aufgeregten Händlers zu verstauen.

Nachdem Don Burro auf diese Weise seine Wagenladung ein zweites Mal verkauft hatte, suchte er den Viehmarkt der Stadt auf. Dieser befand sich noch weiter außerhalb. Einen ganzen Tag lang verbrachte der Alte damit, sich über die Preise für Maulesel, die bevorzugten Rassen, die zur Verfügung stehende Anzahl von Tieren und über die bedeutendsten Züchter der Umgebung Barcelonas zu informieren. Zimbo und Miguel trotteten immer brav hinterher, hatten aber weiter nichts zu tun, als ab und zu beim nunmehr leeren Eselkarren auszuharren oder an einem Brunnen frisches Trinkwasser zu besorgen.

Die nächsten Tage blieben sie in ihrer Unterkunft, von wo aus Don Burro immer wieder Streifzüge Richtung Alcazar unternahm. Oft streunte er stundenlang um das Schloss herum, lungerte vor dem Hof oder versuchte sogar ein-, zweimal, Einlass zu bekommen, was jedoch misslang. Er lauerte Juan Rodriguez Cabezudo auf, denn er hatte mit ihm ein großes Geschäft im Sinn.

Mit jedem Tag mehr, den Don Burro wartete, ohne den Kaufmann aus Moguer zu Gesicht zu bekommen, verschlechterte sich seine Laune. Er saß vor dem Stall, in dem sie einvernehmlich mit den Mauleseln ihr Lager aufgeschlagen hatten, und grübelte vor sich hin, schimpfte, verfluchte die Wachleute, die ihn nicht in den Innenhof des Schlosses vorließen, und verpasste Zimbo und Miguel Knuffe und Schläge, wenn sie den Fehler begingen, ihm zu nahe zu kommen.

Es dauerte drei Tage, bis ihm die Einsicht kam, dass es vielleicht an ihm und seiner äußeren Erscheinung lag, dass man ihn vor den Toren des Schlosses stets harsch zurückwies. Er gab nun wirklich nicht das Bild eines seriösen Händlers ab. Seine Kleidung bestand aus schmutzigen Lumpen, er stank zwei Leguas gegen den Wind nach Mist und Schweiß. Sein schiefer Mund, die Säufernase und die speckigen weißgrauen Bartstoppeln gaben seinem von schütterem, weißem Haar umwehten Gesicht das Aussehen eines gerupften und in heißem Wasser gekochten Truthahns. Wenn er jemanden mit seinen listigen, kleinen Augen, die stets wässrig trieften, anschaute, gewann der Gegenüber zwangsläufig das Bild eines schäbigen Halunken, dem man besser nicht den Rücken zukehrte. Und bis dahin musste Don Burro noch kein einziges Wort gesprochen haben. Machte er schließlich den Mund auf, um mit seiner schiefen, knarrenden Stimme zu einer Erklärung auszuholen, und offenbarte er dabei seinen einzigen noch verbliebenen gelben Schneidezahn, der krumm wie der Hauer eines Ebers im Unterkiefer saß, so besiegelte dieser Anblick endgültig den vernichtenden Eindruck, den ein Fremder von Don Burro haben musste.

Daher verfiel der alte Halunke nun auf die Idee, Miguel loszuschicken. Einem elfjährigen Jungen, zumal in der Kutte der Franziskaner, würde man vielleicht eher Einlass gewähren. Mit dieser Spekulation lag Don Burro richtig.

„Ich komme im Auftrag meines Herrn, des Händlers Don Esquivel aus Palos, und ich soll nach dem Kaufmann Don Cabezudo aus Moguer fragen, mit welchem hochehrwürdigen Herrn Don Esquivel in Geschäften verkehrt“, erklärte Miguel der Palastwache, ohne dass er auch nur ein einziges Mal ins Stottern geraten wäre.

„Ist das der Kaufmann, der mit dem Admiral hergekommen ist?“, wollte der Wachsoldat wissen. Als Miguel bejahte, wurde er anstandslos eingelassen und an einen Hofbeamten verwiesen, der ihm weiterhelfen würde. Nach einigem Warten in dessen Schreibstube und dem mürrischen Hin und Her verschiedener Boten und Sekretäre, tauchte Juan Rodriguez Cabezudo auf. Der wie immer farbenprächtig herausgeputzte Kaufmann betrat den Raum wie jemand, der sich der eigenen imponierenden Erscheinung gewiss ist. Er überragte den königlichen Hofbeamten um Haupteslänge. Mit seinen klaren, blauen Augen erfasste er gelassen den gesamten Raum. Sein Blick blieb auf Miguel hängen. Ein gönnerhaftes Lächeln stahl sich auf das wohlgeformte Gesicht. Mit einem Nicken gab er dem Hofbeamten zu verstehen, dass es mit diesem Jungen seine Ordnung habe.

„Der kleine Franziskaner“, sagte er mit seiner wohltönenden, sorgsam modulierten Stimme. „Schickt dich dein Herr? Oder bist du wieder ausgebüchst?“

Wie immer beeindruckte Miguel die stattliche Erscheinung des Kaufmanns. Eingeschüchtert berichtete er vom Auftrag seines Herrn und von dessen erfolglosen Versuchen, Kontakt mit Cabezudo aufzunehmen. Für den Fall, dass Cabezudo einem Treffen mit Don Burro nicht gleich zustimmen sollte, hatte der alte Eseltreiber Miguel auch den Köder mitgegeben, mit dem er den Kaufmann aus Moguer zu locken gedachte.

„Mein Herr hat in Palos eine große Herde von Mauleseln. Er lässt fragen, ob daran gedacht ist, solche Tiere mit der neuen Flotte des edlen Herrn Admiral Colón nach den westindischen Landen mitzunehmen. Und mein Herr lässt ausrichten, dass Ihr keinen finden werdet, der Euch einen besseren Preis zu bieten imstande wäre."

Nach kurzer Pause, während der Cabezudo ihn nachdenklich musterte, fügte er hinzu: „Das soll ich nicht versäumen, Euch zu sagen."

Der Kaufmann lächelte. Er schien sich sogleich mit der Idee anzufreunden. Der Köder schmeckte ihm. Er traf sich mit Don Burro am nächsten Tag in einem herrschaftlichen Haus außerhalb des Schlosses. Es war das Anwesen des reichen Kaufmanns Juanoto Berardi. Noch reicher als Cabezudo – niemals hätte Miguel geglaubt, dass es so jemanden überhaupt gab. Berardi stammte aus Florenz, aber er besaß auch Geschäftshäuser in Barcelona und Sevilla. Was noch wichtiger war: Er zählte zu den engsten Vertrauten von Colón und war einer der Hauptfinanziers der neue Flotte des Admirals nach Westindien. Das Herrscherpaar persönlich hatte Berardi beauftragt, ein Schiff von mindestens 200 Tonneladas als Flaggschiff für Colóns zweite Fahrt zu kaufen. Und als Partner dieses Berardi war Juan Rodriguez Cabezudo ermächtigt, im Namen und Auftrag der Krone und des Admirals die gesamte Ausrüstung für dieses Flaggschiff und alle weiteren Schiffe, welche an der Fahrt teilnehmen sollten, zu organisieren. Zwar musste auf Geheiß des Herrscherpaares all dies eng mit dem in Sevilla sitzenden Kronbeauftragten Juan de Fonseca abgestimmt werden, aber was zählte, das war, dass Cabezudo und Berardi sich mit ihrem Kapital auch eine angemessene Mitsprache gesichert hatten. In Erwartung großer Gewinne und voller Vertrauen in die Schilderungen und Verheißungen des Admirals erklärten sowohl Cabezudo als auch Berardi sich bereit, große Summen in die Expedition zu investieren. In dieser Situation kam den beiden ein kleiner, dahergelaufener Eselzüchter gerade recht, wenn dieser anbot, eine Herde Maultiere weit unter Marktpreisen zu liefern.

So wurden die drei Männer bald handelseinig. Einige der Schiffe, die für die Flotte des Admirals vorgesehen waren, sollten zehn bis fünfzehn Maultiere an Bord nehmen. Für Don Burro bedeutete dies, dass er binnen weniger Monate eine Herde von 50 bis 70 Tieren nach Sevilla bringen musste, wo die Einschiffung erfolgen sollte. Allerdings besaß er selbst höchstens 25 Maulesel. Nun, dieses Problem gedachte er unterwegs zu lösen, auf dem Heimweg quer durch Spanien. Da sollte es einem erfahrenen Eselzüchter ja wohl gelingen, ringsum den Bauern jeweils ein paar Tiere abzuluchsen.

Als Cabezudo und Berardi Don Burro ein Dokument vorlegten, von dem sie behaupteten, dies sei der Kaufvertrag und darauf sei alles festgehalten, wie abgesprochen, spekulierten die hochedlen Kaufleute darauf, dass der Alte des Lesens und Schreibens unkundig sei und deshalb brav sein Kreuzchen unter dem Vertrag machen würde. Don Burro aber tat ihnen diesen Gefallen nicht. Er ließ nach Miguel rufen, der zusammen mit Zimbo vor dem Palast Berardi wartete. Dann ließ er sich von Miguel Wort für Wort und Satz für Satz des Vertrages vorlesen. Das dauerte seine Zeit, denn Miguel musste jeden Buchstaben einzeln identifizieren und dann die Buchstaben zu Worten zusammensetzen, so wie Fray Enrique es ihn gelehrt hatte. Er schwitzte vor Anstrengung und Konzentration, aber es unterliefen ihm wenig Fehler.

Die beiden Kaufleute zeigten sich sehr ungehalten und nervös über das Prozedere, aber Don Burro ließ sich nicht aus der Ruhe bringen. Er wiederholte jedes Wort, das Miguel ihm vorbuchstabierte, und er übernahm es dann, aus den Wörtern Sätze zu bilden und ihren Sinn zu verstehen. Und siehe da: Er ertappte die beiden edlen Herren bei dem Versuch, ihn hereinzulegen. Denn der Vertragstext beinhaltete mehr als nur die Lieferung der vereinbarten 70 Maultiere. Hätte Don Burro unterschrieben, wäre er auch verpflichtet gewesen, das Futter für mindestens sechs Wochen zu stellen oder aber den Gegenwert in Maravedis. Da die beiden feinen Herren diesen Gegenwert zu ihren Gunsten höchst großzügig beziffert hatten, nutzte Don Burro die

Gelegenheit, um weiter zu feilschen. Solle er tatsächlich das Futter liefern müssen, wie es im Vertrag stand, dann wolle er so generös sein und den von den Herren bereits formulierten Betrag als Kaufpreis akzeptieren. Eigentlich müsse er ja viel mehr verlangen, denn die ersten Ernten des Jahres seien stets die teuersten und vielerorts die Scheunen nach dem Winter noch leer. Cabezudo und Berardi lehnten dankend ab und befreiten Don Burro von der Pflicht, auch Futter zu liefern. Eilig ließen sie einen neuen Vertrag aufsetzen, den Miguel wiederum mit der gleichen Gründlichkeit sezierte, bis Don Burro endlich mit allem zufrieden war.

„Die Herren werden es nicht bereuen", beteuerte Don Burro mit seinem schiefen Grinsen, als das Geschäft nach einigen Tagen endlich besiegelt war. Miguel allerdings, der in die Gesichter der beiden Kaufleute sah, beschlich das dumpfe Gefühl, dass sie bereits bereuten, sich mit Don Burro eingelassen zu haben. Sie sahen nicht wirklich zufrieden aus.

Fünf oder sechs Wochen blieb Colón am Hof zu Barcelona. Er nahm dort einen prominenten Platz bei den großen Kirchenfesten am Pfingstsonntag und am Trinitatisfest ein, nahm an Festessen teil, empfing Besuche von vielen Edlen, die freiwillig mit ihm nach Indien gehen wollten oder die ihm ihr Geld und ihre Söhne antrugen, er beriet die Herrscher in diplomatischen Angelegenheiten und arbeitete an den Plänen für seine zweite Reise. Im Juni 1493 verließ er Barcelona begleitet von vielen Beamten des Hofes, die alle an seiner Fahrt teilnehmen und in Hispaniola die Angelegenheiten der Krone verwalten wollten.

Colón wählte für die Rückkehr nach Sevilla einen anderen, längeren Weg als den auf der Hinreise, denn er wollte noch ein Gelübde einlösen und eine Wallfahrt nach Guadelupe unternehmen.

Don Burro hatte sich zu diesem Zeitpunkt längst aus dem mächtig angeschwollenen Tross des Admirals verabschiedet. Nach Abschluss des Geschäfts mit Cabezudo und Berardi hatte er es eilig, nach Palos zurückzukehren. Miguel und Zimbo richteten sein Gepäck und beluden die Maulesel, dann traten sie gemeinsam die Heimreise an.

Miguel mit zitterndem Herzen. Er wollte nach wie vor nicht bei Don Burro bleiben. Aber er fürchtete ihn. Die kaum vernarbten Wülste auf seinen Oberschenkeln erinnerten ihn tagtäglich daran, was ihn erwartete, wenn er dem Alten nicht gehorchte.

Zwischenspiel im Urwald

Drei Männer sind im großen Fluss ertrunken. Für den kleinen Stamm der Tupanaki ein schwerer Verlust. Jeder waffenfähige Mann ernährte ungefähr drei Frauen, ein halbes Dutzend Alte und fünfzehn Kinder. Fiel solch ein Krieger aus, dann gab es hungrige Mäuler.

Izu, da er das Unglück nicht vorhergesehen hatte, geschweige denn es hatte verhindern können, fühlte sich nun gefordert, wenigstens eine plausible Erklärung dafür zu finden. Seine Autorität stand in solchen Fällen auf dem Prüfstand, denn irgendeinen Willen der Geister und Götter musste es geben, der zu diesem Unglück geführt hatte.

Nun war Izu schon drei Tage in seiner verräucherten Hütte verschwunden, wo er nach geheimen Ritualen morsches Holz, trockene Blätter und modriges Pilzpulver verbrannte, so dass tränentreibender Gestank aus allen Ritzen quoll. Er hatte sich durch jahrzehntelange Übung gegen derartige Gerüche imprägniert, die runzlige Lederhaut im Rauch gegerbt. Seine trüben Augen waren immun gegen die beißende Schärfe. Der Zaubermann stand vor einer echten Herausforderung, nämlich eine plausible Erklärung für das Unglück zusammenzuzimmern. Da sich erhellende Träume nicht einstellen wollten und die Geister stumm blieben, war Izus Improvisationskunst gefragt. Der große Fluss könnte einmal mehr ein Opfer gefordert haben.

Vielleicht konnten die drei Toten dem Wasserdrachen Pororoca in die Schuhe geschoben werden? Izu wusste, dass der Unfall schlicht auf eine Ungeschicklichkeit beim Fischen zurückging.

Pororoca der Wasserdrache! Wie konnten sie so viele Fische aus seinem großen Fluss holen? Mehr als Pororoca den Tupanaki geben wollte. Jetzt hatte er drei verschlungen, um dem ganzen Dorf zu sagen: „Mäßigt euch! Holt nicht so viele Fische aus dem großen Fluss. Es sind meine Fische, die Fische Pororocas.“ Das Dorf muss einen Monat lang auf jeglichen Fischfang verzichten. Es muss sich in dieser Zeit von Affen, Schlangen und Urwaldschweinen ernähren. Das war es, was Pororoca den Indios durch den Tod dreier Krieger mitzuteilen hatte.

Izu grunzte zufrieden, als diese Version in ihm reifte. Er streute zufrieden eine Handvoll aus Blütenextrakt gewonnenes Färbepulver ins Feuer, so dass draußen zum Entsetzen der Dorfbewohner glutroter Rauch aus seinem Hüttendach quoll.

„Izu spricht mit den Geistern", raunten sie sich zu.

Der Geistermann selbst rollte sich auf seiner Matte ein und gönnte sich nach so viel Kunst ein Mittagsschläfchen, bei dem er zu seiner eigenen Überraschung von einem echten Traum überfallen wurde. Es war die altbekannte Vision vom blauen Himmel, in dem noch immer hartnäckig eine finstere Gewitterwolke tanzte. Sie entlud sich unter Donnern und Blitzen in ein grellgelbes Feuerwerk, so dass Izu sich geblendet fühlte. Minutenlanges Krachen und Explodieren. In Panik schreckte Izu aus dem Schlaf. Zum ersten Mal stand ihm glasklar die Botschaft dieses Traumes vor Augen: Es wird etwas Schreckliches passieren. Vielleicht stand es unmittelbar bevor, vielleicht war es schon geschehen. Ein bisher unbekannter Schrecken drang in Izus heile Welt ein. Etwas Fremdes. Mit Gewalt. Etwas, das früher oder später wie ein Gewitter ihn und die Tupanakis erreichen würde.

XXIX. Raubzüge

Die ohnehin nur mühsam aufrecht erhaltene Ordnung und Disziplin in La Navidad brach nach der Rückkehr von Escobedos Trupp endgültig zusammen. Kommandant Diego de Harana hätte das Fiasko nur verhindern können, wenn er Escobedo von der Stelle weg verhaftet und eingesperrt, besser noch gleich aufgehängt hätte. Stattdessen aber schickte der auf rätselhafte Weise zauderlich und verzagt gewordene Alguacil erneut den dafür gänzlich ungeeigneten Pedro Gutierrez.

Seit Harana die Schiffsplanken verlassen hatte und seit er nicht mehr im Schutzschatten seines Förderers Admiral Colón stand, war aus dem feurigen, respektheischenden und energischen Profos ein verschreckter und verunsicherter Zögerling geworden. Offenbar wehte ihm in seinen behüteten Schreibstuben in Cordoba niemals raue Luft um die Ohren. Und so blies ihn jetzt der erste ernsthafte Wind gleich um.

Gutierrez und Escobedo, als sie sich am offenen Tor von La Navidad gegenübertraten, begrüßten sich jedenfalls nicht wie der Dienstvorgesetzte und ein zu disziplinierender Untergebener, sondern eher wie zwei alte Kumpane. Sie umarmten und drückten sich, klopften sich gegenseitig auf die Schultern. Escobedos Augen blitzen vor prahlerischer Begeisterung, die von Gutierrez vor Neugierde. So betraten sie, umringt von Schaulustigen, Arm in Arm das Innere der Festung, Escobedos bärtige Räuberbande im Schlepptau. Diego de Harana, der auf der Veranda seines Kommandeursgebäudes stand und erwartet hatte, dass man ihm einen Gefangenen gegenüberstellen würde, taumelte vor Schreck rückwärts gegen die hölzerne Hüttenwand, als Escobedo grinsend durch das Spalier der aufgeregten Navidad-Mannschaft schritt. Der gerissene Notar machte aus seinem Einmarsch einen Triumphzug. Es zeigte sich, dass er diesen Auftritt exakt geplant hatte. Während er unbekümmert an der Seite von Gutierrez auf Harana zustolzierte, grüßte er mit lauten Hallo- und Viva-Rufen nach allen Seiten und schnürte einen ledernen Beutel von seinem Gürtel los.

„Da Leute, seht her!“, rief er und reckte die Faust in die Höhe. „Das erwartet euch da draußen, wenn ihr euren Mut zusammennehmt und es euch holt, so wie ich und diese Männer hier.“ Er zeigte hinter sich, auf seine aufgeblasen hinter ihm drein stolpernde Mannschaft. Dann riss er den Beutel auf und schüttelte den Inhalt über den Köpfen der staunenden Zuschauer aus. Sofort erhob sich wildes Geschrei und ein heftiges Gerangel um die vielen zerstreuten Goldstücke entbrannte.

„Escobedo!“, bellte die schrille Stimme Haranas dazwischen. Der Kugelkopf des Kommandanten hatte sich mal wieder zur höchsten Alarmbereitschaft gerötet. „Was macht Ihr da? Untersteht Euch! Ihr seid verhaftet! Das Gold gehört der Krone!“ Haranas Stimme drohte sich zu überschlagen. Er zückte hektisch seinen Säbel.

Aber Rodrigo de Escobedo lachte dem Lagerkommandanten laut und unverschämt geradewegs ins Gesicht und trat ein paar Schritte näher an ihn heran. „Harana, Ihr habt nichts kapiert, aber auch gar nichts“, zischte er, laut genug, dass es jeder im Umkreis verstehen konnte. „Hier gelten Eure lächerlichen Papiere nichts, Señor. Hier gibt es keinen Colón, der Euch beschützt. Hier zählt auch Eure Vetternschaft zu den Weibern des Admirals nicht viel. Hier zählt das Schwert!“ Er klopfte zur Bestätigung auf seine Schwertscheide. „Und hier zählt das Gold!“ Er zeigte auf die prall gefüllten Beutel seiner Männer.

Schiffsarzt Juan Sanchez schlich sich unauffällig an die Seite von Harana und flüsterte hinter vorgehaltener Hand: „Bringt ihn augenblicklich zur Räson, sonst seid Ihr Eures Lebens nicht mehr sicher!“

Harana raffte sich auf: „Genug, Escobedo! Ihr seid verhaftet. Señor Gutierrez, nehmt ihm die Waffen ab.“

Escobedo wieherte wie ein Pferd. Gutierrez stand unschlüssig daneben. Einige der Männer grinsten. Andere hielten den Atem an.

Jetzt galt es! Escobedo drückte Gutierrez sein Schwert in den Arm. „Nimm mich fest, bester Freund“, so spottete er und streckte die Arme aus, wie um sich freiwillig fesseln zu lassen. Gleich darauf drehte er sich aber wieder zu seinen Männern um und breitete theatralisch die Arme aus: „Haben wir uns drei Wochen lang durch die Wildnis geschlagen und Gold aufgesammelt, nur um alles hier abzuliefern und uns einsperren zu lassen?“

Die Männer murrten. De Cuellár baute sich demonstrativ neben Escobedo auf.

„Haben wir unser Leben riskiert, nur um uns jetzt von denen, denen der Mumm zu gleichen Taten fehlt, herumbefehlen zu lassen?“

„Nein, niemals!“, so schrie Jacomo Rico. „Nein, nein, nein!“, stimmten die anderen ein.

„Und haben wir die Weiber quer über die Insel geschleppt, nur um sie jetzt dem Herrn Alguacil ins Bett zu legen?“

Wieder erscholl ein lautstarkes und protestierendes Nein. Die niederen Instinkte siegten, die Dummheit, die Gier.

Escobedo wandte sich wieder dem Lagerkommandanten zu. Jetzt grinste er nicht mehr, sondern zeigte sein grimmiges Totenkopfgesicht. Er bleckte angriffslustig die gelben Zähne: „Also, Harana, mein Herr! Damit Ihr es ein für alle mal begreift: ein Rodrigo de Escobedo wird hier niemandens Befehle befolgen. Ich bin mein eigener und freier Herr. Und wer sich mir anschließen will,“ – er hob die Stimme wieder an – „den fordere ich auf, es zu tun. Ich habe jedenfalls nicht vor, hier in diesen Holzhütten zu vermodern, bis unsere Freunde aus Spanien zurückkehren und hier reiche Goldernte halten. Ich will schon selber etwas davon haben.“

Über Haranas wutgerötetes Gesicht zuckten wilde Eruptionen. Er glühte und bebte wie ein Vulkan unmittelbar vor dem Ausbruch. Aber der Blick in die Runde musste ihn warnen. Escobedo bekam mehr Beifall als gut war. Er sprach aus, was fast die gesamte Mannschaft dachte: Warum zögern? Warum auf die Rückkehr des Admirals warten? Jetzt, jetzt war sie da, die einmalige Gelegenheit, als Erste das Gold zu finden. Das war es doch, was allen in den Köpfen spukte. Gold!

„Gutierrez ... !“, unternahm Harana einen letzten Versuch. „Ihr habt einen Befehl!“

Der um einen Kopf größere Pedro Gutierrez sah aus seinen Froschaugen mitleidig auf den Kommandanten hinunter. „Das müsst Ihr schon selber übernehmen, Señor Kommandant. Ich werde niemanden festnehmen.“

Offene Meuterei! Das war eine klare Befehlsverweigerung. „Besinnt Euch!“, rief der Schiffsarzt erregt. Harana schnappte stumm nach Luft.

„Ihr habt es gehört, Männer“, ergriff Escobedo wieder das Wort. „Wer hier im Fort bleiben will und zufrieden ist, wenn er von der Sonne gebraten wird, der mag hier bleiben. Wer sich mir anschließen will, der ist herzlich eingeladen. Es gibt noch genug Gold und Weiber da draußen.“

Seine weiteren Worte gingen im aufbrodelnden Gemurmel und Gejohle unter.

„Viva Escobedo!“

Der Bann war endgültig gebrochen. Auf seiner erhöhten Veranda stand hilflos de Harana und musste mit ansehen, wie sich die Männer um Escobedo drängten, ihn hochleben ließen und ihn mit Fragen bestürmten.

„Das war’s dann wohl“, seufzte Juan Sanchez und wandte sich ab. „Jetzt wird hier alles zusammenbrechen!“

Rodrigo gehörte zu jenen, die mit wehenden Fahnen ins Lager von Escobedo überwechselten. Die Entscheidung dazu fiel ihm leicht. Er wog die Stimmung im Fort ab und die Perspektiven, die sich boten. Zwar besaß er gehörigen Respekt vor den Wutanfällen des Notars und seit der langen Reise auf der Santa Maria hatte er auch noch einige offenen Rechnungen, aber mit Escobedo lockten Abenteuer und Gold, mit Harana hingegen trostloses Ausharren in La Navidad.

Den endgültigen Ausschlag gaben die heimgekehrten Begleiter Escobedos mit ihren feurigen Schilderungen: „Wir sind unter sie gefahren mit Hurra und blitzenden Schwertern. Sie sind nicht zurückgewichen. Immer aufs Neue haben sie sich in unsere Klingen gestürzt“, berichtete der junge Francisco von den Kämpfen. „Man muss sie überhaupt nicht fürchten. Sie haben keine Waffen und keinerlei Rüstung. Fünf oder sechs Männer habe ich getötet. Fünf oder sechs! Stellt euch das vor!“ Mit glänzenden Augen fuchtelte er mit seinem Schwert durch die Luft. Sein Jünglingsgesicht glühte vor Begeisterung.

Rodrigo versuchte sich die Schlacht vorzustellen. Denn nach solchen Schilderungen war es eine Schlacht gewesen. Die Tainos hatten angegriffen. Nicht die Spanier. Die Spanier hatten sich gewehrt. „Wir wollten nur Spaß haben mit ihren Frauen“, wiederholte Francisco. „Wir wollten niemanden töten! Aber sie sind über uns hergefallen wie eine Meute blutgieriger Hunde. Sie haben ein Geschrei veranstaltet wie die Mauren vor Granada. Wir waren einer gegen zehn. Stellt euch vor: Einer gegen zehn! Aber wir haben sie das Fürchten gelehrt!“

Rodrigo saß staunend im Sand und lauschte den blutigen Erzählungen. Das war eine Verheißung: „Jeder von uns hat einen großen Beutel voll Gold mitgebracht. Einen ganzen Beutel! Und das ist nur die Ausbeute aus drei Dörfern. Stell dir vor, welche Reichtümer auf der ganzen Insel auf uns warten.“

„Und Kommandant Harana?“

Francisco lachte verächtlich und nahm unbewusst Haltung und Tonfall von Escobedo an: „Was kümmert uns der Zwerg? Mein Kommandant heißt Escobedo. Er sagt, wir erfüllen nur den Auftrag des Admirals. Der will, dass wir die Goldminen von Cibao finden und dass wir bis zu seiner Rückkehr die Fässer mit Gold füllen. Wie soll das funktionieren, wenn wir nur im Fort herumsitzen? Señor Escobedo hat schon recht: Wir müssen es uns holen.“

„In einigen Monaten wird Colón wieder aus Spanien zurückkehren. Was wird er sagen, wenn Señor Harana ihm von all diesen Vorfällen berichtet?“

Wieder lachte Francisco unbekümmert auf: „Was soll er denn sagen, du Dummkopf? Escobedo legt dem Admiral einen Haufen Gold und die ganze Insel zu Füßen, Harana ein trostloses Fort und ein paar

Federbüschel. Wem wird der Admiral dann mehr zu Dank verpflichtet sein?“

Die Mannschaft von La Navidad zerfiel in drei Lager. Der größte Teil der Männer schlug sich ähnlich wie Rodrigo auf die Seite von Rodrigo de Escobedo. Neben jenen, die schon seinen ersten Raubzug mitgemacht hatten, schlossen sich nun auch Gutierrez und der Dolmetsch Louis de Torres an, außerdem der fette Niña-Schiffsarzt Alonso de Moguer, der kantige Pedro Yzquierdo und vier weitere Matrosen, so dass Escobedos Truppe schließlich auf 19 Mann anwuchs.

Die Biskayer aus dem Baskenland bildeten die zweite Gruppe, die sich abspaltete und demonstrativ eigene Wege ging. Diese sechs folgten dem Kommando ihres Bootsmannes Chachu.

Es blieben also bei Kommandant Diego de Harana lediglich noch 13 Spanier sowie Jorge, der Taino-Dolmetscher. Zu den wenigen Getreuen des Kommandanten gehörten der Schiffsarzt Juan Sanchez, der kleine Schiffsjunge Martin und die alten Seebären Graubart Rodrigo de Jerez und José Pequinos.

Zumindest hatte Harana rechtzeitig die Waffenkammer unter Verschluss gebracht, so dass Escobedo sich nicht mit weiteren Schwertern und Arkebusen ausrüsten konnte, es sei denn, er hätte es mit Gewalt versucht. Das wäre dem offenen Aufstand gleichgekommen, denn Harana war entschlossen, die verbliebenen Waffen im Fort zu belassen und unter seinen Getreuen aufzuteilen.

Harana besaß noch einen Vorteil: Außer ihm vertraute Häuptling Guacanagari keinem Spanier. Demonstrativ umgab sich der Kommandant deshalb in diesen Tagen mit dem Taino und dessen Gefolge aus dem Dorf Caracol.

Die Bewaffnung der Baskengruppe bestand aus nur zwei Arkebusen und einigen wenigen Schwertern und Piken. Dafür besaßen sie das Segelboot, die „Isabella“, das ihnen größte Beweglichkeit garantierte.

So klärten sich in den folgenden Tagen und Wochen die Fronten. Unterdessen bereitete Escobedo seinen zweiten Zug vor. Diesmal nicht heimlich bei Nacht und Nebel, sondern in aller Offenheit, vor den Augen Haranas und bestaunt von Guacanagaris glotzenden Indianern. Die Tainos wussten natürlich längst, was Escobedo auf seinem ersten Raubzug angerichtet hatte. Warum sie dennoch still hielten? Weil die überfallenen Dörfer zum Königreich Cibao gehörten, in welchem der Häuptling Guarionex herrschte. Die verschiedenen Herrscher der fünf großen Taino-Reiche auf Hispaniola standen zwar untereinander im Austausch, aber die Angelegenheiten des einen kümmerten die anderen wenig.

Ein Überfall der Spanier auf Dörfer in Ciboa, dem Reich des Guarionex, blieb deshalb nach Ansicht Guacanagaris und seiner Vertrauten auch dessen Angelegenheit. Guacanagari glaubte sich vor den Übergriffen der Spanier sicher. Hatte er nicht Admiral Colón Treue geschworen? Stand er nicht auf der richtigen Seite? Mochten die anderen Häuptlinge der Insel sich mit den Spaniern anlegen. Er wusste um die Macht und die gewaltigen Waffen der bärtigen Fremden. Er würde sich hüten, ihren Zorn herauszufordern. Nein, er, Guacanagari, er war der Schlaueste unter allen Häuptlingen. Das glaubte er jedenfalls. Deshalb lehnte er auch ab, als die übrigen Herrscher der Insel ihn um ein Treffen baten.

Das Treffen fand in einem kleinen Dorf in den Bergen statt. Die wenigen Hütten klebten abenteuerlich an den schroffen Felsen. Über einige schief in die Wand geschlagene Stufen erreichte man ein kleines Plateau, den Versammlungsplatz. Dort saßen sie im Kreise, die mächtigsten und größten Fürsten der Insel Haitien, die Kaziken Caonabo, Guarionex und Behechio, die Königin Higuanama. In zweiter Reihe ihre Brüder, Schwestern, Söhne, Vettern und Cousinen, ihre Ratgeber, Stammesältesten und Vertrauten. Vier der fünf großen Königreiche Haitiens waren somit vertreten. Vier stolze und selbstbewusste Taino-Herrscher. Ein jeder von ihnen gebot über mehr als 200 000 Untertanen. Nur Guacanagari fehlte, der fünfte große Fürst, der Abtrünnige, der einen Bund mit schrecklichen bärtigen Ungeheuern eingegangen war und der es abgelehnt hatte, an dieser Zusammenkunft teilzunehmen.

Caonabo, der finstere Häuptling der Maguana, hatte diese Versammlung über seine Boten zusammenrufen lassen. Wie ein Rabe auf der Lauer, so hockte er auf dem Fels und äugte in die Runde. Seinen Körper hatte er vollkommen schwarz bemalt, nur eine einzige rote Papageienfeder zierte seinen knotigen schwarzen Haarschopf. Um ihn herum saßen seine vier jüngeren Brüder, neben ihm kauerte Hatuey, der junge Krieger aus Guacanagaris Verwandtschaft. Er hatte soeben stehend einen langen und gestenreichen Bericht gegeben, von der Landung der Spanier und vom Gebaren der bärtigen weißen Männer, von ihren seltsamen Sitten und Vorlieben, von ihrer Gier nach Gold, von ihren mächtigen Waffen, von ihrer Rücksichtslosigkeit, ihrem Mut, ihrer Brutalität, ihrer hemmungslosen Gelüste auf die Frauen der Taino, ihrer lärmenden Art, sich fortzubewegen, ihren seltsamen Kleidungsstücken, ihren undurchdringbaren Rüstungen, vom unerträglichen Gestank, der von ihnen ausging, von den seltsamen Speisen, die sie aßen.

Als er sich wieder hingesetzt hatte, herrschte lange Zeit Schweigen. Endlich ergriff Guarionex das Wort, der Häuptling des Mittelreichs Cibao. Er war klein aber ehrfurchtgebietend. In beiden Nasenflügeln steckten goldene Pflöcke. Das Haar hatte er in der Stirn rasiert und rot eingefärbt, am hinteren Schädel zu einem prunkvollen Knoten hochgeknüpft. Allerlei Firlefanz, Federn, Muscheln, Perlen und Steinchen, baumelte darin. Die großen braunschwarzen Augen blickten freundlich und offen: „Diese fremden, weißen Männer haben drei meiner Dörfer überfallen. Sie haben zahlreiche Männer, Frauen und Kinder getötet. Mutige Krieger haben sich ihnen entgegengestellt. Aber unsere Pfeile prallten an den Hemden der Fremden ab, unsere Lanzen zerbrachen an ihren Kopfbedeckungen und unsere Keulen wurden von ihren scharfen Schwertern entzweigehauen. Dann schickten sie geheime Geister aus ihren langen, glänzenden Stöcken. Diese Geister ziehen Feuerzungen und Donner auf ihrer Reise hinter sich her. Und wenn sie einen der Unseren finden, und sei er noch so weit weg von den Fremden, so reißen sie ihm den Leib auf und zerschmettern seine Knochen. Auf diese Weise sind viele tapfere Männer gestorben. Meine Leute sagen, die weißen Männer mit den Haaren im Gesicht suchen nur nach einem, diesem hier." Er hielt ein großes goldenes Schmuckstück in die Höhe. „Das ist es, wonach sie dürstet. Das ist es, wofür sie töten." Er lachte glucksend. „Wenn sie wiederkommen, dann werden wir ihnen davon geben, soviel sie begehren.

Es ist wertloses Zeug. Man kann es nicht essen, man kann keine Waffen daraus schmieden, man kann es nicht zu Werkzeug formen. Kommt man zu nahe ans Feuer damit, dann schmilzt es einem in der Hand davon. Wir haben genug davon, und wir brauchen es nicht. Wir werden die Fremden damit füttern, damit sie unsere Verbündete werden, so wie sie die Verbündeten des Guacanagari sind. Sie werden uns vor den Kariben schützen, unseren Feinden, und wir werden sie mit Gold füttern, so dass sie nie wieder ihre Feuergeister gegen unsere Männer aussenden müssen."

Er lächelte freundlich in die Runde und setzte sich wieder. Offenbar hatte Escobedos rücksichtsloser Raubzug durch sein Revier ihm schon einen solch höllischen Respekt eingejagt, dass er sich lieber nicht mehr mit den Spaniern anlegen wollte.

Von ganz anderem Kaliber war da Caonabo. Er hörte geduldig zu und wartete, bis Guarionex geendet hatte. Jetzt ergriff er grimmig und mit zorngefurchter Stirn das Wort: „Sollte einer dieser Mörder und Räuber die Hügel zu meinem Reich überqueren, so werde ich ihn einfangen und töten. Möge der weiße Goldfresser deine Dörfer anzünden und deine Frauen rauben, oh du gutgläubiger Guarionex, mit meinen wird er es nicht wagen! Ich war in ihrem Lager, ich habe sie gesehen. Ich habe ihre hässlichen, haarigen Fratzen gesehen, ihre gierigen Augen. Ich habe ihre unflätige Sprache gehört, ihren Lärm, ihr Geschrei, das sie ununterbrochen verbreiten, wie die Affen im Urwald. Ich habe gesehen, wie sie sich um unsere Frauen gestritten haben, wie sie sich auf sie geworfen, sie schamlos besprungen haben, ein jeder zuerst das eine Weib, dann das des Nebenmannes und dann das des Nächsten. Und wenn die Frauen nicht freiwillig mitmachten oder es ihnen zu viel wurde, dann wurden sie geprügelt und davongejagt und gegen andere ausgetauscht. Was für eine Brut soll daraus hervorgehen? Sollen wir zusehen, wie unsere Weiber uns verlassen und die Lenden unserer eigenen jungen Männer vertrocknen?" Er hatte sich in Rage geredet und schnaubte wütend in die Runde. Wen sein wilder Blick traf, der duckte sich unwillkürlich.

Caonabos Anhang, allen voran seine vier Brüder, stießen kriegslüsterne Schreie aus. Caonabo, der Tapfere! Caonabo, der Schlaue!

Keiner zweifelte an seiner Entschlossenheit. Es ging das Gerücht, dass Karibenblut in seinen Adern fließe. Bei einem der Überfälle, denen Haiti seit alters her regelmäßig ausgesetzt war, soll seine Mutter sich einem Karibenhäuptling hingegeben haben. Aus Dankbarkeit soll er sie und ihre Familie am Leben gelassen haben.

Nachdem sich alle wieder beruhigt hatten, nahm Behechio das Wort, der prunkbeladene Fürst des Nordreichs Xaragua, ein pompös mit Fellen, Federn und Schmuck beladener Kerl, eitel, aber allseits geachtet, denn sein Reich war das größte der Insel, und seine Anhängerschaft übertraf die der anderen Häuptlinge bei Weitem. Neben ihm saß Anacoana, seine jüngere Schwester, ebenso stolz wie er, ebenso prunkbeladen.

„Mein Freund Caonabo hat gut und wahr gesprochen. Die weißen Fremdlinge sind mit einem schwimmenden Haus über das Meer gekommen und auch an den Stränden meines Reiches gelandet. Ein Häuptling Pin Zon. Wir haben mit ihnen Geschenke ausgetauscht. Es dürstete ihn nur nach Weibern und nach Gold. Später erfuhren wir, dass er einem noch größeren und wichtigeren Häuptling unterstand, jenem Admiralhäuptling, der sich Colón nannte und am Strand von Guacanagari gelandet war. Von den Männern, die besagter Colón in einem großen hölzernen Wohnhaus bei Guacanagari zurückließ, ist eine kleine Gruppe kürzlich auch in mein Reich eingedrungen. Sie kamen mit einem kleinen schwimmenden Haus. Sie haben versucht, Frauen aus meinen Dörfern einzufangen. Meine Männer haben sie in die Flucht gejagt und alle ihre Frauen befreit. Das nächste Mal, wenn sie wiederkommen, werden wir sie töten."

Caonabo grunzte beifällig.

Behechio setzte sich wieder hin. Er hatte so nüchtern und sachlich gesprochen, als ginge es um die nächste Ernte von Tabakoblättern.

Jetzt war es an Higuanama, der alten Fürstin von Higuey, dem Südreich, das Wort zu ergreifen. Sie genoss nicht umsonst den Ruf einer etwas verwirrten alten Hexe. Zahnlos und mit trüben Augen, das Haar wirr um den Geierkopfschädel, so saß sie in der Runde, ein Schleimfaden lief ihr vom Mundwinkel auf die ledrigen Brüste, die wie leere Wasserflaschen bis zum Gürtel baumelten. Sie kicherte aus ihren runzligen Falten heraus, machte wirre Handbewegungen und schüttelte dabei den Kopf. Die erste Hälfte ihrer vernuschelten Ansprache war nicht zu verstehen, nur ihr Schlusssatz: „... und wenn diese Männer so wild auf unsere Weiber sind, dann dürfen sie es auch einmal mit mir versuchen!“ Sie knetete vielsagend ihre schlaffen Brustlappen und spreizte weit die runzligen Knorpelbeine, so dass sich Caonabo ungewohnte Einsichten boten.

Jetzt erhob sich Anacoana, die großgewachsene, anmutige Schwester von Häuptling Behechio, ebenso prunkvoll ausstaffiert wie er, eine rassige Schönheit von vollendeter Ebenmäßigkeit. Ihr schwarzglänzendes Haar trug sie offen. Es fiel ihr seidig bis auf die Hüften: „Auch ich bin ein Weib, Fürstin Higuanama, so wie du eines bist. Vielleicht werde auch ich meinen Schoß öffnen, um einen der Fremdlinge zu empfangen. Aber ich werde es tun, um ihn dann sogleich zu töten. Ich werde auf dem gleichen Pfade wandeln wie der stolze Fürst von Maguana, wie der große Caonabo. Die Nachrichten, die uns von den Fremdlingen erreicht haben, reichen mir aus. Diese Männer sind eine Gefahr für unsere Königreiche. Sie sind wie ein fauler Keim in einer gesunden Frucht. Sie werden sich ausbreiten und alles zerstören, was in ihren Umkreis gerät. Was macht man mit so einem Keim? Man schneidet ihn heraus, ehe er die ganze Frucht befallen kann. Unsere Späher haben uns berichtet, dass ein neuer Raubzug der weißen Männer bevorsteht und dass ihr Anführer wieder jener Mörder ist, den sie Esco Bedo nennen. Ich werde nicht warten, bis dieser neuerliche Übergriff eine blutige Spur durch unser Reich gezogen hat. Ich bin Anacoana, die Fürstin der Xaragua.“

Für Escobedo und seine achtzehn Spießgesellen spielte das keine Rolle. Sie waren auf Mord und Totschlag eingestellt und sie rechneten für ihre zweite Expedition ins Landesinnere fest mit Feindseligkeiten der Indianer.

Diesmal hatte Escobedo seinen Marsch besser organisiert. Im Tross seiner Spanier führte er ein Rudel willfähriger Indianerfrauen und junger Burschen aus Caracol mit sich. Diese Begleiter trugen die Lasten, leisteten Führerdienste und versüßten den Spaniern die Nächte. Es war nicht schwer gewesen, solche freiwilligen Helfer und

Huren zu finden. Ein jeder Indianer lebte als sein eigener Herr und konnte tun und lassen, was er wollte. Vielen gefiel es im Dunstkreis der Spanier. Sie wurden mit Geschenken belohnt, sie wurden umschmeichelt und sie ließen sich leicht von der Macht, dem Mut und ihren Waffen beeindrucken. Auch hier galt die alte menschliche Erfahrung: Dem Starken folgen die Schwachen.

Escobedo schlug nicht den gleichen Weg ins Landesinnere ein wie bei seinem ersten Raubzug, sondern folgte auf Rat seiner indianischen Führer zunächst weiter in westlicher Richtung der Küstenlinie, weil ihm versprochen wurde, hier würde er schneller auf größere Dörfer treffen. An der gesamten Nordküste von Hispaniola lagen im unmittelbaren Küstenbereich nur wenige Siedlungen. Die meisten reihten sich einige Meilen landeinwärts wie eine Perlenkette parallel zur Küste auf. Das hatte seinen Grund darin, dass die Tainos aus Furcht vor den Überfällen der kriegerischen Kariben ihre Dörfer landeinwärts im Urwald versteckten. Escobedo und seine Getreuen mussten nur den ausgetretenen Saumpfaden folgen, um von einem dieser Dörfer ins nächste zu gelangen.

Das Kommen der Spanier hatte sich längst herumgesprochen, und auch ihre Methoden und ihre Wünsche. Beim ersten Dorf, das sie erreichten, traten ihnen die Dorfältesten demütig und untertänigst entgegen, präsentierten unter zahlreichen Verbeugungen und Bücklingen die besten Speisen und Früchte, offerierten ihre Schnitzereien, ihre kunstvollen Federumhänge und alles Gold, das sie zuvor zusammengekratzt hatten.

Escobedo gefiel es, solchermaßen empfangen zu werden. Er stolzierte wie ein Pfau durch die Reihen und ließ wieder inmitten des Dorfes das Lager aufschlagen. Dort hielt er Hof, nahm die Geschenke in Empfang und ließ sich die Jungfrauen des Dorfes offerieren, neben sich den feisten Gutierrez, den zappeligen Jacomo Rico, den schmierigen Antonio Carlos de Cuellár, den verschlagenen Diego Lorenzo, den fetten Alonso de Moguer, den mit fiebrigen Augen staunenden Louis de Torres und ringsum alle anderen. Auch Rodrigo saß dazwischen und brachte vor Staunen den Mund nicht mehr zu.

Sie schlemmten und prassten von den feilgebotenen Leckereien. Unter den unterwürfigsten Blicken der Indianer, die immer neue Platten und Schalen mit Früchten, Fleisch, Fisch, Gemüse, Kräutern und fremden Spezialitäten auffuhren, vertilgten sie Berge von Lebensmitteln. Dasjenige, was bei den Tainos für drei Familien, jede zu zehn Personen gerechnet, auf eine ganze Woche genügt hätte, das verzehrte und verschlang ein hungriger Spanier wenn es darauf ankam an einem einzigen Tage.

„Nun, bereust du es, dich auf unsere Seite geschlagen zu haben?“, fragte Francisco zwischen zwei saftigen Bissen, die er von einem Knochen herunterriss und genussvoll kaute.

Rodrigo schüttelte den Kopf und grinste. Er schleuderte ein angefressenes Stück Fleisch hinter sich und stopfte eine handvoll dampfenden Breis in sich hinein. Schmatzend entgegnete er: „So ein Kriegszug lässt sich aushalten. Escobedo hatte Recht. Wir sind die Herren der Insel!“

„Wir sind noch viel mehr. Wir sind reich, reich! Wir werden bis zu Colóns Rückkehr so viel Gold gesammelt haben, dass wir als wohlhabende Hidalgos in die Heimat zurückkehren werden.“

Francisco verdrehte schwärmerisch die Augen und stürzte einen Schluck Wein hinunter.

Davon konnte man träumen, doch dies alles war kein Traum. Rodrigo sah sich schon als schmuck herausgeputzten Edelmann durch die Straßen von Palos stolzieren. Dann würde er im Hause der Pinzons ein- und ausgehen. Und eines Tages würde er Isabella Pinzon heiraten. Wie um diesen Vorsatz zu bekräftigen, strich er kurz über die Locke, die er immer noch an einer Kordel unter dem Hemd trug. Das Haar Isabellas.

Vorher aber, bevor er heimkehren und mit Gold beladen um Isabellas Hand anhalten würde, das war der Gedanke, der ihn schon seit Wochen in Navidad umtrieb, musste er nun endlich ein richtiger Mann werden. Er hatte inzwischen oft genug gesehen, wie es die Männer mit den Indianerweibern trieben. Es funktionierte nicht anders als zu Hause in Palos bei den Schweinen, wenn der Eber zu den Sauen gebracht wurde, oder bei der Mutter, wenn sie ihre Freier mit nach Hause in die Lehmhütte gebracht hatte.

In Navidad hatte Rodrigo bisher noch nicht den Mut gefunden, es auszuprobieren. Die Männer zogen ihn wochenlang damit auf, was ihn nicht mutiger werden ließ. Sie schleppten die ältesten Vetteln herbei und sperrten ihn mit diesen zahnlosen Ungeheuern zusammen. „Nimm dir endlich eine Braut", so verspotteten sie ihn. Sie hatten ihren Spaß daran, ihn aufzuziehen.

Jetzt befanden sie sich weit fort von Navidad. Sie besuchten ein fremdes Indianerdorf. Hier liefen jede Menge junge Frauen umher. Und wie sie herumstrichen, diese nackten Schönheiten, immer um die im Kreis lagernden Spanier herum! Wie rollige Katzen streckten sie ihre Brüste, präsentierten ihre Hüften und Pobacken, gurrten und schnurrten, zwinkerten mit den Augen und lockten mit eindeutigen Gesten. Im Hurenhaus von Cordoba konnte es nicht schamloser zugehen. Aber diese Tainos kannten keine Scham wie die spanischen Frauen. Sie zeigten vielmehr ihre Wünsche als sei es die natürlichste Sache der Welt, sich willkürlich zu paaren, heute mit diesem, morgen mit jenem.

Aus dem Kreis der Spanier bröckelte nach und nach einer nach dem anderen ab. Jacomo Rico verschwand mit zwei Schönen, Pedro Yzquierdo gar mit dreien, der fette Schiffsarzt Alonso de Moguer mit zwei anderen, fast stritten sie um ihn, denn er war in seiner Fettleibigkeit eine Attraktion. Auch Francisco hielt schon wieder ein Mädchen im Arm. Er kniff Rodrigo in die Seite: „Jetzt gilts, mein Freund!"

Rodrigo nickte entschlossen. Schon den ganzen Abend hatte er ein junges Mädchen ins Visier genommen, ein zartes und fragiles Püppchen mit einem großen staunenden Gesicht. Ihre Augen trafen die seinen kurz und ermunterten ihn, ja forderten ihn regelrecht auf. Rodrigo erhob sich. Auf wackligen Beinen stakste er auf die junge Indianerin zu. Sie zählte bestimmt nicht mehr Jahre als er, höchstens fünfzehn, aber sie war längst eine Frau, im Körperbau und in ihrem ganzen Gebaren. Ohne Scham griff sie Rodrigos Hand und zog ihn sachte aus dem Kreis der sitzenden Männer heraus. Dann legte sie Rodrigos offene Hand auf ihre rechte Brust, drückte sich ihm entgegen und ließ ihn die knospige kleine Brustwarze spüren. Lächelnd sah sie ihm direkt in die Augen und nickte. Rodrigo nickte auch. „Suunayama“, sagte sie und deutete auf sich. Rodrigo sagte nichts, er spürte bloß, wie ihm die Aufregung die Zunge lähmte. Brav folgte er dem Mädchen zwischen die nahen Bäume, den Blick stier auf zwei glänzende Pobacken gerichtet. Suunayama kicherte voller Vorfreude.

XXX. Hinterhalt

Die Verhältnisse auf Hispaniola entwickelten sich nun endlich nach Escobedos Geschmack. Der skrupellose Notar frohlockte. Er hatte eine starke Räuberbande um sich geschart, hatte den offenen Machtkampf mit Colóns Statthalter Diego de Harana gewonnen, konnte nach eigenem Belieben schalten und walten und sah sich schon als Herr über unermessliche Reichtümer. Unbehelligt zog er mit seiner Horde über die Hochebenen Hispaniolas, durchquerte schwülfeuchte Urwälder, heiße Savannen, wilde Gebirgstäler. Nichts hielt die Spanier auf, nicht die brütende Sonne, nicht die überfallartigen Regengüsse, auch nicht die gespenstischen, krachenden Gewitter, die oft über den Bergen niedergingen. Kein einziges Mal mussten sie auf ihrem Zug das Schwert zücken. Welches Dorf auch immer die Spanier in den nächsten Tagen und Wochen betraten, die Bewohner empfingen sie mit offenen Armen und beschenkten sie reich, vor allem mit Gold. Die Indianer gaben freudig her, was sie besaßen. Wie konnte man so verrückt sein nach einem völlig unbrauchbaren Metall? Im Gegenzug gab es Geschenke, welche die begeisterten Indios mit glänzenden Augen entgegennahmen: Flitterkram, Tand, bunte Stoffe, Glasperlen, Messingglöckchen, Spiegel, wertloses Zeug, welches die unschuldigen Einwohner Hispaniolas in größtes Entzücken versetzte.

Escobedo und Gutierrez besaßen nur vage Vorstellungen von den Größen- und Machtverhältnissen auf Hispaniola. Zwar jagte es ihnen schon einen Schrecken ein, wie weit sie marschieren konnten, ohne auf die jenseitige Küste der Insel zu stoßen, aber da ihr Marsch reibungslos verlief, von einem triumphalen Empfang zum nächsten, beunruhigten die riesigen Entfernungen sie fürs Erste nicht. Dass die Insel so groß war wie das Königreich Granada, konnten sie nicht wissen. Von den fünf großen Fürstentümern dieser Insel – Marien,

Maguana, Cibao, Xaragua und Higuey – und von deren Herrschern wussten sie nichts. Sie kannten nur den gutmütigen Guacanagari und glaubten, er sei König der ganzen Insel. Dass auf ihr über eine Million Menschen lebten – unvorstellbar. Hätte Escobedo eine Ahnung davon gehabt, vielleicht hätte es ihn in seinem Größenwahn, in seinen Allmachtsfantasien und im Glauben an die eigene Unverwundbarkeit etwas vorsichtiger gemacht. Aber er wusste es nicht und er wollte es auch nicht wissen. Die Krankheit, die sich Goldgier nennt, hatte ihn bereits tödlich infiziert.

Im Übrigen wandelten sie in diesen rauschhaften Tagen immer noch auf dem Hoheitsgebiet des Fürsten Guacanagari, und das war auch der Grund dafür, warum sie überall so herzlich empfangen wurden und unbehelligt blieben. Guacanagaris Boten waren ihnen längst vorausgeeilt und hatten sämtliche Dörfer und Provinzen zu Gehorsam und Gastfreundschaft verpflichtet. So zog für Escobedos Bande ein unbekümmerter Frühling ins Land. Der April ging vorüber, der Mai zog herauf, als sie nach wochenlangem unbehelligtem Zug fast die nordwestlichen Ausläufer des Gebirgszuges erreichten und beschlossen, diesen zu überqueren und in die dahinterliegende Ebene vorzudringen. Die Spanier und ihr Schlepptau von inzwischen mehreren hundert indianischen Führern, Helfern, Weibern und Kindern setzten sich sorglos in Bewegung.

Sie näherten sich dem Machtbereich von Caonabo.

Rodrigo und Francisco saßen auf einem Felsvorsprung und pafften wie zwei bedeutende Indiokaziken aus zusammengerollten Tobaccoblättern fette Rauchwölkchen in den Himmel. Beide ließen die nackten Füße baumeln und genossen den weiten Ausblick auf die strauchbewachsene Ebene, die unter ihnen lag. Ein paar fremdartige, abstoßende, große Vögel zogen am Himmel ihre Kreise. Am Horizont schimmerten schemenhaft die Konturen eines Dorfes. Ihr nächstes Ziel. Irgendwo in ihrem Rücken kicherte eine Mädchenstimme. Sunayama! Das Tainomädchen hatte Rodrigo seit jenem ersten Aufeinandertreffen nicht mehr aus den Augen gelassen, hatte sich dem Zug angeschlossen, verfolgte Rodrigo auf Schritt und Tritt und verstand sich offenbar nicht nur als seine Geliebte, sondern geradezu als seine Dienerin. Rodrigo genoss diese Anhänglichkeit, die er auch bei zahlreichen anderen Tainofrauen und Mädchen beobachtete. Viele verließen zugunsten ihrer neuen, bärtigen Beschützer ihre Familien und Dörfer und schlossen sich auf Gedeih und Verderb den spanischen Helden an. Familienbande wogen bei ihnen nicht viel, und auch die Zugehörigkeit zu einem Dorf nicht. Sie schleppten den Spaniern die Ausrüstung, sie kochten und backten für sie, sie teilten das Lager mit ihnen und sie lausten ihnen die struppigen Bärte. Manch einer der Spanier, Escobedo zum Beispiel, umgab sich gleich mit einem halben Dutzend solcher Konkubinen und hatte kein Problem damit, sie alle paar Tage auszutauschen. Rodrigo besaß nur dieses eine Mädchen, aber sie folgte ihm treu wie ein Hund, ließ ihn keine Sekunde aus den Augen und las ihm jeden Wunsch von den Augen ab. Mit einem Mix aus Taino-Brocken und Zeichensprache verständigte Rodrigo sich inzwischen leidlich mit allen Einheimischen, umgekehrt beherrschte Suunayama schnell die wichtigsten Brocken Spanisch, so dass beim Essen, bei der Goldsuche und bei der Paarung keine Missverständnisse aufkamen.

Neue Begriffe sammelte Rodrigo aufmerksam ein. Die weite Ebene zum Beispiel, auf die sie jetzt hinausblickten, hieß bei den Tainos „Savanne“.

Suunayama mit ihrem kleinen bronzenen Körper trat neben Rodrigo und zeigte hinaus auf die Ebene, zu einem schemenhaft aufragenden, weiteren Gebirgszug. „Caonabo!“, sagte sie mit respektvollem Unterton.

„Heißt so der Berg?“, fragte Rodrigo.

„Nein! Caonabo König. Dort beginnt sein Reich!“

Francisco neben den beiden paffte in die Luft und blies mit dem Rauch ein verächtliches „Pah!“ hinaus.

Rodrigo schwieg und wartete auf weitere Informationen. Aber Suunayama sagte nichts mehr. Sie setzte sich neben Rodrigo auf den Felsen und hielt mit geschlossenen Augen das Gesicht in die Sonne. Rodrigo betrachtete ihre mädchenhaften, anmutigen Züge. Ein inneres Leuchten ging von ihr aus, das Leuchten einer Schönheit.

Herausgeputzt in Kleidern hätte sie jeder spanischen Dame Konkurrenz machen können. Sofort verwarf Rodrigo diesen Gedanken. Niemals durfte er diese Wilden mit den edlen Frauen Spaniens vergleichen. Suunayama war nur ein dürres Indianermädchen, nackt bis auf einen knappen Lendenrock, ahnungslos, ungläubig, verdorben. Sie hatte ihn verführt, und wer weiß, wen noch zuvor. Wie eine Anfängerin hatte sie sich jedenfalls nicht angestellt. Er erinnerte sich beschämt: Beim ersten Mal waren ihm die Säfte schon übergelaufen, noch ehe Suunayama ihre Hand an der richtigen Stelle positioniert hatte.

„Sie ist nur eine Tainofrau", redete Rodrigo sich ein. „Sie hat keine Ahnung von den katholischen Majestäten Ferdinand und Isabella und vom christlichen katholischen Glauben; von Jesus Christus, von der Muttergottes und vom Allmächtigen weiß sie nichts. Sie ist eine Heidin!"

Als Rodrigo sie eines Tages nach der katholischen Kirche, dem Papst, der heiligen Inquisition und dem Vaterunser befragte, staunte sie ihn nur mit ihren großen Augen fassungslos an und schüttelte ein über das andere Mal den Kopf. Sie wusste nichts, gar nichts. „Woher sind denn die Tainos gekommen?", wollte er wissen.

„Es gibt eine Gegend Namens Caonao", erzählte sie ihm. „Dort gibt es einen Berg, dessen Name Cauta lautet. Dieser Berg hat zwei Höhlen. Vaterhöhle und Mutterhöhle. Aus ihnen kamen all die Menschen, welche die Inseln bewohnen ..."

Rodrigo verdrehte die Augen. Er hatte es mit einer Ungläubigen zu tun.

Ganz andere Gedanken und Überlegungen trieben Escobedo um. Beim Anblick der Ebene, die vor ihnen lag, entfuhr ihm der Ausruf: „Hier ein Pferd – und die Insel gehört dir!"

Gutierrez, der sich schwitzend und keuchend neben seinem hageren Spießgesellen aus dem Gestrüpp wühlte, schob sich sein fettiges Barett aus der Stirn und wischte sich damit den Schweiß vom Hals und aus dem Genick. Die heiße, schwüle Luft machte ihm noch mehr zu schaffen als den anderen. Gereizt verscheuchte er einen Schwarm lästiger Mücken. Er keuchte vor Anstrengung. Hinter ihm krabbelte lächelnd wie immer der Taino-Führer Jorge aus dem Gebüsch.

„Es ist eine gute Reitergegend", bestätigte Gutierrez. „Alles offenes Gelände und ganz eben. Aber da wir keine Pferde haben, müssen wir wohl zu Fuß hindurchmarschieren."

Escobedo blinzelte mit seinen Geieraugen in die Sonne und machte Grimassen mit dem Mund, als kaute er an einem Stück Leder. In Wirklichkeit kaute er an einer Idee: „Wir könnten ausprobieren, ob uns die Tainos tragen. Vielleicht sollten wir Transportsänften bauen."

Da Pedro Gutierrez wesentlich mehr Fett mit sich herumschleppte als der dürre Escobedo, war seine Begeisterung nicht gespielt: „Wir bräuchten vier Mann pro Spanier. Und vielleicht noch einmal gleichviel zum Wechseln, wenn die erste Mannschaft müde wird."

Jetzt grinste Escobedo: „So machen wir es auf dem Rückweg. Wenn wir die Taschen voller Gold haben." Er klopfte auf einen prall gefüllten Schultersack, den er sich über den Rücken gehängt hatte.

Weitere solche Säcke schleppten mehrere Tainos, die jetzt als Nächste aus dem Unterholz herauskamen, gefolgt von den übrigen Spaniern. Diese Säcke enthielten die bisherige Beute. Die spanischen Diebe ließen sie keinen Augenblick aus den Augen. Einer misstraute dem anderen. Und so, wie die Kerle beschaffen waren, hatten sie auch allen Grund dazu. Immer wieder entbrannten Streit und Diskussionen. Die Männer drängten darauf, dass Escobedo jeden Einzelnen auszahlte, sie wollten die Beute verteilen. Jeder fürchtete, dass er zu kurz kommen könnte. Escobedo, der sich selbst seinen ganz privaten Anteil immer sofort abzwackte, bestand darauf, dass die inzwischen ganz erheblichen Goldschätze – hauptsächlich Schmuck, Nasenpflöcke, kleine Kügelchen und geplättete Scheiben, die größten davon als dünne, handtellergroße Platten – in einen Topf gesammelt wurden. „Wir teilen, wenn wir zurück in Navidad sind", pflegte er bei solchen Diskussionen zu versprechen, und dann, leise, zu Gutierrez gewandt: „Dann wissen wir nämlich auch, durch wie viele Köpfe wir noch teilen müssen."

Der Zug setzte sich wieder in Bewegung hinunter Richtung Ebene. Sie bahnten sich ihren Weg durch wucherndes Dornengestrüpp. Vorneweg stapfte unentwegt von seiner magischen Gier getrieben Escobedo, es folgten Gutierrez, dem vor Anstrengung die Augen überquollen und Jorge, der trotz seiner Last von Stein zu Stein hüpfte wie eine junge Bergziege. Dann kamen die gutmütigen Taino-Träger und Möchtegern-Führer, junge Indioburschen, die sich bei den Spaniern einschmeicheln wollten, die nach Escobedos Aufmerksamkeit heischten, die sich im Glanz der Spanier sonnten. Es folgte halbwegs geschlossen der Tross der schwerbewaffneten übrigen Spanier, zuerst Jacomo Rico, inzwischen eine Art Unteroffizier von Escobedo, am Ende der Schlange Francisco und Rodrigo. Hinter ihnen breitete sich der Reigen weiterer Tainos aus, vor allem Weiber, aber auch Jugendliche, ein paar Kinder, Männer, darunter Neugierige, die nur ein paar Stunden oder ein, zwei Tage dabeiblieben, dann wieder andere, die sich bereits von ihren Heimatdörfern losgesagt und ganz der Sache der Spanier verschrieben hatten. Schließlich hielten viele dieser Indios diese rüstungsglänzenden, unerschrockenen und wagemutigen Helden immer noch für Götter oder gottähnliche Wesen.

Gegen Abend erreichte der Zug die kleine Ansiedlung, die erkennbar noch zum Machtbereich von Guacanagari gehörte, denn die Bewohner kamen ihnen freudig entgegen, um bergeweise ihre Geschenke aufzuhäufen. Dazu zählten in erster Linie Lebensmittel, denn inzwischen hatte sich auch der Bärenhunger der Spanier herumgesprochen. Aber auch wenn Maisfladen- und Brei, Casavabrote, süße Papaya-Früchte, Mammeiäpfel, die Kaktusfrüchte Opuntie, schmackhaftes Fleisch vom Hutia, einem kaninchenartigen Nagetier, und andere einheimische Leckereien aufgetürmt waren, der erste suchende Blick galt immer etwas anderem: Gold!

„Nucay, eh?", raunzte deshalb Escobedo den vor ihn getretenen, schmuck herausgeputzten Indio an, der offensichtlich Kazike dieses Dorfes war. Es hörte sich eher wie ein Ausruf des Unmutes an als eine Frage.

Die Augen des Kaziken glänzten und er tänzelte um einen großen Rindenkorb herum, den Escobedo bei seinem ersten inspizierenden Rundblick übersehen hatte.

„Nucay, Nucay", freute sich der Kazike und stocherte mit seinem federgeschmückten Insignienstab Richtung Korb wild in die Luft. Da, schaut nur genau hin, wollte diese Geste sagen. Und die Spanier, inzwischen im Halbkreis um den Gabentisch aufgestellt, schauten und staunten. Goldstücke in allen Größen füllten den Korb bis an den Rand. Kleine maiskorngroße Kügelchen, solche in der Größe von Hasel- und sogar von Walnüssen. Escobedo fiel vor dem Korb auf die Knie und streichelte über die oberste Schicht. Die anderen beobachteten ihn andächtig.

Gutierrez schnaufte: „Heilige Muttergottes, das ist ja ein Schatz!"

Escobedo blickte kurz in die Runde, als wollte er sich vergewissern, dass noch alle vorhanden waren, dass er nicht in einem Traum gelandet war. Dann zückte er sein Messer und bohrte es tief in den Korb hinein. Aber wie er auch darin rührte und grub, er bekam nichts anderes als diese kleinen gelben Kügelchen in die Finger. Ein tiefer, pfeifender Atemzug entfuhr seiner schütteren Brust. Dann stand er auf und umarmte den Kaziken. In diesem Augenblick liebte er ihn wohl wirklich.

Die anderen brachen in laute Hurra-Rufe aus und ließen gleichzeitig den König, die Königin und den Häuptling hochleben. Das Fest konnte beginnen.

Caonabos Späher folgten den Spaniern bereits, seit diese vom Gebirgszug herabgestiegen waren. Der misstrauische Häuptling des Königreichs Maguana hielt sich über jeden Schritt von Escobedos Bande auf dem Laufenden. Jenseits der großen Savanne lag eine weitere breite Gebirgskette. Größer noch und höher als jene, welche die Spanier gerade überschritten hatten. Hier wucherte nicht nur erneut ein ähnlicher subtropischer Regenwald, wie sie ihn von der Küste her an der Luvseite des Gebirges vorgefunden hatten, sondern hier begann auch das Reich Caonabos. Der kämpferisch gestimmte Fürst beabsichtigte keineswegs, den Spaniern ähnlich zu huldigen, wie es die Kaziken im Herrschaftsbereich Guacanagaris taten. Ein größerer Fluss, der die ganze Ebene durchquerte und am nordwestlichen Zipfel der Insel irgendwo ins Meer mündete, schlängelte sich am Fuße von Caonabos Bergen aus dem Urwald heraus. An seinen geschützten Ufern, versteckt unter den grünen Baldachinen der Dschungelriesen, hatte Caonabo sein Lager aufgeschlagen. Es handelte sich um ein Heerlager. Mochten es dreitausend Indios sein oder gar fünftausend, die Caonabo hier zusammengezogen hatte, jedenfalls wuchs die Schar täglich, und es formierte sich eine Armee, wie sie diese Insel noch nie gesehen hatte. Häuptling Caonabo, der die Berichte von Escobedos erster Expedition sehr wohl kannte, der auch die verheerende Wirkung der spanischen Waffen kannte und den magischen Schutz ihrer Rüstungen, setzte auf die pure Macht der Masse. „Wir erdrücken sie mit unseren Leibern", sagte er zu Hatuey, dem Taino aus Caracol, der seit jenem denkwürdigen Treffen aller Häuptlinge in seinem Gefolge geblieben war.

„Sie sind nicht unsterblich", bestätigte Hatuey. „Es sind Menschen, so wie wir. Ich habe einen von ihnen sterben sehen."

Hatueys Bericht vom Tode des Leichtmatrosen Jakob in der Festung Navidad konnte nicht oft genug an den Lagerfeuern erzählt werden. Er beflügelte die Tainos und gab ihnen Hoffnung und Zuversicht: „Es sind Menschen, sie können sterben!" Hätte es dafür nicht den Augenzeugen Hatuey gegeben, Mut und Entschlossenheit in Caonabos Armee wären rapide gesunken. Denn sonst kannte man nur die Greuelerzählungen aus den überfallenen Dörfern. Und dort hatten durchaus tapfere und unerschrockene Tainos gewohnt, die sich mit all ihren Waffen den Spaniern entgegengestellt hatten.

In regelmäßigen Stafetten kehrten die Späher aus der Ebene zurück. Immer wenn ein Läufer im Lager eintraf, wurde ein frischer hinausgeschickt. So sicherte Caonabo einen gleichmäßigen Informationsfluss.

Der junge Mann, der zuletzt zurückgekommen war, stillte zuerst seinen Durst und seinen Hunger, dann trat er vor Caonabo, um Bericht zu erstatten. Mit einer knappen Handbewegung forderte Caonabo den Jungen auf zu sprechen.

„Die Fremden lagern im Dorf des Kaziken Kaijakum. Dort werden sie die Nacht verbringen. Sie haben riesige Feuer gemacht und verbreiten viel Lärm und trinken von ihrem roten Wasser. Außerdem paaren sie sich mit den Weibern aus Kaijakums Dorf. Ihr Häuptling Esco Bedo und ein paar andere sitzen um einen großen Korb voller Nucay und streiten sich. Bei ihnen sind viele Tainos mit Weibern und Kindern, die ihnen überall hin folgen. Ich habe mit einem von ihnen geredet. Sie wollen geradewegs hierher kommen, dieses Gebirge überschreiten und quer über die Insel streifen, um überall in den Dörfern möglichst viel Nucay einzusammeln."

„Worüber streitet ihr Häuptling mit seinen Männern?"

„Das habe ich nicht verstanden. Ihre Tainos wissen es auch nicht. Sie sagen aber, wenn die Spanier streiten, dann geht es immer nur um Nucay oder um Frauen."

Caonabo schwieg und sann über das Gehörte nach. Nach einer Weile entließ er seinen Boten mit einer huldvollen Handbewegung. Der Krieger Hatuey beobachtete den Häuptling aufmerksam und wusste: Caonabo brütete etwas aus.

Einen seiner Männer, den grobschlächtigen Pedro Yzquierdo, betrachtete Escobedo als unsicheren Kantonisten. Es war die Art, wie Yzquierdo Befehle ausführte. Darin steckte etwas Subversives, eine Art unausgesprochener Protest. Yzquierdo verübelte Escobedo immer noch, dass dieser ihm bei seinem ersten Raubzug seine Kumpane von der Niña abgeworben hatte. Leute wie Antonio Carlos de Cuellár, Diego Lorenzo oder Pedro de Lepe sah Yzquierdo als seine Anhänger an, das wusste Escobedo. Und so hatte er immer wieder ein misstrauisches Auge auf den entlassenen Sträfling. Escobedo kannte Yzquierdos Geschichte, wie alle Spanier hier sie kannten: Yzquierdo verdankte seine Freiheit allein der Expedition Colóns, denn er hatte von jenem königlichen Erlass profitiert, durch den alle zivilen und kriminellen Verfahren gegen Personen, die sich vom Admiral anheuern ließen, aufgehoben wurden. Yzquierdo hatte im Gefängnis von Huelva auf seine Verurteilung gewartet, weil er mit zwei Kumpanen versucht hatte, einen Freund, der bereits eines Mordes überführt und zum Tode verurteilt worden war, zu befreien. Dieser Versuch misslang und Yzquierdo und seine zwei Helfer landeten auch im Gefängnis. Nach einem eigentümlichen kastilischen Gesetz wurden daraufhin die drei

Freunde ebenfalls zum Tode verurteilt. Doch ehe das Urteil vollstreckt werden konnte, nutzten alle vier das königliche Amnestieangebot und ließen sich von Colón anheuern. Bei der Rückkehr, so hatte man ihnen versprochen, würden sie begnadigt werden. Seine drei Gefährten befanden sich längst wieder zu Hause in Spanien, aber ihn, Pedro Yzquierdo, 27 Jahre alt, hatte das Los bestimmt, in Navidad zu bleiben.

Pedro Yzquierdo betrachtete diesen Umstand jedoch nicht als Pech, sondern, so wie die Dinge derzeit liefen, eher als glückliche Fügung. Seit er sich Escobedos Bande angeschlossen hatte, erlebte er die besten Tage seines bisherigen Lebens. Der hinter ihnen liegende Marsch war ein wahrer Triumphzug gewesen. Überall empfing man sie begeistert, feierte die Ankunft der Spanier, verwöhnte und beschenkte sie freigiebigst. Überall trafen sie auf freundliche Gesichter und offene Hütten. Und jede Nacht fand man sich in den Armen einer anderen jungen Indiofrau. Nein, Pedro sah keinen Grund, sein Schicksal zu beklagen. Und doch schlich sich Unzufriedenheit bei ihm ein. Er schürte diese auch bei seinen Kumpanen: „Schaut euch Escobedo an," murrte er, „der hortet unser Gold und rückt kein einziges Körnchen heraus." Er saß zusammen mit dem harten Kern der Niña-Matrosen ums Feuer, mit dem schmierigen Antonio Carlos de Cuellár, dem tumben Diego Lorenzo, der mit seiner stets herunterhängenden Unterlippe einen leicht debilen Eindruck vermittelte, dem jungenhaften Francisco und dem lärmenden Pedro de Lepe. Diese Vier hatten zu den Ersten gehört, die sich Escobedo angeschlossen hatten. Antonio und Francisco waren sogar auf dessen erstem unrühmlichen Ausflug dabei gewesen, der mit der Gefangennahme von drei jungen Indianerinnen geendet und schließlich indirekt zum Tode von Jakob geführt hatte. Mit einigem Recht glaubten sie deshalb, dass sie einen speziellen Anspruch auf die inzwischen gehorteten Schätze hatten.

„Escobedo hat einen ganzen Sack voll Gold für sich selbst behalten und alles Übrige lässt er streng bewachen", murrte Yzquierdo. „Und jetzt, dieser Korb voller Gold. Seht doch nur seine glänzenden

Augen, den wird er auch nicht herausrücken. Ich sage euch, der will uns alle aufs Kreuz legen. Der will das ganze Gold für sich behalten."

De Cuellár nickte grimmig: „Du hast Recht, mein Freund. Escobedo ist ein Geizhals. Und ich traue ihm nicht. Er hat Harana hereingelegt und den Admiral auch. Er wird auch uns hereinlegen, ohne mit der Wimper zu zucken. Wir sollten unseren Anteil sofort fordern. Was meint ihr Männer?"

Die anderen nickten zustimmend.

„Er ist ein Gauner", fluchte Pedro de Lepe.

„Er soll uns unseren Anteil geben", ergänzte Francisco.

Sie ließen noch einmal das bauchige Fässchen mit Rotwein herumgehen und staksten dann, nachdem sie sich Mut angetrunken hatten, hinüber zum Feuer von Escobedo. Der Notar lagerte dort zusammen mit Gutierrez, Jacomo Rico und dem Kaziken Kaijakum und dessen vielköpfiger Familie.

Alle fünf, Yzquierdo als Sprecher, bauten sie sich vor Escobedo auf und brachen jenen Streit vom Zaun, über den Caonabos Späher berichtet hatten.

„Wir wollen unser Gold haben, Señor Escobedo!"

„Die Beute soll verteilt werden!"

„Gebt uns unseren Anteil!"

Vielstimmig und mit vereintem Mut trugen sie ihre Forderungen vor. Yzquierdo deutete auf den Goldkorb: „Das da, das gehört uns allen!"

Escobedo hörte sich das alles an, hielt aber den Blick ungerührt weiterhin auf das flackernde Feuer gerichtet. Pedro Gutierrez spielte nervös mit seinem Messer, schnitzte sinnlos an einem Holzscheit herum. Jacomo Rico gab die junge Tainofrau frei, die in seinen Armen gelegen hatte, und glotzte grinsend die Bittsteller an.

Escobedo ließ sich Zeit mit einer Antwort. „Und wenn ihr euch die Taschen damit voll stopfen würdet, was hättet ihr davon?", fragte er schließlich. Er verzog die schmalen Lippen verächtlich nach unten: „Ihr müsstet dies alles mit euch herumschleppen. Jetzt tun dies die Wilden für uns. Ihr müsstet dreimal am Tag nachzählen, was ihr denn schon alles gehortet habt. Ihr würdet dem Vordermann neiden, dass er drei schönere Stücke hat, und dem Hintermann würdet ihr misstrauen, ob er euch nicht vielleicht schon etwas aus der Tasche gezogen hat. Am Abend würdet ihr am Feuer sitzen und um eure Anteile streiten. Einer würde dem anderen den Schädel einschlagen, dumm genug dazu seid ihr alle. Und wenn es mal ernst wird irgendwo", jetzt erhob sich Escobedo und stand nun Auge in Auge Yzquierdo gegenüber, „dann will jeder nur sein eigenes Gold retten und keiner denkt daran, dass man den Kameraden helfen soll und eine Schlacht nur gemeinsam geschlagen wird. Dann bleiben womöglich ein paar Tote irgendwo liegen und die anderen müssen mühsam das ganze Gold wieder zusammensuchen." Er tippte Yzquierdo auf die Brust: „Und solche wie du, sobald sie genug Beute in ihren Säcken haben, die vergessen, dass es einen Kommandanten gibt, dem sie Gehorsam schuldig sind. Ich sehe euch schon in alle Himmelsrichtungen davonlaufen, mit ein paar mickrigen Goldkörnchen in der Tasche. Wenn wir aber alle zusammenhalten, dann sammeln wir ganz andere Schätze ein. Dann quellen unsere Kisten über, wenn unsere Schiffe aus Spanien kommen, und dann kehren wir nicht als wohlhabende Männer heim, sondern dann sind wir Fürsten, denen die Mächtigsten des Landes zu Füßen liegen werden." Noch einmal tippte Escobedo mit seinen Spinnenfingern seinem Gegenüber auf die breite Brust und bekräftigte: „Aber ihr seid zu dumm, um das zu verstehen. Es gibt kein Gold. Geteilt wird erst in Navidad!"

Während Escobedo redete, sprang Yzquierdos Kehlkopf hektisch auf und ab, seine Lippen zitterten heftig und die Nasenflügel bebten vor mühsam gezügeltem Zorn. „Das sagt Ihr uns schon seit Tagen", raunzte er. „Das interessiert mich alles nicht mehr. Selber tragt Ihr ja auch Euren Sack mit Gold herum." Frech hielt der kantige Seemann dem stechenden Blick Escobedos stand.

„Und wenn ich nun sage, dass das, was ich mit mir herumtrage, der Anteil unseres Admirals Don Christóbal Colón ist? He? Was sagt Ihr dazu?" Jetzt wurde Escobedo richtig laut. Er ereiferte sich: „Untersteht Euch, Yzquierdo, mir Vorschriften zu machen. Hier bin ich der Einzige, der etwas weiterdenkt als nur bis zum nächsten Weiberhintern. Was glaubt ihr alle denn, was passiert, wenn in ein paar

Wochen oder Monaten der Admiral zurückkehrt? Als Erstes wird er nach seinem Gold fragen. Und wenn wir ihn dann nicht damit überschütten, dann wird er schnell erfahren, wie viel wir für uns selbst auf die Seite gebracht haben. Ihr seid Dummköpfe!“ Die letzten Worte zischte der Notar voller Verachtung. Dann winkte er genervt mit der Hand: „Verschwindet! Haut ab! Geht mir aus den Augen!“

Demonstrativ wandte er den fünf Männern um Yzquierdo den Rücken zu und widmete sich mit größter Aufmerksamkeit einer Indianerhure, die er schroff an sich zog und inbrünstig knetete. Für ihn war das Gespräch beendet.

Yzquierdo stand noch einige Sekunden stumm und starrte grimmig auf Escobedos gekrümmten Rücken. Dann machte er wortlos auf dem Absatz kehrt. Gutierrez und Jacomo Rico würdigte er keines Blickes.

Escobedo zeigte demonstrativ Verachtung. Doch mit seiner Geringschätzung hatte er das Problem keineswegs behoben. Im Gegenteil. Noch in der gleichen Nacht scharte Yzquierdo seine unzufriedenen Kumpane um sich und heckte mit ihnen einen verwegenen Plan aus.

„Er hält uns für Dummköpfe, die er herumjagen und nach Belieben ausnehmen kann, so steht die Sache. Er glaubt, wir seien Idioten, und er meint, wir wüssten nicht was er vorhat. Ich sage euch, er will alles Gold für sich selbst behalten, und wir halten für ihn die Köpfe hin. Mit mir nicht mehr ...“

„Was schlägst du vor?“

Pedro Yzquierdo ballte entschlossen die Faust: „Wir haben doch gesehen wie leicht es ist, sich die Taschen zu füllen. Wieso ziehen wir nicht auf eigene Faust los? Ich pfeife auf Escobedo, ich bin doch nicht sein Knecht. Er will morgen weiterziehen, zum nächsten Gebirge, in diese Richtung“ – er zeigte unbestimmt irgendwo in die schwülwarme Nacht hinaus. „Dann ziehen wir doch genau in die andere Richtung“, jetzt deutete er über die weite Ebene nach Nordosten. „Dort wird es auch Indianerdörfer geben, und Gold und Weiber. Was sagt ihr, Freunde? Wir sind zu fünft. Wir nehmen uns die Waffen, die wir brauchen, und dann gehen wir auf eigene Rechnung los.“

De Cuellár, Lorenzo, Pedro de Lepe und der junge Francisco bekamen glänzende Augen. Nicht dass sie in der Lage gewesen wären, einen solchen Schritt bis in alle Konsequenzen zu durchdenken. Ihre bisherigen Leben hatten sie als Tagediebe, Taugenichtse, Säufer und an guten Tagen als Seeleute herumgebracht. Jetzt winkten plötzlich Reichtümer, von denen sie vor einigen Monaten noch nicht einmal zu träumen gewagt hatten. Sie hatten nichts zu verlieren. Also schlugen sie ein, ohne weiter nachzudenken.

Wenig später, noch im Schutze der pechschwarzen Nacht, huschten fünf gebückte Gestalten zwischen den schlafenden Hütten umher, beladen mit Waffen und Verpflegung, und schlüpften hinaus in die Wildnis. Alsbald verschluckte sie die karibische Finsternis. Ein paar schlaftrunkene Indios merkten kurz auf, sanken aber gleich wieder auf ihre Lager zurück. Was kümmerte es sie, was die Spanier trieben? Eine Taino-Frau, die aus einer der Spanier-Hütten herausgewankt kam und Richtung Fluss stolperte, blieb noch eine Weile stehen und starrte den Schemen hinterher. Dann herrschte wieder die alte Ruhe im Lager, nur vereinzelt durchzogen von glückseligen spanischen Schnarchtönen.

Escobedo tobte, als er am nächsten Morgen die Flucht der Fünferbande bemerkte. So hatten ihn die Männer noch nie erlebt. Mit hochrotem Kopf fegte er durchs Lager, hieb mit seinem Schwert in alle Himmelsrichtungen, verteilte Fußtritte an alles, was ihm zu nahe kam und brüllte wie ein Schlachtschwein. Die Indios stiebten ehrfurchtsvoll auseinander und hielten gebührenden Abstand.

Dann ließ Escobedo seine verkaterte Mannschaft zum Waffenappell antreten. Wie befürchtet, hatte Yzquierdo sich reichlich eingedeckt. Von den fünf lebenswichtigen Arkebusen fehlten zwei, außerdem drei der fünf Steharmbrüste, zwei der zehn Schwerter und zwei der zehn Piken, die zum Waffenarsenal von Escobedos Truppe gehört hatten. Mit anderen Worten: Die fünf Abtrünnigen hatten Escobedo fasst die Hälfte seiner Waffen gestohlen.

„Wir können sie noch erwischen, wenn wir gleich aufbrechen“, schlug Jacomo Rico vor.

Escobedo hielt kurz in seinem rasenden Kreislauf inne und stoppte vor seinem treuesten Anhänger. „Und dann?“, fragte er. „Dann liefern wir uns eine blutige Schlacht mit diesen Idioten, und am Schluss beißen auf beiden Seiten einige ins Gras.“ Er schüttelte energisch den Kopf. „Mit denen rechnen wir später ab. Irgendwann treffen wir uns wieder, in Navidad oder sonst wo.“ Er hieb mit seinem Schwert wütende Kerben in die Luft: „Und dann landen sie am Galgen!“

Mit beängstigender Klarheit sah Escobedo einiges von dem voraus, was die Spanier auf Hispaniola noch erwartete. Der Notar dachte weiter als all seine gierigen und schlicht gestrickten Anhänger. Entschlossen griff er sich eine der schweren Arkebusen, warf sich den zugehörigen Kugelbeutel und die Pulvertasche um die Schulter und verkündete mit grimmigem Blick: „Ab sofort bin ich selber Arkebusier. Diese Waffe gebe ich nicht mehr aus der Hand. Und die beiden anderen Hakenbüchsen nehmen Gutierrez und Jacomo Rico, und niemand sonst. Verstanden!“ Da sich kein Widerspruch rührte, kommandierte er weiter: „Die Armbrüste bleiben von nun an bei Andrés und Gonzalo. Ich will, dass die Schusswaffen immer geladen und schussbereit sind. Und alle Schützen bleiben ab jetzt so nahe wie möglich zusammen.“

Bei all seinen wahnsinnigen Anflügen, eines konnte man Escobedo nicht absprechen: Er verlor in dieser kritischen Situation weder den Kopf noch den Mut. Er hätte ja auch Gutierrez’ vorsichtiger Intervention folgen können: „Lass uns umkehren Escobedo. Wir haben genug Gold erbeutet. Wir sollten unsere Haut retten.“

Aber da geriet der schwitzende Gutierrez an den Falschen. „Jetzt umkehren? Schau dir doch diese Memmen von Wilden an. Vor wem fürchtest du dich? Wir ziehen von Dorf zu Dorf und werden überall mit Freuden empfangen. Die Wilden haben ihre Lektion gelernt. Ich kehre erst um, wenn ich weiß, dass ich alle Goldkrümel dieser Insel aufgelesen habe. Wer weiß, wie viel Zeit uns noch bleibt, bis Admiral Colón zurückkehrt, vermutlich mit vielen Schiffen und Mannschaften, und ausgestattet mit den höchsten Privilegien unserer Majestäten. Und dann wird er Besitz von dieser Insel ergreifen. Bis dahin müssen unsere Taschen voll sein, mein Freund. Eine solche Gelegenheit bekommen wir nie wieder in unserem ganzen Leben."

Gier, Durchtriebenheit und berechnende Schläue trieben Escobedo an. Er kannte die Gepflogenheiten bei Hofe. Er ahnte die Reaktionen der Mächtigen. Er wusste, was bevorstand. Colón, ausgestattet mit höchsten Titeln, Würden und Vorrechten, Vizekönig von Ihrer Majestäten Gnaden, würde es nicht dulden, dass irgendein anderer als er auf Hispaniola Gold einsammelte. Mit der Rückkehr des Admirals, die eine grandiose sein würde, da machte Escobedo sich nichts vor, würde es aus und vorbei sein mit der Herrlichkeit und den Eigenmächtigkeiten. Also galt es, das Eisen zu schmieden, so lange es noch heiß war.

Gutierrez wischte sich resignierend den Schweiß aus dem Nacken. Da war nichts zu machen.

Caonabos Späher wussten auch sofort über diese neueste Entwicklung im Lager der Spanier Bescheid. Ein ausdauernder Läufer eilte auf Caonabos Befehl hinter Yzquierdo her, bis sich klar abzeichnete, welche Richtung die abtrünnige Fünferbande eingeschlagen hatte. Als Caonabo davon erfuhr, verriet er mit keinerlei Regung, was er davon hielt.

„Sie ziehen durch die große Savanne, bis sie in das Gebiet des Guarionex kommen", kommentierte Hatuey.

Caonabo nickte. „Dafür werden sie einige Tage brauchen. Und die Dörfer des Guarionex, auf die sie dort treffen, wurden von ihren eigenen Leuten bereits geplündert. Was werden diese fünf Wahnsinnigen also tun?"

Hatuey sah den Häuptling fragend an. Er selbst wusste eine Antwort: „Sie werden weiterziehen und müssen irgendwo wieder über das große Gebirge zurück Richtung Meer."

Jetzt huschte ein Lächeln über Hatueys Gesicht: „Und dann betreten sie das Reich Xaragua, das Gebiet von Behechio und Anacoana."

Der Herrscher von Maguana nickte zufrieden: „Wir schicken einen Boten voraus. Anacoana soll gewappnet sein, wenn die Goldfresser kommen."

Nach einem Tag und einer weiteren Nacht Rast im Dorf des Kaziken Kaijakum befahl der ungeduldige Escobedo den Aufbruch Richtung Gebirge. Kaijakum und andere Indios redeten aufgeregt auf ihn ein und versuchten, ihm diese Idee auszureden. „Caonabo, Caonabo!", so warnten sie immer wieder und veranstalteten dabei ein wildes Gebrüll und Geheule um anzuzeigen, wie es dem ergehe, der sich in das Reich des gefürchteten Herrschers begab.

Solche aufgeregten Schauspiele beeindruckten Escobedo keineswegs. Im Gegenteil. Gutierrez machte er klar, dass es geboten war, Furchtlosigkeit zu demonstrieren. „Wenn diese Affen solche Angst vor diesem Caonabo haben, dann müssen wir umso unerschrockener direkt in sein Hauptquartier marschieren und mit unseren Schwertern dazwischenfahren. Hier soll jeder wissen, dass Spanien sich vor nichts und niemandem fürchtet."

„Caonabo, Caonabo", jammerten Kaijakums Indios noch hinter ihnen her, als sie schon in langer Reihe, einer hinter dem anderen, aus dem Dorf hinauszogen. Einige der Tainos rissen sich sogar in schierer Verzweiflung die Haare aus, ganz so, als sei das Schicksal von Escobedos Truppe nunmehr unabwendbar besiegelt und als müsse darüber bereits das Heulen und Wehklagen beginnen.

Als sie in den wieder dichter zusammenrückenden Urwald eindrangen, bildete Rodrigo wie immer das Ende in der Reihe der Spanier. Ihm fiel auf, dass der Anhang an Indios, der ihnen folgte, merklich kleiner geworden war. Viele, die in den letzten Tagen und Wochen zum Tross der Spanier gehört hatten, blieben jetzt in Kaijukums Dorf zurück. Sie wagten es nicht, die Grenzen nach Maguana, dem Reich Caonabos des Bösen, zu überschreiten.

Suunayama gehörte nicht dazu. Das Mädchen trabte weiterhin treu an Rodrigos Seite und trug seinen Packen. Rodrigo selbst führte nur eine der langen Piken mit. Dies war, neben seinem Messer, die einzige Waffe, die er trug. Die lange Stangenwaffe mit ihrem scharfen Stoßblatt an der Spitze, erdrückte den schmächtigen 13-Jährigen fast. Doch obwohl er klein und schmal wie ein junger Tainokrieger daherkam, wohnten in Rodrigo zähe Kräfte, wie man es seinem Äußeren nach nie vermutet hätte. Und er hatte längst gelernt, mit einer

Waffe wie der Pike umzugehen. Diese Stoßwaffe hielt Feinde besser auf Distanz und war für ihn leichter zu handhaben als eines der schweren Schwerter, wie Jacomo Rico eines trug.

„Was glaubst du, warum sind die meisten Indios plötzlich verschwunden?“, fragte er den Älteren.

Jacomo Rico strich sich das schweißnasse schwarze Haar aus der Stirn und zuckte im Gehen mit der Schulter. „Keine Ahnung. Es werden wieder neue kommen“, sagte er mit verächtlichem Tonfall. Er hatte sich prächtig daran gewöhnt, ein spanischer Held zu sein.

„Sie fürchten Angst, Caonabo“, trällerte Suunayama dazwischen, in einem Tonfall, als erzählte sie von einem lustigen Kinderspiel. „Viel Angst, Caonabo! Viel Angst!“

Als die Spanier am nächsten Tag, begrüßt von einem prasselnden Platzregen, das Waldgebiet am Fuße des Gebirgszuges erreichten, stürzte aus den Wipfeln einiger undurchsichtiger Baumriesen ein Pfeilregen auf sie herab. Louis de Torres, einstmals königlicher Dolmetscher, jetzt einfacher spanischer Bandit, wurde in die Schulter getroffen und fiel unter herzerweichendem Gebrüll theatralisch zu Boden. Alle anderen sprangen hastig in Deckung und Escobedo gab einen blinden Schuss ins Blättergewölk ab. Ein paar Vögel stiebten auf. Ein Regen aus morschem Holz, zerfetztem Blattwerk, Lianen und plötzlich haltlosen Kletterpflanzen prasselte hernieder. Die unsichtbaren Angreifer aber turnten in unerreichbarer Höhe davon. Auf dem Boden wälzte sich Louis de Torres und brüllte sich die Lunge aus dem Leib. Man verstand nichts, mal schrie er auf Hebräisch, mal vielleicht Aramäisch oder Spanisch. Die Kameraden sahen betreten auf den Verwundeten, der sich aufführte, wie ein abgestochenes Schwein. Keiner rührte eine Hand. Louis de Torres besaß keine Freunde in der Gruppe. Er galt als eigenbrötlerischer und wortkarger Einzelgänger. Seit sich herausgestellt hatte, dass seine vermeintlichen Sprachkenntnisse auf Hispaniola keinerlei Nutzen brachten, nahm ihn niemand mehr richtig ernst. Außerdem stand er im Verdacht, heimlich seinem alten muslimischen Glauben anzuhängen. Er war ein Konvertite, der den katholischen Glauben seinerzeit angenommen hatte, um der Vertreibung aus Spanien zu entgehen. Aber man munkelte, er habe dies nur zum Schein getan, in Wahrheit bete er weiterhin Allah an.

Schließlich erbarmte sich der fette Niña-Schiffsarzt Alonso de Moguer. Es stellte sich heraus, dass der lange, dünne Pfeil, der de Torres getroffen hatte, nicht einmal richtig die lederne Brigantine durchstoßen hatte. De Torres hatte lediglich einen Kratzer abbekommen. Er brüllte nur aus Panik.

Die Spanier lernten Interessantes bei dieser Gelegenheit. Es handle sich um einen Pfeil, wie er üblicherweise verwendet wird, um Papageien und andere Vögel aus dem Geäst herunterzuschießen. Die Indios, nachdem sie dies gestenreich erläutert hatten, zeigten keinerlei Verständnis für die Heiterkeit, die daraufhin unter den Spaniern ausbrach, eher noch für den Spott, der sich über dem kleinlauten Louis de Torres entlud.

„Caonabo, Caonabo", so warnten die Indios wieder eindringlich. Beim Weitermarsch durch den Urwald waren wieder einige indianische Begleiter verschwunden. Sie nutzten die Unübersichtlichkeit und den nicht nachlassenden Regen, um sich links und rechts in die Büsche zu schlagen. In dem immer dichter werdenden Wirrwarr von Bäumen, die in der schwülen Luft ihre Feuchtigkeit ausdampften, gab es keine Kontrolle. Wer verschwinden und untertauchen wollte, der konnte dies an jeder Biegung des Pfades tun.

Gegen Mittag lichtete sich der Urwald zu einer Art Windbruch. Auf der offenen Fläche stand ein knappes Dutzend schäbiger Hütten, von deren Palmdächern noch das Wasser des letzten Wolkenbruchs tropfte. Entgegen ihrer Erwartungen waren die Hütten keineswegs verlassen; im Gegenteil: tollkühne Indios erwarteten die Spanier. Sie beschossen Escobedos Zug, der sich in langer Reihe, einer hinter dem anderen, auf die Lichtung schlängelte, mit einem Pfeil- und Steinhagel. Einige der Taino-Begleiter der Spanier sanken getroffen zu Boden. Die anderen ergriffen entweder die Flucht oder warfen sich panisch auf ihre Bäuche. Escobedo und Gutierrez verschossen hingegen unbeeindruckt ihre Arkebusen. Das zeigte die erhoffte Wirkung, die Angreifer zogen sich in die Deckung ihrer Hütten zurück.

„Wenn wir kämpfen müssen, dann bildet einen Kreis", rief Escobedo nach hinten.

Als er, vorsichtiger zwar, aber dennoch entschlossen, weiter gegen das Dorf vorrückte, flüchtete von dort eine unbestimmte Zahl von Indios hurtig in den Dschungel. Die Spanier sahen nur junge Männer. Krieger! Wo steckten die Frauen, Kinder und Alten?

Escobedo befahl wütend, die Hütten in Brand zu stecken und dann ohne Aufenthalt weiterzuziehen.

Gegen Abend erreichten sie endlich den großen Fluss, der in die Ebene hinausführte. Am jenseitigen Ufer turnten einige schwarz und weiß bemalte nackte Gestalten auf umgestürzten Baumriesen. Sie stießen unter kriegerischen Drohgebärden eine Salve der schrecklichsten und ungeheuerlichsten Verwünschungen und Verfluchungen aus, welche die Insel kannte. Escobedos Tainos übersetzten mit Schaudern, malten fürchterliche Schreckensgeschichten aus. Wieder verdrückten sich etliche bei der nächstbesten Gelegenheit ins Unterholz. Die Spanier schlugen am Ufer des Flusses ihr Lager auf, ehe die schwarze karibische Nacht auf sie herabstürzte. Zu diesem Zeitpunkt war der indianische Anhang von Escobedos Bande auf vielleicht noch etwa zwei Dutzend Frauen und Männer zusammengeschrumpft, die sich alle um die großen Feuer der Spanier scharten und vor Angst zitterten. Ja, die Angst hatte am Lagerfeuer Platz genommen. Escobedo stellte zwei Wachen zum Urwald hin auf. Unheimliche Geräusche drangen von dort herüber. Gurren und Pfeifen, gereiztes Fauchen, mysteriöses Grunzen. In der Nacht erwachten die Geister und mit ihnen die Ängste. Instinktiv rückten alle Spanier enger um die Feuer zusammen.

„Es ist Wahnsinn, hier zu sein", jammerte Louis de Torres.

„Sei still!", gemahnte Alonso de Moguer „Nimm das hier!" Er reichte ihm seine Trinkflasche. Dem fetten Schiffsarzt gingen die Vorräte an Schnaps und Wein nie aus.

Vom Fluss fürchteten die Spanier keine Gefahr, obwohl am anderen Ufer der Lichtschein mehrerer Lagerfeuer darauf hindeutete, dass sich dort Caonabos Krieger versammelt hatten. Von dort erhoben sich heftige, herausfordernde Trommelrhythmen. Sie hallten bedrohlich durch die schwüle Nacht. Das zermürbte. Immer wartete man darauf, dass die Rhythmen abbrachen oder zumindest sich änderten. Aber sie schwollen nur an und wieder ab und erinnerten ansonsten die Spanier daran, dass sie von Feinden umgeben waren.

Mit Pedro Gutierrez, Jacomo Rico und dem fetten Alonso de Moguer hielt Escobedo Kriegsrat ab. „Wie beurteilt ihr die Lage, Maestre, was ist hier los?“, fragte er den Schiffsarzt.

Moguer blinzelte aus seinen zugeschwollenen, versoffenen Augen und faltete in einer verzweifelten Geste Richtung Himmel die Hände: „Wie soll ich das wissen, Señor Escobedo? Ich bin nur ein armseliger Schiffsarzt.“

„Wenn es Tag wäre und hell, dann könnten wir mit ein paar Entschlossenen zwischen diese Wilden fahren und ihnen Respekt lehren“, brüstete sich Jacomo Rico. „Wir haben's ja erlebt. Immer, wenn wir mal richtig dazwischen gehauen haben, haben sie Ruhe gegeben. Stimmt's nicht, Señor Escobedo?“

Der Notar nickte, sagte aber nichts. In seinem verkniffenen Geiergesicht zuckte es vor nervöser Anspannung. Alle starrten ihn an. Da sie ihren Anführer kannten, wussten sie, dass er etwas auskochte. Plötzlich sprang er behände auf. „Jacomo, du hast Recht. Wir fahren dazwischen. Und zwar sofort!“

Nachdem er sich bei seinen Tainos mehrfach vergewissert hatte, dass der Fluss nur wenige Fuß tief war und ohne Mühen durchschritten werden konnte, legte er seinen Plan dar: „Ich gehe mit Jacomo Rico und zwei oder drei Männern rüber auf die andere Seite des Flusses. Ich habe nicht so viele Indios dort gesehen. Das sind vielleicht zwei oder drei Dutzend. Bevor die Wilden wissen, was ihnen geschieht, haben wir ein paar von ihnen entzweigehauen. Das wird ihnen eine Lehre sein. Ich verspreche euch, morgen ist der Weg für uns frei.“

Escobedo dachte und plante wie immer eiskalt und unerschrocken. Hatte er nicht erlebt, dass entschlossenes Vorgehen die größten Erfolge zeitigt? Man musste den Indios Respekt einjagen. Ihnen die Überlegenheit der spanischen Waffen demonstrieren, am besten, indem man möglichst vielen von ihnen den Kopf abschlug. Nur diese Sprache verstanden die Wilden. Es würde auch diesmal funktionieren. Jedes Zaudern, jedes Zögern, jeder Zweifel würde sofort als Schwäche ausgelegt werden.

„Tiere! Pah, es sind wilde Tiere", redete Escobedo sich ein. „Wenn sie erst einmal die Peitsche gespürt haben, dann werden sie parieren."

Escobedos Überlegungen waren ebenso kühn wie skrupellos. Die bereits erprobte Überlegenheit der spanischen Waffen und Rüstungen ermunterte ihn zu seinem Vorhaben. Alle bisher auf Hispaniola gemachte Erfahrung sprach dafür, dass die Sache in Escobedos Sinne verlaufen würde.

Escobedo wählte neben Jacomo Rico noch den jungen Andrés und Luis de Torres aus, ihn zu begleiten. Vier Mann müssten ausreichen, den Tainos am anderen Ufer des Flusses eine Lektion zu erteilen. Stramm gerüstet und schwer bewaffnet stocherten die vier sich durch das tintenschwarze Wasser des Flusses. Als Führer und Begleiter hatten sie nur ihren treuen Jorge und noch zwei weitere junge Tainos bei sich. Kaum verschwammen ihre Konturen vor dem Hintergrund des dunklen Flusses, spürte Rodrigo, wie ihn jemand heftig am Ärmel zupfte. Suunayama. „Geh mit, Rodrigo, geh mit", forderte sie ihn auf. Sie schob ihn geradezu mit der ganzen Kraft ihres kleinen, zähen Körpers ins Flusswasser hinein.

„Was ist los? Bist du verrückt?", wehrte sich Rodrigo.

Doch Suunayama ließ nicht locker. „Auf die andere Seite. Flieh! Caonabo kommt!"

Widerwillig ließ Rodrigo sich weiterschieben. Vor sich erkannte er vage die kleine Gruppe von Escobedo, die sich mit langen Stöcken durch den Fluss stocherte. Als Suunayama sich und Rodrigo weit genug in der Mitte des Flusses wähnte, erklärte sie: „Ich habe Caonabos Krieger gesehen. Sie kommen durch den Wald auf unser Lager zu. Du musst Escobedo warnen. Du musst über den Fluss fliehen."

Escobedos kleiner Trupp verschwand in der unheimlichen Schwärze, die über dem Fluss lag. Rodrigos Fehlen bemerkte zunächst niemand. Die Zurückgebliebenen stierten noch lange in die Dunkelheit, auch als Escobedo und seine Begleiter längst verschwunden waren. Eine Weile lang vernahmen sie, wenn sie scharf lauschten, noch das Geklirre und leichte Scheppern, wenn die Schwerter gegen die vernieteten Kettenhemden schlugen oder eine der Piken an einen Helm stieß. Dann half aber selbst die stärkste Einbildung nichts mehr, und es lagen nur noch das leichte Plätschern des Wassers und das penetrante Trommeln vom jenseitigen Ufer in der Luft. So widmeten die Zurückgebliebenen ihre Aufmerksamkeit einige Minuten lang allzu sehr der falschen Richtung. Denn während sie noch über den Fluss lauschten, um vielleicht mitzubekommen, wie ihre Kameraden dort den Indios eine Lektion erteilten, näherten sich von der anderen Seite des Urwaldes Hunderte von unheimlichen schwarzen Gestalten dem Lager der Spanier. Caonabo, am ganzen Körper schwarz bemalt wie alle seine Krieger, hatte die gleiche Idee ausgebrütet wie Escobedo. Ein nächtlicher Überraschungsangriff. Die Bäume tropften. Die Gestalten huschten von Stamm zu Stamm. Die Tiere des Waldes verstummten.

Die Spanier blieben ahnungslos. Ein übernervöser Pedro Gutierrez drehte seine Runden um die hell lodernden Feuer. Zwei Wachen standen bei ihm und suchten die Nähe des Feuers, obwohl sie eigentlich ihre Posten unter den Bäumen nicht verlassen sollten. Aber allesamt rückten die Spanier jetzt um die Feuer zusammen. So hoben sich ihre Gestalten besonders einladend vom Dunkel der Nacht ab. Einige Spanier wagten es, sich hinzulegen und zu schlafen.

Gutierrez atmete schwer. Er war schweißgebadet. Immer wieder prüfte er seine Arkebuse, ob sie auch geladen und schussbereit sei. So tröpfelten die Minuten, so vergingen fiebrig erst eine Stunde, dann zwei Stunden. Die Nacht schleppte sich schwer und schwül dahin. Man hörte gar nichts von Escobedo und den Seinen? Hatten sie nicht längst das andere Ufer erreicht? Wieso griffen sie nicht an?

Von diesen Gedanken noch gefangen, schrak Gutierrez plötzlich zusammen. Etwas geschah? Die Trommeln! Die Trommeln hatten aufgehört! Erschrocken ahnte Gutierrez noch, dass dies ein irgendwie verabredetes Signal oder Kommando sein könnte. Das war sein letzter klarer Gedanke, ehe ein ohrenbetäubender Lärm über ihn und das Lager hereinbrach. Eine Walze von brüllenden und johlenden schwarzen Ungeheuern überrannte alles, was sich in den Weg stellte.

Caonabo und mehrere hundert seiner Krieger hatten sich so nahe an das Lager der Spanier herangeschlichen, dass sie deren Geruch von ranzigem Schweiß und feuchtem Leder bereits riechen konnten. In ihrer ganzen Unvernunft und Überheblichkeit lagerten die Spanier im flackernden Licht der herunterglimmenden Lagerfeuer wie auf dem Präsentierteller. Als Caonabos vorderste Reihen nur noch wenige Schritte vom niedergetrampelten Rund des Lagerplatzes entfernt waren, blies der Häuptling wild entschlossen in seine hölzerne Kriegspfeife und gab damit das Signal zum Angriff. Er selbst sprang wie ein Irrwisch unter dem ohrenbetäubenden Lärm, den seine Krieger nun entfachten, auf einen der beiden Wachtposten zu und rammte ihm mit lüsterner Wut die scharfe Spitze seines Speeres ins Gesicht. Er zerfetzte Nase und Unterkiefer des Soldaten und bohrte seinen Spieß in den bloßen Hals des unglücklichen Opfers, bis das Blut in Sturzbächen herausquoll und bis Caonabo es zweifelsfrei sehen, spüren und hören konnte: Der Spanier war tot. Caonabos Triumphgeheul übertönte alles andere Schreien und Johlen, als er in die Nacht hinausbrüllte: „Sie sterben! Sie sterben! Sie sind aus Fleisch und Blut! Tötet sie, meine Krieger, tötet sie!"

Dieser Aufforderung hätte es nicht mehr bedurft, denn inzwischen lebte der Großteil der Spanier ohnehin nicht mehr. Caonabos Krieger metzelten die schlaftrunkenen und orientierungslosen Männer nieder, ohne dass diese überhaupt auch nur einen Hauch von Gegenwehr leisteten. Mit Escobedo fehlte der entschlossene und kaltblütige Anführer, der in einer solchen Situation vielleicht noch den Überblick behalten hätte. Gutierrez' einziger und viel zu hastig abgefeuerter Schuss jaulte irgendwo wirkungslos in die Nacht hinein. Die beiden Armbrustmänner waren bereits massakriert, noch ehe sie schlaftrunken nach ihren Waffen hatten greifen können. Ihre blutigen Schädel landeten mit einem garstigen Zischen in der Glut des Lagerfeuers und Alonso de Moguers fetter Leib zuckte, in Fetzen geschnitten. Ein blutrünstiger pechschwarzer Krieger hockte sich rittlings auf den Sterbenden und riss unter heiserem Triumphgeschrei die Eingeweide und das pochende Herz heraus. Links und rechts erschlugen Caonabos wütende Krieger die wenigen Taino-Indianer, die bis zuletzt noch treu zu den Spaniern gehalten hatten, oder trieben sie auseinander. Einige flüchteten in flinken Sätzen in den Fluss hinein und entkamen. Ihnen widmete niemand Aufmerksamkeit. Caonabos Krieger hatten es zuallererst auf spanisches Blut abgesehen.

Ein stolpernder und heulender Pedro Gutierrez flüchtete sich schwertfuchtelnd und um sich schlagend ebenfalls ins Wasser. Um ihn herum, hinter ihm und an ihm hängend wie die Kletten, ließen seine Peiniger sich nicht abschütteln. Mit Pfeilspitzen, Dolchen und scharfen Speeren drangen sie auf den korpulenten Gutierrez ein. Sie versuchten, ihn zu Fall zu bringen, seine Rüstung zu durchdringen. Wie ein Bär, an dem die Jagdhunde hingen, so torkelte der Repostero real brüllend in den Fluss hinein. Mit seinem scharfen Schwert schlug Gutierrez um sich wie ein Wahnsinniger. Er hieb in die ungeschützten Leiber hinein, bahnte sich seinen Weg. In seiner Todesangst entwickelte er ungeahnte Kämpferqualitäten. Wenn es ihm gelungen wäre, die Gegner abzuschütteln, von sich fernzuhalten, freies Schlagfeld um sich zu haben, dann hätte er sogar eine Chance gehabt. So aber hinterließ er zwar unzählige Leichen und Zerstückelte, wurde aber doch schließlich zu Boden gezerrt und rücklings ins Wasser des Flusses geworfen, wo sich sofort wie die Ameisen neue Leiber auf ihn warfen und neue Feinde auf ihn einhackten. Irgendwann hörte sein Schwert auf, dazwischen zu fahren. Sein Arm sank ins Wasser und die finstere Meute floss über ihm zusammen wie ein Sumpf, der sein Opfer verschluckt. So starb Pedro Gutierrez.

Auf der anderen Seite des Flusses standen unter dem schützenden Wurzelwerk eines Mangrovenbaumes Rodrigo de Escobedo, Jacomo Rico, Andrés und Luis de Torres. Sie erlauschten und erahnten das Gemetzel, das Caonabo unter ihren Kameraden anrichtete. Die vier hatten im Fluss einen großen Bogen geschlagen, um den trommelnden Caonabo-Kriegern, die sie irgendwo im Dunkel des Ufers vermuteten, in den Rücken zu fallen. Doch als sie nach gut zwei Stunden wackliger Turnerei über die Geröllbrocken im Flussbett endlich wieder auf Höhe des vermuteten Lagers angekommen waren und Escobedo schon den Befehl geben wollte, jetzt in die Horde hineinzufahren, da brach unvermittelt das Trommeln ab.

Und im gleichen Augenblick, als Escobedo schon vorwärts stürmte, bereit, seine Arkebuse in einen ahnungslosen Haufen hinein abzuschießen, da hörten sie den markerschütternden Angriffslärm von der anderen Seite des Flusses.

Escobedo stutzte und warf sich flach auf den Boden. Hinter ihm Jacomo, Andrés und Luis de Torres taten es ihm nach. Fassungslos lauschten sie dem Kampflärm und versuchten, im schemenhaften Schein der Feuer irgendwelche Einzelheiten zu erkennen.

„Wir müssen hinüber und ihnen zu Hilfe kommen", flüsterte Andrés, der sich direkt neben Escobedo hingeworfen hatte.

„Bist du wahnsinnig? Bis wir da drüben sind, lebt kein Einziger mehr. Und wir stehen mitten im Fluss, zum Abschuss freigegeben." Escobedo schätzte die Lage richtig ein.

„Das ist ein feiger Hinterhalt. Es sind Hunderte, Hunderte!"

„Señor Escobedo", jammerte Andrés, „was machen wir jetzt?"

Der Notar stieß einen grimmigen Fluch aus. „Erst einmal in Deckung gehen. Wenn den Wilden aufgeht, dass ein paar von uns fehlen, dann werden sie nach uns suchen."

Er robbte steif hinter einige Felsbrocken, die dunkel aus dem Uferdickicht aufragten. Fluchend zerrte er sein ganzes Gepäck hinter sich her: Schusswaffe, Pulvertasche, Bleibeutel, Schwert und auch seinen ledernen Goldsack. Die anderen hinterher.

„Pssscht!", hörten sie eine warnende Stimme. „Nicht schießen, ich bin es." Dann schälte sich Rodrigo aus der Dunkelheit. Escobedo ließ das Schwert wieder sinken, mit dem er schon zum Schlag ausgeholt hatte. Für lange Erklärungen war keine Zeit. „Groumette!", zischte Escobedo nur in einer Mischung aus Staunen und Bewunderung. Rodrigo wies auf die breite Schleifspur, welche die Spanier beim Robben im Gras und Farn hinterlassen hatten. Er machte Escobedo darauf aufmerksam.

„Gut aufgepasst, Kleiner, du hast recht. Das müssen wir anders anstellen." Escobedo scheuchte alle wieder zurück ins Wasser, Rodrigo eingeschlossen, während drüben am Schlachtplatz plötzlich der Lärm verstummte. Die Erschöpften wussten, was das bedeutete. Entweder waren ihre spanischen Kameraden jetzt niedergemetzelt oder in Gefangenschaft geraten. Jedenfalls war der Kampf beendet und es konnte kein Zweifel darüber herrschen, wie er ausgegangen war. Sie verharrten noch kurz und lauschten dem Triumphgeschrei von Caonabos Kriegern am anderen Ufer, dann wateten sie schließlich einige hundert Fuß flussabwärts, bis sie einen Überhang aus Mangrovenwurzeln, Lianengeflecht, Dornengestrüpp und verfangenem Treibholz entdeckten. Auf Eingebung von Escobedo beschlossen sie, sich hier vorläufig zu verstecken.

Kaum hatten sie sich erschöpft und abgekämpft im hintersten Winkel des Verstecks auf einem trockenen Flecken niedergelassen, da schlüpften zwei schlanke, dunkle Gestalten lautlos durch den Blätter- und Wurzelvorhang herein und eine wohlbekannte Stimme bat: „Nicht Feuer schießen!“ Es war Jorge, der treue Taino-Indianer, den sie auf ihrer ersten Insel aufgelesen und bis hierher mitgeschleppt hatten. Und bei ihm war Suunayama, fast unsichtbar, flüchtig wie ein Schatten, leise wie der Wind. Sie hatte sich von Rodrigo getrennt, aber vorher mit ihm vereinbart, dass sie nachkommen würde. Nun brachte sie auch noch den treuen Jorge mit. Dessen rundes Gesicht glänzte vor Schweiß und Aufregung. Escobedo ließ das gezückte Schwert wieder sinken und setzte sich mit einem Seufzer der Erleichterung.

„Gott dem Allmächtigen sei Dank“, sagte er, „Euch beide schickt der Himmel. Ihr könnt uns aus dem Lager unserer überfallenen Kameraden das Gold holen!“

XXXI. Aufbruchstimmung

Von der allgemeinen freudigen Aufregung, die ganz Palos erfasst hatte, ließ Yanez de Montilla sich nicht anstecken. Die Menschen spielten verrückt. Die einen feierten immer noch unablässig die Heimkehr ihrer Söhne, Ehemänner, Brüder oder Väter, die anderen bereiteten schon wieder den nächsten Aufbruch vor, die Dritten träumten bereits von unermesslichen Reichtümern, von künftigem Ruhm, von einer Zukunft als Hidalgo. Yanez de Montilla hielt dies alles für Hirngespinnste. Hier und jetzt galt es. Das Leben spielte in Palos. Warum von fernen Ländern und unglaublichen Schätzen träumen, wenn sie doch vor der Haustüre lagen? Montillas Schatzkiste hieß Pinzon. Dort bediente er sich ungeniert. Seit er auf den genialen Einfall gekommen war, die Pinzons für sein Schweigen bezahlen zu lassen, lebte er wie die Made im Speck. War es seine Schuld, dass der alte Seemann Pedro Vasquez hatte sterben müssen? Nein! Das hatte der jähzornige Juan Pinzon schon sich selbst zuzuschreiben. Und jetzt musste er eben dafür bezahlen. Jeden anderen hätte man für so einen Mord aufgeknüpft. Juan Pinzon sollte froh sein, dass es für ihn mit einem monatlichen Griff in die Schatulle abgetan war.

Yanez de Montilla hatte niemals die Absicht, den unsympathischen Juan Pinzon ans Messer zu liefern, so sehr er ihn auch fürchtete. Aber wer schlachtet schon die Kuh, von deren Milch er lebt? Montillas größtes Interesse lag darin, die momentane komfortable Situation möglichst lange aufrecht zu erhalten. Denn einmal im Monat pilgerte er einträchtig mit seinem kleinen Mädchen an der Hand hinaus zur Casa Pinzon, klopfte höflich an, ließ sich beschimpfen und verfluchen und zog erst wieder ab, wenn entweder Martin Arias oder Juan Pinzon ihm seine Maravedis ausgehändigt hatten. Es war nicht zuviel, was er verlangte. Das überforderte die Pinzons nicht, das spürten sie nicht einmal. Aber ihm, Yanez de Montilla, mit seinen bescheidenen Ansprüchen, bescherte diese kleine monatliche Apanage ein sorgenfreies Leben. Inzwischen hatte er sich zwei Ziegen angeschafft, das Dach seines Hauses repariert, sogar ein neues Ruderboot konnte er sich leisten. Seine Mutter, Doña Felipa, konnte auf dem Markt einkaufen, den Haushalt führen, für die kleine Consuela sorgen. Obwohl, wenn er an das Mädchen dachte, dann verfiel Yanez de Montilla ins Fluchen. Dieses störrische Stück. Mit ihm redete das Kind kein Wort. Seine Prügel ließ die Dreijährige stoisch und stumm über sich ergehen. Was sollte daraus noch werden? Wenigstens kümmerte sich die Mutter um die Rotzgöre. Er wollte mit dem Balg jedenfalls nichts zu schaffen haben. Er brauchte das Mädchen lediglich als Faustpfand gegenüber den Pinzons.

Vor Martin Arias Pinzon fürchtete Montilla sich nicht. Der ältere der beiden Pinzon-Söhne schien sich wirklich auf die Abmachung zu verlassen: Geld gegen Schweigen.

Aber Juan, der Jüngere, den durfte man nicht aus den Augen lassen. Aus allen Poren strömte der Hass, den er gegen Yanez Montilla hegte. Jedesmal, wenn sich die beiden Männer begegneten, funkelten Juans Augen vor kaum gebändigter Mordlust. Der jüngere Pinzon-Sohn würde keine Ruhe geben, bis er das Geschwür Montilla aus seinem Leben getilgt hatte.

Das wusste Yanez de Montilla, das ahnte er, das fürchtete er. Und darauf war er allzeit gefasst, spätestens seit jenem dunklen Versuch der Pinzons, ihn auf ihre Karavelle Nuez zu locken, was er zum Glück rechtzeitig durchschaut hatte. Seither unterließ er keine Vorsichtsmaßnahme, um sein Leben zu schützen. Nachts verrammelte er sein Haus, verbarrikadierte sich hinter schweren Balkenriegeln und schlief stets mit dem Messer unter dem Kopfkissen. Tagsüber suchte er Gesellschaft, entweder bei den Fischern oder bei den Seeleuten und Händlern im Hafen. Solange er sich mit anderen Menschen umgab, bot er nur wenig Angriffsflächen.

An diesem Abend, an dem er länger als gewöhnlich und als geplant in Maestre Bezals „Schildkröte“ sitzengeblieben war, schrillten bei ihm sofort alle Alarmglocken, als unvermittelt die schlanke Gestalt

Juan Pinzons in der Hafenkneipe auftauchte. Dies war nicht der Ort, an dem die Pinzons für gewöhnlich verkehrten. Es musste eine spezielle Bewandtnis haben, dass er hier vorbeischaute. Der niedrige, schäbige Schankraum bot wenige Möglichkeiten, sich zu verstecken. Yanez versuchte zwar, sich hinter zwei Seemännern so klein wie möglich zu machen, doch er durfte nicht von der Annahme ausgehen, dass er von Juan unbemerkt bleiben würde.

Pinzon kam hereingestakst wie ein Fremdkörper, wie ein Heide, der versehentlich in einen christlichen Gottesdienst geraten ist. Die Köpfe wandten sich ihm zu. Ein paar gedämpft gemurmelte Grüße empfingen ihn. Man mochte ihn nicht. Trotz seiner Jugend hatte er sich schon den Ruf des unsympathischsten Pinzons aller Zeiten erarbeitet. Kaum jemand respektierte ihn. Man fürchtete ihn nur.

An diesem Abend behielt er trotz der Mauer der Ablehnung, die er in der „Schildkröte" zu spüren bekam, sein arrogantes und selbstgefälliges Grinsen bei. Er war dabei streng bemüht, nicht nach links und nicht nach rechts zu schauen. So trat er zu Maestre Bezal an dessen hölzerne Schanktheke, ließ sich einen Becher Wein einschenken und schielte möglichst unauffällig in den Raum hinein, dem er den Rücken zukehrte. Montilla, der sich ganz an die Wand gedrückt hatte, versuchte, aus dem Schein der tranigen Öllampe zu entkommen. Der alte Seemann wollte es nicht auf eine Begegnung ankommen lassen. Das untrügliche Gespür des Betrügers und Verräters, über das Montilla verfügte, sagte ihm, dass Juan sich seinetwegen hier herumtrieb. Aber was hatte der Kaufmannssohn vor?

Montilla entschied, dass es besser sei, dies nicht herauszufinden. Ohne den steif an seinem Platz stehenden Pinzon aus den Augen zu lassen, um den sich eine Art Nichts gebildet hatte, ein freier Raum, den die anderen Gäste mieden, drückte Montilla sich an der Wand entlang Richtung Ausgang. Er linste durch den Vorhang seiner speckigen, langen Haare nach draußen, wo die Abenddämmerung einen grauen Schleier über den Hafen legte. Sollte er einfach nur möglichst schnell verschwinden? Eine innere Stimme warnte ihn. Vorsicht! Etwas stimmt nicht! Vielleicht war es gerade das, was Juan Pinzon bezweckte. Dass Montilla die „Schildkröte" verließ und sich durch die Gassen auf den Heimweg machte. Jetzt gewahrte der Seemann auch eine Gestalt, die sich hastig wieder hinter eine Hausecke verzog, als Montilla einen Schritt ins Freie trat. Ein Hinterhalt!

Montillas Licht brannte gemeinhin nicht besonders hell. Aber eines zeichnete ihn aus: der Instinkt einer Katze. Er blieb einige Sekunden stehen, reckte sich und sog die kühle Abendluft ein. Ein zufälliger Beobachter musste annehmen, hier vertrete sich ein Gast nur mal kurz die Beine. Dabei sah Montilla sich prüfend um, wog die verschiedenen Fluchtwege und Verstecke ab. Die Gestalt, die sich hinter dem Hauseck versteckt hielt, hatte ihren Platz sehr gut gewählt. Von dort überblickte sie nicht nur den Eingang zur „Schildkröte“, sondern auch sämtliche Gassen, die von dort wegführten. Welche Richtung Montilla auch immer einschlug, etwaige Verfolger würden sie sofort kennen.

Als habe er nun genug Luft getankt, wandte Montilla sich wieder um und kehrte in die „Schildkröte“ zurück. Just in dem Moment kam Juan Pinzon herausgestürmt, sichtlich in Eile, so als wolle er nichts verpassen, von dem, was er annahm, dass es draußen geschah. Da sah er sich getäuscht. Fast stießen die beiden Männer im Eingang zusammen. Montilla bückte sich devot, senkte den Blick und drückte sich an Juan Pinzon vorbei ins Innere. Pinzon blieb konsterniert im Türrahmen stehen, unentschlossen, was er nun tun sollte. Diese wenigen Sekunden des Zögerns und Überlegens reichten Montilla. Er kannte sich in der „Schildkröte“ aus. Ohne auf die fragenden Blicke der übrigen Gäste zu achten, schlüpfte er geschwind hinter Maestre Bezals Holztheke, wo sich eine hölzerne Luke befand, die in ein finsteres Kellerloch, Bezals Vorratslager, hinunterführte. An einem Eisenring, der in dieser Klappe eingelassen war, zog Montilla den Deckel auf und verschwand wieselflink in dem schwarzen Loch.

Als wenige Sekunden später Juan Pinzon in die „Schildkröte“ zurückkehrte, suchten seine Blicke vergeblich nach Montilla. Verschwunden, buchstäblich vom Erdboden verschluckt.

Maestre Bezal, dienstbeflissen und zum eiligen Verrat bereit, etwas anderes blieb ihm auch nicht übrig, winkte Pinzon hektisch heran.

„Wo ist die Schlange?“, zischte ihn Juan Pinzon herrisch an.

„Hier, hier hinunter“, sagte Bezal und deutete auf die Kellerlucke. Er ließ sich auf die Knie nieder und öffnete den Verschlag.

Juan Pinzon blickte skeptisch in das dunkle Loch. Der Geruch von verfaulten Äpfeln und saurem Essig schlug ihm entgegen. Es war nicht zu erkennen, was sich da unten verbarg. Es führte auch keine Treppe oder Leiter hinunter. Man musste sich einfach hinabgleiten lassen, denn dieses aus dem Lehmboden herausgehauene Kellerloch war kaum mannshoch.

„Geh hinunter und mach Licht!“, forderte Juan Pinzon den Wirt auf. Gleichzeitig schickte er einen der Gäste los, seinen Handlanger herbeizurufen, der immer noch draußen hinter der Hausecke lauerte.

Maestre Bezal folgte eilig Pinzons Befehl. Rückwärts, wie ein Schwimmer, der sich in einen See gleiten lässt, tauchte er in die Grube hinunter. In einer Hand trug er eine flackernde Kerze, mit der anderen klammerte er sich am Rande seiner Luke fest. Inzwischen versammelte sich die ganze Kneipe um das Loch.

Maestre Bezal kannte sich in seinem dunklen Verlies natürlich aus. Das Loch maß kaum sechs auf sechs Schritt und war vollgestapelt mit Kisten, Fässern, Krügen und Körben. Montilla hatte alles übereinander geworfen. Aber Bezal ahnte schon, welchen Weg der Flüchtige genommen hatte.

Tatsächlich reichten Yanez de Montilla die wenigen Minuten, die es brauchte, bis Juan Pinzon entschlossen nachsetzte, um sich aus dem Staub zu machen. Das Kellerloch verfügte über einen zweiten Ausgang, ein winziger, von Sandstein eingefasster Schacht, der in einen Hinterhof führte und die Durchlüftung von Bezals Voratskeller besorgte. Außer Spinnen, Mäusen und Ratten, gelegentlich auch mal einer Katze, benutzte normalerweise kein lebendes Wesen diesen Zugang. Dass ein Mensch sich hier hindurchzwängen konnte, hätte Maestre Bezal bis zu diesem Moment nicht für möglich gehalten. Was seine eigene Korpulenz betraf, so wäre es auch nicht möglich gewesen. Aber Montilla, nicht nur vom Wesen klein, schmierig und aalglatt, sondern auch im Hinblick auf seine körperliche Erscheinung, brachte das Kunststück fertig. Und so hechelte er dreckverschmiert längst im Schatten der Hauswände durch die Nacht, noch ehe Juan

Pinzon richtig realisierte, dass ihm sein Opfer entkommen war. Das fettige Haar voller Mäusekötel, Staub und Spinnweben, die Kleidung lehmverschmiert, die Fingernägel und Ellbogen blutig, nachdem er sich mit Gewalt durch den engen Schlund gepresst hatte, so eilte Montilla durch die stummen Gassen seinem Heim zu, wo er sich zu verbarrikadieren gedachte. Keine Menschenseele begegnete ihm. Dieser Teil von Palos schien wie ausgestorben. Aber von Ferne hallte der Lärm eines Festes. Das war bestimmt ein weiteres in jener seit Wochen andauernden Reihe nicht enden wollender Gastmähler, welche die wohlhabenden Bürger zu Ehren ihrer heimgekehrten Seeleute veranstalteten – und zu denen Leute wie Yanez de Montilla nicht eingeladen wurden.

Fast lenkte ihn sein kurzer innerer Groll über diese Tatsache von der nahe liegenden Vorsicht beim Heimweg ab. Als Montilla in die schmale Gasse einbog, die zu seiner Lehmhütte hinführte, übersah er deshalb den Schatten, der bei seinem Auftauchen behutsam zurückwich, so wie die rückläufige Flut am Strand. Mordlustige Augen folgten seinen Bewegungen. Hier lauerte noch ein Meuchelmörder. Juan Pinzon hatte einen zweiten Helfer gedungen, den er vor Montillas Hütte abgeordnet hatte, falls Montilla ihm in der „Schildkröte" entwischen würde. Juan hatte diesen Abend gründlich vorbereitet. Er hegte keine Zweifel, dass es ihm gelingen würde, Montilla aus dem Weg zu räumen. Dieser unliebsame Zeuge des Mordes am alten Seemann Pedro Vasquez bereitete ihm schlaflose Nächte, seit jenem Tag, an dem er erstmals in der Casa Pinzon aufgetaucht war und die Hand aufgehalten hatte, um sein Schweigegeld zu kassieren. Man hätte den schleimigen Erpresser gleich aus dem Weg räumen sollen.

Die mehrfachen Bitten und Andeutungen seinem Bruder Martin Arias gegenüber stießen seit Wochen auf dessen harten und eindeutigen Widerstand.

„Einen Mord macht man nicht durch einen zweiten ungeschehen", gab Martin Arias seinem jüngeren Bruder zu verstehen. „Wir hätten den Kerl auf der Nuez geräuschlos und ohne Zeugen loswerden können. Aber jetzt ist es zu spät. Wer weiß, ob er nicht schon längst geheime Mitwisser hat, die auf der Bildfläche erscheinen, sobald ihm etwas zustößt. Nein. Er hat uns in seiner Hand, so ärgerlich das sein mag, besonders für dich, werter Bruder."

Und als Juan wütend dagegen fauchte: „Ich lasse mich doch nicht von so einer Kröte zum Hanswurst machen", da erwiderte ihm sein Bruder mit kalter Vernunft: „Verliere du die Nerven, dann ist es endgültig deine alleinige Angelegenheit. Ich jedenfalls mache mich nicht schuldig, auch wenn ich alles tun werde, meinem Bruder den Gang vor die Richter zu ersparen. Solange Montilla seine Silberlinge bekommt, wird er schweigen – und uns schützen. Also, lass die Dinge ruhen!"

Diesen Ratschlag zu beherzigen, fiel Juan schwer. Es widersprach seinem Naturell. Es brodelte in ihm. Damals, auf der Fahrt mit der Nuez, da hätte er den Seemann leicht verschwinden lassen können, da hätte sogar sein Bruder eingewilligt. Aber seit jener Versuch schon im Ansatz misslungen war, was Juan nur noch rasender machte, ließ ihm der Gedanke keine Ruhe mehr, dass Montilla mit Gewalt beseitigt werden musste.

Die zwei gewissenlosen Meuchelmörder, die Juan Pinzon zu diesem Zweck angeheuert hatte, zwei namenlose Halsabschneider aus dem gesetzesfreien Niemandsland entlang der spanisch-portugiesischen Grenze, brauchten keine Motive und keine Erklärungen. Ihnen reichte das Säckchen voller Maravedis, das Juan Pinzon ihnen in Aussicht gestellt hatte. „Wenn alles erledigt ist!" Während also der eine dieser beiden Gesetzeslosen den jungen Herrn Pinzon bis vor die „Schildkröte" begleitet hatte, um das Opfer dort abzufangen, positionierte sich der zweite Halunke in der Nähe von Montillas Hütte.

Montilla durfte sein Haus nicht erreichen. Wenn er es schaffte hineinzukommen, dann war er für einen heimtückischen Dolchstoß nicht mehr erreichbar.

Immer noch misstrauisch um sich blickend, schlich Montilla am Versteck des Mordbuben vorbei. Die vermeintliche Sicherheit des Hauses vor Augen, beschleunigte er seinen Schritt. In diesem Moment sprang der Mann aus seinem Hinterhalt, um Montilla eine Schlinge um den Hals zu werfen. Aber mit den Reflexen einer Eidechse zuckte Montilla unter dem Angriff hinweg, kugelte sich über die lehmige Gasse, sprang wieder auf und rannte in die entgegengesetzte Richtung davon. Weg von seinem Haus. Der Wegelagerer fluchte und nahm die Verfolgung auf. Durch laute Schreie „Hey, Montilla, halt, stehen geblieben!“, die er absichtlich in den Nachthimmel hinaus brüllte, gedachte er, seine Spießgesellen, die nicht weit entfernt sein konnten, zu alarmieren und auf die Flucht aufmerksam zu machen. Das gelang auch. Denn während er bei seiner Hatz durch die Gassen darauf achtete, den flüchtenden Schatten Montillas nicht aus den Augen zu verlieren, schlossen Juan Pinzon und der zweite Halunke zu ihm auf. Und so verfolgten sie zu bald dritt ihr Opfer, erst durch die Hafengassen, dann stadtauswärts an den Bürgerhäusern vorbei, schließlich den Hügel hinauf Richtung Armenviertel.

Montilla huschte durch die Nacht wie eine Fledermaus auf Insektenjagd. Er schlug Haken, bald hier in eine Gasse, mal dort über eine niedrige Mauer, weg vom Hafen und wieder hin. Aber es gelang ihm nicht, die Verfolger abzuschütteln. Im Gegenteil, er musste aufpassen, sich nicht in eine Sackgasse zu manövrieren.

Schließlich schlug er heftig keuchend und mit vor Atemschmerz brennender Brust den Weg Richtung Armenviertel ein. Keine allzu sichere Gegend, aber voller Verstecke.

Seinerzeit, beim Weihnachtsfest der Franziskaner-Padres, war die halbe Hüttensiedlung niedergebrannt, alles, was sich in Windrichtung Moguer jenseits des großen Platzes befunden hatte. Die verkohlten Ruinen standen noch immer, sofern sie nicht Wind und Wetter umgerissen und davongeschwemmt hatten. Schwarze Bretterskelette ragten anklagend aus den Trümmern, umgestürzte und geborstene Balken lagen kreuz und quer übereinander, rußgeschwärzte Mauerreste bildeten unheimliche Silhouetten gegen den Nachthimmel; dazwischen lagen Reste von Habseligkeiten der einstigen Bewohner: verschmorte Stofffetzen, zersprungene Schüsseln, ein verbogener Löffel, zu blasigen Knoten zusammengebackenes Lederzeug, eine halb verkohlte Pritsche, Kleidungsstücke, wie von schwarzen Raupen angefressen, versengte Fischernetze, die im Wind flatterten.

Die einstigen Bewohner und auch die Übrigen, die vom Feuer verschont geblieben waren, hatten sich an den Resten bedient, mitgeschleppt, was nicht niet- und nagelfest war, Lehmziegel, Steine, Balken und andere Bauteile abgeräumt und in der eigenen Behausung neu verbaut. Aus einigen der Trümmer wuchsen geschwürartig neue Hütten, selbstgezimmerte Verschläge und Bruchbuden, die ihren Platz behaupteten wie junge Ebereschen in einem Windbruch.

In dieses stinkende, modernde und zusammenbrechende Trümmerfeld flüchtete Yanez Montilla. Er wusste, dass er schnell ein Versteck finden musste. Hineintauchen in dieses Labyrinth aus Zerfall und Neuaufbau und unsichtbar werden. Eine lange Hetzjagd zwischen den Hüttentorsos hätte nur jede Menge Lärm verursacht und die Bewohner aus ihren Höhlen gescheucht. Außerdem besaß Montilla keine Kraft mehr. In dieser Not wühlte er sich in das nächstbeste Loch, tief hinein in einen stinkenden, fauligen Abfallhaufen, der begraben lag unter dem zusammengestürzten, verkohlten Gerippe einer ehemaligen Behausung. Maden, Würmer und Käfer, die glänzten wie glasierte Nüsse, hießen ihn willkommen. Ein Schwarm klebriger Schmeißfliegen hob kurz ab, schwebte wie die gammlige Stinkwolke eines Giftpilzes kurz in der Luft, um sich dann auf dem neuen Bewohner niederzulassen.

Juan Pinzon und seine zwei Häscher hasteten vorbei. Sie verloren die Spur in diesen Bergen von Müll, Unrat, zwischen Brandruinen und aufwucherndem Grünzeug. Montilla kauerte in seinem Dreckhaufen und blinzelte aus schmalen Augenschlitzen, bemüht, sich nicht einmal durch das Weiß seiner Augen zu verraten.

Der edle Herr Pinzon war sich zu fein, in die dreckigsten und stinkendsten Winkel vorzudringen, und seine beiden Helfershelfer wussten nicht, wo sie hätten mit der Suche beginnen sollen. So stocherten sie mit langen Stöcken im Gestrüpp und in den Müllbergen herum, hoben mal hier eine umgesunkene und angekohlte Bretterwand oder tasteten mal da hinter eine noch schief stehende Mauer. Juan hätte bei dieser brotlosen Kunst nicht so laut und anhaltend fluchen sollen, das lockte nämlich unwillkommene Neugierige an. Aber er musste jemanden verwünschen, abwechselnd die Nacht, die Ratten, die zwei Begleiter oder den untergetauchten Montilla. Plötzlich traten ein paar zerlumpte, drohende Gestalten aus der Finsternis hervor. Sie bildeten in gebührender Entfernung einen Kreis um Pinzon und seine zwei Halunken. Es waren Kinder!

Juan lachte meckernd auf. Erbärmliche, elende Hungersgestalten.

„Verpisst euch!“, brüllte er und fuchtelte mit seinem Degen durch die Luft. Die halbnackten Gestalten zeigten sich unbeeindruckt. Im Gegenteil, sie rückten sogar alle ein paar Schritte nach vorne, machten den Kreis um Pinzon noch etwas enger. Einer von den Jungen zischte durch die Lippen, ein Laut, wie brennende Holzscheite in ein Wasserfass getaucht. Die anderen nahmen das Geräusch auf. Abwechselnd zischten die Kerle, mal dieser, mal jener. Unschlüssig, irritiert und zunehmend nervös drehte Juan sich im Kreis. Er stach drohend mit seinem Degen mal in diese Richtung, mal in jene. Dabei blieben die Gesichter dieser seltsamen Jungen merkwürdig im Dunkeln, graue Schemen in der Finsternis.

Juan Pinzon musste kein Held sein. Jeden anderen hätte die Furcht genauso gepackt. „He, he, he“, lachte er verkrampft. „Was wollt ihr? Sprecht! Sagt etwas!“

Sie gaben keine Antwort. In Juan Pinzon wuchs die Unsicherheit. Ein Stein flog herüber. Wer hatte geworfen?

„Lasst uns verschwinden, Herr“, brach endlich einer der beiden Begleiter das Schweigen. „Hier haben wir nichts zu gewinnen.“

Froh, diesen Rückzug nicht selbst befehlen zu müssen, nickte Pinzon. „Wir gehen, wir gehen ja schon. Ja, wir hauen ab. Es ist alles gut, beruhigt euch“, suchte er die unheimlichen Gestalten zu beschwichtigen, die nun beinahe den Kreis um ihn und seine zwei Begleiter geschlossen hatten. Mit einer Geste, als wolle er sich für ein peinliches Versehen entschuldigen, breitete er die Arme aus und versuchte wieder sein meckerndes Lachen. „He, he, he! Ist ja schon gut. Wir gehen ja schon!“

Und so tastete er sich seitwärts aus dem Kreis hinaus, die anderen beiden dicht bei ihm. Entschlossene, grimmige Knabengesichter, mit eingefallenen Wangen und glühenden Augen, bildeten Spalier. „Nur Kinder. Es sind nur Kinder“, hämmerte es in Pinzons Gehirn. Aber er biss sich auf die Zunge. Jetzt nur nichts Falsches tun. Morgen, übermorgen, nächste Woche, irgendwann würde er hier mit ein paar

Reitern heraufkommen und das ganze Nest ausräuchern. Das nahm er sich in diesen Minuten vor. Jetzt aber war er heilfroh, dieser gespenstischen Szenerie zu entfliehen.

So rettete die Kinderbande des Portugiesen Claudio, zu der auch der kleine Pedro Sanchez gehörte, dem flüchtigen Montilla in dieser Nacht vermutlich das Leben.

„Das ist unser Revier", flüsterte der halbwüchsige Claudio, als Juan Pinzon und seine zwei Schergen endlich in der Dunkelheit Richtung Palos verschwunden waren. Von dort drang der dumpfe Lärm eines Festes bis zu den Slumhütten herauf und der Widerschein bunter Laternen- und Fackellichter strahlte über den grob umrissenen Konturen der Stadt.

Es handelte sich um das Fest der Quinteros und der Niños, die gemeinsam ihren Abschied feierten. Sie gingen wieder auf große Fahrt. Wieder mit Admiral Colón. Zurück zu den neuenteckten Inseln. Das musste gefeiert werden. Dazu brannten im Garten zwischen den benachbarten prunkvollen Häusern dieser zwei Familien Girlanden von bunten Lampions. In den Mauerabsätzen steckten Fackeln, die alles hell erleuchteten. Lange Tischreihen im Hof boten Platz für die Gäste. Eine improvisierte hölzerne Plattform diente als Bühne für farbenprächtige Possenspiele, die eine aus Sevilla engagierte Theatergruppe aufführte. Am Nachmittag hatten bereits ein Dichterwettstreit und ein Stierkampf die Stimmung befeuert, und nun, da die Nacht lau und süß hereingebrochen war, erfüllt von Gelächter und Stimmengewirr, durften die Sänger, Gitarrenspieler und Trommler zu Sarabande, Polvillo und den anderen beliebten Volkstänzen aufspielen. Mit rhythmischem Klatschen und Fingerschnalzen feuerten die Jungen und Alten, Männer und Frauen, Mädchen, Knaben, Kinder und Großväter, alle, wie sie hier im bunten Durcheinander mitfeierten, die Musiker an. Gemeinsam erzeugten sie eine fast ekstatische Stimmung. Das wohlhabende Palos feierte. Was droben im Elendsviertel, was unten in der Hafenkneipe geschah, das kümmerte hier keinen.

Zwar fehlten Peralonso Niño und Juan Quintero, die sich beide mit dem Admiral am Hofe des Herrscherpaares befanden, doch zu den Familien gehörten noch viele weitere junge Männer, die sich nun bei der bevorstehenden Ausfahrt der zweiten Flotte Richtung Westindien Ruhm und Ehre verdienen wollten und deren Abschied es zu feiern galt.

Man hatte auch den Clan der Pinzons eingeladen, wie überhaupt alle namhaften Familien aus Palos, Moguer und Huelva sich in diesen Wochen jeweils immer gegenseitig einluden, wenn sie solche Feierlichkeiten veranstalteten. Die Zurückhaltung der Familie Pinzon gegenüber der großen Aufbruchseuphorie, welche die ganze Grafschaft Niebla erfasst hatte, erklärten sich alle mit dem unerwarteten, tragischen Tod des Familienoberhauptes, Martin Alonso. Aber es war nicht so, dass dies die Familie am Feiern gehindert hätte, auch nicht am Heiraten, wie die glücksstrahlende Doña Catalina, die inzwischen die Ehefrau das ebenso eitlen wie unbeliebten Alonso Medel unter Beweis stellte. Das Fernbleiben der Pinzons von allem Jubel und von aller Begeisterung für das Unternehmen Westindien hatte andere Gründe: Es war dem immer noch nicht verarbeiteten Empfinden der Pinzons geschuldet, eine Niederlage erlitten zu haben. Man wähnte sich auf bittere Weise um den Ruhm der eigenen Taten gebracht. Ein Stück Wahrheit lag in dieser Wahrnehmung. Insbesondere in Vicente Yanez, dem loyalen und sturmerprobten Niña-Kapitän, nagte dieses Gefühl. Er hatte sich während der ganzen ersten Fahrt mit dem nun überall gefeierten neuen Vizekönig Colón nichts zuschulden kommen lassen. Er hatte, genau genommen, sogar die ganze Unternehmung gerettet. Er hatte weder antichambriert noch blockiert, weder gemeutert noch rebelliert. Und doch sollte er nun leer ausgehen.

Sicher, auch er hätte sich dem großen, neuen Abenteuer anschließen können, hätte sich erneut in die Dienste Colóns stellen und an dessen zweiter Fahrt teilnehmen können. Aber das erlaubten sein Stolz und seine Familienehre nicht. Und selbstverständlich hinderte ihn auch die Räson, obwohl er nichts auf das Geschwätz seines unfähigen Bruders Francisco gab und mit der kleinkarierten Kaufmannsmentalität seines Neffen Martin Arias nichts anfangen konnte. Gar nicht zu reden vom nichtsnutzigen Neffen Juan oder dem spöttischen Defätismus seines älteren Cousins Diego, el Viejo.

Die kleine Isabella beobachtete ihren Lieblingsonkel Vicente Yanez von ihrem Platz am Rande der Musikerbühne aus. Sie genoss das Fest, die Musik, die Düfte, die schönen Kleider der Frauen, die vielen Gesichter. Vor allem aber beobachtete sie die Menschen. Einen behielt sie ganz besonders im Auge: den jungen Seemann Pablo Christóbal Perez, den Sohn des Tischlers, den Schwarm ihrer Träume. Er saß ganz hinten, beim Gesinde, bei den Dienstboten und bei den sonstigen Gästen. Aber immerhin, er gehörte dazu, so wie alle anderen Matrosen aus Niebla, die zur neuen Schiffsmannschaft auf der Niña zählten, mit der die Niños sich erneut Colóns Flotte anschließen wollten. Also fuhr auch Pablo wieder zur See. Einerseits erfüllte Isabella dies mit Stolz und Bewunderung, andererseits bedauerte sie es zutiefst, dass Pablo nun für längere Zeit aus ihrem Gesichtskreis verschwinden würde. Gerade jetzt, wo sie sich eben mit ihm angefreundet hatte. So empfand sie es jedenfalls, denn er lachte sie unablässig an, winkte ihr zu, suchte den Blickkontakt.

Selbstverständlich wäre es unschicklich gewesen, sich ihm auf diesem Fest zu nähern, dagegen stand schon die wachsame Amme, die nur wenige Schritte abseits stand und Isabella keine Sekunde aus den Augen ließ. Aber zwei junge Menschen mussten nicht miteinander sprechen, wenn sie sich bestimmte Dinge sagen wollten. Isabella verstand sich jedenfalls bestens darauf, auch ohne Worte ihre Botschaften auszusenden.

Jetzt aber lenkte sie gerade der bemitleidenswerte Anblick ihres Onkels Vicente Yanez ab. Er litt, das sah man. Inmitten all des fröhlichen Lärmens und Tanzens saß er grüblerisch an seinem Tisch, den linken Ellbogen aufgestützt und die Hand unter dem Kinn, als sei ihm der Kopf schwer geworden. Er nippte abwesend an seinem Becher und blickte melancholisch in die Runde. Isabella ahnte die Sehnsucht und das Fernweh, die ihn quälten. Sicher hätte er gerne zu denen gehört, die jetzt wieder hinausfuhren. In seiner Brust schlug viel zu heiß ein Seefahrerherz, als dass es ihn unberührt gelassen hätte, wenn andere nun zum größten Abenteuer aller Zeiten aufbrachen.

Wieso fuhr er nicht einfach auf eigene Faust los? Er war doch ein Pinzon!

Das wusste Isabella noch nicht, dass selbst ein Pinzon nicht tun und lassen konnte, was er wollte, solange die ferne Königin, die den gleichen Namen trug wie sie selbst, es nicht ausdrücklich gestattete.

Pah, ach! Sei's drum! Wie ein Vögelchen von Zweig zu Zweig flattert, ein Schmetterling von Blüte zu Blüte, so hüpften Isabellas Gedanken weiter, zum nächsten verlockenden Objekt. Sie verfolgte den Tanz ihrer Schwester Catalina, die sich selig in den Armen ihres frischgebackenen Gemahls Alonso wiegte. Ganz sittsam, wie die Erziehung es verlangte, ließ Catalina sich tragen, die Augen niedergeschlagen, sparsam in all ihren Bewegungen. Nicht so, wie die feurigen Quintero-Mädchen, die ihren Galans herausfordernde Blicke schenkten, den Kopf zurückwarfen und ihr lockig quellendes Haar schüttelten. Was sollte man von dieser Art halten, von diesen aufreizenden Bewegungen, bei denen die Mädchen mehr von ihren Füßen und Brüsten zeigten als es schicklich war? Isabella seufzte. Ach wäre sie doch nur ein oder zwei Jahre älter. Dann würde sie Pablo auch solche Blicke zuwerfen und ihn mit einem solchen Tanz betören.

Alonso Medel, neuerdings ja nun Isabellas Schwager und damit in der Rolle eines brüderlichen Freundes, hatte einen Blick für Isabella und vielleicht auch ein Gespür für ihre Sehnsüchte. Wahrscheinlich trieben ihn aber ganz eigene, nicht gänzlich tugendhafte Motive, als er jetzt mit einer galanten Verbeugung und einem schelmisch-verschwörerischen Blick zur Amme und zu seiner Gemahlin gleichzeitig die kleine Isabella zum Tanz aufforderte. Das stand ihm zu. Es gehörte nachgerade zu seinen Pflichten, die kleine Schwägerin nicht zu übersehen. So verstanden es alle, die ihn beobachteten, so sah es auch mit Freuden Catalina. Nur fühlte es sich für Isabella nicht so an, als Alonso Medels Hand besitzergreifend ihre Hüften umfasste.

Artig machte sie all die Tanzschritte, die man sie gelehrt hatte, drehte sich kokett, legte das Köpfchen im richtigen Moment schief, lächelte und blinzelte züchtig mit den Wimpern. Wer den beiden zuschaute, der ahnte nichts von dem heimlichen Kampf, den sie ausfochten. Den Schritten, Drehungen, Pirouetten und Verbeugungen sah man nicht an, dass Alonso Isabella dabei ständig an sich zog, sie immer wieder plump berührte, sich aufdrängte und sich unanständig fest an sie presste, während sie sich dagegen stemmte.

Dabei grinste er frech auf ihren Scheitel herunter, er beugte sich an ihr Ohr und flüsterte Dinge, die ein anständiges spanisches Mädchen niemals hören wollte. Er lobte, während er sie herumwirbelte, ihre kleinen spitzen Brüste, äußerte sich über den Duft ihrer Haare, versuchte, im Flüstern ihre Wangen, ihre Lippen, wenigstens aber ihre Ohren zu berühren.

Dieser schreckliche Tanz wollte und wollte nicht enden, und als es dann endlich doch soweit war, knickste Isabella hastig ab und eilte mit wehenden Röcken davon. Alonso tänzelte, eitel, geschwollen, und höchst zufrieden mit sich selbst, zurück zu seiner Frau. Der Tanz mit Isabella hatte ihn aufgegeilt, schon beulte sich seine Hose verräterisch. Nun drängte es ihn, unverzüglich seinen ehelichen Pflichten nachzukommen, so wenig ihm Catalinas äußere Gestalt zusagte. Er nötigte seine Gemahlin zum baldigen Aufbruch. Das versetzte die junge Frau einigermaßen in Erstaunen, da Mitternacht noch nicht einmal vorüber war.

Ehe sie jedoch darüber in einen ehelichen Disput eintreten konnten, unterbrach ein lauter Krach die Feierlichkeiten. Mit fürchterlichem Fluchen, Poltern und Schreien wehrte sich ein schwarzer Dämon gegen die Bediensteten, die ihn vom Betreten des Festplatzes abhalten wollten.

Alle spritzten von ihren Bänken auf. Die Musiker unterbrachen ihr Spiel, die Tänzerinnen und Tänzer stockten, einige der Männer zückten ihre Degen.

Was war das?

Das stinkende schwarze Wesen in Menschengestalt zappelte und suchte sich aus dem Griff der Knechte zu befreien. Es brüllte und fluchte, und jetzt, wo die Musik ausgesetzt hatte, verstand man auch, was es rief: „Pinzon, Don Martin, ich will zu Pinzon, lasst mich durch ihr Schwachköpfe, lasst mich los!“

Diese Stimme kam den meisten bekannt vor. Gehörte sie nicht Yanez de Montilla?

Vollkommen verdreckt, rußverschmiert das Gesicht, so stand der Seemann plötzlich mitten in der Festgesellschaft. Er schüttelte sich wild, die schwarzen Haare flogen ihm um den Kopf, aber die energischen Griffe der Hausknechte hielten ihn fest.

„Ich will zu Don Martin, lasst mich durch", rief Montilla und zerrte wütend an den Männern.

Martin Arias Pinzon erhob sich von seiner Bank. Er hatte den bisherigen Abend im Wesentlichen damit verbracht, sich gründlich mit den dargereichten Speisen zu beschäftigen. Das war eine sehr behagliche und befriedigende Beschäftigung gewesen, so dass ihm diese Belästigung höchst ärgerlich erschien. Was wollte dieser Kerl? Reichte es nicht, dass der Taugenichts einmal im Monat in der Casa Pinzon auftauchte?

„Pinzon, Pinzon, Don Martin", schrie Montilla jetzt über die Bänke hinweg. „Euer Bruder trachtet mir nach dem Leben. Ihr müsst mich beschützen!"

Aufgeregte Rufe, erstaunte Ahs und Ohs, ein heftiges Raunen setzte ein.

Jetzt erst fiel Martin Arias Pinzon das Fehlen seines Bruders Juan auf. Stimmt, er hatte ihn den ganzen Nachmittag und Abend noch nicht gesehen. Warum war er nicht auf dem Fest? Wo steckte der Kerl?

Während ihm diese Fragen durch den Kopf schwirrten, registrierte Martin Arias das aufgeregte Murmeln und die fragenden Blicke, die auf ihn gerichtet waren. Man wartete auf eine Erklärung. Montillas Anschuldigung, Juans Fehlen – Pinzon zählte zwei und zwei zusammen. Auf keinen Fall durfte er es auf einen öffentlichen Eklat ankommen lassen. Montilla brüllte über die Köpfe hinweg: „Er hat mich fast umgebracht, Euer Herr Bruder, er verfolgt mich."

„Seid still!", befahl Martin Arias in seinem gewohnten, herrischen Ton. „Und ihr lasst ihn los", kommandierte er den Knechten.

Montilla rieb sich die schmerzenden Arme, nachdem er endlich aus den robusten Griffen der Hausknechte befreit war. Jetzt stand er da wie ein Schatten aus der Unterwelt. Um ihn herum bildete sich ein respektvoller Kreis. In gebührendem Abstand starrten die Festgäste den ungebetenen Besucher an. Der Kontrast hätte nicht größer sein können. Hier der zerlumpte, rußgeschwärzte und stinkende Montilla, dort die spanischen Herren in ihren farbigen, goldbestickten und mit Watte gepolsterten Westen, in ihren Seidenstrümpfen und angetan mit ihren steifen Halskrausen, die Damen in ihren weiten, schillernden Reifröcken.

Martin schob seinen schweren Leib durch die Reihen. Er reagierte schnell und entschlossen. „Komm mit ins Haus, Seemann. Hier ist nicht der Ort, um mich mit Anschuldigungen zu überfallen.“ Montilla folgte, nachdem er noch zwei, drei unsichere Blicke über die Schulter warf, ob ihn die Knechte alleine gehen ließen. Aber niemand machte Anstalten, ihn aufzuhalten.

Ein verwegenes Kalkül hatte Montilla zu seinem spektakulären Auftritt gebracht. Nachdem er glücklich seinen Häschern entkommen war, dämmerte ihm sogleich, dass sich ein solcher Angriff und Mordversuch jederzeit wiederholen konnte. Es blieb ihm zwar weiterhin die Möglichkeit, tagein, tagaus wachsam wie ein Hofhund zu bleiben, aber die Ereignisse der Nacht hatten ihm klar vor Augen geführt, dass trotz aller Schläue und Vorsicht auch die sieben Leben des Yanez Montilla abgezählt waren. Er konnte nicht damit rechnen, jedes Mal so glimpflich davonzukommen. Also blieben zwei Alternativen: Entweder aus der Gegend zu verschwinden, bis dauerhaft Gras über die Sache gewachsen war. Dies hätte aber bedeutet, dass die soeben erst angezapfte, höchst komfortable Geldquelle aufgehört hätte zu sprudeln. Die andere Alternative bestand darin, das Übel Juan Pinzon aus der Welt zu räumen. Das meinte Yanez Montilla nicht im wörtlichen Sinne. Er war zwar ein Dieb, Lügner, Betrüger und neuerdings auch Erpresser, aber nie im Traum hätte er es gewagt, einen Menschen umzubringen. Nicht, dass er Skrupel irgendeiner Art gehabt hätte. Das nicht. Aber für einen Mord war Montilla einfach zu feige. Er sann über andere Möglichkeiten nach, die Bedrohung Juan Pinzon loszuwerden. Und dabei landete er bei dessen Bruder Martin Arias. So viel begriff Montilla: Martin Arias ging es um den

Ruf der Pinzons, um die reibungslosen Geschäfte, um das Funktionieren seines Netzwerkes und seiner Handelsbeziehungen. Diese Dinge durften nicht in Gefahr geraten. Bei diesen Prioritäten musste man ihn packen. Und da war es das Naheliegende, sich Martin Arias' Schutzes zu versichern, indem man genau diese Gefahren heraufbeschwor.

Montillas Rechnung ging auf. Vorläufig jedenfalls. Martin Arias hörte sich Montillas Geschichte an und glaubte sie auch sofort. Er kannte die Unbeherrschtheit des Bruders. Pinzon erneuerte den Handel, den er bereits mit Montilla abgeschlossen hatte, und nahm ihm erneut das Versprechen ab, weder von dem Mord in der „Schildkröte" noch von den jüngsten Vorfällen jemals ein Sterbenswörtchen verlauten zu lassen. Im Gegenzug wolle er dafür sorgen, dass Juan Pinzon Montilla künftig in Ruhe lasse. Er verbürge sich dafür. Montilla stehe unter seinem Schutz, er müsse nicht mehr um sein Leben fürchten.

So gingen sie auseinander.

XXXII. Indianeraufstand

Es regnete wieder einmal die ganze Nacht. Als Diego de Harana früh am Morgen aufwachte, trommelte der Regen auf das Bretterdach. Wie alle Bewohner von La Navidad hatte der Kommandant sich inzwischen an die überfallartigen Wolkenbrüche gewöhnt, obwohl Guacanagaris Indios glaubhaft beteuerten, man befände sich noch nicht in der eigentlichen Regenzeit. Trotzdem schoben sich auch an diesem Morgen graue Wolken über die Berge, teilten sich, jagten die Hänge hinab und schütteten Sturzfluten von Regen über den Küsten der Insel ab. Kleine Flüsse schwollen zu sprudelnden Monstern an. Harana stand unter dem tropfenden Vordach seiner Hütte und blickte hinaus auf den überschwemmten, matschigen Innenhof von La Navidad. Trostlos! Ja, das war die richtige Bezeichnung. Überall lagen Ausrüstungsgegenstände herum; wilde Feuerstellen sprenkelten den Platz und ließen ihn aussehen wie eine Miniatur-Vulkanlandschaft; Müll und Abfall überall; einige Hühner, die von der gestrandeten Santa Maria mit hierher gebracht worden waren, streunten noch umher. Die meisten waren längst in den Kochtöpfen gelandet oder Schlangen und anderen Feinschmeckern aus dem Dschungel zum Opfer gefallen. Über den erkalteten Feuerstellen lag der schwere Geruch nasser Holzkohle. Ein Schwarm kreischender Krähenvögel stritt sich um herumliegende Fleisch- und Knochenreste. Die Männer schnarchten irgendwo, manche vielleicht auch drüben im Dorf Caracol, in den Armen ihrer Indianerfrauen. Zwei junge Tainomädchen huschten aus einer der Hütten, sprangen durch die Pfützen und eilten durch das sperrangelweit geöffnete Tor. Es waren keine Wachen aufgestellt. Warum auch? Die Spanier fühlten sich sicher und vertrauten dem Schutz von Häuptling Guacanagari.

Und selbst wenn er Wachen angeordnet hätte, Diego de Harana wusste, dass seine Befehle nicht mehr viel wert waren. Seit Escobedo den offenen Aufstand gewagt und den Machtkampf gewonnen hatte, blieb ihm nur noch die Aufgabe, den kümmerlichen Rest seiner Truppe einigermaßen bei Laune zu halten. Wie ein Virus hatte die Disziplinlosigkeit die Besatzung von La Navidad erfasst und sich rasant ausgebreitet. Bis auf wenige Zuverlässige, wie etwa der Schiffsarzt Juan Sanchez oder die alten Seebären José Pequinos und Graubart Rodrigo de Jerez, waren Harana nicht viele Getreue geblieben. Die knapp zwanzig Männer, die noch in Navidad ausharrten, trieben, was sie wollten. Das war in erster Linie Saufen und Herumhuren. Manchmal taten sich drei oder vier zusammen und zogen in die Umgebung. Dann kamen sie nach einigen Tagen zurück, mit glasigen Augen vor Glück, ein paar Goldklumpen in den Taschen und einigen neuen Tainomädchen im Arm. Harana hatte es aufgegeben, das Kommen und Gehen der Einheimischen im Fort zu kontrollieren. Manche Männer hielten sich gleichzeitig bis zu fünf Frauen. Manche wechselten ihre Konkubinen jeden Tag. Auffällig war höchstens, dass immer seltener Tainomänner aus Guacanagaris Dorf im Fort erschienen. Auch der Häuptling selbst machte sich zuletzt immer mehr rar. Seit einigen Tagen hatte er sich überhaupt nicht mehr blicken lassen.

Harana seinerseits taumelte durch die Tage. Matt und entschlusslos harrte er aus, brachte nicht einmal die Energie auf, dem Tainofürsten seinerseits einen Besuch abzustatten. Sein Blick ging hinunter an den Strand, hinaus aufs Meer, das auch an diesem Morgen wieder kobaltblau schimmerte. Nichts zu sehen. Vielleicht kam ja die Baskenbande wieder. Seit zwei Wochen war Chachu mit seinen Männern jetzt schon verschwunden. Die Biskayer hatten die kleine Schaluppe zu Wasser gelassen, das Segel gesetzt und ohne viele Erklärungen die Bucht verlassen. Chachu hatte es nicht für nötig befunden, Harana irgendwie über seine Absichten ins Licht zu setzen. Eines Morgens war er mit seiner Truppe einfach weg gewesen, mit Segelboot, Lebensmitteln und Ausrüstung: Chachu, Lope Chips, Juan de Medina, Domingo Vizcaino, Diego Perez und Anton Calabres. Die alte Stammbesatzung der Santa Maria. Weitere sechs Männer, die seither in La Navidad fehlten.

Trotz des Regens legte sich bereits am frühen Morgen ein Teppich schwüler Luft über die Küste. Durch den Schleier von Regen und Dunst stierte Harana angestrengt aufs Meer hinaus, als hätte er von dort Hilfe zu erwarten. Aber er wusste selbst, dass dies eine Illusion war. Der Mai war gerade erst angebrochen. Das war noch viel zu früh, um auf die Rückkehr Colóns zu hoffen. Bis der Admiral eine neue Flotte ausgerüstet und den weiten Weg übers Meer erneut zurückgelegt hatte, konnten noch sechs bis acht Monate vergehen.

Harana erblickte eine schwarze Rauchsäule, die sich landeinwärts am Horizont über einer Bergkuppe kräuselte. Er versuchte die Entfernung abzuschätzen. Das mochte aus jener Richtung kommen, in die Escobedo vor Wochen mit seinen Männern aufgebrochen war. Seither hatte er nichts mehr von ihm gehört. Eine zweite, ähnliche Rauchsäule, wesentlich weiter südwestlich über den grünlichen Bergketten, fesselte seine Aufmerksamkeit. Und als er noch weiter in den schlierigen Morgenhimmel starrte, entdeckte er ganz entfernt noch eine dritte. Das hatte etwas zu bedeuten! Möglicherweise ein Signalfeuer der Eingeborenen. Harana beschloss, unverzüglich Guacanagari zu befragen. Er quetschte sich in seine Stiefel, gürtete sich, schnallte den Degengurt um und griff sich seinen Federhut. Als er durch das Tor schritt hatte er das dumpfe Gefühl, dass diese Rauchsäulen ihm galten.

Genau an diesem Morgen, nahezu zur gleichen Zeit, kauerte sich viele Meilen landeinwärts das kümmerliche Häuflein Überlebender aus Escobedos Expedition unter einem Wurzelüberhang im Flussbett eines breiten Urwaldflusses zusammen. Der sturzflutartige Regen der Nacht hatte den Fluss besorgniserregend anschwellen lassen. Jetzt drohte er das Versteck hinter der Mangrovenwand zu überfluten.

Ursprünglich bot dieses finstere Lager noch ein paar trockene Flecken, aber kaum hatte der Regen eingesetzt, gurgelte auch schon das Flusswasser gierig in die Höhle hinein. Eine ungemütliche Nacht lag hinter der kleinen Gruppe, nicht nur, weil sie draußen immer noch die fanatischen Krieger Caonabos wussten, sondern weil ihnen in ihrem Unterschlupf buchstäblich das Wasser bis zum Halse stieg. Suunayama erklärte gestenreich und absolut überzeugend, wie in Regenzeiten die ansonsten harmlosen Rinnsale zu gefährlichen Sturzbächen anschwellen konnten. Der Gedanke, dass sie möglicherweise nur noch tauchend aus ihrem Versteck herauskommen konnten, nahm immer mehr Gestalt an.

An Schlafen war unter diesen Umständen kaum zu denken. Der Einzige, der noch ein Dösen zustandebrachte, war Rodrigo, unerschütterlich im Ertragen aller Widernisse. Er lebte noch, und ein lebender Mensch brauchte Schlaf. Wenn doch die anderen vor lauter Furcht wach blieben, was hinderte ihn dann, die Augen zuzumachen?

Andrés machte einen sehr entmutigten Eindruck, er war der Niedergeschlagenste von allen. Unaufhörlich wog er die verschiedenen Varianten ab, nach denen sie seiner Meinung nach in den nächsten Stunden unweigerlich sterben mussten.

Escobedo hingegen raste vor Wut und Ungeduld. Er wäre am liebsten sofort gegen den Feind losgezogen. Er hielt sich noch immer für unschlagbar und er wollte weder von Jorge noch gar von Suunayama die Wahrheit über den Mut und die Stärke von Caonabos Kriegern hören. „Ich spalte jedem einzeln den Schädel, wenn es sein muss", drohte er und fuchtelte mit seinem Schwert im Dunkeln herum, dass die anderen die Köpfe einziehen mussten.

Luis de Torres wirkte undurchsichtig. Er richtete stumme Gebete zum Himmel als konzentriere er bereits seine ganze Kraft auf die bevorstehende Reise ins Jenseits. Betete er zum Gott der Christen? Nein! Sein Ansprechpartner hieß Allah! Jetzt endlich, im Angesicht des Todes, kehrte er zu seinem wahren Glauben zurück. Die anderen kümmerten sich nicht darum.

Für Rodrigo zählte zunächst, dass er die Nacht überlebt hatte. Er hatte es noch nie anders gekannt. Diese Kunst hatte er schon im lebensgefährlichen Elternhaus in Palos beherrscht.

Als bei Tagesanbruch der Regen nicht nachlassen wollte, entschied Escobedo, dass es besser sei aufzubrechen. Den Gedanken, das im

Lager zurückgebliebene Gold noch einzusammeln, gab er auf, nachdem ihm Jorge und Suunayama glaubhaft darlegten, dass dies für jeden, der es versuchen sollte, den sicheren Tod bedeuten würde.

Escobedo trug immer noch seinen persönlichen Beutesack und er legte ihn auch nicht ab, als er prustend untertauchte, um aus dem Schlupfloch herauszutauchen. Der knochige Notar setzte überhaupt ungeahnte Kräfte frei und erwies sich als ein ausgesprochen zähes Stück Holz. Eisenbewehrt mit seinem schweren Rüstzeug, waffenstarrend mit Schwert und Arkebuse, den Goldsack geschultert, so arbeitete er sich durch das gurgelnde Wasser. Nein, Rodrigo de Escobedo war noch lange nicht am Ende.

Luis de Torres folgte ihm mit stoischer Gelassenheit. Irgendwie hatte er seine innere Ruhe gefunden. Jacomo Rico und Andrés hingegen stand die Mutlosigkeit ins Gesicht geschrieben. Hätte Escobedo sie nicht vorangetrieben, sie wären wohl beide an Ort und Stelle sitzen geblieben und hätten ihres Schicksals geharrt. Die ganze Trostlosigkeit ihrer Lage drückte sich in den Mienen dieser beiden jungen Männer aus. Mit hängendem Kopf kauerte Andrés auf einer stämmigen Luftwurzel. Jacomo lehnte sich dagegen und jammerte: „Ich habe eine Frau zu Hause und Kinder. Was soll nur aus ihnen werden?"

Davon hatte Jacomo Rico nie erzählt. Erst jetzt, in der größten Not, fiel ihm seine Familie wieder ein.

Ähnlich wie Escobedo konzentrierte Rodrigo sich darauf, wie sie ihre augenblickliche Lage verbessern konnten. Es gab noch Hoffnung, er war unverletzt und er hatte ein Ziel: La Navidad!

Sie taumelten durch dichte Regenvorhänge flussabwärts, Escobedo vorneweg. Er hielt sein Schwert in der Hand, als wollte er die Wasserfäden auseinanderschlagen. Aus den grauen Bartstoppeln in seinem hageren Gesicht tropfte glänzend der Regen wie von der moosbehangenen Rinde der Bäume. Jorge und Suunayama, gebückt voraushuschend, die Blicke immer hektisch ins Finstere des Waldes gerichtet, waren seine Pfadfinder. Sie suchten die Trampelpfade der Indios, die am Fluss entlang führten. Teilweise wateten sie dabei durch überschwemmte Sumpfkuhlen, dann wieder kletterten sie über Felder moosbewachsener Findlinge, dann schlugen sie sich durch dornenbewehrtes Unterholz und im nächsten Augenblick standen sie wieder bis zur Hüfte im Wasser des überquellenden Flusses. Doch sie fanden immer einen Weg.

Escobedo war wild entschlossen, alles kurz und klein zu hauen, was sich ihm in den Weg stellen sollte. Aber Caonabos Krieger ließen sich den ganzen Tag über nicht blicken. Suunayama erklärte ihnen, dass im Lager Caonabos jetzt erst einmal drei Tage lang der Sieg über die Spanier gefeiert wurde. Es sei auch ungewiss, ob Caonabo sie dann verfolgen würde, ganz bestimmt nicht auf das Hoheitsgebiet Guacanagaris. Wenn es ihnen gelang, die große Ebene und das Dorf von Kaijakum zu erreichen, waren sie gerettet, dann hatten sie eine gute Chance, unversehrt nach La Navidad zurückzukehren.

„Quakanari! Quakanari!" Diego de Harana stand wie ein Trottel mitten auf dem matschigen Dorfplatz von Caracol und brüllte gegen den Regen an. Er hatte die Hütte des Häuptlings leer vorgefunden, keine Menschenseele ließ sich blicken. Wo waren diese verfluchten Indios?

„Quakanari!", schrie Harana, mit hoher, sich fast überschlagender Stimme. Er lauschte in den Regen hinein. Vorsichtig näherte er sich einer der Hütten, die um den Dorfmittelpunkt herum gruppiert waren. Mit seinen Stiefeln hinterließ er bei jedem Schritt eine kleine Kuhle im Matsch, die sich sofort gurgelnd mit Wasser füllte. Längst war er selbst durchweicht bis auf die Haut. Er schüttelte sich wie ein Hund und beugte sich dann zum Hütteneingang hinein. Im dämmrigen Licht erkannte er die Silhouetten etlicher Gestalten. Als seine Augen sich etwas besser an das Zwielicht gewöhnt hatten, konnte er einzelne Köpfe unterscheiden: Männer, Frauen, Kinder, dicht an dicht. Mindestens zwei Dutzend Personen drängten sich hier zusammen. In der Mitte des Raumes glimmte die Glut eines kleingehaltenen Feuers. Kinder kicherten. Es roch nach Schweiß und dem scharfen Rauch von Tabacoblättern.

„Quakanari?", fragte Harana zögernd, nachdem seine Augen sich an das Dämmerlicht gewöhnt hatten.

Jemand grunzte. Dann stand umständlich ein alter Mann auf und löste sich aus dem Halbschatten. Harana erkannte ihn. Es war einer der Alten, die zur ständigen Begleitung des Häuptlings gehörten. Nur hatte er sich nie den Namen merken können. Außer „Quakanari" konnte er sich überhaupt keinen Indio-Namen merken. Der Alte betrachtete den Lagerkommandanten aus gelbtrüben Augen und zeigte sein zahnloses Grinsen. Dann machte er mit den runzligen Händen eine Geste, als glättete er auf einem unsichtbaren Tisch vor sich ein Tuch. „Guacanagari", krächzte er, zeigte unbestimmt in alle Richtungen, schüttelte sein faltiges Haupt und fuchtelte herum. Dabei grinste er unentwegt.

Harana verfluchte sich innerlich, weil er keinen Dolmetscher mitgenommen hatte. „Wo ist Quakanari?", wiederholte er seine Frage.

Der Alte zuckte nur mit den Schultern und begutachtete das Hüttendach, als gäbe es nichts Wichtigeres in diesem Moment. Aber aus dem Hintergrund der Hütte sagte eine Frauenstimme in gebrochenem Spanisch: „Guacanagari fort. Anderes Dorf Guacanagari. Weit, viel, anderes Dorf Guacanagari. Viel Angst, Caonabo. Spanier viel tot. Caonabo, viel tot, Krieg!"

Harana kannte die Frau. Nicht vom Namen, aber vom Sehen. Sie gehörte zu jenen, die regelmäßig in La Navidad ein- und ausgingen. Deshalb sprach sie ein paar Brocken Spanisch. „Was hast du gesagt?"

„Caonabo viel tot, Krieg. Angst, Krieg! Viel tot. Spanier, viel tot." Sie wiederholte ihre Bruchstücke in immer neuen Variationen, die aber keinen Zweifel ließen, so viel konnte auch Harana sich zusammenreimen: Guacanagari war zu irgendeinem Nachbardorf aufgebrochen oder zu mehreren Dörfern seines Herrschaftsgebietes, weil irgendetwas passiert war mit einem gewissen Caonabo, von dem Harana bei früheren Gelegenheiten schon gehört hatte. Dieser Caonabo hatte offenbar einen Krieg angezettelt. Möglicherweise gegen Guacanagari. Aber was bedeutete „Spanier viel tot"? Eine Drohung?

Der Alte wollte Harana ein glimmendes, zusammengerolltes Tobacoblatt reichen, aber der Spanier wehrte ab. Ihm war jetzt nicht nach Rauch zumute. Schon gar nicht in der stickigen Enge dieser Indianerhütte. Nachdenklich trat er den Rückzug an.

Fast hundert Meilen entfernt an der Küste Hispaniolas suchten an diesem Tag die sechs Basken mit ihrer Schaluppe „Isabella“ in einer großzügigen Bucht Schutz vor dem ausdauernden Regenguss. In Anlehnung an den Namen ihrer Schaluppe tauften sie die Bucht „Bahia de La Isabella“. Eine große Lagune trennte hier den Strand vom Inneren der Insel, so dass sie sich vor Überraschungen sicher fühlten. Sie führten vier gefangene Indios mit sich, die sie vor zwei Tagen nach einem kleinen Scharmützel in ihre Gewalt gebracht hatten. Sie waren zwischen Riffen und kleinen Inseln in den Hinterhalt einer größeren Canoeflotte geraten und hatten sich nur mit Mühe aus dem Gewimmel angreifender Indianerboote herausretten können. Zunächst brachten sie sechs Gefangene in ihre Gewalt. Als die Angriffe, die eigentlich eher unangenehme Belästigungen waren – denn richtig gefährlich konnten ihnen die Indianer in ihren Canoes nicht werden –, am nächsten Tag nicht aufhören wollten, hängten sie zur Abschreckung einen ihrer Gefangenen am Mastbaum auf, den zweiten fesselten sie und warfen ihn ins Wasser, wo er nach kurzem Zappeln ertrank. Diese Lektion verstanden die Indios sofort. Seither blieb die „Isabella“ unbelästigt. Indianercanoes sichteten sie nur noch in weiter Ferne.

Von La Navidad aus hatten sie begonnen, systematisch die Küste in östlicher Richtung zu erforschen. Dabei ließen sie keine Bucht und keine Flussmündung aus, ganz so, wie Admiral Colón es bei seiner Abfahrt befohlen hatte. Chachu fertigte sogar eine Karte von den Küstenlinien an, so gut er es mit seinen bescheidenen Kenntnissen vermochte. Sie enthielt zwar weder Breiten- noch Längengrade, aber sie gab immerhin halbwegs identisch den Küstenverlauf wieder. Sie ließen sich überall viel Zeit. An günstigen Landeplätzen legten sie sogar immer wieder mehrere Tage Aufenthalt ein. Schließlich erreichten sie eine große Bucht und es begannen die regelmäßigen Feindseligkeiten. Inzwischen kannten sie auch den Grund dafür. Sie hatten das Hoheits- und Einflussgebiet Guacanagaris verlassen und befanden sich jetzt an einem Küstenabschnitt, der zum Reich eines anderen Herrschers gehörte, dessen Name Guarionex sie zwar gehört, aber bald wieder vergessen hatten. Aber dass sein Reich Cibao hieß, das war hängen geblieben. Und klang das nicht ganz so, wie das verheißungsvolle Cibola, von dem der Admiral immer geschwärmt hatte? War man vielleicht endlich ganz in der Nähe des sagenhaften Goldlandes?

Jedenfalls hatten die Einheimischen hier entschieden etwas dagegen, dass die Fremdlinge an Land kamen, und Chachu und seine Männer mussten sich überall den Landgang mit Gewalt erzwingen. Da sie gut bewaffnet und gerüstet waren, setzten sie sich überall durch. Spätestens nach den ersten Schüssen, die Lope Chips und Domingo Vizcaino aus ihren Arkebusen über die Köpfe der Angreifer abfeuerten, stoben die Indios in der Regel auseinander wie aufgescheuchte Hühner. Einmal hinterließen die Basken bei einem solchen Aufeinandertreffen auch einen Toten. Eine Zufallskugel traf den armen Kerl in die Brust und streckte ihn nieder. Das Entsetzen darüber bei den Tainos war riesig, sie warfen sich zu Boden und krochen auf allen Vieren wie die Würmer davon. Der Erfolg für die Spanier hingegen war so umwerfend, dass Chachu die Parole ausgab, bei zukünftigen Angriffen immer gleich ein paar Kerle über den Haufen zu schießen.

So segelten sie weiter die Küste entlang, die bald einen scharfen Knick nach Norden machte und dann um zackige Ausbuchtungen herum sich nach einigen Seemeilen wieder nach Osten wandte. Ein kegelförmiger Berg beherrschte hier das Kap. Als sie es umschifft hatten, landeten sie in einem Labyrinth voller Inselchen und Riffen, so unübersichtlich und verwirrend, dass die „Isabella" dazwischen umher irrte wie ein betrunkener Nachtfalter. Freilich hätten sie aufs offene Meer ausweichen können, das zu keiner Zeit bedrohlich schien. Es funkelte und glitzerte überall einladend. Aber sie hofften ja immer auf die große Entdeckung, auf eine prachtvolle Siedlung, auf eine der goldüberzogenen Städte des großen Khan. Stattdessen aber stießen sie entlang der Küste auf sumpfige Mangroven, verlassene Sandstrände, mückenverseuchte Lagunen oder auf schroffe Klippen. Und immer wieder, wie aus heiterem Himmel, fielen ganze Flottillen von Indianercanoes über sie her. Die wendigen Boote, besetzt mit zwanzig, dreißig, manchmal sogar bis zu fünfzig Einheimischen, stießen hinter einer Insel hervor oder kamen unter tobendem Angriffsgebrüll ihrer

Insassen aus versteckten Flussmündungen herausgeschossen. Die Indiokrieger versendeten ihren üblichen wirkungslosen Pfeilhagel und verschwanden dann unter dem inbrünstigen Triumphgeschrei aus Hunderten von Kehlen wieder in ihren Mangrovenverstecken. Allen Ernstes feierten die Indianer diese Überfälle als Siege und sie waren stets zufrieden, wenn die Isabella abdrehte und aufs offene Meer hinaussegelte. Nachdem sie sich nach einigen Wochen an diese folgenlose Art der Überfälle gewöhnt hatten, wurden die Basken jedoch mutiger. Anstatt die „Isabella" eiligst aufs offene Meer zu steuern, drehten sie bei und feuerten ein paar gezielte Schüsse ab. Kaum kippten die ersten Getroffenen aus den vorderen Canoes ins Wasser, brach unter den Indios die altbekannte Panik aus. Wo die Boote nicht umkippten oder ihre Insassen nicht freiwillig kopfüber ins Wasser tauchten, um so dem rätselhaften Unheil zu entkommen, da flogen sie geradezu übers Meer, schossen durch die Brandung und verschwanden wieder in ihren Verstecken so schnell wie sie gekommen waren.

Bei günstigen Winden segelte die eingespielte Mannschaft der seetüchtigen Basken mitten hinein ins Getümmel und sie erledigten von der Isabella aus, was ihnen vor die Schwerter kam. Bei einer dieser Gelegenheiten fischten sie ihre Gefangenen auf.

Die bei Nacht und Nebel ziemlich kopflos in Gang gesetzte Unternehmung von Pedro Yzquierdo hingegen erwies sich vom ersten Tag an als ein einziges Fiasko. Als der einstige Sträfling mit seinen vier goldgierigen Kumpanen Antonio de Cuellár, Diego Lorenzo, Pedro de Lepe und Francisco die Truppe Escobedos verlassen hatte, da dachten sie alle fünf nicht einmal um einen Tag voraus. Was ihnen im Kopf herumschwirrte, das waren Gold und Weiber und eine ziemlich genaue Vorstellung davon, dass man sich beides wahrscheinlich mit Gewalt holen musste. Also bewaffneten sie sich bis an die Zähne mit allem, was sie schleppen konnten. Keiner von ihnen dachte daran, dass sie schon am nächsten Tag wieder Hunger und Durst plagen würden und dass ihnen dann die Indios fehlten, die täglich den Tross von Escobedo mit Jagdbeute versorgt hatten.

Während der Nacht, in der sie sich davonschlichen, kamen sie nicht weit. Die Dunkelheit, schwarz und feindselig, sowie ihre mangelnden Ortskenntnisse ermöglichten keine schnelle Flucht. Erst als es hell wurde, schlugen sie einen strammen Gewaltmarsch an und eilten dann Stunde für Stunde hastig, panikartig fast, ostwärts durch die große Ebene. Sie rechneten mit der Verfolgung durch Escobedo, das trieb sie vorwärts. Den ganzen Tag über begegneten sie keiner Menschenseele. Als sie bei Einbruch der Dämmerung erschöpft und ausgelaugt niedersanken, da hatten sie ihre bescheidenen Lebensmittelvorräte aufgebraucht und auch die ledernen Trinkwasserbeutel waren geleert. Da erst dämmerte Pedro Yzquierdo, dass sie in zeimlichen Schwierigkeiten steckten – und die anderen von ihm Lösungen erwarteten.

Yzquierdo gehörte zu jener Sorte von lärmenden Anführern, die schnell mit Widerstand, Protest und Aufmüpfigkeit bei der Hand waren, denen es aber an eigener Führungsautorität mangelte. Dagegen sein, lästern, Unruhe stiften, sich starrköpfig verweigern, das beherrschte er. Aber planvoll einen eigenen Weg einschlagen, dazu fehlte ihm die Fantasie. Das sollte sich rächen.

Zum Glück fehlte es vorerst nirgendwo an Wasser. Schon am nächsten Morgen fanden sie einen kleineren Bach, der aus dem Gebirge heruntersprudelte, das zwischen ihnen und der Nordküste der Insel lag. Hier frischten sie ihre Trinkwasservorräte auf. Aber es gelang ihnen nicht, auch nur einen einzigen Fisch zu fangen. Sie nahmen sich dazu auch nicht die nötige Zeit. Yzquierdo hetzte, denn er fürchtete immer noch, dass Escobedo ihnen auf den Fersen sein könnte. So eilten sie mit knurrenden Mägen auch am zweiten Tag vorwärts, erreichten die Ausläufer des Gebirges, das auf seiner meerabgewandten Seite längst nicht so von dichtem Wald bedeckt war wie auf der Wind- und Regenseite. Die kleineren Waldflecken wechselten mit struppigem Gesträuch und knorpeligen Nadelbäumen. An den kluftigen, zerfurchten Berghängen wucherte mannshohes, ginsterähnliches Buschwerk, durch das sie sich mühsam mit den Schwertern einen Weg bahnten. So arbeiteten sie sich zwei Tage lang mit grimmiger Entschlossenheit die Gebirgskette hinauf, immer in der Nähe des kleinen Baches, dessen verschlungenem Lauf sie zu folgen versuchten. In dieser Zeit ernährten sie sich von Eidechsen, Schlangen und Vögeln. Was sie erwischten, das häuteten sie und rupften es im Gehen. Auf rauchigen Feuern bereiteten sie ihre karge Beute in jenen kurzen, hastigen Pausen zu, die sie zwischendurch einlegten. Mit dem Qualm, den sie dabei produzierten, lockten sie längst Neugierige an.

In der vierten Nacht überfiel sie ein gussartiger Sturzregen und trieb sie vom Bachufer auf die Felsen hinauf. Die Sturzbäche verfolgten sie bis zum Mittag des dritten Tages, bis der Regen so plötzlich aufhörte, wie er in der Nacht ausgebrochen war. Welche Verzweiflung! Keine Spur von Indiodörfern. Kein Gold. Keine Beute. Leere Mägen. Der Himmel hellte auf und die stechend heiße Sonne brach durch die Wolken. Niedergeschlagen, ausgepumpt und kraftlos lagerte Yzquierdos Räuberbande auf einer Geröllhalde, wehrlose Beute für die Moskitoschwärme, in deren Luftraum sie eingedrungen waren. Flach ausgestreckt tankten sie neue Kraft in der prallen Sonne, ähnlich wie sich um sie herum auf den heißen Steinen kleine Eidechsen und Schlangen in deren Schein wärmten. Zum Schutz vor den Mückenschwärmen legten sie sich Tücher über die Gesichter. Nur Pedro de Lepe saß aufrecht und beobachtete aus seinen geröteten, zusammengekniffenen Augen die herumhuschenden Reptilien. Er warf kleine Steinchen nach ihnen und verfolgte dann, wie die Tiere auseinanderspritzten und blitzschnell in Ritzen und unter Steinen verschwanden. Dann entdeckte er plötzlich eine große Echse, einen Leguan, nur wenige Armlängen entfernt. Das Tier verschmolz wegen seiner Tarnfarben fast mit den graubraunen Felsbrocken, auf denen es saß. Das schmackhafte Fleisch dieser Echsen hatten Yzquierdo und seine Männer in den vergangenen Tagen durchaus schätzen gelernt. Pedro de Lepe leckte sich mit der Zunge über die Lippen. Er hob vorsichtig sein Schwert, um der vermeintlichen Beute den Garaus zu machen. Eine angestrengte Konzentration lag in dieser Aktion. Aus Pedros verkniffenem Mund spitzelte aufgeregt die Zunge heraus. Fast wie bei seinem Opfer, dem Leguan, der mit seiner Zunge Mücken anpeilte. Schweißperlen sammelten sich in den rötlichen Bartstoppeln des Spaniers. Gebückt, verkrampft lauerte er, die Augen zu engen Schlitzen zusammengekniffen. Dann reichte das kurze Blitzen des Schwertes im Sonnenlicht aus, um den Leguan zu alarmieren. Und im gleichen Augenblick, während das Schwert wirkungslos herunterkrachte und auf dem Felsen Funken schlug, weil der Leguan längst auf und davon war, ließ Pedros panischer Schrei die anderen erschrocken auffahren. Im blendenden Licht der Sonne erkannten sie nicht sofort, was passiert war, doch dann kippte ihr Kumpan aus seiner halb hockenden Stellung rücklings ins Geröllfeld, und aus seinem Hals sahen sie einen armlangen, wippenden Pfeil ragen. Pedro stöhnte und gurgelte. Den Pfeil hielte er mit beiden Händen umfasst, seine Augen waren entsetzt geweitet. Blutige Spucke rann aus seinem Mundwinkel.

Yzquierdo war als Erster auf den Beinen. Unvermittelt prasselte ein ganzer Pfeilhagel von einer Felskante oberhalb ihres Standplatzes auf die Spanier nieder. Aber Pedro Yzquierdo duckte sich hinter einen großen Steinbrocken und die Pfeilwolke ging hinter seinem Rücken nieder, wo die Pfeile beim Aufprall auf die Felsen in alle Richtungen davonsplitterten. Der von der Sonne knallrot gebrannte junge Francisco krabbelte auf allen Vieren hinter einen weiteren großen Felsbrocken und mühte sich dabei, einerseits das Schwert zu zücken, andererseits den losen Helmgurt festzuzurren. Diego Lorenzo blieb steif wie ein Brett auf dem Rücken liegen, er stellte sich tot. Aus seinen riesigen Ochsenaugen glotzte er den röchelnden Pedro de Lepe an, der sich neben ihm wälzte, nach Luft japste und den Pfeil umfasst hielt, der in seinem Hals steckte. Nur der verschlagene Antonio de Cuellár reagierte geistesgegenwärtig. Er legte die Arkebuse auf die Gabel und feuerte einen Schuss in Richtung der Angreifer ab. Die Pfeilschützen ließen sich jedoch nicht blicken. Stattdessen hörten die Spanier ein paar gutturale Triumphschreie, ein paar losgetretene Geröllbrocken hüpften talwärts. Dann schien der Spuk auch schon vorbei.

Fluchend hastete Yzquierdo über das Schotterfeld hangaufwärts. Aber in seiner schweren Rüstung, behängt mit den sperrigen Waffen, kam er nur langsam voran. Als er das Felsplateau erreichte, waren die unbekannten Gegner längst im nahegelegenen Buschwerk verschwunden.

Wie viele es auch gewesen sein mochten – den verschossenen Pfeilen nach zu urteilen vielleicht etwas mehr als ein Dutzend –, irgendetwas musste sie gegen ihre Gewohnheit mutig gemacht haben. Denn so viel hatte Yzquierdo bei Escobedo gelernt: Normalerweise blieben die Indios aus Respekt vor den Spaniern in Deckung. Ungewöhnlich, dass sie auf offenem Feld einen derartigen Angriff gewagt hatten.

Blind für solche Signale übersah Yzquierdo bei seinem Rundblick in die Landschaft die verräterischen Rauchtürme, die sich ringsum von verschiedenen Erhebungen in den Himmel kräuselten. Hätte er geahnt, dass mit diesen Rauchsignalen die ganze Insel gegen die spanischen Eindringlinge in Aufruhr versetzt wurde, er hätte wohl nicht so gelassen den Horizont abgesucht.

Pedro de Lepe lebte noch. Der Pfeil hatte ihn zwar in den Hals getroffen, aber so, dass Luft- und Speiseröhre offensichtlich unverletzt geblieben waren. Die Pfeilspitze steckte irgendwo seitlich zwischen den Sehnen und Muskeln. Nachdem er sich vom ersten Schock erholt hatte, rappelte Pedro sich wieder auf und betastete die Einschussstelle. Die Kameraden begafften ihn neugierig. Bestimmt drängte Pedro Yzquierdo die anderen zur Seite und nahm die Wunde in Augenschein: „Kannst Du sprechen?“

Pedro krächzte ein vorsichtiges „Ja!“

„Der Pfeil muss raus“, entschied Yzquierdo.

Pedro starrte ihn aus angstvoll geweiteten Augen an. Vorsichtig versuchte er selbst, am Pfeilschaft zu ziehen, zuckte aber sogleich zusammen und verzog schmerzverzerrt das Gesicht.

Als die anderen sich erboten, ihm die Arbeit abzunehmen, trat er entsetzt einen Schritt zurück und wehrte sie mit beiden Händen ab. Probeweise nahm er aus seinem Lederbeutel einen Schluck Wasser. Trinken und Schlucken funktionierte.

Nach kürzerer Beratung schnitten sie den Pfeilschaft kurz hinter der Einschussstelle ab, die Spitze blieb an Ort und Stelle. Niemand wagte es, Pedro de Lepe den Hals aufzuschneiden, um die Pfeilspitze zu entfernen. Pedro Yzquierdo drängte auf schnellen Aufbruch. Auf der Geröllhalde boten sie noch immer ein leichtes Ziel. Sie mussten schnell in die Deckung der Büsche kommen.

So nahmen sie ihren Marsch wieder auf. Diesmal aufmerksam nach allen Seiten, nervös, eingeschüchtert. Bis zum Abend erreichten sie die Passhöhen des Gebirgszuges. Sie errichteten ein notdürftiges Lager und vereinbarten eine Wache. Pedro de Lepe, der mit dem Pfeilrest im Hals tapfer durchgehalten hatte, blieb vom Wachdienst ausgenommen. Alle litten Hunger, aber es blieb keine Zeit, nach Essbarem zu suchen.

Am nächsten Tag, während des Abstiegs durch dichte Wälder, deren gewaltige Baumkronen fast sämtliches Sonnlicht vom Waldboden fernhielten, stießen sie unvermittelt auf ein Dorf. Ob es jenes war, aus dem die Angreifer vom Vortag stammten oder völlig Unbeteiligte hier lebten, war den fünf erschöpften und ausgehungerten Gestalten in diesem Moment egal. Einige männliche Dorfbewohner, nackt und nur mit langen, hölzernen Spießen bewaffnet, stellten sich drohend am Eingang der dürftigen Ansammlung von Palmhütten auf. Sie stießen mit kriegerischem Knurren ihre langen Holzspeere in die Richtung der Spanier. Drohgebärden! Der untersetzte Antonio de Cuellár, durch die Raubzüge mit Escobedo auf solche Situationen bereits vorbereitet, zögerte nicht lange und stürmte mit gezücktem Schwert wie ein tollwütiger Stier mitten hinein in die Reihen der Indios. Sein Schwert zog eine blutige Bahn. Eine solche Waffe kannten die Indios nicht. Mit ihren nackten Leibern waren sie der scharfen Klinge hilflos ausgeliefert. „Für Gott und die Königin, vorwärts!“, brüllte de Cuellár und hielt grausige Ernte. Schon lagen die ersten Toten im Laub, einige Verwundete hielten sich wimmernd blutige Wunden, ein junger Krieger rannte schreiend davon und fuchtelte mit einem blutigen Armstumpf in der Luft. Hand und Unterarm hatte de Cuellár mit einem Streich abgetrennt.

Das war der schnelle Sieg für die Spanier, noch ehe überhaupt ein richtiger Kampf begonnen hatte. Selbst Pedro de Lepe, der sich wahrlich nicht in bester Verfassung befand, beteiligte sich mit wilden Schwerthieben und nahm Rache für den Pfeilschuss. Das Gemetzel dauerte nur einige wenige Minuten, dann war die ungleiche und ruhmlose Schlacht geschlagen. Auf Seiten der Indios blieben über ein Dutzend Tote liegen. Einige Krieger, ein paar Verwundete und viele Frauen und Kinder retteten sich in den undurchdringlichen Wald. Wer das nicht schaffte, den massakrierten die entfesselten Spanier in einem grauenvollen Hauen und Stechen an Ort und Stelle. Ein paar von den eingefangenen jungen Frauen ließen sie unter Bewachung von Pedro de Lepe am Leben. Die anderen vier Spanier, alle vollkommen unverletzt, aber blutbespritzt von oben bis unten, machten sich auf die Suche nach Gold und Essbarem.

Das Wüten der Spanier hielt die geflohenen Dorfbewohner von der Rückkehr ab. Yzquierdo und seine Spießgesellen vergewaltigten die gefangenen Frauen, töteten die Hühner und die mageren Hunde, die sie fanden, und durchwühlten jede Hütte auf ihrer Suche nach Gold. In diesem Dorf blieb Yzquierdo mit seiner Bande volle zwei Tage, bis sie sich sattgegessen hatten und den Gestank der Toten und das Schreien und Jammern der Verwundeten nicht mehr ertragen konnten. Sie fanden leidlich Gold. Es war genug, um nun motiviert aufzubrechen, um das nächste Dorf aufzuspüren. Außerdem beschafften sich die Mörder nun endlich auch einen Vorrat an Lebensmitteln, vor allem Maismehl, Früchte und bergeweise trockenes Casavebrot. Bei ihrem Abzug steckten sie die armseligen Hütten in Brand. Um die Verwundeten und die Frauen, die gefesselt zurückblieben, kümmerten sie sich nicht.

Yzquierdo hatte die Richtigen um sich geschart: De Cuellár, brutal, niederträchtig, ohne Empfindungen; Diego Lorenzo, zu dumm, um nachzudenken; Pedro de Lepe, verseucht von niederen Instinkten; Francisco, jung, unerschrocken, belastbar und kalt. Einer hinter dem anderen tauchten sie wieder in den Urwald ein. Kaum waren sie verschwunden, da wagten sich von der anderen Seite des Dorfes wie gebückte Kobolde all die Geflohenen aus ihren Verstecken, huschten geduckt zwischen den Flammen hin und her und retteten manche ihrer überlebenden Stammesgenossen vor dem Flammentod. Die Blutspur der Spanier wuchs.

Pedro de Lepe ging es nicht besonders gut. Die Wunde entzündete sich und begann schmerzhaft zu eitern. Zaghafte Versuche, die abgebrochene Pfeilspitze nun doch noch zu entfernen, quittierte der Verwundete mit schrecklichen Flüchen und Verwünschungen. Den Mut, das unheilvolle Stück einfach herauszureißen oder mit dem Messer herauszuschneiden, besaß er nicht. Diese Feigheit machte ihn zum Todgeweihten. Bald sprang ihn mit furchtbarer Gewalt das Fieber an.

Während Pedro de Lepe die nächsten Tage im beginnenden Delirium hinter seinen Kumpanen her durch den Urwald taumelte und wie ein ausgedörrter Büffel Unmengen von Wasser in sich hineinschüttete, strebten die anderen vier goldgierig und blutdürstig dem nächsten Dorf zu. Sie fanden es zwei Tage später auf einer sonnendurchfluteten Lichtung am Rande eines kleinen Sees, der sich als malerischer, schilfumgürteter Sumpf inmitten des Urwaldes aufstaute. Ohne Absprache, ohne Strategie und ohne Plan stürmten die Spanier in das Indiodorf hinein. Sie hätten sich wundern sollen, dass ihr Kommen niemanden überraschte; dass nicht das ganze Dorf bereits die Flucht ergriffen hatte. Goldgier macht blind. Entschlossen stellten sich ihnen viele tapfere Krieger entgegen, um ihre Familien und ihr Eigentum zu verteidigen. Einige starben im ersten Ansturm. Die langen Holzspeere stellten kein Hindernis für die spanischen Schwerter dar, sie wurden durchgehauen wie Mohrrüben. Auch die Pfeile konnten den gut gerüsteten und mit Helmen geschützten spanischen Verbrechern nichts anhaben. Aber hinter der Gegenwehr der Indios steckte ein Plan. Die Dorfbewohner lockten die spanischen Angreifer nämlich mit Raffinesse in eine bestimmte Richtung. Zwar forderte diese Strategie erhebliche Verluste in ihren Reihen, aber es funktionierte: Plötzlich tat sich eine Lücke auf, die indianischen Krieger schwärmten kurz auseinander, zogen sich flink zurück und sammelten sich dann wieder. Yzquierdo, der vorneweg stürmte, wollte mit zwei, drei schnellen Sätzen die Lücke wieder schließen, wollte schon zu einem neuerlichen Schwertstreich ausholen, da gab der laub- und blätterüberzogene Boden unter ihm plötzlich nach, alles geriet ins Rutschen und Sinken, und Pedro Yzquierdeo wurde in die Tiefe gezogen wie das Sandkorn in der Stundenuhr. Das gleiche Schicksal widerfuhr Antonio de Cuellár, der dicht hinter dem Anführer geblieben war. Auch er sank in das tiefe Loch, von einer Lawine aus Ästen, Blättern, Palmwedeln, Moos und Lehm begleitet. Am Fuße dieser Fallgrube hatten die Indianer angespitzte Pfähle in den Boden gerammt. De Cuellár, der mit dem Rücken zuerst aufschlug, knickte bei der Landung die gut ausgedachten aber gegen seine Rüstung wirkungslosen Pfahlspitzen geradewegs um. Das Holz splitterte nach allen Seiten, aber de Cuellár blieb unverletzt. Schlechter erging es Pedro Yzquierdo, der im Sturz versuchte, auf den Füßen zu landen. Dabei bohrte sich ihm von unten ein armdicker spitzer Pfosten in die Innenseite des rechten Oberschenkels, riss das Bein grotesk in die Höhe, so dass es aussah, als zucke unkontrolliert eine schlecht gehandhabte Marionette.

Am Rande der Grube vermied Diego Lorenzo den Absturz gerade noch. Auf allen Vieren krabbelte er von den durch Blätter und Nässe rutschigen Grubenrändern weg in Sicherheit. Die Arkebuse und sein Schwert, die er im ersten Schrecken losgelassen hatte, polterten jedoch hinunter zu den zwei Abgestürzten.

Etwas weiter entfernt standen der junge Francisco und der wankende Pedro de Lepe und wussten nicht, was geschah. In der Fallgrube brüllte Yzquierdo vor Schmerzen. De Cuellár schrie nach Diego: „Bleib hier, bleib hier, hol uns wieder raus!“, und Diego Lorenzo, immer noch auf allen Vieren, schrie aus Panik und verlor den Überblick. Ehe er sich wieder aufrichten konnte, fielen die indianischen Krieger von allen Seiten über ihn her und hieben mit Pfeilen, Steinäxten, spitzen Felsbrocken und Speeren auf ihn ein, schlugen und stachen ihn überall, wo die Rüstung ein Durchkommen erlaubte, rissen ihm den Helm vom Kopf, brachen ihm mit roher Gewalt die Arme aus den knackenden Gelenken und erledigten ihn mit der gnadenlosen Sorgfalt von Ameisen, die sich über einen Kadaver hermachen.

Francisco und Pedro de Lepe hätten ihn vielleicht noch retten und mit ihren Schwertern dazwischenhauen können. Doch Francisco, knapp 17-jährig, war dazu zu grün, und de Lepe, mit glühend heißem Kopf und fiebrigen Augen, den verhängnisvollen Pfeilkopf im Hals, konnte nicht mehr klar denken. Niemand behielt den Überblick, niemand gab Kommandos. So taten beide genau das Falscheste, was sie in dieser Situation tun konnten: Francisco sprang nach rechts davon und versuchte sich in die Büsche zu schlagen, Pedro taumelte rückwärts und torkelte hilflos in den offenen Eingang einer Hütte hinein, wo er über verschiedene Behältnisse stolperte und wie ein umgeworfener Käfer auf dem Rücken landete. Das Glück stand ihm bei, denn niemand befand sich im Inneren, sonst wäre er hilflos ausgeliefert gewesen. Und er hatte abermals Glück, dass sich die erregten und siegestrunkenen Tainos draußen noch immer über den längst toten Diego Lorenzo so in Ekstase versetzten, dass sie vorübergehend die übrigen Spanier vergaßen. Teilweise nahmen sie die Verfolgung des flüchtigen Francisco auf. Die Übrigen umkreisten in kriegerischer Vorfreude die Fallgrube und bewarfen die dort drin gefangenen zwei Spanier Antonio de Cuellár und Pedro Yzquierdo mit Lehm und Steinen. Es kam den Indios nicht in den Sinn, dass ihnen diese Beute noch nicht sicher war.

Pedro de Lepe rappelte sich trotz der Fieberwogen, die ihn schüttelten, in der Hütte wieder auf. Gerade rechtzeitig, denn schon zwängten sich die ersten Indios durch die enge Eingangsöffnung. So wie sie ihre Köpfe hereinstreckten, hieb Pedro mit seinem Schwert dazwischen. Bald verstopften blutige Leiber den Eingang. Fürs Erste hielt Pedro sich so die Angreifer vom Leibe.

Unterdessen erkannten Antonio de Cuellár und Pedro Yzquierdo den tödlichen Ernst ihrer Lage. Der Steinhagel von oben beeindruckte sie nicht. Aber wenn es ihnen nicht schnell gelang, aus der Grube herauszukommen, blieben sie den Indianern hilflos ausgeliefert. Unter dem ohrenbetäubenden Gejohle der Indios, die außerhalb ihrer Reichweite oben die Grube umkreisten und bereits ihren Sieg feierten, versuchten die beiden Spanier, sich schreiend zu verständigen: „Bist du unverletzt?“

„Ja“, brüllte de Cuellár zurück. „Was ist mit deinem Bein?“

„Ganz übel aufgeschlitzt, aber wohl nur eine Fleischwunde. Ich kann stehen und gehen“, antwortete Yzquierdo in ähnlicher Lautstärke.

„Wir müssen raus hier, und zwar schnell!“

„Schieß auf jeden, den du siehst“, befahl Yzquierdo, dann beorderte er seinen Kumpan in die Hocke und kletterte ihm ungeachtet seiner schmerzhaften Beinwunde auf die Schulter. Mit einer Hand stützte Yzquierdo sich an der lehmigen Wand der Fallgrube ab, in der anderen hielt er das Schwert: „Jetzt steh auf! Aber schön langsam“, befahl Yzquierdo, als er selbst sicher auf de Cuellárs Schultern stand.

Ungerührt vom Steinhagel und den vereinzelten Pfeilen und Speeren, die heruntersegelten, hielt Antonio de Cuellár seine Arkebuse im Anschlag und drückte sich aus der Hocke wieder in aufrechte Haltung. So kam Yzquierdo zuerst mit dem Kopf, dann mit den Schultern wieder über den Rand der Fallgrube. Die Indios wurden davon völlig überrascht. Noch nie, so lange sie denken konnten, hatte es ein Gefangener gewagt, aus einer Fallgrube wieder herauszuklettern, wenn er wusste, dass oben seine Feinde um die Grube herum standen. Yzquierdo fackelte nicht lange. Er hieb mit dem Schwert in die Füße und Waden der Nächststehenden. Einige Indios gingen zu Boden. Andere sprangen entsetzt zurück.

„Jetzt schießen!“, schrie Yzquierdo nach unten. De Cuellár jagte seinen Schuss über den Grubenrand, mitten hinein in die herandrängende Menge auf der anderen Seite der Fallgrube. Einer der Indianer kippte wie ein Kornsack vornüber in das Lehmloch, die anderen, von Entsetzen gepackt, sprangen kopflos auseinander.

Die dadurch entstehende kurze Verwirrung und Pause im Angriffsgetümmel reichte Yzquierdo aus, um sich kraftvoll über den Grubenrand zu schwingen und trotz seiner Beinverletzung sofort Kampfhaltung anzunehmen. Sein Blick fiel auf die entsetzlich verstümmelte Leiche Diegos. Trotz der Lebensgefahr, oder vielleicht gerade wegen dieser Gefahr, arbeitete sein Räuberverstand schnell und präzise: „Wirf beide Arkebusen hoch – und dein Schwert!“, brüllte er zu de Cuellár hinunter. „Ich helfe dir raus!“

Inzwischen besannen sich die Indianer und schlossen den Ring um Yzquierdo und die Grube wieder enger. Aber Pedro Yzquierdo stand in einer guten Verteidigungsposition. In seinem Rücken befand sich die Grube, von dort hatte er nichts zu befürchten. Vor sich hielt sein drohend gezücktes Schwert die Angreifer in Schach. „Pedro! Francisco!", brüllte er laut, um das Kriegsgeschrei der Angreifer zu übertönen. Aus einer der nächsten Hütten bekam er Antwort von Pedro de Lepe: „Hier, ich bin in der Hütte, hier bin ich, holt mich raus!"

Yzquierdo brüllte zurück: „Schlag dich durch zu mir, mach schnell. Komm raus! Es sind nur wenige Meter!"

Von unten in der Grube feuerte de Cuellár zur Unterstützung noch einmal einen Schuss ab. Auch dieser Donnerschlag verfehlte seine Wirkung nicht. Die Indianer, die keine Vorstellung davon hatten, wie solch eine Schusswaffe funktionierte, trauten dem aus ihrer Sicht unheimlichen Stock ohne Weiteres zu, dass er unten in der Grube knallte und Feuer spuckte und oben jemand mit einem Loch im Brustkorb tot umfiel. Dass die Arkebuse Kugeln versand und diese nur geradeaus fliegen konnten, das wusste noch keiner der Indios.

Pedro de Lepe nutzte die Verwirrung in der Sekunde nach dem Schuss und wankte aus seiner Hütte. Er sah übel aus, blutverschmiert, mit glasigen Augen; so taumelte er ins Freie, orientierte sich kurz, sah Yzquierdo am Grubenrand und eilte schwankenden Schrittes zu seinem Gefährten. Yzquierdo drückte ihm die zweite, noch geladene Arkebuse in die Hand und befahl: „Schieß, sobald sie näher rücken, und ansonsten hau mit dem Schwert dazwischen. Ich hol Antonio raus". Er warf sich bäuchlings auf die Erde und langte mit den Armen nach unten. Antonio de Cuellár musste sich an der Lehmwand emporhechten, um Yzquierdo gerade so mit den Fingerspitzen zu erreichen. Nach einigen hektischen Versuchen, während derer Pedro de Lepe mit sich überschlagender Stimme immer panischer rief „Sie kommen, sie kommen", klappte es endlich. Yzquierdo bekam beide Hände von de Cuellár zu fassen und zog den schweren Kameraden unverzüglich nach oben. De Cuellár half zappelnd mit, indem er die Füße gegen die Grubenwand stemmte und sich emporhievte. Als er endlich oben stand, hatten sich ihre Überlebenschancen wieder drastisch verbessert.

Eng zusammengestellt, Rücken an Rücken, schlugen sie sich den Weg frei. Die Indios vermieden es, ihren zuckenden Klingen zu nahe zu kommen. Unter ihren wilden Drohgebärden und grimmigen Schreien, verfolgt von einem Hagel von Steinen und wirkungslosen Pfeilen, bahnten die Spanier sich ihre blutige Schneise. Niemand warf sich ihnen jetzt noch in den Weg. Schritt um Schritt arbeiteten sie sich aus dem Dorf hinaus. Im gleichen Zug wichen die Reihen der Indios zurück. Bei diesen Naturkindern handelte es sich allesamt um mutige Männer. Sie wären jederzeit bereit gewesen, unter Todesverachtung ihre Dörfer, Familien und Kinder zu schützen. Aber ihrem Naturell nach steckten in ihnen keine Krieger. Auf solche kaltschnäuzigen Gegner, wie die Spanier sie darstellten und auf solch bedingungslose Kämpfe auf Leben und Tod waren diese Indios nicht eingestellt. Mühelos bahnten Yzquierdo, de Cuellár und de Lepe sich einen Weg hinunter zum See. Unterwegs setzten sie sogar noch einige Hütten in Brand, indem sie glimmende Äste aus den überall schwelenden Lagerfeuern zogen und auf deren Dächer warfen. Yzquierdo humpelte, de Lepe wankte, aber die drei hatten die Situation wieder unter Kontrolle.

Unten am Seeufer trafen sie auf ihren versprengten Kumpanen Francisco. Der Junge blutete stark aus der Stirn, sein Gesicht glänzte blutüberströmt, aber ansonsten war er unversehrt. Francisco hatte sich wacker durchgeschlagen, neben ihm lagen die Leichen von vier Tainos. Mit dem Oberkörper hing Franisco in einem der indianischen Canoes und versuchte verzweifelt, es ins Wasser zu schieben. Sie halfen ihm. Während de Cuellár nach hinten absicherte, warfen sie sich, einer nach dem anderen, in den hölzernen Einbaum, als Letzter de Cuellár. Dann stießen sie sich ab, hinaus auf den See. Das ganze Gefährt kippte sofort um und alle vier landeten im seichten Wasser. Es wäre erneut die Gelegenheit für die schreiend und wild gestikulierend nachrückenden Dorfbewohner gewesen, noch einmal über die verhassten Spanier herzufallen. Aber nach der blutigen Lektion fehlten ihnen hierzu der Mut und die Entschlossenheit. Nach mehreren Versuchen hielten die Flüchtigen schließlich das Gleichgewicht und stachen zaghaft in See. Die wildesten Drohungen und Beschimpfungen ausstoßend, blieben die Dorfbewohner am Seeufer zurück.

Einige sprangen in ihre Canoes und nahmen die Verfolgung auf, allerdings in gebührender Entfernung.

Während Yzquierdo und Francisco paddelten, lud de Cuellár seine Arkebuse nach und feuerte einen Schuss auf das nächstgelegene Boot ab. Die Kugel traf einen der Indios, der mit lautem Schrei ins Wasser plumpste. Die anderen sprangen kopfüber hinterher, die übrigen Canoes drehten ab.

Diese Verfolger waren sie fürs Erste los.

Aber ihr eigener Zustand gab wenig Anlass zum Optimismus. Die Bilanz sah verheerend aus. Nur de Cuellár war noch unverletzt. Pedro nahm sich jetzt erst die Zeit, die klaffende Fleischwunde an seinem rechten Oberschenkel zu begutachten. Sie blutete immer noch stark und er war der Ohnmacht nahe.

Mit Stofffetzen und Lederriemen schnürten die anderen ihm notdürftig die tiefe Kluft im Oberschenkel zu. Yzquierdo ließ sich erschöpft rücklings ins Canoe sinken, so dass es erneut bedenklich ins Schaukeln geriet.

Auch Franciscos Kopfverletzung blutete stark. Auf der Stirn, über dem rechten Auge, wo ihn ein spitzer Stein aus nächster Nähe getroffen hatte, klaffte eine tiefe Wunde, aus der unaufhörlich Blut über sein Gesicht rann. Auch am Hinterkopf klaffte ein blutendes Loch. Auf der Flucht hatte er seinen Helm verloren. Die Indios verstanden sich auf kräftige und gezielte Steinwürfe und hätten Francisco damit fast erledigt. Ein Stein hatte ihn an der Schwerthand getroffen, die nun bläulich anschwoll und die er kaum bewegen konnte. Vielleicht war sie gebrochen. Pedro de Lepe lag wie tot im Boot. Nach all diesen Strapazen verlor er das Bewusstsein. Von der Pfeilwunde ausgehend, hatte sich de Lepes Hals bis zur Schulter und hinauf über die ganze linke Gesichtshälfte dunkelrot entzündet. Um die Einschussstelle bildete sich ein heimtückischer Eiterherd. Der Hals sah aufgebläht und geschwollen aus wie ein andalusischer Hefeteig.

Immerhin besaßen sie alle noch ihre Schwerter und de Cuellár hatte sogar noch eine der Arkebusen gerettet. Aber ihnen dämmerte, dass sie in höchster Gefahr schwebten. Sie mussten so schnell wie möglich zurück nach La Navidad. Irgendetwas hatte die Indios aufgestachelt und mutig gemacht. Von ihren bisherigen Raubzügen waren die Spanier jedenfalls solchen Widerstand nicht gewohnt.

Was Yzquierdo und seine Begleiter nicht wissen konnten: Die Aktionen der Tainos entsprangen keinem Zufall, sie wurden gezielt gesteuert. Auf einem aufragenden Felsvorsprung am Ufer jenes Sees über den Yzquierdo mit seinen Männern jetzt die Flucht Richtung Fluss gelang, stand eine stolze junge Frau. Die unnahbare, kriegerische Anacoana, Schwester des Häuptlings Behechio. Zu spät, sie kam zu spät. Sie sah das Canoe gerade noch unter dem schützenden Blätterdach am jenseitigen Ufer verschwinden. Von ihren Spähern wusste sie vom Eindringen der Spanier ins Herrschaftsgebiet Behechios. Aber bis sie mit den Tapfersten ihres Stammes herangerückt kam, war der Kampf im Dorf bereits geschlagen. Immerhin traf sie noch rechtzeitig ein, um die Flucht dieser bärtigen Ungeheuer zu beobachten. Sie würde ihnen ein schnelles und gnadenloses Ende bereiten.

Das Canoe wankte und rollte im Wasser wie eine leere Korbflasche. Mit einer solchen Herausforderung hatten die Spanier nicht gerechnet. Yzquierdo und seine Männer waren Seeleute, die mit Ruderbooten umgehen konnten, die das Gleichgewicht halten konnten, die Strömungen und Kräfte des Wassers einzuschätzen wussten. Aber der Einbaum der Indios stellte für sie ein echtes Rätsel dar. Ein schwankendes Stück Holz, das unruhig im Wasser lag und auf jede falsche Bewegung allergisch reagierte. Nur mit Mühe verhinderten de Cuellár und Francisco das Kentern. Bei jeder Bewegung des fiebernden Pedro de Lepe und des ohnmächtigen Yzquierdo, die auf dem Boden des Canoes lagen, stand das Gleichgewicht des Bootes auf dem Spiel. Ein Rätsel, wie traumwandlerisch sicher die Indios mit diesen wackligen Gefährten über die Wellen schossen.

Sie folgten dem Ufer des Sees, Mangrovenarme griffen weit ins trübe Wasser hinaus, umgestürzte, modernde Baumriesen lagen wie prähistorische Wracks im sumpfigen Dickicht. Lianengeflecht, Schilf und tückische Felder von Wasserpflanzen versperrten ihnen den Zugang an Land. An manchen Stellen stießen sie auf Sandbänke, auf denen Eidechsen in der Sonne lagen, groß wie Baumstämme. Außer ihren Augen, die sie schläfrig aufklappten und träge nach allen Richtungen rollten, bewegte sich nichts an diesen Riesen. Die Spanier wagten es nicht, nahe heran zu paddeln. Diese Drachen erweckten keinen friedlichen Eindruck.

Nach einigen Fehlversuchen, die sie in tote Sümpfe und unübersichtliche Schilflabyrinthe führten, fanden sie endlich einen Abfluss, der schließlich in einen Bach oder Fluss und somit ins Meer münden musste. Diesem Wasserweg wollten sie folgen. Es handelte sich um einen Zufluss zu dem großen Strom, den die Indios Yaque nannten und den die Spanier in ihrem kleinen Boot noch vor Einbruch der Dämmerung erreichten. Von der Küste befanden sie sich jetzt noch rund drei oder vier Tagesmärsche entfernt. Doch sie mussten sich nicht mehr ihren Weg durch den unwegsamen Dschungel schlagen. Auf dem Yaque konnten sie sich treiben lassen und vielleicht schon in der hereinbrechenden Nacht, spätestens aber am nächsten Tag die Küste erreichen.

Dass Eile geboten war, ging den entsetzten Spaniern auf, als sie in ihrem Rücken schemenhaft eine breite Front über das Wasser vorrücken sahen und das rhythmische „Wapp-Wapp-Wapp“ von Hunderten gleichzeitig eingetauchter Paddel ihnen klarmachte, dass eine wütende und rachedurstige Flottille von vollbesetzten Indianercanoes hinter ihnen her war. Sie verwarfen sofort die Idee, hier irgendwo ein Nachtlager aufzuschlagen. Die erschöpften Männer hätten zwar dringend der Ruhe bedurft, aber nun ging es um Leben und Tod. Pedro de Lepe lag immer noch bewusstlos im Boot. Yzquierdo gab sich alle Mühe, den beiden anderen vorzuspielen, bei ihm sei alles in Ordnung, doch de Cuellár und Francisco sahen dem schmerzverzerrten Gesicht ihres Anführers an, wie sehr dieser an seiner Beinverletzung litt. Mit dem Mut der Verzweiflung trieben sie ihr Gefährt weiter voran.

Die Nacht stülpte abrupt ihre finstere Glocke über den Urwald. Verräterische Feuer an beiden Ufern des Yaque zeigten ihnen an, dass keine ihrer Bewegungen unbeobachtet blieb. Die Indianer waren ihnen auf den Fersen. Und offensichtlich herrschte links und rechts des Stromes bei allen Eingeborenen Alarmbereitschaft.

Der Einbaum mit den Spaniern trudelte meerwärts. Er drehte sich in der leichten Strömung, lief mal mit der Backbordseite quer zum Fluss, dann wieder steuerbords, mal rückwärts, selten vorwärts, wie er eigentlich sollte. Sie achteten mit sparsamen Paddelkorrekturen nur darauf, dass sie möglichst in der Mitte des Stromes blieben. Pedro de Lepe warf im Fiebertraum unruhig den Kopf hin und her, zappelte mit den Beinen. Das Canoe begann gefährlich zu schwanken. Die Paddelschläge ihrer Verfolger hallten bedrohlich durch die Nacht.

„Halt ihn fest!“, schrie de Cuellár, aber es war schon zu spät. Im gleichen Augenblick bäumte Pedro de Lepe sich mit einem wahnsinnigen Brüllen auf, das Boot kippte um, alle vier Insassen rutschten fluchend ins Wasser.

Pedro schoss nur der eine Gedanke durch den Kopf: am Boot festhalten, der Reflex eines jeden Seemannes. Der Fluss war an dieser Stelle nicht sehr tief. Yzquierdos strampelnde Füße fanden Grund. Wild rudernd bekam er den umgedrehten Bootsrumpf zu fassen, klammerte sich fest und wuchtete den Oberkörper auf die Wölbung, die aus dem Wasser ragte. In der Dunkelheit sah er seine Kameraden nicht mehr. Er hörte hinter sich und seitlich ihre Flüche und ihre angstvollen Schreie. Aber jetzt ging es nur noch darum, die eigene Haut zu retten. Beharrlich drang noch ein anderes Geräusch durch die Finsternis. Ein unheilvolles, plätscherndes Klappern und Patschen, das Geräusch zahlloser Paddel, die mit grimmiger Entschlossenheit ins Wasser getaucht wurden. Es kam beängstigend schnell näher.

Yzquierdo tastete nach seinem Schwert. Es hing noch in der Scheide. Er zerrte es heraus, hielt es griffbereit. Mit der anderen Hand klammerte er sich an den dunkel schimmernden Rumpf des umgekippten Canoes. Mit dem gesunden Bein stieß er sich am Grund des Flusses ab. Vorwärts, vorwärts! Nicht zurückschauen. Schon erscholl das markerschütternde Angriffsgeschrei, mit dem die Tainos sich selbst Mut einhämmerten und dem Feind einen möglichst großen Schrecken einjagen wollten.

Was in seinem Rücken geschah, bekam Yzquierdo nicht mehr mit. Er hörte wohl noch die angstvollen und panischen Schreie seiner Kumpane. Das laute Fluchen von de Cuellár, das heißere Kreischen von Francisco, ein unmenschliches Brüllen von Pedro de Lepe, aber Yzquierdo kannte nur den einen Gedanken: Weg, weg, weg! Gnädig zog die Strömung leicht an, der Yaque holperte über eine Untiefe und verschaffte ihm etwas an Fahrt. So entkam Pedro dem Angriff und tauchte in der Finsternis unter, die kalt über dem Fluss lag. Seinen drei Kumpanen aber fehlte dieses Glück. Sie gerieten lebend in die Hände Anacoanas. Niemand wird die grausigen Einzelheiten ihres Endes je erfahren.

In der Dunkelheit erkannte Pedro kaum etwas. Das Ufer nahm sich aus wie eine schwarze Wand. Am Himmel standen friedlich die Sterne, aber sie boten nur ungenügend Wiederschein. Die Biegungen und Windungen des Yaque führten in die Dunkelheit des Urwaldes. Yzquierdo verließ sich ganz auf seine Ohren und vertraute darauf, dass außer ihm niemand geräuschlos durch die Nacht glitt. Hätte er von der Lust der hiesigen Alligatoren auf Menschenfleisch gewusst, oder von den mordlustigen Schlangen und all den anderen zwielichtigen Flussbewohnern, er hätte wohl doch sein Heil lieber am Ufer gesucht. So aber entschied er, dass der Verbleib auf dem Fluss ihm die größten Überlebenschancen einräumte. Hinter ihm hallte das Triumphgeschrei der Indios durch die Nacht.

Das Geräusch klatschender Paddel kam wieder näher. Die Indios wussten, dass noch ein Spanier fehlte. Und den wollten sie nicht entkommen lassen. „Ich muss vom Boot weg", schoss es Yzquierdo durch den Kopf. „Sonst haben sie mich sofort."

Der Yaque floss, je näher er dem Meer kam, in einem tieferen und ruhigeren Bett. Nur sein leises Gurgeln verriet die Strömung, von der Pedro sich treiben ließ. Inzwischen fand er mit den Füßen keinen Grund mehr. Er schob das Canoe von sich. Dann orientierte er sich schwimmend zum linken Ufer hin, an dem er weniger Indios vermutete. Gleichwohl ahnte er, dass seine Überlebenschancen an Land gering waren. Denn dort arbeiteten sich die Suchtrupps der Indios an beiden Ufern flussabwärts. Sie würden ihn schnell aufscheuchen. Er musste es im Fluss bis zur Küste schaffen, schwimmen und sich treiben lassen, aber er durfte dabei kein Canoe benutzen, sonst würden ihn die Indios sofort entdecken. Sie bildeten mit ihren Booten eine Kette über die ganze Breite des Yaque und kamen unerbittlich näher. Schon erkannte Yzquierdo einzelne Gestalten in den Booten. Sie suchten den Fluss systematisch ab. Es gab keine Chance, ihnen zu entkommen.

Oder doch?

Yzquierdo unterdrückte den ersten Impuls, der ihn ans Ufer und in den Urwald hineintreiben wollte. Stattdessen bewegte er sich schwimmend wieder Richtung Flussmitte, wo er verharrte und die geisterhafte Front der Indianercanoes auf sich zukommen ließ. Die breite Reihe näherte sich mit der Präzision einer Maschine. Über dem Plätschern und Glucksen, das die eintauchenden Paddel verursachten, erschollen gutturale Stimmen, Befehle, die hin und her gerufen wurden, ein Singsang, mit dem die Indios sich Mut machten, Lachen, Drohrufe. Sie wussten ganz genau, dass er in der Nähe war und sie wahrscheinlich hören musste.

Als die schemenhafte Front in der Dunkelheit bis auf Sichtweite herangekommen war, erkannte Pedro Yzquierdo, dass die Indianerboote tatsächlich Seite an Seite schwammen und damit eine undurchdringliche Mauer bildeten. Unerbittlich rückte diese Front jetzt näher. Vorne im Bug knieten jeweils zwei Krieger, die nach beiden Bootsseiten mit langen Speeren das Wasser spickten. Der Spanier holte tief Luft und tauchte unter, bis er in doppelter Mannstiefe etwa den Grund des Flusses erreichte. Dort klammerte er sich an einer felsigen Kante fest und ließ den unheilvollen Schwarm an der Oberfläche über sich hinwegziehen. Wie lange musste er die Luft anhalten? Eine Minute? Zwei Minuten? Als er heftig nach Luft schnappend endlich wieder auftauchte, befand er sich im Rücken der Flottille. Dachte er wenigstens.

Er wollte sich nun gemächlich im Rücken seiner Verfolger flussabwärts treiben lassen. Das Wasser fühlte sich angenehm warm und lindernd an. Für Yzquierdos pochende Beinwunde war es ein Segen, dass er das verletzte Bein beim Schwimmen nicht belasten musste. Und er trug immer noch sein Schwert.

Wieso verschwand das klatschende Geräusch der eintauchenden Paddel nicht? Yzquierdo lauschte angestrengt in die Nacht hinein.

Nein, das kam nicht von flussabwärts, wo er die ganze Front der Indianerboote wähnte. Dieses Geräusch dröhnte immer noch in seinem Rücken. Und es kam bedrohlich näher.

„Sie haben zwei Reihen gebildet", schoss es ihm durch den Kopf und wie zur Bestätigung hörte er jetzt flussaufwärts auch laute Zurufe, mit denen sich seine Verfolger untereinander verständigten. Er saß in der Zange.

In dieser äußerst unangenehmen Zwickmühle behielt Pedro weiterhin kühlen Kopf. Er ließ sich weiter langsam durch die Nacht treiben, immer nach allen Richtungen ausspähend, auf jede Bewegung am Ufer, auf jedes Geräusch achtend. Es dauerte nicht lange, da rückte die zweite Reihe der Indianerboote, die wesentlich schneller vorankamen als der Schwimmer, bis auf Sichtweite heran. Yzquierdo wiederholte kaltblütig den Trick von zuvor, tauchte ab, ließ die Canoes über sich hinwegziehen und tauchte dann wieder auf.

Im frühen Morgengrauen steuerte die Schaluppe „Isabella" eine breite Flussmündung an. Die fünf Basken befanden sich auf dem Rückweg Richtung La Navidad, nachdem ungünstige Winde und die überfallartigen Regenfälle der letzten Tage das Vorwärtskommen in östlicher Richtung schier unmöglich gemacht hatten. Ihr neuer Plan war, in La Navidad einige Tage wieder Kräfte aufzutanken und dann, mit den günstigen Winden im Rücken, in der anderen, der westlichen Richtung den Versuch zu starten, die Insel zu umsegeln.

Der große Kegelberg, der den scharfen Südknick in der Küstenlinie markierte, warf seinen Schatten über die dämmrige Flussmündung des Yaque, als die „Isabella" mit geblähtem Segel gegen die Strömung ankämpfte. Sie tauchten in die labyrinthartige Mangrovenlandschaft der Flussmündung ein, umgeben vom Gurgeln und Plätschern zahlreicher Strudel und Strömungen. Es war die gleiche Mündung, aus der Martin Alonso Pinzon vor einigen Monaten Goldsand vom Grund geholt hatte und die für ein paar Tage den hochfahrenden Namen „Rio de la Pinzon" getragen hatte. Der Yaque breitete sich hier bald über eine Legua aus. In der Mündung bildete er neben seinen vielen toten Armen und sumpfigen Lagunen auch einige bequeme Durchlässe flussaufwärts ins Landesinnere. Von beiden Ufern griffen gierige Urwaldriesen mit ihrem mächtigen, schwer herunterhängenden Geäst in den Fluss, als wollten sie ihn festhalten und aufsaugen. Im aufgehenden Morgenlicht bekam die schwarze Wand langsam grüne Konturen. Der Fluss beschrieb eine scharfe Biegung und die Spanier segelten bei voller Fahrt um den Knick herum. Der Anblick, der sich ihnen bot, war ebenso grandios wie beängstigend: Der ganze Fluss war übersät von Hunderten von voll besetzten Canoes. In Zweier- und Dreierreihen blockierten sie den Yaque auf seiner ganzen Breite. Fünftausend, achttausend, vielleicht sogar zehntausend aufgestachelte Tainokrieger lauerten in den Booten. Den Basken blieb keine Zeit für Schätzungen. Im gleichen Augenblick, in dem sie um die Flussbiegung gesegelt kamen und ihrer Feinde ansichtig wurden, hob von den Canoes aus vielen tausend Kehlen ein ohrenbetäubendes Brüllen und heiseres Schreien an. Aus den undurchsichtigen Waldwänden an beiden Ufern erscholl das wütende Echo von noch einmal mindestens ebenso vielen Kriegern. Und die „Isabella" raste mitten hinein.

Es gab kein Zurück. Das erkannte der geübte Seemann Chachu sofort. Hätten sie versucht, die „Isabella" zu wenden und die Flucht aufs offene Meer anzutreten, die Indios hätten sie mit ihren flinken Booten sofort eingekreist und geentert. Die einzige Chance bestand in ihrer hohen Segelgeschwindigkeit, volle Fahrt mitten hinein ins Getümmel.

Lope Chips und Domingo Vizcaino feuerten nach links und rechts ihre Arkebusen ab, Chachu hielt das Steuer, die drei anderen, Diego Perez, Anton Calabres und der kleine Juan de Medina bedienten das Segel. So fuhren sie zwischen die Front der Canoes, zersplitterten die Indioboote, sprengten sie auseinander und erzwangen sich so mit Gewalt eine Bahn wie ein Eisbrecher, der zerschmetterte Eisschollen links und rechts zurücklässt.

Sie durchbrachen die feindliche Linie ohne Federlesens. Die wütenden Pfeilhagel, die über sie niedergingen, verpufften wirkungslos. Die wenigen Indios, die es schafften, sich von ihren wankenden, zerberstenden und durcheinandergewirbelten Canoes irgendwie an der „Isabella“ festzuklammern, machten Bekanntschaft mit den Schwertern von Diego Perez und Anton Calabres. Bevor ihnen Arme und Köpfe abgeschlagen wurden, ließen sie freiwillig los.

So fegte die Schaluppe der Basken durch den Auflauf der Indianerboote in den Fluss hinein, ohne auch nur einen ernsthaften Kratzer abzubekommen. Wenige hundert Schritt voraus erhob sich am backbordseitigen Ufer wankend eine tropfende Gestalt aus dem seichten Uferwasser, fuchtelte mit erhobenen Armen, ein Schwert in der Hand, und brüllte sich die Lunge aus dem Leib: „Hierher Kameraden, hierher! Rettet mich! Holt mich raus!“

Es war ein Spanier, einer der Ihren. Einer aus der Mannschaft der Santa Maria, einer von der Besatzung von La Navidad. Sie fischten ihn aus dem Wasser.

So wurde Pedro Yzquierdo gerettet.

XXXIII. Der Novize

Die Eselsfarm! „Agujero", so nannte Don Burro sein eigenes Heim, oder „feliz agujero", das fröhliche Loch. Für Miguel wurde es zum finsteren Loch, zum stinkenden, dreckigen Gefängnis. Als die windschiefen Mauern und die Ansammlung von Hütten und Anbauten in Sicht kamen, befahl Don Burro Miguel zu sich an die Spitze der Eselherde, die sie mit sich führten.

„Schau hin, Miguelito. Hier leben wir. Mein schönes Agujero. Du wirst dich wohlfühlen."

Miguel blieb stumm. Trotzig betrachtete er den Hof.

Don Burro verscheuchte die Fliegen, die ihn lieber mochten als seine Esel, und sagte listig: „Schau hier, die Holzgatter, und dort oben die Steinmauer. Weißt du, was das bedeutet?"

Miguel schüttelte den Kopf.

„Das ist für dich das Ende der Welt. Dass du mir nicht auf die Idee kommst, dich vom Agujero weiter zu entfernen als bis zu diesen Grenzen." Er knurrte kurz, wie zur Bekräftigung, und fragte dann: „Das hast du verstanden?"

Der Alte wollte ihn einsperren. Miguel nickte gefügig.

Don Burro lachte sein knatterndes Lachen. „Wusste ich's doch! Nun geh und hilf Zimbo, die Esel in die Gatter zu bringen. Auf was wartest du noch!"

Um seiner Aufforderung Nachdruck zu verleihen, schwang er den Ochsenziemer, den er stets zur Hand hatte. Zwar hatte er Miguel damit nie mehr ähnlich brutal verprügelt wie seinerzeit in der Kathedrale von Sevilla, aber hin und wieder setzte es einen Schlag. Sozusagen, um die Erinnerung daran wachzuhalten. Don Burro prügelte Menschen in der gleichen Art wie seine Esel. Einmal ein kräftiger Streich auf die Hinterbacken, das genügte in der Regel, um die

Maultiere gefügig zu machen; bei Miguel und Zimbo funktionierte es allemal.

Wenn Miguel irgendwie die heimliche Hoffnung mit sich herumgetragen hatte, Don Burro würde auf dem Rückweg nach Palos nochmals das Kloster La Rabida ansteuern, so sah er sich getäuscht. Der alte Kauz dachte nicht daran. Wahrscheinlich ahnte er genug von den Sehnsüchten des Knaben, um die Gefahren zu fürchten, die mit einem Abstecher zum Kloster verbunden gewesen wären.

Don Burro führte seinen Tross, der auf der bald zweiwöchigen Rückreise erheblich angewachsen war, auf schnellstem Wege zur heimischen Eselsfarm. Auf der Heimreise von Barcelona nach Sevilla hetzte er, als ginge es darum, einem Inspektor der Inquisition zu entkommen. Er gönnte sich und seinen zwei Begleitern kaum Pausen, übernachtete niemals in Städten und Dörfern, sondern suchte immer ein Lager im Freien und hielt sich mit keinerlei Tauschhandel oder sonstigen Geschäften auf. Der Alte bewies eine unglaublich zähe Kondition. Er ermüdete nicht, begnügte sich mit dürftigen Tagesrationen von Wasser und Hartkäse, konnte klettern wie eine Bergziege und schien niemals zu schlafen. Miguel hingegen brach vor Hunger und Erschöpfung beinahe zusammen. Nur die Knute Don Burros hielt ihn davon ab, sich einfach am Wegesrand niederzulegen.

Erst auf dem letzten Abschnitt der Heimreise suchte Don Burro abseits der Route von Sevilla nach Palos entlegene Bauernhöfe und Einsiedeleien auf, die er von früheren Reisen kannte. Hier sammelte er alles ein, was bei der Flottenbehörde von Juan de Fonseca als Maultier durchgehen würde, gichtige alte Esel ebenso wie halbverwilderte Poitou-Mulis, schwer erziehbare, störrische und todkranke Tiere, hustende Gerippe mit Haarausfall und faulenden Hufen. Er feilschte überall um diese Viecher; manchmal erschwindelte er drei zum Preis von einem, manchmal stahl er auch eines, wenn es günstig auf einer abseits gelegenen Weide gehalten wurde. Jedenfalls gab er nicht viel Geld aus und besaß trotzdem, als sie die Höhen vor Palos erreichten, eine ansehnliche Herde von bald fünfzig Eseln und Maultieren. Unterwegs heuerte er Schäfer und Hirten an, die ihm von Etappe zu Etappe beim Treiben halfen. Aber die meiste Arbeit bürdete er Miguel und Zimbo auf, der ein erfahrener und geradezu magischer Eseltreiber war. Seinen Einflüsterungen gehorchten selbst die unbeugsamsten Häuptlinge unter den Mauleseln, störrische Böcke, die keinen Millimeter zu bewegen waren, die bei jedem anderen standen wie eine Ziegelwand. Zimbo sang ihnen afrikanische Lieder direkt in die zuckenden Ohren hinein oder umarmte sie am Hals und drückte sein schwarzes Gesicht an ihre Mäuler. Wenn gar nichts half, dann packte er die widerspenstigen Gesellen am Schwanz und bohrte ihnen beherzt seine geschlossene Faust in den Anus. Das brachte noch jeden zum Laufen.

Für Don Burros beiden taubstummen Knechte, die während seiner Abwesenheit die Farm alleine bewirtschaftet hatten, endete mit dessen Rückkehr die faule und sorgenfreie Zeit. Zur Begrüßung verpasste Don Burro beiden eine herzhafte Abreibung mit dem Ochsenziemer, die sie jammernd und wimmernd über sich ergehen ließen. Die Lektion fruchtete, denn danach waren sie wie ausgewechselt, schufteten plötzlich wie die Galeerensklaven und erledigten Don Burros Aufträge und Anweisungen auf der Stelle.

Don Burros „Wohnung" im Agujero bestand aus einem einzigen Raum, der sich im Erdgeschoss des steingemauerten Vorderteiles seines Hofes befand. Dieser Raum beherbergte einen steinernen Brunnentrog, durch den beständig frisches Wasser floss, das aus einer Quelle unmittelbar hinter dem Haus über hölzerne Leitungen ins Haus sprudelte. Das Wasser lief vom Brunnentrog in eine Rinne im steinernen Fußboden und von dort durch eine Öffnung im Mauerwerk wieder nach draußen, wo es sich als kleines Rinnsal seinen Weg durch Schlamm und Mist bahnte. Beim zweiten markanten Einrichtungsgegenstand in diesem Raum handelte es sich um einen riesigen, gemauerten Kamin. Ansonsten gab es noch einen schweren Tisch, eine hölzerne Bank und in einem Alkoven ein spartanisches Strohlager, der Schlafplatz Don Burros. Unter dem Tisch bewahrte der Alte eine Truhe auf, die mit einem massiven Schloss gesichert war. Hierin verwahrte er all seine Habseligkeiten, vor allem die diversen Papiere und Urkunden, die seine Existenz und sein Eigentum bezeugten. Das war das Erste, was er von Miguel forderte: „Lies mir das vor!" Dann schob er ihm ein Pergament nach dem anderen hin.

Er wies Miguel einen weiteren Alkoven als Schlafloch zu, eine Bettnische hinter seiner. Der gerissene alte Hund sorgte auf diese Weise dafür, dass Miguel nachts mehr oder weniger eingesperrt war. Denn wollte Miguel den Alkoven verlassen, musste er über Don Burro hinwegklettern. Da der aber die Kunst beherrschte zu schlafen wie eine Katze, stets mit einem Auge wach blieb, konnte Miguel sich heimliche Fluchtgedanken aus dem Kopf schlagen.

Am ersten Abend wies Don Burro Miguel den Weg zu seiner Schlafstätte mit Hilfe des Ochsenziemers. Prügel, die man einkassierte, ohne einen Anlass dafür gegeben zu haben, schmerzten noch mehr als solche, für die es einen Grund gab. Don Burro hielt jedoch viel von prophylaktischen Maßnahmen. Miguel verbiss sich die Tränen und schluckte sein Schluchzen geräuschlos hinunter, während er versuchte, in den Schlaf zu finden. Vor Schmerzen wusste er nicht, wie er sich legen sollte. Die Seiten waren blaugeschwollen, der Hintern wieder einmal mit Striemen überzogen, jede Armbewegung löste stechende Schmerzen aus. Don Burro schnarchte im selben Augenblick schon, in dem er sich auf seinem Strohsack zusammengerollt hatte. „Feliz Agujero", das fröhliche Loch erwies sich für Miguel als bedrückendes Gefängnis.

Das Unglück des Weihnachtsfestes in der Armensiedlung ließ die Leidenschaft von Fray Enrique Ramirez für das Seelenheil der Armen und Ärmsten zu kämpfen keineswegs erlahmen. Der junge Franziskanerpadre aus La Rabida fühlte sich im Gegenteil in der Pflicht, etwas wieder gutzumachen, für das er sich mitschuldig fühlte. Niemand wusste genau, wie viele Menschen im Feuer am Weihnachtstag ihr Leben verloren hatten. Wer in diesen armseligen Hütten hauste, kam auf die Welt, lebte und starb, ohne dass irgendjemand seine Existenz amtlich erfasste. – Arme Seelen, die das Heil suchten, wie alle Menschenseelen.

Fray Enrique besorgte sich die Erlaubnis seines Priors, weiterhin das Armenviertel aufzusuchen, dort beim Wiederaufbau zu helfen, den Menschen Trost zu spenden und ihnen das Wort Gottes zu bringen. Während Prior Juan Perez, Fray Antonio de Marchena und die übrigen höchsten Repräsentanten von La Rabida, Admiral Colón an den Hof nach Barcelona begleiteten, die Bevölkerung von Palos, Moguer und Huelva einen Rausch von Festen und Feiern durchlebte und während ganz Spanien glückstaumelnd und staunend die wundersamen Neuigkeiten vom Ende der Welt aufsog, verbrachte Enrique manchen Tag und manche Stunde in den Trümmern und Ruinen der abgebrannten Hütten. Einige Laienbrüder, die zum Klostergesinde gehörten, gingen ihm zur Hand und beteiligten sich, wenn er zum Arbeitseinsatz aufbrach. Eigenhändig errichteten sie neue Hütten, räumten Brandruinen aus, stapelten Ziegel und Balken, gruben Abwassergräben und predigten das Wort Gottes.

Auf diese Weise gewann Fray Enrique über die Wochen und Monate das Vertrauen der Hüttenbewohner, zumindest einiger von ihnen. Man erlaubte ihm den Zugang zu den Behausungen, die er mit seinem Gruß „Friede diesem Haus“ betrat. Man bewirtete ihn mit dem Dürftigen, was man hatte, holte seinen Rat bei Krankheiten und Gebrechen aller Art ein und einmal leistete er sogar erfolgreiche Geburtshilfe, als die Umstände ihn in diese Verlegenheit brachten.

„Pedro, Pedro!“, rief Fray Enrique in das dämmerige Erdloch hinein, das sich, wie er wusste, hinter der ausgebrannten Ziegelwand befand. „Pedro, hörst du mich?“

Im Innern der Höhle rumorte es. An manchen Tagen blieb der kleine Pedro Sanchez für den Padre vollkommen unsichtbar, an anderen Tagen wiederum gesellte er sich zu ihm und fragte ihn aus. Fray Enrique fühlte eine besondere Zuneigung zu dem kleinen Räuberjungen. Nicht nur, weil es sich um den kleinen Halbbruder von Miguel handelte, sondern vor allem, weil Pedro ihn faszinierte. Das Bürschchen zählte keine acht Jahre, lebte und hauste aber schon ganz alleine zwischen den Ausgestoßenen, Armen und Kranken, schlug sich durch, lebte und überlebte. Immer wieder verblüffte der Knirps den Franziskaner mit überraschenden Einsichten und Lebensweisheiten, die Fray Enrique für ganz und gar ungewöhnlich für einen Siebenjährigen hielt. „Wenn ich unsichtbar bin, dann tut mir niemand etwas", war eine davon, eine Erklärung dafür, warum Pedro sich immerzu versteckte. „Man kann alles essen, was man essen kann", so lautete eine weitere Überlebensweisheit. Und als Enrique dazu fragend die Stirn runzelte, zeigte der Junge auf einen ausgemergelten Straßenköter, nicht mehr als ein Skelett mit Geschwüren und dem Fell einer Bisamratte, der am Wegesrand mit gieriger Zunge eine gelbbraune Pampe in sich hineinschlabberte.

„Was ist das?"

„Kotze!", erwiderte Pedro. „Kann man essen!"

Fray Enrique verzog angewidert das Gesicht.

Pedro zeigte ihm den Kadaver eines Maulwurfes, an dem sich fette, grünlich schimmernde Fliegen gütlich taten: „Kann man essen!"

Dann zertrat er mit seinen bloßen Füßen auf dem Trampelpfad, der nach Palos hinunterführte, einen ockerfarbenen Kothaufen undefinierbarer Herkunft und förderte daraus etwas zutage, was unverdaute Sonnenblumenkerne oder Kürbiskerne hätten sein können: „Kann man essen!"

„Sag mir bloß nicht, dass du selber solche Dinge isst", ekelte sich Fray Enrique.

„Das esse ich", beteuerte Pedro, „wenn ich Hunger habe und nichts anderes finde."

Natürlich wusste Fray Enrique, dass Pedro zur Kinderbande des Portugiesenjungen Claudio gehörte, die oft zum Betteln nach Palos, Huelva oder Moguer ausschwärmte oder Diebeszüge am Hafen und in der Umgebung unternahm. Das Thema anzusprechen half nichts, im Gegenteil. Jedesmal, wenn der Padre einen vorsichtigen Versuch unternahm, brach Pedro den Kontakt ab und ließ sich wochenlang nicht mehr blicken.

Als der kleine Pedro jetzt, nach wiederholtem Rufen Enriques, endlich aus seiner Erdhöhle gekrochen kam, schmutzig wie immer, klein, dürr und kampfbereit, da war es das erste Mal nach langen Wochen eines solchen Versteckspiels.

In gebührendem Abstand zum Franziskaner, gebückt, angespannt, jederzeit bereit, die Flucht zu ergreifen, blieb Pedro stehen und wartete ab.

„Was willst du?“, fragte der Junge nach einigen Sekunden des gegenseitigen Fixierens und Taxierens.

„Ich habe dir etwas mitgebracht.“ Der Padre fischte aus dem Inneren seiner Kutte ein großes Stück Brot, frisch aus der Klosterbäckerei, und warf es dem Jungen hin. Geschickt fing Pedro das Brot im Flug auf und biss sofort hinein. Auch das hatte Enrique schon oft an ihm beobachtet: Pedro war immer hungrig, aß, sobald er etwas Essbares in die Finger bekam.

Während er gierig wie ein Wolf mit den Zähnen große Fetzen aus dem Brot riss und hinunterschlang, ließ er den Padre nicht aus den Augen. Vielleicht war das eine Falle, ein Köder, um ihn anzulocken. Näher als auf zwei Armlängen ließ der Junge den Franziskanermönch niemals an sich heran. Das war die Distanz, bei der ihn ein Erwachsener nicht mehr einfach packen und festhalten konnte. Ein Abstand, der über Leben und Tod, über Freiheit und Eingesperrtsein entscheiden konnte. Pedro hatte oft genug mit ansehen müssen, wie andere Jungen aus der Portugiesenbande genau wegen der Nichteinhaltung dieser Distanz in den Fängen der Obrigkeit oder in den Klauen eines wütenden Bauern, eines knochenbrechenden Knechtes oder eines energischen Kaufmanns gelandet waren. Er war das personifizierte Misstrauen. Fray Enrique respektierte dieses Verhalten.

„Ich habe dir noch etwas mitgebracht“, sagte der Padre.

„Was? Zeig!“, presste Pedro zwischen zwei mächtigen Bissen hervor, die er hastig hinunterwürgte.

Fray Enrique zog vorsichtig ein selbstgeschnitztes hölzernes, großes „A“ aus der Kutte. „Das ist ein Buchstabe. Er heißt A. Der Buchstabe A.“ Der Mönch beobachtete die Reaktion des Kindes. Pedro visierte das Holz-A mit dem fragenden Blick eines Marktbesuchers, dem ein Gaukler einen Zaubertrick vorführte.

„Das ist der Buchstabe A. Ich schenke ihn dir!“ Er warf die Schnitzerei durch die Luft und Pedro fing sie ebenso geschickt auf wie zuvor das Brot.

„Was kann man damit machen?“

„Man kann ihn aussprechen. Viele Wörter sind aus einem A gemacht. Abenteuer, Arbeit, Arm ... Überall steht am Anfang das A. Verstehst du das?"

Pedro betrachtete das hölzerne A in seiner Hand wie eine seltene Blume, drehte es nach allen Seiten, sagte aber nichts.

„Behalte es! Du sollst es haben und dir gut einprägen. Denn so sieht ein A aus, wenn man es aufschreibt. Wenn du dieses Zeichen irgendwo geschrieben siehst, dann heißt es immer A. Dann kannst du ein A lesen."

Pedro grübelte. Das Thema schien ihn ernsthaft zu fesseln. Der Padre wartete geduldig. Schließlich fragte der Junge: „Und wenn dieses A irgendwo geschrieben steht, woher weiß ich dann, ob es Abenteuer sagen will, oder Arbeit, oder Arm?"

„Du schlauer kleiner Kerl", freute sich der Mönch. „Das sagen dir die anderen Buchstaben, die dann bei diesem A stehen. Es gibt noch viele Buchstaben. Wenn du willst, dann schnitze ich dir jeden dieser Buchstaben. Und jedes Mal, wenn ich hierher komme, bringe ich dir einen neuen mit und erkläre dir seine Bedeutung."

„Aaa", sagte Pedro, und es klang für Fray Enrique wie eine Zustimmung.

Der Franziskaner-Mönch machte sein Versprechen wahr. Wann immer er von nun an auftauchte, brachte er einen neuen, holzgeschnitzten Buchstaben mit. So vergingen die Sommermonate. Eines Tages, soeben hatte er Pedro das „I" überreicht, setzte Fray Enrique sich auf einen grob behauenen Steinquader, den jemand vom Hafen bis herauf zu den Hütten geschleppt hatte und der nun nutzlos im Unkraut lag.

Ein Weilchen grübelte der Padre vor sich hin. Dann sagte er mit bedrückter Stimme: „Pedro, ich mache mir Sorgen um deinen Bruder Miguel. Don Burro ist immer noch nicht zurück, da stimmt etwas nicht. Die Niña mit all den Seeleuten aus Niebla ist längst abgefahren. In Cadiz sammelt sich die große Flotte des Admirals. Der Besuch am Hof in Barcelona liegt schon Monate zurück. Nur Don Burro lässt sich nicht blicken."

„Er ist schon lange zurück. Schon vor vielen Wochen ist er zurückgekommen“, sagte Pedro trocken.

Fray Enrique sprang auf: „Was sagst du da? Wieso weiß ich nichts davon? Im Kloster war er nicht, dort warten alle auf ihn. Woher weißt du das überhaupt?“

Pedro ließ sich von der Aufgeregtheit des Mönchs nicht anstecken. In aller Ruhe erklärte er: „Don Burro ist zurückgekehrt mit einer mächtigen Herde von Mauleseln. Die hat er auf sein Agujero gebracht. Das hat Venga beobachtet, einer aus unserer Bande.“

„Aber warum sieht und hört man nichts von ihm? Und was ist mit Miguel?“

„Eingesperrt!“

„Was sagst du da? Eingesperrt? Wie? Warum?“ Der Padre machte einen Schritt auf Pedro zu, als wollte er Antworten aus ihm herausschütteln. Der Junge wich zurück. Fray Enrique beherrschte sich. „Sprich! Erzähl mir alles, was du weißt.“

Viel wusste Pedro nicht. Aber es genügte, um dem Padre ein Bild zu geben von dem, was sich bei Don Burro zutrug.

„Der Alte treibt seine Maulesel nach Sevilla. Die sind verkauft für die Flotte des Admirals. Er ist schon seit drei Wochen unterwegs.“

„Ja, aber dann ist Miguel doch alleine auf dem Hof?“

„Don Burro hat ihn an eine Kette gelegt, in seinem Haus. Dort muss Miguel ganz viele Papiere lesen. Eine ganze Kiste voll damit. Don Burro will ganz genau wissen, was darin steht, wenn er zurückkommt. Er hat gesagt, er prügelt Miguel tot, wenn er bei seiner Rückkehr nicht alles gelesen hat, was in diesen Papieren steht.“

„Großer Gott! Der arme Junge. Woher weißt du das?“

„Es ist ein großer schwarzer Mann bei ihm, der Sklave von Don Burro. Der bringt ihm Essen und darf mit ihm reden. Aber sonst darf niemand in das Haus. Niemand darf wissen, dass der Eselzüchter einen Gefangenen hat.“

Ungläubig schüttelte Fray Enrique den Kopf. Entsetzlich! Er machte sich große Vorwürfe. Was hatte er dem Jungen bloß angetan? Warum hatte er ihn Don Burro ausgeliefert? Sehenden Auges in die Gefangenschaft. Wenn jemand wusste, wie es um Miguel stand, wie sehr sich der Junge wünschte, in La Rabida bleiben zu können, dann war es Fray Enrique. Und er hatte nicht eingegriffen. „Herr, verzeih mir", flüsterte er. Dann betete er das Vaterunser.

„Hast du mit ihm gesprochen?"

„Mit wem?", fragte Pedro.

„Mit Miguel. Hast du mit ihm gesprochen? Woher weißt du das alles?"

Pedro zuckte die Schultern: „Ich weiß es eben. Ich habe nicht mit ihm gesprochen."

„Du hast es versucht ... ?"

„Nein!", erwiderte Pedro.

„Aber du musst es doch irgendwie ..., irgendwie ...", Fray Enrique fehlten die Worte, seine Fassungslosigkeit auszudrücken.

„Es ist mir egal!", sagte Pedro nur. „Miguel ist mir egal."

Für den Padre stand fest, dass er seinen Zögling unverzüglich befreien musste. So schnell wie möglich. Auf jeden Fall, bevor Don Burro heimkehrte.

Am nächsten Tag schon alarmierte er den Alguacil von Palos. Nachdem er ihm nach vielem Zureden seine Geschichte glaubhaft gemacht hatte, marschierten sie zusammen hinaus zur Eselfarm von Francisco Esquivel. Sie fanden genau die Situation vor, wie Pedro sie beschrieben hatte. Miguel war angekettet wie ein Hofhund in der Hütte und las in langen Listen und Rechnungen. Er saß am Tisch im großen Wohnraum, neben sich den kleinen Stapel all dessen, was er bereits durchgearbeitet hatte, in der Holztruhe zu seinen Füßen Berge von noch nicht gesichteten Unterlagen. So wie es aussah, hatte Don Burro jahrelang Rechnungen, Lieferlisten, Verträge und Urkunden aller Art gehortet und nur auf den Tag gewartet, bis er jemanden fand, der ihm all diese Dinge vorlesen konnte. Dem kleinen Miguel mutete er damit das Äußerste zu. Ja, es stimmte, der Junge hatte bei Fray Enrique das Lesen gelernt. Aber doch nicht so, dass er Papier fressen konnte wie ein Sekretär des Hofes. Miguels Fertigkeiten reichten gerade aus, eine Schrift zu entziffern und den wesentlichen Inhalt zu verstehen, vorausgesetzt, man ließ ihm ausreichend Zeit dafür.

Die eiserne Klammer, die Miguels linken Fuß am Knöchel umfasste, hing an einer Kette, die im Mauerwerk verankert war. Sie reichte aus, dass der Junge sich im Raum frei bewegen konnte. Seine Notdurft verrichtete er in die Abflussrinne des Brunnentroges. Wasser gab es genug und einmal am Tag erschien Zimbo mit einer Schüssel, in der er Miguel das Essen brachte.

So hauste er nun bereits seit drei Wochen, als Fray Enrique auf der Bildfläche erschien. Mit der Autorität des Alguacil im Rücken trat der Padre auf und so gaben Zimbo und die beiden Taubstummen ohne weiteren Widerstand den Weg frei. Zimbo eilte sogar dienstfertig voraus und lieferte vorbeugende Erklärungen: „Ich immer viel gut helfen. Essen gut! Viel Essen!“ Er hüpfte vor den beiden Besuchern her, sprang über die Pfützen, tänzelte rückwärts und radebrechte in einem fort: „Nix Prügel! Ich nix Prügel! Herr sagen, du viel Prügel Miguel. Ich nix Prügel. Ich gut Zimbo. Viel Essen, Miguel! Viel gut! Weia, weia, oh jeh!“

Miguel blickte auf, als die Tür sich öffnete und Enrique eintrat. Ein Blick von unendlich tiefer Traurigkeit, ein Blick des Leidens und der Angst. Er hatte erwartet, Zimbo zu sehen. Nun aber weiteten sich seine Augen, als plötzlich sein geliebter Freund und Beschützer vor ihm stand.

Da kein Schlüssel für Miguels Fußeisen aufzufinden war, weil den vermutlich Don Burro bei sich trug, malträtierten Fray Enrique und der Alguacil die Eisenkette so lange mit dem Schwert und mit einem schweren Stein, bis ein Kettenglied auseinanderbrach. Sie nahmen Miguel sofort mit nach Palos. Dort befreite ihn schließlich ein Schmied vom Rest seiner Kette. Anschließend brachte der Mönch den Jungen nach La Rabida. Sie sprachen unterwegs nicht viel. Miguel war gut bei Kräften, der Fußmarsch ermüdete ihn keineswegs. Es stimmte also, was Zimbo behauptet hatte: „Immer viel gut essen!“

„Wir nehmen dich bei uns auf. Du kommst ins Kloster, für immer“, versprach Enrique und drückte dabei Miguels Hand. „Du wirst ein Franziskanermönch. Das verspreche ich dir.“

Miguel sagte nichts. Er atmete nur tief, ein Seufzen aus den Tiefen seiner Seele und er erwiderte den Druck von Fray Enriques Hand, die er nicht mehr loslassen wollte. Er hätte weinen können, wenn er gewusst hätte, wie das geht. Aber das Weinen hatten die Kinder der Hure Sanchez schon früh in ihrem Leben verlernt.

Als Minister der Minderbrüder im Orden des heiligen Franz von Assissi war Prior Juan Perez befugt, Novizen und neue Brüder aufzunehmen. Die Ordensregel trug ihm auf, jeden Kandidaten sorgfältig über den katholischen Glauben und die Sakramente der Kirche zu prüfen. Miguel legte aus voller Überzeugung und reinsten Herzens das Glaubensbekenntnis ab und schwor, diesem Bekenntnis treu zu bleiben und es bis an sein Lebensende unerschütterlich zu leben. Dass er unbeweibt war und noch bei keiner Frau gelegen hatte, bedurfte keiner expliziten Untersuchung. Er legte das Keuschheitsgelübde ab und hörte aus dem Munde des Priors die Worte des Evangeliums, die ihn aufforderten, aller weltlichen Besitztümer zu entsagen. Da er über solche nicht verfügte, bestand er auch diese Prüfung ohne Anstrengungen. Sodann erhielt er die Probekleidung des Novizen: zwei Tuniken ohne Kapuze, einen Gürtel, Hosen und einen Kaparon, eine kapuzenartige Mütze, die ihm bis auf den Gürtel herunter reichte. Nunmehr, so belehrte ihn der Prior am Ende dieser Zeremonien, stand ihm ein Probejahr bevor, an dessen Ende er in den Gehorsam aufgenommen werden würde. Dann gab es kein Zurück mehr, dann musste er geloben, dieses Leben der Armut und Demut nach all den Regeln der Franziskaner für immer zu befolgen. Dann durfte er den Orden nicht mehr verlassen. Miguel stimmte in alles ein, schwor sämtliche Schwüre, die man von ihm forderte, und war glücklich wie niemals zuvor in seinem Leben.

Etwa zwei Wochen nach Miguels Befreiung stand Don Burro vor dem Tor von La Rabida. Der alte Eseltreiber hämmerte wild und brüllte gotteslästerliche Flüche gegen die Klostermauern. Prior Juan Perez übernahm den Alten. Wenn Don Burro den Prior bisher nur als einen lustigen, kleinen, runden Kerl kennengelernt hatte, mit dem man gut zechen und noch besser windige Geschäfte machen konnte, so erlebte er den Geistlichen nun von einer völlig anderen

Seite. Denn in der äußeren Hülle des gemütlichen und immer fröhlichen Klostervorstandes steckte alles in allem ein kluger Kopf, vor allem aber ein Diener Gottes. Gemäß den Ordensregeln verhielt Bruder Juan Perez sich in der Öffentlichkeit leutselig, sanftmütig, friedsam und voller Demut. So kannte ihn die ganze Provinz Niebla. Nun aber fuhr er als Ritter des Evangeliums auf Don Burro nieder. Er schrie den Alten an, was ihm einfalle, sich überhaupt noch blicken zu lassen: „Ihr werdet in der Hölle schmoren, Don Burro, schmählich sollt Ihr Eure Sünden büßen. Bekennet Eure Schuld. Werft Euch auf die Knie und bittet Gott den Allmächtigen um Vergebung. Aber wagt es nicht, auch nur einen Schritt näher zu treten und dieses geweihte Haus durch Eure Anwesenheit zu beleidigen. Gottloser, elender, menschenverachtender Schuft."

Don Burro wusste gar nicht, wie ihm geschah. Hinter Prior Juan Perez, der sich breit in die Hofeinfahrt gestellt hatte und sie bewachte wie ein himmlischer Racheengel, bildeten etliche Franziskanerbrüder eine bedrohliche Front. Im Notfall standen sie bereit, ihren Prior zu schützen.

„Der Junge gehört mir", knurrte Don Burro böse. „Ich habe ihn bezahlt. Ich habe euch Pfaffen bezahlt, damit ihr ihm das Lesen beibringt. Ist das der Lohn? Haltet ihr so euer bei Christus gegebenes Wort?"

„Nehmt den Namen des Gottessohnes nicht in den Mund, Frevler, elender", schimpfte der Prior. „Dieser Junge bleibt bei uns. Er ist Novize im Orden des heiligen Franz von Assissi und er steht damit unter dem Schutz Gottes und des Heiligen Stuhles. Wagt es nicht, Euch noch einmal an ihm zu vergreifen."

Don Burro schüttelte drohend die Faust. „Ich habe bezahlt! Ihr Diebe! Ich habe für alles bezahlt!"

Jetzt trat Fray Enrique aus der Reihe der Mönche nach vorne, neben den Prior. Sie hatten im Konvent darüber gesprochen: Sollte Don Burro entschädigt werden? Es stimmte ja, die Franziskaner von La Rabida hatten ein Geschäft mit Don Burro abgeschlossen und waren nunmehr nicht mehr willens, ihren Teil der Abmachung einzuhalten. Das widersprach ihren Gepflogenheiten und deshalb sannen sie auf Abhilfe. Fray Enrique, klug und selbstlos, fand den Ausweg.

„Señor Esquivel! Ihr habt Euch versündigt. Ihr habt Euch an dem Jungen vergangen. Ihr habt ihn seiner Freiheit beraubt. Dieser Junge wird nicht länger Euer gefangener Sklave sein. Aber wir Nachfolger des heiligen Franz halten unsere gegebenen Versprechungen. Darum bringt mir all Eure Papiere und all Eure Dokumente, Señor Esquivel. Ich will sie für Euch lesen und Euch über Ihren Inhalt in Kenntnis setzen."

Don Burro zögerte, legte den Kopf schräg und grübelte. Seine schiefen Mundwinkel zuckten bei der Anstrengung des Denkens. Dass mit den Mönchen nicht zu handeln war, so viel stand fest. Entweder er ließ sich auf ihren Vorschlag ein oder er ging mit leeren Händen nach Hause.

„Es ist gut Padres. So machen wir es", willigte er schließlich ein. Um dann noch hinzuzufügen: „Und alle künftigen Schriftsachen lest ihr mir auch. So verstehe ich das. Sonst muss ich mir einen neuen Jungen suchen."

„Geht mir aus den Augen", schimpfte Prior Juan Perez. Dann schloss er das Hoftor und ließ Don Burro mit seinem Groll alleine.

XXXIV. Das Ende von La Navidad

José Pequinos schimpfte fluchend vor sich hin. Im Gehen versuchte der müde Matrose eine lästige Mücke von der Nase zu blasen. Aber die pfeifend in kurzen und hektischen Stößen ausgepustete Luft traf immer nur irgendwie in die Nasenlöcher und ungerührt setzte deshalb die unverschämte Stechmücke auf Pequinos Nasenrücken ihren Verdauungsspaziergang fort. Es wollte Pequinos nicht gelingen, sie wegzupusten. Aber auf seinem schaukligen Weg über den Sandstrand verspürte er auch keine Neigung, extra wegen der lästigen Plage anzuhalten, die mühsam über ein Tragejoch geschulterten beiden schweren Fäkalieneimer abzusetzen und das Mistvieh abzuklatschen. Es würde sowieso sofort ein Nachfolger den Platz auf Pequinos schweißiger Nase einnehmen. Oder auf der Stirn, oder der Wange, über die feine Schweißbächlein rannen. Die vollgeschissenen Eimer aus La Navidad drückten schwer auf José Pequinos krummen Schultern und obwohl die Entfernung vom Fort zum Strand nur einige hundert Schritte betrug, schwankte der knochige Seemann durch den Sand, als befände er sich auf hoher See.

Einer hatte nun mal Latrinendienst und an diesem Tag traf es José Pequinos. Im Fort Navidad glimmten noch die letzten Reste von Disziplin, sodass wenigstens bestimmte alltägliche Pflichten erfüllt wurden. Aber nur den Küchen- und Latrinendienst nahmen die Männer noch ernst. In allen anderen Dingen kannten sie längst keinen Dienstplan mehr. Stattdessen lungerten die Spanier im Fort, am Strand, im Indiodorf Caracol oder in den Wäldern herum.

Das knappe Dutzend Männer maß den Befehlen des Alguacil Diego de Harana schon seit Wochen keinerlei Bedeutung mehr bei. Umgekehrt ignorierte der entzauberte Lagerkommandant die Missachtung seiner Befehlsgewalt. Spätestens nach dem plötzlichen Verschwinden der Baskenbande ging Harana dazu über, den eigenen Autoritätsverlust auszublenden und stattdessen die Rotweinvorräte zu dezimieren. Ein zunehmend resignierter Schiffsarzt Juan Sanchez leistete ihm dabei Gesellschaft. Harana war ein einsamer und geschlagener Mann, an seinem Auftrag gescheitert.

Von der Sorte eines José Pequinos, treu, zuverlässig und solide, verblieben nicht mehr viele im Fort. Vielleicht zählte noch Graubart Rodrigo de Jerez dazu oder der von der Niña gekommene Alonso Rascon, der alte Physikus aus Moguer, auf den zu Hause drei Enkelkinder warteten.

José Pequinos erreichte den schaumigen Saum des Meerwassers, das friedlich über den feinen Sandstrand rollte. Müde stellte er seine beiden schwappenden Stinkeimer ab, die er hier ins Meer kippen wollte. Einen Augenblick lang streifte sein Blick über den flimmernden Horizont, wo die Sonne bereits prall und heiß emporgeklettert war, bemüht, den Sandstreifen zwischen Caracol und Navidad zum Glühen zu bringen. Keine Spur von Segeln oder Schiffen. José wusste, dass es immer noch viel zu früh war, auf die Rückkehr von Admiral Colón zu hoffen. Im Augenwinkel glaubte er, eine Bewegung zu vernehmen. Irgendetwas trieb in der Dünung. Er schaute genauer hin. Die sanft heranrollenden Wellen trugen einen Sack, eine Art Bündel, heran, fast sah es aus wie ein Mensch. Ein Körper auf dem Bauch, den Kopf im Wasser. José watete die paar Schritte ins Meer hinein. Großer Gott! Ein Toter! Ein Leichnam trieb kopfunter im Wasser.

Die Wellen schoben den toten Körper beharrlich gegen den Sand, zogen ihn dann wieder sanft zurück, so dass die abstehenden Arme zu rudern schienen und das lange, dunkelbraune Haar sich bewegte wie ein Algenbündel.

José bückte sich, zerrte an den Haaren und drehte den Kopf des Toten an die Wasseroberfläche. Alonso Morales, der Zimmermann der Niña. An seinem Hals klaffte eine tiefe Schnittwunde. Man hatte ihm die Kehle aufgeschlitzt.

Einige Sekunden hielt Pequinos den bläulich bleichen Totenschädel über dem Wasser. Stumpfe, verquollene Augen waren starr in den Himmel gerichtet. Aber das war es nicht, was José schier lähmte. Es waren die zwei fingerdicken massiven Goldstifte, die dem Toten in den Nasenlöchern steckten. Als hätte jemand sie grimmig hineingestoßen mit dem Fluch: „Ersticke daran!“

Bei diesem Gedanken blickte Pequinos besorgt hinüber zum Dorf Caracol, das noch finster im Schatten des Mangrovenwaldes lag. Bestürzt wurde ihm bewusst, dass er ohne Waffen herumlief. Aus Bequemlichkeit und Gedankenlosigkeit hatte er sein Schwert im Fort zurückgelassen. Eilig sprang er auf und hetzte zurück ins Lager. Der Tote und die Latrineneimer blieben am Strand zurück.

Die Taino-Häuptlinge Caonabo und Guacanagari trafen sich am gleichen Morgen auf einer sonnigen, von Schmetterlingen und Papageien farbig garnierten Waldlichtung landeinwärts, unweit von Caracol. Guacanagari war pflichteifrigst und voller schlechter Gefühle dem Fürsten von Maguana entgegengezogen, nachdem Späher dessen Herannahen angekündigt hatten. Dieser Meldungen hätte es aber gar nicht mehr bedurft, denn Caonabos Krieger strömten schon seit Tagen wie die Ameisen in kleineren Trupps durch die Wälder zur Küste. Ohne um Erlaubnis gefragt zu haben, durchstreiften sie längst Guacanagaris Herrschaftsgebiet, und einige schlichen auch bereits durch Caracol und um das Fort der Spanier herum, um diese auszuspionieren.

Aufgebracht empörte sich Guacanagari über diese Vorkommnisse. Er hielt dazu vor seinem aus Vettern und Onkeln bestehenden Beraterstab eine entrüstete Ansprache, vor allem empörte ihn aber Caonabos Unverfrorenheit, mit einer gewaltigen Kriegsmacht gegen Fort Navidad anzurücken.

Entsprechend grimmig funkelte sein Blick, als er jetzt, umringt von seiner Sippe und seinen Beratern, dem finsteren Kaziken von Maguana eine Weile schweigend gegenüberstand. Die beiden Häuptlinge stierten sich schweigend an. Hier der ältere, etwas füllige Guacanagari, bauchig wie eine Ananas, dort der muskulöse, kriegerische Caonabo, dämonisch wie eine Gestalt aus der Unterwelt. Guacanagari trug demonstrativ einen roten Umhang der Spanier, den er einst von Admiral Colón geschenkt bekommen hatte. Er hatte sich den

Mantel um die Hüfte gebunden. Außerdem trug er einen Kopfschmuck aus Federn, Glöckchen und Glasperlen, ebenfalls ein Geschenk der Spanier. Er zeigte damit demonstrativ, auf wessen Seite er stand.

Schließlich ließen sich beide Häuptlinge auf dem Waldboden nieder. Alle Übrigen, die bisher in würdevollem Ernst herumgestanden waren, taten es ihnen gleich.

Jemand reichte glimmende, zusammengerollte Tabaco-Blätter. Die Kaziken stopften sich diese Rollen unverzüglich in die Nasenlöcher und atmeten mit geräuschvollen Zügen den Rauch ein. So hüllten sie sich minutenlang in Qualm und umnebelten erst einmal nach altem Brauch die Köpfe, während sie sich schweigend fixierten, bis sich endlich Guacanagari schnaufend leicht nach vorne beugte und das Schweigen brach: „Du bist ohne Erlaubnis in mein Land gekommen, Häuptling Caonabo. Was bist du für ein Fürst, dass du die anderen Fürsten nicht achtest? Du bist durch meine Dörfer gezogen und jetzt bist du mit deinen Kriegern hier. Was hast du vor?"

In Caonabos aus schwarzem Ebenholz gemeiseltem Gesicht regte sich nichts, als er aus schmalen Lippen hervorstieß: „Ich werde die Spanier töten und ins Meer zurückjagen."

Guacanagari schüttelte den Kopf, dass sein Glöckchenhut ein seltsam lächerliches Gebimmel fabrizierte: „Die Spanier stehen unter meinem Schutz, das habe ich ihrem Häuptling versprochen."

„Unter meinem Schutz stehen sie nicht", erwiderte Caonabo trocken. Dann spuckte er verächtlich aus: „Sie haben zahlreiche Männer, Frauen und Kinder getötet. Ich habe sie erlebt, ich habe genug von ihnen gesehen. Sie haben Dörfer ausgeplündert und Frauen geraubt. Sie sind durch unser Land gezogen wie ein entfesselter Hurricano und haben alles verwüstet, was unter ihre Schwerter kam."

Guacanagari nickte bedächtig und verdrehte die Augen: „Sie sind unbesiegbar!"

Caonabo lachte. Auf einen Wink von ihm brachte einer seiner Männer zwei spanische Arkebusen und ein halbes Dutzend Schwerter herbei. „Diese hier waren nicht unbesiegbar", sagte Caonabo triumphierend. Dann winkte er noch einmal und ein anderer Krieger trug einen langen Speer wie eine Standarte durch die Reihen der sitzenden Indianer. An seiner Spitze baumelte ein aufgespießter menschlicher Schädel: der schrumpelige Kopf von Pedro Gutierrez. Guacanagari erkannte ihn sofort. Er stöhnte auf und stieß einen unterdrückten Schrei aus, als hätte sich die letzte Mahlzeit in seinem Magen umgedreht. Seine Begleiter brachen in allgemeines Gejammer aus. Nicht, weil sie den Anblick eines verwesenden Schädels nicht ertragen konnten, sondern weil ihnen klar war, dass sie damit ihr Versprechen, die Spanier zu schützen, nicht mehr halten konnten.

„Wir haben viele von ihnen getötet, aber noch nicht alle", fuhr Caonabo fort. „Ein paar von ihnen durchstreifen noch die Wälder. Wir haben sie angegriffen, aber sie wehren sich mit ihren scharfen Schwertern und mit ihren Zauberhölzern. Viel Blut ist geflossen und viele meiner Männer sind gestorben. Es stimmt, diese bleichen Männer sind schwer zu besiegen. Aber jetzt werden wir sie in ihrem Haus angreifen und alle töten, die noch übrig sind. Sie verheeren unser Land. Es sind nur wenige, aber sie sind eine Seuche. Wir müssen sie alle töten. Wir bringen ihnen keine Nahrung mehr, wir geben ihnen keine Frauen mehr und wir geben ihnen kein Nucay. Ohne Nucay sterben sie. Und wenn ihr Häuptling wieder kommt mit seinem schwimmenden Haus, dann werden wir ihn nicht an Land lassen."

Caonabo sprach hart, entschlossen und mit einer Gewissheit kommender Ereignisse, die Guacanagari gänzlich mangelte. Der Caracol-Häuptling zeichnete sich vielmehr durch lavierende Unentschlossenheit aus.

Guacanagari schüttelte als Reaktion auf Caonabos kriegerische Ansage energisch den Kopf: „Tu es nicht, Caonabo! Sie sind stark und sie besitzen gewaltige Zauberkräfte. Sie werden uns vor den Cariben beschützen und sie teilen ihre Reichtümer mit uns. Schließe Freundschaft mit ihnen. Sie wollen nur wertloses Nucay haben. Gib ihnen Nucay, und sie lassen dich in Ruhe. Ich habe versprochen, ihr Haus zu beschützen. Ich kann nicht zulassen, dass du sie überfällst und tötest."

„Wir lassen keinen von ihnen am Leben!" Der Häuptling von Maguana sagte es trocken und ohne jegliche Regung. Das brachte Guacanagari umso mehr auf: „Vergangene Nacht haben deine Männer in meinem Dorf einen der Spanier getötet und ihn ins Meer geworfen. Die Spanier werden sich rächen. Sie werden die Schuld bei mir suchen."

Caonabo erhob sich. Guacanagari hob flehend die Arme. „Sonst müssen wir gegeneinander kämpfen", rief er dem davonschreitenden Häuptling nach. „Wir müssen gegeneinander kämpfen. Ich will aber nicht kämpfen, hörst du ... ?"

Caonabo und seine Schar tauchten im Dschungel unter. Guacanagari blieb mit seinen Getreuen alleine zurück.

Rodrigo zählte die Tage nicht mehr, die sie sich nun schon über Berg und Tal durch einen Urwald voller Fallen und Tücken schlugen. Schlangen, Schlingpflanzen, giftige Farne, tückische Wurzeln, Sümpfe, Mückenschwärme, Raubtiere, unheimliche Geschöpfe, die in den Nächten umherschlichen und nach Blut gierten, hinter jedem Baum die Gefahr lauernder Indios, das markerschütternde Geschrei kreischender Affenhorden – der Tod drohte jede Sekunde. Wie lange schindeten sie sich schon? Eine Woche? Zehn Tage? Egal. Sie lebten noch: Escobedo, von den Entbehrungen schwer gezeichnet, aber grimmig wie eh, Jacomo Rico, verzweifelt, verheult, von Mücken zerstochen, Andrés, kleinlaut aber tapfer und Rodrigo, zäh, zuversichtlich, unverzagt. Einer fehlte: Luis de Torres. Eines Morgens war er einfach verschwunden. Am Abend zuvor sprach er noch kryptisch von der Liebe Allahs und von den Verheißungen des Propheten Mohamed, am nächsten Morgen fehlte er. Einfach verschwunden, im Urwald untergetaucht.

„Er hat den Verstand verloren", kommentierte Escobedo. Der Notar dachte gar nicht daran, eine Suche nach dem ehemaligen Dolmetscher zu starten. Sie setzten ihren Rückmarsch nach La Navidad ohne Luis fort.

Rodrigo zeigte sich in ihrer kleinen Truppe bald in der besten Verfassung. Sicher, dieser Marsch bedeutete eine Strapaze, das zurückliegende Gemetzel an den Kameraden steckte ihnen allen in den Köpfen. Die allzeit gegenwärtige Angst vor einem neuen Überfall raubte ihnen schier den Verstand. Aber sie atmeten noch, sie marschierten noch. Rodrigo dachte nur in dieser Kategorie, er kannte es nicht anders. Er lebte. Also war noch nichts verloren.

Sie verdankten ihr Überleben allerdings fast ausschließlich den Jagdkünsten und der Umsicht ihres Tainoführers Jorge und der kleinen Suunayama. Die beiden fanden die unsichtbaren und verschlungenen Wege durch den ansonsten undurchdringlichen Urwald, sie wussten, welche Wurzeln und Früchte genießbar waren, sie fingen Fische, Eidechsen, Schlangen, Vögel und anderes essbares Kleingetier, und sie besaßen ein untrügliches Gespür für drohende Gefahren. Wenn ihnen die Krieger Caonabos zu nahe kamen, verkrochen sie sich mehrfach gerade noch rechtzeitig in sichere Verstecke, nur weil Suunayama ein Sirren in der Luft spürte, welches da nicht hingehörte, oder Jorge der abrupte Wechsel im Tonfall eines pfeifenden Singvogels auffiel. Einige Male reagierten sie zu spät, dann stellten sie sich mit gezückten Schwertern den Indiotrupps, die sie trotz aller Vorsichtsmaßnahmen aufgestöbert hatten. Das endete stets in blutigen Aufeinandertreffen, bei denen Escobedos kleine Schar dank ihrer strengen Disziplin jedesmal Herr der Lage blieb. Sie bildeten bei diesen Kämpfen Rücken an Rücken eine feste Mauer. Escobedo focht nach der einen Seite, Jacomo nach der anderen. Andrés und Rodrigo wehrten nach den Flanken ab. Jorge und Suunayama blieben geschützt in diesem Kreis und luden die Arkebuse nach, mit der Escobedo die angreifenden Haufen auseinanderschoss.

Fast täglich gerieten sie in solche Begegnungen und Kämpfe. Die Scharmützel rieben sie auf, ermüdeten und zermürbten sie. Niemals durften sie sich eine Pause gönnen, keine Unachtsamkeit, kein Nachlassen der Spannung. Die allgegenwärtigen Feinde zehrten an ihren Kräften, auch wenn sie unsichtbar blieben. Es mangelte ihnen an Schlaf. Und müden Männern mangelt es an Wachsamkeit. Stets herrschte Alarmstimmung. Immer mussten sie mit dem Schlimmsten rechnen. Sie verließen sich ganz auf Augen, Ohren und die Sinne von Suunayama und Jorge. Was diese beiden nicht erspürten, ahnten, rochen oder erlauschten, das gelang den Spaniern nimmermehr. Sie legten ihre Kleider nicht mehr ab und auch nicht ihre Rüstungen und Waffen. Escobedo band sich seinen Goldsack um die Hüften.

Der zähe Notar ließ die Beute nicht fahren, obwohl der Sack ihn hinderte und einen erheblichen Ballast darstellte. Alle stanken sie fürchterlich nach Schweiß, Blut und Urin. Aber als sie die Küste Hispaniolas erreichten wussten sie, La Navidad lag nur wenige Meilen entfernt. Sie waren gerettet.

Als die vier zerlumpten Gestalten mit ihren beiden indianischen Begleitern endlich im Fort ankamen, hätten sie von Diego de Harana eigentlich rechtmäßig als Deserteure verhaftet und in den Kerker geworfen werden müssen. Stattdessen aber schlossen die im Fort noch verbliebenen Kameraden die Heimkehrer jubelnd und erleichtert in die Arme. Nun endlich gab es Nachrichten aus dem Inneren des Landes. Die Ungewissheit über das Schicksal von Escobedos Expedition war vorbei. Und auch wenn das, was er an traurigen Wahrheiten mitbrachte, nicht geeignet war, Optimismus zu stiften, so schaffte es doch Gewissheit. Jene nämlich, dass Spanien sich im Krieg gegen die Indios befand.

Nur wenige Taino-Frauen hielten sich noch innerhalb der Palisaden auf, fast keine Männer mehr. Die Zahl dieser bislang Verbündeten nahm rapide ab. Von Tag zu Tag schmolz das Häuflein der Indios, die sich noch im Fort blicken ließen. Ein Bote von Guacanagari kam und forderte Harana eindringlich auf, das Tor zu verschließen und Wachposten aufzustellen. Es lag etwas in der Luft.

Als nun Rodrigo Escobedo mit den zerlumpten Resten seiner geschlagenen Expedition zurückkehrte und den atemlos lauschenden Männern in abgehackten Sätzen vom ruhmlosen Ende seines Unternehmens berichtete, vom Hinterhalt des Caonabo, dem Verschwinden Yzquierdos, von ihrer Flucht durch den Urwald, davon, dass Pedro Gutierrez, Schiffsarzt Alonso de Moguer und alle anderen tot waren, dass der eitle Dolmetscher Louis de Torres spurlos verschwunden war, da zog endgültig die Untergangsstimmung in La Navidad auf.

„Wir sind verloren", stammelte Diego de Harana und blickte hilfesuchend zu Juan Sanchez. Der Schiffsarzt blieb sarkastisch, obwohl er in den letzten Wochen zu einer grauen, gebeugten Erscheinung geworden war. „Dann lasset uns beten“, kommentierte er trocken und erwiderte Haranas Jammern mit ratlosem Schulterzucken.

„Wir sind noch lange nicht verloren“, widersprach Escobedo, bei dem bereits die Lebensgeister wieder erwachten. „Lasst Euch nicht hängen, Señor Harana! Wir sind gut bewaffnet, wir sind stark, wir sind den Wilden hundertfach überlegen.“ Escobedo sprach aus der Erfahrung vieler Kämpfe Mann gegen Mann. „Wir dürfen nur den Kopf nicht verlieren. Der Allmächtige wird uns beschützen. Und wir müssen zusammenhalten und zusammenbleiben.“

Wenn einer wusste, was zu tun war, dann Escobedo. Mehr Erfahrung in Kämpfen mit den Indios besaß keiner im Fort. Mehr Entschlossenheit auch nicht. Und gute Gründe, jetzt den Zusammenhalt und die Kampfbereitschaft zu beschwören, besaß der Notar ebenfalls. Sein Sack voller Gold machte ihn zu einem reichen Mann. Aber nur, wenn es ihm gelang, mit diesem Schatz unbeschadet nach Spanien heimzukehren. Er musste schließlich immer noch fürchten, dass er als Anführer der Meuterer zur Rechenschaft gezogen werden würde. Es drohten ihm Kerker und Entehrung. Wenn nicht jetzt, dann spätestens bei der Rückkehr Colóns. Wahrscheinlich wäre er für die Verteidigung von La Navidad der bessere Kommandant gewesen. Aber freiwillig wollte Harana noch immer nicht abtreten. Auch er musste an den Tag denken, an dem Christóbal Colón zurückkehren würde.

„Wenn Euch nach Verzweiflung zumute ist, Señor Harana, dann übergebt mir das Kommando. Ich will mit diesen Wilden schon fertig werden!“, forderte Escobedo.

„Was gedenkt Ihr denn zu tun, tapferer Señor Escobedo?“ fragte süffisant der Schiffsarzt.

Escobedo schenkte ihm einen wütenden Blick. Männer, die ihn durchschauten, mochte er nicht. Er zeigte aus dem Tor hinaus Richtung Caracol: „Zuerst einmal die Schuldigen bestrafen, die Alonso Morales umgebracht haben. Dort drüben sitzen sie in ihren lausigen Hütten. Die zünden wir an und knüpfen Häuptling Quakanari auf. Das wird ihnen eine Lehre sein, glaubt mir.“

In Escobedos Weltbild kamen die Indios auf Hispaniola nur als eine einzige amorphe Masse von Feinden vor. Die Unterschiede zwischen den Anhängern Guacanagaris und Caonabos entgingen dem Notar, sie interessierten ihn auch nicht. Dass man vielleicht die eine Gruppe gegen die anderen hätte ausspielen können, dass es Verbündete unter den Indios gab, dass nicht jeder Indio ein Feind war, das zu verstehen verlangte zuviel an Einfühlung von Escobedo.

Diego de Harana zeigte sich nicht abgeneigt, den Ratschlag Escobedos zu befolgen. Ein solches Vorgehen widersprach zwar allem, was der Admiral ihm für den Umgang mit den Eingeborenen eingebläut hatte, aber hatten sich die Voraussetzungen nicht grundlegend gewandelt?

Der erste Überfall traf die Spanier ebenso heftig wie unorganisiert. In planmäßiger Kriegsführung hatten die Tainos keinerlei Erfahrung. Caonabos Krieger stürmten im frühen Morgengrauen unter wildem Gebrüll von allen Seiten gegen die Palisaden von La Navidad, als wollten sie diese niederrennen. Doch die Spanier hatten das Tor endlich geschlossen und verriegelt, zum ersten Mal seit Wochen. Mit Nachdruck von Escobedo gefordert, stand auf dem Turm ein Wachposten, Graubart Rodrigo de Jerez. Als dieser die Schatten von schwarz bemalten Kriegern mit Speeren, Keulen und Bogen bewaffnet lautlos von allen Seiten heranrücken sah, gab er den vereinbarten Warnschuss ab und ließ lautes Gebrüll folgen. Im Nu war das ganze Fort auf den Beinen.

Die fantasiereich bemalten, mit exotischen Federn und buntem Tand geschmückten Tainos veranstalteten zwar einen ohrenbetäubenden, grausigen Lärm, als sie von allen Seiten auf die Palisaden stürmten, sie bewirkten aber mit diesem Angriff wenig. Nach der Tradition ihres Volkes begnügten sie sich fürs Erste mit Imponiergehabe und Beschimpfungen. Von Seiten der Spanier reichten ein paar wenige Musketenschüsse, um die heranwogende Menge zum Stoppen zu bringen. Einer der Schüsse traf einen Krieger. Der Mann lag lang niedergestreckt regungslos im Sand. Um ihn herum bildete sich eine staunende Traube von Indios. Langsam wichen sie beeindruckt zurück.

So verging etwa eine Viertelstunde. Der Morgen graute herauf. Eine fette Sonne, saftig wie eine aufgeschnittene Orangenscheibe, nahm ihren Platz am noch blassen Himmel ein und verkündete, dass es ein durstiger Tag werden würde. Glatt wie ein Leintuch lag das Meer, grünfunkelnd, von innen leuchtend. Möwenvögel zogen kreischend über die Szenerie hinweg und stachen unternehmungslustig in See.

Die Tainos verharrten eingeschüchtert und unschlüssig im Sand. Sie sahen konsterniert ihrem dumpf stöhnenden, getroffenen Kameraden beim Sterben zu.

Die Männer in La Navidad nutzten die Zeit, um mit Hilfe einer Seilwinde die Bombarde auf den kleinen Wehrturm zu hieven, auf dem Rodrigo de Jerez die Stellung hielt. Schweißgebadet schafften sie es, das aus Bronze gegossene Monstrum auf seinen kleinen, hölzernen Spielzeugrädchen endlich auf dem Turm in Position zu bringen und mit Tauen festzuzurren. Diego Harana überwachte das Laden des Geschützes. Das massive, kurze Rohr schluckte die Steinkugel. Als der erste Kanonenschuss über den Strand hallte und der Turm dabei wackelte wie eine Palme im Wind, stieg zunächst nur dumpfes Raunen aus den Reihen der Indios auf. Als die Steinkugel weit hinter den Reihen der Angreifer in eine Palmengruppe einschlug und die Fetzen der Palmblätter davonflogen wie die Federn eines gerupften Huhnes, breitete sich Entsetzen aus. Die Indios rannten kopflos davon und suchten Schutz unter dem Laubdach des Urwaldes. Der zweite Kanonenschuss, etwas besser gezielt als der erste, zerschmetterte eine der Hütten in Caracol.

In diesen wenigen Aktionen erschöpften sich die Kampfhandlungen des ersten Tages. Caonabo mit seinem bald tausendköpfigen Kriegsheer beklagte den Verlust eines Mannes. Die Spanier im Fort blieben unversehrt, 13 Männer sowie die zwei Halbwüchsigen Rodrigo und Martin de Urtubia. Ihnen allen war klar, dass dieser erste Angriff nur den Auftakt bildete. Die Belagerung von La Navidad hatte begonnen.

Rodrigo verbuchte seine unversehrte Rückkehr nach Navidad zunächst als Bestätigung für seine Überzeugung, wonach man niemals aufgeben durfte. Andrés konnte seine Tränen trocknen. Jacomo Rico durfte wieder angeben. Escobedo führte das Kommando. Rodrigo blieb Rodrigo. Die neue Situation im Fort nötigte ihn, über neue Überlebensstrategien nachzudenken. So sehr er die Kampfeslust von Escobedo bewunderte und den Mut dieses abstoßenden Mannes kennengelernt hatte, das Blatt hatte sich wieder gewendet. Zurück hinter den sicheren Palisaden des Forts, zog Rodrigo es vor, sich unterwürfigst wieder auf die Seite von Kommandant Harana zu schlagen. Die Expedition ins Inselinnere, verheißungsvoll gestartet, blutig beendet, abgehakt. Alles in allem ein Fehlschlag. Zahlreiche Männer waren tot zurückgeblieben. Und die Überlebenden kehrten ins Fort zurück, so arm wie sie ausgezogen waren. Außer dem habgierigen Notar mit seinem Goldsack kehrte keiner mit Beute zurück.

Rodrigo erkannte: Es ging in den nächsten Monaten nicht mehr um Reichtümer, sondern nur noch darum, auszuhalten, bis Admiral Colón mit neuen Schiffen und Verstärkung aus Spanien zurückkehrte.

Rodrigo hatte auch gelernt: Man kann sich immer nur auf sich selbst verlassen. Verbündete von heute sind vielleicht die Feinde von morgen. Vor allem aber steht sich jeder immer selbst am nächsten. Von diesen Erfahrungen geprägt wie eine Münze vom königlichen Stempel, hielt Rodrigos Vertrauen in die Kameraden um ihn herum sich in engen Grenzen. Mit einer Ausnahme: Schon während ihrer Flucht durch die Wälder, erst recht aber jetzt nach ihrer glücklichen Rückkehr, hegte Rodrigo eine warme Zuneigung zu seiner treuen Gefährtin Suunayama. Ihr verdankte er sein Überleben. Während der Flucht durch den Urwald bekam er ein Gespür dafür, dass ihre beharrliche Treue mehr war als nur stupide Anhänglichkeit. In Gedanken stellte Rodrigo das Mädchen gegen Jacomo Rico und gegen Andrés. Im Vergleich zu ihnen hatte sich Suunayama ungewöhnlich tapfer und kaltschnäuzig verhalten. Sie war unglaublich schlau, auf Taino-Art. Ihre Schläue erfasste die Natur, die Beschaffenheit des Waldbodens, die Strömungen eines Flusses, die geheimen Gedanken der Winde und sie reichte auch in die Welt der Menschen. Immer wusste sie, was Escobedo als Nächstes tun würde; sie ahnte Rodrigos Wünsche, noch ehe sie ihm bewusst wurden, witterte Jacomos Verzagtheit und Andrés Heimweh. Sie roch die bösen Absichten von Caonabo. Wenn Rodrigo darüber nachdachte, musste er eingestehen, dass es Suunayama gewesen war, die sie heil nach La Navidad zurückgebracht hatte. Wenn das Mädchen eines Nachts plötzlich im Urwald untergetaucht und zu den Ihren zurückgekehrt wäre, so wie Escobedos indianischer Anhang es getan hatte, dann wären die Spanier verloren gewesen. Denn Jorge, der andere Taino, der ihnen die Treue gehalten hatte, stammte nicht von dieser Insel, er kannte sich nicht aus. Auch er war auf die Ortskenntnisse von Suunayama angewiesen.

In der ersten Nacht nach ihrer Rückkehr ins Fort liebten sich Rodrigo und Suunayama zum ersten Mal nach den strapaziösen Tagen der Flucht wieder. Zum ersten Mal unterschied sich Rodrigos Umgang mit seiner Geliebten von dem anfängerhaften, sperrigen Gejockel, das er sonst bei ihren Intimitäten an den Tag gelegt hatte. Nun beherrschte Zärtlichkeit das Liebesspiel, ein warmes, dankbares, von wirren Gefühlen und Zuneigung begleitetes, langanhaltendes Umarmen. In gleichem Maße wie die Säfte strömten Wärme, Schutz und Liebe aus Rodrigo hinüber. Als Suunayama sich mit ihrem zerbrechlichen Körperchen zitternd und stöhnend an ihn klammerte, da versanken die beiden jungen Menschen in einer friedlichen Wolke. Eng aneinandergepresst schliefen sie ein.

Bei all den hartnäckigen Versuchen von Caonabo, mit schierer Masse von Menschen gegen das Fort anzustürmen, holten sich die Tainos während der nächsten Tage stets blutige Nasen. Immer blieben nach den Schüssen der Spanier etliche Tote im Sand zurück. Oft genug schlug die Bombarde eine blutige Schneise in die heranwogenden Körper. Caonabo entrichtete einen hohen Blutzoll. Doch unverdrossen wiederholten seine Krieger ihre selbstmörderischen Anläufe. Mit bewundernswerter Ausdauer ignorierten sie ihre Macht- und Aussichtslosigkeit. Sie steckten die Verluste ohne die geringste Regung ein. Immerhin erreichten sie, dass die Spanier nicht zur Ruhe kamen.

Die ohnehin dünne Besatzung musste ständig auf der Hut sein, permanent nach allen Seiten Wachen aufstellen, immer sprungbereit, immer in voller Rüstung. Das zermürbte sie und zehrte an ihren Kräften. Auch nachts verzichtete Harana nicht mehr auf Wachen, obwohl die Tainos nach Einbruch der Dämmerung in aller Regel keine Angriffe wagten.

Stattdessen versuchten die Indios im Schutz ihrer Sturmläufe von außen das Fort anzuzünden. Da die Balken und Bohlen zu großen Teilen von der gestrandeten Santa Maria stammten und schwarz verpecht waren, fanden die Flammen immer schnell Nahrung. Aber von oben entleerten die Spanier über den Flammen Säcke voller Sand, von dem es Vorräte zur Genüge gab. So löschten sie die aufflackernden Brandherde immer wieder schnell.

Zwischendurch verfielen die Angreifer darauf, im Sturmangriff vorbereitete Palmenstämme an den Palisaden anzulegen, an denen sie dann emsig wie die Affen emporkletterten. Viele erreichten die Spitzen der Palisaden. Aber dort gerieten sie unter die Schwerter der gut postierten Spanier, die sie gnadenlos zurückprügelten.

Es vergingen gespenstische, surreale Tage. Diese Kämpfe hatten etwas von einem groß inszenierten Bühnenschauspiel. Vor der Kulisse eines leuchtenden Meeres auf der einen und saftig grüner Wälder auf der anderen Seite, vergossen Caonabos Krieger mannhaft ihr Blut. Drama, Tragödie, Martyrium. Blut tränkte den Sand und die Palisaden, sein süßlicher Geruch hing schwer in der Luft und lockte Myriaden von Fliegen und Mücken an. Bald musste sich das Meer rot färben.

Noch hielten einige Taino-Indianer den Spaniern die Treue. Etwa ein knappes Dutzend junger Indios aus dem Dorf Caracol harrte innerhalb der Palisadenmauern aus. Es handelte sich um die glühendsten Anhänger der Spanier. Es boten sich ihnen angesichts der Lage allerdings auch nicht mehr viele Alternativen. Jedenfalls genossen sie die Überlegenheit der spanischen Waffen. Sie hüpften und tanzten bei den Angriffen triumphierend auf den schmalen Wehrgängen hinter den Palisaden. Sie feierten jeden in Stücke gehauenen und zurückstürzenden Krieger mit lautem Siegesgeschrei. Sie hielten sich für ebenso unverwundbar wie die gut gerüsteten Spanier, bis einer diesen Irrtum mit dem Leben bezahlte. Einer jener Pfeile, die unermüdlich aus den Reihen der Angreifer über das Fort herniederhagelten, traf ihn in die Schulter. Er stürzte vom Palisadengang ins Innere des Forts und brach sich beim Aufprall das Genick.

Von da an blieben die übrigen Tainos in Deckung.

Nach drei Wochen wurde im Fort das Wasser knapp. Bis dahin lebten die Spanier von ihren Vorräten in den Regentonnen. Verzweifelt beteten sie weiteren Regen herbei. Wenn man sie brauchte, diese Sturzfluten, dann blieben sie aus. Diego Harana verfluchte sich selbst, weil er es versäumt hatte, während der letzten Regentage die Fässer aufstellen und füllen zu lassen. Als hätte sich der Himmel mit Caonabo verbündet, blieben die wenigen Wolken, die unschlüssig Richtung Meer davonschwebten, seltsam blass und kraftlos. Stattdessen richtete die Sonne ihr rotglühendes Auge gnadenlos auf Hispaniola. In ihrer Not machten sich die Spanier über die Weinvorräte her. Um einer ausgedörrten Zunge nach tagelangen Strapazen wieder Leben einzuhauchen, empfiehlt sich Wein jedoch nicht als brauchbares Mittel. Für jedes Besatzungsmitglied, auch für die wenigen Tainos, die noch treu zu den Spaniern hielten, ließ Harana am Morgen des zwanzigsten Tages der Belagerung eine Tagesration säuerlichen, längst umgekippten Rotweins ausschenken. Für die Indios schmeckte und wirkte er wie pures Gift. Sie liefen mit bleichen Gesichtern herum, als wollten sie sich auf diesem Wege in Spanier verwandeln. Wer in der ersten Gier zuviel in sich hineinschüttete, wie der erbarmungswürdig kleinlaut gewordene Jacomo Rico, der erlitt einen Schwächekollaps. Wer vorsichtig genug war, nur kleine Schlucke in sich hinein zu tröpfeln, dem verschuf diese Ration keine Linderung. Die Männer blieben durstig. Sie hechelten nach Flüssigkeit wie ein Hund nach der Fuchsjagd.

Rodrigo bekam, wie alle anderen auch, seine Tagesration aus der Schöpfkelle des Schiffsarztes Juan Sanchez. Er zwang sich, nur einige vorsichtige Schlucke aus seinem Napf zu nippen. Hunger und Durst, diese beiden alten Bekannten fürchtete er nicht. „Willkommen ihr zwei Freunde meiner Kindheit. Schon länger nicht mehr gesehen.

Bildet euch nichts ein. Noch stets habe ich euch ein Schnippchen geschlagen.“ Rodrigos ganzes Wesen, sein Körper und sein Geist konnten sich zusammenkugeln wie ein Igel. Abwarten, die Gefahr vorüberstreichen lassen.

„Solange die Männer noch halbwegs bei Kräften sind, sollten wir einen Ausfall wagen und Trinkwasser besorgen“, empfahl Juan Sanchez dem Lagerkommandanten.

Harana stand zusammengesunken neben dem Weinfass, die Augen geisterhaft tief in schwarzen Höhlen, der einstmals gepflegte Schnurrbart zu einem wirren Gestrüpp verwildert. Schwitzige Fettsträhnen schauten unter seinem festgezurrten Helm hervor, auf seinen Hemdsärmeln leuchteten blutige Flecken, die Beinkleider hingen ihm zerrissen von den Hüften und obendrein hatte er sie mehrfach im Kampf vollgeschissen. Er sah aus wie ein Dämon und roch wie ein Schakal.

Harana nickte abwesend. Mit einer unwirschen Bewegung des Unterarms verjagte er einen Schwarm Mücken, der, angelockt vom säuerlichen Geruch des Weines, aufgeregt vor seinem Gesicht herumschwirrte. Der Kommandant winkte Escobedo herbei, der nur wenige Meter entfernt erschöpft an der Palisadenwand lehnte. In ihren Händen lag das Geschick von La Navidad.

„Señor Escobedo, wie schätzt Ihr die Chancen ein, mit einigen Männern auszubrechen und frisches Trinkwasser zu besorgen?“

Keineswegs hatten Harana und Escobedo in diesen Tagen der Belagerung Freundschaft geschlossen. Aber in dieser bedrängten Lage begruben die beiden Rivalen ihren Zwist. Escobedo erwies sich auch bei der Verteidigung von La Navidad als unerschrockener und geschickter Kämpfer. An Geschick und Kühnheit stand er dem geübteren Harana in nichts nach. Sowohl im Kampf mit dem Schwert, als auch im Umgang mit Armbrust und Arkebuse konnten alle Übrigen im Fort von Rodrigo de Escobedo noch etwas lernen.

Jetzt grinste der Notar gezwungen, was seinen Totenkopfschädel noch furchteinflößender aussehen ließ. Seine Haarsträhnen hingen wie Spinnenfäden in Stirn und Nacken. Die Augen lagen tief in den Höhlen. Escobedo erklärte: „Nur ein paar Männer loszuschicken, halte ich für die falsche Idee. Ich habe selbst erlebt, was passiert, wenn sich die Gruppen trennen. Wir haben nur eine Chance zu überleben, wenn wir zusammenbleiben. Mein Vorschlag wäre, wir gehen alle zusammen los, mit einigen Eimern und Fässern, besorgen das Trinkwasser und schlagen uns dann wieder durch, zurück zum Fort."

Es rächte sich, dass beim Bau von La Navidad die Trinkwasserfrage viel zu wenig Beachtung gefunden hatte. Den Platz hatte der Admiral in erster Linie nach der Beschaffenheit des Untergrunds ausgewählt, weiterhin im Hinblick seiner Nähe zum Dorf Caracol. Nur wenige hundert Schritt entfernt, im Rücken des Forts, mündete ein kleiner, kümmerlicher Bach ins Meer. Dort versickerte er mehr als dass er floss. Aber im Schatten des Waldes, kurz bevor das Rinnsal aus dem Unterholz herausgeschlichen kam und als bräunliche Brühe Richtung Meer tröpfelte, sammelte das Gewässer sich zu einem sumpfigen, kleinen Tümpel. Dort wollte Harana die Fässer füllen.

„Und das Fort lassen wir solange ungeschützt zurück, damit die Wilden sich hier häuslich einrichten können?", protestierte Juan Sanchez. Das ist nicht Euer Ernst, Escobedo!"

„Selbstverständlich ist das mein Ernst." Der Notar löste sich jetzt aus dem Schatten der Palisaden und zeigte mit einer angedeuteten Armbewegung über La Navidad hinweg: „Sollen sie doch hier hereinströmen und jeden Winkel besetzen. Na und? Wir holen unser Wasser, indem wir uns durch ihre Reihen hindurchhauen, alle Mann, so wie wir sind, und auf dem gleichen Wege kehren wir zurück und treiben den ganzen Spuk wieder hinaus."

Juan Sanchez schüttelte den Kopf. Harana knirschte nachdenklich mit den Zähnen.

„Habt Ihr Zweifel, dass das gelingen könnte? Wir sind immer noch 15 Spanier in Rüstung und schwer bewaffnet. Wenn wir dicht beisammenbleiben, dann möchte ich die Wilden sehen, die uns etwas anhaben können. Mit ihren Spielzeugwaffen krümmen sie uns kein Haar. Im direkten Kampf haben sie noch keinen einzigen Spanier getötet."

Das stimmte. Auch Harana fand nach einigem Grübeln Gefallen an Escobedos Plan.

Gegen Mittag starteten sie ihren Ausbruch. Die Wasserfässser, die leer von jeweils einem Mann leicht auf dem Rücken getragen werden konnten, standen bereits beim Tor. Escobedo und Harana hatten alle Männer eingeweiht. Sie hielten noch ihre Positionen auf den Wehrgängen, da rings um das Fort immer größere und kleinere Gruppen von Caonabos Kriegern herumstrichen und Verwünschungen und Pfeile Richtung Fort schickten, auch wenn gerade kein Großangriff stattfand. Das Hauptkontingent von Caonabos Kriegern, und der Häuptling selbst, lagerten zurückgezogen irgendwo im Schatten des Urwaldes.

Niemand weihte die verbliebenen Taino-Männer im Fort in die Pläne der Spanier ein, auch nicht Jorge oder das Dutzend Indio-Frauen, unter ihnen auch Suunayama. Escobedo und Harana dachten schlicht nicht daran. Nur Rodrigo fiel dieses Versäumnis auf. Er malte sich aus was passieren würde, wenn sie das Fort räumten und die feindlichen Krieger eindrangen. Für die ungeschützten Tainos bedeutete dies das Todesurteil. Niemand interessierte sich für ihr Schicksal. Das winkte ihnen nun also als Dank dafür, dass sie so lange gegen ihre eigenen Artgenossen treu zu den Spaniern gehalten hatten. Rodrigo kam ein Gedanke. Wie oft hatte Suunayama ihm das Leben gerettet. Er nahm seine zierliche Freundin beiseite und flüsterte ihr zu: „Sobald das Tor aufgeht, flieh mit Jorge an der Rückseite des Forts über die Palisaden."

Suunayama fragte nicht. Sie schaute ihn aus großen Augen an, nickte, vertraute ihm. „Klettere schon jetzt auf das Dach der Kommandantur, leg dich dort flach hin und warte, und wenn vorne der Krach losgeht, dann spring hinten hinunter und lauf so schnell du kannst. Versteck dich!"

Als Suunayama ansetzte, etwas zu erwidern, hielt Rodrigo ihr mit der Hand den Mund zu: „Frag nicht. Mach einfach, was ich sage! Nimm Jorge mit! Zusammen könnt ihr bis nach Caracol kommen und euch dort unter Guacanagaris Leuten verstecken."

Es blieb keine Zeit für weitere Erklärungen, schon gar nicht für irgendwelche Abschiedsszenen, denn in diesem Augenblick erscholl der Pfiff aus Haranas Seemannspfeife: das vereinbarte Signal zum

Start der Aktion. Die Idee Escobedos war, die Aktion Wasserfassen so schnell abzuwickeln, dass die Tainos davon vielleicht so überrumpelt wurden, dass alle Spanier wieder zurück im Fort sein würden, noch ehe Caonabo reagieren konnte.

Die Männer verließen wie abgesprochen fluchtartig ihre Positionen, stürzten sich Sekunden später zum Tor. Je zwei griffen sich Eimer und die leeren Fässer, die übrigen, schwer bewaffnet und unter voller Rüstung, bildeten um die Träger herum einen Schutzring. Harana löste die Verriegelung und öffnete das mächtige Holztor. Dann stürmten sie los – wie die Gladiatoren im alten Rom. Ehe sich die verdutzten Indios außerhalb des Forts von ihrer ersten Verblüffung erholt hatten, überwand die waffenklirrende Horde über den hitzeflirrenden Sand bereits den halben Weg zwischen Fort und Dschungelrand. Dann erst schrillte das wütende, alarmierte Kriegsgeschrei der überrumpelten Indios über den Strand. Augenblicklich strömten Caonabos Hundertschaften unter den Bäumen hervor. Sie stürzten sich wie ausgeräucherte Hornissenschwärme von allen Seiten auf die Spanier.

Genau in diesen Minuten tauchte am Horizont auf dem Meer, von allen Beteiligten völlig unbemerkt, ein ausgebleichtes spitzes Segel auf. Es nahm schnell Konturen an. Auf den freundlich rollenden Wellen glitt es heran, durchbrach die harmlose Brandung, wippte unschlüssig im seichten Wasser, erreichte den Strand. Die „Isabella" und die Baskenbande kehrten zurück.

In ihrer Hektik und im Bemühen, möglichst schnell voranzukommen, zog sich die Reihe der Spanier unfreiwillig auseinander. Es entstanden Lücken. Die Fassträger gerieten ans Ende der Schlange. Escobedo und Harana stürmten vorneweg. Anstatt sich zu formieren und den ersten Ansturm der Taino-Krieger mit ein paar gezielten Schüssen aus Arkebusen und Armbrüsten zu stoppen, hetzten die Spanier in ihren schweren Rüstungen weiter durch den tiefen Sand, dem Wassertümpel entgegen. Angst trieb die Männer, Panik, Durst, die Gier nach einem Schluck Wasser, alles Mögliche, jedenfalls nicht der gesunde Menschenverstand. Manche rutschten aus, manche stolperten. Die zwei Männer mit dem hinteren Wasserfass verloren den

Anschluss. Ein Dutzend mordlustiger Krieger enterte das Fass und begrub es mitsamt seinen zwei Trägern unter sich. Die Einzelteile und die hölzernen Schöpfeimer flogen nach allen Seiten davon, als das Behältnis berstend unter der Wucht des Ansturms auseinanderbrach. Der erstickte Schrei eines Todgeweihten drang als letztes spanisches Lebenszeichen unter diesem Getümmel hervor.

José Pequinos, der den Unglücklichen noch am nächsten stand, brüllte vergebens hinter den anderen her. „Hierher, hierher, helft unseren Kameraden!" Dazu war es zu spät. Die Horde der brüllenden, lanzenschwingenden Angreifer schloss von allen Seiten die Spanier ein und sprengte sie in kleine Gruppen zu drei und vier Mann auseinander. Escobedo hatte an der Spitze der kopflosen Flucht schon den kleinen Wasserlauf am Waldrand erreicht. Er warf sich auf den Bauch, um gierig Wasser zu schlürfen, da erst wurde er auf den Tumult in seinem Rücken aufmerksam. Er erkannte die Gefahr sofort. Aus Leibeskräften brüllte der Notar schrille Warnungen, die im Geheul der Tainos aber untergingen. Energisch scheuchte er Harana und Jacomo Rico, die ihm am nächsten folgten, wieder zu den anderen zurück.

Escobedo half seine Erfahrung mit solchen Kämpfen. Er wusste, dass ihre einzige Chance darin bestand, zusammenzubleiben. Sie mussten einen Pulk bilden und Rücken an Rücken kämpfen. Aber durch ihr eigenes Unvermögen schien dieser Weg verbaut: Unter den Trümmern des einen Wasserfasses lagen bereits zwei Tote, dort kämpfte ein kleines Häuflein mit José Pequinos, Graubart Rodrigo de Jerez und einem weiteren Spanier gegen die Übermacht. Von dieser Gruppe bereits abgetrennt und ebenfalls von einer lärmenden Übermacht umgeben, scharte sich der Rest der Spanier, darunter auch Rodrigo und Andrés, um das zweite, noch unversehrte Fass. Sie verteidigten es, als handelte es sich um den Thronschatz von Kastilien. Von dieser Gruppe wiederum abgetrennt, fochten Escobedo, Harana und Jacomo Rico um ihr Leben. Schritt für Schritt bemühten sie sich, wieder an den Rest ihrer Truppe Anschluss zu finden. Schon jetzt stand fest, dass dieser Ausbruch Wahnsinn gewesen war.

Von der „Isabella“ aus, die inzwischen den seichten Strand erreicht hatte, verfolgten die heimgekehrten Basken entsetzt, was sich am Strand abspielte. Chachu erkannte den Ernst der Lage sofort und gab seine Kommandos: „Wir müssen sie heraushauen! Juan, Domingo, Diego, Anton, ihr kommt mit mir. Lope, du bleibst bei Yzquierdo im Boot. Passt bloß auf, dass die Isabella nicht in die Hände der Wilden fällt. Im Zweifel segelt ihr bei Gefahr raus aufs offene Meer. Klar?“

Lope Chips nickte in seinen mittlerweile zum Bärenfell ausgewucherten Bart und legte sich die schussbereit geladene Arkebuse übers Knie. „Der hier kriegt zum Glück nichts mit“, sagte er, indem er mit dem Kinn eine Bewegung Richtung Yzquierdo machte. Der ehemalige Sträfling lag lang ausgestreckt im Bootsinneren und stöhnte im Delirium vor sich hin. Seit sie den armen Kerl aus dem Rio Yaque gefischt hatten, hatte sich sein Zustand von Tag zu Tag verschlechtert. Die klaffende Wunde in seinem rechtem Oberschenkel glänzte eitrig entzündet und stank wie das Leichenhaus von Palos. Yzquierdos Bein zeigte eine blauschwarze Färbung bis hinunter zum Fuß und war auf doppelten Umfang angeschwollen. Es sah aus wie eine überdimensionale Blutwurst in der Pelle kurz vor dem Zerplatzen.

Chachu schwang seinen mächtigen Körper über den Bootsrand und stampfte durch das knietiefe Wasser dem Strand entgegen. Der klapprige Juan Medina, der kantige Küfer Domingo Vizcaino, der gedrungene Diego Perez und der schlaksige Anton Calabres folgten ihm. Alle fünf trugen schwer an ihren Waffen, Schwertern und Piken, Domingo Vizcaino sogar mit einer Arkebuse. Im Bemühen, ihren Kameraden so schnell wie möglich zu Hilfe zu eilen, begingen die Basken aber einen tödlichen Fehler. Auf dem Meer bedurften sie normalerweise keiner Rüstung. So trugen sie die schweren Harnische und Helme auch nicht, während sie segelten. Unüberlegt stürmten sie jetzt in ihren luftigen Seemanskleidern los. Keiner trug einen Helm, keiner eine Brigantine. Ohne über die Gefahr, die ihnen daraus drohte, groß nachzudenken, stürmten sie ihren verzweifelten Kameraden zu Hilfe.

Das kopflose Unternehmen des Wasserholens geriet zum Desaster. Die Harmlosigkeit der bisherigen Angriffe auf das Fort mochte die

Spanier leichtsinnig gemacht haben. Der Glaube an die eigene Unverwundbarkeit spielte eine Rolle. Der Durst und die Gier nach Wasser schlugen die Vernunft. Aber auch eingedenk all dieser mildernden Umstände gab es keine Entschuldigung für die arglose Dummheit, mit der die Besatzung von La Navidad nun ihr Leben verspielte. Escobedo, Harana und Jacomo Rico schafften noch einmal den Zusammenschluss mit der verzweifelt kämpfenden Gruppe um das Wasserfass und erwehrten sie sich tollkühn ihrer Haut. Sie bildeten ein wehrhaftes Bollwerk gegen die immer wieder voller Todesverachtung anrennenden Indios.

„Zurück ins Fort!", brüllte Harana, indem er versuchte, den Kampfeslärm und das ohrenbetäubende Angriffsgebrüll der Tainos zu übertönen.

Caonabos mutigste Krieger stürzten sich mitten im blutigen Gemetzel auf die Beine der Spanier und versuchten, sie umzureißen, sie aus der Abwehrphalanx herauszuzerren. Sie büßten es mit abgehackten Händen, gespaltenen Schädeln und klaffenden Schwertwunden im Rücken. Aber diese todesverachtende Strategie zeitigte Erfolg. Als Erstes warfen die Angreifer den kleinen Groumette Martin de Urtubia um und zerrten ihn rücklings in ihre Reihen. Viele gierige Hände griffen nach ihm. Er schrie in Todesangst und noch zappelte er wie ein gekenterter Käfer. Doch schon bohrten sich Pfeile, Speerspitzen und Dolche von allen Seiten in seinen Leib. Niemand konnte ihn retten. Da schwankte als nächster Juan Sanchez, der pummelige Schiffsarzt. Er stolperte ebenfalls, verlor im Fallen sein Schwert. Wie tausend Tentakel eines Riesentintenfisches griffen unzählige Hände nach ihm, zerrten ihn aus dem Verteidigungsring. Ein Angreifer trieb dem Arzt seinen Speer mit wütender Kraft ins Bein. Schwere Steinkeile donnerten auf seinen Helm, ein Messerstich fuhr unter den Brustharnisch und teilte Bauch und Rippen in Fetzen.

Da geriet der Ansturm von Caonabos Kriegern plötzlich ins Stocken. Vom Dorf Caracol her marschierte Guacanagari mit einigen Hundert seiner Männer unter lautem Lärmen und Brüllen in breiter Linie herbei. Seine Krieger machten Front gegen die Angreifer. Der Häuptling schritt tapfer voraus, fuchtelte mit einem federgeschmückten Speer und schrie ununterbrochen mit heiserer Stimme gegen den Wind. Während rund um die Spanier, die sich Meter für Meter zum Fort zurückkämpften, der Ansturm ins Zögern geriet, weil die Tainos unschlüssig auf Guacanagaris Aufmarsch starrten, gelang es Diego de Harana mit einem wütenden Ausfall, den vor Schmerzen und Todesangst brüllenden Schiffsarzt Juan Sanchez wieder in den Verteidigungskreis zurückzuziehen.

Der von oben bis unten schwarz eingefärbte Caonabo stellte sich Guacanagari entgegen. Die beiden Kaziken brüllten sich minutenlang an, ihre heiseren Stimmen überschlugen sich. Dann machte Caonabo plötzlich einen Ausfallschritt nach vorne und fügte Guacanagari mit der Spitze seines langen Speeres eine leichte Kratzwunde unterhalb des Knies zu. Er zeigte damit seine ritualisierte Bereitschaft, gegen Guacanagari zu kämpfen. Keinesfalls bedeutete der Stoß bereits einen richtigen Angriff. Dennoch reichte die Schramme, aus der nur widerwillig ein bisschen Blut tropfte, für Guacanagari aus, um theatralisch in den Sand zu sinken und das Ende seiner Kampfbereitschaft zu signalisieren. Seinen Männern schien diese schnelle Kapitulation hochwillkommen. Keiner machte Anstalten, jetzt irgendwie noch in die Kampfhandlungen einzugreifen. Der ganze Aufmarsch hatte nur den einzigen Zweck verfolgt, symbolische Solidarität mit den Spaniern zu demonstrieren. Sich von Caonabos aufgestachelten Kriegern der Spanier wegen die eigenen Köpfe abschlagen zu lassen, so weit reichte die Freundschaft nicht. Damit endete die Intervention Guacanagaris zugunsten seiner spanischen Freunde.

Diese kurze Verwirrung reichte aus, dass die bedrängten Spanier sich wieder formieren und die Tore des Forts erreichen konnten.

Inzwischen erschien Chachu mit seinen Männern auf dem Kampfplatz. Brüllend machten sich die Basken bemerkbar, so dass ihre bedrängten Kameraden am Strand trotz ihrer argen Bedrängnis, trotz der Toten, die zurückgeblieben waren, und trotz der ununterbrochenen wütenden Angriffe wieder neuen Mut schöpften. Die Basken schlossen zu ihren Kameraden auf. Die arg gerupfte Truppe, jetzt dirigiert von Escobedo, denn Harana schleppte keuchend den blutüberströmten Schiffsarzt auf dem Rücken, ließ sich gemeinsam

Schulter an Schulter durch das weit geöffnete Tor ins Fort zurückdrängen.

Doch auch dort warteten Hunderte von Angreifern. Sie lauerten auf den Wehrgängen, kauerten auf den Dächern der Hütten, hatten den Turm besetzt, die Bombarde hinuntergestürzt, sie quollen aus den beiden Blockhäusern, hingen wie die Affen an den Palisaden, waren einfach überall.

„Allmächtiger!“, stöhnte Escobedo und seine Augen weiteten sich ebenso vor Angst wie die der Kameraden. Es gab keinen Ausweg mehr. Den Ausgang durch das Tor versperrte bereits die nachdrängende Masse von Angreifern. Die Spanier saßen in der Falle.

Von den Palisaden, vom Turm und von den Dächern herunter regnete ein Pfeilhagel auf die Eingeschlossenen herab. Ein Pfeil traf Diego Perez in die Schulter, den baskischen Schiffsmaler. Von irgendwo schoss eine Lanze heran und bohrte sich tief in Domingo Vizcainos Rücken. Er ging brüllend in die Knie. Jetzt rächte es sich, dass die Basken keine Rüstung trugen. Erstmals fanden die Pfeile und Speere der Tainos ihr Ziel. Eine Traube von Angreifern stürzte von einem der Dächer herunter mitten in die kopflosen Spanier hinein. Die herabstürzenden Massen rissen José Pequinos um, ebenso Graubart Rodrigo de Jerez, auch Harana mit dem Schiffsarzt.

Die schiere Masse entschied jetzt über Leben und Tod. Menschenleiber schwappten wie eine Sturmbrandung über die Eingeschlossenen. Caonabos Raubtiere fanden ihre Beute. Auf der dem Tor gegenüberliegenden Seite des Forts züngelten erste Flammen an den Palisadenwänden empor. Die Tainos begannen damit, die Stämme niederzureißen und eine Bresche in die Wand zu schlagen.

Rodrigo de Escobedo kämpfte immer noch tapfer gegen die Übermacht. Feigheit durfte man ihm nun wirklich nicht nachsagen. So leicht ließ er sich nicht entmutigen. Aber jetzt sah auch er, dass die Sache der Spanier verloren war. Diese überwältigende Übermacht der Angreifer hielt nichts mehr auf. Die Feinde waren zu nahe, sie waren zu viele und sie waren siegestrunken, weil bereits die ersten Spanier tot auf dem Schlachtfeld lagen. Caonabos Männer würden keine Ruhe mehr geben, nicht mehr nachlassen, bis auch der letzte

Eindringling am Boden lag. Sekundenschnell wog Escobedo inmitten des Getümmels seine Überlebenschancen ab. Jetzt bestimmte wieder die Heimtücke sein Handeln. Überleben gab es nur, wenn man aus dieser Falle herauskam. Die Isabella! Die Basken waren mit dem kleinen Segler gekommen. Das Boot lag noch am Strand. Die einzige Fluchtmöglichkeit. Wie lange noch? Schnell, bevor es zu spät war! Escobedo, noch im Schatten des Tores, zerrte Andrés am Ärmel, der ihm am nächsten stand. „Komm! Raus hier!“ Zu zweit standen die Chancen besser. Während die übrigen Spanier immer weiter ins Innere des Forts hineingedrängt wurden, hieb Escobedo sich mit einigen entschlossenen Schwertschlägen seinen Weg nach draußen frei. In seinem Rücken Andrés, der nicht lange fragte.

Die beiden arbeiteten sich mit wilden Schwerthieben aus dem Getümmel heraus. Alle Angreifer drängten nach drinnen, ins Fort, ins Zentrum der Schlacht, die erkennbar ihrem Ende entgegenging. Escobedo und Andrés gewannen Luft um sich herum. Unversehens hatten sie die Indios abgeschüttelt. Zum Wasser waren es nur wenige Schritte. Dort schaukelte die Isabella friedlich auf glitzernd grünen Wellen nur einen Pfeilschuss entfernt in der Dünung. Die beiden Entkommenen rannten um ihr Leben. Sie stürmten ins Wasser, winkten und brüllten.

An Bord des Schiffes richtete Lope Chips sich auf. Von seinem Platz aus konnte er das Getümmel am Strand nur unscharf erkennen, teilweise verdeckte ihm das Fort die Sicht auf das Geschehen. Jetzt sah er rußige Qualmwolken über La Navidad aufgehen und zwei Spanier, die in kopfloser Panik durchs seichte Wasser heranstürmten.

„Was ist los, was ist passiert?“, brüllte er ihnen entgegen.

„Weg, nur weg! Wir müssen fliehen!“ Schon enterte Escobedo das wackelnde Boot, Andrés folgte ihm. „Setz die Segel, los, mach schnell!“ Escobedo griff in die Taue und zerrte wild daran.

Energisch packte ihn Lope Chips am Arm: „Langsam, Notar, was ist mit den anderen?“

„Sie sind alle tot, sie sind verloren“, Escobedo kreischte fast. „Wir müssen weg, mach schnell, wir dürfen keine Zeit verlieren!“

Lope lockerte seinen Griff nicht. Er schüttelte grimmig den verfilzten Kopf und blickte aus eng zusammengekniffenen Augen hinüber zum qualmenden Fort, von wo noch immer Kampflärm und wildes Geschrei über den Strand hallte.

„Die kämpfen noch", sagte er trocken mit der Ruhe eines baskischen Weinbauers. „Wir warten auf Chachu. Ich werde die Kameraden doch nicht im Stich lassen."

„Dummkopf!", knurrte Escobedo und rammte mit der freien linken Hand dem hartnäckigen Basken knapp oberhalb des Gürtels sein Messer in die Seite. Lope glotzte ungläubig, sah dann an sich hinab, wo das Blut bereits als dunkler Fleck das Hemd durchtränkte, griff sich an die Seite und wurde im gleichen Augenblick durch einen Fußtritt Escobedos rücklings auf die Bootsplanken geschleudert, wo der erbarmungswürdige Pedro Yzquierdo dem Wahnsinn entgegendämmerte.

„Los, setz die Segel, wir hauen ab!", befahl Escobedo. Und während Andrés eifrig die Isabella in den Wind manövrierte, verschnürte Escobedo dem sich krümmenden Lope Chips mit ein paar Lederriemen die Hände hinter dem Rücken.

Irgendwo auf der blutgetränkten Schlachtspur zwischen Fort und Waldrand, die gesäumt war von den bereits fliegenumschwärmten Leichen Dutzender von Tainos, lag unbeachtet inmitten der Toten das unversehrte Wasserfass der Spanier. In der Öffnung steckte zur Hälfte in einer unmenschlichen Verrenkung der Leichnam eines Taino-Kriegers, als hätte der Unglückliche im Todeskampf versucht, sich in das Fass hineinzuzwängen. Über dem in blutige Lappen gehauenen Brustkorb des Toten hob sich jetzt ganz vorsichtig ein wirrer brauner Haarschopf. Zwei dunkle Augenschlitze blinzelten in die Sonne. Rodrigo, im Fass versteckt! Er beobachtete die Flucht Escobedos und er sah aus den Augenwinkeln, wie das Fort in einer schwarzen Rauchwolke versank.

Im Fort lauerte der Tod. Jeder Versuch, dorthin zu den Kameraden zu gelangen, wäre Selbstmord gewesen. Wenn es ihm stattdessen gelang, im Rücken all der anstürmenden, johlenden und bereits siegestrunken um das brennende Fort tanzenden Taino-Krieger einen Bogen zu schlagen und das Meer zu erreichen, dann könnte er es vielleicht wie Escobedo und Andrés bis zur rettenden Schaluppe schaffen.

Niemand beachtete ihn, als er aus dem Fass herauskletterte. Er streifte sich hektisch seinen schweren Brustharnisch ab, den Beinschutz, die lederne Brigantine, die Hose, immer einen wachsamen Blick auf das Kampfgeschehen, ob ihn auch niemand bemerkte, stets bereit, sich in den Sand sinken zu lassen und tot zu stellen.

Dann kauerte er vollkommen nackt hinter dem Fass. Nur die Kordel mit der Haarlocke Isabella Pinzons hing ihm noch um die Hüftknochen. Er löste vom Leichnam des Taino-Kriegers den bunten Federkopfschmuck und setzte ihn sich selbst aufs Haupt. Ebenso gürtete er sich dessen Lendenschurz um die Hüfte, legte sich dessen Muschelkette um den Hals und griff sich den blutglänzenden Speer. Als er in schnellen Sprüngen sein Versteck verließ, über die leblosen, blutverschmierten Körper der gefallenen Krieger hinwegsetzte und dann im Bogen um Navidad herum dem Meer zustrebte, nahm niemand Notiz von ihm.

Als er die Rückseite des Forts erreichte, brachen dort unter lautem Zischen, Bersten und Splittern mehrere Stämme aus dem brennenden Palisadenring und krachten funkenstiebend in den Sand. Durch die dadurch entstandene Bresche in der Palisadenwand stürmte schwertschwingend und laut brüllend Diego de Harana heraus. Er brach mitten durch die brennenden und glühenden Trümmer, vor denen die halbnackten Tainos zurückschreckten. Harana auf dem Fuße folgte Chachu. Der Bootsmann trug den leblosen und von Pfeilen gespickten Körper von Schiffsarzt Juan Sanchez über der Schulter. Mit der linken Pranke hielt Chachu seine Last, in der Rechten ein Schwert, mit dem er jeden niederstreckte, der ihm zu nahe kam.

Die beiden Flüchtlinge erreichten den freien Strand. Zuletzt wankte noch eine weitere Gestalt durch die Flammen: Jacomo Rico! Aber er strauchelte, krabbelte wie ein Käfer auf allen Vieren weiter, brüllend vor Schmerzen, als er sich die Hände und Beine in den glühenden Trümmern verbrannte, sank zusammen, weitere Teile der Palisaden krachten herunter, begruben ihn unter sich. Schließlich verschwand er hinter einer Wand aus Rauch und Flammen. Ein aufsprühender Funkenregen zeigte an, dass er sich noch einmal aufrappelte, wieder stürzte, dann rührte er sich nicht mehr. Weitere Spanier entkamen nicht mehr aus dem brennenden Fort. Die Indianer töteten einen nach dem anderen. Der abebbende Kampfeslärm zeigte an, dass es keine weiteren Überlebenden mehr gab.

Harana und Chachu mit seiner Last eilten im Laufschritt inzwischen auf gleicher Höhe mit Rodrigo, den sie nicht sogleich erkannten. Chachu wollte schon mit dem Schwert auf ihn einschlagen.

„Halt! Nicht! Ich bin es, Rodrigo! Rodrigo Groumette. Halt! Halt!"

Es blieb keine Zeit, über Rodrigos Auftauchen zu staunen. „Ins Meer, ins Meer!", brüllte Chachu. „Dort wartet die Isabella auf uns."

Aus den Trümmern des Forts strömten inzwischen die siegestrunkenen Taino-Krieger, angeführt vom triumphierenden Caonabo, um die letzten Spanier ins Meer zu jagen, so wie der Häuptling von Maguana es angekündigt hatte.

Es gab kein Zurück mehr. Den Weg zum Dorf Caracol und zum schützenden Urwald versperrten Caonabos Männer. Es blieb nur der Weg ins Meer. Aber dort stellte gerade die „Isabella" das Segel in den Wind.

„Heeeeoooh!", brüllte Chachu aus Leibeskräften hinterher. Harana tat es ihm gleich, beide fuchtelten wie wild mit ihren Schwertern in den Himmel. Die „Isabella" nahm längst Kurs aufs offene Meer.

Rodrigo watete tiefer ins Wasser. Er sah die Tainos herankommen. Sie hatten es nicht mehr eilig. Caonabo, schwarzglänzend, blutverschmiert, angsteinflößend, schritt mit glühenden Augen voran. Er schwang siegessicher ein erbeutetes Schwert über dem Kopf. Den letzten Akt dieses Kampfes, bei dem ganz sicher mehr als hundert seiner Krieger das Leben gelassen hatten, den wollte er genießen. Das sprach aus seiner ganzen Haltung und aus seinem Blick. Wie versteinert standen die Spanier bis zur Hüfte im Wasser. Nur Rodrigo dachte überhaupt nicht daran, sich in sein Schicksal zu ergeben. Konzentriert watete er weiter ins Meer hinaus. Er würde auch schwimmen. Er würde so lange schwimmen, bis die Indios ihn eingeholt hatten.

Vorher gab er sich nicht verloren. Jetzt folgten ihm auch Harana und Chachu. Im seichten Wasser konnten sie alle weit hinauswaten. Chachu schleppte noch immer den bewusstlosen Schiffsarzt. Welchen Sinn hatte das noch? Harana riss sich die Rüstung vom Leib. Wenn er schwimmen wollte, dann musste er sich von all diesen schweren Teilen befreien.

Die pure Verzweiflung trieb sie aufs Meer hinaus. Auch die Taino-Krieger hielten die Spanier für verloren. Sie machten sich gar nicht erst die Mühe, ihnen eilig nachzustürzen. Mochten die Spanier einen langsamen, quälenden Tod im Meer sterben, da, wo sie hergekommen waren. Sollte einer versuchen, irgendwo entlang der Küste an Land zurückzukehren, dann würde man ihn ins Wasser zurückjagen.

Statt den Flüchtigen nachzueilen, stellten Caonabos Leute sich jetzt in langer Reihe am Strand auf. Erkennbar freuten sie sich auf das bevorstehende Schauspiel. Sie schickten den Spaniern ohrenbetäubendes Triumphgeschrei hinterher.

Von Caracol her näherte sich eines der langen, schlanken Indianercanoes. Es war zunächst nur als ein dünner Strich erkennbar, der verwegen durch die Dünung schaukelte. Das Boot kam näher. Misstrauisch blinzelte Harana gegen die Sonne über die glitzernde Wasseroberfläche. Zwei einzelne Gestalten saßen darin. Jetzt schälten sich die Konturen an der flimmernden Linie, die Meer und Himmel trennte, endlich deutlicher heraus. Vorne im Boot saß ein junger Taino-Krieger, ganz hinten eine Taino-Frau, ein Mädchen fast noch. Jorge und Suunayama!

Als Rodrigo, der schon am weitesten draußen im Meer schwamm, die beiden Tainos erkannte, brüllte er laut, um auf sich aufmerksam zu machen. Jorge und Suunayama hatten ihn längst ausgemacht und steuerten auf ihn zu. Jetzt sahen auch Harana und der noch weiter zurückgebliebene Chachu, welche Fluchtchance sich ihnen bot.

Den Indios am Strand war noch immer nicht klar, was vor sich ging, als Rodrigo, Harana und Chachu mit dem Schiffsarzt das wacklige Canoe endlich erreichten. Chachu ließ den Schiffsarzt in den ausgehöhlten Bootsrumpf fallen, dann schafften es Harana und

Rodrigo, die mit letzten Kräften bereits ins Boot geklettert waren, den schweren Basken so hereinzuziehen, dass das Canoe nicht kenterte.

Erst als die Spanier sich die bereitliegenden Paddel griffen und das Canoe nach Anleitung von Jorge und Suunayama mit kräftigen Stößen meerwärts trieben, dämmerte den Tainos am Strand, dass etwas nicht nach Plan verlaufen war.

XXXV. Die Großflotte

Pablo stand am Steuerruder der Niña, wann immer die Kapitäne sich einen Plausch oder einen Schluck in den Achterkajüten gönnten. Und das war ständig der Fall. Die Niña troddelte gemütlich wie ein Lastkahn durch den Golf von Cadiz. Für die Fahrt von Palos nach Cadiz, wo sich die Großflotte des Admirals zur zweiten Ausfahrt nach Westindien sammelte, gönnten sie sich drei volle Tage, wo sonst bei mäßigen Winden ein Nachmittag gereicht hätte.

Die Herren Niño hatten keine Eile. Schon der Abschied aus Palos geriet ihnen zu einem dreitägigen Fest. Wie wurden sie bedrängt, von Seeleuten, Handwerkern, Bauern, Glücksrittern: „Nehmt uns mit, nehmt uns an Bord, ihr Herren. Wir wollen mitfahren ins Goldland." Ein jeder versuchte noch in der letzten Minute, irgendwie an Bord zu gelangen. Manche kletterten in der letzten Nacht vor der Ausfahrt über die Reling. Rafael Sarmiento ließ sie augenblicklich wieder ins schwarze Hafenwasser zurückwerfen. Nein, auf der Niña war kein Platz mehr. Die halbe Mannschaft der ersten Fahrt war wieder dabei. Darüber hinaus hatte Kapitän Juan Niño, dem das Schiff gehörte, strenge Anweisungen vom Admiral, wie viele und welche Männer er mitnehmen durfte. Alonso Medel war einer davon. Er stolzierte über das Deck, als habe er das Meer erfunden. Die Altgedienten ignorierten ihn. Viele Niños gehörten zur Mannschaft. Vetter Francisco als erster Steuermann, Onkel Christóbal, dessen Neffe Francisco. Nur einer fehlte: Peralonso Niño, Juans Bruder, der beste Kapitän der Familie. Er befand sich deshalb nicht auf der Niña, weil er wegen seiner Verdienste auf der ersten Fahrt inzwischen zu den engen Vertrauten des Admirals gehörte; er hatte ihn sogar an den Hof begleiten dürfen. Jetzt brauchte ihn der Admiral für höhere Aufgaben. Colón hatte Peralonso für die Rückkehr nach Westindien das Kommando über ein größeres Schiff übertragen, eine Nao, in der Expeditionsflotte der zweitgrößte Segler neben dem Admiralsschiff.

Die Niños gedachten nicht, sich auf der Fahrt zu überanstrengen. Sie überließen das Steuerruder dem zweiten Steuermann, Rafael Sarmiento. Und dieser wusste das Wohl der Niña in guten Händen bei Pablo, seinem bevorzugten Schüler und Helfer, zumal er selbst seit einigen Tagen an einem schlimmen Fieber litt und mehr in seiner Koje als auf Deck zu finden war. „Du machst das schon, mein Junge. Dir macht keiner mehr etwas vor", lobte er Pablo und ließ den Jungen das Schiff alleine steuern.

So erreichten sie an einem sonnigen, klaren Septembernachmittag den lang ins Meer hinausgestreckten, großzügigen Hafen von Cadiz mit seinen mächtigen Molen und breiten Kais. Die anderen Schiffe waren fast alle schon da, siebzehn an der Zahl. Sie schaukelten friedlich im Hafen, täglich von zahlreichen Schaulustigen bewundert. Es würde noch Tage in Anspruch nehmen, sie zu beladen und die Mannschaften auf sie aufzuteilen. Die volle Besatzung von Seeleuten, Kolonisten, Soldaten, Beamten und geistlichen Herren umfasste über 1.200 Köpfe. Die Flotte bestand aus drei großen Naos, der Rest waren flinke, bewegliche Karavellen, ähnlich wie die Niña. Einige dieser Schiffe lagen flach wie kantabrische Barken im Wasser, speziell auf Wunsch des Admirals umgerüstet, weil er beabsichtigte, damit in die Flussmündungen und seichten Gewässer Westindiens zu gelangen.

Bei der Einfahrt in die meerumschlungene Hafenanlage von Cadiz übernahm Juan Niño das Steuerruder. Er klopfte Pablo dabei auf die Schulter wie ein stolzer Vater, der mit den Leistungen seines Sohnes hoch zufrieden ist: „Aus dir wird mal ein Pilot mein Junge, das sehe ich. Bravo!"

Pablo blieb unschlüssig stehen. Er genoss das Lob. Der Schiffseigner sollte zufrieden mit ihm sein.

„Wo steckt Sarmiento, der Faulpelz? Ich habe ihn den ganzen Tag noch nicht gesehen."

„In seiner Kajüte", erwiderte Pablo.

„Geh! Schau nach ihm. Will er etwa den großen Moment verpassen, wenn wir einlaufen? Wir bringen des Admirals wichtigstes Schiff, das einzige, das schon mit ihm in Westindien war. Man wird uns begrüßen wie Fürsten."

Mit dieser Einschätzung lag Juan Niño richtig. Der Mannschaft aus Palos eilte der Ruhm ihrer Taten voraus. Ihr Status unterschied sich von dem aller anderen Teilnehmer der bevorstehenden Ausfahrt und man begegnete ihr deshalb mit Achtung und Ehrfurcht, denn die meisten dieser Männer von der Niña waren eben schon dort gewesen, im sagenhaften Goldland, wo alle anderen erst hin wollten. Diesmal führt die Fahrt nicht ins Ungewisse. Sie führt zu Inseln aus purem Gold, die von Flüssen durchzogen sind, in die man nur die Körbe zu tauchen braucht, um sie voll mit Goldkörnern wieder herauszuziehen. Auf diesen Inseln lebten Eingeborene, die an nichts ein größeres Vergnügen fanden als daran, bei den Spaniern Gold und Edelsteine gegen wertlose Glasperlen und Flitterkram einzutauschen. El Dorado! Das Goldland! In sagenhafte Höhen schraubten sich die fiebrigen Erwartungen, aus Traumgebilden wurden kühne Hoffnungen, aus Hoffnungen Gewissheiten. Gold! Keiner auf den Schiffen der Flotte dachte an etwas anderes. Da machte es keinen Unterschied, ob einer als Soldat angeheuert hatte oder als Matrose. Ob einer als Bauer und Kolonist dabei war oder als Handwerker, als königlicher Beamter oder als Geistlicher. Allen spukte das Gold im Kopf herum.

Pablo kletterte in den engen Kajütverschlag von Rafael Sarmiento. Übler Fiebergeruch schlug ihm entgegen. Der Steuermann lag auf seiner Koje und atmete schwer. Vorsichtig hob er den Kopf.

„Ah, Pablo. Du bist es", stöhnte er mit kratziger Stimme. „Bleib weg von mir. Mich holt der Teufel."

„Was redet Ihr, Herr!" Pablo entzündete die Ölfunzel, um Licht in die Kajüte zu bringen. Stöhnend richtete der Steuermann sich auf seinem Lager auf. Pablo schrak zurück: Das Gesicht eines schrecklich verunstalteten Monsters blickte ihm entgegen. Das da war nicht Rafael Sarmiento, der fröhliche Seemann mit seinen lustigen Grübchen, blauen Augen und dem struppigen blonden Schnurrbart, das war die Fratze des Todes. Auf Sarmientos Stirn wucherte ein warziger, schwarzer Ausschlag, der sich auf einer Gesichtshälfte bis über den Wangenknochen zum rechten Ohr hin zog. Auch am Hals und auf dem Brustkorb zeigten sich Flecken und schwarze Krätze. Gerötete, tränende Augen blickten verkniffen aus seinem geschwollenen Gesicht. Nur mühsam und sichtlich unter Schmerzen warnte der Steuermann: „Halte Abstand, Pablo. Ich weiß nicht, was es ist, aber es ist nichts Gutes." Sarmiente drehte die Handflächen nach oben und streckte sie Pablo entgegen ins Licht der Lampe. „Hier, schau!"

Sarmientes Handballen waren überzogen von rötlichen, nässenden Ausschlägen. Pablo zuckte zurück. Diese Hände wollte er nicht berühren. Er machte einige vorsichtige Schritte rückwärts, Richtung Ausgang.

„Es schmerzt", krächzte Sarmiento. „Überall, am ganzen Körper. Mich juckt es, als hätte jemand ein Feuer unter meiner Haut angezündet. Junge, das ist das Höllenfeuer."

Pablo hörte den Seemann unter Mühen schlucken. Sarmiento fuhr fort: „Unentwegt muss ich mich kratzen. Ich blute."

„Ich bringe frisches Wasser, Herr", sagte Pablo, um einen Grund zu haben, diese Höhle des Todes zu verlassen.

„Halt!", hielt ihn Sarmiento auf. „Kein Wort zu den Herren Niño, hast du verstanden. Sie dürfen nicht wissen, wie es um mich steht."

Pablo nickte.

„Rede bloß von einem Unwohlsein, wenn dich jemand fragt. Ich fühle mich bald wieder... besser ...", krächzte Sarmiento.

Pablo flüchtete nach draußen. Hinter sich warf er schnell die Kajütentür zu, um das Unheil einzusperren. Erleichtert sog er die frische Meerluft ein, während die Niña würdevoll an der Parade der im Hafen ankernden Flottenschiffe vorbeizog und sich ihren eigenen Ankerplatz suchte.

Ein Arzt, man musste einen Arzt holen. Wie sollte er Sarmientos Zustand vor Juan Niño und der Mannschaft verheimlichen? Jemand musste sich um den Kranken kümmern. Im gleichen Moment, wo ihm dieser Gedanke kam, befiel ihn die schreckliche Ahnung, dass es auf ihn hinauslaufen könnte. Ich nicht, dachte er. Ich gehe da nicht mehr hinein!

Er schöpfte einen Krug aus dem Wasserfass und trug ihn zögernd zu Sarmientos Kajüte. Niemand an Deck achtete auf ihn, denn alle Augen waren auf die Hafenmole gerichtet, wo sich neben den offiziellen Beamten und den Abgesandten des Admirals auch eine große Zahl von Schaulustigen eingefunden hatte, die Niña zu empfangen. Die Karavelle glitt unter dem begeisterten Jubel der Menge behutsam dem ihr zugedachten Anlegeplatz entgegen.

Pablo schlüpfte in Sarmientos Kajüte. Ohne den Steuermann, der wieder auf sein Lager zurückgefallen war und leise vor sich hin stöhnte, nochmals anzuschauen, stellte er den Wasserkrug auf den Kajütboden, schob ihn noch mit einem Fuß so nahe wie möglich an Sarmientos Lager heran und floh dann wieder hinaus aufs Deck.

In diesen letzten Tagen war es den Mannschaften nicht mehr gestattet, ohne ausdrückliche Erlaubnis oder einen speziellen Auftrag an Land zu gehen. So blieb auch Pablo an die Niña gebunden, obwohl er sich gerne die imponierende Hafenstadt Cadiz angeschaut hätte. Noch nie hatte er eine solch große Stadt gesehen, so hohe Mauern, so prächtige Paläste, so viele Menschen. Als Tag der Abfahrt für die Großflotte war der 25. September 1493 festgelegt. Bis dahin gab es noch viel zu tun. Die Mannschaften beluden die Schiffe. Unglaublich, was alles in ihren Bäuchen verschwand: Ziegen, Schafe, Hühner, Don Burros Maulesel, Pferde, Rinder; dazu Saatgetreide, Weinstöcke, getrocknete Kerne von Orangen, Zitronen, Melonen, lebende Pflanzen von Zuckerrohr und Oliven. Dann das Werkzeug: Sägen, Hammer, Äxte, Stifte und Nägel, ganze Schmiedeausrüstungen, eine Küferwerkstatt, Pferdegeschirr, Pflüge, die Ausrüstung der Bergleute, die auf Hispaniola das Gold schürfen sollten; dazu Waffen und Rüstungen, Harnische, Armbrüste, Musketen, Geschütze.

Die Kapitäne und Offiziere erhielten ihre Instruktionen, die vielen Mitreisenden schifften sich ein.

Die Passagierliste war lang. Zu den siebzehn Schiffsbesatzungen gesellten sich mehrere hundert Soldaten, darunter auch einige Reiter und ihre Pferde; ferner Bauern, Handwerker aller Art, sogar ein Chirurg, etliche Mönche und Priester, Diener der Krone, Schreiber, Notare und Beamte. Schließlich war da noch eine Handvoll abenteuerlustiger Hidalgos – junge Adlige, die mit Erlaubnis der Krone an Bord gingen, mit einem Ziel: Ruhm, Ehre und Reichtum zu erwerben, am besten alles zugleich. Alonso Medel zählte sich zu dieser Gruppe, wenngleich ihm wenig Aufmerksamkeit zuteil wurde, denn es schifften sich wesentlich namhaftere Persönlichkeiten ein, die die Bezeichnung Hidalgo auch wirklich verdienten.

Drei solcher Herren kamen als Passagiere auf die Niña. Pablo sah sie die Mole herunterkommen. Sie schritten nebeneinander, stolz wie venezianische Fürsten. Ihre farbenprächtigen Umhänge flatterten wie Standarten, die Federbüsche wippten kühn an den ausladenden Hüten. In ihrem Gefolge schleppten sie einen Tross von Neugierigen. Zur Begleitung gehörten noch zwei Männer, von denen Pablo einen kannte, ein alter Bekannnter: Juan de La Cosa, der rätselhafte Kapitän der Santa Maria. Stand er wieder in der Gunst des Admirals? De La Cosa wies den drei Rittern den Weg zur Niña. Bei seinem Begleiter handelte es sich um einen Franziskanermönch. Er sollte für die Bekehrung der Eingeborenen sorgen. Nach dem Willen des Herrscherpaares ging Gott vor Gold, jedenfalls versicherten die Majestäten Ferdinand und Isabella dies mehr als einmal, wenn sie über ihre Beweggründe sprachen, diese Großflotte zu entsenden. Die Königin stiftete sogar die komplette Ausstattung für eine Kirche, die auf Hispaniola zu bauen sie den Geistlichen als Auftrag mitgegeben hatte.

Juan de La Cosa baute sich unten auf der Mole auf und blickte zum Schiffsdeck hinauf.

„Willkommen Señor La Cosa", rief Juan Niño hinunter. „Betretet mein Schiff! Es ist mir eine Ehre!"

„Seid mir gegrüßt, werter Kapitän. Die Ehre liegt auf meiner Seite. Ich bringe Euch Eure Passagiere."

Der kleine, wettergegerbte Mann gab seinen Begleitern ein Zeichen, ihm zu folgen, dann stieg er den am Schanzkleid befestigten Steg empor auf das Deck der Niña, wo er und Juan Niño sich umarmten, als wären sie die besten Freunde. Pablo konnte sich nicht erinnern, dass es während der Hin- oder Rückfahrt nach Zipangu einen ähnlich freundschaftlichen Austausch zwischen diesen beiden

Herren gegeben hätte. Juan de La Cosa war ihm vielmehr immer als Außenseiter aufgefallen. Selbst mit der Baskenbande, die doch seine eigene Mannschaft auf der Santa Maria gewesen war, schien La Cosa nicht immer im besten Einvernehmen gestanden zu haben. Die Basken um Chachu, so erinnerte Pablo sich, waren deshalb auch die Ersten gewesen, die sich freiwillig erboten hatten, in La Navidad zu bleiben.

La Cosa wirkte unternehmungslustig. Der über 40-Jährige versprühte mehr jugendlichen Tatendrang als manch einer, der nur halb so viele Jahre zählte. Der Seefahrer sah erholt aus. Braungebrannt, mit Fältchen in den Mund- und Augenwinkeln, strahlte er aus seinen klugen, braunen Augen und fühlte sich sichtlich wohl in seiner neuen Rolle. Er fuhr nämlich diesmal nicht nur als Kapitän eines Schiffes mit, sondern vor allem als Kartograf. Admiral Colón schien seine diesbezüglichen Qualitäten deutlich höher einzuschätzen als La Cosas Navigationskünste. Seit der Havarie der Santa Maria und La Cosas seinerzeitigen Flucht galt er dem Admiral als Schiffsführer nicht mehr viel. Doch auf seine Kenntnisse der Weltmeere, seine Künste als Kartenzeichner und seine enorme Erfahrung als Astronom mochte Colón trotzdem nicht verzichten.

Pablos Interesse richtete sich unterdessen auf La Cosas illustre Begleiter. Der Kartograf stellte sie vor: „Don Diego Velázques aus Sevilla." Der Genannte, ein etwas untersetzter Edelmann mit freundlichem Gesicht, trat lächelnd einen Schritt vor und deutete, indem er seinen Hut abnahm, eine Verneigung vor Juan Niño an. „Señor Velázques hat am Hof gedient. Er ist ein guter Freund Ihrer Majestäten", fügte La Cosa hinzu. Der Edelmann winkte ab und sprach mit angenehm schmeichelnder Stimme: „Aber nicht doch, mein Herr. Es ist mein Vater, den die Königin schätzt. Mit mir selbst hat sie noch nicht mehr als drei Sätze gewechselt."

Diego Velázques vermochte so gurrend und wohlmoduliert zu sprechen, dass jedermann sofort von ihm eingenommen war. Auch Pablo erging es so. Er stand nicht weit weg von den Besuchern und verstand jedes Wort. Er schätzte Don Velázquez auf vielleicht dreißig oder höchstens fünfunddreißig Jahre. Obwohl der Hidalgo, wohl in der

Absicht, eine leichte Korpulenz zu verbergen, sich in ein reichlich knappes Wams gezwängt hatte, sah man ihm die Lebensjahre an. Davon kündete auch eine beginnende, leichte Stirnglatze. Wesentlich jünger, vielleicht Anfang zwanzig, schätzte Pablo den zweiten Edelmann, den Juan de La Cosa vorstellte: „Don Juan de Esquivel, ebenfalls aus Sevilla".

Der drahtige junge Mann mit dem sanftmütigen Gesicht eines Pfaffen machte artig seine Verbeugungen.

„Und nun meine Herren", damit wandte Juan sich dem dritten Edelmann zu, „stelle ich Euch den berühmten Ritter und Kämpfer des Königs vor, Don Juan Ponce de León aus Valladolid."

Der Angesprochene verzog keine Miene. Gelassene Herablassung sprach vielleicht am ehesten aus seinem scharf geschnittenen Gesicht, das von einem sorgsam geschnittenen, spitz auslaufenden Bart umkränzt war.

„Es ist mir eine Ehre, meine Herren", sagte er kalt. „Zeigt mir meine Kajüte!"

Die Niños übernahmen es selbst, die hohen Herren in ihre Schiffsquartiere zu führen. Während sie achtern verschwanden, flüsterte Juan de La Cosa Pablo zu: „Holla, Schiffsjunge! Wieder dabei? Du hast dich ja gemausert! Soll ich dir etwas sagen, Kleiner?"

Pablo ignorierte, dass er dem Kartografen inzwischen an Körpergröße längst ebenbürtig war. De La Cosa zeigte hinter den sich entfernenden Hidalgos her: „Der Letzte, der, der aussieht wie sein eigenes Standbild, der hat mit König Ferdinand gegen die Mauren gekämpft. Man sagt, er sei ein Günstling des Königs."

„Don Ponce de León?", fragte Pablo.

„Ja!"

„Und, was bedeutet das?"

„Er ist gefährlich, blutrünstig. Man sagt, er habe einmal einem maurischen Fürsten eigenhändig den Kopf abgeschlagen. Er fährt sicher nicht nach Hispaniola, um sich schöne Inseln und Strände anzuschauen. Er will für Ihre Majestäten diese Länder erobern. Und zwar mit dem Schwert!" Verschwörerisch fügte er hinzu: „Da sind dann unsere frommen Gottesmänner wohl eher hinderlich, nicht wahr, Fray Pane?"

Mit dieser letzten Frage wandte er sich zu dem Franziskanerpater hin, den er mit an Bord gebracht hatte, von dem aber bisher niemand Notiz genommen hatte. Auch Pablo nahm den Pater erst jetzt genauer ins Visier.

Fray Ramon Pane blickte verstört umher, als fiele ihm jetzt erst auf, in welcher Umgebung er sich befand. Seine dürren Hände knoteten unablässig ein speckiges, abgegriffenes Brevir. Der milde Sommerwind, der über die Hafenmole strich, hatte dem Franziskanerpadre die Kapuze zurückgeweht und spielte lustig in den dünnen Haaren des Mönchs. Sie umflatterten sein Haupt wie staubige Fussel und glitzerten in der Sonne, ähnlich den Spinnfäden in den Olivenhainen von Moguer.

„Unser Auftrag ist uns von Gott gegeben", sinnierte der Mönch mit hoher, leiser Stimme. „Unsere katholischen Majestäten wünschen, dass wir das Wort Gottes auch zu den Ungläubigen in jene fernen Länder tragen, damit sie die Liebe und Güte Gottes, des Allmächtigen, unseres Herrn, erfahren."

„Ich fürchte, die Sprache des Schwertes wird ihnen mehr Wahrheiten offenbaren als es fromme Predigten je vermögen."

Fray Ramon warf Juan einen beleidigten Blick zu: „Ihr sollt dem Wort Gottes nicht spotten. Es ist kraftvoll und wahrhaftig. Ihm wohnt mehr Macht inne als allen irdischen Schwertern und Lanzen zusammen."

Versöhnlich fasste der Kartograf den Franziskanermönch an den schmächtigen Schultern: „Kommt, Padre. Ich zeige Euch Euer Quartier. Lasst uns unseren Disput vertagen, bis wir unser Ziel im fernen Westindien erreicht haben. Im Angesicht der Tatsachen vor Ort nehmen Wahrheiten und Gewissheiten oft eine völlig andere Gestalt an, als wenn man aus der Ferne über sie spekuliert."

Die beiden Männer verschwanden nach achtern.

Unruhig beobachtete Pablo das Achterdeck, wo nun die Passagiere ihre Kajüten bezogen. Was, wenn sie zufällig in die Kajüte des kranken Steuermanns gerieten? Konnte ihnen der pestillenzische Gestank entgehen, der aus der Kajüte von Rafael Sarmiento drang? Seit ihrer Ankunft am Vortag hatte der Junge es nicht mehr gewagt, zum Steuermann zurückzukehren. Das Bild seines von schwärender Krätze überzogenen Gesichts, der Anblick der schwarzen, fauligen Blasen an dessen Händen und auf dessen Brust, verfolgte Pablo immer noch. Nein, freiwillig würde er nicht mehr in diese Höhle des Todes zurückkehren.

Im allgemeinen Trubel ihrer Ankunft und der vielen anstehenden Aufgaben schienen auch die Niños Sarmiento vollkommen vergessen zu haben. Pablo hatte nicht die Absicht, die Schiffsherren an ihn zu erinnern. Es blieben noch zwei Tage bis zur Abfahrt. Vielleicht vergaß man ihn bis dahin?

Gesprächsthema an Deck der Niña, wie auch an Bord aller anderen Schiffe, die im Hafen von Cadiz vor Anker lagen, waren in diesen letzten Tagen vor der Ausfahrt die vielen Schikanen und bürokratischen Hindernisse, die es noch zu überwinden galt. Man munkelte von heftigem Streit zwischen Admiral Colón und Don Juan de Fonseca, dem Kronbeauftragten für die Organisation der Flotte. Erzbischof Fonseca habe sich geweigert, dem Admiral die von diesem gewünschte Anzahl persönlicher Diener zuzubilligen. Man erzählte, Fonseca habe sich auf den Standpunkt gestellt, Colón stünde lediglich der Stab eines Admirals der Krone zu, nicht mehr und nicht weniger. Christóbal Colón bestand aber darauf, dass er nach seinem Rang und seiner Würde als Vizekönig und Generalgouverneur der westindischen Länder zu behandeln sei. Über Fonsecas Kopf hinweg ließ er sich deshalb direkt vom Herrscherpaar fünf zusätzliche Diener bewilligen. Auf diese Weise schuf er sich einen regelrechten Hofstaat, angeführt vom hintertriebenen Pedro de Tereros, der es verstand, sich zu Colóns unentbehrlichem erstem Parteigänger und Vasall zu machen. In diesem Kreis von devoten Satelliten tauchte unversehens auch ein Bruder des Admirals auf, Giacomo Colón, ein Weber aus Genua, der sich als „Don Diego“ ansprechen ließ und selbstgefällig den Kometenschweif des Admirals anführte.

Als Fonseca von Colóns Sonderabsprachen mit dem Herrscherpaar erfuhr, soll er einen Wutanfall erlitten haben, der quer über die Bucht noch bis Puerto de Santa Maria zu vernehmen gewesen sei. Jedenfalls markierte der Streit um die Zahl der Diener lediglich die Spitze der Meinungsverschiedenheiten. Colón gingen alle Vorbereitungen nicht schnell, Fonseca waren sie nicht gründlich genug. Entlang dieser Linie stritten der geniale Seefahrer und intuitive Entdecker Colón und der perfektionistische und pedantische Organisator und Geschäftsmann Fonseca Tag und Nacht.

Doch Christóbal Colón stand auf dem Gipfel seiner Macht und seines Ruhmes. Selbst ein turmstarkes Hindernis wie Juan de Fonseca hielt ihn nicht mehr auf. Niemand stand mehr über ihm als die Könige und vielleicht noch der Kardinal von Spanien. Zwei Tage vor der vereinbarten Abfahrt der Flotte reiste eigens zur Abschiedszeremonie der Infant an, Don Johann, der älteste Sohn des Herrscherpaares. Dem 16-jährigen Thronfolger stand als neuer Page der junge Diego Colón zur Seite, der Sohn des Admirals. Auch dies war ein äußeres Zeichen des außerordentlichen Ranges, in dem die Familie nun in Spanien stand.

An diesem vorletzten Abend bevor es losgehen sollte, empfingen die drei Hidalgos, die die Niña an Bord genommen hatte, eine Reihe weiterer Edelmänner und Ritter auf der Niña. Man kannte sich untereinander, entweder vom Hofe oder von früheren Kämpfen gegen die Mauren. Diego Velázques hatte eingeladen. Und obwohl er darüber jammerte, wie mittellos er sei, wie wenig ihm zur Verfügung stehe, ließ er es doch an keinem Luxus mangeln. Er gedenke, die notwendigen Schätze in Hispaniola einzusammeln und dann seine Schulden in Spanien zu bezahlen, erzählte er in jovialer Offenheit. Bis dahin lebe und feiere er auf Kredit, für den sein Vater in Sevilla vorläufig noch die Freundlichkeit habe einzustehen. Ein regelrechtes Festessen wurde auf Kosten von Velázques aufgefahren, Heerscharen von Dienern schwirrten herum, der Wein floss in Strömen und abgenagte Knochen von Brathähnchen, Kaninchen und Truthahn flogen in Mengen über die Reling ins Hafenbecken.

Bis auf Kapitän Juan Niño und die Mitglieder der Familie Niño war nur noch der eitle Alonso Medel zu diesem Gelage eingeladen. Vom Rest der Mannschaft auf der Niña hatte in solchen Kreisen niemand etwas zu suchen. Jedenfalls nicht an der großen Tafel, die Diego Velázques mittschiffs hatte aufbauen lassen. Dennoch fiel genug für die einfachen Matrosen ab, die im Schimmer der Laternen einen großen Kreis um die Festgesellschaft bildeten und die hohen Herren in ihren atemberaubenden Kostümen bestaunten und sie bei ihren noch atemberaubenderen Geschichten belauschten. Die Gäste hatten selbst ein Interesse daran, die Besatzung der Niña in die Gespräche mit einzubeziehen, denn dies alleine war überhaupt der Grund, warum dieses Fest stattfand. Hier traf man die meisten Teilnehmer der ersten Fahrt, hier gab es Augenzeugenberichte, und danach gierte es die abenteuerlustigen Hidalgos.

Besonders einer der Gäste trug dick auf, ein hitziger junger Mann, von muskulöser, gedrungener Gestalt, aber anmutig im Gesicht, mit großen, wachen Augen: Alonso de Hojeda. Von ihm hieß es, er sei ein Geschäftsfreund des Herzogs von Medina Celi und dieser habe für ihn bei Admiral Colón gute Worte eingelegt, um dessen Teilnahme an der Reise zu ermöglichen. Wein war inzwischen genug geflossen, in gleichem Maße wurden die Stimmen lauter und die Heldentaten tollkühner, von denen sie kündeten. In der Runde herrschte eine fiebrige Stimmung, die Vorfreude auf kommende, große Ereignisse. Mit glänzenden Augen malten sich die Männer ruhmvolle Kämpfe und goldgefüllte Schatztruhen aus und jede kühne Erwartung an die Zukunft untermauerten sie mit großspurigen Erinnerungen an bereits vergangene Taten und Abenteuer. Alonso de Hojeda erhob sich vom Tisch und kletterte, den gefüllten Weinbecher in der Hand, auf die Tischplatte: „Ihr Herren, ich führe euch jetzt ein Kunststück vor, das im vergangenen Sommer auf dem Marktplatz von Sevilla meine Herrin, die Königin, in Entzücken versetzt hat."

Einige Herren klatschten vorauseilenden Beifall. Manche wussten schon, was folgen würde, denn sie saßen nicht zum ersten Mal mit Hojeda zusammen.

„Seht her und stellt euch vor", erklärte dieser, indem er mit der Schuhspitze einige Schüsseln und Becher beiseite schob, die vor ihm auf dem Tisch im Wege standen, „hier befinde ich mich auf dem Turm der Kathedrale zu Sevilla. Denkt euch einfach eine Höhe von

250 oder 280 Fuß über dem Pflaster des Marktplatzes." Hojeda zeigte mit der freien Hand die lange Tafel entlang: „Und das hier ist ein schmaler Balken, der aus der Giralda herausragt in den freien Himmel, sagen wir fünfzehn oder zwanzig Fuß weit." Mit der anderen Hand, in der er noch den Weinbecher hielt, simulierte er Balancebewegungen, als stünde er tatsächlich auf einem schmalen Balken in luftiger Höhe. „Unter mir stehen die Schaulustigen. Auf ihrem Platz gegenüber Ihre Majestät Isabella, unsere Königin. Die Menge hält den Atem an. Und nun trete ich hinaus auf den Balken ..."

Hojeda bewegte sich Schritt für Schritt über die hölzerne Tafel, setzte vorsichtig einen Fuß vor den anderen, wie ein Seiltänzer in luftiger Höhe. Er spielte fabelhaft seinen Auftritt vom vorigen Sommer nach, wackelte gefährlich, schien nach der einen, dann nach der anderen Seite zu kippen, stand plötzlich nur noch auf einem Fuß und wippte vor und zurück, die Arme weit ausgebreitet und rudernd, jedoch ohne einen Tropfen seines Weines zu verschütten.

Die Zuschauer hielten den Atem an. Auch die Matrosen im halbdunklen Hintergrund lauschten gebannt.

„Eine Windbö! Ich schwanke! Ich verliere das Gleichgewicht! Ich fange mich wieder. Wenn ich falle, dann zerschmettere ich mir den Schädel auf dem Pflaster des Marktplatzes." Hojeda verharrte in seiner höchst prekären Haltung, bewahrte aber mit dem Geschick eines Balletttänzers die Balance: „Die Königin schaut zu. Ich darf nicht fallen. Ich darf nicht umkehren. Ich schaffe es bis ans Ende des Balkens!" Mit drei, vier schnellen Trippelschritten in der Art eines Hofkaspers erreichte Hojeda die andere Seite der Tafel.

Die Umsitzenden lachten erleichtert, einige klatschten. Nicht alle! Pablo, von seinem Beobachtungsplatz im Halbschatten des Hauptmastes, sieht in die Gesichter. Juan Ponce de León schaut grimmig, abfällig sogar. Seine ganze Haltung signalisiert Ablehnung. Es braucht keine große Menschenkenntnis um zu sehen, dass dieser Hidalgo den anderen für einen Aufschneider hält.

Aber Hojeda war noch nicht fertig: „Und nun stehe ich hier. Wie soll ich zurückkommen? Er hob die Arme über den Kopf, winkelte ein Bein leicht an und drehte sich elegant wie eine Primaballerina auf den Zehenspitzen einmal um die eigene Achse. „So habe ich es gemacht, meine Herren. Ob ihr es glaubt oder nicht! Und dann bin ich auf dem gleichen Wege über den Balken zurückbalanciert!“ Er tänzelte unter dem begeisterten Beifall der Festgesellschaft anmutig zu seinem Platz zurück.

Noch viele ähnliche Heldentaten kamen zur Sprache, ein jeder hatte etwas beizutragen und der Abend wollte kein Ende nehmen, wenngleich ihn die Ersten bereits unter dem Tisch verbrachten. Mitternacht zog vorüber. Glimmende Sternschnuppen leuchteten am Nachthimmel. Die Luft blieb lau und angenehm. Die Geräusche von den übrigen Schiffen verstummten allmählich und auch auf der Niña kehrte die Ruhe wieder ein. Pablo trat seinen Dienst als Nachtwache an.

Wer von den hochedlen Gästen es noch vermochte, der kehrte wankend zu seinem Schiff zurück. Wem dies nicht mehr gegeben war, der suchte sich einen Schlafplatz an Deck der Niña. Einer taumelte und torkelte Richtung Achterdeck, nachdem er sich ein letztes Mal über die Reling ins Hafenbecken erleichtert hatte. Pablo registrierte dies voller Anspannung. Seine besorgte Vorahnung erwies sich als berechtigt. Wohl in der Annahme, sich bereits auf dem eigenen Schiff zu befinden, tastete dieser Hidalgo sich im Lichte einer flackernden Laterne ins Schiffsinnere und landete auf der Suche nach seiner Kajüte am Verschlag von Steuermann Rafael Sarmiento.

Mit einem markerschütternden Schrei prallte er zurück, als ihm beim Öffnen der Kajütentür der bestialische Gestank entgegenschlug und sich eine vom Tod gezeichnete Gestalt mit fiebrigen Augen auf der Pritsche wälzte. Dieser Anblick jagte dem Angetrunkenen einen solchen Schrecken ein, dass er auf der Stelle nüchtern wurde. Er stürzte zurück auf Deck und wollte gerade ein großes Geschrei anstimmen, als Pablo ihn dazu brachte, sich zu beruhigen. „Herr, weckt nicht das ganze Schiff auf. Ich hole den Kapitän, dass er sich kümmert.“

Der Hidalgo ließ sich besänftigen, stand aber immer noch unter Schock: „Er sieht aus wie aus der Hölle“, beteuerte er immer wieder.

Binnen weniger Minuten trommelte Pablo die Niños zusammen. Juan überzeugte sich durch einen kurzen Blick in Sarmientos Kajüte vom beängstigenden Wahrheitsgehalt der Schilderungen und warf die Tür wieder zu.

„Kein lautes Wort!“, befahl er. „Lasst alle schlafen. Wir regeln das. Es muss sofort ein Arzt herkommen! Lauf los Francisco, lauf!“, trug er seinem Vetter auf. „Bring mir Maestre Chanca her!“ Zu Pablo gewandt: „Und du, kein Wort, zu niemandem. Bring den Hidalgo zu seinem Schiff. Er soll dort seinen Rausch ausschlafen. Morgen früh glaubt er, er habe nur einen bösen Traum gehabt.“

Während Pablo diesen Auftrag ausführte, erschien an Bord der Niña der Flottenarzt. Maestre Diego Alvarez Chanca, ein vortrefflicher Gelehrter aus Sevilla, musste aus dem Bett geholt werden. Nur widerwillig erschien er nach geraumer Zeit an der Seite Francisco Niños. „Meine Herren“, murrte er, während Juan Niño ihn in Empfang nahm, „musste das sein? Das hätte doch sicher auch bis morgen früh warten können?“

„Nein, Herr! Seht Euch den Kranken an und Ihr wisst, was ich meine“, flüsterte Juan besorgt. „So einen Fall habt Ihr sicher noch nie erlebt. Ich bitte Euch, keinen Lärm zu machen. Es muss nicht bekannt werden, was hier geschieht.“

Der Arzt zog belustigt die Brauen nach oben, erwiderte aber nichts. Wie alle Ärzte kannte er die Neigung von Betroffenen und Angehörigen, ihren Fall als einmalig und exklusiv schwerwiegend anzusehen. Aber vermutlich würde er auch diesmal wieder nur auf ein beliebiges Fieber mit ein paar Allerwelts-Ekzemen stoßen. Noch überwog sein Ärger über die lästige Unterbrechung seiner Nachtruhe.

Maestre Chanca bückte sich in den Niedergang. Juan und Francisco Niño folgten in gebührendem Abstand. Pablo, der mittlerweile von seiner Mission wieder zurückgekehrt war, blieb draußen an Deck. Er zeigte keine Neigung, nochmals an den Ort des Schreckens zurückzukehren.

Schon nach wenigen Sekunden stürzte Maestre Chanca wieder ins Freie. „Oh, oh, oh“, stöhnte er. „Schon wieder einer, schon wieder einer!“

Juan Niño eilte hinter ihm her. „Was meint Ihr, Herr? Von was sprecht Ihr?"

Chanca stützte sich am Mast ab, keuchte und sog tief die frische Nachtluft ein. „Das ist eine üble Seuche, Herr", sagte er hastig. „Schafft den Mann sofort vom Schiff!"

„Ich verstehe nicht ..."

Im Tonfall kontrollierter Gewissheit, so als könne nichts seine ärztliche Kunst erschüttern, erläuterte Dr. Chanca dem Schiffsführer: „Dieser Mann muss das Schiff verlassen. Er darf auf keinen Fall die Reise mitmachen. Er zeigt dieselben Symptome, wie sie mir nun bereits dreimal begegnet sind. Und wisst Ihr was, Señor Niño?" Er tippte dem Kapitän energisch mit dem Zeigefinger auf die Brust. „Es sind alles Männer, welche auf Eurer ersten Fahrt mit dabei waren. Alle haben das gleiche Fieber und die gleichen schwarzen Krusten und Eiterbeulen auf der Haut."

„Wollt Ihr damit sagen ... ?"

Dr. Chanca nickte bekümmert. „Was auch immer es ist, ich glaube, Ihr habt es von den westindischen Inseln mitgebracht."

Es entstand eine Pause. Die Männer blickten sich an. Juan Niño griff sich unbehaglich an den Hals.

„Fürs Erste, wenn Ihr dem Kranken Linderung verschaffen wollt und einen Freiwilligen findet, reibt den Mann mit kaltgepresstem Olivenöl ein. Aber wichtiger ist, dass er sofort vom Schiff gebracht wird, am besten ins Hospital der Franziskaner. Ich sorge dafür, dass er dort in aller Diskretion Aufnahme findet."

Der Arzt wandte sich zum Gehen. „Kein Wort, zu niemandem!" Dabei machte er eine Kopfbewegung zu Pablo, der nicht weit entfernt stand. Juan Niño folgte dem Blick. „Du hast nichts gehört und nichts gesehen, Pablo Perez, ist das klar? Geh wieder auf deinen Posten!"

Noch ein Tag bis zur Abfahrt! Rafael Sarmiento befand sich nicht mehr an Bord. Seine Kabine wurde nach den Anweisungen von Dr. Chanca mit dem Qualm von Kiefernharz und heißen Melissendämpfen ausgeräuchert, sein Bettzeug und all seine Sachen kamen auf einen großen Haufen und wurden verbrannt. Nur Pablo wusste, was es damit auf sich hatte. Der Rest der Mannschaft sah staunend und verwundert zu. Es ging das Gerücht, Sarmiento sei gestorben.

Als schließlich wieder klar Schiff herrschte und auch die letzten der aus der vergangenen Nacht noch übrig gebliebenen und immer noch schwer angeschlagenen Hidalgos die Niña verlassen hatten, nahm Juan Niño Pablo beiseite. „Junge", begann er zögernd, indem er Pablo einen Arm um die Schulter legte.

Pablo zuckte zusammen. Seine Befürchtung war, dass Juan ihn vielleicht als unliebsamen Augen- und Ohrenzeugen loswerden und deshalb in Cadiz zurücklassen wollte. Vielleicht wollte der Kapitän ihn aber auch nur noch einmal ermahnen, seinen Mund zu halten.

„Rafael Sarmiento war unser zweiter Steuermann. Er wird uns fehlen. Ich habe keinen anderen Piloten in der Mannschaft, niemanden, der das kann." Juan Niño ließ eine kurze Pause entstehen, um sicher zu sein, dass Pablo begriff, was er ihm sagte. Dann fuhr er fort: „Außer dir! Du kannst ein Schiff steuern, Pablo. Ich weiß es. Ich habe es erlebt. Du hast es oft genug bewiesen."

Pablo lief bei diesen Worten ein kalter Schauer über den Rücken.

„Du bist jetzt siebzehn Jahre alt! Ich weiß, das ist jung für einen Steuermann. Aber es ist nicht unmöglich. Auch mein Bruder Peralonso war mit siebzehn schon zweiter Steuermann auf einem Schiff. Also Pablo Perez! Das bist du jetzt: Zweiter Steuermann auf der Niña!"

Pablos Herz hüpfte. Einerseits hätte er im Boden versinken wollen angesichts der gewaltigen Bürde, die ihm Juan da auf die Schultern wuchtete, andererseits wuchs er innerlich zum Riesen empor, platzte beinahe vor Stolz. Pablo Christóbal Perez, Steuermann auf der Niña. Wenn das sein Vater erfuhr? Wenn das in Palos die Runde machte? Wenn Isabella Pinzon davon Kenntnis erlangte? Glücksgefühle durchströmten ihn. „Ich werde Euch nicht enttäuschen, Señor Niño!"

Auf der Hafenmole drängten sich die Schaulustigen. Die Stadtväter gingen von Schiff zu Schiff und schüttelten jedem Kapitän und auch den Schiffsoffizieren einzeln die Hand. Auch Pablo.

Als Erstes legte das Flaggschiff des Admirals ab. Wie alle siebzehn Schiffe der Flotte war die La Gallega festlich geschmückt. Eine Leine war über Top gespannt, an der farbige Wimpel flatterten. Am Großmast eines jeden Schiffes hissten die Besatzungen die prächtige Königsstandarte von Kastilien, und so, wie eines nach dem anderen die Schiffe langsam in den Wind drehten und feierlich Fahrt aufnahmen, blähten sich die buntbemalten Segel in der leichten Brise dieses Morgens. Die vielen adligen Freiwilligen auf den Schiffen drängten sich an den Relings und stellten ihre wappengeschmückten Wämser und Rüstungen zur Schau. Fähnchen und Wimpel verheddern sich in der Takelage. Von der Landspitze her donnerten Salutschüsse aus den Kanonen des Schlosses Santa Catalina. Auf der Hafenmole schmetterten Trompeten und Fanfaren, ein grandioses, farbenprächtiges und lautes Schauspiel. Eine Flotille von Fischerbooten und venezianischen Barken umschwärmte die Armada während ihres Auslaufens. Aber bald ließen die Schiffe diese bunte Eskorte ebenso wie die weißen Mauern von Cadiz hinter sich und strebten der offenen See zu. Von der Höhe des Schlosses von Santa Catalina winkte Infant Don Johann ihnen nach. Das konnnten die Männer auf den Schiffen nicht sehen, aber sie wussten es, und deshalb winkten auch sie zum Schloss hinauf. Neben Don Johann stand sein neuer Page, der junge Diego Colón und legte ein Gesicht auf, als sei er der Thronfolger.

Die heitere Brise schob die Flotte schnell aufs offene Meer hinaus, bald verschwanden die tanzenden Segel am Horizont. Sie nahmen geraden Kurs auf die Kanarischen Inseln.

Ein glücklicher junger Mann stand am Steuerruder eines dieser Schiffe und ließ sich den sanften Meerwind durch die Haare fahren. Pablo! Er lächelte, wie nur einer lächeln kann, dem die Welt alle Türen geöffnet hat, dem alles bevorstand, was das Leben zu bieten hat.

Zwischenspiel im Urwald

In Izus Regenwald herrschte an Regen kein Mangel. Zumal zu dieser Jahreszeit. Natürlich kannten die Tupanaki den Lauf der Jahreszeiten und seit Generationen wussten sie auf den Tag genau, wann die Regenzeit anbrechen würde. Vielleicht lasen sie es an der Art ab, wie die Ameisen hin- und herkrabbelten, am Pfeifen der Vögel oder an der Farbe ihres eigenen Urins. Jedenfalls wussten sie es. Und so hatten sie auch das Unheil dieses Frühjahrs kommen sehen. Aber anstatt sich irgendwie gegen die alljährliche Überschwemmung ihrer Jagdgründe zu wappnen, anstatt ihr Hab und Gut – viel wäre es nicht gewesen – in den Wipfeln der Bäume oder auf der nächsten erreichbaren Anhöhe in Sicherheit zu bringen, zogen sie es vor, tropfnass und schicksalsergeben im Dauerregen vor ihren Hütten zu hocken und zuzuschauen, wie das Wasser vom großen Fluss her unermüdlich stieg und stieg. Selbst als sie die Zehen zurückziehen mussten, weil es feucht wurde, brach keine Panik aus. Dafür hatte Izu gesorgt, mit seinen erhabenen Weissagungen, die er aus einem veritablen 24-Stunden-Caapi-Vollrausch gewonnen hatte, in dessen Verlauf er drei- oder viermal die gefügige Zula bestiegen hatte. Die Weissagung nach durchzechter Nacht lautete: Der Regen wird rechtzeitig aufhören, und zwar, kurz bevor das Wasser vom großen Fluss in die ersten Hütteneingänge schwappt. In dieser Prognose lag für Izu kein allzu großes Risiko, war es doch in den letzten sieben oder acht Jahren immer so gewesen.

Als aber die Flut unaufhörlich weiter stieg und der Dauerregen keinerlei Anstalten machte nachzulassen, als aus Quandruppes Hütte plötzlich die Kürbisschalen eine Flotte bildeten und in Reih und Glied davonschwammen, als einer nach dem anderen die aufs vermeintlich Trockene gezogenen Einbäume des Stammes sich selbstständig machten und auf eigene Faust Richtung Fluss davon zuckelten und als schließlich Häuptling Marindes Feuerstelle zischend erlöschte, weil auch in seiner Hütte die Pfützen die Oberhand gewannen, da sah Izu endlich ein, dass er seine Hochrechnungen nach oben korrigieren musste. Er beorderte den ganzen Stamm mit sämtlichem Hausrat und allen zahmen Papageien, Wasserschweinen und sonstigen Haustieren auf die Hüttendächer und ermunterte alle, dort auszuharren, bis nun bald das Ende der Wasserflut zu erwarten sei.

Er selbst begab sich durch knietiefes, braunes Schlammwasser, das fröhlich um seine dürren Waden gurgelte, zu seinem riesigen Zauberbaum, um stille Einkehr zu halten. Die Wassermassen nahmen jedoch langsam bedrohliche Ausmaße an. Selbst die weitverzweigte Wurzelwelt des Urwaldriesen verschwand bereits unter den Fluten. Wie ein behäbiger alter Affe schwang sich Izu auf die unteren Äste und erklomm eine Astgabel, in die er sich nach bewährter Art eines Faultieres hineinkauern konnte. Das Wasser tropfte ihm an Gesicht, Hals und Schultern herunter. Das war egal. Unter seiner Lederhaut fühlte er sich trocken und gemütlich. Er blinzelte in die schlammigen Fluten zu seinen Füßen und schätzte ab, wie lange es wohl noch dauern mochte, bis das Wasser auch seine Astgabel erreichen würde. Wenn es so weit war, dann würden auch die Hütten des Dorfes unter Wasser stehen. Izu räkelte sich in seine Astgabel hinein, schloss die Augen und richtete sich zu einem Nickerchen ein. Den linken Fuß ließ er am Baum hinunterbaumeln, sozusagen als Alarmanlage. Sobald das Wasser ihn erreichte, würde er aufwachen.

Im Traum erschien ihm erneut der altbekannte blaue Himmel. Die drei Wolken, die ihn zuletzt so geängstigt und verunsichert hatten, hatten sich aufgelöst. Zwei waren ganz verschwunden, die dritte war nur noch als fasriges, ausgefranstes Knäuel erkennbar. Die Träume von diesem blauen Himmel stellten für Izu noch immer ein beängstigendes Rätsel dar. Vor allem, weil er sich dieser Visionen so klar bewusst war, weil er sich an jedes Detail auch im wachen Zustand erinnern konnte. Wie eine Zeichnung lagen sie stets als scharfes Bild vor ihm. Und er konnte sie jederzeit abrufen und über ihre Bedeutung nachdenken.

Allerdings hatten sich sämtliche Interpretationen bisher als abwegig erwiesen. Weder sagten diese Träume das Wetter voraus, noch gaben sie Auskunft über Izus Chancen bei den Dorfschönheiten. Sie eigneten sich auch nicht als Orakel für Raub- und Jagdzüge. Sie blieben schlicht und einfach ein Rätsel, vor allem, weil sie sich jeweils um kleine Nuancen änderten. So wie auch jetzt wieder, da Izu als tropfender Lappen in seiner feuchten Astgabel hing: Die letzte kleine Wolke in seinem Traum hatte sich fast aufgelöst. Nur noch zerstreute dünne Fäden, letzte Reste, hingen lose aneinander und machten Anstalten, ganz zu verschwinden. Der Himmel leuchtete fast wieder so makellos blau wie damals, als er Izu zum ersten Mal im Traum erschienen war. Der Zaubermann schwebte in diesen warmen, blauen Himmel hinein, wie ein großer Vogel, der sich gleiten lässt. Die Luft erschien ihm mild. Angenehme, seidige Wärme umgab den Zaubermann, eine friedliche Stille umfing ihn. Alles Störende schien verschwunden. Fast alles. Izu drehte sich in seinem Traumflug um die eigene Achse, schwebte nach oben, schwebte nach unten, suchte den blauen Horizont ab. Da sah er es: Am äußersten Rande dieses makellosen blauen Meeres tauchte plötzlich ein Fleck auf. Izu konzentrierte sich darauf, schärfte seine Sinne. Wolken! Eine ganze Herde. Sie drangen in das unberührte Blau ein, wie eine Horde Affen, die einen neuen Urwald erobert. Es waren nicht zwei, nicht drei und nicht vier kleine Wölkchen, es war eine ganze Armada von finsteren Gewitterwolken. Hier zog Unheil herauf, es war fast mit Händen zu greifen.

Dazu gesellte sich ein lautes, bedrohliches Krachen und Bersten. Nein, das gehörte nicht mehr zum Traum. Izu wachte genau in dem Augenblick auf, als der Ast, auf dem das Gewicht seines schrumpeligen Körpers ruhte, splitternd aus der Fassung sprang und sich mit einem hässlichen Knarzen langsam erdwärts neigte. Fluchend sprang er in die Fluten, die den mächtigen Stamm des Urwaldriesen umspülten. Das Wasser reichte ihm bis zur Brust. Jetzt wurde es höchste Zeit, das Dorf vor dem Absaufen zu retten.

XXXVI. Überlebende

Das kleine Segelboot schaukelte benommen und planlos in den Wellen. Es gab kein Ziel. Rodrigo de Escobedo stand mit rotverbranntem Gesicht an der Ruderpinne, die Augen blutunterlaufen, der schmale Mund verkniffen, die Lippen spröde aufgesprungen, ausgetrocknet, gezeichnet von den Strapazen der letzten Tage.

Erst einmal ging es nur hinaus aufs offene Meer. Hauptsache weit weg von der Insel und von all dem Unheil, das dort über sie gekommen war. Escobedo befand sich noch weit entfernt davon, die Schuld an den Ereignissen der letzten Tage bei sich selbst zu suchen. Harana, dieser Dummkopf, warum hatte er die Wasserfässer nicht nachgefüllt? Die Basken, diese Idioten, warum hatten sie sich so kopflos und ungeschützt in die Schlacht gestürzt? Die unfähigen Seeleute, wo hatten sie ihren Kopf gehabt? Hätten sie doch mit der Bombarde alles kurz und klein geschossen. Wären sie zusammengeblieben, beim Wasserholen. Alles Stümper, Dilettanten, Idioten, Feiglinge. Das hatten sie nun davon. La Navidad war zerstört, die ganze Besatzung auseinandergesprengt, getötet, gefangen, verloren. Escobedo schüttelte unwillig den knochigen Schädel. Der Traum von Gold und Reichtum war ausgeträumt. Er grinste knapp und betastete den Lederbeutel, den er immer noch umhängen hatte. Immerhin, seine ganz persönliche Beute, die hatte er gerettet. Aber wie wenig war das, gemessen an den Schätzen, die sie schon in Händen gehalten hatten?

Nun ging es ums bloße Überleben. Escobedo erwog die Chancen, die ihm geblieben waren. Mittschiffs saß Andrés, den Blick immer noch ängstlich auf die verschwimmende Küstenlinie gerichtet, wo sich eine dünne Rauchsäule kräuselte, da, wo einst Fort Navidad gewesen war. Mit ihm zusammen konnte er die Isabella notfalls alleine segeln. Die Lateinertakelage der Schaluppe ließ sich leicht handhaben, sie wurde mit Hilfe von Haken rasch aufgestellt oder abgeschlagen, der kleine Segler besaß keine Wanten. Das war von Bedeutung für Escobedos weitere Überlegungen. Vorne im Bug stöhnte Pedro Yzquierdo auf seinem Lager. Der Verwundete wälzte sich vor Schmerzen im Fieberwahn hin und her, schlug mit dem schweißnassen Kopf gegen die Bootsplanken, fuchtelte mit den Armen wie ein Epileptiker. Gewiss plagten ihn großer Durst und noch größere Schmerzen. Das rührte Escobedo nicht. Trinkwasser gab es viel zu wenig an Bord, als dass einer wie er es an einen Todgeweihten vergeudet hätte. Was die Schmerzen betraf, so musste Yzquierdo eben auf die Gnade der nächsten Bewusstlosigkeit warten. Er würde sterben, das stand für Escobedo fest. Deshalb verschwendete er auch nicht viele Gedanken an den Elenden. Viel wichtiger war die Frage: Was sollte mit Lope Chips geschehen? Der nur leicht verletzte Baske lag gefesselt stumm zwischen den Ruderbänken und drehte Escobedo den Rücken zu. Aber Escobedo wusste, dass der Kerl bei Bewusstsein war und heimtückischen Gedanken nachhing.

„Hey, Lope! Dreh dich mal um, schau mich an!“ Escobedos ausgedurstete Stimme klang krächzend. Er musste nach den ersten Worten husten, damit man ihn verstand. „Ich weiß, dass du wach bist und mich hören kannst. Sag was!“

Ein unwilliges Knurren war die Antwort.

Escobedo lachte und befahl Andrés: „Dreh ihn herum, so dass ich sein Gesicht sehen kann. Ich will mit dir reden, Lope!“

Andrés wuchtete den Gefesselten auf dem Bootsgrund herum. Lope Chips spuckte ihn an, traf aber daneben.

„Hör zu, du baskischer Sturkopf. Wenn wir dich nicht flachgelegt hätten, lägen wir jetzt als Leichen irgendwo am Strand, wie alle unsere Kameraden. Ich habe dir das Leben gerettet und du solltest dankbar dafür sein. Hätten wir länger gewartet, dann wären ein paar tausend wildgewordene Eingeborene über uns hergefallen. Also spiel nicht länger den Beleidigten. Wir haben deine baskischen Freunde nicht auf dem Gewissen, die sind selbst ins Verderben gerannt. Jetzt gibt’s nur noch eines: Wir müssen zusammenhalten, damit wir überleben. Wir sind nur noch zu dritt: du Lope, unser Freund Andrés, und ich. Pedro da vorne, der wird sterben und dann hängt es von uns ab, ob wir überleben, bis Hilfe aus Spanien kommt. Und du weißt so gut wie ich, dass das noch ein paar Monate dauern kann."

Escobedo wartete, ob von Lope eine Reaktion folgte, aber der Baske blieb stumm.

„Wenn ich dich losbinde, dann will ich mir sicher sein, dass du mir nicht an die Gurgel gehst. Gefesselt nützt du mir gar nichts, das weißt du. Da kann ich dich eben so gut ins Meer werfen. Also, sag jetzt etwas!"

Lope richtete den Oberkörper auf und gelangte trotz seiner Fesseln in eine Sitzposition. Seinem bartumwucherten, schwarzen Gesicht war keine Regung abzulesen. Die dunklen Augen funkelten. „Mach mich los Escobedo", knurrte er schließlich. „Ich will auch am Leben bleiben, du hast nichts zu befürchten."

Escobedo ließ den Basken trotzdem noch fast eine Stunde in der Sonne schmoren, ehe er Andrés befahl, die Fesseln aufzuschneiden. Bis dahin hortete der Notar sämtliche auf der Isabella vorhandenen Waffen: Lopes Arkebuse mit Munition, zwei Schwerter und eine Pike. Andrés besaß noch ein Schwert und ein Messer. Das war die ganze Ausrüstung.

In nordöstlicher Richtung vor der Küste von Hispaniola lag eine Bucht, die schon Admiral Colón Bahia de Monte Christi getauft hatte. Dort gab es eine Reihe von kleinen Inseln, wie Lope Chips von seinen Erkundungsfahrten zu berichten wusste. Dorthin steuerten sie die Isabella, in der Hoffnung, Trinkwasser und Nahrung zu finden.

Kurz bevor sie am Abend eines dieser Eilande erreichten, brach aus dem kurz zuvor noch strahlend blauen Himmel ein gewaltiger Wolkenbruch hervor, als wollte er die Welt ertränken. Der überfallartige Schüttregen, mitten hinein in die schwül aufgeladene Hitze des Spätnachmittags, erwies sich als Wohltat für die ausgedörrten Spanier. Andrés riss sich das Hemd vom Leib und ließ sich übergießen. Escobedo warf den Kopf in den Nacken und leckte sich gierig das Regenwasser von den nassen Lippen in den Mund. Selbst Pedro Yzquierdo erwachte aus seinem dumpfen Dämmerschlaf der letzten

Stunden und sperrte stöhnend den Mund auf. Nur Lope Chips dachte daran, eine Segelplane zwischen den Ruderbänken aufzuspannen und darin das Wasser aufzufangen.

Als sie versuchten, unter dem prasselnden Regen auf der angesteuerten kleinen Insel an Land zu gehen, erlebten sie eine böse Überraschung: Aus dem feucht dampfenden Wald trat ihnen eine feindselige Schar von etwa zwei Dutzend Tainos entgegen. Sie machten Drohgebärden mit ihren Holzspeeren und brüllten die Spanier an wie eine rivalisierende Affenhorde.

Die Kunde von den Ereignissen auf Hispaniola konnte unmöglich schon bis zu dieser verlorenen Insel vorgedrungen sein. Trotzdem zeigten die Indios durch ihre Gebärden und Schreie, dass sie ihre Insel für sich behalten wollten. Escobedo, der schon den Fuß an Land gesetzt hatte, zögerte. Andrés und Lope saßen abwartend auf der Bootskante. Aber ihr Bedarf an kriegerischen Auseinandersetzungen war gedeckt. Keiner von den dreien wollte es noch einmal auf einen Kampf ankommen lassen. Ob die einstige Überlegenheit der Spanier noch gereicht hätte, um sich den Weg mit Gewalt zu bahnen?

Unter lauten Flüchen und Verwünschungen zog sich Escobedo wieder auf die Schaluppe zurück. Seine Energien reichten noch, um die geladene Arkebuse anzulegen und einen hasserfüllten Schuss auf die Tainos abzufeuern, die angesichts ihres Triumphes ins Wasser stürmten und der Isabella verwegen nahe kamen. Escobedos Kugel traf einen der ihren und schleuderte ihn rückwärts in die Brandung. Seine Kameraden flüchteten wie die Hasen unter den Schutz der Palmen. Für die Spanier blieb Zeit genug, um das Boot zu wenden und wieder auf die offene See hinauszusteuern.

Die Nacht verbrachten sie auf dem Meer.

Auch die Überlebenden im wackligen Einbaum von Jorge und Sunayama kamen in dieser Nacht nicht an Land. Jorge, der die Zähne zu einem breiten Grinsen bleckte, seit er die Spanier am Strand von Caracol aus dem Wasser gefischt hatte, bestimmte den Kurs und paddelte unermüdlich auf die offene See hinaus in nordwestliche Richtung. „Babeque, Babeque“ wiederholte er, wenn die anderen ihn fragten, wo er hin wolle. Das war die vorgelagerte Insel am Nordwestzipfel von Hispaniola, die seinerzeit Alonso Pinzon so gereizt hatte, dass er sich befugt gefühlt hatte, sich ohne Absprache von der Flotte zu entfernen.

Rodrigo saß direkt hinter dem unermüdlichen Getreuen, der mit der Präzision einer Maschine das Paddel ins Meer tauchte, kraftvoll nach hinten zog, mit Schwung heraushob und wieder eintauchte. Stundenlang. Rodrigo beobachtete das elegante Spiel der Muskeln, wenn sich Jorges Arm hob und senkte, wenn der Rücken sich nach vorne beugte und dann nach jedem Zug wieder kurz aufrichtete. Sein hüftlanges, pechschwarzes Haar flatterte im Wind wie eine Pferdemähne. Hinten im Boot saß Suunayama. Dazwischen kauerten Bootsmann Chachu, steif wie ein asiatischer Buddha, vor lauter Angst, eine falsche Bewegung könnte das schmale Canoe zum Kentern bringen, und der zusammengeschrumpfte Harana, wie gelähmt und seines Willens beraubt. Seit er sich ins Canoe gerettet hatte, sprach er kaum einen Satz, zeigte keinerlei Initiative, stierte nur in sich hinein oder hohlen Blickes auf den leblosen Schiffsarzt Juan Sanchez. Der lag in der Mitte des Bootes. Seit der Rettung hatte er das Bewusstsein noch nicht wiedererlangt.

Gegen Abend gerieten sie ebenfalls in den karibischen Regen, der binnen Sekunden die kärglichen Reste ihrer Kleidung durchweichte und mit beängstigender Geschwindigkeit das Canoe füllte. Chachu und Rodrigo schöpften auf Anweisung von Jorge mit Kürbisschalen das Wasser wieder hinaus. Harana beteiligte sich nicht, sondern schrumpfte unter dem Regenguss noch mehr in sich zusammen. Suunayama und Jorge paddelten unermüdlich weiter. So brach die Nacht herein, und sie befanden sich irgendwo in der weiten Leere des Meeres. Nur Jorge schien sich seiner Sache sicher. Der Indio gab Anweisung, in wechselnden Schichten zu paddeln und zu schlafen. Jorge mit Rodrigo, Chachu mit Suunayama. Harana dämmerte mutlos vor sich hin.

Wenn nicht ständig gepaddelt werde, so erklärte Jorge in seinem Kauderwelsch aus spanischen Halbsätzen und Taino-Brocken, bestünde Gefahr, dass sie in der Nacht genau die Strecke wieder zurückgetrieben würden, die sie tagsüber zurückgelegt hatten. „Wir dunkel zurück, nix vorwärts, wenn schlafen!"

„Jorge, sag mir eines", fluchte schließlich Chachu, als sich die altbekannte Schwärze übers Meer gelegt hatte: „Was glaubst du, wie lange wir bis nach Babeque brauchen werden?"

Ohne sich in seinem Paddelrhythmus stören zu lassen, wandte Jorge den mähnigen Kopf nach hinten und antwortete: „Vielleicht vier oder fünf, vielleicht Glück haben, dann drei!"

„Hast du gehört, Groumette", brüllte Chachu nach vorne zu Rodrigo, der selbstverständlich gehört hatte, denn er saß ja direkt hinter Jorge. „Vier oder fünf Stunden, dann haben wir es geschafft!"

Jorge wandte sich um und korrigierte: „Nix vier Stunden. Vier Tage! Vielleicht aber auch fünf!"

Es wurden sechs Tage, in denen die Verzweifelten durch ein glücklicherweise ruhiges und regelmäßig von heftigen Regenattacken glattgebügeltes Meer paddelten. Täglich legten sie rund sechs spanische Leguas zurück, fünfzehn bis zwanzig Seemeilen, bis sie am sechsten Tage schließlich die Küste von Babeque sichteten. In diesen sechs Tagen lebten sie vom Regenwasser und einem einzigen Dorado-Fisch, der so dumm gewesen war, beim Sprung über die Wellen ausgerechnet im Inneren des Canoes zu landen. Sie teilten ihn brüderlich bis auf die letzte Gräte. Jorge und Suunayama steckten die Strapazen am besten weg. Unermüdlich gaben sie beim Paddeln das Tempo vor, und wenn es beim zähen und durchtrainierten Jorge noch einigermaßen erklärbar war, welche Leistungen er aus seinem schlanken Körper herausholte, so war es bei der schmächtigen Suunayama das schiere Rätsel.

Rodrigo begann am vierten Tage ihrer Fahrt damit, die Hanfkordel zu essen, die noch um seine Hüfte hing und an der die schwarze Locke Isabellas baumelte. Er wickelte sie jetzt um den Griff seines Messers. Als sie Babeque erreichten, hatte er die Schnur verspeist und fühlte sich keineswegs am Ende seiner Kräfte.

Chachu lebte von den Reserven, die er als Speck auf den Rippen trug. Nach den sechs Tagen und fünf Nächten auf dem Meer war jedoch nichts mehr geblieben von den ausladenden Hüftringen, dem mächtigen Bauch und dem gut gepolsterten Brustkorb. Chachus einst rundes Gesicht fiel zu einer hohlen Maske zusammen, nur noch zusammengehalten vom Bart, den Haaren und einer zerschrumpelten Mostbirne, die einst eine Nase gewesen war.

Am schlimmsten setzten die Strapazen aber Diego de Harana zu. Der einstige Alguacil saß apathisch im Canoe, seine leeren Augen verbargen sich tief in dunklen Höhlen. Der schwarze Schnurrbart hing salzverkrustet über einem zusammengekniffenen Mund, der schmächtige Körper bestand nur noch aus Haut und Knochen, an denen ein zerfetztes Hemd flatterte. Haranas Hände und Füße waren wund und blutig aufgerissen vom salzigen Meerwasser, die Beine übersät von krustigen Ekzemen. Der Untergang von Fort Navidad und sein Versagen als Lagerkommandant bliesen jegliches Leben aus ihm hinaus.

Schiffsarzt Juan Sanchez erwachte nicht mehr aus seiner Bewusstlosigkeit. Aber mindestens drei Tage lang gab er noch Lebenszeichen von sich, kurze Schnaufer, ein Röcheln, ein Lidschlag. Am Morgen des vierten Tages stellten sie fest, dass Puls und Herz aufgehört hatten zu schlagen. Sie brachten es aber nicht über sich, den Leichnam ins Meer zu kippen, bis Jorge ganz nüchtern feststellte, man werde noch froh sein über „Gut Fleisch, viel Essen!“

Rodrigo de Escobedo und seinem Häuflein Verlorener erging es in diesen Tagen nicht viel besser. Sie versuchten mehrfach, auf einer der kleinen Inseln in der „Bahia de Monte Christi“ an Land zu gehen. Aber überall stellten sich ihnen feindselige Tainos entgegen. Zu dritt wagten sie es nicht, sich mit Gewalt einen Weg an Land zu erkämpfen. Was sie brauchten und suchten, das war ein Strand, an dem sie unbehelligt bleiben, wo sie jagen und fischen konnten, wo sie die ramponierte Isabella überholen und sich selbst von ihren Strapazen erholen konnten. Von Tag zu Tag wurde ihre Lage bedrohlicher: Die kargen Lebensmittelvorräte, welche die Basken in der Schaluppe mitgeführt hatten, etwas Dörrobst, gesalzener Fisch, Zwieback, gingen rapide zur Neige; die Bedrohung durch die Tainos wuchs, nicht nur bei den Landeversuchen, sondern auch auf dem offenen Meer. Hispaniola und seine feindseligen Eingeborenen waren immer noch nur wenige Steinwürfe entfernt, die Küstenlinie der Insel zeichnete sich stets verschwommen am Horizont ab. Von dort drohte jederzeit Gefahr. Die Kräfte der Spanier schwanden. Escobedo gönnte sich keine Ruhe, schlief kaum, aus Angst vor Angriffen, aber mehr noch aus Misstrauen Lope Chips gegenüber. Der hing zwar wie ein durchgewalktes Fell im Boot und bejammerte seine Stichwunde an der Hüfte, aber Escobedo ließ sich davon nicht täuschen. Der Notar bemerkte sehr wohl die verstohlenen Blicke, die Lope mit Andrés austauschte. Und er wusste auch, dass Lope die erste Unachtsamkeit nutzen würde, um sich eine der Waffen zu besorgen. Mit einem Griff unter die Ruderbank versicherte sich Escobedo alle halbe Stunde, dass sie noch sicher verwahrt lagen, wo er sie verstaut hatte. Andrés alleine stellte für Escobedo keine Gefahr dar. Der Junge hatte tapfer gekämpft. Bei allen Raubzügen und Kämpfen hatte er sich gut geschlagen. Aber er war ein Halbwüchsiger, fast noch ein Kind, und brauchte Führung, eine starke Hand. Und die garantierte immer noch Escobedo. Dann lag da noch der todgeweihte Pedro Yzquierdo. „Allmächtiger, lass ihn gnädig in Ohnmacht fallen und sterben", flehte Escobedo in stummer Zwiesprache mit dem Himmel, nachdem drei Tage lang das qualvolle Stöhnen des Schwerverletzten die Isabella erfüllt und die Nerven der anderen bis ins Mark strapaziert hatte. Yzquierdo lag im Heck der Isabella, fieberglühend, geschwollen wie ein Kürbis; er wälzte sich im Spritzwasser, wundgescheuert, von der Sonne verbrannt, vom Regen eingeweicht, vom Salzwasser zerfressen; er brüllte ohne Ende, schlug nach allem, was sich ihm näherte, aber er wollte nicht sterben.

Am Morgen des dritten Tages nach ihrer Flucht aus La Navidad, nach einer erneut fast schlaflosen Nacht unter den Todesschreien des Gemarterten, fasste Escobedo einen Entschluss: „Wir werfen ihn ins Meer!"

Andrés schaute den Notar fassungslos an. Lope sagte nichts.

Ächzend erhob sich der Notar von seiner Ruderbank und hangelte sich an den Schoten entlang mitschiffs: „Fass mit an, Andrés! Wir machen dem Jammer ein Ende, bevor er uns alle um unseren Verstand bringt!"

„Das kann ich nicht, niemals!"

„Der Kerl stirbt so oder so. Vorwärts!"

Andrés duckte sich tief ins Boot hinein, als wollte er sich unsichtbar machen. Wütend zückte Escobedo seinen Säbel. „Auf jetzt! Alleine schaffe ich es nicht!" Escobedos herrische Stimme und sein dämonischer Blick zwangen Andrés zum Gehorsam. Um zu Yzquierdo zu gelangen, der im Wahnsinn versuchte, in die Bootsplanken zu beißen, mussten sie den zusammengesunkenen Lope Chips passieren. Der Baske, der in der Hüfte, wo Escobedos Dolch ihn niedergestreckt hatte, einen blutgetränkten Verband trug, hatte sich in den letzten drei Tagen nicht von diesem Platz weg bewegt. Andrés kroch auf allen Vieren an ihm vorbei. Escobedo hielt Abstand, er tastete sich an der gegenüberliegenden Reling vorwärts und hielt das Schwert drohend auf Lope gerichtet. Der blinzelte von seinem Sitzplatz gegen die Sonne und hielt schützend beide Hände vors Gesicht. Escobedo rutschte an ihm vorbei. Ein Lächeln huschte über die Lippen des Basken.

Yzquierdo befand sich nicht mehr wirklich in dieser Welt. Sein aufgequollenes Gesicht glänzte tiefrot, die Haut warf verbrannte Blasen, der geschwollene Mund leuchtete entzündet. Von seinen Augen war nur noch das Weiße zu sehen. Die Wunde am Bein stank wie ein aufgeschlitzter, in die Sonne gelegter Fisch. Der Kamerad war verloren. Sie packten ihn links und rechts unter den Armen und hievten ihn in eine sitzende Position. Er ließ es geschehen. Ein brüchiges Gurgeln kam tief aus seiner Kehle, Blut und Spucke liefen ihm aus dem Mund. Andrés, den es sichtlich würgte von dem fauligen Gestank, hielt die Augen geschlossen und folgte stumm Escobedos Anweisungen. Der konzentrierte sich derart auf den Moment, wo sie Yzquierdos schweren Körper über die Bootskante kippten, dass auch der Notar nicht mehr darauf achtete, was hinter seinem Rücken vor sich ging. So sah er nicht, dass Lope Chips plötzlich flink wie eine Spinne zum Bug krabbelte, dahin, wo Escobedo die Waffen gehortet hatte. Im gleichen Augenblick, als sie Pedro über Bord warfen und der Unglückliche leblos ins Wasser plumpste, wo er quälend langsam und ohne weiteren Widerstand versank, krachte ein Schuss. Rodrigo de Escobedo schrie. Es war ein schriller, wütender und ungläubiger Schrei, der anwuchs zu unmenschlichem Gebrüll. Andrés kullerte rücklings ins Bootsinnere. Der Notar richtete sich auf. Lopes Schuss hatte ihn von hinten in den Rücken getroffen. Auf Escobedos vor Dreck und Blut schon längst nicht mehr weißem Hemd breitete sich mit großer Geschwindigkeit ein heller roter Fleck aus. Er torkelte über die Ruderbänke, zog den Säbel, fuchtelte Richtung Chips, verhedderte sich im Großschot, fiel längs auf die Planken, rappelte sich wieder auf, taumelte weiter, würgte und spuckte. In seinem bösartigen Gesicht breitete sich langsam Entsetzen und Erkennen aus: Das war sein Ende. Dann knickte er ein, brach zusammen und blieb zuckend liegen. Lope hielt die nachgeladene Arkebuse immer noch schussbereit auf ihn gerichtet. Escobedos Todeskampf dauerte mehrere Minuten. Lope sah ohne Regung zu.

Er und Andrés warfen die Leiche ebenfalls über Bord und beratschlagten, was zu tun sei. Sie verwarfen die Idee, zurück nach Hispaniola zu segeln und Schutz bei Guacanagari zu suchen. Der würde sie nicht schützen können. In der Bahia de Monte Christi konnten sie sich auch nicht länger aufhalten. Hier drohten überall Gefahren von den Eingeborenen. Sie konnten nicht Tag und Nacht wach und schon gar nicht ewig auf See bleiben.

Schließlich kamen sie überein, dass es das Beste sei, auf dem einstigen Entdeckungskurs der Flotte zurückzusegeln und eine jener Inseln aufzusuchen, auf denen die Spanier seinerzeit freundlich empfangen worden und bei den Eingeborenen in guter Erinnerung geblieben waren. Mit ein wenig Glück musste es möglich sein, dort bis zur Rückkehr des Admirals zu überleben.

So kam es, dass sie Kurs Nordwest einschlugen, genau jene Richtung, in der, mit ein paar Tagen Vorsprung, vor ihnen das Einboot mit Chachu, Rodrigo, Harana, Jorge und Suunayama unterwegs war. Die Gruppe landete auf Babeque und befand sich damit zunächst in Sicherheit. Sie genossen allesamt das Gefühl, nach den sechs schwankenden Tagen im Einbaum endlich wieder festen Boden unter den

Füßen zu haben. Sie bauten sich aus Palmblättern einen Unterstand zum Schutz gegen die gewaltigen Regenfälle, die weiterhin zweimal täglich herabstürzten, um in der kochenden Luft sofort zu feuchter Schwüle zu verdampfen. Freilich bot das dürftige Palmendach wenig Schutz vor den Sturzbächen. Es war den Geretteten klar, dass sie ihren ungemütlichen Platz bald wieder verlassen mussten. Eingeborene sichteten sie am ersten Tag ihrer Landung keine. Auch Jorge und Suunayama, die sich unverzüglich zu einem Streifzug ins Innere der Insel aufmachten, trafen auf keine Insulaner. Immerhin brachten die beiden essbare Früchte und zwei schmackhafte Papageien mit. Ausgehungert stürzten sie sich auf diese Happen. Wie Raubtiere rissen Chachu und Rodrigo die Papageien auseinander und verspeisten sie roh. Sie schlangen das Fleisch hinunter, kauten genüsslich jeden Knochen klein und machten selbst vor den Eingeweiden und den Federn nicht Halt. Einzig den Schnabel ließen sie übrig. Nur Diego de Harana beteiligte sich nicht an dem Festmahl. Völlig apathisch saß er an einen Baum gelehnt und starrte vor sich hin. Er reagierte nicht, wenn die anderen ihn ansprachen. Chachu versuchte es einmal mit vorsichtigen Worten. Da brach Harana in Tränen aus und heulte wie ein Kind. So ließen sie den Verzweifelten mit sich alleine.

Ihr erster Tag auf festem Boden bestand aus Ausruhen, Erholen, Schlafen und Essen. Chachu besprach mit Jorge die Möglichkeit, ein kleines Segelboot zu bauen. Seit dem tagelangen gemeinsamen Tanz auf den Wellen, bei dem sich Jorge als Führer, als Navigator und als Retter erwiesen hatte, waren Chachus frühere Vorbehalte gegen den Taino vollkommen in sich zusammengestürzt. Die beiden Männer verkehrten nunmehr auf Augenhöhe miteinander. Auch der Baske musste anerkennen, dass sie ohne Jorge verloren gewesen wären. So akzeptierte er ihn nun nicht nur als vollwertigen Partner, er überließ ihm sogar in diesen schweren Tagen weitgehend die Führerschaft. Wenn der junge Taino diesen Wandel überhaupt zur Kenntnis nahm, so ließ er sich nichts anmerken. Er verhielt sich über all die Tage gleichbleibend zuvorkommend, lächelte fröhlich auch in der glühendsten Hitze und im schauerlichsten Regenguss. Mit seiner sanften Kraft bestimmte er den Weg der Gruppe und behielt doch seine höfliche, fast devote Haltung den Spaniern gegenüber bei. Chachu interessierte sich sogar plötzlich für Jorges richtigen Namen, seinen Taino-Namen.

„Nahanau“, sagte Jorge, indem er die einzelnen Silben herausfeuerte wie drei Schimpfworte: Naa haa nau!

Rodrigo, nackt bis auf den Lendengurt, den er in der Schlacht um Navidad einem toten Taino-Krieger abgenommen hatte, saß mit Suunayama auf dem Stamm einer abgeknickten Palme. Gemeinsam legten sie trockene Zweige in ein kleines Lagerfeuer nach, das sie mit Einverständnis von Chachu und Jorge angeschürt hatten. Suunayama, mit ihren fünfzehn Jahren in vielem dem Jungen voraus, suchte die Berührung mit Rodrigo. Sie rückte nahe heran, bis sie sich mit Arm und Schulter an ihn anlehnen konnte. In ihrem bereits verblüffend runden Spanisch fragte sie: „Was passiert jetzt mit euch Spanisch-Männern?“

Rodrigo zuckte die sonnenverbrannten Schultern: „Keine Ahnung. Wir schauen, dass wir überleben, bis Admiral Colón zurückkehrt.“

„Wird er zurückkehren, Roodigo?“ Es war ihre Art, seinen Namen auszusprechen. Sie behauptete, so habe der Name auch in ihrer Sprache eine Bedeutung, wollte aber nicht preisgeben, welche. Immer wenn Rodrigo sie bedrängte und es herausfinden wollte, kicherte sie in sich hinein und verdrehte belustigt die Augen. Da Rodrigo mit seinen knapp vierzehn Jahren noch nicht wusste, was Liebe ist, ging ihm nicht auf, dass es diese Momente waren, in denen er sie spürte, erkannte er nicht, dass die anmutige Suunayama sein kaltes, verschlossenes und eigentlich unberührbares Jungen-Herz erobert hatte. Er hielt für sich die Illusion aufrecht, Suunayama sei seine jederzeit austauschbare indianische Gefährtin, so wie fast jeder Spanier eine gehabt und oft genug ausgetauscht hatte.

„Der Admiral wird bestimmt zurückkehren“, nahm Rodrigo jetzt den Gedanken wieder auf. „Er wird viele Männer und viele Schiffe mitbringen. Und dann sucht er euren Kaiser, den großen Khan, mit all seinem Gold und seinen prächtigen Palästen.“ Rodrigo war überzeugt von dem, was er sagte.

Suunayama griff nach Rodrigos Handgelenk und hielt sich beschwörend daran fest: „Ich kenne keinen großen Khan. Euer Admiral wird vergeblich suchen. Und was ist, wenn Colón gar nicht mehr kommt? Oder uns nicht mehr findet? Was machst du dann?"

Die unausgesprochene Frage lautete: „Was machst du mit mir? Bleibst du bei mir?" Dafür hatte Rodrigo aber kein Gespür. Er schob in die knackende Glut einen Ast nach und hielt sich daran fest, um irgendwo seine Hände unterzubringen: „Darüber denke ich nach, wenn er nicht gekommen ist."

Suunayama seufzte. Sie rutschte vor Rodrigo auf die Knie in den Sand und legte die Arme um seine Oberschenkel. „Komm mit", flüsterte sie. „Lass uns Liebe machen!"

Am nächsten Morgen hatte sich Diego de Harana erhängt. Sein Leichnam baumelte am ausladenden Ast eines windgezausten Mangrovenbaumes. Den Strick hatte er sich aus seinem in Fetzen gerissenen Hemd geknotet. Er hing als dürre Silhouette in der roten Morgensonne. Mit nacktem Oberkörper, daran die dürren Beinchen leblos baumelnd, wirkte sein schwarzer Kugelkopf noch größer und grotesker als zu Lebzeiten. Er erinnerte an einen kleinwüchsigen Zirkuszwerg. Die Augäpfel waren im Todeskampf hervorgequollen wie bei einem Ochsen.

Chachu hieb mit einem Schwertstreich den Galgenstrick auseinander, an dem der Alguacil sich aufgeknüpft hatte, so dass der Leichnam wie eine faule Banane herabstürzte. Anschließend gruben sie ihm im feuchten Sand des Strandes ein notdürftiges Grab, direkt neben jenem Loch, in dem sie tags zuvor bereits den Leichnam von Juan Sanchez verscharrt hatten. Todesgeruch erfüllte die Luft.

Sie redeten nicht viel über den Selbstmord. Chachu meinte nur lakonisch: „An seiner Stelle hätte ich's mir auch überlegt. Wenn wir je gerettet werden, dann wäre er vor einer Audienca gelandet und die hätte ihn für sein Versagen als Kommandant in den Kerker geworfen."

An Haranas Grab falteten sie die Hände und bekreuzigten sich, auch Jorge und Suunayama. Aber es fiel ihnen nichts ein. Deshalb sagte Chachu nur „Amen".

Anschließend wandte er sich wieder voller Tatendrang seinen Bootsbau-Plänen zu.

Sie hatten die Toten, bevor sie sie in die Erde legten, vollkommen entkleidet, denn jeder Fetzen Stoff, den sie entbehren konnten, sollte verwendet werden, um daraus ein Segel zu knüpfen. Chachu fand heraus, dass sich an der Rinde bestimmter Palmenarten ganze Streifen fasriger Fäden abschälen ließen, die sich zum Nähen oder Verknoten eigneten. Ihm schwebte eine Art Floß mit Segel vor, indem er seitlich an das schmale Canoe der Tainos Baumstämme zur Stabilisierung fixieren wollte. Wie das genau funktionieren sollte, wusste er selbst noch nicht, aber das Ziel vor Augen mobilisierte er bei sich selbst und den anderen neue Kräfte und neuen Mut. Sie beschlossen, die Bäume, die sie benötigten, zu fällen, indem sie Feuer an ihren Stamm legten. Es gab für die nächsten Tage genug zu tun.

Jorge und Suunayama wollten Chachu und Rodrigo überreden, für ein paar Tage etwas mehr landeinwärts zu ziehen. Sie zeigten sorgenvoll auf den Himmel über dem Meer und meinten, da braue sich ein Unwetter zusammen. Rodrigo konnte nichts Beunruhigendes erkennen. Der Himmel sah für ihn aus wie immer. Er strahlte blau, von einigen gräulichen Schlieren durchzogen. Jorge schnupperte wie ein Hund in die Luft und bestand darauf, dass er einen „Hurricano" wittere. Was das sei, wollte Chachu wissen, und als Jorge und Suunayama wort- und gestenreich erklärten, es handle sich um einen gewaltigen Sturm, der Bäume ausreiße, das Meer auftürme und ganze Inseln versetze, da lachte Chachu sein donnerndes Lachen: „Einem alten Seemann könnt ihr damit keine Angst einjagen. Was meint ihr, wie viele Stürme ich schon auf hoher See überstanden habe."

Die Isabella flog unterdessen in günstigem Wind ebenfalls Richtung Babeque. Seit sie Escobedo losgeworden waren, heilte die Hüftverletzung von Lope Chips wie von selbst. Der Baske, dessen zerknittertes Gesicht unter seinem schwarzen Bartgebüsch inzwischen schier verschwand, sprang wieder umher wie ein junger Hund. Zuvor hatte er tagelang fast unbeweglich zwischen den Ruderbänken gelegen und den Sterbenden gemimt. Damit hatte er Escobedo getäuscht und in Sicherheit gewogen. Jetzt zeigte sich, dass die Stichverletzung in seiner Hüfte kaum der Rede wert war. Der erfahrene Seemann übernahm das Kommando auf der Isabella und hielt sie geübt auf Kurs. Erst jetzt dämmerte den beiden, dass sie womöglich die einzigen Überlebenden waren, die letzten beiden Spanier im Umkreis von einigen tausend Seemeilen.

Als sie nach einigen Tagen den schmalen Landstrich von Babeque ausmachten, hielten sie geradewegs auf die Insel zu und folgten einen Tag lang in gebührendem Abstand von den Riffen und der Brandung der Küstenlinie. Es war Andrés, der die feinen Rauchsäulen am Horizont entdeckte, die auf die Anwesenheit von Menschen hindeuteten. Kurz besprachen sie das Risiko, das sie eingingen, falls sie auf feindlich gesinnte Tainos treffen sollten. Aber beiden war klar, dass sie eines Tages so oder so an Land gehen mussten und dass sie damit nicht mehr allzu lange warten durften. Die Isabella bedurfte dringend einer Überholung, die Lebensmittelvorräte gingen zur Neige und zu zweit das ehemalige Beiboot der Santa Maria Tag und Nacht auf einem unbekannten und von Riffen verseuchten Meer zu manövrieren, ohne je einen Fuß an Land zu setzen, das vermochten sie auf Dauer nicht durchzuhalten.

So kreuzten sie vorsichtig an die Stelle heran, wo deutlich sichtbar mehrere Rauchfähnchen aus dem ufernahen Wald aufstiegen und wie Fäden im Wind schwebten. Sie näherten sich bis auf Sichtweite. Sie sahen ein paar aufgeregte Gestalten am Strand herumhüpfen und mit langen Palmblättern wedeln – das verzweifelte Bemühen von Chachu, Jorge und Rodrigo, die Besatzung der Isabella auf sich aufmerksam zu machen. Natürlich hatten die Gestrandeten das kleine Segelschiff, das sich da näherte, erkannt. Die Isabella drehte bei.

Selbst Chachu lief Rotz und Wasser über die ausgemergelten Wangen, so groß war die Wiedersehensfreude. Er umarmte Lope Chips wie einen verlorenen Sohn. Die beiden heulten so lange miteinander, bis ihre Bärte tränengetränkt waren.

Alles war Escobedos Schuld. Darüber bestand Einigkeit, als die Überlebenden nach tagelanger Odysee am Abend satt und zufrieden trotz der Ärmlichkeit ihrer Lage ums Feuer saßen. Gott sei Dank, er war tot. Sie inspizierten den Ledersack mit der Goldbeute des Toten und verteilten den Inhalt untereinander. Nur Jorge und Suunayama gingen leer aus. Sie zeigten keinerlei Interesse an den Körnchen, Pflöcken, Blättchen, Ringen und Reifen, die Escobedo während seiner Raubzüge gehortet hatte. Gold war ihnen egal. Nicht so den vier verbliebenen Spaniern. Schiffsbrüchig auf einer unbekannten Insel gestrandet zu sein, das war das eine; ein Lederbeutel voller Goldschmuck, das war das andere. In der spanischen Heimat wäre jeder von ihnen damit ein gemachter Mann.

Es brach ein kleiner Streit über die angemessene, gerechte Verteilung der Goldbeute aus. Chachu und Lope Chips, die in dieser Frage eindeutig am längeren Hebel saßen, fanden die für sie äußerst günstige Lösung, dass im Verhältnis nach Lebensjahren verteilt werde. Dadurch brachten sich die beiden Basken in den Besitz von etwa drei Vierteln aller Stücke, der Rest fiel Andrés und Rodrigo zu.

Schon am nächsten Tag schmiedeten Chachu und Lope Pläne, was der Isabella zuzumuten sei und wo und wie am günstigsten die Rückkehr von Admiral Colón abgewartet werden sollte. Chachu begrub seine Floß-Pläne und riss auch ihre kümmerliche Palmblätter-Hütte zusammen. Für ihn stand fest, dass sie diesen exponierten Lagerplatz schnell verlassen mussten; so nahe am Wasser, eingekreist von schwül-feuchten Mangrovenwäldern, aus denen jederzeit statt nimmersatter Stechmücken feindliche Tainos herausstürzen konnten. Hier lagerten die Spanier wie auf dem Präsentierteller, ohne echte Deckung, ohne Schutz vor Wind und Wetter, ohne Bucht und sicherem Ankerplatz für die Isabella.

Chachu und Lope trafen alle Vorbereitungen zur Weiterfahrt alleine. Wie selbstverständlich gingen sie davon aus, dass Andrés und

Rodrigo, in den vergangenen Tagen der Not noch die letzten vertrauensvollen Gefährten, ihrem Kommando folgen würden.

Sie beluden die Isabella mit den wenigen Habseligkeiten, die ihnen verblieben waren. Chachu warf nicht einmal mehr einen Blick zurück auf die Stelle, wo Harana und der Schiffsarzt begraben lagen, sondern brüllte ungeduldig das Kommando: „Alle Mann an Bord." Schon schob er die Isabella vom seichten Ufer ins tiefere Wasser. Lope saß bereits am Steuerruder. Andrés und Rodrigo standen noch im umspülten Sand, sie zögerten. Andrés klopfte Rodrigo auf die Schulter: „Auf geht's, Kamerad." Dann hüpfte er durch die flachen Wellen, schwang sich ins Boot und griff wortlos nach den Schoten. Zaghaft watete Rodrigo ein paar Schritte hinterher, stockte dann aber, als Jorge und Suunayama ihm nicht folgen wollten.

„Hey, Groumette, was ist los?", rief Chachu, schon bis zu den Hüften im Wasser und bereit, sich ins Boot zu hieven: „Mach voran, auf was wartest du?"

„Was ist mit den beiden?", brüllte Rodrigo zurück und zeigte auf die beiden Tainos, die noch am Strand standen.

Chachu brüllte zurück: „Mach ihnen Beine. Sie sollen nicht rumstehen und glotzen wie die Affen. Sie können mitkommen, wenn sie wollen. Alle Mann an Bord! Wir kommen nicht mehr hierher zurück. Sag ihnen das."

Jorge und Suunayama verstanden selbst, was Chachu brüllte. Dennoch bewegten sie sich nicht vom Fleck.

„Jetzt kommt schon, kommt doch endlich!" Rodrigo, der auf halbem Wege zwischen Strand und Segelboot bis über die Knie im Wasser stand, winkte mit beiden Armen. Was hatten die zwei nur? „Warum kommt ihr nicht?"

„Wir warten nicht ewig", schimpfte ungeduldig Chachu von der Isabella herüber.

Jorge und Suunayama schüttelten ihre Köpfe und machten abwehrende Bewegungen mit den Armen. Jorge zeigte zum Himmel: „Hurricano! Hurricano kommt!"

Rodrigo blickte zum Himmel, Chachu hob den Kopf. Wie auch immer ein Hurricano aussehen mochte, am Himmel rührte sich gar nichts. Nur der Wind frischte in den letzten Minuten merklich auf.

Chachu lachte verächtlich: „Jetzt ist aber gut, ihr Angsthasen. Vergesst euren Hurricano, wir stechen in See. Entweder ihr kommt jetzt oder wir lassen euch zurück." Er drehte, noch immer im Wasser stehend, den Bug der Isabella seewärts und ließ sich dann von Lope Chips ins Bootsinnere ziehen.

„Rodrigo, komm!", brüllte jetzt auch Andrés. Die Isabella schaukelte in den Wind.

„Wir nix auf Meer", brüllte Jorge zurück. Seine Stimme klang energisch und entschlossen. Er zeigte wieder zum Himmel und rief: „Hurricano kommt! Er wirft euer Schiffboot in den Himmel. Wenn Hurricano kommt, kann niemand aufs Meer!"

Rodrigo versuchte es trotzdem noch einmal: „Suunayama?" Er hob ihr fragend die Hände entgegen. „Kommst du?"

Sie schüttelte den Kopf. Rodrigo machte ein paar Schritte auf sie zu, wieder zurück zum Strand: „Bitte."

„Rodrigo Groumette, du Hurensohn, willst du jetzt endlich einsteigen, sonst segeln wir ohne dich los!", brüllte Chachu.

Suunayama schüttelte noch immer den Kopf und presste die Lippen zusammen, um die Tränen zu unterdrücken.

Ein paar Sekunden stand Rodrigo unschlüssig im seichten Wasser, zögerte. Er blickte noch einmal zum Himmel. In der Ferne, so schien es ihm, färbte er sich grau. Aber das war weit weg. Der Wind zauste sein Haar, als wollte er ihn aufs Meer hinaus ziehen.

Ohne jede Regung im Gesicht erklärte Jorge: „Hurricano wird sie zerschmettern. Er nimmt sie mit in den Himmel und wirft sie von oben herab auf die Felsen oder aufs Meer. Wenn Hurricano kommt, darf niemand aufs Meer. Es gehört ihm alleine!"

„Rodrigo, du Idiot!", hörte er Andrés noch brüllen, als er die letzten paar Schritte wieder an Land zurück watete. Dann übertönte das Knattern der Segel, die Andrés und Lope Chips jetzt setzten, die weiteren Worte. Die Isabella nahm Kurs aufs offene Meer.

Das war das Letzte, was Rodrigo von seinen Kameraden noch sah. Die kleine Isabella huschte davon, mitten hinein in einen tropischen Wirbelsturm, wie ihn noch kein Spanier je erlebt hatte. Hurricano trieb sich bereits seit Tagen in der karibischen Inselwelt herum. Ausgerechnet jetzt hatte er beschlossen, über das Meer zwischen Hispaniola und Babeque herzufallen. Er schmetterte aus Wind und Wolken hernieder wie eine Faust. Drei Tage tobte er sich aus. Er zerfetzte alles, was in seine Fänge kam. Jorge hatte nicht übertrieben, als er behauptete, Inseln würden in die Luft gerissen, ganze Wälder umgepustet, das Meer bis zum Grunde aufgerührt. Genau so geschah es.

Rodrigo vermochte später nicht zu sagen, welcher innere Instinkt ihn davon abgehalten hatte, auf die Isabella zu klettern. Aber so viel stand fest: Dieser Instinkt rettete ihm wieder einmal das Leben.

Rodrigo Sanchez de Palos, der älteste Sohn der Hure Sanchez, er lebte – der letzte Spanier am Ende der Welt.

ENDE DES 1. BUCHES

Epilog

Schon am 3. November 1493 erreichte Admiral Christóbal Colón mit seiner Flotte Westindien. Er kreuzte mit seinen Schiffen einige Wochen durch die karibische Inselwelt und landete schließlich am 23. November auf der Insel Hispaniola. Was weiter geschah, schildert der amerikanische Kolumbus-Forscher Samuel Eliot Morison in seinem Buch „Admiral des Weltmeeres“:

> Von der Samanábucht fuhr die Flotte vor dem Passat die Nordküste von Hispaniola entlang bis Monte Christi ... Als man in Monte Christi nach einem passenden Ansiedlungsplatz suchte, entdeckte man ein grausiges Zeugnis des Schicksals, das den Männern der zu Weihnachten zurückgelassenen Garnison widerfahren war. Eine Landungsabteilung fand am Ufer des Rio Yaque zwei mit Stricken gebundene Leichen, am anderen Tage entdeckte man zwei weitere, sie waren sämtliche stark verwest und nicht mehr zu erkennen. Nur an dem langen Bart erkannte man, dass es sich um Menschen spanischer Rasse handelte. Im Augenblick dieser unheimlichen Entdeckung brach der bisher so heiter und abwechslungsreich verlaufene erste Teil der zweiten Reise jäh ab.
>
> Am 27. November lief die Flotte (...) aus und fuhr mit größter Beschleunigung auf Kap Haitien und Navidad zu. Es herrschte schon Zwielicht, als man vor der Caracol-Passage anlangte, und Columbus wollte in Erinnerung an das Unglück, das seine erste Santa Maria am Heiligabend befallen hatte, die Einfahrt in der Dunkelheit nicht wagen. Deshalb ging die Flotte zu Anker, sobald sie Grund ausgelotet hatte. Dann setzte man an Bord Signalfeuer in Brand, doch keine Antwort kam aus der Richtung, wo Navidad

liegen musste. Es wurden Kanonenschüsse abgefeuert, aber niemand erwiderte diesen Gruß (...). Um 10 Uhr abends näherte sich von der Küste her ein Kanu, und seine Paddler riefen: „Almirante! Almirante!“ Man wies sie weiter zum Flaggschiff, wo sie aber nicht früher an Bord stiegen, als bis sie Columbus' Gesicht im Schein einer Fackel erkannt hatten. Der Anführer der Ankömmlinge war ein Vetter von Guacanagari, der dem Admiral Grüße bestellen und zwei goldene Masken schicken ließ (...). Sie beteuerten Columbus gegenüber, dass die Christen auf Navidad wohlauf seien, nur einige von ihnen wären infolge Krankheit gestorben, andere wären im Streit erschlagen worden. Sie entschuldigten Guacanagari für sein Nichterscheinen, er könne nicht kommen, weil er im Kampf gegen einen anderen Kaziken namens Caonabo verwundet worden sei. In den drei Stunden ihres Aufenthaltes holte der Dolmetscher Diego die Wahrheit aus den Indianern heraus und teilte sie Columbus mit, aber Columbus wollte sie nicht glauben. Er meinte, einige von seiner Besatzungstruppe müssten noch am Leben sein. Diese furchtsamen, wehrlosen Indianer konnten unmöglich vierzig Seeleute, Soldaten und Herren aus Spanien niedergemetzelt haben.

Am nächsten Tag (dem 28. November) verlegte die Flotte ihren Ankerplatz querab von Navidad, man sah aber kein Haus, noch bemerkte man irgendein Zeichen menschlichen Lebens. Eine gelandete Mannschaft fand die Festung bis auf die Grundmauern niedergebrannt, sonst nichts außer ein paar Lumpen und Überresten. Die wenigen Indianer, die sich heranwagten (...), strichen heimlich und verstohlen herum und rannten davon, sobald sich die Spanier näherten. Es sah schlimm, sehr schlimm aus. Man konnte den Verwandten Guacanagaris dazu bewegen, an Bord zu kommen und sich einem Verhör zu unterziehen. Er gestand, dass Caonabos Krieger alle Christen erschlagen hatten, erklärte aber, dass Guacanagari ihnen zu Hilfe geeilt und dann bei der Verteidigung seines eigenen Dorfes verwundet worden sei. Man gab dem Vetter noch mehr Geschenke, bewirtete seine Paddler mit Wein und schickte sie dann alle an Land zurück mit dem Auftrag, Guacanagari auszurichten, er solle selbst an Bord kommen, um dem Admiral genauen Bericht zu erstatten.

Ein weiterer Tag verging, ohne dass sich ein Indianer blicken ließ (...). Die Stelle, wo das Fort gestanden hatte, wurde von Neuem durchsucht, aber man fand keine weiteren Spuren. Darauf gingen Columbus und Dr. Chanca am Strand entlang bis zur Mündung des Grande Rivière, wo sie ein Dorf mit armseligen, verwahrlosten Hütten fanden, aus denen die Eingeborenen bei ihrer Annäherung geflohen waren. Im Inneren fanden sie eine Menge Sachen, die aus dem geplünderten Fort stammten, darunter Strümpfe, ein maurisches Halstuch in der ursprünglichen Verpackung sowie einen alten Anker von der Santa Maria. Als sie zur Stelle des Fort Navidad zurückkehrten, führten einige Indianer, die dort mit den Bootsleuten gehandelt hatten, sie wie zufällig an einen Platz, wo elf Leichen der hier gefallenen Christen lagen. Die Eingeborenen blieben hartnäckig dabei, dass Caonabo die Spanier getötet hatte, „aber sofort fingen sie zu klagen an, dass jeder der Christen sich vier Weiber genommen hätte, woraus wir entnahmen, dass sich hier ein Eifersuchtsdrama abgespielt hatte.“ (...)

Guacanagari ließ sich von seiner Darstellung nicht abbringen, worauf Columbus unter dem Vorwand, ihm eine sachgerechte ärztliche Behandlung angedeihen zu lassen, Dr. Chanca veranlasste, den Verband von seinem Bein zu entfernen. Man fand keinerlei Verletzung, „obwohl der schlaue Fuchs vor Schmerzen stöhnte.“ (Bericht Dr. Chanca). Doch war Guacanagari gesund genug, um noch am gleichen Abend den Besuch des Admirals zu erwidern, ein Essen an Bord des Flaggschiffs einzunehmen und hatte die Sensation seines Lebens, als er zum ersten Mal ein Pferd sah (...) Fray Buil und eine Anzahl anderer waren von der Schuld Guacanagaris fest überzeugt und verlangten, ihn zu ergreifen und als Warnung für seine Landsleute hinrichten zu lassen. Columbus aber kannte die menschliche Natur besser als der fromme Pater. Obgleich die vorgespielte Wunde Verdacht erweckte, hatte er eine bessere

Meinung vom Charakter des Kaziken und bezweifelte seine Schuld. (...)

Da Spanier wie Tainos sich gegenseitig immer besser verstehen lernten, sickerte der wahre Sachverhalt allmählich durch. Er wurde Stück für Stück von den Geschichtsschreibern Las Casas und Ferdinand zusammengefügt. Guacanagari hatte die Wahrheit gesprochen. Die Besatzung von Navidad hatte nicht lange, nachdem sie sich selbst überlassen war, angefangen, sich um Weiber und Gold zu streiten. Rodrigo de Escobedo, der Schreiber, und Pedro Gutierrez, der Königliche Haushofmeister, töteten Jakob, den Genueser Leichtmatrosen, und organisierten eine Bande, die die Insel auf der Suche nach Gold und Weibern durchstreifte. Auf ihren Raubzügen stießen sie auf Caonabo. Dieser unerschrockene Kazike von Maguana, der angeblich karibischer Abstammung war, wollte solche Übeltaten in seinem Reich nicht dulden. Er machte die Bande des Gutierrez nieder und zog mit einer großen Streitmacht nach Navidad, um dort die Wurzel alles Bösen auszurotten. Mittlerweile hatten sich die übrigen Spanier in kleine Räuberbanden aufgespalten, so dass nur ein Trupp von zehn Mann unter Diego de Harana zur Bewachung des Forts zurückgeblieben war. Diese lebten sorglos in ihren Hütten, und jeder hatte sich fünf Weiber zugelegt. Die Bewachung war unzureichend. Caonabo griff sie an, tötete drei sofort, zündete das Fort an und jagte die Übrigen ins Meer, wo sie ertranken. Die anderen, landeinwärts gezogenen Gefährten wurden von den Indianern, die von ihnen beraubt oder in anderer Weise geschädigt worden waren, niedergemacht. Es stellte sich als wahr heraus, dass Guacanagari versucht hatte, Diego de Harana zu Hilfe zu eilen, was dadurch bewiesen wurde, dass einige seiner Leute durch Speerspitzen aus Fischbein, einer von Caonabo besonders gern benutzten Waffe, verwundet worden waren. Da er sich Columbus gegenüber jedoch für die Sicherheit der Spanier verantwortlich fühlte und fürchtete, für ihren Tod büßen zu müssen, hatte er eine Wunde vorgetäuscht und sich auch sonst verstellt. In den folgenden Jahren blieb Guacanagari, obwohl er manche Unbill erleiden musste, dem Admiral stets so standhaft treu, dass man annehmen darf, Navidad wäre nicht belästigt worden, wenn die Spanier sich besser aufgeführt hätten ..."

Auszug aus Bartolomé de Las Casas (1474–1566), Bischof von Chiapas „Bericht von der Verwüstung der Westindischen Länder":

Die Insel Hispaniola war es, wo Christen zuerst landeten. Hier ging das Metzeln und Würgen unter jenen unglücklichen Leuten an. Sie war die Erste, welche verheert und entvölkert wurde. Die Christen fingen damit an, dass sie den Indianern ihre Weiber und Kinder entrissen, sich ihrer bedienten und sie misshandelten. Sodann fraßen sie alle ihre Lebensmittel auf, die sie mit viel Arbeit und Mühe sich angeschafft hatten. Was die Indianer ihnen gutwillig gaben, war ihnen keineswegs genug; jeder gab zwar nach Vermögen, dies bestand aber immer nur in Wenigem; denn sie pflegen niemals sich mehr anzuschaffen, als was sie unumgänglich nötig haben und ohne viel Arbeit erlangen können. Dasjenige, was für drei Familien, jede zu zehn Personen gerechnet, auf einen ganzen Monat genügt, verzehrt und verschlingt ein Spanier oft in einem einzigen Tag. Da sie nun außerdem noch mancherlei Grausamkeiten, Bedrückungen und Gewalttätigkeiten gegen die Indianer verübten, so sahen diese nach und nach ein, dergleichen Menschen könnten unmöglich vom Himmel kommen. Einige verbargen demnach ihre Lebensmittel, andere ihre Weiber und Kinder, noch andere flüchteten sich in die Gebirge und suchten sich von Menschen zu trennen, deren Umgang so gefährlich und unausstehlich war. Die Christen gaben ihnen Ohrfeigen, schlugen sie mit Fäusten und Stöcken und vergriffen sich endlich sogar an ihren Oberherren der Ortschaften. Unter mehreren Beweisen ihrer grenzenlosen Schamlosigkeit und Verwegenheit führe ich nur diesen an, dass ein spanischer Befehlshaber die Gemahlin des größten Königs notzüchtigte, der über die ganze Insel zu gebieten hatte.

Nun fingen die Indianer an, auf Mittel zu denken, vermittelst deren sie die Christen aus ihrem Lande jagen könnten. Sie griffen demnach zu den Waffen, die aber sehr schwach sind, nur leicht beschädigen, wenig Widerstand leisten, noch weniger aber zur Verteidigung dienen. Daher kommt es, dass ihre Kriege nur als Klopffechtereien und Kinderspiel zu betrachten sind. Die Spanier hingegen, welche zu Pferd und mit Schwertern und Lanzen bewaffnet waren, richteten ein gräuliches Gemetzel und Blutbad unter ihnen an. Sie drangen unter das Volk, schonten weder Kind noch Greis, weder Schwangere noch Entbundene, rissen ihnen die Leiber auf, und hieben alles in Stücke, nicht anders, als überfielen sie eine Herde Schafe, die in den Hürden eingesperrt wäre. Sie wetteten miteinander, wer unter ihnen einen Menschen auf einen Schwertstreich mitten voneinander hauen, ihm mit der Pike den Kopf spalten oder das Eingeweide aus dem Leibe reißen könne. Neugeborene Geschöpfchen rissen sie bei den Füßen von den Brüsten ihrer Mütter und schleuderten sie mit den Köpfen wider die Felsen. Andere schleppten sie bei den Schultern durch die Straßen, lachten und scherzten dazu, warfen sie endlich ins Wasser und sagten: Da zapple nun, du kleiner schurkischer Körper! Andere ließen Mutter und Kind zugleich über die Klinge springen und stießen sie mit den Füßen vor sich hin. Sie machten auch breite Galgen, so, dass die Füße beinahe die Erde berührten, hingen zu Ehren und zur Verherrlichung des Erlösers und der zwölf Apostel je dreizehn und dreizehn Indianer an jedem derselben, legten dann Holz und Feuer darunter und verbrannten sie alle lebendig. Anderen banden oder wickelten sie dürres Stroh um den Körper, zündeten es an und verbrannten sie. Anderen, die sie bloß deswegen am Leben ließen, hieben sie beide Hände ab, banden sie ihnen an, jagten sie sodann fort und sagten: Gehet hin mit diesem Sendschreiben und bringt euren Landsleuten, die sich ins Gebirge geflüchtet haben, etwas Neues!

Große und Edle brachten sie gewöhnlich folgendergestalt um: Sie machten Roste von Stäben, die sie auf Gabeln legten, darauf banden sie die Unglücklichen fest und machten ein gelindes Feuer darunter, bis sie nach und nach ein jämmerliches Geschrei erhoben und unter unsäglichen Schmerzen den Geist aufgaben.

Ich kam einmal dazu, als sie vier bis fünf der vornehmsten Indianer auf solchen Rosten verbrannten. Wo ich nicht irre, so nahm ich noch zwei oder drei dergleichen Roste wahr, worauf Leute geringeren Standes lagen. Sie alle machten ein grässliches Geschrei, welches dem Befehlshaber lästig fiel oder ihn vielleicht im Schlafe störte. Er gab Befehl, man sollte sie erdrosseln; der Alguacil (...) war weit grausamer als der Henker, welcher sie verbrannte; er ließ sie nicht erdrosseln, sondern steckte ihnen mit eigener Hand Knebel in den Mund, damit sie nicht schreien konnten, und schürte das Feuer zusammen, damit er sie so gemach braten konnte, wie er es wünschte. Alle diese bisher beschriebenen Greuel, und noch unzählige andere, habe ich mit meinen eigenen Augen gesehen.

Da nun alles, was fliehen konnte, sich in den Gebirgen versteckte und auf steilste Felsen klimmte, um diesen grausamen, gefühllosen, den Raubtieren ähnlichen Menschen zu entrinnen; so richteten diese Würger, diese Todfeinde des Menschengeschlechts, ihre grimmigen Jagdhunde dergestalt ab, dass sie jeden Indianer, den sie nur ansichtig wurden, in kürzerer Zeit als zu einem Vater Unser erforderlich ist, in Stücken zerrissen; die von größerem Schlage fingen die Indianer wie wilde Schweine und fraßen sie auf. Überhaupt richteten diese Hunde ein gräuliches Blutbad unter ihnen an. Da nun die Indianer, welches jedoch ein paar Mal geschah, einige Christen in gerechtem und heiligem Eifer erschlugen, so machten diese das Gesetz unter sich, dass allemal hundert Indianer umgebracht werden sollten, so oft ein Christ von ihnen getötet würde.

Danksagung

Viele Menschen waren daran beteiligt, dass das Romanprojekt „Die Neue Welt“ zustande kam. Manche davon unwissentlich. Zwischen einer Vorlesung „Geschichte Spaniens im 16. Jahrhundert“, 1985 in Freiburg von Professor Hans Rudolf Guggisberg gehalten, und der Ausstellung „Das Gold von Peru“ 1988 in Lausanne, reifte bei mir die Idee, die spanische Eroberungsgeschichte Mittel- und Südamerikas zwischen 1492 und 1545 entlang der Lebensgeschichte eines spanischen Abenteurers zu erzählen, der von der Fahrt des Kolumbus bis zur Eroberung des Inkareiches alle Etappen miterlebt hat. Das Projekt ist auf fünf Bände angelegt. Band I liegt hiermit vor.

Auf ihre Art haben viele Menschen dazu beigetragen, dass ich durchgehalten habe. Für Geduld, Vertrauen, Zuspruch, Ermunterung, Anregungen, Kritik und Inspiration über all die vielen Jahre gebührt mein Dank den leider verstorbenen Lehrmeistern Hans-Günther Zmarzlik und Konrad Kraske, außerdem Harald Stein, Peter Dell, Markus Vonberg, Andreas Venzke, Rose Bienia, Franz Metzger und Ulrike Schabert, so dann jenem Literatur-Agenten, der mein Manuskript mit der Empfehlung, „auch ein Frauenschicksal“ einzubauen, zurückschickte, nicht zuletzt Anita Schwörer und meinen Erstlesern Carolin und Adrian sowie ganz besonders Thomas Lindemann, der den verlegerischen Mut und die nötige Geduld aufbrachte, dieses Buch zu veröffentlichen.

August 2021, Roland Weis

Bibliographie (Auswahl)

Enzensberger, Hans-Magnus (Hrsg.): Las Casas. Kurzgefasster Bericht von der Verwüstung der Westindischen Länder, Frankfurt 1981

Fajardo, José Manuel: Brief vom Ende der Welt, Frankfurt 2003

Grün, Robert (Hrsg.): Christoph Columbus, Das Bordbuch, Tübingen 1970

Madariaga, Salvador de: Kolumbus. Entdecker neuer Welten, Bern, München 1975

Morison, Samuel Eliot: Admiral des Weltmeeres. Das Leben des Christoph Columbus. Bremen 1948

Schmitt, Eberhard (Hrsg.): Die großen Entdeckungen, Dokumente zur Geschichte der europäischen Expansion, Bd. 2, München 1984

Danke für die Durchsicht
an Kurt Fay und Brigitte Stocker.

Lindemanns Bibliothek, Band 364
herausgegeben von Thomas Lindemann

Karte Seite 4: www.cartomedia-karlsruhe.de
Autorenfoto Umschlag: Britt Schilling
Titelgrafik: Fox Illustration

ISBN 978-3-96308-209-2

www.lindemanns-web.de